乾隆镇海县志点校

宁波市镇海区地方志办公室　宁波市镇海区档案馆　编

顾科明　朱道初　点校

东华大学出版社·上海

镇海县志序一^①

国家膺图御宇，声教四讫，山陬海澨，士安书，农安亩，贾安市，萑苻安柝，民老死不知兵革，猗欤休哉！列圣德化，涵濡之久，生民以来莫之伦比。

岁乙丑，余忝任定疆，镇邑为辖属汛。登招宝，望蛟门，知为江海之砥柱，天险之雄关。意其毓秀储精，磅礴郁积，风俗人文之盛未可蠡测。且沧桑代易，俯仰事殊，一应因革损益各事宜舍志奚稽哉？久之，得一帙志，乃定海也，而版半漶灭矣，事阙不可考，文断不可读。盖自修于嘉靖四十二年，距今百八十余载矣。因慨然思明末倭彝驿骚，羽书旁午，为长吏者拮据拯民之不暇，而又何暇及此乎？独不可解者，计自康熙二十六年移镇易名以来，海不波扬，历多令而不为之重新，岂尽蹦躇簿书之不遑志欤？瑟蹜旁议之不敢志欤？抑或事与人之各有所待欤？

昔朱子守南康，甫下车即问志，议者谓知当务之急。岂非以志足验升降盛衰之故，循俗成理，庶几不悖哉！即如兵戎，为邑乘之大者，方今圣明在上，梯航万里，岛彝卉服接踵而至者莫不取道于此，海壖奥区改陆路为水师，倘载籍不及，世远年湮，竟不知改自何代何岁。举一类推，喟然叹为缺典。继思邑之乘犹国之史也，作史者须具三长，昔刘北舆摘五代史之谬以示子瞻，子瞻曰："为史网罗数千百年事以成一书，岂能无所得失？"今之为北舆者宁无其人乎？而又恩怨难杜也。志一出，孝子慈孙欲扬其先美，公卿大夫欲张其治绩，万一挂漏失实，则指摘丛生，种种钜任，志曷易言？

丙寅，商邱王君调兹邑，犹慨然以为己任，得朱子意也。其政治本学问，为经济，能于常变缓急条贯胸中。期年，百废具举，民歌恺悌。丁卯，风潮冲决塘堰，邑人士几与鱼鳖伍，为哀恳请帑，躬亲经理。千夫云集，省试慰劳，四载告成，费缗钱八万有余，俨然金城千里，厥功伟哉！辛未，邑灾祲，圣天子蠲租发赈，叠沛恩膏，仰承德意，噢之休之，不遗余力。劝富民出粟平粜，开厂煮济，旦旦减从历各厂，民得时诉疾苦，情无壅遏，恩无漏卮，老稚全活无算。树德又孰有大于是者？

今秋九月，余视兵莅镇，值邑志告竣，为卷有八，分类三十，自建置、沿革、山川、土田、风俗、宦迹、人物、诗文，靡不犁然具备。其中发扬幽隐，包括古今，补辑阙亡，网罗散失，可以观民风，可以兴道德，有图有文，不遗不冗，于史

---

^①序号为点校时所加，原文无序号。

具体矣。以余向所耿耿不释者，今始辗然为之色喜，喜王君为宰七年，焦劳旱溢，戴星出入，触风雨，冒寒暑，不知呕出心血几许，尚能锐意延揽耆英，询访儒硕，搜书史，摭见闻，辑录词章，增收名胜，相与虚心讨论，研精去留，汇为一邑掌故，俾生斯宦斯观风于斯者一按籍而了如指掌，鉴既往而信将来，其立言与立德、立功并垂不朽。

顷以计荐，故装且旦暮发，就近乞余序。余固鄙陋，寡学术，睹斯志也，如获大贝天球，不敢谢不敏，遂援笔而乐道其善于简端。

乾隆十有七年岁次壬申秋九月

赐进士出身、御前侍卫、镇守浙江定海等处地方总兵官、加三级

惠安陈鸣夏撰

镇海县志序二

昔萧相国收图籍于关中，韩昌黎考图经于韶郡，朱紫阳问志于建康，历代名公硕彦恒以志乘为重者，诚以志即史之余也。一邑之志，又郡志、省志所藉以征信取裁者也，上以备国家輶轩之采，下以供臣工考鉴之资，政治攸关，岂徒以备观听、夸文藻云尔哉！

镇海肇自李唐，枕海跨江，为甬东之屏翰，亦全浙之咽喉。旧志系有明嘉靖时何尹所修，阅今百八十余年矣，其间沧桑之变易，风会之迁流，典礼章程之沿革损益，有待于增修者指不胜偻，亦刻不容缓矣。无如昔之尹斯土者，多逐于簿书期会之间，其于志乘残缺渺不关心，即有识者劝其编辑，不曰无能为役，即曰俟诸后人。嗟乎！若辈视官为传舍，迹其所为，平日之涂饰耳，苟且旦夕间者，可胜道哉！

商邱王尹循声凤著，自宰镇以来，举凡兴利革弊、救灾捍患诸务，罔弗以实心周浃乎其间，故勇于任事，百废具修。即如县城北滨大洋，惊涛骇浪搜啮城根，为害最钜，王君设法捍御，不惮辛劬，阅数稔而塘工成，民胥赖之，永无濡溺之患。岁辛未，浙东苦旱，禾稼失收，王君极力拯济有法，民无饥色。由此以推，凡所以父母斯民者，何弗至欤？余尝奉命分巡甬上，甫下车即耳熟焉。后历按其政迹，有古循吏风。

今乃以所修邑志征序于余，余披阅数过，自建置以迄遗事，厥卷凡八，分门别类，纲举目张，俾阅者可以仰观天文，俯察地利。田野、蠲恤之毕务而养可兴，学校、典礼之胥详而教可举，城垣、武备则海防之计周，艺苑、儒林则弦歌之化洽。大之在忠孝节烈，而小亦不遗夫艺文；显之在风俗灾祥，而次亦兼收夫物产。若选举、若流寓、若仙释、若古迹，举嘉靖以来百八十余年之所当增入者广为搜拾，择精语详，信而可征，亦赡而有体，使后之官斯土者了如指掌，灿若列眉。综全邑之规模，准今酌古，率由旧章，以抚柔此民也。则是书政治攸关，岂徒以夸文藻、备观听云尔哉！

是为序。

乾隆十七年岁次壬申九秋上浣

分巡宁绍台道今升浙江等处提刑按察使司按察使、加一级纪录四次

白山同德撰

镇海县志序三

　　大凡著书立说，堪垂不朽者，惟在择焉而精，语焉而详，而志乘之文尤以此为兢兢。盖志以纪事，所以备一代之实录，而荒略谬误者无取焉，然非尽心治道者不能为也。

　　余承乏明州，明之东六十里是为镇海邑，尝按其形胜，枕海跨江，而鸟言卉服、闽商番客俱出没于洪涛巨浪之中，诚海疆要地也。既而披阅图籍，欲求历代政治兴废暨一邑流风遗俗、奇人轶事，而卒茫乎无可得，盖邑志之残阙也久矣。旧志系前明嘉靖朝何君所修，去今几二百载，其间因革损益已大有异同，而前书复简略，固无足采者。况镇邑原名定海，康熙二十六年始改昌国为定邑，而定遂改为镇，且昌国之隶于定者更窜入志中，纷乱错杂，阅者何以致详焉？后有王、郝、黄、唐诸令君先后修辑，而王、唐二稿卒未成刊，惜哉，惜哉！夫以镇邑系全浙咽喉，复值我朝圣圣相承，典制大备之余乃卒未获勒成一书昭示来兹，徒使采风者迷没于断简残编之中而无可如何，是亦守土者之羞也。商邱王君梦弼者来尹是邑，政叙民和，簿书之暇，矢志以纂修为己任，广询博访，取次辑录，凡三脱稿，阅六年乃成书。壬申秋，王君以治行卓异往朝京师，将行，携以问序于余。余阅其书，条分缕析，分门别类，卷有八，页几七百，视旧志增入十之七焉。然删繁就简，凡无关经济、为缙绅所弗道者固不载也。岂非所谓择之精而语之详者与？独是王君者，岂尝执笔学为著述，聊以夸才华云尔哉！盖实以本之治者笔之书，而古今之变通，利害之源流，皆一身所素经，故能斟酌尽善而详且精也如是。然则王君之治绩即可于是书征之，而后有继者，宜何如遵守也？行矣，若获叨恩荣，留侍左右，得阅天府图籍，将文章之出于治术者，必不止此，是余所望于君也。故约略志之有关于邑与君之所以克成此志者，聊题数言弁诸首。若志中所载，或益国家，利民人，裨学问，则览者自得之，故不复赘云。

　　乾隆十七年岁次壬申菊月念日

　　浙江宁波府知府、加二级纪录三十八次

　　昌邑筠甫胡邦祐撰

镇海县志序四

古者立史纪政，而诏地事有图，观民风有诗，考贤能有书，皆以淑事顺施，和其政而协于治。志乘之作，合古小史、外史之掌，以汇一代政治之林，昭同文而大一统，典甚盛也。百里邑视古列国，民生土宇之所属，职方亦綦重矣。士人以疏视遽听之身，一旦车驱而来，非文献以征其概，欲无稗政也，难哉！

余自丙寅移镇入境，问善败利病之状。其地三面环海，波臣为虐，陵谷代迁，城社之兴废，民物之丰耗，屡焉。土疏泉泄，以潴蓄为命。岁入不给，常仰榖他郡。民半籍鱼盐以生。其人率劳而能思，朴不匮秀；诗书礼让，风教易行。余闻而识之，将欲以印证往辙，审得失之验，而遵循焉。

乃考其志，修自前明司马张公，标仍定海，名实已淆，觉无以彰信宪后。且垂二百年于兹，漫漶残缺，不能卒读。其间放轶之事，亦莫可数计。本朝一切典章经制，概未之及，惧将有病于政也，心恒恓恓不能释。会有督修之檄下，检往牍，则下且数数矣。守土之责，奚以辞？

夫作志固有难言者，若疆索形势，土宜物生，军赋学校，宾饮射读之法；征缮营作，祷词供给之事，及茂士闻人，美言尊行，凡以慎封守、谋生聚、昭厝理而寓劝惩者，择必精，语必详，信而不诞，直而不阿，此科律也。斧藻群言，根据理要，文质相副，本末兼明，综练得体，矜慎名贵，则才、学、识三者实兼资焉。余固陋，百无一得，自无敢以短绠临深，取讥学海。虽然，怀疑畏难，使二百年将坠之绪竟归澌灭，旷瘝之愆，益奚以解？用是心师采录，引助高雅，聚诸本稿，商榷讨论，冀积晨夕之力，不纷扰而荟萃一编。

岁丁卯，飓涛告警，溃堤坏垣，斥卤溢塍隙间，阖邑惴惴不自保。被风雨出抚，循周度再三，大工继作，征发日剧。从版筑，历四寒暑，席几不暇暖。余隙及文字，什不得二三。比庚午秋初，草成帙，即出而分寄心目于此邦之彦，犹虑旷远滋甚。于冬春之交，又为分区征考之策，而陈言更多，籍得广览，重加贯穿。洎乎辛夏稿再脱，方拟修饰。会是夏不雨，岁乃告歉，奉命蠲租缓赋，赈本赈折，施糜助种，资贩贷耕，开禁道，集市舶，移粟输籴，凡古荒策莫不毕举，且极优厚，悉应户较亩勘，要归鳌理，降而问疾救药之末，无一非吏事之所当尽。午夜焦思，仆仆无已，他则不遑及也。猥以琐劣，再蒙计荐。念受事来，于所闻水溢旱暵之忧，具身经焉。赖我圣主湛恩，列宪教卹斯际，疆圉底奠，黎民乂安，下吏奔走，日虞不称，兢兢循奉令行，幸免陨越。今瓜且及代矣，无可慰吏民贻久远者。修志之举，阅经六载，宁堪再缓，重辜众望耶？乃于春间，复理前后所为稿，再事芟补，校雠编次，釐为八卷三十类，举以付梓，六阅月而告竣。是役也，赖二三君子更迭而讲画，匪所不逮。都人士好我，出闻见相补益，辄复授笔札，以务尽其意。而裨补阙失，纠绳愆谬，则我文武寅僚暨学博邵君之力多焉。

　　当世作者如林，以四明论，一郡五邑，先后成书郁为不刊。是编旷隔独久，湮没孔多。余之渺见寡识，于考古既未窥涯略，即数年来身所经历、耳目所睹记者，亦或论见不齐，疑信错出，参互考订，固不厌精详，终以他役间兴落成丛次，知无当于酌古准今，备掌故而佐治理，与远近作者相后先也。惟是始基弗立，则踵事无凭，故网罗旧闻，序述事理，文不求工，语不嫌质，存俟鸿通者裁成而润饰之，以附当代之简末，而成一邑之信乘，则私心之所愿望而庆幸者夫。

　　时乾隆十七年岁次壬申孟秋月上瀚七日

　　知镇海县事　商邱王梦弼代言氏序并书

定海县志原叙一

宁波为东南之雄郡，又东六十里而邑者，定海也。凡海市之出入，番舶之往来，鸟言卉服贡雉而献琛者，率由兹以入。是以枕海而城，跨江而关，屹然称东南之保障云。

迩者，圣天子震奋神武，殄灭鲸鲵，特命都督开府其地，岁屯重兵，用以威远固封，虑至深矣。何子尹斯邑，谓"致理之经，宜鉴今图而怀旧轨。邑之有志，实疆圉之与稽，而文献之与征，不可阙也。"请诸大司马东沙张公而成之，征序于余。余读其书，若巨浸之泱漭无弗罗也，若朝阳之显融无弗烛也，文哉郁郁乎！详哉秩秩乎！可以窥旷识，可以测远猷矣。公揽迁、固之才，发灵祕之秀，摘神苞异，博极群言。其为斯志也，远括绿文赤字之书，近收稗官风谣之说，盖司牧之蓍蔡而愿治之准绳也。语曰："不习为吏，视已成事。"自余来守是邦，夙作而夜思，博询而逖听，取司马公前所为府志而观之，陈民风而昭土俗，如指诸掌而睹也。今观于定海之志，幅员有考，而封守可以固矣；经制有条，而保厘可以规矣；物产有籍，而赋敛可以程矣；户口有数，而抚字可以勤矣；人物有纪，而美刺可以观矣；述作有录，而人文可以备矣。独文焉乎哉！

夫自东南多警，土俗日殊，沿革废置亦区以别。圣天子凝神于九重之上，而威行于渤海之外，重民命而谨边徼，尤其所倦倦焉。乃兹奉涣号守四封，可无励精以承休德哉！执斯志以往，范官常之画而效崇赞之节，竭涓垄之怀以分南顾之忧，非吾臣子夙夜所为兢兢者乎？诗曰"不愆不忘，率由旧章"，此之谓也。

嘉靖四十二年冬十有一月朔

赐进士、中顺大夫、宁波府知府　建安雷金科叙

修定海县志原叙一

愈自生发之燥，盖辄闻今大司马东沙张公侈声当代，衮然寓内大雅云。然宦辙所届，独靳广粤，未炙景辉，徒怀仰止。乃庚申之冬，愈承乏定邑，窃计抠衣门下幸终愿学，而公则诏以休沐，盖谆谆笃也。已而寻绎旧志，将范往献以昭厝理，无徒懵懵于匪彝，亦曰"无得罪于庶士庶民"云尔。

乃其志则图舆地而海区弗逮，奚征防御？志疆域而古濠弗理，奚溯河源？纪宦迹而吏昌国者弗录，奚存有司？黄公、任奕踵讹弗删，丰稷、黄震传疑弗辨，事有脱略，文或繁芜，美刺相眩，名实失伦，苟若而可，将何以免于跣鳌乎？

乃县史长跪进书曰："斯公所为郡志也，唯兹成典可以征信矣。"

愈矍然兴起，庄诵而服行之，历兹三载，史事稍叙。爰谋诸文学乐亮山辈，曰："志之为用大矣。乃旧志姑置之，即郡志非专于定者也，敢再微宠于公、于诸君，何如？"

诸文学曰："唯唯。"

遂谒公涵碧之堂而问志焉。

公曰："予尝志郡矣，复何言？"

愈曰："体有专不专，事有核不核，非窾言之谓也。敢固以请公。"乃进诸生，授以损益之旨，而辑之惟公所裁。凡五越月而告成，海图有说而防御之策备，河渠有论而泄蓄之术宜，风俗有论而礼俭之教明，沿革有表而知翁山之先县，秩官有表而知昌国之司存，经制有志而可审度其奠丽，物土有志而可则叙其役敛，杂志必详而知事变物理之不可胜纪，其于人物、名宦则又去讹补遗，彰显幽隐，暴扬休淑以示近垂远，劝惩之典实寓焉。史称子长不虚美、不隐恶，而刘向、扬雄氏服其叙事，谓之"实录"。愈于大司马公亦云："噫！后有作者其弗可及也已。"继愈而吏者，因其法，不易其良；求其心，不泥其迹，化而裁之，以达于治。斯覃惠于蒸黎，岂曰小补之哉！古称睹河洛者思禹功，公之泽其乡邑，固斯人永永无斁矣。愈诚不敏，执此以为左券。若曰"弃周鼎而宝康瓠"，庶可以无讥乎！

嘉靖四十二年冬十有一月朔

定海县知县　富川何愈叙

定海县志原叙二

何君为定海之二年，政纪即叙，斑黎悦康，吏无觖度，野无伏奸，益图其旷阙而兴起之，谋于众曰："自余之始政也，土疆弗之察也，版章弗之明也，役敛弗之经也，献文弗之稽也，贸贸而为之，皇皇而求之，盖岁星再周矣，稍乃把其条章而纾布焉，犹或未迪于前闻。窃惧夫后政者之伥伥也，犹之吾患也。愈诚不敏，瓜而且代，盍图所以宪后者乎？"则谒余涵碧之堂而问志焉。

余曰："韪哉，斯是之咨乎！昔孔子叹杞宋之无征，谓文献不足。其对鲁君也，曰'文武之政，布在方策'，故籍存则政存，籍亡则政亡。《尧典》一书，陶唐氏之籍也；《禹贡》一书，夏后氏之籍也；《周官》一书，姬周氏之籍也。秦至无道，燔烧诗书，犹存律令图籍，汉王入关即收而宝之。历代肇兴，各有司存。诚知奠丽缀旒，非此其道无繇也。今夫千金之家以贻子孙，必为之籍记，曰'某居室若干，某土田若干，某赋入若干，某什器若干，某因某革，某损某益'，然后子孙得世守焉。故曰'贻厥孙谋'，言乎其永之也。乃为政者而可以废籍乎？民未知则，而各有媮心，将干纪败度者踵至矣。刑法益峻而奸宄益滋，虽异材魁智曷适从事乎？故郡邑之有志也，犹家之有籍也。以辨方域，以秩天道，以叙人纪，以察风俗，以覈吏治，以厘跻庋，以章淑懿，以格奇邪，以兴财用，以殖民萌，胡可以一日不讲哉？为吏而奸，此则为诡吏；为民而奸，此则为诡民。诡道革而后王道可兴，由隆古以来未之有改也。何君孳孳鉴寐，求民之莫，乃犹不忘后政之图。此岂规尺寸、弋声称，徼幸于目睫者哉！"

余乃属诸生参综旧章，益以新所建置，诠次成编，其义例一视郡志，用传永久云。

何君名愈，广西富川人，治行甚章皅，此其尤大者云。

嘉靖四十二年岁次癸亥夏四月既望

南京兵部尚书　郡人张时彻撰

重修镇海县志姓氏

鉴定

浙江等处提刑按察使司副使、分巡宁绍台道、加一级纪录四次　长白同德

监修

浙江宁波府知府、加二级纪录三十八次　昌邑胡邦祐

浙江宁波府海防总捕、清军驿传同知、加一级　海澄苏光弼

浙江宁波府总巡粮盐水利通判、加二级　永城王复臣

纂修

宁波府镇海县知县、加二级纪录九次　商邱王梦弼

同修

镇海县县丞、加一级记大功二次　华亭益士杰

订正

镇海县儒学教谕、加一级　姚江邵向荣

同订

镇海县儒学训导、加一级　宁海叶元璧

分校

管理清泉场盐务、加二级　铁岭王日栋

管理龙头场盐务、候选知县　南靖林中梅

管理穿长场盐务、候选知县　北流杨如璋

管界巡检司巡检　宛平孙翼新

穿山巡检司巡检、加一级　淮安毛玉枢

长山巡检司、加一级　昆明雷振先

监梓

典

史浮山 张圣言

合订

丁卯科举人 萧山丁百川

丁卯科举人 钱塘汪邦宪

庚午科举人 仁和汤廷栋

萧山县学生员 蔡必达

萧山县学增广生员 蔡钧

同参

候选知县 邑人谢绪璇

四川三台县知县、告养在籍 邑人谢云祚

陕西镇原县知县 邑人谢阊祚

湖广泸溪县知县 邑人胡儋

直隶井陉县知县 邑人胡圻

校对

镇海县贡生 薛上治 郑朝宗

　　生员 樊昂 王鹤迁 陈锡卣 薛上乘 胡维焕 王谦吉 朱承渭

　　谢书祚 张懋延 刘荃 王世宇

分采

举贡生监 李士瀛 薛镇 陈良佐 陈锡光 刘元沂 邬廷瑞 袁又安

陈光先 金伊 张大成 倪绍俊 任承天 王和吉 陈光闻

杨文芳 谢友祚 谢仑 陈昌时 王光典 李三选 杨源

张志钧 胡昌旸 刘怀瑛 夏日瑚 乐九成 张翰 刘鳌

史金锡 陈铨 李时芳 戴高 陈昌寿 林模 余光学

舒椒 陈锡蕃 谢绪玑 金中 谢含祚 车学礼 谢纯祚

舒　槐　　沈上策　　谢融祚　　金廷机　　陈昌运　　谢起祚　　范用贤　　谢鑑祚
项　森　　胡国升　　谢联祚　　朱铨衡　　胡国光　　邵文云　　庄相玉　　胡道昌
乌世纶　　江士超　　朱　瓒　　庄　橹　　郑之兰　　薛上策　　沈奠邦　　郑　濬
朱　标　　任景道　　曹起谦　　王咸敏　　庄　鈇　　谢铨祚　　邬　钰　　林一枝
王二佑　　任　鼐　　金　侯　　张懋煜　　谢垍祚　　傅元杓　　陈兆行　　郑继宗
胡滋槐　　谢佑衷　　孙　焕　　杨枝苞　　陆时茂　　刘　鸿　　虞汝辉　　李　烜
杨　淮　　沈　鼐　　董燕昌　　徐名光　　陈　元　　沈美才　　朱学澜　　孙大良
郑之兰　　徐名新　　乌序仁　　郭端机　　高　揆　　叶　华　　方承烈　　傅承诏
蔡锺贤　　贺鼎元　　谢　耀　　林汝灏　　华　蓁　　盛瀛秀　　金　萼　　沈鸣钧
杨永超　　刘瑞梓　　庄　煒　　胡　垣　　王世定　　严殿飚　　郑观瀛　　陈元棠
沃　敬　　舒凤仪　　徐元恺　　沈　经　　谢佑兹　　蔡元庠　　舒凤滋　　谢　鳌
张志铭　　丁六鳌　　金　轼　　周丰水　　王心一　　胡毓珪　　乐　展　　王鸿吉
林焕若　　乐敏修　　薛上谋　　华　岩　　傅渶如　　曹尧勋　　张敬业　　张　铎
卓廷栋　　戴弘文　　陈　寅　　张　镐　　徐肇溱　　胡　炯　　孔兴国　　李光燧
石镇涛　　范循模　　戎式殿　　曹　铣　　张　镳　　竺　瑞　　何　荣　　王　珩
曹尧羹　　戎廷梅　　袁允文　　陈　俊　　胡有甲　　陆启藩　　庄景璧　　沈　韻
余士翰　　胡有锦　　谢佑曦　　王光文　　杨　静　　谢佑莘　　丁其中　　金　辉
陈　恪　　林云从　　王　樟　　李大成　　黄元仁　　王正学　　林良模　　周子才
陈良绅　　郑公美　　顾　寿　　史宗敏　　夏　炳　　范　淦　　蒋应义　　任典叙
张　翼　　武本慧　　孙　谋　　陈志典　　叶时中　　朱廷桂　　朱衣点　　石　圭
胡在瀛　　郑坤贤

督刻

张兆安

誊录

郑大立　　马志云　　罗肇忠　　包金翰　　陈应奎　　张兆瑾　　庄显卿　　傅以绅
张尧宗　　朱仲仁

梓人

柴善章　朱耀宗　厉芳在　吕义光

附载前朝修志姓氏

纂　修　南京兵部尚书　张时彻
订　正　宁波府定海县知县　何愈
同订正　定海县儒学教谕　吴经
　　　　　　　　　　训导　毛九思　王颐
预　修　定海县县丞　万子复
　　　　　　　　主簿　张卞符
　　　　　　　　典史　马恩
　　　　宁波府学生员　李贤　卢叔麟
　　　　鄞县学生员　　洪谟
　　　　定海县学生员　乐亮山　俞应科　江汝枏　谢谏　薛一乾

凡例 二十三则

一、镇邑自唐始置望海县，梁改名定海，宋、元、明因之。皇朝康熙二十六年，复建昌国为定海县，改定邑为镇海。旧志修于嘉靖，时尚称定海，而昌国隶定，附载志中。今志于康熙二十六年前仍称定海，于后称镇海，而山川、土田、官师、民物旧隶镇而新属定者应归定志，概不复载。

一①、修志例因旧文而损益之，但自嘉靖以来历百八十余年，典故增倍，兹特旁征各志及邑中文献，参互考订，衰成全书。不嫌稍廓旧规，补所未备，其旧志所载与今时殊势异者，或舍古以从时，或删繁以存略，间有笔误，详审订正，非敢自用，不欲仍讹而袭舛也。

一、邑志于康熙年间历经前令王公元士、郝公良桐、黄公宫柱、唐公鸿举先后修辑，皆未成刊。今仅存王公、唐公二稿，志内取征标明某令志稿，以存前人之绩，其诸志之外各书并标注书目，便于寻讨。

一、志内载近年事皆据实直书，既无成文可引，亦难另起一例，览者分别观之。

一、邑中险要名胜之地及宫府署舍营建之制绘图列首，以便省览。学校、典礼间附图于本门之下。

一、疆域七乡分江南北，应自县署起，先北后南，都、图悉依顺庄编次。其叙山川、河渠、道路、桥坊、寺观之类，除在城坊隅外，各注明乡都，依次分列。惟祠祀依勅修《浙江通志》例，先列各坛，再自城中叙诸庙起，以至于乡。

一、旧志河渠一篇，于水利既提纲挈要，第古今殊势通塞异，宜循源溯委，尤贵细大不捐。今一切塘、堰、碶、闸分析，备载于总篇之后。

一、典章制度随时沿革，本朝准今酌古，通变宜民。若赋役之改丁归田，武备之易陆路为水师，以及释奠秩祀之礼，宾饮读法之制，灿然大备，至善尽美，应悉遵王制赅载。先朝陈迹不能备书，其有文物声明垂为典故者，则循讨源流，以资考证。

一、田赋为足国足民之要，招徕垦辟，抚字催科，既宜变通尽利，而备荒有积贮，通商惠工有关税、盐政，经理综覈均期弊绝利生，概依现行规则条晰缕载。

一、镇邑控扼海口，为全浙咽喉。今虽海宇荡平，烽烟不警，而安不忘危，实为慎固封守之道。国朝更定兵制及各书防海机宜，类载以备观览。

---

①原文如此，不再按现代要求逐个排序。

一、镇邑海塘城垣遭丁卯秋风潮冲决，鸠工更筑，数载落成。旧制新规附详端末，俾后之君子因时度势，以合机宜。

一、蠲恤，历代有之，惟我朝恩膏叠沛，至深且渥，详载乘中，以昭旷代未有之典。

一、职官政治卓越者别列名宦传，其余皆得书名。旧志载县令丞尉，而场巡各司暨武职俱不载，殊觉缺典。但旧志列教职于学校，示各有专司也。今仿其例，于武职、场司亦分列武备、盐政之内，各官书名下，并志爵里年分，其无考者阙焉。

一、名宦载守土之有功德于民社者。镇为防海备倭要区，自昔至今，历有总镇大帅及宪副、郡守以下宣猷布泽，遗惠此邦，但非一邑专官，载之则嫌于滥，而阙之实病于疏，今凡设有祠祀而附本传于各祠下，庶不致名实两失。祠祀所阙者，间附一二，以志不忘。

一、人物旧志概列乡贤，不标名目，《雍正府志》分名臣、忠节、孝义、儒林、文苑、特行、隐逸诸门，而列于人物之外，则人物又何所指？今照《浙江通志》于人物中分门别类，而一人兼优数行，则彼此互见，以昭月旦之公。事无确据者不书，贤而尚存者例竢后人论定。

一、邑有专治，疆土封域不容混列，惟人物迁徙靡常，当因时进退。隋时镇邑与鄞、慈、余姚、上虞、山阴统属句章，其间人物若虞氏数公，往往各邑互载，而其实则镇之土著。嗣后唐废翁山，明徙昌国，斯时定邑全治属镇，人物无不属镇之理。今虞氏则既生聚于斯，存有家乘，其他或子姓现隶版图，或前贤尚遗宅里，确凿可据，例得备登，无庸以定志及他邑志已载为疑。又有应归定志而祀邑乡贤，各祀者亦宜存传。

一、列传有行实载在史册及旧志者，仍原文备录，其杂采志稿及新辑入传，皆确按事迹斟酌繁简，不致罣漏，亦不取浮词失实。

一、列女业经题旌者概应入志，其穷檐苦节于例既符而或采访有遗，或表扬未及，风教攸系，备与载笔以阐幽芳，伊夫姓名无考者不溷列。

一、纪事之文备详一事始末，应附本条之下，互相发明。其无所附丽及鸿文大篇不能多列，混目者别汇艺文一册，皆取有关政治、文质相副之作。登览吟咏亦于附记各门外分别体裁类载于后，固多经国大业，而一二零珠碎玉，人以文传，亦言行并识之意也。

一、修志多醵金开馆，颇滋纷扰，且难集事。因矢志以一己之力、为不限岁月之计，专于内署聚图书，晨夕取次辑录。六年中，良朋往来，各有精义相资益，三经脱稿，以迄授梓，凡膏火、笔札、梨枣之需，皆节俸简俭了之。都人士有议捐者，悉令归粥厂煮赈，俾任恤之美各施桑梓，不欲以邑乘累民。此斤斤之见，附识以质后之贤者。

一、志乘惟此旧编旷隔最久，缺轶最多，如山川、桥道之易见者增损过半，其他视此，不深惧耳目之难哉！爰集士夫议，首得薛生上治、陈生锡卤出其先人所录王、唐二公草本，张生懋延并以其昆季居恒手辑《正讹》一册来校。同时诸名流亦各以家所袭藏、身所睹记纷纷投示，事始有绪。继即遍告合邑，博搜闻见，粗就卷帙。随尽出于庠序，凡耆宿淹雅，克任商推者，礼请画规，依次考订，各陈所见，疑信异同悉登公室。终虑遐陬未遍，探索难周，又复里设一簿，殷勤属里之贤者各以本里所有列条书缴，一隅不漏，乃得纵观广览，较雠成集。虽未敢云周详精核，而往复寻绎，并观兼听之志，阖邑其共谅诸。

一、编纂贵三长并用，谫劣如余，何敢轻言著作？而彰往察来，显微阐幽，以襄国是、扶人纪，区区之心所不能已者。赖同方文武寅僚共助，不逮获有成稿，窃以载事之书，求实不遑，藻绘固无论矣。即孜孜于引伸厘正，而耳目所穷，心手所限，错落纰谬，贻讥孔多，洵非完善之书，愿以就正有道，因之损益，为后来作者权舆，以绍二百年余绪，不致坠失，斯编幸甚。

一、旧志合定、镇为一书，不及四百页，今将定疆一切割去，存镇无几。斯编避繁篡要，尚几七百页，且多双行细字，增及数倍矣。自改镇海为县，此志实开创本，较之别册多仍旧文者，非可同日语也。采核岂易言哉！不辞载笔之疏，窃恐愈久愈轶耳。兹以诸绅士姓氏悉标卷首，所望共知，均与有责，再复审校，则全璧不难继见焉。愿鉴斯意。

惕庵王梦弼谨识

目录

卷 首

卷 首

县境图

北至定石砰岹

山霍東

門蛟

山游

山薄虎

城山陸

臺山笠

小浹江

臺山師張

金塘洋

城遠威

山寶招

大浹江

臺山鼓打

山龜金

海後

碶金後

臺山石路

塘土埔

山峯波庶

橋成養

山昏昆

海鎮

塘江石

臺山漁大

關海鎮

鄉紫

橋山長

浦跡孔

嶺跳猫

臺河渚東

東至定海洋汛界

鄉岩靈

太邱鄉

所山穿

山大林

山茅白穿

山陳

嶺陣布

巷總蕑

臺山門小

石

寺山峯雷

鄉宴海

所衛昌

臺山前司

臺山澥

山東東

臺山雷鏵

寺岩瑞

亭崑

臺山厭蝦

山鳳來

鼻象

臺山子獅

臺山廟東

芬山蕭芬

山崎頭洋

港山柚梅

南至定象洋

县境图

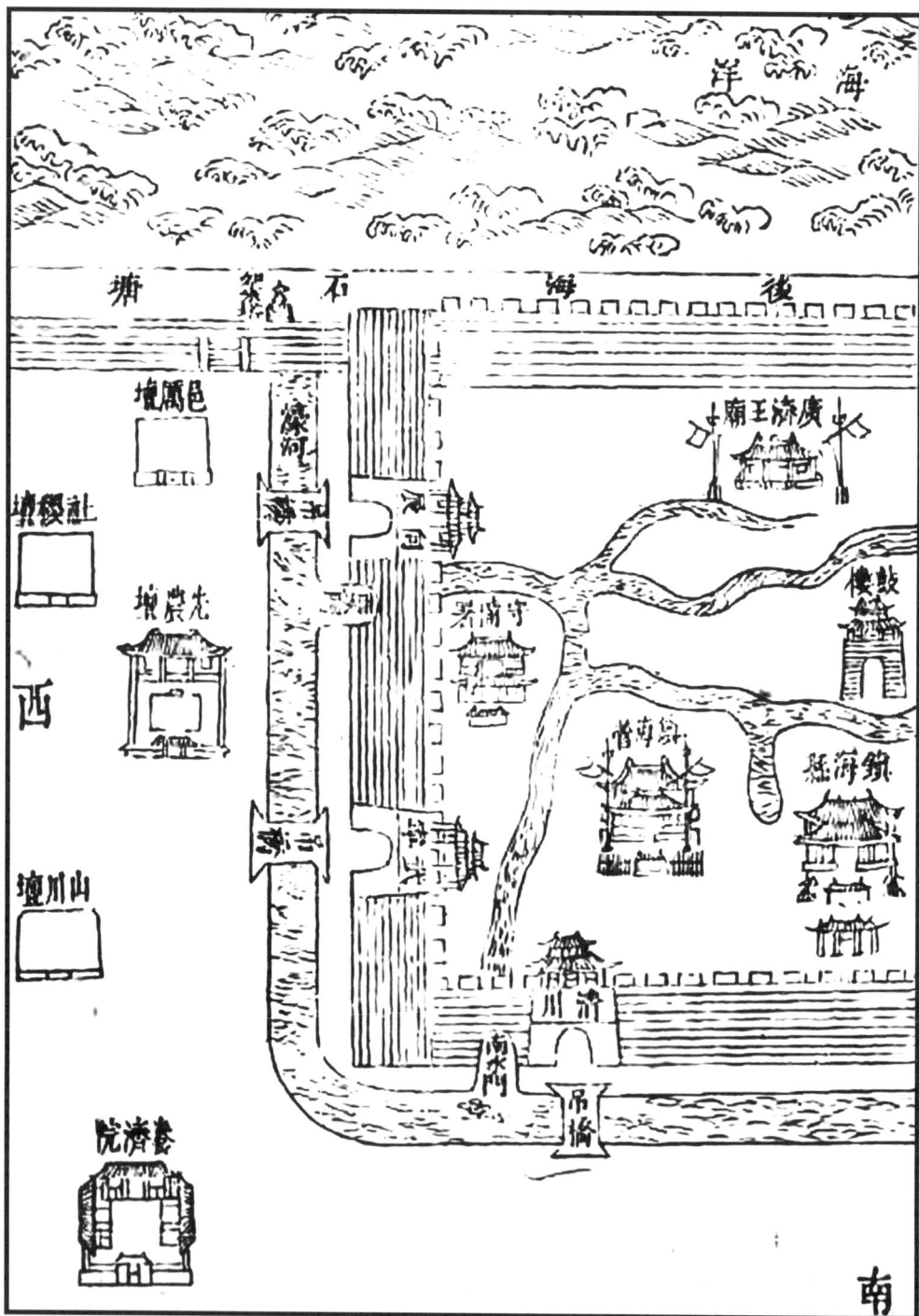

县城图

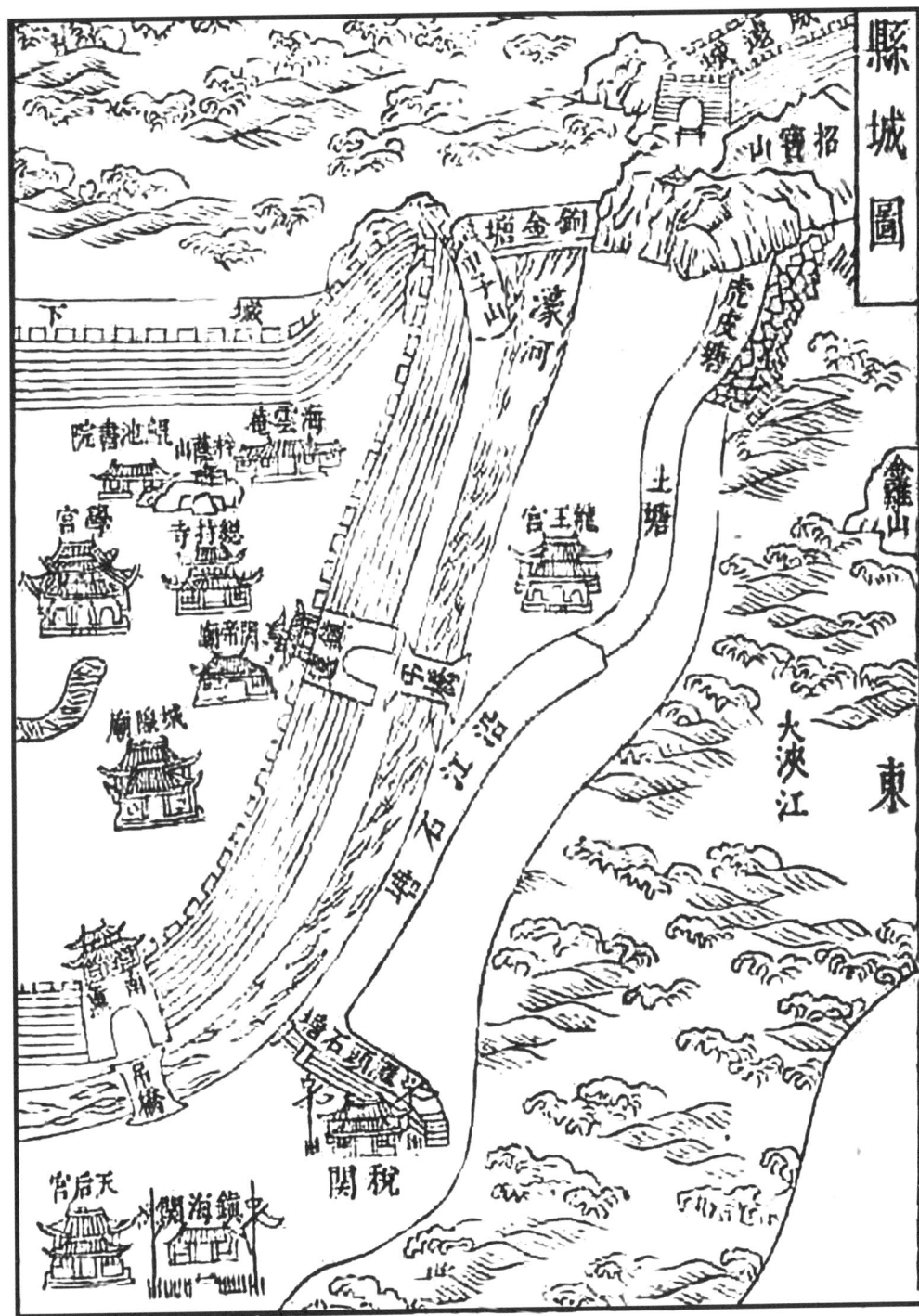

县城图

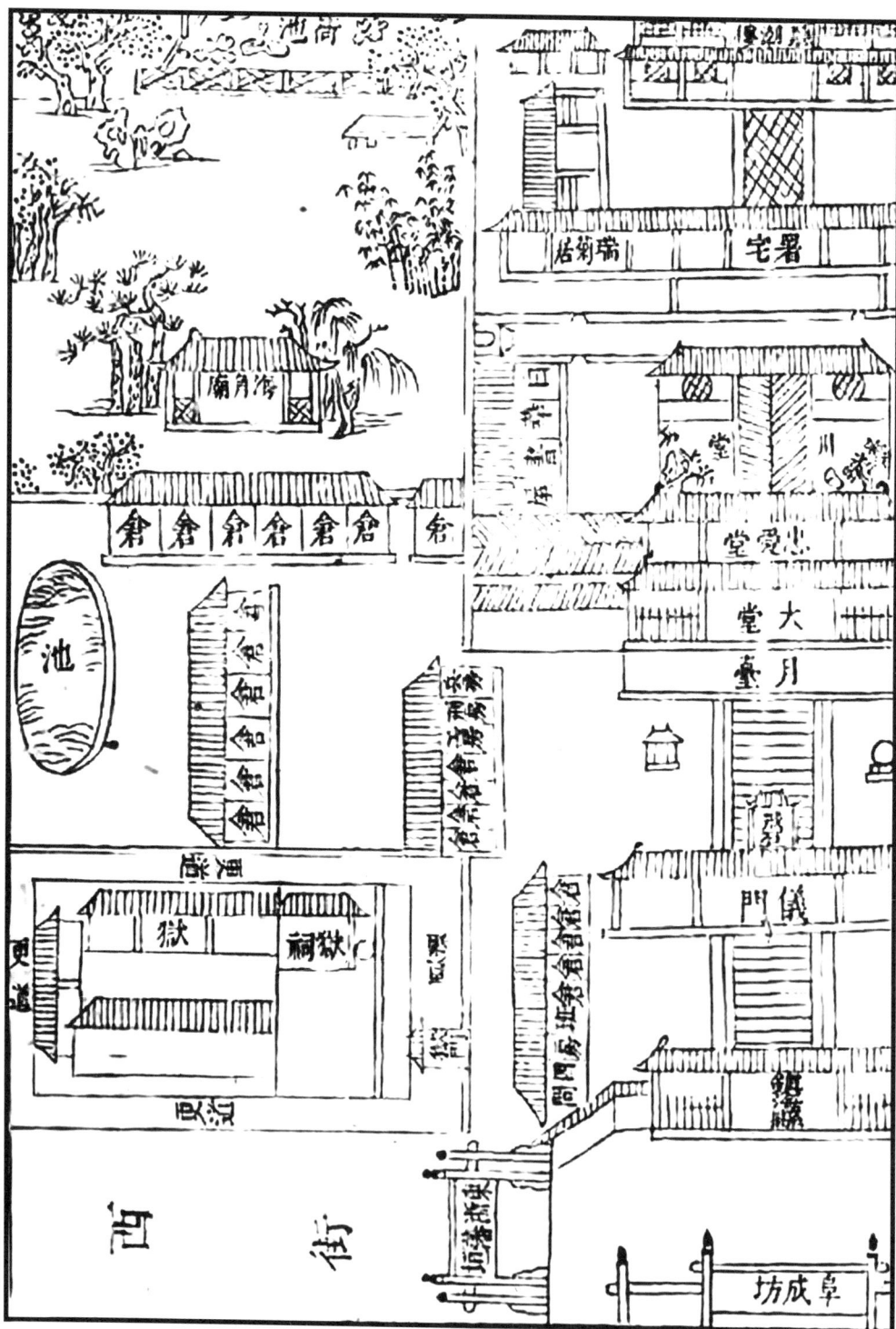

荷池

亭月庙

瑞剑店

署宅

泮池学

仓 仓 仓 仓 仓 仓

池

忠爱堂

大堂

月臺

仪门

狱 祠 狱

西 街

镇漱館

卓成坊

县治图

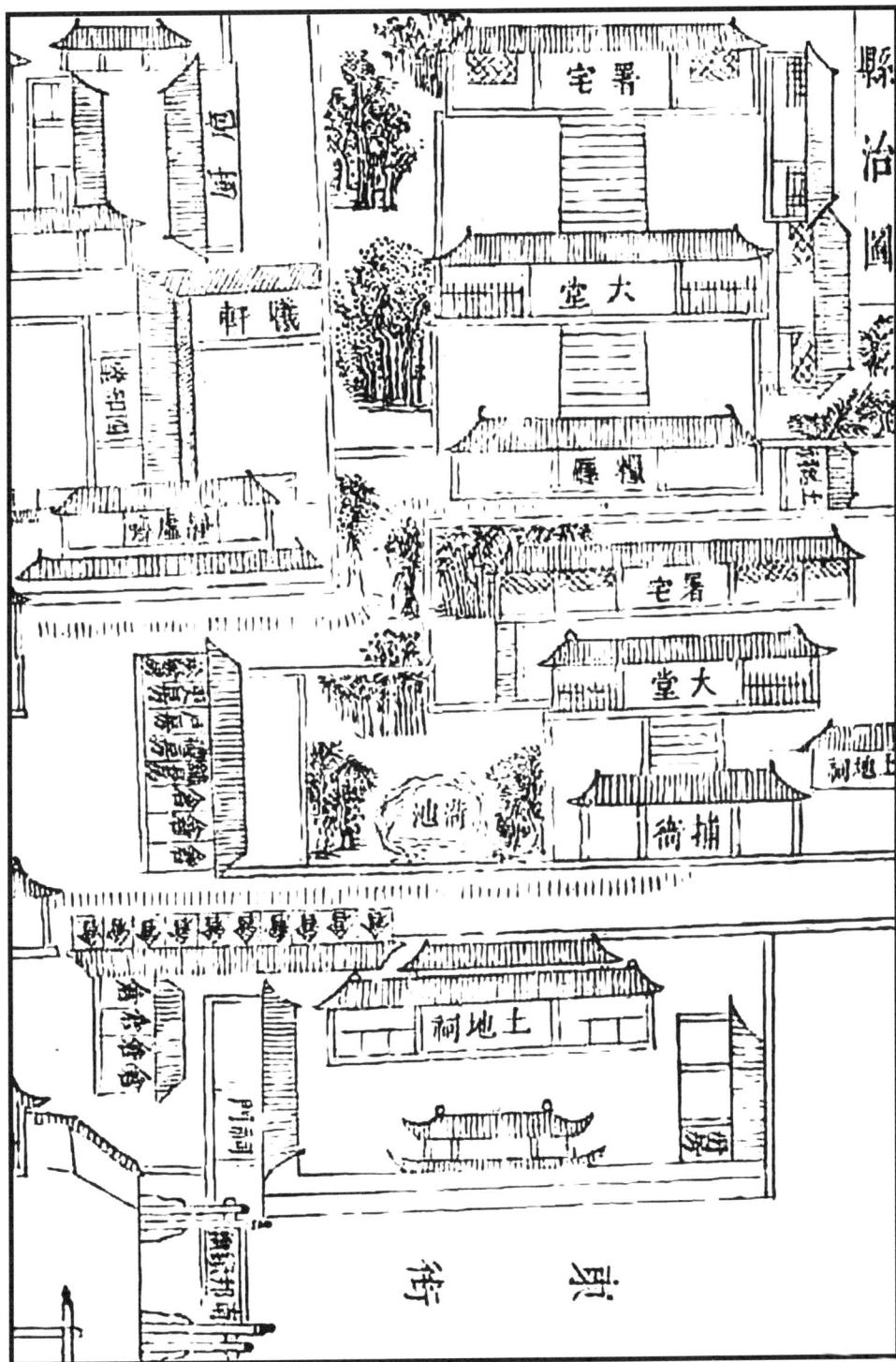

县治图

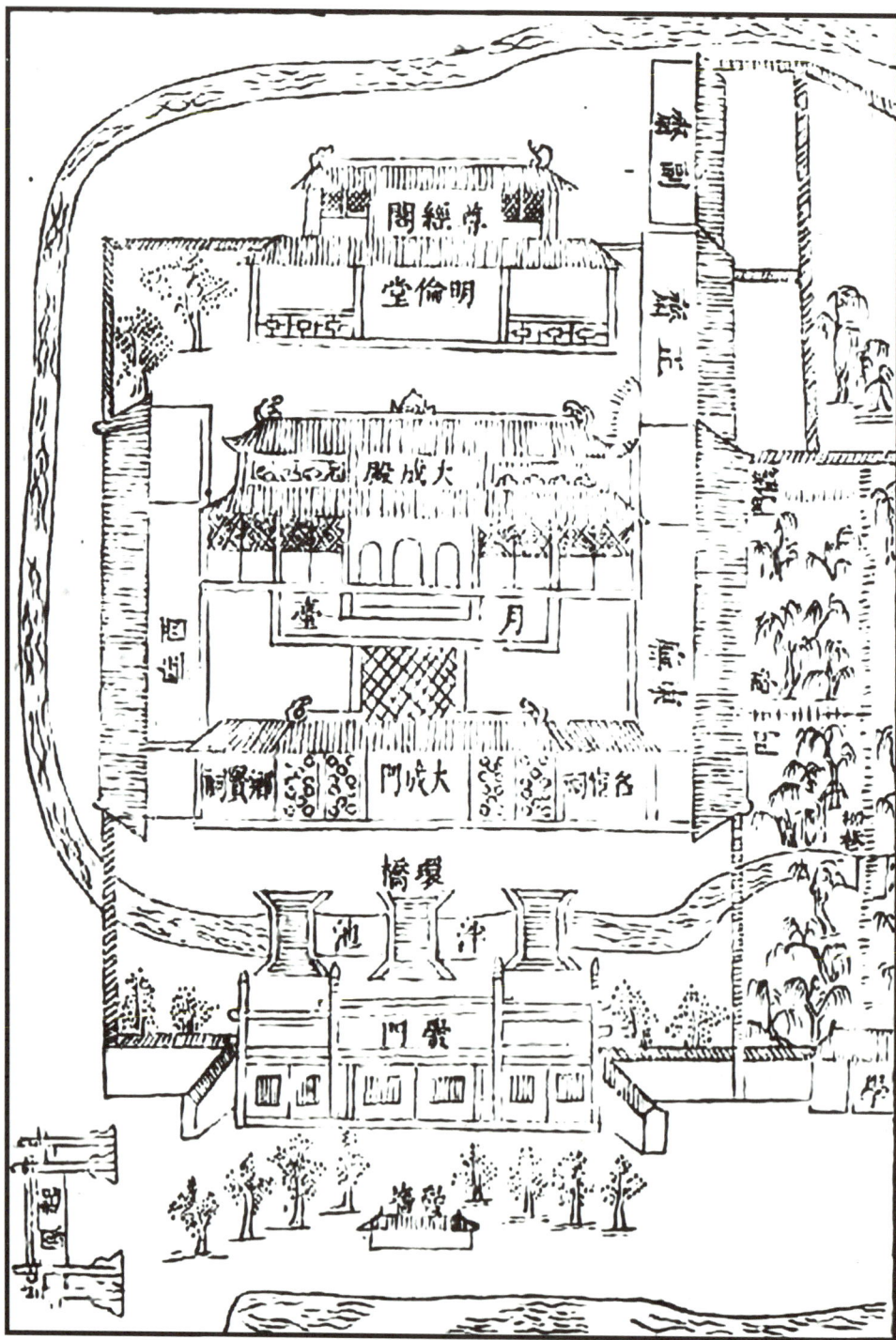

学宫图

學宮圖

文昌閣

迎恩門

聚奎樓

明德祠

紫雲祠

射圃

節孝祠

忠義祠

土地祠

尊經閣

儒

文聖坊

学宫图

鲲池书院图

鲲池书院图

招宝山图

招宝山图

鸿巖

伏龍山寺

龍山所

达蓬山图

达蓬山图

灵峰山图

灵峰山图

瑞岩山图

瑞岩山图

寰海岛屿图

寰海島嶼圖

卷一

建置 星野 形胜 疆域 附坊表

知镇海县事商邱王梦弼 纂修

儒学教谕姚江邵向荣 订正

建置

　　肇州敷土，建国亲侯，厥制远矣。秦分天下三十六郡，汉列县千二百有奇，晋宋而降，代有损益，盖度地居民必因时顺施焉。邑以句甬涂乡，迄唐晚叶，设雄镇而洊列通邑，历宋而元而明，兵氛潮患消息相循。我朝申命海疆，嘉名肇锡，东南之锁钥，滋重已。司土者职思其居，以永绥斯服，非详于创垂本末不可。志建置。

　　《旧志》：定海（今镇海）在《禹贡》扬州堇子国东北际海处。注：堇子国，以赤堇山得名，在奉化境内。贺循《会稽记》：少康封其少子号"於越"，越国之称始此。镇邑在越东南境。《吴越春秋》：吴伐越，楼句践于会稽，已复增之，封"东至于句甬"。《旧志》：地属于句甬。《史记·吴世家》：句践迁吴王夫差于甬东。《旧志》：地联于甬东。《资治通鉴》：秦定荆江南地，降百越之君，置会稽郡。《汉书·地理志》：会稽郡领县二十六。**按：在今宁波者，句章、鄞、鄮。《雍正府志》：鄞城在今奉化县白社**①**里。鄮城在今鄞县贸山，句章城在今慈溪县城山渡。**《明一统志》：定海县（今镇海）在府城东六十里，秦句章县地，汉、三国吴及宋、齐、梁、陈、隋皆仍旧，唐为鄮县地。《旧志》称定地秦属鄮，历汉、晋、齐、梁、陈无改，隋合鄞、鄮之地为句章，则地属句章。今按杜预《左传》注、韦昭《史记·吴世家》注、司马贞《越世家》注，皆云"甬东，会稽句章县东海中洲"。甬东即今定海，在镇海东海外；句章远在镇海西之城山渡，跨而有之，则镇更当为句章近属。又，《清类天文分野之书》《广舆记》并谓"秦句章地"，旧志称"秦属鄮"似误。《唐书·地理志》：武德四年，析故句章县置鄞州。时或隶鄞。八年州废，更置鄞县。时镇隶鄞。《旧志》：开元二十六年从采访使齐澣奏，改鄞县为明州，而鄞之地裂为慈溪、奉化（旧鄞）、翁山（今定海），并鄞县而四，时定地（今镇海）属鄞如故。翁山已先定而为县矣。《旧唐书·地理志》：天宝元年，明州改为余姚郡，乾元元年复为明州，领县四：鄞、奉化、慈溪、翁山（时镇仍属鄞）。《雍正府志》：大历六年，海寇袁晁据鄞、翁山二县，废翁山不治，徒鄞治于三江口。元和中，分鄞县地，置望海镇于甬江之海口（镇地设治始此），不隶于州，而四县外复有一镇。《资治通鉴注》：望海镇在明州界，今定海县即其地。《嘉靖府志》：

---

①社：应为"杜"。

乾宁四年，钱氏据有吴越，更望海镇为静海镇，因置望海县。《十国春秋》作静安县。《吴越备史》作静海县。《嘉靖府志》：五代梁改为定海县。《旧志》同。《雍正府志》云：梁开平三年改定海县，是年鄞亦改鄞。按《太平寰宇记》作"开平三年置望海县，后改定海"，《文献通考》作"宋改定海"，皆不详改于何年，《寰宇记》置县年分亦不符，今悉仍《府志》并《旧志》。《舆地广记》：开平三年升明州为望海军节度。《宋史·地理志》：建隆元年升奉国军节度（领县定海）。《清类天文分野之书》：熙宁十年割鄞（即鄞）之海晏、灵岩、泰邱三乡属焉。《嘉靖府志》：元丰三年割县之金塘乡隶昌国。**按：熙宁六年复立翁山为昌国。**《资治通鉴》：庆元元年升明州为庆元府。《宋史·地理志》：庆元府领县定海。《元史·地理志》：至元十四年庆元府改为庆元路总管。《元史·地理志》：庆元路领县定海。《明大政记》：至正二十七年（即明吴元年）改庆元路为明州府。《明史·地理志》：明州府领县定海。《嘉靖府志》：洪武十四年鄞单仲友奏明州同国号，乞改名。上以郡有定海县，海定则波宁，因改为宁波府。《续文献通考》：宁波府领县定海。《旧志》：洪武二十年，以昌国县悬居海岛，徙其民内地，留城中五百户隶定海（今镇海）。《雍正府志》：皇清康熙二十六年，特诏立定海县（即昌国故址），改旧定海为镇海县。《浙江通志》：镇海县属宁波府，编户九十六里。**按《浙江通志》及《定海县志》俱作康熙二十七年设定海县，以旧定海为镇海县，今据县署有《奉改名镇海县》额，系康熙丁卯岁邑令周家齐立，则《府志》二十六年为确。其新设定海，建官莅治或至二十七年，修省志时府志未成，故亦据定海志作二十七年也。**

世代	建置表	总隶	专辖	邑治
夏		扬州	堇子国	堇东北际海处
	禹没，葬于会稽，六世至少康，封少子无余于越以奉禹祀	越		越东南境
商		越		越东南境
周	春秋	越	句甬一作甬句东	地属句甬
秦	始皇二十五年，置会稽郡，治在吴，领县二十六，句章、鄞、鄮属焉	会稽郡		句章县东境
汉	元封五年置十三部刺史，会稽郡属扬州	扬州部	会稽郡	句章县东境
东汉	永建四年，分浙江以东为会稽郡，徙治山阴		会稽郡	句章县东境
东晋	为会稽国，改太守为内史	会稽国		句章县东境
宋	永初二年，复为会稽郡	扬州	会稽郡	句章县东境
	孝建元年，分扬州，置东扬州	东扬州	会稽郡	句章县东境
	永光元年，省东扬州，并扬州	扬州	会稽郡	句章县东境
梁	普通五年，复置东扬州	东扬州	会稽郡	句章县东境

世代	建置表	总隶	专辖	邑治
	太平元年，罢东扬州，还复会稽郡	会稽郡		句章县东境
陈	复以会稽等八郡置东扬州	东扬州	会稽郡	句章县东境
隋	文帝平陈，改东扬州曰吴州，废会稽郡，并鄞、鄮入句章，隶吴州	吴州		句章县东境
	大业初，改吴州为越州，后复为会稽郡	越州	会稽郡	句章县东境
唐	武德四年，改会稽郡置越州总管府，以句章、鄞、鄮地置鄞州，隶越，不设县	越州		句章县东境
	八年，废鄞州，更置鄮县，隶越州	越州		鄮县地
	贞观元年，分天下为十道，越州属江南道	江南道	越州	鄮县地
	开元二十一年，分天下为十五道，越属江南东道	江南东道	越州	鄮县地
	二十六年，析鄮县为四，置明州统之，不隶越	江南东道	明州以四明山名	鄮县地
	天宝元年，改明州为余姚郡	江南东道	余姚郡	鄮县地

世代	建置表	总隶	专辖	邑治
	乾元元年，分置浙东东道，复余姚郡为明州	浙江东道	明州	鄞县地
	建中二年，并浙江东道，隶浙江西道	浙江西道	明州	鄞县地
	元和四年，析鄞县地，置望海镇，不隶明州			望海镇 即今县治地
五代	乾宁四年，钱氏据吴越，更望海镇为静海镇，因置望海县	吴越		望海镇 望海县
	梁开平三年，升明州为望海军节度，改望海县为定海县	吴越	明州望海军	定海县
宋	建隆元年，升望海军为奉国军节度	吴越	明州奉国军	定海县
	太平兴国四年，吴越以地来归。淳化四年，分天下郡县为十道，明州属浙东道	浙东道	明州	定海县
	熙宁十年，割鄞之海晏、灵岩、泰邱三乡属定海			
	元丰三年，析天下为二十三路，明州属两浙路。是年又割县之金塘乡隶昌国	两浙路	明州	定海县

世代	建置表	总隶	专辖	邑治
	绍兴元年,置浙东安抚使,明州属浙东路	浙东路	明州	定海县
	庆元元年,升明州为庆元府	浙东路	庆元府	定海县
元	至元十三年,立两浙都督府,又改安抚使	两浙	庆元府	定海县
	至元十三年,改庆元府为庆元路,置江浙等处行中书省	江浙等处行中书省	庆元路	定海县
	至正二十六年,开浙江等处行中书省于杭州	浙江等处行中书省	庆元路	定海县
	至正二十七年,改庆元路为明州府	浙江等处行中书省	明州府	定海县
明	洪武九年,改行中书省为承宣布政使司	浙江布政使司	明州府	定海县
	洪武十四年,改明州府为宁波府	浙江布政使司	宁波府	定海县
国朝	为南京十四省置浙江等处承宣使司	浙江省	宁波府	定海县
	康熙二十六年,改定海县为镇海县	浙江省	宁波府	镇海县

星野

　　自庖羲氏观象察理而推测之蕴著，天有列宿，地有州域，比附参验以揆顺逆，辨祆祥，为体国经野者躬修俟应地焉。十二次丑日星纪春秋，以吴越兼之。邑当坤轴之偏，而以百里上配星妖躔，度数分秒，言人人殊，未易执一论也。然即人事以征天道，亦无谬抚辰凝绩之义云。志星野。

　　《周礼》：保章氏以星土辨九州之地，所封域皆有分星以观妖祥。《旧志》：四明故扬州之域，当会稽东部而定（今镇海）。又其边徼也，论分星属星纪。《尔雅》：星纪，斗牵牛也。郭璞云"斗牵牛"者，日月五星之所终始，故谓之星纪。《星经》：南斗牵牛，吴越之分。《春秋元命苞》：牵牛流为扬州，分为越国。流者，自彼及此之谓；分者，由本及支之谓。星本北而地在南，精气流映，扬为本而越为支，光芒旁烛。《星曜分野图》：星纪之次，丑吴越。《汉书·地理志》：吴地，斗分野也；越地，牵牛婺女之分野也。《后汉律历志》：自斗六度至须女二度，谓之星纪之次越之分野。《晋书·天文志》：吴越分曰扬州，而会稽入斗一度。《文献通考》：《宋两朝天文志》：天市垣二十二星，东西列各十一星，其东垣南第六星曰吴越，亦为星纪之次。《元史·历志》：起斗四度三十六分六十秒外，入吴越分为星纪之次。《清类天文分野之书》：宁波，禹贡扬州之域，牛女之分越地。《明一统志》：宁波，牛女分野。《嘉靖府志》：宁郡，古扬州，在春秋为越地。于分野则始见于《周礼》，郑元注曰：星纪吴越也。范晔志星纪，起斗十一度，至婺女七度，于辰为丑，于分野为吴越。然则郡之所占，盖斗牛女之次矣。《晋书·星纪》起斗十二度。比《范志》减一度。费直星纪起斗十度。比《范志》多一度。终婺女五度。比《范志》减二度。蔡邕星纪起斗六度。比《范志》多五度。终婺女二度。比《范志》减五度。一行星纪起斗九度。比《范志》多二度。终婺女四度。比《范志》减三度。然语斗牛女为吴越之分，一也。《班志》：吴斗分野，越牵牛婺女分野，此又分星纪为二，而吴与越又自有分矣。以事应验之，汉桓帝熹平间，荧惑入南斗，会稽许昭聚众为乱，攻破郡县。此见斗又兼属越。献帝建安初，岁星荧惑太白，聚牛女，孙策、权开江东。此见斗又兼属吴。陈之末有孛星于牵牛，叔宝亡。此又牵牛兼吴越。明嘉靖癸卯七月，荧惑入南斗，占主东南大饥荒。是冬及明年春，自淮扬大江而南，历苏松浙东西，斗米数百钱，道殣相望。此斗又兼吴越。然则星纪之在吴越，又不可分矣。春秋越得岁，吴伐之，卒受其咎，此又实有所分，与《班志》合。然以《天官书》论之，又别有指。按迁史《天官书》，岁有赢缩，趋舍而前曰赢，退舍曰缩。赢，其国有兵不复；缩，其国有忧将亡。吴越均在星纪，然吴在越北，越在吴南，岂是时岁之所入，适历北而南，吴当其退度而缩，越当其进度而赢，故越有吴兵，卒不使吴得复，而吴因而亡乎？此当言岁之退吴而进越，不当言越之得岁而吴之不得岁。正不可以此而分星纪也。有辩星纪之非吴越者，曰吴越南，星纪北。然以历家仰仪之理推之，仰仪反以观天，取光之所烛为验。则星纪在北而光烛于南，其以吴越当之者，从星纪之所烛也。《春秋元命苞》：牵牛流为扬州，分为越国。虞翻曰："会稽上应牵牛之宿，下当少阳之位。"此又不及斗婺女。盖举其中牵牛，则前后二星皆举之。故言宁郡之分星，其为星纪也，信矣。《旧志》：有疑吴越南而星纪北，似相舛戾者，惟唐僧一行谓"悬象在天，其本在地"。星之与土，以精气相属，而不系乎方隅，其占测以山河为限，而不主乎州国。故以星辰河汉列其阴阳升降，配以两戒山河。天有北河三星名北戒，南河三星名南戒，所谓两戒也。此两戒为天下大势所关，故《汉志》有曰：北河为边门，南河为越门。《旧志》"两戒"书"两界"，误。于古今舆图各有所属，则吴越之属星纪，厥有自矣。《浙江通志》：古测宁波，牛女分野，今测宁波，斗四度。《藏书集要》：四明宁波府，斗十度丑宫。《内纬秘言》：牛三度鄞县、慈溪，入七分之六女初初度奉化、定海。镇、定同象山三县入七分之三。《鄞县志》分野之说，昉于《周礼邦次》之系，注于郑司农岁星之属，取于贾氏京房以卦位积算。费直以周易起度，蔡邕月令陈卓分踪，皆各为分野之疏，以合占验之旨。诸论纷纭，张时彻《嘉靖郡志》亦叙之博矣，但造而无涯，驰而寡要，今举其未详明者列之。吴越域本扬州，分宿为牵牛婺女次于星纪。《尔雅》曰：星纪斗牵牛也。郭璞云：斗牵牛者，日月正星之所终始，故所谓之星纪。《魏史》以南斗牛女丑属之而分，会稽入牛一度之内，盖太乙三宫起斗，八官起女，属北方之第七舍。斗辰六星二十四度，牛丑六星七度，女之四星十度，在天共四十一度，在地五十三度，总属扬州之分，而入会稽则牛一度。《元史》云：斗四度三十六分六十杪外入吴越，此斗牛女星纪为总属之说也。《天文志》：南斗牵牛星纪之次，初斗十一度外，末女七度内。于分为吴越，于辰在丑，于野在扬州，自庐江九江负淮水之南尽，临淮广陵至东海，又逾南河西滨，彭蠡南至越州。南斗在云汉之下流，当淮海之间为吴，分牵牛去南河浸远，故其分野自古豫章东达会稽，南逾岭徼为越，分列星度数云斗第二星至会稽，又女七度主越。《春秋元命苞》：牵牛分为越国。《淮南子支干分野》以丙子属越。《张氏河图分野》其第九亦以丙属明越二州，此吴越分野之别也。《班志地理》斗分吴，牵牛婺女分越，而《志天文》又以斗属江湖，牵牛婺女属扬州，亦自异矣。太微指掌天市，垣有列国，星二十二，起宋历吴越，止于河中，而吴越国星正对牛女之次。又女宿宫内有十二国星，东起于越，是知星本有上天，自成分野，非即保章氏所谓辨星土者欤？《元命苞》谓牵牛流为扬州，分为越国。流者，自彼及此之谓；分者，由本及支之谓。星本北而地在南，精气流映，扬为本而越为支，光芒旁烛。唐一行曰：悬象在天，其本在地。星之与地，以精光相属而不系乎方隅，其占测以山河为限，而不主于州国，是精气流分之义。晰山河分界之限明，而星北地南相岐之说，与郡县杳涉难辨之疑可推矣！李淳风洲域分野秘术，扬州域曰癸丑支之所属，吴越得丑八数，劫煞在寅，灾煞在卯，天煞在辰，地煞在巳，刑在酉丑刑戌。又《金镜秘诀》扬州丙戌宫，以癸酉总一宫之分野，内吴越属丙辰，谓太乙。历州游郡，以二十八宿踪度所临。若与四神劫煞刑并者，其域必凶，此太乙占吴越分野之法也。天之所覆甚广，地之所应无穷，而灾祥之见织微具别者，大约以分宿为主，属辰参之，而再稽于本国之星之度。其入度不同，则占应自异。《晋史士墨》曰：越得风而吴伐之，必受其凶。释者曰岁在星纪。夫星纪，吴越一也，何以有得不得之分？考吴之始伐越，乃在辛卯夏五月，史墨曰不及四十年，越其有吴乎？按太岁在卯曰单于，名降入在婺女虚危，故曰得岁。然何以独有越得也？盖越之野属丙，丙则与辛合。吴越之野属丑，灾煞在卯，《天文志》云：岁星所在，国不可伐，可以伐人。吴所伐者，乃同得岁星之国，故凶。桂氏曰：岁星所在，其国有福。吴先用兵，故受其殃，此越得之之说也。乙巳夏五月，吴伐越，越败吴于檇李，按丑野局地，煞在巳国，檇李为吴之丑地，煞巳落吴。天盘秘指是年仲夏女十度，斗十六度，渐次十度，与太乙游宿之度赢二度，以其赢者入于天汉。是时天市之吴越星界于天汉，北河分河流之岐。吴在越前，为稍北；越居吴后，为稍南。正在河滨，则越已赢二度。丑女七度，原主越，今行十度，合太乙游行之数。此又越之所以独得于月而胜者也。丁未春二月，夫差伐越，败越于夫椒。按金镜紫微，丁未，越野分宫入庚子元四十四局，太乙在八宫，阳德为天目外迫，主算三十三，主大将三宫外宫迫，主参将九宫，盖其推法在太乙前一辰，为外迫在后一辰，为内迫在前一宫，为外宫迫在后一宫，为内官迫也。是年越果败。戊辰冬十一月丁卯，越灭吴，是岁天煞在辰，灾煞在卯，且岁星十二岁，而周天至此已越三周，而复以卯日克之，史墨所谓"不及四十年越其有吴"之说验矣。然岁星在寅曰摄，提格名监，德在斗牵牛。岁星在子曰困，敦名天宗，亦在牵牛，史墨不取而独取单于之在婺女，则知女度之为越分也。盖确认山河脉终于两戒识云。汉星沉于四维，参以古郡国，此一行之善法，上慎禔而下恪承，安在天高辰远之不可缕分条析耶？

形胜

　　天下大势，西临洮，北沙漠，东索、南带皆临大海。明州负溟渤，控扶桑，为东南要会，镇尤扼全郡咽喉，号称外户。标奇识险，昔人论列详矣，兹采其尤者著于篇。乃至毓秀储精、磅礴郁积，君子观此，抑又有取地之象欤。志形胜。

　　陆云《答车茂安书》：定当郡之咽喉，环以长江，汇以溟渤；达蓬巇嶪而东趋，伏龙蜿蜒而南首；盘峉据三十六盘之胜，瑞岩逞十有二峰之奇。《明一统志》：海道辐辏之地，南则闽广，东则倭人。商舶往来，物货丰衍。出海有蛟门、虎蹲天设之险，亦东南之要会。张得中《四明形胜赋》：蛟门屹立，自天设险；虎蹲雄踞，阻海为关。史大成《招宝山宝陀寺记》：其南玉环、乌沙、普陀诸山，如浴凫浮鸥，湮没于洪波骇浪之中，而台、温往来之程，指顾可得。其北一望，陈钱、壁下，为两浙分界，苏松沿海诸郡，可以一帆飞渡。其东则岑江、螺峰，固昔时驻兵之所，用以控扼海道。其西循龙山、泽山之麓，迤逦而转，可达杭越，声息甚捷。《旧浙江通志》：蛟门、虎蹲重关，实天设之险。查浦峡口抗扼，乃咽喉之地。《旧志》：海内之山皆发源昆仑，分为中、南、北三条。浙在南条，尽处由三衢、括苍，走东瓯、天台会抵四明。四明二百八十峰，为郡境诸山之宗。其南经奉化，东趋于金峨、天童、太白、鄮峰、玉几至穿山、崎头，伏入于海，渐引而为大榭、小榭，为大颒、长屿、呑山、大小干、桃花、朱家尖山，自长屿北入海，复崎为舟山。峰峦千百，开屏列嶂；盘溪、隐呑，映带森郁，延袤可二百里，演漾若沧溟中浮一环璧也。其左入海，崎为马秦、顺母、梅岑、洛迦诸山；右入海，为金塘、烈表、册子诸山。入海而涌于北者，为马墓、长涂、秀岱、兰剑诸山，莫不排空列戟四周而为藩卫。凭高而望，气通脉络，状若波澜。表里江海，营卫畅达，扶舆清淑之气流峙，盖非偶然也。峡口之南分太白余条，东北走为竹屿、青屿、乐家屿，入海为蛟门、虎蹲，雄据上游，足称天险。黄茅、七里、游山，抑又其余脉矣。其北本四明东北之支，度鄞而慈，入县界为达蓬、伏龙山，由是循沙而行，奠位峡口之北为招宝，入海散处者为东西霍、三姑，远望于洋山、马迹、陈钱，此山形之概也。若夫称百二之壮丽，擅东南之伟观，则后郭、大嵩阻其南，而与钱爵、昌国为声援；龙山、管界殿其后，而联观海、慈溪为犄角。舟山则维以岑、宝、螺、岱四司，以固东南之锁钥。县城当水陆之要会，以抗郡治之咽喉，盖不独五县之保障，实东浙之藩垣也。乃若盘峉据三十六盘之胜，瑞岩逞十有二峰之奇。达蓬东趋，蓬莱可到；伏龙南首，蜿蜒犹龙。金塘森列，见青障之倚天；蛟峰屹立，为中流之砥柱。梅岑寄子真之迹（即补陀），翁洲遗稚川之踪。安期醉墨，纹灿桃花；徐福棋枰，竹枝风扫。其他含灵毓秀，碧洞丹崖，为神仙幽怪所居者，盖不可胜纪。招宝扼江海之口，抵障狂澜，其巅则构以龙宫贝阙，云汉昭回。新城则环负图书，天然显丽。升高纵览，旁眺八垠，溟涬鸿蒙，浩无穷际。洪涛拍天，轰雷卷雪。元气吞吐，地轴推移。验海潮之应月，观旭日于扶桑。倏若凌虚倒影，排云御风；三山赤水，飞仙往来之处恍惚可得而窥也。至若高丽、日本、琉球、三韩之属，峙列岛屿，若凫若鹭，若隐若见。纳质贡琛，帆舶踵至。鱼盐商贾，航瓯闽而直抵琼崖，泛吴会而遝联海岱。乘万斛之舟，驾长风而轻举千里，固瞬息也。自昔狡倭弋利，疆圉绎骚。唐宋经营，望海置镇，今则翁洲立县，犹固藩篱，虽万灶云屯，舟师鳞集，而久安长治之计端有藉于雄图硕画焉。

疆域

　　大司徒之扰邦国也，必辨地域、正畿疆而治道始立。邑控海壖，抚有大江，南北经野之制宏矣，宋又益以三乡，规模益廓。其后或分裂金塘，或并包昌国，封守之广狭代殊。至我朝奄有海洲，郊圻申画于是，形方所掌，无有华离。司土者将欲循逢师遂人之法，而以致其治，舍土地之图，奚先焉？志疆域。

　　《浙江通志》：镇海在府治东北六十五里，东西广二百九十里，南北袤二百五十七里，西北至省城五百三十里，至京师四千七百二十里。《雍正府志》：镇海县在郡治之东北六十里，其东北切海岸，由关口二里至港口，又五里至虎蹲山，又十里至蛟门山，又十里至捣杵山，又三十里至金塘山。西首山脚又十里至太平山，又十里至后海，又五十里至东霍山，又五十里至西霍山，又二十里至七姊妹山，计洋面延袤四十里。东北界定镇洋汛，西北界乍浦营洋汛，南至灵岩乡阿育王山三十里界鄞西，至清泉乡浦桥北五十里界鄞东南，至海晏乡旗头山青龙港海洋一百十里界象西南，至崇邱乡张家堰三十五里界鄞西北，至灵绪乡东埠墟松浦闸一百二十里界慈。东西相距二百三十里，南北相距一百三十里，延袤四百七十里。《旧志》：定海在郡治东北，其东切海岸，自海岸出蛟门极于舟山，尽一潮可二百里至。南至灵岩乡阿育王山三十五里界鄞西，至清泉乡浦桥北五十里界鄞北切海岸，自海岸尽苏州海洋可二百二十里。东南至海晏乡乌崎头山海洋百有十里，西南至崇邱乡张家堰三十有五里，东北切海岸，自海出金塘约半潮可百余里。从金塘至舟山又百五十余里。西北至灵绪乡东步墟百二十里界慈溪，东西相距三百九十里，南北二百五十有七里，延袤六百四十有九里。**按：上三书所载道里不同，今考县治，由水路抵郡，计程六十二里；若由陆路，自县城至府城，计六十里。自县前铺起，至府前铺，计六十五里。又按三书所载东西南北相距之数，或兼算海洋，或只计陆程，多寡不一，今考陆路，东自县城起，至梅山与定界，计程一百十里；西自县城起，至白沙界牌与鄞界，计程五十里；南自县城起，至合岙与定洋汛界，计程七十里；北自县城起，至松浦与慈界，计程八十五里；东西相距一百六十里；南北相距一百五十五里。又按镇邑所辖洋面，计广四十里，东北自打鼓山出蛟门，北至黄茅山，又直北至捣杵山，折而西过太平山、沥表山嘴至东霍山、西霍山，又西至七姊妹洋，转而南至邑西北校杯山止。此外东北属定海洋汛，西北属乍浦洋汛，《府志》及金塘山，《旧志》并及苏州海洋，皆非镇邑所辖。且洋专为巡哨而设，非有乡都图甲可计。论疆域当就陆路四至考之。**

　　《旧志》：城内隅凡四，即今镇隅，乡七总。**今仍之。按：原额版图八十八里，雍正九年行顺庄法，除去儒宦，改编七十九图。**

镇隅领图七

一图（顺庄）钟楼下区、梓荫山后、海云庵前、仓前、观音寺前、洋山庙衕、胡戚衕、观音寺后、梓宫庙前、李衕前、施家衕、十刘营、银杏树下、河塘、龚家衕、回回衕、金向任衕、童李衕衕。

二图（顺庄）横街头、卖盐桥、西门街、马贺衕、三角地头、桂衕衕、长营衕、水门桥、西门外、乾碶桥、白家浦、小南门外、大南门外、东门外。

三图（顺庄）戴衕桥、淡水井头、它山庙前、樊衕衕、新桥头、它山庙西街、仓基衕、刘衕桥东、陈衕衕、刘衕桥西、大西门、水门桥、竺家衕、刘衕衕、中所庵。

四图（顺庄）半街、火衕口、豪桥头、鼓楼西、李衕前、横街头、小南门、邵衕衕、助海庙、孝门坊、王施衕、双司前、静波庙、县前、仓下河。

五图（顺庄）米行街、大南门、朝宗坊、鼓楼前、薛家衕、真武宫、东门头、东长营衕、南城脚下、稍工巷、城隍庙、卖盐衕、武衕桥。

以上五图在城。

六图（顺庄）穿山所城、北门、西门、西城脚、东门、穿山所、北门下、西门下、南门。

六图离城陆路六十五里，水路由海船进出。

七图（顺庄）霈衢所城、大涂、华峙、张家墩、小亶、山防、司前、白峰、金家峙、沃家塘。

七图离城陆路八十里，水路由海船进出。

上二图在乡。

东管乡 县西南，领都三

二都一图（顺庄）张鑑碶、大虹桥、小虹桥、五里牌、岗登、官路沿前、任施桥、官路沿后。

一图离城陆路十里，水路同。

二图（顺庄）葱园、张鑑碶、石塘下、沙头、新添庙村、丁董、乌桂桥、官路沿后、谢家坟、任施桥、范家桥、庄下汇。

二图离城陆路八里，水路十五里。

三图（顺庄）沙头、胡家堰、海头周、庙后张、庙后王、平家桥、汪家桥、老周、新周、郭家堰、大桥头、蔡董、徐家堰、大市堰、王界、官团。

三图离城陆路十五里，水路二十里。

三都一图（顺庄）庄家桥、普渡庵前、新桥头、盐田、新桥后、牌楼后、清水浦、孙家畈、堰桥、汤杨张、柴家畈、韩郎桥、双桥、蔡家桥、庄下汇上、桥下王、庄下汇下、犁轭桥。

一图离城陆路十五里，水路二十里。

二图（顺庄）长河塘、后方、前方、沈郎桥、横河堰、钟郑、鸐鹰湾、官田沈、火添路头、菱漕头、后朱。

二图离城陆路二十三里，水路二十五里。

三图（顺庄）檀树桥、汉塘市前、汉塘市后、何家桥、永福寺前、袁家桥、西陆、杨家车头、曹家堰、半路张、田洋张、汉塘市南、林家桥、李家堰、半路张桥内、张家堰、横沟河头、寺桥头、永福寺、马嘴汇、前练浦、三官堂。

三图离城陆路三十里，水路由前江三十里。

四图（顺庄）宋家桥、邵义门、李家堰、马嘴汇、地浦庙前、白云庵后、王家桥、地浦庙后、汉塘、清水浦。

四图离城陆路三十里，水路由前江三十五里。

六图（顺庄）范家桥、长河塘、王郎桥、郭家桥、陈施隘、河斗、姚家水仓、王大户、大市堰、贝后。

六图离城陆路二十里，水路二十五里。

西管乡 县西，领都五

四都一图（顺庄）鹭林、外吴、曹隘、白龙王庙、常洪。

一图离城陆路四十五里，水路由前江四十里。

二图（顺庄）孔浦、潘家堰、上陈隔田、桂家河嘴、白沙。

二图离城陆路五十里，水路由前江五十里。

三图（顺庄）隔河倪、隔河陈、朱家岸、颜家、章母桥、后倪、汤家、庄市。

三图离城陆路三十里，水路三十五里。

四图（顺庄）曹家库、蔡家、陆家、陈家庄、东头陈、里吴、三官堂。

四图离城陆路四十里，水路由前江四十里。

五图（顺庄）桂家河嘴、西乌、东乌、水仓、白沙。

五图离离城陆路四十里，水路四十五里。

五都一图（顺庄）宁波寺前、东畈底、蔡家桥、宁波寺后、新兴闸、贵胜堰、卢曹、塔院。

一图离城陆路三十里，水路四十里。

二图（顺庄）压赛堰、庙前张、周隘、白沙、高田头、鄞定桥、新桥、里曹、外曹、张李、薛家河头、四方桥、前韩、后韩、道院、徐港岸、对港、楼下陈。

二图离城陆路四十五里，水路五十里。

三图（顺庄）畈底塘即古唐村、周家店、翁家斗、胡心市、朱家岸。

三图离城陆路四十里，水路五十里。

四图（顺庄）西成庙后、李街、锺鑑堰、张家堰、西成庙前、鲁谢、路沿塘、罗郑、东畈、火烧陈、白沙。

四图离城陆路四十里，水路五十里。

六都一图（顺庄）西港头、张鑑桥、路下徐、双透、火添路、翁家斗、大路下、妙胜寺前、大市堰、新桥头、姚家水仓、王家桥、妙胜寺后、妙胜寺东、雁宕、矮凳桥、樊家、妙胜寺西。

一图离城陆路三十里，水路三十五里。

二图（顺庄）跳头、徐王、雁宕、西跳头、吴乌、河角头、东钱孙、育王殿东、后雁宕、金华、孙家岸、菩提庵、蔡家桥、汤家桥、骆驼桥、周家楼下、半西刘、西塘、桥里盛。

二图离城陆路三十里，水路三十五里。

三图（顺庄）水灌口、僚河龙舌。

三图离城陆路二十五里，水路三十里。

四图（顺庄）西孙、水灌口、港塘。

四图离城陆路三十里，水路三十五里。

五图（顺庄）湾塘、桥头、田洋张、王家园、憩桥、运河、西河、陆迪功桥。

五图离城陆路三十里，水路三十五里。

六图（顺庄）贵驷桥、借邑港、翁家桥、澄波汇、李家斗、南胡、西河、陈家车头。

六图离城陆路三十里，水路四十里。

灵绪乡县西，领都六

以上三乡江北。

一都一图（顺庄）牌门头、六五房、水阁等、后新屋、塘路下、李衢桥、田洋刘、青林庙、桥里戴、庙基头。

一图离城陆路三十里，水路三十七里。

二图（顺庄）田洋戴、锤吴、闸头、王家港、曲汇塘、沙河头、徐家路。

二图离城陆路三十里，水路三十七里。

三图（顺庄）清水湖、南河桥、河里陆、潘沈、西李、俞家畈、堰头王。

三图离城陆路三十五里，水路四十里。

四图（顺庄）田洋周、海田、吴陆、蒋王、塘头张、朱吴、湾塘、娄蔡、陆家桥上、陆家桥下、锤塘阶、清林庙、董家畈。

四图离城陆路二十七里，水路三十里。

五图（顺庄）河里陆、方家宅、罗家庄、洞桥下、潘家山、杨家堰、山头、斗门、鹿山、滕家山、十房、桥头、胡杨方、浦桥、斗门滩、龟山、袁家山。

五图离城陆路四十里，水路四十八里。

六图（顺庄）觉度寺、蒲沙河、金滕、沈家河、李衢桥、杜家畈、庙戴、后新屋、后戴、港头张。

六图离城陆路四十里，水路四十八里。

二都一图（顺庄）石山头、蟹浦、余家塘、三七房、浦涂。

一图离城陆路四十里，水路四十七里。

三都一图（顺庄）余家岙、金家岙、大岙、凤浦岙、东岙。

一图离城陆路五十里。以下水路自相流贯，不达县城。

二图（顺庄）田洋陈、龙头场、伏龙山、龙山下、后陈、凤浦岙。

二图离城陆路六十里。

三图（顺庄）凤浦岙、西门外、龙山所、东门外。

三图离城陆路五十五里。

四图（顺庄）邱洋。

四图离城陆路五十三里。

四都一图（顺庄）沈家岙、筋竹岙、沙坦头、阴洞口、后堰头、黄草路、官庄、田洋黄、山沿黄、铺基。

一图离城陆路六十五里。

二图（顺庄）路西、路东、河斗周、西王、石碶头、施公山下。

二图离城陆路七十里。

三图（顺庄）王家路、马家路、宣家堰内、宣家堰、傅家山前、黄杨岙、胡湾、方家河头、傅家囊。

三图离城陆路七十五里。

五都一图（顺庄）任家溪。

一图离城陆路七十五里。

二图（顺庄）西蔡、东蔡、高巷、大埠头、小埠头、湖沿、潘岙、通天岭。

二图离城陆路八十里。

三图（顺庄）前河沿、上杨、下杨、市心、大汇、河斗、后漕、双眼池、后宅。

三图离城陆路八十里。

崇邱乡 县南，领都四

一都一图（顺庄）衙头、沿江、漕头、前袁、小衙头、盐司后、朱家河头、衙前后街、康郎桥、郑家埠、王家洋。

一图离城陆路十里。

以下水路崇一都一图，二都二图、三图、四图，四都一图、二图自相贯通。

二图（顺庄）竺山、泥湾、铺前、桐木。

二图离城陆路十二里。

二都一图（顺庄）宋家衙、场头乐、沙湾头、葫芦团、里宅、大衙口、水阁衙、老衙头、严家汇、新堰头、坟头乐、坟头张、湖水深、铺前。一图离城陆路十五里，水路由小港口进。

二图（顺庄）下黄、皋俞、直下河、斗底陈、后黄、胡家洋、石桥、周龙桥、岙俞、倒江塘、沿江。

二图离城陆路十八里。

三图（顺庄）石门、扶家汇、前黄、象鼻山、夏杜岙、胡家洋、赵峙、墩头王、墓孝陈。

三图离城陆路二十三里。

四图（顺庄）上倪桥、沈家山下、顾家桥、前徐、后徐、范家桥、冯家斗、施家斗、汪家斗、长山桥、里陆、陆家斗、陈山下、马家直。

四都离城陆路二十里。

三都一图（顺庄）新碶下、剡岙、金家斗、大桥头、水孔头、前徐、后徐、姜桐岙、岭下胡、江家桥、长山桥、方前、长山岙。

一图离城陆路二十里。

二图（顺庄）胡家塔、金墩、田洋乐、捣春山、王家溪口、岗地、青墩。

二图离城陆路十八里。

三图（顺庄） 王瓦屋、梯子岭、山家唐、老衕头、外邵、里邵、义成桥、戴家岙、张家桥、新桥。

三图离城陆路二十里，水路进小港口。

四图（顺庄）林界、唐家衕、沙头、李界、吴界、蒋界。

四图离城陆路二十里，水路由蛟门出。

四都一图（顺庄） 姚山头、上邵、下周界、下新屋、堰头、高港、上周界、牵渡头、严家庄、石礁头、丁山下前漕、丁山下后漕。

一图离城陆路三十里，水路从铺前行三十五里。

二图（顺庄）庄家河头、姚墅岙、黄满庵、东冈、高路头、鲍家洋、朱家洋、姚家斗、张家洋、下邵。

二图离城陆路二十五里，水路从铺前行三十里。

灵岩乡县南，领都三

以下岩、泰、海三乡河路自相流贯。

一都一图（顺庄） 石山头、西山下、水沟头、沈家屋沿、前郑、方井头、山沿陈、后洋、萧司桥、田洋、山下、林头、石马岙、新岙、杨洛河头。

一图离城陆路三十里。

二图（顺庄）嘉溪、陆家桥、湖塘、贴水桥、白石庙、乌界、石湫、前扎马、后扎马、徐家洋、俞家道场、水窝。

二图离城陆路三十里。

三图（顺庄）阮家堰、石湫、后柴、新安、柴楼、嘉溪、乌石岙。

三图离城陆路三十五里。

二都一图（顺庄） 八凤洋、芦山下、毕家碶、大碶头、汤家桥、田洋顾、周界陈、竺山头、后市王、王家衙场、钱家外、楼下贺、石柱头、高墩、石湫。

一图离城陆路三十里，水路由蛟门出。

二图（顺庄）孔墅岭、西山下、锺家水仓、大桥头、桥头徐、前石家塘、地三洋、塘下陈、乌金碶、大渔台、孔墅岭北、妙林顾、后石家塘、塘头、海塘头、涂田头、槎浦碶、张家埠。

二图离城陆路二十五里，水路由海船进出。

三图（顺庄）白石庙、布阵岭下、方家桥、长河塘、西山下、桥头孙、后漕头、槐树下、赛灵岩、横河沿、前漕头、杨家桥、李家桥。

三图离城陆路二十五里。

泰邱乡 县南，领都四

一都一图（顺庄）新路、石堰头、石湫、洋河漕、横山头、塔峙、里金、牌门桥、万湫山、沙岗头、千丈塘、贝家碶、巉头、贝家下碶、后巉头。

一图离城陆路三十五里。

二都一图（顺庄）蛤岙、慈岙。

一图离城陆路八十里，水路由海船进出。

二图（顺庄）三山碶上、上中、双板桥、中村、下村、西岙、东岙。

二图离城陆路八十里，水路由海船进出。

三图（顺庄）清水桥、吕鑑桥、丁山头、后吕鑑桥、倪家桥、马岙、城湾。

三图离城陆路四十里，水路由海船进出。

四图（顺庄）陈华铺、山下周、隔河陈、小山、小山下、城湾、盘岙。

四图离城陆路五十里，至盘岙七十里，水路由海船进出。

三都一图（顺庄）上洪岙、洞桥、施隘、杨木河南、上山门、坊隅、下山门、桥头、庙前张、下洪岙、长山头、杨木堰、长山。

一图离城陆路六十里，水路由海船进出。

二图（顺庄）柯家桥、象头张、新南桥、山前、马埠桥、郑家山、前胡、后胡、碶前、田洋、上傅山、上傅岙、中胡。

二图离城陆路五十里，水路由海船进出。

四都一图（顺庄）沙口杨、横河港、下张、港头、汪家、长山下堰头、霞浦后、霞浦中、霞浦西、霞浦东、霞浦南。

一图离城陆路六十里，水路由海船进出。

海晏乡 县南，领都三

以上江南。

一都一图（顺庄）河头、陈打鼓、岭西、田洋、岭下。

一图离城陆路八十里。

二图（顺庄）龙泉、墙里、干溪桥、东湖、大宾、东六房。

二图离城陆路七十里。

三图（顺庄）前头胡、车门、横河、高车、周调、锺家巉、朱家漕、李隘、前郑、后郑、柴桥、曹家。

三图离城陆路六十里。

四图（顺庄）上车门、圣山、燕东、桂花树、兰瑞桥、夏刘、蜈蚣山、干岙、李家、张家池。

四图离城陆路七十五里，水路由海船进出。

二都一图（顺庄）柴桥上、王公桥、马家桥、上周、洋沙溪、四脚亭、水涧漕、浪打张、黄土岭东、穿山、上街周、沃家、镲头、柴桥下、黄土岭西。

一图离城陆路六十五里，水路由海船进出。

三都一图（顺庄）山傍、风棚、康头、阮家、蔡家、上王、下岸、梅山、马婆、照山、门浦、官庄。

一图离城陆路八十里，水路由海船进出。

巷

城东巷、学前巷、胡戚俪、金向任俪、安衙俪 俱在东隅。

稍工巷、南城巷、县东巷、米行街 俱在南隅。

附邑生刘荃《渔汛济耀记》

略曰：镇邑地非膏壤，一年所出之米，丰年仅敷一邑之民食，若遇歉岁，必须远罗外邑以济饔飧，此地势使然，已非一日也。时际升平，中外一家，海禁之驰历今六十余载。每过渔汛之期，四方聚洋张捕，而镇为海口。千樯云集，万艘往聚，自夏徂秋，几经月日。商客水手之口粮，俱取食于镇市，又适当青黄不接，米价骤昂，富户恣贪狠而屯匿不报，闾阎典裳衣而告粮无门，商旅土著两遭其困。邑令杨公目睹其艰困，为未雨绸缪计，召诸父老设立成规，饬示米牙预赴苏漕采买先期存贮，俟各船进口，令其籴买，仍行稽查，酌为定额，不得溢数，以防贩洋之弊，是以兼利之方，为两全之术，其嘉惠于遐迩者，诚非浅鲜。

夫政者，首重民食，一日不食则饥，一村不食则沸，惟仰当事之策画，以安众口之嗷嗷，所以称司牧为民之父母也。是举也，于镇民既无客饱己饿之虞，于街旅得遂宾至如归之愿，于云铺又获蝇微而乐，为其设法，洵万全而可久。诗云"惠此中国，以绥四方"，此之谓也。爰记以垂不朽。

西城巷、富德巷、孝门巷、仓西巷、施家衕、马和衕、桂官人巷、通判巷、邵衙衕、薛家衕、西长营衕

俱在西隅。

北城巷、车旋巷、河后巷、卫后巷、卫东巷、卫西巷、大西门巷即水门巷、**宝山巷、善庆巷、宝林庵巷、仓基衕、江漕衕**

俱在北隅。

道头街、税关街

在南门外。

镇

庄市镇　西管四都

柴桥镇　海晏一都

市

小南门市　一、六大市，三、八小市

大南门市　一、六

鼓楼前市　三

上在城。

范家桥市　二、四、六、九日

汉塘市

上俱东管三都。

庄市　西管四都。

团桥头市、明波寺市、骆驼桥市　上俱西管五都。

妙胜寺市、贵驷桥市　上俱西管四都。

觉度寺市 灵绪一都，前在瀣浦，雍正三年徙今所。

蟹浦市 灵绪二都。

龙山西门市、龙头场市 上俱灵绪三都。

松浦市 灵绪四都。

东埠头市 灵绪五都，与慈分界，东街属镇，西街属慈。

梅墟市 崇邱一都，镇鄞交界。

石湫市 灵岩一都。

大碶头市 灵岩二都。

柴桥市 海晏二都。

路

前江路 自县治起，西至鄞白沙交界止，计程六十里。遇有损坏，例督令就近居民掘土填修。

沿海塘路 自县治起，北至东埠头止，计程一百里。修筑同上。

大浃江南道路 自大浃渡头起，南至霩衢止，计程一百里。修筑同上。

桥

嘉定桥县东北鼓楼前，即濠桥、**迎龙桥**在学宫射圃亭基后、**武衙桥**、**戴衙桥**、**永镇桥**镇府前，即永军桥、**太平桥**即旧安乐桥

上俱东北坊隅。

南水门桥县西南隅、**善庆桥**即总铺桥。乾隆十五年，沈德鹤重修、**曹家桥**今名梓宫庙桥、**徐家桥**今名晏公庙桥、**洞桥**即新桥、**童官人桥**傍刊永庆桥、**通利桥**、**市西桥**、**庆利桥**又名广利桥，今呼卖盐桥、**黄家桥**又名黄泥桥、**永丰桥**、**邵衙桥**一名尚书桥、**通济桥**一名刘衙桥。有土地祠，最灵异、**仓前桥**、**方官人桥**、**西水门桥**、**八里桥**、**龙华庵桥**、**车梳桥**

上俱西北坊隅。

董家堰桥即董家桥、**虹桥**又名义庆桥、**双桥**、**林师桥**、**西归桥**、**七星桥**、**洪桥**、**白家桥**、**瞿家港桥**、**郑家园桥**又名杜家桥、**冈下桥**、**教场桥**、**杨官人桥**、**贴水桥**、**通明桥**、**葱园桥**、**澜浦庙桥**、**新添庙桥**、**任施桥**、**檀树桥**

上俱东管二都。

范家桥又名罗家桥，今名云憩桥、**任家桥、韩郎桥、黄泥港桥、丁家桥、村大桥、兴隆桥、甲方桥、前桥、后桥、大有桥**《浙江通志》：向系堰基，初设小桥，明崇正丁丑科，邑令张琦改建，名大有，后圮。康熙九年，王元士重建。**半路庵桥、中和桥、王家桥、望小娘桥、永镇桥、毓秀桥**朱光霖造、**宋家桥、普济桥**在邵氏义门东，明成化二年建，崇正九年，邵崇显重修、**旺龙桥、太平桥**

上俱东管三都。

新泾桥、白龙庙桥今名廊桥、**贺家桥、王沙蟹桥、李鉴桥、童家桥、王家墓桥、路林庙桥、永福桥、董家桥、孔浦桥、进贤桥、大新桥、大方桥、镇里桥、广济桥、通济桥、蔡氏桥**旧名庄母桥、**曹家大桥、乌家桥、横河堰桥、后石桥、水仓桥、张家桥**

上俱东管四都。

压赛堰桥、蔡家桥、四方桥、永宁寺桥、汪秀才桥、骆驼桥北慈溪，南镇海，两邑交界处、**汤家桥、广生桥、沈家桥、周家店桥、寿龄桥、冯家桥、石桥、团桥、寺后桥、永安桥、南堰桥、虞家桥**诸河之水皆出虞家桥，趋虞家碶归大海、**鄞定桥**大河从此东流直至白沙、庄南流至鄞邑、**新桥、古塘桥、孙家桥、另写桥、永丰桥、便民桥、庙前桥、李家桥**

上俱西管五都。

妙胜寺桥、贵驷桥邑人刘复卿建，后圮，刘蔼、刘世显重造、**陆迪功桥、余博桥、方丈桥、申明亭桥、胡家大桥、半练桥、安乐桥、雁东桥、雁西桥、雁宕桥、憩桥**

上俱西管六都。

李衙桥、幢山桥、浦桥俗名普桥、**蔡家桥、张家桥、莺宿桥、沈孔桥、孤坛桥、王兴桥、谢家桥、和尚桥、斗门桥**

上俱灵绪一都。

贤良桥、大桥、澥浦桥

上俱灵绪二都。

张家桥、万寿桥、永福桥、界大桥、虞家木桥、梅林桥为邱洋咽喉，各方之水俱由此入海。旧置闸，今闸改建于梅林浦外

上俱灵绪三都。

砂碶桥宋黄震建、**泽山桥**宋黄震建、**万安桥、镇龙桥、戎家桥、藕桥、龙凤桥**桥介龙山凤浦中，因名、**笔山桥、贴水桥、跨井桥**

上俱灵绪三都。

松浦闸桥共六洞，下闸三洞，其一洞属镇，二洞属慈、**东湖闸桥、上湖闸桥、下湖闸桥、河上桥、它山庙桥、迎阳桥**俱东湖湫下、**上新桥、杨家桥、沈科桥**俱西湖湫下、**洞桥**西界慈邑。明鄞人桂珵诗：辣达山头大港西，几家门迳自成蹊。马蹄霜冷石桥滑，残月斗墙鸡乱啼、**戴家堰桥、庄桥、杨坡沟桥、利顿桥**在松浦闸东，下有田数百亩，俱资灌灵绪湖。康熙年间，桥圮塘坍，人皆病涉，县尉吴弘道劝民建筑，一方利之、**义田桥**范氏建

上俱灵绪五都。

郑家桥、南宫桥、酒库桥、进士桥更名石堰、**崇孝东桥、崇教西桥**二桥周德建，因其事母孝，故名、**蒋家桥、司顶联桥、天汉桥**在申明亭边、**铺前桥**

上俱崇邱一都。

高寿桥、周龙桥、俞家石桥、陈家桥、范家桥、龙山桥、大堰桥、高桥、顺道桥、谢墅桥、义成桥在小浃江。桥未造之前，人以小舟渡，风波不测，屡多覆溺。里人乐君显等倡议建桥，经始于康熙甲午八月，至戊戌岁，费不支，君显鬻己田以应，又不足，至巳亥岁，乡妇虞乐氏、石工张起泉共相协助，越庚子工始竣。邑令田长文额曰"义成"、**和尚桥**

上俱崇邱二都。

永济桥即长山桥。《成化郡志》：洪武间，鄞人谢复荣建。《浙江通志》：即小浃江桥。成化时海道朱绅、杨瑄相继建石梁。万历丙申秋，大潦，桥陁，邑令丁鸿阳、朱一鹗先后葺成之。董工者，丞陈懋龄也。顺治戊戌，海寇从穿山登陆，桥毁，行者复病涉。康熙戊申，知县王元士建议重造，僧人募钱甃石，邑贡生谢泰履捐金倡之，逾二年告竣。

谢辅忠《万历重修长山桥记》：吾定江有小浃也，纳鄞南迤之水东注于海。先朝长山有涉，舣舟架木以济不通。而甃石梁则始于成化辛卯海宪朱公绅，继成于杨公瑄也。夫以长山孔道，内则四乡，外则三戍。游徼铺驿，官军商贾，辐辏往来，宵旦不绝。桥成，而颂其德者于今不衰。

阅岁既久，万历丙申秋，遭淫潦，梁南堁先陁，司里以告。邑令丁侯即令民仿成化故事，募镪若干，而邻封狡狯，视为奇货，多方窟穴，其中梁不成绪也，

亡何尽陁。侯乃重惩若而人，令四乡多藏者领其事，佐以公帑，心良苦矣。多藏者又皆巧避，犹之乎前辙也。桥未及成，而侯适以艰去。己亥春，闽漳朱侯至，廉其状，遂进丞陈君谓之曰："不一劳者不久逸，不暂费者不永宁，自古记之矣。"陈曰："唯唯。"于是伐石鸠工，力董其役，戴星不惮。今年春仲始告竣，自陁时阅七岁矣。盖以江流澎湃，潮汐砥柱有甚焉者。桥成，名之曰"永济"。夫岂蕲诸乘舆徼惠者哉！将曰人人济之，俾世赖云。

二三父老相计立石颂侯，乞余记。余曰："其永济吾民，宁但不病涉已乎？"当肃庙时，海倭方江，郡中豪与奸表里，知大决严卫而此江潜宵鼓棹，狐蜮自如，甘向导致寇勿恤也。惟时蜀汉宋侯继祖特察其故，请郡伯发缗，碪障上流，闭以梁栅，倭患得不深中。然则是举也，陆焉通遐迩之驱驰，川焉扼驵侩之出入，细者樵苏鱼盐可通百货，而大者关津洋舶遥制三韩。侯与陈君大有造于吾定，直如朱、杨两公也。虽然，犹有说焉。十里之防溃于蚁穴，九层之垒圮于蛅蟖。后之视今，毋令如今之于昔，尽陁而后理，则万世之攸赖焉矣，谓之"永济"也奚疑？

桥经始万历己亥，落成壬寅春仲，跨江南北，长二百武，广十有二武。上翼扶栏，下窦五门。其南堤十武，甃石井，通山源，亦以济民渴也，皆陈君之综理云。朱侯，讳一鹗，漳浦人，戊戌进士。先是丹阳丁侯，讳鸿阳，壬辰进士。陈君，讳懋龄，溧阳人，今升楚兴国州别驾。

大桥

上俱崇邱三都。

练盆桥、丁家桥、任铁渡桥鄞镇交界，桥东北为镇，西为鄞、**新桥、石家桥、永昌桥、大孙行桥、小孙行桥、朱家渡桥**分五洞，每洞阔丈余、**庙前桥、李家桥**

上俱崇邱四都。

大名洋桥、童家桥乾隆十五年，里人张绍九重修、**蒋博桥、石湫桥**今名五板桥，乾隆十六年，里人顾怀英重修、**井亭桥**一名柴楼桥、**鼎耳桥**今名九步桥，又名双串桥、宝庆桥在白石屿山前，明嘉靖六年，干天相建、**伯公桥**在白石屿山东北、**堰桥**即绞车堰基，今改为桥、**萧斯桥、陈家桥、王大墓桥、郭家桥、谢家桥、俞家桥、仙人桥**在灵峰下、**万善桥**在小瓶壶山、**平安桥、叶家桥、眠牛桥、绍定桥、木连桥、水仓桥、五花桥、界河桥**土名塔水桥上俱灵岩一都。

卫家桥有大小卫二桥、行者桥、方家桥、王家桥、宋隘桥、庙前桥、览云苍桥、状带桥、崇山桥、张家桥、朱家桥、顾家桥、硬将桥、周隘陈桥、徐家桥、周家桥、湖鑑桥、界牌漕桥、大安桥、高桥、保定桥雍正十三年，邑生干旌建、阵师桥、承恩桥、王家大桥、赛灵岩桥、金家桥、杨家桥、夏家桥、回澜桥、鬭鱼桥、大公桥《浙江通志》：在灵岩乡。地名中央。岸有田数十顷，四面皆水，农民病涉。谢瀚捐赀建桥。乡人德之，因名大公桥、许家桥、黄龙桥康熙六年，知县王元士重造。乾隆十五年，里人林兆信重修

上俱灵岩二都。

薛家桥乾隆十六年，里人顾鸟儿重修，筑纤路、牌门桥上有御史沃頵牌坊、青龙桥乾隆十五年，邑生郑之兰重建、三官堂桥、庄桥、行宫桥乾隆十六年，里人郑右谦修筑、王师桥、郑家石桥乾隆十六年，里人孙位坤重修、陈华铺桥乾隆十六年，里人石瑞躬重修、新南桥乾隆十六年，里人沃景新重修、杨树堰桥乾隆十四年，里人郑润栗重修，加高四尺，广二尺、锺灵桥乾隆十五年，里人胡胜墀重建

上俱泰邱一都。

清水桥御史沃頵建、后圮，改木桥、李鑑桥乾隆十六年，里人胡忠立重建、蒋家碶桥、汤家桥、陈书桥、梅桥、下宅桥、上家桥、陈家桥、乾溪桥、三板桥、木桩碶桥、盘岙溪桥又名古桥、上春桥乾隆十六年，里人郑濂嘉重修，筑纤路、王家桥、念条桥乾隆十五年，里人锺我美重建、资圣桥乾隆十五年，里人刘蕴山重建、大兴碶桥、洞桥

上俱泰邱二都。

孙家桥一在二都，一在三都、师古桥泰邱三都，即《旧志》师姑桥。乾隆十六年，里人沃增修重筑、陈胜桥、石缆桥、谢家桥雍正十二年，为盐潮所坏，里人李本丰、张选千募赀重修、大溟桥 按：荆溪未建时，芦江名芦浦，奔腾浩瀚，势莫可当，故名大溪。《旧志》称大名、念条桥、邱山桥在大溪之上，东柴桥，南昆亭，西三山，北汉岙，皆于溪上往来。桥坏数载，民皆病涉，乡耆石时中、林国选等募赀重造，里人石镇涛为之记、洪桥、后桥里人石元学等重建、马迹桥、盔带桥、周调桥、李家桥、鹿山头桥、拦瑞桥明正德年建、圣山桥、施仁桥一作思人桥

上俱海晏一都。

二眼桥、马家桥旧名骢马桥，系沃頻建，今重修、**麻车桥、清店桥**康熙庚午，为大水所坏。乾隆癸亥，里人锺廷弼募赀重建、**柴家桥、芦江庙桥**

上俱海晏二都。

康头洞桥 海晏三都。

庙后桥、阜财桥、福民桥、安澜桥、海晏桥、方砾桥、玉带桥

上俱镇隅六图。

大涂桥、遮山桥、四柱桥

上俱镇隅七图。

附坊表

解元坊 为张信立。

状元坊 为张信立。

进士坊 为谢琛立。

龙门高跃坊 儒学南。

腾蛟坊 儒学左，旧名"兴贤"。

起凤坊 儒学右，旧名"育才"。

恩荣坊 为王进立。

东南开府 总镇府前。

文武总宪 军门府前。

江海澄清 军门府西。

双节坊 为国朝节妇沈呈美妻高氏、谢绪勤妻薛氏立。

绣衣坊 为沃頻立。

科第传芳 为韩楷彦、韩鼎、韩克济立。

开国两元 为张信立。

联科三杰 为进士任琛、王能、林达立。

阜成坊 县治前。

百里弦歌 县治东。

一方保障 县治西。

经魁坊 为杨珥立。

司马坊 为郎中刘洪立。

飞腾坊 永乐间，为举人杨懋立。

拔俊坊 为贡生江昱立。

浙直开府坊

腾踏坊 为举人王恺立。

仪凤坊 为举人丁福立。

从龙坊 为举人徐暹立。

兆行坊 为贡生马琇立。

科贡承芳 为贡元薛俊立。

孝门坊 为孝子吴璿、吴安礼、安时立，今圮。

节孝坊 为谢绪辉妻虞氏、王咸吉妻陈氏、江大宁妻白氏立。

步蟾坊 为举人王宁立。

经元坊 为王永隆、杨珇、徐瑾、俞世才立。

已①上城内。

禹贡通衢坊 镇远门外，巡按潘傚建。

海门雄镇坊 南薰门外，巡按潘傚建。

文武宪邦 南薰门外，为兵部尚书薛三才立。

节孝坊 南薰门外，为谢庚昌妻武氏、郑彝妻庄氏立。

贞节坊 南薰门外，为张学新妻沈氏立。

东海烈妇坊 武宁门外，为李德妻吕氏立。

登云坊 向辰门外，为举人唐铨立。

攀桂坊 向辰门外，为御史陈宪立。

世科坊 向辰门外，为举人陈泰立。

六国来王处 平倭第一关 招宝山上，令朱一鹗仿王安石书。

义门坊 东管三都，为邵瑜输粟立。

贞节坊 东管三都，为崔士璜妻陈氏立。

贞节坊 东管三都，为舒松妻刘氏立。

---

①原文用词前后不一，不作修改，如实反映。

节孝坊　西管三都，为马士通妻陈氏立。

折桂坊　西管五都，为举人陈秉立。

科贡承芳　西管五都，为乡贡陈瑚立。

贞节坊　西管五都，为谢绪正妻潘氏立。

节孝坊　西管五都，为杜尊爵妻陈氏立。

节孝坊　西管六都，为周维宣妻庄氏立。

父子进士坊　灵绪一都，为刘洪、刘光立。

世济恩荣坊　灵绪一都，为刘洪、刘光立。

节孝坊　灵绪四都，为方纲妻魏氏立。

贞节坊　灵绪四都，为□□□妻潘氏立。

节孝坊　灵绪五都，为任曾肇妻裘氏立。

贞节坊　灵绪五都，为陈大本妻王氏立。

进士坊　一在县西二十里，为贺钦立。一在县南十里，为乐舜宾立。

流芳坊　县西南十里，为举人沈献立。

昼锦坊　县西北二十五里，为大理寺卿夏时正立。

宾王坊　县西三十里，为举人杜弘立。

贞节坊　县南二十里，为顾子义妻袁氏立。

贞节坊　县东南六十里，为周锦妻沃氏立。

贞节坊　海晏一都，为沃惟聪妻洪氏立。

进士坊　县东南七十里，为沃频立。

骢马坊　县东南七十里，为沃频立。

贞节坊　县西北五十里，为□□□妻魏氏立。

俊选坊　为贡生毛渭立。

毓秀坊　镇隅六图，为举人吴世英立。

卷 二

山川 水利 田赋 附外赋 仓储 盐政 关税

知镇海县事商邱王梦弼 纂修

儒学教谕姚江邵向荣 订正

山川

名山大川，所以表封域，而融结之气又足宣润万物，神降生而殖货财，载在祀典，至重也。邑西承四明、太白之宗，南襟大江，北环滨海，鳌峰蛟水奇胜，固云卓绝。其支分派衍，蜿蜒磅礴，类皆布器涵泽为民用赖，叙而列之，以彰圣世怀柔河岳之治。三岛十洲游神象外，则未遑及焉。志山川。

山

印山 《旧志》：县署东半里，地面涌起一石，形方如印。**按：印山虽载前志，久失其踪，今城隍祠神座下暨二圣祠中，皆有山石拔地，而无方圆定形，未知是否？**

梓荫山 《旧志》：县署东北一里。宋水军统制冯柄于山巅建屏山堂，后毁。明宏治十二年，县令钱如京建迎秀亭，邑人徐潭为之记，载《古迹》。嘉靖己亥，邑令王文贡改名"凝秀"。万历十五年，教谕顾克改建文昌祠，后毁。三十六年，总兵杨宗业重建。东北隅石壁陡起，下停泉水，壁间有"惩忿窒欲"四字，取《易》山下有泉之义，相传王安石书。

巾子山 《旧志》：县署东北二里，山形卓立如巾帻，与候涛山相对峙，为潮水出入之障。《宋史》：度宗时，统制张世杰次定海，元石国英令都统卞彪说世杰降，世杰断彪舌，磔于巾子山下。明嘉靖间，训导曹一和请于山巅建越国公祠以礼世杰，后圮，移于汤信公祠内合祀。

招宝山 《旧志》：县东北三里，旧名候涛山，后以诸番入贡停泊，改今名。《唐令志稿》：旧名鳌柱。《雍正府志》：山巅原设台堠，明嘉靖己未，镇守俞大猷与海道谭纶筑城以防海患。吴莱《甬东山水古迹记》：东逼海，或云他处见山有异气，疑下有宝。郡守沈凯有记载《艺文》。

都给事刘穆诗： 层网厂径似升梯，极目东溟望欲迷。海阔翻嫌中土隘，山高疑与九霄齐。万年日月双九弹，百里江湖一沼溪。圣世诸夷咸效顺，风清边徼息征鼙。

明尚书张时彻和： 海上孤峰亦可梯，相将一路水云迷。紫霄红日波间涌，碧栖青烟天际齐。石壁千年雄宝障，桃源何处问仙溪。清时自有筹边策，烽火无劳事鼓鼙。

郡守沈恺和： 欲陟层峦引石梯，烟云万叠使人迷。海门一望天无际，宝障高悬斗与齐。采药直探仙子窟，披霞绝胜武陵溪。清时喜有今南仲，明月吹箫罢鼓鼙。

参政胡缵宗和： 碧雾丹霞引石梯，十洲三岛望中迷。波涵绝域天初混，潮涌孤槎斗欲齐。岁岁旅航通禹甸，时时渔贾出鄞溪。何年更作桑田种，一统要荒息鼓鼙。

余诗详《艺文》。

昌国山 《旧志》：在招宝山东南，仅高寻丈，潮汐至此分流，舟行可达昌国。

金鸡山 《旧志》：县东八里，与招宝山对峙，以形得名。旧传上有金鸡者，非。都督俞大猷勒"江海朝宗"四字于其上。

蛟门山 《明一统志》：一名嘉门山，出此即大海洋，古人称蛟门、虎蹲天设之险，即此地。《名胜志》：在县东海中，约十五里，环镇海口，吐纳潮汐，有蛟龙穴处，时兴飓风怪浪，舟行避之。**按：今龙神屡著灵异，雍正五年，敕封建庙。**详《祠祀》。

虎蹲山 《旧志》：县东三里。《明一统志》：屹立海口，状如虎蹲。

游山

七里屿山《旧志》：俱县东海中七里。

黄茅山 《旧志》：近七里屿。

上俱县东海中山。

斗门山 一名石河山。

鹿山、朱家尖山

大磊山 山峰最高巅有石壁数仞。

袁家山 以居民姓袁，遂名。

上俱灵绪一都。

新妇山、回峰山

息云山 俯临东海下，有汇源龙潭其中，时著灵异，详《祠祀》。

蟹浦山

上俱灵绪二都。

众仰山

石坛山 今名石塘山。

徐家岙山 《旧志》：有五岭通往来。

伏龙山 《浙江通志》：一名箬山，首尾跨东西两海门，蜿蜒如龙，中有千丈岩、刺史门、石坛。乳井海眼泉自满仓。

金墩小山 在所城海滨。

三龟山 在邱洋村，平地突起三山，故名。

施公山 《旧志》：地极险要，多苦海寇。元至元间，县达鲁花赤张珽乃创建巡检司以御之，今置烽堠其上。

下赵山

上俱灵绪三都。

泽山 《旧志》：旧名栎山，宋黄震隐居其下，故名。

进士黄翔龙《访黄震》诗：主人何往客来观，一镜湖光半壁寒。闲蝶自专花富贵，幽禽似语竹平安。

大蓬山 《旧志》：又名达蓬山。昔秦始皇东游至此，欲达蓬莱，因名。**按：山多香草，又名香山。**有独叶一枝花，其根荄如算子大，可疗百毒，山人珍爱如宝。山之南界慈溪。《慈溪县志》：上有岩高五六丈，左右二崖屹立，对峙如斗鸡之状。有石穴深四丈余，岩上有三佛迹。

会稽黄宗羲《过达蓬》诗：延连阛湖曲，时复度小岭。霜花鸣谢豹，病叶填空井。尚余春色在，夕阳照人影。

馒头山 以状名。

万松山

仙岛山 俗呼瞻到山，多产茯苓、白术、兰花。

砂碌山 俗呼庙山。

立鸭山 又名青龙山。

稻蓬山、棋盘山、笔架山、小昆仑山、徐家岙山

上俱灵绪四都。

洞山 《旧志》：上有豹洞，故名。有锦缆池、将军石、盘松。

石望山

狮子山 东西各一。

蛇肚山、状带山

灵绪山 在灵绪湖西，下即湖塘。

黄狼山、徐白山

达礼里山 方圆五百步许，高二三丈，为灵绪四、五两都之镇山。相传谷神凭依处，禁人穿穴。

剑山

金鸡石山 相传有金鸡鸣于其上，因名。

上俱灵绪五都。

竹屿山

龙头山 《旧志》：下建甬东巡检司，侧有葫芦桥，明县令金九成筑塞峤口，建楼于其上，以防御海寇。今俱废。

横山、**沙岭山**、**大跳山**、**下湖山**、**庙湾山**、**泥湾山**、**大岭山**、**半边山**、**南山**、**东山**、**觉海山**、**绣球山**

竺山 东有一峰，明倭寇为乱，御寇者立寨于此山之后，因名寨子山。北临大海、东注小江，扼要地也。雍正年间，总制觉罗满保巡边至此，即命建城加兵防守。

上俱崇邱一都。

吴家山

陈山 《雍正府志》：绝顶有白龙潭，天欲雨，白云起山巅作覆帽状；将霁，岚气出山腰如环带。邑人以为占候。

象鼻山、**屿山**、**蒋湾山**

上俱崇邱二都。

茅山 今呼茅洋山。

贾家山 今呼江家山，中有令江少虞墓。

石门岙山《旧志》：陈山在东，龙山在西，俨若二门，故名。**按：石门山之西，实象鼻山尾，龙山尚离象鼻山一里许，且隔河港一条，《旧志》不确。**

剡岙山

吐山 今又名兔山。产香薷，以端午日采取者为佳。

长山

凤窠山 《旧志》：一名鸡窠山。

龛岙山

四顾山 其巅见大海。

三台山、**沈家山**

龙明山 下有鳗井、龙潭，岁旱里人祈雨处。

华四岩山、钮和山、蚶岙山、赵家山、灵芝山、白鹤山、来鹤山、老鼠山、罗峙山

上俱崇邱三都。

东冈山、丁家山、姚屿山、潘屿山

练盆山 即双峰山，两峰巍焕，嵌崟若削，堪舆家谓"挂壁金钗"。

上俱崇邱四都。

乐家屿山、白石屿山 《旧志》：下有白石长丈，故名。

灵岩山

瓶壶山 今呼为灵峰山。《旧志》：相传葛仙翁炼丹之处。时得赤土如丹砂，旁有仙井，岁久湮没。左右列二小垅，中有小沼。

小瓶壶山 今呼为永福山。

乌石山 《浙江通志》：山巅石色黝，故名。有巨人迹，阔六寸长，长一尺五寸，云系佛迹。世传舍利始自此山飞入阿育王山。

金泉山 一名屿山，在灵岩山下郭家桥北，从平阳突起一山，高数丈，广二百余步。山上有沙土如金，相传为岩乡之要地，公禁报垦。

布阵山、庄屿山、白蒲山、青叶朵山、黄叶朵山、西瓜山、粉箕山、挑米山、凤凰嘴山、钵盂山、石棚山、状元山、马鞍山、锺家大山、玉几案山、庙山、蟹山、眠牛山、朱家山、南山、石塔山、宋家山

上俱灵岩一都。

孔墅山 即孔墅岭山。

算山、上螺山

下螺山 东南有长山司、土地祠。

举子山

三山 上下二座，旧与举子山隔海，康熙间总镇蓝理与贼战，贼败没于此，今涨成涂，隶穿山场刮土办课。

布阵后山、贺郎山、西山

谷堆山 孔墅岭南。

鲤鱼山 算山南。

清凉山 蛟门侧。

上俱灵岩二都。

芦山

鬼屿山 《旧志》：一名石连湾，又名宝屿山。

细子山、小三山、秀峰山

饭鏊山 以形似，故名。

宝聚山 今名烟墩山，又呼沙图头山。

塔屿山

上俱泰邱一都。

灵岩山

盘岙山 《旧志》：水绕太白山阴而出，凡三十六盘。宋儒陈习庵先生墓在焉。

邵辅忠诗： 双鬓秋风里，携筇到碧山。白云千古定，明月四时闲。鹿印深深迹，溪流曲曲湾。桃源知不远，仿佛似人间。

慈岙山 《旧志》：古传左慈隐于此，故名。中有石棋枰。

启霞山

柏香山 《旧志》：启霞山下，一名柏香岩。

后海山

穿鼻山 在合岙之南，山西南为鄞界。

慈峰山 为慈岙之主山。

鹜鹕岙山、啸天龙山、丁山、黄山、支家岙山、城湾岙山

牌门头山 明里人石广四输粟赈五邑饥，敕赐"为国捐助"四大字，牌山因是名。

上俱泰邱二都。

大榭山、小榭山

长山 山脊有仙人几，世传仙人手谈处。下有龙潭，深广数尺。泉自石镈流出，甘洁异常，久旱不涸。

上俱泰邱四都。

紫石山 《旧志》：以石色名。

云雩山 《旧志》：下有云雩三公庙。

瑞岩山 《旧志》：有十二峰。宋大中祥符五年，有芝草生于青松峰之上。守臣康孝基奏，敕奖云："和气所蒸，灵苗载育。时惟珍物著厥祥，经省览贡陈，良增嘉媲。因勒石记瑞云。"

明知府郑珞诗：十二峰峦瑞气浮，紫芝瑶草不知秋。一声黄鹤惊回首，知有仙人在上头。

谢泰定诗：瑞岩古刹倚岩峣，十二晴峰插绛霄。秋色绣成苔寂寞，夕阳斜处竹潇潇。清溪酿雨烟为径，深谷酣风树作潮。一宿高谈忘去住，始知身世总渔樵。

虎櫃山

真武山 无名氏诗：巍然独坐耸云霄，遥瞰蛟门若动摇。涧畔龟蛇流剑气，横拦大海压波涛。

天龙山、凤凰背山、狮子山、林大山

邑生曹起谦议略：灵岩、泰邱、海晏三乡，巍峰特耸、屹立海岸者，林大山也。东抚黄崎港，西顾蛟门，北控金塘洋。其山麓南至上傅山，即傅家碶内外地，平原袤延，凡霞浦、大胡、陈华铺、朱家塘诸村之聚庐而居者，俱罗列其间。东西所接，亦民稠而地辟。其河道所通，又长至五六十里，若加以城卫，则内港外洋皆得而扼制之。是兹山实宁郡防海之要区也。在昔有明，犹属潮汐泥涂，无可建立。今则山外数里涨为高平大陆，仍仅置烽火台，似觉地重而防轻云。

圣山、蜈蚣山

将军山 在昆亭北。

有无名氏诗：大树锺灵何处来，兀然防海作崔巍。彩旗自昔丹枫绣，宝甲皆从白石裁。密遣貔貅埋岛屿，明施号令借风雷。圣朝有道江湖奠，驻马亭亭向北开。

独峙山、昆山、崞山、清谷山

上俱海晏一都。

中岭山、福泉山 《旧志》：有钓岩圣井，祷雨则应。

明金惠诗：万仞青山一脉传，四明佳气接苍天。片云忽向峰头起，更有甘霖济旱田。

明慧山 、双石人山 五峰山之第一山，两岩并峙如人状。当天朗气爽时，晴岚横截山脊，石人变幻多端。若云雾遮蔽，必有大雨，农人于此占晴雨焉。

五峰山

上俱海晏二都。

乌崎山、梅山

箬雷山 有箬雷龙神。

东大山、三塔山、下泽山、霞屿山、大涂山

上王山 有龙神，名钓岩，又名虾庬山。有台，亦以虾庬名之。

照山 又名铁炉山。山之旁有铺基遗址。

狮山 下有庬头营汛屋。

鹤山

龙山 与鄞邑界。《成化府志》：状如游龙，故名。四明山发脉，迤逦自南而东北至此。

凤山、蛇山、龟山、碑塔山

上俱海晏三都。

锺灵山、毓秀山、睡龙山、护城山、吉祥山、南屏山、沙岭山、小罾山

上俱镇隅六图。

总台山 打石坑、王家坑、黄泥垓诸路溪水，俱由山下出大斗门。

东山、门浦山、石王庙山、湾山

斗山 石岩似斗，故名。

官庄山、岐头山、窑冈山、屺峙山、南蔡山、金家山、张捕山、下林山、遮山、石家岙家、绕山、竺岭山、跳头山、市罾山、白峰山、岱山

上俱镇隅七图。

岭

企明岭 镇隅一图。在东门内，西即七宝也。以跂足而望，即见东旭，故名。岭下有水发源，循西而入，由魁阁侧入学前河。

步月岭 下有井，其泉如柑味。

登云岭

上俱灵绪一都。

蟹浦岭 《旧志》：在管界巡司侧。

太平岭、硃砂岭

低岭 在朱家尖山东，巅有石级数里。

高岭

雁门岭 在邱洋，西南慈溪界。明防倭寇置关于此，今废。岭上有雁峰寺。

凤浦岭 西与慈溪界。

朱家岭

贾岙岭 岭脊与慈溪界。

望井岭

上俱灵绪四都。

桃花岭、徐白岭、镇东岭、通天岭、长溪岭

上俱灵绪五都。

乌岭、沙岭

上俱崇邱一都。

钱家岭、大岭

送婆岭 在大岭东。明嘉靖间，有严乐氏早寡家贫，其姑改嫁妇于城中。妇有女十岁，随母入城。妇、女性皆至孝，凡遇时食，妇必遣女逾岭送姑。夏日女度岭，忽中暑死，即葬于山侧。岭由是名。

茅草岭、沙蟹岭、梯子岭

上俱崇邱二都。

青屿岭

黄泥岭 在长山。

上俱崇邱三都。

布阵岭 《旧志》：高宗御寇，布阵于此。

孔墅岭、嘉门岭、屏风岭

上俱崇邱三都。与灵岩交界。

旃檀岭 崇邱四都。

灵峰岭

育王岭 西鄞县。

邑人杨承鲲《度岭》诗：去去盘云转，高高望海行。到山千涧响，入谷万花明。邱壑攀尝往，烟霞疾未成。兴来还不浅，翻剧子规鸣。

孝顺岭 在育王山。

黄牛岭 在乌石山。

宋宁岭 在新路山。

缸窑岭、五岭、松明岭

上俱灵岩一都。

盘岙岭、慈岙岭、孤岭

打酒岭　在慈岙左。

柏香岭　在柏香山。

启霞岭

明邑人武爱文《过岭》诗：一迳通行处，盘回到启霞。三山多虎迹，廿里少人家。深涧藏云密，层峦碍日斜。萧疏归路急，历乱听群鸦。

狮子岭　与海晏交界。

上俱泰邱二都。

排阵岭　泰邱三都。

瑞岩岭、石家岭、昆亭岭、母岭、蛇肚岭、茅公岭、杨家岭

高岭　在福泉山。

小岭　通虾康。

圣山岭、秆岙岭

上俱海晏一都。

中岭、黄土岭、庙岭、分水岭

上俱海晏二都。

康头岭、风鹏岭、兰就岭、檞木岭、龙爪岭、碑塔岭、饥饱岭

上俱海晏三都。

安澜岭、寺山岭

上俱镇隅六图。

县岭　在明慧山。

双岙岭、迷磨岭

欢喜岭　在霩衢城北。

霞屿岭、大涂岭、袁家岭、新大岭、郭山岭、竺岭、钟岭、三塔岭

上俱镇隅七图。

岩

玉莲岩、千丈岩　《旧志》：县西北，在伏龙山。

上俱灵绪三都。

虎岩 灵绪四都。天久雨，岩之左石多生自然铜，形似骰子，可疗损伤。

十丈岩 崇邱一都。

华四岩 崇邱三都。

狮子岩 崇邱四都，在练盆山净岩寺前。

澈水岩 在布阵山腰。

白石屿岩 在白石屿山足。

石蛤蚆岩 在凤凰山下。

狮子岩 在小瓶壶永福庵前。

佛国岩、灵鹫岩、七佛岩、善才岩

已上俱在大瓶壶山。

灵岩 在灵岩山腰叠石二块，上大下小，阔二丈，高五丈。相传有神附此，求祷必应，故名灵岩。

叠石岩 在石马岙山有大石二块，其下底石树立，长丈余，形如枣核，上叠一石，势欲坠。旁有方石一块，名棋盘石，世传有仙人坐此对弈，故名。

天落岩 在叠石岩东。康熙元年二月，时当正午，晴明无风雨，此岩忽从山顶移至山腰，去旧址二百余丈，其移过山土俱成深坑，迹犹存。

上俱灵岩一都。

钓岩 海晏三都。

岙

袁家山岙 灵绪一都。

徐家岙、金家岙、凤浦岙

上俱灵绪三都。

筋竹岙、河头岙、潘岙

上俱灵绪四都。

东岙、西岙

上俱灵绪五都。

石门岙、楠岙、张野岙、夏渡岙

上俱崇邱二都。

长山岙、蒋湾岙、马家岙

橦桐岙 俗呼姜同岙。

上俱崇邱三都。

姚墅岙 崇邱四都。

李家岙 在小瓶壶山。

深岙、蒲岙

乌石岙 在乌石山。

韩岙

大岙 在大瓶壶山。

石马岙 在眠牛山后。

上俱灵岩一都。

演法堂岙 灵岩二都。在贺郎山北。

盘岙

慈岙 有上下岙之分。

合岙 岙内岗岭四合，中有小垄直出，分列东西，至岙口合为一，故名合岙。

网岙

云同岙 南即启霞山。

大城湾岙、小城湾岙

上俱泰邱二都。

洪岙

球岙 山对狮子岭，形圆似球，故名。

唐家岙、印家岙、徐家岙、虎岩岙、黄家岙、陈家岙

苏州岙 有龙神，明代敕封。

撩箚岙

上俱海晏一都。

黄婆岙、崔西岙、中岭岙、庙岭岙

上俱海晏二都。

碑塔岙、里岙、夏岙

上俱海晏三都。

吉祥岙、黄镶岙、红花岙、石家大岙、李衙岙

上俱镇隅六图。

台岙、双岙

司前岙 又名司城岙。

谢家岙、蒋家岙、紫薇岙

良将岙 内有田二百余亩。

霞屿岙 内有田五百余亩。

本图内各岙俱有田，惟霞屿、良将二岙田多，余岙仅十亩或止百亩。

盛岙

上俱镇隅七图。

峰

双峰 崇邱四都，与鄞县东乡联界。其峰甚尖，俗呼尖嘴峰。

灵峰 《旧志》：在瓶壶山，世传葛仙翁于此炼丹，遗有方竹，邑人谢泰宗有记载《艺文》。

明邑生刘行可诗：未向巫山阅历过，此峰十二又如何？于中还有黄公石，瑶草灵苗瑞气多。

鹰峰 在大瓶壶山，形如鹰。

正壁峰 在小瓶壶山。

上俱灵岩一都。

十二峰 海晏一都瑞岩山。

洞

观音洞 即仙人洞。《旧志》：在招宝山下。嘉靖己未，都督卢镗与海道副使谭纶迁补陀寺于此，改名观音洞。两壁左勒"六国来王处"，右勒"平倭第一关"，传为王安石书。

神仙洞 灵绪四都。洞深不可测。

豹洞 灵绪五都。《旧志》：在洞山下。

白岩岗通仙洞 海晏一都。

邑生刘怀理《游通仙洞记》：圣山之西，真武之北，有冈曰白岩。冈下有一洞，谓之通仙洞。父老曾言，此洞当阴雨时常闻鼓吹声，后铁牌禁之，遂绝。疑此说近诬。后游是冈，登山数十丈，遥见巉峭稜层，巍然有欲坠之势者，即白岩也。攀跻而上，至岩东北，果得一洞，杳深莫测，若神仙所栖。洞口得一仆碑，字迹磨灭，不可稽考，始信父老之言不予欺云。

屿

竹屿、乐家屿 一名龙石山。

青屿、白石屿、姚屿、塔屿、霞屿

俱见上各山岭。

墩

铁炉墩 县东。

黄氏墩 在白沙之东。

七星墩 崇邱三都。活石一，连七座，俗呼为"石人头"。

金墩 灵岩二都。

后墩 镇隅七图。在霩衢所外。

川

大海 在县城东北。《旧志》：东接三韩日本，南通闽广诸番，西北直抵京师。 潮汐往来自有定候。初一、初二、初三、十六、十七、十八日，辰戌长丑未退；初四、初五、十九、二十日，巳亥长寅申退；初六、初七、初八、二十一、二十二、二十三日，子午长卯酉退；初九、初十、二十四、二十五日，丑未长辰戌退；十一、十二、十三、二十六、二十七、二十八日，寅申长巳亥退；十四、十五、二十九、三十日，卯酉长子午退。常多飓风。《南越志》云：飓风者，具四方之风也，常以五六月发，未至时，鸡犬为之不鸣。《岭表录》云：秋夏间，有晕如虹者，谓之飓母，必有飓风。**小坡苏过赋云：**断霓饮海而北指，赤云夹日而南翔，此飓之渐也。发则排户破牖，损瓦摲屋，礧击巨石。揉拔乔木，势翻渤澥，响振坤轴。鼓千丈之清澜，翻百仞之陵谷。济之以雨，尤为可畏。禾已花实而值之，则阖境绝穗，俗之所当备也。其海之大洋中，有乌石塘三，一在马秦岙，一在下塘头千步砂，一在桃花岙。百年之间，或卷砂以为堤，或推石以为塘，中成膏腴，不以人力。然则海变桑田，非虚言也。又去马秦岙东名查浦，夏侯曾先《地志》云：吴伐越，次查浦，深入至此，宜句践之不能忘也。其在翁浦中，又有鼓吹山，其阴曰战洋，曰马岙，其对即徐偃王祠也，世传孙恩之窜亦在此。**按：**恩自其叔泰以罪诛，即窜海岛，史虽不指岛名，以地考之："隆安四年夏四月，寇浃口，入余姚。""五年二月丙子，又自浃口攻句章。"

及沪渎、海盐之败，"自浃口复窜于海。"浃口盖今定海、昌国之间，虎蹲、蛟门之侧也。虽其出没皆由于是，则其巢穴容有在此者。今之遗址为偃王、为恩未可知也。《两浙海塘通志》：海潮自定海入鄞江，六十里至府治，东北分为二江，西北通慈溪，东南通奉化。

明郡守沈恺《望海》诗：凭栏东望海门秋，元气茫茫日夜浮。大鏊堪同天地老，沧桑难断古今愁。晴瞻万里乌将没，晚看一天星倒流。即此已成世外境，更于何地觅瀛洲。

江

大浃江《名胜志》：县南城外，自蛟门海洋分派为支江，向西沵流七十里，抵郡城三江口，分流西南六十里，至鄞县它山堰；西北二里，抵绍兴上虞通明坝。《舆地广记》：定海有大浃江，越灭吴，将迁吴王夫差于甬东，韦昭以为"句章，东海口外洲"是也。《雍正府志》：晋安帝时，海贼孙恩寇上虞，刘裕戍句章，出战，退还浃口。宋高宗航海亦由浃口而出。《慈溪志》：源发于绍兴、余姚之太平诸山，至丈亭分而为二，前江由车厩历西渡，经郡城之北至邑，出大浃口入于海。

吞猛江 东管三都。江自大浃口至鄞江，水道本直注至马嘴，汇成吞。吞至三官堂时始西接鄞江，潮流甚猛急，故名"吞猛"。

鹭林江 西管四都。甬江绵亘九曲而出大浃口，而江流之疾徐因之，故濒江之地，当江流之疾者，虽石岸亦圮；值江流之徐者，虽泥涂亦坚。鹭林回流舒缓，是以沿江五十里地多草场。乾隆元年，近场居民分疆划界，报垦升科，外筑长堤，堤之下凿池，浚浍以资灌溉。堤坚而高，咸潮不能妨禾黍，斥卤荒荡尽为良田。

小浃江《旧志》：县南十二里，自竹屿山海口分派为支江，蜿蜒西流六十里，抵崇邱东冈碶下。

黄崎江《旧志》：县东南一百十里，自崎头海洋分派为支江。西北流约半潮，至蛟门出大海。**按：崎头山遥峙东南，黄茅山、大小榭山、金塘山隔峙西北，夹而为江。**

梅山江《旧志》：县东南一百十里，自崎头海洋发潮，西北流入乌崎头山港，经大嵩通于海。**按：梅山在南，崎头山在北，夹水为江。**

仑江

青龙江 江边有小山古亭，为济渡处。

上二江俱海晏三都。

湫

湖门湫、杜门湫

上俱灵绪五都。

石湫 《旧志》：崇邱一都。源出太白山，王安石《经行记》谓"灵岩石湫之壑"是也。

溪

详《水利》。

潭

李家堰龙潭 东管三都。贴近江岸，官民祷雨皆至此。

汇源龙潭 灵绪二都。在息云山麓。

匾溪龙潭 灵绪四都。《王令志稿》：遇旱祈祷屡应。元大德元年，潭侧建祠以祀。

香石潭 在香石山顶。

石陡潭 在东呑。

善应潭 在西呑。俗与石陡潭皆呼为龙潭。水澄岸峭，即盛暑亦寒冽。

上俱灵绪五都。

蛟门龙潭 《雍正府志》：在海山洞口。详《祠祀》。

陈山龙潭 《雍正府志》：县东南陈山巅。

周急潭 在泥湾山南大岭胁上。潭甚小，泉甚甘，久旱不涸，故名。

上俱崇邱一都。

鳗井龙潭 《雍正府志》：县南净居寺对山，相传龙神灵应，与陈山钓岩雁潭、汇源李家堰诸龙神并从祀。龙神庙详《祠祀》。

青漂龙潭 在白虎坑山中间，深不满尺，泉水常盈。天将雨，先有云雾出没其中，乡民旱祷屡应。

华四龙潭 在灵峰寺后。明有崇邱华姓兄弟四人，因天旱求雨，舍身丹池而死，大雨旋至。嗣后里人遇旱祈祷屡应，故称华四龙潭。

水吼潭

上俱崇邱三都。

双峰龙潭 崇邱四都。

新妇潭

蜃潭 在灵峰寺旁。里人当旱时，每因蜃气出没以觇晴雨。

上俱灵岩一都。

董家河潭 在演法堂前。

清林龙潭 《王令志稿》：潭久已湮塞。宋嘉泰间旱，县令商逸卿访故迹祷雨即应。

上俱灵岩二都。

雁潭 泰邱三都。《王令志稿》：祷雨屡应。

钓岩龙潭 海晏三都。《王令志稿》：地名福泉山，每旱，邑民祈祷屡应。

池

东泉池 县东八十步。《旧志》：在城隍庙侧。泉有二脉，东脉盐西脉甘。宋嘉祐三年，令郑洙以石甃四旁，广二十余丈，长广之半，深得长四之一。《王令志稿》：后淤塞。明崇正间，令张崎重浚甃石，长广不能如旧，而泉脉亦不可得，今所名"一鑑池"是也。

洗马池 县治东北。《王令志稿》：巾子山下。相传宋张世杰驻兵定海，饮马于此。

沙井池 《雍正府志》：在北城。

放生池 一在总持寺前，一在城北广济林王庙西，一在东郊东岳宫西。

日池 县署东北。

月池 县署北。

梓山池 县署东北，今为鲲池书院映池。

井栏圈池 西管四都。

兰池、双砚池

荷花池 在立鸭山下，方圆八丈许。

上俱灵绪四都。

昆池　崇邱三都。在蛟门西，约广二十余亩。久雨不溢，久旱不干。近池田百余亩，赖灌溉焉。

练盆池　崇邱四都。在裴晋公祠西偏室内，世传葛仙翁炼丹处。其源直接双峰圣井龙潭，久旱不涸。

上茭池、下茭池

待月池　在瓶壶山。一在灵绪达蓬山。

上俱灵岩一都。

沟

县前沟　《雍正府志》：在县署东百步许，深三尺，阔二尺，水直通南城外濠河。

汇

华家汇

章拗汇　俗名庄下汇。

以上俱东管二都。

马嘴汇　约在大浃江之中截，与李家堰对，南北一大折，为内江险要处。

夏家汇

上俱东管三都。

澄波汇　西管六都。

湾草汇　崇邱一都。

扶家汇　崇邱二都。

湾

包家湾　东管三都。

沙湾　沙岭北。

湖湾、兰湾、桃湾

黄桐湾　有古石炉一座，旧传汉冯异曾憩于此。

上俱灵绪四都。

泥湾　崇邱一都。

蒋湾　崇邱三都。

青湾 崇邱四都。东岗山里。

白蒲湾 布阵山后。

石柱湾 凤凰山南。

林家湾 白石屿山下。

止牛湾 大瓶壶山。

唐家湾、董家湾

上俱灵岩一都。

石莲湾 泰邱一都。

小城湾

大城湾 俱泰邱二都。

屿湾、盐亭湾

上俱镇隅七图。

浦

白家浦 清川门外。

山家浦 武宁门外。

张鉴碶浦 东管二都。

衙头浦、筲箕浦 俗名瓦窑浦，在夏家汇东。

清水浦

上俱东管三都。

孔浦 西管四都。

蟹浦 灵绪二都。即古之渤澥，街滨海，民以网鱼为生，鳞属多出此。

梅林浦、徐家浦、凤浦、金墩浦

上俱灵绪三都。

丁家浦 灵绪四都。

张师浦、板桥浦

上俱崇邱三都。

槎浦、朱家浦、大瀼浦、算山浦

上俱灵岩二都。

三山浦 泰邱三都。

霞浦　泰邱四都。

芦浦　海晏二都。

穿山浦　镇隅六图。《王令志稿》：盘旋数曲，登山俯览，若两葫芦。

泊

郑家泊　《唐令志稿》：县南十里。

渡

大浃渡　县南一里。《雍正府志》：即大浃口，为扼要关泊战舰处。

邵家衢头渡　邵尚书筑。一名舟山衢头，又名新衢头。

薛家衢头渡　薛尚书筑。又名税关衢头。

上俱南薰门外。

济川亭渡　即小衢头渡。

练子衡头渡

上俱清川门外。

虹桥渡　雍正元年，江南衢前街兴市，市柱首捐银砌石衢头，用不敷，虹桥朱姓捐公堂余赀铺石完竣，船户自造渡船撑驾。

五里牌渡

上俱东管二都。

梅墟渡　东管三都，有官渡船三只，田十亩为渡费。康熙乙未年，邑令陆敬德立碑于其侧。

《公置赡田亩分土名字号》

一张字一千一百五十号，一丘土名塾田，一亩八分；

一列字九百八十五号，一丘土名中秧田，一亩七分；

一张字一千八百八十三号，一丘土名后尖头田，一亩五分；

一张字二千三百七十八号，一丘土名水路田，五分四毫；

一张字一千一百五十号，一丘土名桥头卝田，二亩六分；

一张字一千九百七十二号，一丘土名曹家田，七分。

小浃渡

石桥渡

宋陆游诗：老马骨巉然，尪罴不受鞭。行人争晚渡，归鸟破秋烟。湖海凄凉地，风霜摇落天。吾生半行路，搔首送流年。

胡家渡、汇头渡

上俱崇邱一都。

蚶岙渡 今建义成桥。

东冈渡 今造碶。

上俱崇邱二都。

朱家渡

杨家渡 渡东北属镇，西南属鄞。

任铁渡

沈家渡 即施家渡。

上俱崇邱四都。

算山渡 灵岩二都。

芦浦渡 泰邱四都。

梅山渡

嵩子渡 即下岸渡。

上俱海晏三都。

穿山渡 镇隅六图。

泉

玉泉 《延祐四明志》：县东北三十里，广福院前。味甘，色白，烹茶为胜。

透瓶泉 灵绪四都。在洞山寺左，泉味甘美。取泉入瓶，越宿透露如珠。明唐寅慕是泉，来此，题曰："以好心来到菩萨所"，字迹尚存。

井

镇滨海地盐，居民皆取于井，稍遇旱即易涸。虑有占官井为己业者，因详载之。

渊德圣井 县东北二里。《旧志》：久旱不涸，因以名观。

沙井 县治东北。《王令志稿》：在巾子山麓。邑中泉脉皆盐，独此泉美，与洗马池相近。

心庵井　县治西北二百余步薛家衕，居城之中，因名。

旗纛庙井　县治东北二里。水清味甘，造酒家多用此。

城隍庙前井、后井、中井

俱县治东八十步。

真武宫井　形家为南薰门属丙丁，向真武宫位北方凿井以制之。

助海庙井、县治八井　阜成坊东日井，阜成坊西月井，东衙墙井，西衙墙井，土地祠井，捕厅衙井，主簿衙井，盐禁井。

总镇府箭厅井

总镇府后街井　即今演武场。

参府署前井、参府署后井、参府箭厅井有二。守备署前井、学署后井、把司署井、军门府后井、双司前井、仓基衕井、孝门坊井、仓下河头井、草营房井、十刘营井、买盐衕井、朱衙衕井、同李衙衕井、胡戚衕井、龚家衕井、樊衙衕井、武衙桥井、洋山庙衕井、陈衙衕井、徐家桥井、富德巷井、水门巷井、三官堂前井、淡水井、前坊井、后坊井、镇远门井、南薰门井、清川门井、武宁门井、向辰门井

上俱在城。

招宝仙井　《旧志》：招宝山巅，久旱不涸。《王令志稿》：一名自在泉。

邑令张琦诗：蒙泉一久亦泓然。髓石为芸气作莲。瞥眼法霖弥大海，却于崖隙逗冰天。

招宝山麓井　《王令志稿》：水从石罅中流出，邑人珍之，取以酿酒，味最香冽。

张鑑碶井、海晏亭井、澜浦庙井

上俱东管二都。

斗门井　灵绪一都。

司井　灵绪二都。在蟹浦城内，水源不竭。

龙头场井

龙眼井　在雁门岭上，慈镇交界。

砂井　在邱洋驿路旁。明时，定参将戚继光兵马至此皆渴，于是地凿井，至今久旱不干。

上俱灵岩三都。

黄婆井 在达蓬山脚。

大天井 明信国公汤和凿。井有二源，泉涌如潮，投之以石，即时沸起。灌田数百亩。本朝雍正元年大旱，四方数万口皆汲是井。

小天井 与大井同出一源。

湖湾井 在黄东发公湖山书院侧。

上俱灵绪四都。

衙前双井、东山庵井、苏家井

上俱崇邱一都。

慈济庵井 崇邱二都。

鳗井 崇邱三都。

圣井 一在崇邱三都，一在四都。双峰山之腰有龙潭，深不盈尺，久旱不涸，名曰圣井，世传嘉靖间征倭，龙化为老人，汲水助阵。旱时民祈祷，或化为鳗，背上九节，无尾。若井上兴云雾，即雨。详《祠祀》。

方井 岗窑岭下。

倪家井 状元山下。

管家井 石蛤蚆岩下。

柏树井 在庙山北。

上俱灵岩一都。

沙井 演法堂岙口。

槎浦堰九井 周围二亩余。

上俱灵岩二都。

路局井 泰邱二都。

古名井 泰邱四都。在陈华铺基北，石结成。

休暇井 旧名邱家井，又名袅井，在田中，望之如池，虽当大旱，车灌不竭。旁有田数百亩，皆赖是井。今呼"休暇"。

竹叶井 去休暇井数十步。

中井 在竹叶、休暇井之中，其源不竭。

上俱海晏一都。

东大井、西大井、南大井、北大井、灵泉井、清泉井、安澜井、王家井、沈家井、金家井

上俱镇隔六图，在穿山所。

水利

迁史记河渠，班史志沟洫，唐宋诸儒言水利，虽取义各殊，以权潴泄备旱潦则一也。夫言水利者，必先去其害。邑本海堧，善经之皆可为田，稍失堤防，风潮冲击，害有不可言者。余承乏兹土，躬际艰危，赖皇仁宪德，发帑兴修塘堤，获以巩固，而经久善后。自塘而堰而碶而闸，修举以时，启闭有法，以除害兴利，于后之君子有厚赖焉。志水利。

《旧志·河渠总论》：定海（今镇海）延袤，西与鄞、慈接壤，其东、南、北皆际巨海，中经以大浃、小浃二江，潮汐吐吞，地皆泻卤，雨旸少愆则咸润蒸曝，苗即就槁，故河渠之治莫先焉。

其在县治之西北有大闸河，有西河，有夹江河，有中大河。中大河发源于慈之丈亭江，由夹田桥过茅洲、化纸二闸以达定之西城，其长亘五十里，而近中又节之以贵胜、大寺二堰以严蓄泄。夹江河起鄞之桃花渡，由白沙、露林而抵于定，长与中大河相埒，即宋淳祐间制帅颜颐仲访故道而疏凿之所谓颜公渠者也。岁久淤塞，嘉靖丙申，县令王文贡复疏之，已而复淤，迄今莫有继颜公之志者焉。

县西北百里许，与慈溪余姚相比，其地多山，故水潴而为湖者，曰凤浦湖，曰沈窖湖，曰灵绪湖，曰白沙湖。其受湖水而为渠者二：一曰西河，发源于慈之香山，东流十余里而泄于澥浦，西则自斗门去一十五里而合于中大河；一曰大闸河，兼受杜湖之水，由宣家堰而东注于西河，其长可四十余里。盖江北之田，东、西管，灵绪，凡三乡。西河与大闸皆坐灵绪而又益之以四湖，溉田可千余顷，故其田独膏腴，其在东、西管则颜公渠既以久湮，而仰受于慈溪之江者独一线，又潮汐往来，有大小碶闸之启闭，故时有旱暵之灾。议者谓贵胜、大寺二堰之东，其地高，故其浚宜深，其浚深则水自流注。江潮直达时，乃开碶闸以导之，自不患于骤涸。而又疏通颜公渠，益广支水，则民利自倍矣。

在县治之西南，由小浃江而上，左右有河而皆接于鄞之东大河。其左则自鄞之斗门而入，由纪家桥石础头而至于东冈之黄满堰，长可十五里。其右则自鄞之新桥而入，由汤家巉、龙山下锺家桥而直至竺山。尾分为二流：其一从陈山之南，过高河塘，至小竹山而止；其一从北流过石门，又折而东，由陈山之北越江南铺前桥，汇于乐家庄而止，旧志所谓谢墅河也。长可二十里有奇，水潦频仍，则从北行者泄于大浃江，从东行者泄于小浃江。

小浃自海口达于鄞之五乡碶，其长可百里，其江之半，则鄞、定之分界也。江之左有槎堰，亦名蛇堰。外临长江，内逼石山，崩决不常。定人曰："是地在鄞，鄞人宜筑。"鄞人曰："是利在镇，镇人宜筑。"其未谐也。鄞人乃塞纪家桥以自利，斗讼无已。定之耆老乃告县令宋继祖，相厥攸宜，去蛇堰二十里即东冈山之下而堰焉。堰以上江尽为河，而蛇堰可无用，潴停益巨，而灌溉滋溥矣。或谓碶远而道迂，宣泄不利，多病于潦，乃又于甬东隅开江东、大石二碶。王驻洋开周家碶，又即杨木堰为碶以便输泄。虑又未已，而海道副使刘应箕、知府雷金科又议即东冈之堰左增置石碶门者七，蓄泄两便，斯百世之利也。其灵岩、太邱、海晏三乡之水，皆自鄞之太白山发，而为阿育王山其南行，为三山，为穿山，为盘岙岙，为慈岙岙，为黄崎，以至于海；其北行为新岙岙，为灵峰，为布阵山，为孔墅山，为屏风山，为嘉门山，为青屿山，以至于浃口。山从南行者，重冈叠嶂，高而且邃，故其水之出亦滥骎不绝，注而为潭，流而为溪。溪之大者有七：曰启霞溪，曰盘岙岙溪，曰雁潭溪，曰瑞岩溪，曰慈岙溪，曰章家溪，曰杨家溪。溪之流衍而为河者有三：曰坉埭河，长三十里，自盘岙溪发源，东流接启霞、云岩之水下杨木堰，趋小山碶入海；曰芦江河，长二十五里，自瑞岩发源，向东北流而泄于穿山碶口；曰杨洛河，自阿育王山下发源，向东流为石㳌，又接盘溪水向西北章家桥，兼受灵岩水而泄于长山碶，其长比坉埭加三之一。自阿育王山之北，山浅水啬，而资于灌溉者，盖仅仅足也。

定海大浃之南，凡四乡，惟崇邱南接于鄞，与受东钱湖水之利，其灵岩、泰邱、海晏，重山所阂，与鄞阻绝。当时建议者欲凿阿育王山岭，引东钱湖水以灌之，故以湖米均派于四乡之田。厥后凿山之议不果行，而三乡之田空输湖米之赋，至今未有建议而蠲之者。崇邱之田虽受东湖之水，然河久不浚，淤汙少容。况汤家巘为鄞之绝界，彼此治河者皆止于是，河至浅梗，湖水亦不能达，此当亟为之所也。

其城中之河，即古濠河也，水通慈溪茅洲闸，合中大河，经骆驼桥，抵西水门而入。越数武即折而南，可数十武又折而东，经县治之北，循卫治之南，而环带于学宫之左。其北则由后沙河至渊德观，西而上接梓山之阴。城之东故有王家碶闸，而输泄于海。自洪武丁卯展城跨濠，而濠河反在城内，其时仅穴西水门一线以通之。永乐以后，塞王家碶闸与西水门而开西南之新闸，遂致内外之水隔绝不通，河淤为涂，而故迹日湮矣。说者谓宜求故道，复旧西水门以接慈溪西流之水，涝则由东以泄，则中外联络，匪直一方风气之攸钟，而负郭之田资之灌溉，为利无疆矣。

河

南河 《王令志稿》：发源于县治之东北，即古濠河也。西行从嘉定桥、横带桥，复折而北，过善庆桥，至河塘又折而西南，至市西桥出水门，而西合于夹江河。《旧志》：古濠河，县治北城中发源，西流抵大市堰，长四十五里。

中河 《王令志稿》：源始梓荫山麓，循学宫西卫治南，西行与河塘水合，至晏公庙桥，曲折至西水门，合于中大河。

北河 《王令志稿》：源始于观音寺之后，北行至渊德观之西，西行一里许，折而南，至洞桥复折而西，抵西水门，合于中大河。**原注：考古濠，明以前通镇远门外王家碶闸，输泄于海。自洪武丁卯展城跨濠，而濠河反在城内，其时尚穴西水门以接慈溪之水。永乐以后，塞王家碶闸与西水门，止留南水门，复开西南新闸，遂至城内之水隔绝不通，河多淤塞，故迹日湮。张司马东沙谓"宜求故道复西水门以接慈流，潦则由东以泄"是也。自隆万间，慈人因运粮至广安仓，道迂不便，遂复开西水门，以北河为运道，城内诸水得与中大河相通。至国朝戒严闭者，又几二十余载。康熙十一年乃复启。若南水门之闭，自明时已然矣。**《唐令志稿》：康熙三十五年，令唐鸿举掘学宫东河并浚城北河。训导许德裕为之记。岁久渐淤，乾隆十二年，令王梦弼督民浚复三河。

城外濠河 《王令志稿》：从巾子山下发源，绕城址东西行至清川门外分流。向西者，一合夹江河，一合中大河；其北行，则直抵后海石塘而止。**按：附城诸河，西向合中大河者，水性清缓，水面宽约三丈，遇水盈满，从张鑑碶出水入江。**《唐令志稿》：嘉靖二十年，指挥夏纪浚深古濠河五尺。万历二十八年，县令朱一鹗浚濠并浚南北乡河。国朝顺治十五年，总督李率泰檄浚河各一丈五尺，深五尺。康熙六年，邑令王元士浚濠并浚南北乡河。十年，奉海道副使史光鑑檄又浚。乾隆十一年，令王梦弼浚绕城濠河，阔二丈，深四尺，又浚各乡支河。

以上附城。

夹江河 东管二都。即前大河。《王令志稿》：从西市抵鄞桃花渡，绵亘六十里。原港久湮，田畴失溉，舟楫不通。宋淳祐六年，制帅颜颐仲役工浚之，故河尽复，广五丈，深一丈二尺，民颂其德，因名为颜公渠。张即之书以刻于石。岁久复淤，明嘉靖丙申，县令王文贡疏之，万历间县令丁鸿阳又疏之。国朝康熙二十六年，令周家齐浚夹江河，田上出谷，甲上出夫，民称两便。纪以诗歌，曰《渠成集》，详见"中大河"。**按：夹江河经流，东至白龙洋，与中大河合，西至三官堂止。其支流：西一支，南出张家堰，北经横沟河鹳库下，至曹家库堰与官仓港合，约长十五六里；中一支，南出李家堰，北至杨家库头，经官仓港，入大寺堰与中大河合，长二十里；半路庵一支，北至汉塘大有桥，南至夏家汇，经衙头堰出筲箕浦。河无源，而与中大河高低又差三五尺，故常湮隔。计水利者，惟于官仓港力加疏浚，则慈水源通田畴攸赖矣！**

万弓塘河 东管乡。《唐令志稿》：在后海石塘尽处抵澥浦，即宋嘉定间邑令施廷臣所筑土塘以续者，元时崩废。明洪武后亦有小修，然屡为大潮冲没，塘下之河亦至淤塞。时海寇登犯，苦无拦阻。国朝康熙十五年，总镇牟大寅循故迹集民浚河，土以益塘。塘高以拦海潮，河深复足以灌田亩，且延袤四十里，皆滨海地。今界以深沟高塘易于守望，寇不能越水飞渡，自此比室皆得安枕，海田变为膏腴。民甚德之，立祠于万寿庵，岁修其祀。

邑人谢兆昌记：定邑万弓塘者，昔人筑以障海也。而塘之内有河，亦犹城之外有隍。盖取其土以筑塘而遂成天堑，河深而水积，民得引以灌禾，食其利者何啻千百家。

迨明季而后失于挑浚，向时灌溉之利今竟固有。然不得其利，犹未见其害。迩以海氛未靖，将虑有自塘越河而害我民居者，时时见告。总戎牟公巡视至此，尝慨然兴叹曰："今即不能高筑其塘，而旧河之故道可凿也。"戊午季夏，会有士民以浚河请。公曰："此我意也。"爰即下令鸠工，计丈挑掘。公单骑巡视，亲相慰劳。谓今一时所苦，庶可以永逸。务广其土，深其河，而坚实其旁，俾为不竭之川焉。至若执鼖鼓，驱徒众，有索酒食而扰闾阎者以告。百姓闻言，趋事不辍，不俟一月而河工告成。意嗣是而后，寇不得以飞越，民得以藉兹灌溉。塘则金城也，河则汤池也，河以内之新田中乡则沃壤也。一时有利而无害，大将军之伟烈为何如哉！往哲有言，过河洛而思禹功。其公之谓与！

余离梓里官长安，常恨不能助公为理，乃邑士从公车来，为道公盛事，且曰宜立石以垂不朽，即属余为记。余曰："四明，全浙之咽喉；定海，四明之锁钥。自公驻节蛟关，于今三载，凡所以仰报国家，俯卫生民，兴利而除害者，何可殚述！

即浚河一事，安定邑以安四明、安四明以安全浙之壮猷也。万弓塘行将歌万年德，余何能以不文辞！"因为记。

长河 东管三都。东北接范家大河，西分南北二支。南支至横河堰，北支至菱漕头。雍正三年，邑人徐名新照田派浚。乾隆十年后，河淤不通潮汐。十二年八月，邑人徐名光率沾利之家浚阔一丈、深三尺，潮源涌入，车灌利焉。

徐港岸河 西管四都。是河之通潮源者，始于贵胜堰。自堰而东达于东管，自堰而南直达鄞之砖桥。由南河而达于西管一庄者，派有二：一派东至绷子港，又东至于陈默子堰，南折交河陈，过彭王庙前，入一庄河，道纡而远，往往潮源不及至；一派入徐港岸，过前后塘，东流为横大河，入一庄河，道近而捷，此为潮源要害地也。由是而至孔浦，至白沙，东至于鹭林，东北至于三官堂，与东管三都界。其支分也众，则其所济也溥，疏浚之施较他处为尤亟云。

穿心河 西管四都。河长三里有奇，其通支港十有四，通河嘴二。港曰乌家港，曰咸井港、、曰东河港，曰西河港，曰门前港，曰水仓港，曰沿河港，曰菱港，曰陈家港，曰小坟港，曰戴家港，曰止水港，曰张家港，曰上祀港；其河嘴曰祠堂前河嘴，曰卢家两河嘴，分贯两岸以溉田禾，从未挑浚，时患浅涸。乾隆十一年，邑令王梦弼因士民所陈，委员督浚，水足溉田，并修桥高阔，凡运粮船只暨民间采捕等舟皆得通行。

中大河 西管六都。《旧志》：自慈溪县茅洲闸发源，至骆驼桥分港，南抵鄞县北，通灵绪一都，长五十里。嘉靖乙未，巡按御史张景令重浚，鄞人吴惠为之记。**按：水性清缓，水面约阔四丈，遇水盈满，从头闸、二闸出水入海。**《唐令志稿》：国朝康熙二十五年，邑令周家齐浚前大河、中大河。

邑人谢归昌记：定邑面江而城，乡区南北，南则有崇山邃奥，川流百络汇于沟渠，故土物润焉。惟北乡平衍，水道浅涸，无深池大泽蓄积冲融，仅以前后两河，四十里而西接于慈壤。又定之地势稍高，惟潮汐往来资其余溉，若楚越方言谓水之反流者为渴，故资之者少，而泄之者多，且设大寺、贵胜两堰严其蓄泄。春农之际，十日不雨则车具毕致，以此岁常苦旱，旱则辍耕望云，继以祠祷。一不应则遍求龙神，鸣钲挝鼓，声震城野，惨不忍闻。更不应则一望焦禾，相视泣涕而已。间有留心农事者亟议疏浚，然而聚讼盈庭，或谓照甲出夫，则有田无田、苦乐不均之说得起而挠之；或谓按田出役，则沾利不沾利、公私失平之言又起而间之。群口交沸，旋议旋止，河道之不讲也久矣。父老有相传，明万历间，前邑令某公尝底厥绩，然求其故事，案牍莫考。荆门二南周公来莅兹土，叹曰："古之人凿渠以利民，今之人湮渠以病岁，何古今人相去之不逮也。且民之役，非以役民而已也。吾授其直，而司平于我，谁其急之？今吾使有田者给谷，无田者役身，苦乐不既均乎？吾使沾利者无坐享之安，不沾利者有代耕之食，公私不两便乎？"乃度以工之丈尺、食之多寡，使食与工相副，而工与食相资，经理曲当，通陈督抚，咸可其议。

丁卯十月，刑牲就功，举锸成云，决土如雨，乃尔撤从单车履河，省视旬有余日，而渠且次第告成矣。公指顾色笑，乐而赋诗。士子佩德，皆成和章，名曰《渠成集》，志厥美也。古之为国者首崇水利。史起之决漳溉邺，白公之引渭灌秦。今史、白二渠，歌诵不忘。惟公志慕古人，廉毅忠信，有安利于民者，行之坚勇，故功成如此其速。若夫播之声歌，则政治与文章相表里。余故因诗而序其事，使后之踵事者可按牒而稽焉。则此物此志也，不然拱璧大鼎，美在人目，岂尚可以言重乎！

邑人李士瀛《浚河议》：予闻之《书》曰："德惟善政，政在养民。"夫养民之政莫急于五谷，五谷之资莫急于水利，而镇邑之所急尤在于东西管两乡。乡之南为前大河，乡之北为后大河。中港一条，串贯前后两河者，所谓官仓港河是也。计前大河自城西平水闸起，至鄞界鄞定桥，约计五十余里；后大河自平水闸起，至慈界贵胜堰，约计三十余里；官仓横亘计一十余里，共得河百里以接丈亭潮流者也。患在河身淤浅，布种时车具毕集，涸可立待。纵遇西风，大潮涌入两管，或至大寺堰而止，或至庄下汇而止，终不能到白龙洋三港口而达于夹江河，则两管之所以有流无源也。前此非不历为淘河，止在河中浚掘丈余，其所掘之泥又堆滩上，雨淋水冲仍填河底，则淘与不淘无异。且淘河之令每下，议派夫役，有田者诿之甲，无田者诿之田。道谋之口，有不大误筑室之期哉？今夫法者，前人之所行，后人之所师也。昔年邑父母周公令有田者给谷，无田者役身，业有成案。兹稽两管之民，可得壮丁三万余，合两管之丁数派两乡之河工，其法令保长各于管内之河首尾立一桩牌以为限，牌书某图、保名姓下细开甲数，并注各甲长姓名，共甲夫名数。合一保所统甲数，定其段落丈尺，派浚一保之河。其甲亦立桩牌，开列甲长、甲夫名姓暨河丈尺，自一至十次第井然。辰集申散，淘浚必依河面，两边止留二尺，其余俱令淘深，准以七尺为度。淘泥必要运在河塘，塘阔并便行人，更一举而两得。前后大河之东半截，邑令或委捕厅督之；西半截，或委管界司督之；官仓河，或委长山司督之。委员务饬秉公督察，如甲夫不至，则任在甲长，报官惩治；甲长不至，则责在保长，报官惩治。有不至不报而督员挨牌查出者，保长连名坐罪。而邑令又时加亲验，其有豪衿、地棍把持阻挠者，严加重处，则恩威并至，而民气倍增矣。至于斧资不假胥吏，使富者自为给，贫者自为收，正所谓沾利者无坐享之安，不沾利者有代耕之食，公私两便，奚患不底厥绩哉！

西河 灵绪一都。《旧志》：自慈溪香山发源，东流至灵绪二都，由蟹浦入海。西流合斗门山十五里合大河。**按：地如建瓴，水性缓，水面约阔四丈。**

大闸河 灵绪三都。《旧志》：自凤浦湖发源，西流至灵绪四都，接慈溪县杜湖，长四十五里。**按：地势高阜，水性清缓，水面约阔四丈，遇水盈满，从淡水泓闸出水入海。河中有堰三，宣家、奉公、南门亭是也。宣家以东地势高，与海近，水易于泄，尝患旱。宣家以西地势下海渐远，而浦之曲折又约有二十里，一经久雨，壅积不行，田常湮没。补救之方莫如亟浚松浦。大半属慈，镇民难之。然慈之与镇邻者，寄庄多籍于镇，浚河非但便镇，亦以自利也。**

海塘河 灵绪三都。自金墩碶西起，流至镇龙闸入海。雍正九年七月，县令赵应召浚治灵绪各河，有碑立觉渡寺前，**略曰：**为循例浚河恳饬永遵事，蒙本府曹批：据县详"东西管前灵绪地方各河，应着业户按田开浚，不许按甲派夫等"缘由，奉批：如详勒石，永遵缴。

案据前灵绪二都七图，地势高阜，应浚横、直六河，阔计六丈，深计六尺。支港随河身广狭，亦期一例深通，合行勒石。仰前灵绪地保各业户佃人等遵照，嗣后挑浚河道，业户按田开浚，倘有在城住居遥远者，即着佃人挑浚。于秋收时每亩除谷五觔以作辛力。不许按甲派夫，永为成例，须至碑者。

应浚六河：直东大河，自周家斗堰由觉度寺至澥浦沙河滩，又曲至浦桥斗门止；直中大河，自清水湖余家桥外河口起，至戴家汧山嘴止；直西大河，自黄沙闸起，至滕家山下沙堰止；横南大河，自黄沙闸起，由李卫桥至沙河头堰止；横中大河，中自檊木庙前孔家桥港口起，东由莺宿桥至戴家河嘴又曲至蒋家后港口止，西由檊木庙后河至严家闸止；横北大河，自瓦窑港周家桥至后戴河嘴止。

谢墅河 崇邱二都。《旧志》：自鄞县东钱湖发源，东北流至石桥港，分流过东斗村，抵东岗碶，长二十余里。**按：地如建瓴，水性缓，水面约阔三四丈。**

新大河 崇邱四都。《旧志》：自鄞县东钱湖发源，北至练盆桥，分流至横山桥、黄满堰，抵东冈碶，长十五里。水从东冈碶入江。**按：水清性缓，水面约宽三丈。**
《唐令志稿》：鄞地东钱湖，一名万金湖，唐天宝间，鄞令陆南金开，广八十里，受七十二溪之流，岸设七堰，水入则蓄，雨不时则启闸而放之。其前梅二碶，放入鄞地，经八十余里达镇谢墅河、新大河。宋天禧中，郡守李彝庚筑闸坚固，后屡修治。《明史·河渠志》：洪武二十四年，浚定海、鄞二县东钱湖以灌田。《唐令志稿》：国朝康熙初年，派修碶闸，邑令王元士以镇之闸板筑在下，凿石以志。《府志》：康熙三十二年，鄞民惑于风水之说，于纪家桥石趾头处，乃湖水入镇咽喉，筑石塘以拦截之。绅士傅嘉说等陈于县。县详府，考之鄞志，并无此塘，立命毁之。恐后仍筑，立碑永禁。一在府门，一在丁家山之净严寺。

　　邑人谢兆昌记：古之厚民生者，重农莫如治水，国家所以考牧守之绩必先于此。若我宁郡，则以郡东东钱湖为巨浸，而鄞与镇海相邻错壤，湖之四面周环八十余里，其经流所遍，鄞有六乡，镇有崇邱八里，引湖水灌田禾四万亩，而湖水南来自五乡碶北而迤东直达于镇之小浃江以趋于海，故崇邱不引钱湖，则田畴无以资其利；钱湖不注浃江，则水势无以分其流，是则鄞与镇两县之泉源、水脉相为表里，利害共之，所当并亟疏通，无容雍塞者也。

　　自昔至今，鄞、镇两县人民均输湖税，无有争差。明嘉靖时，邑侯宋继祖为计久长，思深才敏，相度地形之高下与水势之纵横，筑石东冈山麓，民赖其力，农田不致灾伤。盖因前此小浃江海潮每有乘秋逆入，则东冈以内土尽泥涂，咸水所侵，禾麻不植。大司马鄞人张时彻为碑记有云："自宋侯经始以后，东西二十余丈，东为堰，西为碶，皆曰东冈。堰以蓄水，碶以泄水，自碶以上为河，其下为江。咸水不得内涌，河渠无从外奔，溉田无虑数万。昔时瘠卤之地尽作膏腴，亩入数钟。不惟崇邱之田无虑旱暵，即鄞邑六乡亦咸被泽矣。此皆贤令之尽心区画，贤公卿咸知之。"故其文载之县志，彰彰不可磨没。

　　乃今则有傅、李二姓族众繁多，敢于鄞、镇交界处拆毁亘古桥梁，拦流造坝，使湖流百世之利阻遏不通。彼盖听信堪舆风水之说，恃力抗衡，水浅则仅及鄞田，而崇邱不沾其涓滴；水大则波高于堰，而崇邱独被其激冲。此国家贡赋所系，鄞、镇人民急公乐业旧有同心，岂能逞豪强之私谋，不遵成制，快于自便，而使崇邱广轮三十里之亩疆偏苦受害乎？于是阖邑士民控于县令黄侯，侯以请于本郡张公。公仁而能断，廉而有威，神明之称，远迩惊服。爰是属黄侯亲行按视，严杜侵凌，正其故道。钱湖水势自鄞入镇之区，条理分明，通流如昔。

六邑之人皆诵公秉心公溥，洞烛隐情，纤悉不能欺匿。凡公之所以临莅吾宁者，其光明俊伟事皆如此。予于是记其始末，以镌诸石，而后系之词。

公名星耀，号紫昭，直隶武强人。黄侯名宫柱，号擎庵，福建南平人。其词曰：蔼蔼张公，中怀恺悌。雅量能容，莫窥涯际。肃肃张公，洁己自持。金石为质，坚而不移。倬彼张公，神澄若镜。悉我民依，布兹惠政。张公彬彬，古人风度。人誉所宗，英贤攸聚。惟我海邑，是谓严疆。公辑文武，声闻孔长。经营农政，相其流泉。父老讴吟，被以管弦。管弦伊何，德音是茂。为时名臣，以膺福祐。

右记碑于府门。

又《净严寺碑记》：康熙三十二年癸酉，镇之士民以鄞邑之阻塞河道，妨镇邑引湖之利也，合而讼其事于郡。邑令黄侯躬往视，备以闻。郡守张公下其事于鄞，令黄侯撤毁石址，河道复通。镇民颂公之神明，爰树碑于郡署仪门。余既为文记之，复以侯之视吾民如痌瘝乃身也，谋所以志之久远者，而以记来请，余曰唯唯。

大抵详一邑利害兴废之由者，事不嫌复，广耳目也；文不嫌繁，备本末也。按志，鄞邑东有钱湖，唐天宝三年令陆南金益开拓之，易田为湖，以其田赋赋之七乡之田，每亩计米三合七勺三抄，自是灌溉滋广。其时镇未有邑，江之南地尽属鄞，无此疆尔界之殊也。后唐乾宁四年，钱氏始置县。宋熙宁十年，复割鄞之三乡益县南境，而鄞与镇始有分壤矣。且小浃江之潮乘涨逆入，处处宜防，土石之功不赀。两县之民交诿，则群聚而哄，故明嘉靖三十四年，令宋继祖乃移五乡碑于东冈山麓，潮水避去二十余里。塘堰尽撤，湖流益通，群哗始帖然，则调剂之力多也。

近湖修筑碶板以资蓄泄，而碶板之规未定，当天旱，湖水浅不能盈渠，至镇海而水力愈弱。康熙九年，令王侯元士为请于当事，版分上、中、下，自下而上，以镇为首。盖启下版，湖水乃尽泻，支渠毕达，田成膏腴，则放水之法备也。夫天下事，安坐而享其逸，遂若川泽自然之利，振古如兹。今即一乡而论，几经贤守令之综理经画，乃得底于成功。斯以知农事之艰，而镇邑世世食仁人君子之泽，为可幸也。不然者，地势有变迁，人事有巧拙，而豪民复诪张其说以惑听，上之人一不察而决裂随之，几何不使万世之利隳于一旦哉！夫垦田必先治水，昔人讲求之良法在在皆是，惟在后之人蹑其成劳而弗惮于率作，则旱涝有备而凶荒可无忧也。其以佐大司农之经费顾不巨耶！余故因是举而备述其事，志侯之德，且以告后人。侯名宫柱，福建南平人。宋继祖，四川汉州人。王元士，湖广麻城人。

碑树净严寺。

乾隆六年，鄞民以前梅二碶门阔，遇水势涌，板长力软难于抵御，恐致冲决田庐，设立中柱保护闸座。镇民以增立石柱必致湖流遏抑，不能远达新谢两河，互相控诉。镇令杨玉生与鄞令傅柚会勘详宪拆柱。镇令复捐银四十两移鄞置产，帮贴岁修碶板之费。道宪以水利攸关，仍仰两县确勘。十三年，镇令王梦弼会同鄞令宋绍彝勘议：前堰碶门阔一丈一尺九寸，令将碶垛放阔一尺；梅湖堰碶门阔一丈三尺四寸，今将碶垛放阔一尺，以补中柱之数。杨令捐贮库银，即为二碶修筑公用。嗣后如遇天旱水干，镇民报官委验，彻底开放，俾水远达溉田。鄞民不得挆阻，镇民亦不得私自擅放。水利均沾，无虞冲决。详宪定案。

杨洛河 灵岩一都。《王令志稿》：阿育王山下发源，东流合太白山水至石湫坨埭堰，西北向章家桥接灵岩水，抵长山碶入海。《唐令志稿》：北接孔墅岭山诸水，从乌金碶入海。一从毕家碶入海。**按：地高水清改缓，水面约宽四丈。**

横河 发源杨洛河头。

大浦河 灵岩二都。旧为浦，大碶、毕家碶、石方碶之水皆放此，曲行二十五里，至三山浦入金塘洋，今建永丰碶截断为河。

石湫河 上接洞岩，此岩高数十丈，顶上出泉，涌流而下，水阔十数丈。天雨，七分下灵岩，三分下太邱；晴久，三分下灵岩，七分下太邱。

地埭河 太邱一都。《王令志稿》：自盘盉溪发源，东流接云岩、城湾、塔屿诸水，下杨木堰，趋小山碶入海，长三十里。

芦江河 海晏一都。《王令志稿》：自瑞岩发源，向东北流而泄于穿山碶，长二十五里。

邑生郑之兰《芦江水利议》： 育王岭左之河有三：其极东者，曰芦江河，纵横约各二十里，南受瑞岩十二峰、上傅九峰、福泉双石人五峰之溪水，而东北泄于穿山碶，西北由傅家碶泄于双礁碶。诸山耸起壁立，水易倾泻，淋雨骤至，河不能受，则盈溢泛滥，一望无际，而苦于涝。穿山碶仅三门，傅家碶仅一门，水势汪洋不能骤泄，则冲溃堤塘，循筑未竟，水可立涸，而又病于旱。夫涝则宜泻，而芦江之河防涝偏利于蓄，谋所以蓄，则可以受诸山之水杀其势，而不致奔溃也。旱则宜蓄，而芦江之河防旱偏利于泻，谋所以泻，则可止冲决之患，固其堤而不至干涸也。欲谋所蓄，非浚河不可，若紫石滩，若陈胜洋，若风打塘与钟灵桥、石澜桥、碶头河、施隘周大河诸处，皆盘旋广阔，不下数十余顷，然芦苇浅滩，水仅没颈，若浚深五六尺，则俨然巨浸也，何患水之不受而至于涝，况泄又随其后乎！欲谋所泻，非多设碶闸不可，若于穿山碶旁增筑旱碶五六门，照旧来所定水，则以水之面为碶之底。大潮则闭以阻咸，小潮则开以泻淡，时时泻泄，何患堤之冲决，而至于旱况蓄早备于前乎！蓄泻得宜，则旱涝有备，而可无虞。盖迩来频频海啸，逾堤塌塘，潮水所至，不终食而禾稼尽淹，颗粒无登。虽天灾之流行，亦人谋之未臧也。夫塘碶之设，固内蓄河水而外御海潮者也。芦江之塘最易为力，穿山塘仅数百丈，傅家塘则十余丈，中有泥堰湫塘亦仅十余丈，其余长山高陇横亘十有余里，若增高数尺，培厚丈余，潮来水涌，不逾地面，不穴塘身，而又不时增修，可永无潮水之患。至于塘北之田数十顷，系雍正年间新垦，虽逼近金塘大江，无山陇阻御，然墩阜亦星罗棋布，增培修筑，亦可渐观厥成。谚云："湖广熟，天下足；穿山熟，镇海足。"不浚河，不增碶，不培塘，而求岁稔，恐十不得五也。

乾隆十一年二月，户部议准湖南杨锡绂所奏，通行各省有司，嗣后无论官地民业，凡有关于水道之蓄泄者，不许报垦。**按：海晏乡山多水盛，民不受其害者，因河宽得以容纳也。豪民往往伺河滩希庬田亩，河道窄狭，一遇淫霖泛滥，河不能受，必致田畴庐舍瞬刻成浸，贪利者慎勿贻大患而干国典也。**

小芦江河 镇隅六图。其源发于五峰道中岭，汇杨沙、吉祥二溪之水，向东北趋小芦江碶入海。

湖

白沙湖 灵绪二都。《旧志》：周环二里，五十步。《浙江通志》：灌田一千亩。**按：此湖地势非洼，泉源亦浅，近更淤垫，恒见枯涸，一时议浚为难，宜集沾利之田，递年分段疏之，久而仍收潴蓄之益。**

凤浦湖 灵绪三都。《旧志》：周环十八里。乾隆九年八月，户部议准湖荡关系水利，应使宽深容纳，庶旱潦有资，蓄泄无碍。令该督抚等，于凡有湖荡之地，委县详勘，除已经报垦之地亩外，其余蓄水之处，不许再行开垦阻塞水道。**按：凤浦湖，灵绪三都四图。田禾仰以给溉润，自豪民于湖滩渐次请佃，湖身日狭，储水无多。每遇旱暵，湖已先涸，沾溉无资，四图失望。已前之事不可复夺，**

嗣后应立法以杜占垦。

沈窖湖 灵绪四都。《旧志》：周环十八里。《浙江通志》：溉田一百顷。《水利图说》：明嘉靖三十五年，知县宋继祖相湖地势南北高下，中建十塘，长八百六十余丈，置闸一，详《湖塘》。按：沈窖湖，灵绪四都一图、二图藉以溉田，东至奉公堰，西至宣家堰，南界湖堤，北至官塘下起、科田止。南北皆堤，旧建两闸，旧志失传年代，一东闸，一西闸，惟救苗闸方启。遇东闸水溢，则启淡水泓闸以出之。自宋令建湖中闸并旧闸而为三，以时启闭，利甚溥焉。但塘岁久失修，渐多坍塌，而闸之启闭亦旷，所司湖流因是干涸，豪民占垦。致本朝雍正年间，令张珽任内有争塞湖洞之衅。夫湖水得以蓄泄者，塘闸也。修废启闭相继弗坏，庶溥其利于无穷欤。

灵绪湖 灵绪四都、五都交界。《旧志》：周环五十里。按：灵绪四都三图暨五都一、二、三图之田俱藉湖荫溉。东至沈窖湖，南至东埠镇洞桥头，西至鹭鹚堰，北至宣家堰。三面皆山，惟北有堤，任家溪东西两岙之水汇潴于湖。闸有三：一名湖东湫，属四都三图启闭；一名湖西湫，属五都二图启闭；一名羊坡沟，属五都一图启闭。水注松浦闸，例定清明后一日三闸统闭，当夏秋旱涸，均候四都三图传单启闸。盖以四都势居上流，其河先他处而涸也。其五都三图处县边境，与慈交界，放湖时必填塞鹭鹚、洞桥、宣家三堰以裨本乡，而湖之西南多属民居，窃水者后先踵效，以致沾溉不均，是亦水利之蠹也。其羊坡沟自闸外起，至东埠镇洞桥头，约长二里许，宽仅丈余，深止数尺。两岸有田一千五百有奇，遇亢旱即干涸，端赖疏浚深广焉。

港

瞿家港

三港口 东通城池，西南通夹江河，西北通中大河。

吴家港 前接中大河，后抵上塘，溉田二千亩有奇。

童家港 长三里，溉田千亩有奇。

傅家港 溉田千亩。

上俱东管二都。

官仓港、黄泥洞港、谢河港

上俱东管三都。

灯檠港、箭港、陈家港、陆家港

上俱东管四都。

徐家港　港口有止水墩。

穿心港　在压赛庙东，直通孔浦。

东港　东流至庄市，长十里。

刘家前港　长里许。

刘家后港　西流至锤家堰，长三里。

上三港俱中大河支流。

塌水港

上俱西管五都。

泥龙港　运粮由此，北界慈邑。

澄波港

上俱西管六都。

叫天港　灵绪一都。

象鼻山港　崇邱二都。

王家港　崇邱四都。

溪

梅林溪　灵绪三都。

云溪　水入大闸河。

匾溪

上俱灵绪四都。

任溪　水入灵绪湖。

砂溪　水入大闸河。

长溪　源出慈邑。

上俱灵绪五都。

章家溪、长山溪

上俱崇邱三都。

嘉溪

仙人溪　在灵峰山下。

万善溪 在永福庵前。

宋家山溪 在深岙。

盘石溪 在石马岙。

璎珞溪 在南山。

上俱灵岩一都。

徐家溪、杨家溪

上俱灵岩二都。

启霞溪、盘岙溪

邑人邵似雍诗：七尺茅庐傍水湾，笑谈常在翠微间。穿花野鸟无名字，入室孤云自往还。曳屐寻幽过白日，五更残梦下青山。持竿偶出来垂钓，月上墙头不闭关。

慈岙溪

上俱泰邱二都。

雁潭溪 泰邱三都。

瑞岩溪

大溪 瑞岩山、徐家岙、印家岙三水汇经小溪而归大溪，过邱山桥，由支河而入大河。今支河壅塞，傍溢而北漂没农田，则疏浚不可已也。

龙泉溪 在福泉山下。

乾溪 在双石人山下。

昆亭大岭溪 溪水发源瑞岩山，过圣山桥，东抵蜈蚣山之右，福泉水与陈家、苏州二岙之水亦奔注焉，合流而南，经小岭山下，出施人桥，东入于海。

大岙小岙溪 二水发源于滴水岩，合白岩、真武、清谷诸水，南至于栏瑞桥，盘旋于独峙山右而东注于江。

上俱海晏一都。

洋沙溪、中岭溪

上俱海晏二都。

吉祥岙溪

箬雷溪 流趋门浦，至官庄及金家庄，迤逦而出凤栖阳，绕遮山，经遮山桥曲折而至白枫碶，约溉田三千余亩。

塔山溪 其流自西南来，折落竺家坑，北出蒋家岙口，过四桥港，至下林碶，约溉田七百余亩。

双岙溪

小礱溪 其流自西南蔡山折落锤灵山下，至羽林坝，经上保庙，过小礱山。又由下保庙侧直出小礱碶头，约溉田一千余亩。

上俱镇隅六图。

屺嵼溪 镇隅七图。发源塔山，由东西两岙溪折至百丈塘，经屺嵼庙侧止屺嵼碶头，约溉田五百余亩。

塘

后海塘 《旧志》：县西北二里，起巾子山麓，止东管二都。按《宋宝庆志》云：海环县之东、南、北，山势盘旋，潮泥淤积，善经之皆可为田，稍失堤防，风潮冲击，则平田高岸悉为水乡。淳熙十年，令唐叔翰与水军统制王彦举、统领董珍共议筑之，弗绩。十六年，请于朝，降钱米，仿钱塘例，叠石甃塘岸六百二丈五尺。嘉定十五年，增甃五百二十丈，其工役县令施廷臣、水军统制陈文分董之，名为"接塘"。塘有峻坂，捍御甚固，又于石塘尽处筑土塘五百六十丈以续之。建"永赖""海晏"二亭于石塘之上。元末塘崩圮，亭亦废。洪武五年，邑丞许伯原即旧亭故址重建永赖亭。塘下旧有破浪桩，年远朽腐，风涛撼触，石塘塌裂。十二年，父老范仲宏等请于府，委令何公肃率鄞、慈、奉、定四县民夫修筑，运石伐材，修补复密。用破浪桩以障于堤之外。成化时，海道副使杨瑄又增筑之。正德七年海溢，漂溺民居，水利佥事胡观增高土塘五尺，并加立破浪桩。隆庆三年海啸，吞啮塘石无存，巡抚谷中虚复加增葺。嗣因沙涂远涨，绵亘一二十里。至本朝康熙年间，地犹耕牧，堤防无患。自雍正二年海啸后，沙渐洗没，潮警不时，岁费工需，随修随坏。乾隆三年、四年，两经冲塌。邑令杨玉生虞有仓猝，以改建请。因格于委勘，仍议就损葺治，汕刷未久，旋致空虚。于乾隆十二年七月十四日，飓风大潮，城塘并溃，乃于顶冲改建夹层石塘五百七十六丈五尺，余审缓急，区别堵御。

邑令王梦弼记略： 邑治北负溟渤，浊浪无际，东西屏山翼张，而后海石塘受潮之冲，若荡胸然。遇东北巨飓逼于潮后，以万里奔腾之势，加涨不已，金堤亦虞溃败，单石薄土奚能永固？此前代陷溺频仍，有足征也。

自隆、万沙涨后几二百年，水不侵逼，邑以获宁。雍正初，陡经海啸，沙涂洗没，水薄塘堤。岁议纷纭，徒事黏补，而潮汐冲汕，日渐空虚，致于乾隆丁卯秋怒飙鼓浪，城塘悉溃，水灌田庐。余身际阽危，中宵惴惴，详考今昔利病，陈于大中丞常公安，檄分司曾日理会勘。

博综群议，有外筑护堤之说，不知沙沉巨浸，非可悬水施功；有移塘避冲之说，不知舍旧更新，莫禁狂澜日逼。至若议建复塘，工巨而势非坚稳；议改直塘，费重而制亦失宜。夫他处石塘叠砌壁立，取冲为剧，斯塘顶尖脚阔如勾股状，直高二丈，筑出斜高三丈六七八九尺不等。法用条石埋砌七道，名龙骨；中铺大石六路，名慢板。以横贯纵，慢土为塘，潮来抢坦上下，敌浪之势较轻且缓，形式殊非可议，惟琢石不细，岁久棱酥，而缝随以阔；且石系单层，水由缝刷，而土随以消；加之龙骨慢板各无槽榫，不相维系，洪涛激浪，冲进掣出，石随涣散，又安得不决土堤而没田园也耶！

爰议改建夹层堵缝镶榫塘制，其法以七道龙骨概换厚石，两面上留一寸，即斜铲六寸成槽。旧石横砌，今易一横一竖，得以深埋入土。旧无联属，今于横竖两廉各凿方漕，石榫贯成如带。通塘匀排七带，镶入六路慢板。板之两头削如马蹄，嵌入龙骨槽内。其石锥琢六面平光，俾得实掭紧缝。下加衬板一层，骑缝贴砌，底夯块石，兼钉顶桩。凡石四合，胶以稠灰。塘外束以关石排桩，塘口扣住回浪立石，上下嵌成一片，并不使缝水抽土。不违旧制而法已加详，似可收因时补救之益。旧塘一千一百余丈，先就顶冲之五百七十六丈五尺一律改建，其在城下者三百三十六丈五尺，于回浪石后嵌砌路石一道，与护城石槽口相扣，即为塘面。至城角迤西二百四十丈无城可依，于回浪石上加叠三尺，收分至顶，铺宽路石九尺，后筑土戗五尺，较旧高厚有加，差堪抵御险汛。城东石塘起处七十三丈尚有沙积，仍以单层重修。其西旧塘不及五百丈内，仅补葺塘面一百四十丈；塘身二丈，亦以沙未全没，权于缓急先后耳。

议上，本道郑公远请于大中丞顾公琮白于朝，发海塘经费帑金，伐木于闽海，炼灰于富春，凿山运石于鄞、慈、定县，募匠于宁、绍两郡。自乾隆十三年二月二十一日经始，三历秋泛，藉有柴扫抢堵，得至十五年十一月二十七日次第落成。上蒙宫保制府喀公尔吉善、大中丞方公观承、永公贵亲训示，方伯唐公绥祖、鄂公乐舜、王公师、叶公存仁后先综核，本道侯公嗣达不时按验，本府魏公峄、杜公甲、项公喻勘覆于初，继皆胡公邦祐驻工调度，以迄底绩也。至若稽工选材，则县丞柴理、益士杰，巡检毛玉枢、雷振先、耿昭、孙翼新，典史陈宗洛分董之力为多。惟是始工有序，规划难周，当此水逼塘身，亟宜有备无患。岁修之请，得本道同公德嘉与议，转嗣此岁定工，需缓急培土，首从西段旧塘一律加高改建，继将塘后土戗通慢石甃，修复破浪桩制，经营余力及于各乡堤防，不特后海石塘聿垂永固，城社民生胥有永赖之庆矣。

钩金塘 在巾子、招宝两山之间，城北旧有涨沙塘址，久湮。自沙涂坍没，外海潮浪即可由此直注城濠。数武之地，实关险要。乾隆五年，邑令杨玉生以块石附土为塘，工程卑薄。乾隆十二年七月，潮乘飓涌，土石冲没。邑令王梦弼议仿鱼鳞塘制，用大条石一十六层内铺底，盖顶二层，一律丁砌，余皆丁顺间砌，逐层陂陀收分至顶，计长一十六丈，内镶块石，后筑土戗，塘面通宽一丈一尺。大中丞方公观承巡视，尚虑其险，又捐帮土戗五尺，并捐钉底桩，捐砌坦水，以护塘根。塘旧呼"狗颈"，改今名镌岩壁。

城外石江塘 按《旧志》：起南薰门龙王堂，西至武宁门养济院边。明成化间，海道副使朱绅、备倭都指挥张勇筑。是塘久圮。嘉靖十年，自南薰门东增筑至镇远门海口，计长一百六十九丈。其制以横埋龙骨石三道，间竖幔板石，二路斜幔土堤之外以御潮，岁久频坏。国朝乾隆五年，邑令杨玉生葺理旧砌，存一百六十四丈，增钉关石、排桩，加培土戗，又于石塘止处接筑土塘，以迄招宝山麓，计长一百六十五丈。乾隆十二年，风潮大作，冲塌土戗，石皆倾散。邑令王梦弼奉檄仍复旧砌，另于塘口增用龙骨、厚石，两面凿槽，外扣幔板，内嵌丁顺，削水路石宽七尺，重筑全塘土戗各一百六十四丈，迤东接筑新石塘一十五丈，挑补冲没土塘一十六丈，招宝山麓之临浦土堤改筑块石塘一十九丈。又按：南薰门石塘内逼濠河，外御江溜，风潮鼓浪，土戗终虞泼卸，已于岁修案内议请渐易石甃如滚水坝式，即遇浮湍亦可无虞，其成化间原筑至养济院之石塘得复旧制，庶于环城捍卫乃称备云。

汇头石塘 在南薰门外石江塘止处，接而东，以迄税关，计长一十五丈。乾隆十五年，邑令王梦弼捐筑。

邑人胡圻记： 镇邑东门旧有护城塘，袤亘三里许。其正南一大埠，则潮汐所不到，舫艘蚁附，士民环居，盖世世保无羌也。近年地势变迁，江以南渐长，以北渐圮，每当潮汐往来直射至塘脚。加以秋初东北风迅发，洪波巨浪，自蛟门、虎蹲冲激而入，赖旧塘高固，足保城池。然其从塘脚数里抵击而来者直洗南岸，其外则长江之水骤涌数尺，相薄而不得去，因之碎船破屋、老弱漂流，幸保全者盖什不能一二家，而遭盐水浸淫，室屋器皿亦都漫滤不可收拾。邑侯睢阳王公下车伊始，目睹心伤，凡有利益于民者，相其大小缓急次第举行。若后海塘，若城工，亦计酌量周密修筑完固，使阖邑共庆安澜。嗣复于本年十月，公乃加意兹土，拣石料，庇工人，仿旧塘式，加筑南岸塘凡十五丈，广一丈五尺，阅四十余日而成，皆自捐俸薪，不取民间丝粟。夫实心为民者，一夫不获引为已忧，此虽偏隅，然隶其宇者不下数百家，而且税房之所出入，关口之所稽查，四方官吏商贾之所宾馆而旅居，殆乏虚日。以此盛事，传之无穷，铭感者又独在区区江浒之生聚乎哉！

南关士民陈志典、金星六等即是说以勒诸石。

清水塘 东管二都。计长三里。

善庆塘 在拗猛江上，旁有善庆闸，因名。旧有外塘，明崇正间里人金志荣筑后陷入江。七八月间，东北风起，潮水涌入，阖乡田庐被灾。乾隆十二年，里民金廷柱、夏斐文等呈请邑令王梦弼筑造内塘，自梅墟渡头起，经马嘴汇、李家堰至张家堰，计长五里，以御潮患，民攸赖焉。

汉塘

颜家塘 在清水浦西南。江北河一塘为隔，势最易坍塌，宜时加缮葺。

上俱东管三都。

孔浦塘 西管四都。计长五里。

白沙塘 计长二里。

虞家塘 计长一里。

上俱西管五都。

福性塘 西管六都。计长半里。

夹塘 计长一百四十丈，约阔二丈，有南北两夹河以杀流潦。

新土塘

上俱灵绪一都。

灵绪塘 今名万弓土塘，自东管二都至灵绪二都止。《唐令志稿》：即宋嘉定间，邑令施廷臣在后海石塘尽处接筑之土塘五百六十丈，元时崩废。明洪武后亦有小修，屡为大潮冲没。《嘉靖志》：塘长二千丈，高八尺，阔一丈五尺。国朝康熙十五年，总镇牟大寅以塘废河淤，海寇登犯无阻，爰集民夫浚塘河，以土筑塘，直至蟹浦，计长三十五里，内若干丈系慈邑长三都错壤，一律绵亘。

塘以御潮,河资灌溉,不仅海寇不能飞越而已,民甚赖之,详谢兆昌《万弓塘河记》。

按：此塘外涉辽远,非如迤东石塘顶冲可比,然近亦坍削日甚,恒遭冲塌。乾隆五年,邑令杨玉生于石塘相接处补筑一百二十五丈,而潮患不时,民力艰于递年堵筑。乾隆十六年,令王梦弼于岁修案内,议请次第修建,得成永固,不徒捍卫田庐已也。

和尚塘

上俱灵绪二都。

凤浦湖塘 周围十八丈。

龙山塘 《雍正府志》：明洪武间,节妇黄昭妻孙氏赴京奏准创筑,计长七百八十丈。**按**：此塘地当冲险,岁需修补。近因外涂坍削,潮流紧迫,西至伏龙山一带已多残缺,东至石坛山一带塘基尽没。灶民力难修复,盐课司沈昂议估上请,檄下邑令王梦弼勘分夷险,东段宜加木石,余乃全筑土堤,内修金墩、镇龙二闸以御咸蓄淡。乾隆十七年五月奉文发帑,行场督建。

上俱灵绪三都。

利济塘 在伏龙山西。因避潮塘外,海涂日涨,堪以耕凿。国朝雍正十三年,协理青龙场盐司赵湘督劝筑塘,自慈邑鸣鹤场接至淡水泓止,长十余里。继得龙头场使沈昂复董,加筑至龙山竣工。因塘身单薄,连被风潮倾圮,场司沈昂申上,经邑令王梦弼随宪副同公德按验,应筑土塘一千八百四十四丈七尺,并建淡水泓下闸,均援以工代赈修例。乾隆十七年五月奉文发帑,檄场督建。

沈窖湖塘 周围十八里。《旧志》：嘉靖丙辰,县令宋继祖筑。

有记略曰：定海灵绪四都,有湖名曰"沈窖",创自先代,周围一十八里众流潆焉,灌田千余顷,盖一方之民倚为命者也。但形势敧侧,水多注于下半,旱则田之近于上半者往往患之。间又民居傍高原者,利其涸而侵取湖鱼；居下流者,幸其泻而私窃。水道弊也久矣,鲜有察其故而兴革之者。

予莅兹土二载,未尝不念切民依,特往观之,忧诚难释,乃尽集一方之民相与计处,盖求其所以利与害者而图为久长之计。窃思湖水不平,中无横塘故也,有则水蓄于上,而流余于下,胥不病矣。因即商度工程,东自蒙古石起一直而西,至朱家岭为止,筑塘一带,高一丈四尺,脚阔三丈,面阔二丈,长八百余丈。里外相沿植柳数千余株,间之芦苇以破风浪,又于塘之折半处建闸一所以时蓄泄。塘外两旁与下塘相界处,又置小闸二所以通水道。计处周详,颇无遗策,斯民之趋事赴功者，跃如也。月余复往观之，工皆就绪，谅无畴昔之患。又虑夫守之无人也，佥巨族塘长一名以司其事。民复相谓曰："塘之所系甚大，四望民居甚远，一长恐不足以周之。畔有故庵一所，曰'真如'，爰扩新焉，主以僧众，量拨湖田五十余亩以供朝夕，命世守其塘，则可保无虞。"予意其言之近情也，特从其请，名之曰"守塘庵"云。

上俱灵绪四都。

灵绪湖塘 灵绪五都。周围二十里。

竹屿塘 今名泥湾海塘，计长二十丈。外御海潮，内障大河，水利要地。

黄家塘 计长一百二十丈。

上俱崇邱一都。

渡头塘 今名新江塘，计长八十丈，是都东北有王家洋堰，西北有石桥堰，皆以阻咸蓄淡，潦则暂放以泄水。两堰中旧有海塘一里余，康熙年间倾圮，进内数丈，另筑一塘，名新江塘。雍正二年海啸，新塘复坏。乾隆十二、十四两年，塘基为怒潮吞啮，尽作海涂。每至秋风鼓荡，咸潮直泛内地，田禾庐舍皆在浸中，大为民病。土塘岁筑无功，则改建石塘，亦孔亟矣。

大浃塘 计长二里。是塘御咸蓄淡，利害攸关，时遇风潮，尤为险要。定例各庄甲夫承管培筑，但土塘易溃，应合各乡之食水利者改筑石塘，利垂永久。

上俱崇邱二都。

蚶岙塘 崇邱三都。计长一里。

万松塘 崇邱四都。离净岩寺三百余步，长六十一丈七尺，高一丈四尺，阔八尺。明万历三年筑。

金公塘 自毕家碶起，历石方碶、八凤洋，至五龙汊止。

胡塘

王公塘 上达县城，下过穿山、霩衢。

莘公塘

石家塘 《旧志》：长三里，塘中突起，内有活石，因名。

新镇潮塘 在新槎浦碶下。雍正十三年，里人顾赉扬筑。

上俱灵岩二都。

世忠塘 太邱一都。计长三千六百丈。

千丈塘 太邱二都。《旧志》：自长山碶起，至陈华浦止，长四十余里。

嘉靖壬戌，邑令何愈新筑。鄞人范钦为之记，载长山碶下。《王令志稿》：万历间，令黎民表加筑，岁久多圮。国朝康熙七年，有慈民周君美侨居塘下，击柝遍劝乡人出力修筑，又具酒食以劳无田而助工者两月。工既竣，建关祠于塘左，招僧居住，岁司修塘事，捐己田三十亩赡其费。里民闻于县，奖之，辞不受。塘内田一万三千有奇。

三山塘 太邱二都。《旧志》：计长一百五十丈，高二丈，阔三丈。

风打塘 计长二十丈。《府志》：邑人沃頵建。《王令志稿》：前此柴桥镇为芦江所隔，行者从洞桥南至小山下，复北过陈胜桥，纡回三四里许到镇。頵因横江作塘四百丈，行者便之。江颇阔，当微风鼓浪，水势冲激，其塘风水相荡作声，因名"风打塘"。

上俱太邱三都。

天生塘 海晏一都。在海口，东南独峙山，西南亭山，塘连属，故名。

穿山塘 《旧志》：计长六十丈，阔二丈。**按：塘外有四巉五湾，左回右抱，状如壶瓶。近海潮泛涨，船只通行巉湾，已溃其一。非及时填筑，必致相连颓坏，亦唇亡齿寒之患也。**

倪家塘 《旧志》：长一十丈，阔二丈二尺。

上俱海晏二都。

霂衢海塘 海晏三都。《两浙海塘通志》：成化十二年，巡海副使杨瑄筑。《府志》：嘉靖时，副使谭纶增修五十丈。

小芦江塘 镇隅六图。长二百六十丈。康熙五十年，慧寂禅寺僧行修捐二百余金，躬督修筑，地方赖之。

小斗门塘 右倚凤山，左倚旂鼓山，内约高低田百余亩。

大斗门塘 右倚旂山，左倚下湾山。霂衢城北门外，凡小涂岙、总台山、王家坑、黄泥坟诸路溪水，俱由东门外出大斗门，内约高低田千余亩。

台湾塘 内约高低田百余亩。

盛岙塘 内约高低田数百亩。

大小岙塘 内约高低田数百亩。

大涂洋塘 左倚凤山，右倚塘头山。左有东山台，右有箬雷台，前有观山台，中建庙曰"福民"。

上俱镇隅七图。

堰

慈孝堰、章拗汇堰、徐家堰

上俱东管二都。

杨家堰、陈家堰、严婆堰

横河堰 此堰坚固，虽大水冲击，亦易修。

姚家堰、管家堰

大寺堰 上接慈邑潮源，下为东乡之所取济，诚水道之锁钥也。但受弊有二：秋冬河宜蓄水，以为春来养苗计，乃堰夫嗜利私放船只，竟不下泥，致水不蓄，其弊一。且下流之地宜深广于上流方能受水，而东乡之河反浅狭于上流，则潮源乌能逆行？而周遍浚河之令频下，但以庄限、以甲拘，则河多丁少，难告厥成，其弊二。受此二弊，一遇旱干，而乡田遂遭龟裂。

清水浦堰 在江神庙前。是堰外江内河，中央一浦，塘堰两条形如缺月，堪舆家谓金钩钓月地也。雍正二年海啸，堤防溃圮，禾麦尽灾。嗣后或被潮冲，或遭河溢，屡岁大歉，总由外塘单薄、内堰低洼之患也。

官路堰、小浦泥堰

李家堰 在拗猛江上。堰南百步许有龙潭，深不可测。天将雨，潭内作声如鼓。潭外有泥礁，遇大船过，或时羁留。相传龙神显灵，旱祷辄雨。

上俱东管三都。

严家堰、另写堰、潘家后堰、陶家堰、上陈堰、斗聪堰、陈默子堰

上俱西管四都。

曹家库堰、乌隘堰

七亩堰 西邻慈邑本庄，乡副专管修筑。

张家堰 西界慈河。

庄家堰、压赛塔堰

倪家堰 南邻鄞县五都一图、二图、三图、四图四庄。乡长副承修七分，鄞县沾利人户承修三分。

锺家堰 西界慈河。

虞家堰

南堰 北属慈溪，向系慈邑寄庄大户轮充乡长者承修。乾隆十五年，慈生王良士同寄庄各户捐田四亩一分八厘一毫八丝五忽，坐落西管四都一图往字六百八十二号土名路下长爿,归本庄充乡长者承值为修堰费,不复再派寄庄各户,详宪立案。

贵胜堰 在清泉乡,今改名新兴闸,与慈溪界西接,潮源东通大河。

塌水港堰

上俱西管五都。

周家斗堰 《雍正府志》:古有通潮石沟在底。

沙河头堰 内通丈亭江,外接大海,为水利要区。

姚郎堰

闭门堰 在石河山峡。

沙堰 与慈邑界。

上俱灵绪一都。

龚李堰 在慈邑,灵绪一都同被水利。

大泥堰 灵绪二都。在觉渡寺东,明崇正年建,乡田数千亩赖此灌溉。又隔十丈许有小泥堰并建在东。

洪家堰、梅林堰、下塘堰、南门亭堰

上俱灵绪三都。

严家堰 《旧志》:嘉靖壬戌,县令何愈重修。国朝康熙五十八年,移筑河道狭处。

宜家堰、奉公堰、洞桥堰、严家堰

上俱灵绪四都。

鹭鸶堰、东虚步堰、黄泥堰

上俱灵绪五都。

张门堰 今名王家洋堰,长十丈,崇邱一都一图居东畔,崇邱一都二图居中畔,崇邱二都二图居西畔。例定三图公筑。

庄家堰、夏家堰

上俱崇邱一都。

吴家堰、湖水深堰

汪家堰 今名汪家斗堰。计长二十余丈。

石桥堰、杨家堰、黄满堰

大枫林堰 长五十余丈,阔近五六尺不等,内蓄七乡淡水以灌田禾,外御大海小港之潮溢，其势甚险。

小枫林堰 计长十余丈。

赵家堰

上俱崇邱二都。

东冈堰

槎堰 《旧志》：一作蛇废。今名下车堰。

圣前堰、丁港堰

上俱崇邱四都。

王公堰 介在岩、泰间，旧系土筑，康熙乙卯里人林孟卜、干旌等改为石堰。雍正十二年，干旌等又行修葺。

绞车堰 在余澜桥北，今改为桥。

上俱灵岩一都。

槎浦堰

护塘堰 又名大碶堰，东畔旧有土塘一条，内蓄山泉，外捍海浪，缘无坝堰，舟楫出入每从塘顶拖拔，不时崩漏为田庐忧。雍正十三年，干旌等改为石塘，复于塘东尽处新建石堰一座，学训洪熙揆督工，内外相护，通乡赖之。

上俱灵岩二都。

坉埭堰 太邱一都，即泥堰。

泰博堰 太邱二都。即石堰，与上泥堰俱为岩乡障水要地。旧制碶筑不坚，屡被崩陷。康熙十年，令王元士亲董，改筑石堰，阔八丈，长一十五丈。泥堰阔八丈，长一十二丈。乡民德之，名石堰曰"王公上堰"，泥堰曰"王公下堰"，树碑以纪其事。

辞曰： 衡岳钟灵，笃生我公。山斗文章，当世儒宗。来守兹土，政教克崇。百废厘举，百度攸同。抚我孑遗，尽瘁乃躬。岩乡高峙，全资沟溢。碶陷水流，田皆龟裂。兴筑二堰，障兹水泽。再浚东渠，三碶疏泄。崇卑均利，屡丰不辍。伊谁之赐，式颂侯德。

杨木堰、大堰、吴源湫堰、冷水堰、胡家堰、大泽堰、洪桥堰、石曹堰

上俱泰邱三都。

清水堰 海晏一都。

龙爪堰 海晏三都。

碶

乾碶 《旧志》：在县西城外二里。

张鑑碶 东管二都。额设碶夫二名。**按：**东乡之水藉碶宣泄，额设碶夫二名司其启闭，并立两庄乡长以协守之。外捍江潮，内潴河水，其为溉田计者，深矣！比年来或河流外溢，或江潮内冲，鄞田往往告病，总由碶夫为奸，下板不满，仓下泥不坚实，且碶之东西两土塘忽坍忽筑，本末巩固，又不时拔船致塘缺低于碶门，遂贻乡田之大患。乾隆十七年，邑令王梦弼详请移建，已奉批准，亦惟乡长勤察其弊而谨护焉，则乡田之利庶乎其无穷也。

倪家碶 东管三都。即大寺堰，额设碶夫一名。

孔浦碶 《旧志》：碶高而内地反卑，岁久淤塞，水梗难泄，民甚苦之。**按：**今西管水涨此碶，为出水之咽喉。

庄家碶、蒋家碶

上俱西管四都。

虞家碶 西管五都。碶为众流所泄，两旁有虾须塘。碶有碶租，每年征收存库为修葺费。虾须塘系五都一图、二图、三图、四图四庄公修。

蟹浦碶 灵绪二都。额设碶夫一名。

永丰碶 额设碶夫一名。

金墩碶 在龙山城外。

上俱灵绪三都。

朱家石碶 灵绪四都。

松浦碶 灵绪五都。额设碶夫一名。

金墩浦碶 旧在崇邱二都之南，名板桥碶，明移至青墩，改今名。额设碶夫一名。**按：**是地河源出王家溪口，灌注入河，蜿蜒长五里有奇。其能蓄淡水不入江，阻咸水不入河者，惟恃此碶。应遴居民之谨愿者，协同地保时察启闭，著为定规，最为堤防之要务。

板桥浦碶

上俱崇邱三都。

张师浦碶 额设碶夫一名。

东冈碶 额设碶夫五名。工险。《浙江通志》：明嘉靖三十五年，知县宋继祖建，溉田一万三千余亩。

张时彻记：宁波治邑，鄞与定海错壤。鄞东三十五里有东钱湖焉，横缩八十余里，合七十二溪之流而潴之，溉田八万余顷。鄞东七乡暨定之崇邱资之播艺，胥受课焉。然崇邱之引湖也，必由斗门下小河以达。河之腹有蛇堰者，细而逼江，易决难筑。其决也，水尽注于江，势若建领，故河渠与湖未旱而先涸，三农病焉。定民曰："是堰在鄞，鄞民宜役。"鄞民曰："是利在定，定民宜役。"其弗谐也。鄞民乃壅上流，定民决之，每相聚斗哄，各挟其令长以讼，曾无已时。于是缙绅父老虞患日棘，深求便宜之策而议之曰："若北去二十里所而堰，则堰以上江尽为河，潴停益巨，蛇堰可无用，即斗讼亦消止也。"爰以请于监守诸司。诸司不察以为难，固有兴事。其所谓江，即名小浃江也。自大关以南，海支别而北上，通五乡碶，长可五十里。比年倭寇充斥，厉于关禁，以断乡导交通之路，而小浃江则故无关也。不逞之徒乃奸阑出入其间，昼夜络绎莫可防制。此其为患，又不止于河决赤地而已也。

维是甲寅之岁，成都宋侯来令定海，精察强干，志在振厉颓靡，以宣休泽，孳孳问民所疾苦而兴罢之。乃父老欣欣慕向，以其故告。侯翟然曰："有是哉。令以为民，苟有利也，其何敢不力？"乃从一二徒隶披草莽，率士庶而景相之，遂尽洞其颠末，与往昔徙堰之议盖符也。爰度东岗山之下江水稍浅，横亘仅二十余丈，曰："是可以堰。"西去二十余丈即土田，疏之以杀水势，曰："是可以碶。"堰以蓄水，碶以泄水。度费金五百有奇，遂以父老之请请于当道，申之曰："可与乐成而难于虑始，凡民之恒情也。筑室道谋，迄用靡成，淆言之乱聪也。是举也，利于农不利于商，将肆诪张以挠成功者踵至矣。惟当道裁察之。"已而次第报可，下令惟肃，庶民子来，率作兴事，卒靡有梗议者。

工肇于乙卯四月，迄成于是年十月。乡民以亩率费，而尽归所给之官银。自从堰以上为河，其下为江，卤水不得内涌，河渠不得外泄，溉田无虑数万。昔日瘠卤之地，尽变而为沃壤。亩入可数锺，盖不惟崇邱之民永无旱患，而鄞之七乡亦胥被汪濊矣。又外寇内奸凭舟楫出入者，不得诡踪迹以越，屹如关隘之防，阜民御寇，一举兼得。

乡之士庶以侯德世世当不磨，乃庙而碑之，相率乞余论著其事。余曰："甚哉，吏治之衰也。卑琐龌龊者固无足谕，其所称高等亦不过奔走逢迎、急簿书期会，侥幸一切，以免上官之督过云耳。又况海寇陆梁兵革繁兴，料丁转饷曾靡虚时，又孰能图议于几席之外，与斯民兴百世之利乎？侯乃历求表树，询民之瘼，不谋而金同，不费而事集，此岂规规旦夕与侪辈竞于尺寸者哉？是可碑也已。"

尝考之郡乘，昔王元暐、龚行修作它山堰，李彝庚、陆南金浚东钱湖，陈秘阁治回沙闸，皆洞悉机宜，惠泽无疆，民到于今思之。侯之绩岂异是哉？或以潦水不得速泄，殆不免于鱼鳖，则去郡二里许，故有江东碶闸修而复之，启闭以时，将永无害灾，斯百世之利也。

侯名继祖，成都汉州人，癸丑进士。相其事者，县丞徐廷祥，江西东乡县人，亦称才能云。其辞曰：每每原田，亢煤为厉。介于二邑，湖渠是利。厥维蛇堰，难筑易溃。卷扫不休，斗讼兴戾。父老曰咨，堰是用徙。载相载度，孰肩其事？宋侯莅止，慨焉兴喟。吁我兆民，咨我庶土。以景以望，剪兹榛薉。爰立之堰，爰作之碶。蓄泄是宜，膏泽不匮。有屹其防，奸宄攸制。匪直我萌，狖于耕耘。伊谁之赐，父母孔迩。何以颂之，振振麟趾。何以永之，昭哉万祺。

《雍正郡志》①：东冈碶自建筑以来，溉田之利益溥。然碶道回远，碶门又杀于五乡碶者半，五乡东、西二碶共十洞，东冈一碶止五洞，暴水不能速泄，五乡之田往往成巨浸，大为鄞病。万历间，买镇之田，去东冈碶西百步复筑碶以便泄水。碶门入洞，遂名新碶。修筑一归于鄞。三十一年，鄞令魏成忠增碶为十三洞，石柱石砌，坚厚绵固，鄞、镇二邑均赖之。经五十余年，碶底渐漏空为窟穴，河水常泄，江潮内冲，东乡屡岁大歉。国朝康熙二年，鄞民陈国杰等闻于海道冯瑾、知府崔惟雅、鄞令张幼学，重筑新碶，费九百余金，皆出于鄞东乡沾利之家。**按：东冈老碶为崇邱八图关键，一带土田水利俱赖是。明邑令宋继祖建筑以来，厥利溥矣。近例于沾利八图中，每图各设乡长一，乡副一，择老成善事者为之，岁周一更，俾其不时巡视。或遇碶有损毁与卫碶之塘有渗漏，乡长、乡副即督令碶夫及各区民夫限期缮葺，此尤保固水利之至计也。额设碶夫五名。若夫南距数百武，为东冈新碶，地属镇，碶属鄞，故其碶务皆鄞承管。但碶之北有卫碶之塘五十余丈，亦崇邱民之所承管者，培筑与老碶塘一例焉。**

上俱崇邱四都。

长山碶 额设碶夫二名。《旧志》：嘉靖壬戌，知县何愈重修。按：碶眼五洞，今人名大碶。国朝康熙十一年，知县王元士重修。四十四年，郡守卢承恩、邑令戴铭、邑丞杨吉祥遴里人林孟卜、干旌为长，修大碶并毕家、乌金二碶。守、

①按宁波无《雍正郡志》，疑为《雍正府志》之误。

令、丞皆身勤董视，乡民感之，建三公生祠于塘头庵。后诸碶复坏。雍正十二年，邑令陈秉钧、丞杨国干遴干旌、夏禅等协葺，历三载功始成。

鄞人范钦记曰：吾浙东滨涨海，钩连列郡，形势奔会，是惟宁波为雄。居常握中制胜，旁列诸邑罗若弈棋，而扼要在定海。其所领七乡，负海挹江。江以南灵岩、泰邱二乡，实当水冲，土故沉洿，占田可十数万亩。氓庶错处，力作资赡。旧设海堤四十余里，名曰"千丈塘"。中列碶五：曰长山大碶，曰小山碶，曰杨家碶，曰贝家碶，曰通山碶。外捍内潴，应时宣泄，昔人之谟逴矣！迨后岁月滋长，海水吞啮，临邱四睨，荡然一壑。即有高阜，斥卤浸淫，年比不登，民乃转徙，庐舍萧条，数以困告所司，率视寻常，莫之省忧，盖数十载于兹矣。

岁癸丑，宋侯继祖将莅事，会内转不果至。壬戌春，害乃更剧。广右何侯愈至，询民之瘼，循行郊野，首路江南，达于二乡。喟然叹曰："民溺若斯极乎！"爰召父老，慰劳数四，亲问厥由，众咸调款。侯曰："是诚在我。"即案故牍，核占户，立期会，量田出资，验丁发繇。于是伐石输工，采桩敛刍，庀工集夫，而尤身先巡督。首营诸塘，徐及五碶，上广下锐，开阖翼如。墆之脩脩，就之窐窐，横列周布，如环如拱。肇于秋九月，迨十一月工竣。犹虑淹圮，遴士民勤愿者为长，专备修葺、司启闭，无敢玩逸。已又大浚乡中诸水，股引达渠，淤土溉田。田益用肥饶，岁乃大获。亩率二锺，室家胥喜，流民来归。颂声彻于四境。定父老于是图勒功德，宣示人人，乃与士大夫俞君世中辈质言于余。

虞周之事可睹已，汉筑宣房，至颓竹楗石，从官负薪，意甚劬苦。说者又微文刺讥，后世缘以为戒。余未尝不叹治水之艰，然责在守令，上下数千年间，如《河渠书》所称载，台骀、史起、召信臣诸人，又何其烈烈。今观何侯之撰，宜其慕义感德，延诸无穷。其辞曰：大海绵旷，驶波横流。怀山襄陵，靡辨九州。睇兹定土，会稽东陬。禹功攸奠，郁为名邱。则壤成赋，中邦是侔。施及俊彦，劬相厥由。树防引浍，蓄泻相纠。世远迹湮，暧也孰谋。于铄我明，挺生何侯。宏朗肃给，忧民之忧。躬阅两乡，据邑上游。海水荡潏，决地为洲。下民其咨，繄谁之力？乃塘是筑，乃碶是鋬。童童庶民，子来油油。计日俔功，肇大有秋。乃积乃仓，颉顽公刘。惟兹庶民，夙夜歌讴。爰勒穹碑，百世不揉。狞嗟后人，庶几作求。

青屿浦碶、石湫碶

乌金碶　额设碶夫一名。

石方碶 《雍正府志》：正德十五年，知县郑余庆因乡人贺琦言，碶废六十余年，田尽卤泻，遂加修葺。履涂荡之壅涨者，数千亩尽成蓄畚，民赖其利。**按：旧制三洞，今塞二洞，名曰新洞。**

金川碶、毕家碶、槎浦碶

永丰碶 即西碶，在金公塘外界槎浦旧团内，新垦滩荡约四千二百余亩。

妙林碶 在孔墅岭下。

新槎浦碶、徐家碶、算山浦碶

永镇碶 在大渔台东清凉山嘴。雍正十三年，里人顾赓飏建。

南永镇碶 顾赓飏建。

上俱灵岩二都。

石莲湾碶

贝家碶 额设碶夫一名。

杨家碶 额设碶夫二名。

荡子碶、外鼠碶、里鼠碶

小山碶 额设碶夫一名。石灰岙溪水入念条桥河，从烟墩山东出此碶；支家岙溪水落上春桥河，从烟墩山西出此碶。

太庆碶

上俱泰邱一都。

太和碶 泰邱一都。即东碶。在小山碶下，千丈塘外界朱塘团内新垦滩荡约五千二百余亩，碶内城湾岙溪水流至洞桥，分三派：一入贝家碶，一入杨家碶，一入小山碶。三水分流而复汇于一，合支家岙、石灰岙、盘岙之水而并出此碶以入海。**按：与上永丰碶为东西二碶，因金公千丈塘外涨沙可垦，雍正年场司耿昭需详准民灶分垦，公捐筑碶，并东自林大山、西自算山一带挑筑土塘，均于乾隆十一年告成。因不敷宣泄，又议添筑备碶各五洞，民力不继，未能并举。且土塘亦卑隘，尚宜加筑高广修成备碶，庶足垂利久远。**

通山碶 泰邱二都。

泥堰湫堰 岁久湮塞，今改为塘，但洪岙等六七十里水道赖穿山碶与此碶蓄泄，应仍旧制。

小堰碶 额设碶夫一名。

傅家碶 额设碶夫一名。

钱丰湫碶

上俱泰邱三都。

西浦碶、东浦碶、许家碶、水碶、朱家碶、广修碶

双嶕碶 乾隆元年建，新垦滩荡数千亩，水俱从此入海。

上俱泰邱四都。

夏林碶 额设碶夫一名。

明慧寺碶

小芦浦碶 又名小堰碶。康熙七年，里绅吴江伟捐百余金重建。

沈家碶

上俱海晏二都。

宝圣庄碶、夏岙碶、董家碶、五台寺庄碶

白枫碶 额设碶夫一名。

王家碶 额设碶夫一名。

和尚碶 天童寺僧造，故名。

床头碶 额设碶夫三名，旧名王家塘碶。康熙年改今名。

上俱海晏三都。

穿山碶 镇隅六图。额设碶夫二名。《旧志》：庆历七年，王安石宰鄞，于是筑堤捍浦为河，于堤西石岩凿三窍为碶，阔三丈六尺，高三丈，因名穿山碶。

按：民立祠于碶左，岁祀之，今圮。

纯屿碶 近屺峙山，又名屺峙碶。额设碶夫一名。

小罩碶 额设碶夫一名。

大涂碶 通大浦，今中一带皆涨为田，惟近福民庙十数丈、近碶百余丈尚为浦。额设碶夫一名。

上俱镇隅七图。

闸

新闸 清川门外。

平水闸 向辰门外。按：此闸可潴周城濠水，备近城田禾缓急车灌。近舟行贪便，不设闸板。其地高，水辄先他处涸，宜复旧制。

车堰闸、陈家闸

上俱东管二都。

善庆闸 东管三都。闸久废。康熙三十一年，邑令黄宫柱修复之，邑人薛士学为之记，勒石于县治之右。闸今改堰。

德门闸

新兴闸 万弓塘东。额设闸夫一名。

上俱西管六都。

黄沙闸 《旧志》：嘉靖壬戌，知县何愈重修。额设闸夫一名。

海沙路闸 明时建，南垛属灵绪一都二图，北垛属灵绪一都一图，额设闸夫一名。

化纸闸 额设闸夫一名。

茅洲闸 额设闸夫一名。

上俱灵绪一都。

关潮闸 慈、镇交界，镇之化纸闸外，接江潮内入，达蓬、灵绪田数万亩藉以资溉。第地属高阜，遇潮小汛不能上达，田常干旱，胥以为病。乾隆六年，里民郑国正等置闸关潮，买田一十二亩有奇，每岁收租为关潮费，择里之长而贤者司出纳焉。例定谷雨后，至中伏倩夫到闸，潮来则放板以纳其入，潮退则下板以止其出。若秋无雨，启闭如之。由是岁虽旱不为患。公镌石碑立于李卫桥凉亭。

公田土名数目

一樺木庙西公田五亩六分五厘，内田二亩四分六厘零，土名河口田，田四亩七分零系水路田，二亩七分八毫零系里斗；

一土名马连公田一亩九分六百零，内田一亩五厘零结字七百九十九号田，九分零同结字号，又土名池头田；

一山头方公田一亩，土名罗家堰；

一杜塘畈公田一亩八分零，土名义冢旁；

一庙戴村公田一亩六分，土名小堰头。

芦黄碶闸、和尚塘闸

蟹浦闸 康熙年涨满。其闸夫工食银，令唐鸿举移给大泥堰。

白沙湖闸

上俱灵绪二都。

梅林闸、徐家浦闸、凤浦闸

凤浦湖大闸　额设闸夫一名。

凤浦湖东闸　额设闸夫一名。

凤浦湖西闸　额设闸夫一名。

金墩浦闸、镇龙闸

上俱灵绪三都。

丁家浦闸

沈窖湖中闸　额设闸夫一名。

沈窖湖东闸　额设闸夫一名。

沈窖湖西闸　额设闸夫一名。

淡水泓闸　额设闸夫一名。

黄草路闸　康熙五十二年，里民黄尔立建。

杜门湫闸、湖门湫闸

灵绪东湫闸　属灵绪四都三图启闭。

上俱灵绪四都。

灵绪西湫闸　属灵绪五都二图启闭。额设闸夫一名。

羊坡沟闸　属灵绪五都二图启闭。

上灵绪湖东西湫、羊坡三闸，旧系各姓公修，今分图管理以杜推诿。

松浦闸　与慈溪界，闸下为浦，十余里外皆海。

新堰闸　东垛镇邑承管，西垛慈邑承管。额设闸夫一名。

严家堰闸　慈镇交界。额设闸夫一名。

上俱灵绪五都。

白枫碶闸　镇隅七图。东北傍斗山，左倚和尚碶。

田赋

任土作贡，莫善于三代。唐之三赋两税差为近古，及其流也，不能无弊。明创为丈量条鞭之法，以定田则准，年课简约画一，易于遵行。我朝酌往制而协于中，户口从粮，立输纳，行顺庄，除力役之名，革里长之目，且续增人丁，恩免加赋，良法美意于斯至矣！顾濒海沧桑，时有登耗，隶兹土者务招徕垦辟以日臻庶富。其山海鱼盐之利，虽取相资要，亦先本而后末云。志田赋。

国朝顺治十四年九月初四日，世祖章皇帝颁示《赋役全书》序：朕惟帝王临御天下，必以国计民生为首务，故《禹贡》则壤定赋，《周官》体国经野，法至备也。当明之初，取民有制，休养生息，至万历年间，海内殷富，家给人足。及乎天启、崇正之世，因兵增饷，加派繁兴，贪吏缘以为奸，民不堪命，国祚随之，良足深鉴。朕荷上天付托之重，为民生主，一夫不获亦疚朕怀，凡服御膳羞深自约损，然而上帝、祖宗、百神之祀，军旅燕飨、犒锡之繁，以及百官庶役、饩廪之给，罔不取之民间，诚恐有司额外加派，豪蠹侵渔中饱，民生先困，国计何资？兹特命户部右侍郎王弘祚将各直省每年额定征收、起存总撒实数编撰成帙，详稽往牍，参酌时宜，凡有参差遗漏，悉行驳正。钱粮则例俱照万历年间。其天启、崇正时加增益尽行蠲免。地丁则开原额若干，除荒若干，原额以万历刊书为准，除荒以奉覆俞旨为凭。地丁清核，次开实征，又次开起存。起运者，部寺仓口，种种分晰；存留者，款项细数，事事条明。至若九厘银，旧书未载者，今已增入。宗禄银，昔为存留者，今为起运。漕、白二粮，确依旧额，运丁行月，必令均平。胖袄盔甲，昔解本色，今俱改折。南粮本折，昔留南用，今抵军需。官员经费，定有新规；会议裁冗，改归正项。本色绢布、颜料、银、硃、铜、锡、茶、蜡等项，已改折者，照督抚题定价值开列。解本色者，照刊书价值造入。每年督抚确察时值，填入易知单内，照数办解。更有昔未解而今宜增者，有昔太冗而今宜裁者，俱细加清核，条贯井然。后有续增地亩、钱粮，督抚汇题造册报部，以凭稽核，纲举目张，勒成一编，名曰"赋役全书"，颁布天下，庶使小民遵式，便于输将。官吏奉此章程，罔敢苛敛，为一代之良法，垂万世之成规。虽然，此其大略也。若夫催科之中寓以抚字，广招徕之法，杜欺隐之奸，则守令之责也。正己率属，承流宣化，核出纳之数，慎挪移之防，则布政司之责也。举廉惩贪，兴利除害，课殿最于荒垦，昭激扬于完欠，恪遵成法，以无负朕足国裕民之意，则督抚之责有特重焉。其敬承之毋忽。

雍正十二年，户部奏请将各直省《赋役全书》悉以雍正十二年为准，凡额征地丁银粮、商牙课税，并应支官役俸工、驿站料价，以及应解本折、绢布、颜料、银、硃、铜、锡、茶、蜡等项，各分晰原额、新增、开除、实在，并司府州县卫所总撒数目，于一年限内详细考核，纂辑成书，咨送臣部。其较对刊刻，所需工价，俱于存公银内动支，事竣核实报销。再嗣后，凡额征钱粮，并解支各项，每岁俱有收除。现在所刻之全书，恐越数年而仍不相符。并请凡至十年，照例动用存公银两修辑一次。

康熙五十二年三月十八日，奉上谕："海宇承平日久，户口日繁，地亩并未加广，宜施宽大之恩，共享恬熙之乐。嗣后，直隶、各省地方官，遇编审之期，察出增益人丁，止将实数另造清册奏闻。其征收钱粮，但据康熙五十年丁册定为常额。续生人丁，永不加赋，仍不许有司于造册之时藉端需索，用副朕休养生息之意。"于是各直省州县将新增人丁实数缮造清册，名为"盛世滋生户口册"。康熙五十五年八月十四日，户部咨开浙省丁粮从田加赋，宁、绍、台三府属既有开垦荒弃田地，即应有招复人丁相应行，令该抚将前项招复人丁，仍照旧例升科，俟额数现足，再有新增，即应遵照恩诏，概入《盛世滋生册》内，免其加赋。

《续文献通考》：明洪武丁卯冬，鱼鳞册成，其法集粮长、耆民躬履田亩以量度之，遂图其田形之方圆大小，次书其主名及田之四至，编汇为册，号曰"鱼鳞册"。镇邑自康熙八年丈量重造鱼鳞字号册，岁久残缺。乾隆九年，邑令杨玉生详请司库抄补，计存五百六十六本，封贮堂橱，户总司掌造入，交代每年续垦田地，未能汇造存房，卷案恐致久而损失，应将各年垦卷全数并封堂橱，以备续补鳞册，以免移坵换段，永清民业。

地丁 原额照乾隆六年《赋役全书》，实在照乾隆十六年奏销册。

原额田 肆千壹百玖拾贰顷贰拾壹亩贰分陆厘壹丝肆忽。

江北乡民田 壹千叁百伍拾肆顷壹拾柒亩肆分捌厘肆毫。内除雍正七年置买耤田肆亩玖分，加康熙六年丈出田壹顷伍拾肆亩贰分伍厘毫伍丝柒忽壹微贰尘，又各年清出田陆拾亩陆分捌厘陆毫捌丝贰忽。实该田壹千叁百伍拾陆顷贰拾柒亩伍分贰厘陆毫叁丝玖忽壹微贰尘。每亩征银陆分肆厘叁毫，该银捌千柒百贰拾两捌钱肆分玖厘玖毫肆丝陆忽玖微伍尘肆渺壹漠陆埃。每亩征米壹升捌合捌勺，该米贰千伍百肆拾玖石柒斗玖升柒合肆勺玖抄陆撮壹圭伍粟肆粒伍黍陆粟。

江北乡灶田 伍百玖拾捌顷捌拾陆亩玖分陆厘叁毫。康熙六年，丈出田壹顷贰拾壹亩捌分捌厘叁毫捌丝捌忽。实该田陆百顷捌亩捌分肆厘陆毫捌丝捌忽。每亩征银肆分玖毫，该银贰千肆百伍拾肆两叁钱陆分壹厘捌毫叁丝柒忽叁微玖尘贰渺。每亩征米壹升捌合捌勺，该米壹千壹百贰拾捌石壹斗陆升陆合叁勺贰秒壹撮叁圭肆粟肆粒。

崇岩乡民田 陆百玖拾玖顷柒拾壹亩陆分五厘。康熙六年，丈出田玖拾捌亩伍分四厘丝捌忽，除弃置田贰顷拾贰亩玖分柒厘玖毫，加康熙十年展界复业开垦弃置田贰顷贰拾贰亩玖分柒厘玖毫。实存田柒百顷柒拾亩壹分玖厘壹丝捌忽。每亩征银伍分玖厘肆毫，实征银肆千壹百陆拾贰两壹钱陆分玖厘贰毫玖丝陆忽陆微玖尘贰渺。每亩征米壹升伍合捌勺，实征米壹千壹百柒石壹斗玖合肆撮捌圭肆粟肆粒。

崇岩乡灶田 肆百叁拾柒顷柒拾肆亩壹毫。康熙六年，丈出田伍拾陆亩玖分柒厘壹毫柒丝，除弃置田贰顷柒拾肆亩壹分壹厘，加各年展界复业开垦起科田贰顷柒拾肆亩壹分壹厘。实存田肆百叁拾捌顷叁拾亩玖分柒厘贰毫柒丝。每亩征银叁分陆厘叁毫，实征银壹千五百玖拾壹两陆分肆厘叁玖忽壹尘。每亩征米壹升伍合捌勺，实征米陆百玖拾贰石伍斗贰升合叁勺陆秒捌撮陆圭陆粟。

泰海乡民田 陆百柒拾顷陆拾捌亩陆分叁厘肆毫。康熙六年，丈缺田肆拾壹亩捌分叁厘玖毫柒丝柒忽，除弃置田叁百伍顷捌亩伍分伍厘肆毫壹丝肆忽，加各年展界复业开垦起科田贰百捌拾贰顷陆拾贰亩伍分陆厘陆毫丝陆忽叁微。又乾隆元年起科田玖拾壹亩贰分陆毫叁丝贰忽，二年起科田柒拾陆亩肆分柒厘贰毫柒忽，三年起科田肆顷壹拾肆亩柒分肆厘壹毫肆丝柒忽，七年起科田玖拾柒亩肆分叁厘伍毫捌丝贰忽，九年起科田壹顷陆拾壹亩陆分柒厘贰丝，十年起科田肆拾肆亩壹分柒厘肆毫柒丝，十一年起科田壹顷柒拾叁亩贰分叁忽，十二年起科田叁顷柒拾玖亩贰厘捌毫捌丝叁忽，十六年起科田贰顷玖拾柒亩贰分柒厘壹毫壹忽。**实存田陆百陆拾肆顷叁拾陆亩柒毫贰丝叁微。**每亩征银伍分伍厘贰毫，实征银叁千陆百陆拾柒两贰钱陆分柒厘伍毫玖丝柒忽陆微伍渺陆漠。每亩征米壹升叁合壹勺，实征米捌百柒拾石叁斗壹升壹合六勺玖秒肆撮叁圭伍粟玖粒叁黍。

泰海乡灶田 贰百柒拾顷捌拾陆亩贰分。康熙六年，丈缺田玖拾捌亩伍分伍厘叁毫，除弃置田伍拾伍顷陆拾亩陆分陆厘柒毫叁丝，加各年展界复业开垦起科田伍拾顷壹拾贰亩肆分玖厘叁毫肆丝，又展界复业开垦；乾隆元年起科田贰拾壹亩壹分叁厘，二年起科田陆拾贰亩陆分肆厘肆毫叁丝捌忽，三年起科田贰拾玖亩叁分叁厘叁毫壹丝伍忽，七年起科田贰拾捌亩壹分柒毫壹丝捌忽，九年起科田肆拾捌亩伍厘壹毫伍忽，十年起科田贰拾柒亩壹分捌厘陆毫壹忽，十一年起科田壹顷壹拾捌亩肆分肆厘捌毫玖丝伍忽，十二年起科田陆拾叁亩柒分陆毫叁丝陆忽。**实存田贰百陆拾捌顷叁拾捌亩捌厘壹丝捌忽。**每亩征银叁分贰厘贰毫，实征银捌百陆拾肆两壹钱捌分陆厘壹毫捌丝壹忽柒微玖尘陆渺。每亩征米壹升叁合壹勺，实征米叁百伍拾壹石伍斗柒升捌合捌勺伍秒叁圭伍粟捌粒。

泰海乡屯师贰号田 壹百肆拾陆顷贰拾玖亩肆分柒厘贰毫。康熙六年，丈出田贰亩肆分除弃置田贰拾陆顷伍拾玖亩贰分壹厘陆毫，加各年展界复业开垦起科田贰拾顷柒拾陆亩陆分伍厘捌毫叁丝。**实存田壹百肆拾陆顷肆拾玖亩叁分壹厘肆毫叁丝。**每亩征银肆分玖厘，实征银柒百壹拾柒两捌钱壹分陆厘肆毫柒微。每亩征米玖合，实征米壹百叁拾壹石捌斗肆升叁合捌勺贰秒捌撮柒圭。

各乡涂田 玖顷捌合叁亩贰分陆厘。除弃置田伍亩叁分，加雍正九年展界复业开垦于雍正十二年起科田伍亩叁分。**实存田玖顷捌拾叁亩贰分陆厘。**每亩征银壹分陆厘捌毫，实征银壹拾陆两伍钱壹分捌厘柒毫陆丝捌忽。每亩征米陆合壹勺，实征米伍石玖斗玖升柒合捌勺捌秒陆撮。

续开垦升科田 肆顷叁亩伍分玖厘陆毫壹丝肆忽。除弃置田贰顷柒拾亩玖分壹厘玖毫，加各年展界复业开垦起科田贰顷柒拾亩玖分壹厘玖毫。**实存田肆顷叁亩伍分玖厘陆毫壹丝肆忽。**每亩征银伍分玖厘柒毫，实征银贰拾肆两玖分肆厘陆毫捌丝玖忽伍微伍尘捌渺。每亩征米壹升叁合，实征米伍石贰斗肆升陆合柒勺肆秒玖撮捌圭贰粟。

凤浦湖开垦田 壹拾捌亩捌分贰厘。康熙六年，丈出每亩征银伍分玖厘柒毫，实征银壹两壹钱贰分叁厘伍毫伍丝肆忽。每亩征米壹升叁合，实征米贰斗肆升肆合陆勺陆秒。

原额地 伍百捌拾伍顷贰拾肆亩贰厘叁丝捌忽叁微。

各乡民地 肆百贰拾壹顷伍拾亩肆厘。内除雍正七年置卖坛基地壹亩，加康熙陆年丈出地伍拾捌亩伍厘玖丝陆忽，又康熙十九年清出地壹拾伍亩玖分陆厘贰毫陆丝玖忽，除弃置地陆拾伍顷伍拾叁亩伍分肆厘伍毫，加各年展界复业开垦起科地伍拾捌顷柒拾捌亩壹厘贰玖丝玖忽；又乾隆元年起科地壹顷伍拾壹亩玖厘肆毫，二年起科地贰拾柒亩玖分伍厘伍毫壹丝壹忽，三年起科地肆拾壹亩捌分陆厘伍毫壹丝贰忽，七年起科地玖拾捌亩叁分柒厘伍毫捌丝贰忽，九年起科地柒拾陆亩贰分叁厘伍毫捌丝玖忽，十年起科地伍拾肆亩捌分壹厘肆毫伍丝陆忽，十一年起科地陆拾陆亩捌分陆厘伍毫陆丝陆忽，十二年起科地壹顷贰拾柒亩柒分陆厘捌丝玖忽，十六年起科地陆拾柒亩陆分壹厘玖毫玖丝。**实存地肆百贰拾贰顷陆拾贰亩壹分捌毫五丝玖忽。**每亩征银肆分柒厘柒毫，实征银贰千壹拾伍两玖钱贰厘伍毫柒丝玖忽柒微肆尘叁渺。每亩征米壹升壹合，实征米肆百陆拾肆石捌斗捌升叁合壹勺玖秒肆撮肆圭玖粟。

各乡灶地 壹百陆拾贰顷叁拾肆亩陆分陆厘柒毫。康熙六年，丈出地叁拾叁亩肆厘肆毫捌丝肆忽，除弃置地壹拾柒顷壹亩壹分贰厘玖毫叁丝叁忽，加各年展界复业开垦起科地壹拾肆顷壹拾捌亩伍分肆厘肆毫肆丝叁忽，又乾隆元年起科地壹拾捌亩壹分柒厘陆毫柒丝伍忽，二年起科地壹拾贰亩贰分玖厘叁毫丝叁忽，三年起科地柒亩贰分壹厘伍毫柒丝柒忽，七年起科得地柒亩伍分陆厘贰毫叁丝叁忽，九年起科地壹拾陆亩肆分肆厘贰毫陆丝，十年起科地壹拾柒亩捌分陆厘肆毫叁丝陆忽，十二年起科地伍拾亩叁分捌厘肆毫陆丝。**实存地壹百陆拾壹顷壹拾肆亩陆厘陆毫陆丝捌忽。**每亩征银贰分肆厘捌毫，实征银叁百玖拾玖两陆钱贰分捌厘捌毫伍丝叁忽陆微陆尘渺。每亩征米壹升壹合，实征米壹百柒拾柒石贰斗伍升肆合柒勺叁秒叁撮肆圭捌粟。

续开垦升科地 壹顷叁拾玖亩叁分壹厘叁毫叁丝捌忽叁微。除弃置地叁拾亩叁分捌厘壹毫，加雍正十二年起科地壹拾壹亩叁分。**实存地壹顷壹拾柒亩贰分叁厘贰毫叁丝捌忽叁微。**每亩征银肆分捌厘叁毫，实征银伍两陆钱陆分贰厘叁毫贰丝肆忽玖尘捌渺玖漠。每亩征米玖合壹勺，实征米壹石陆升陆合捌勺壹秒肆撮陆圭捌粟伍料叁黍。

凤浦湖开垦地 叁亩肆分贰厘伍毫玖丝。康熙六年，丈出每亩征银肆分捌厘叁毫，该银壹钱陆分伍厘肆毫柒丝玖微柒尘。每亩征米玖合壹勺该米叁升壹合壹勺柒秒伍撮陆圭玖粟。

原额山 柒百肆拾玖顷柒拾叁亩。康熙六年，丈出山壹顷壹拾玖亩肆分贰厘捌毫贰忽，除弃置山壹百伍拾陆顷玖拾亩贰分捌厘壹毫，加各年展界复业开垦起科山壹百伍拾顷伍拾贰亩玖分贰厘壹毫。又乾隆元年起科山贰顷玖拾贰亩伍分，二年起科山壹顷玖拾柒亩，三年起科山壹顷肆拾柒亩捌分陆厘，玖年起科山柒亩陆分陆厘肆毫伍丝陆忽，十二年起科山柒拾壹亩贰分。**实存山柒百伍拾壹顷柒拾壹亩贰分玖厘贰毫伍丝捌忽。**每亩征银壹厘伍毫，实征银壹百壹拾贰两柒钱伍分陆厘玖毫叁丝捌忽捌微柒尘。

原额荒地草荡河 贰拾叁顷叁拾伍亩柒分贰厘捌毫。康熙六年，丈出荡河贰亩。康熙十九年清出荡河伍亩叁分，除弃置荡河肆顷壹拾柒亩玖分伍厘柒毫，加各年展界复业起科荡河陆顷陆拾壹亩捌分叁厘贰毫捌丝伍忽。又乾隆九年起科荡河壹顷柒亩捌分肆厘壹毫捌丝捌忽，十一年起科荡河中壹亩肆分肆厘壹毫伍丝捌忽，十六年起科荡河壹顷叁拾陆亩贰分伍厘。**实存荡河贰拾玖顷壹拾贰亩肆分叁厘柒毫叁丝壹忽。**每亩征银壹分壹厘捌毫，实征银叁拾肆两叁钱陆分陆厘柒毫陆丝贰微伍尘捌渺。每亩征米叁合贰勺，实征米玖石叁斗壹升玖合柒勺玖秒玖撮叁圭玖粟贰粒。

原额续开垦升科蓄草荡 壹拾贰顷叁拾贰亩玖分捌厘。康熙六年，丈出荡伍亩壹分壹厘伍毫陆丝陆忽，除弃置荡肆顷捌拾伍亩叁分捌厘叁毫，加各年展界复业开垦起科荡伍顷壹拾叁亩玖分叁厘伍丝。又乾隆六年展界复业开垦于乾隆九年起科荡壹拾亩柒分叁厘伍毫伍丝玖忽，又乾隆七年展界复业开垦于乾隆十年起科荡伍拾肆亩贰分肆毫叁丝肆忽，又乾隆十三年展界复业开垦于乾隆十六年起科荡壹顷叁亩贰分伍厘。**实存荡壹拾肆顷叁拾肆亩捌分叁厘叁毫玖忽。**每亩征银贰分玖厘贰毫，实征银肆拾壹两捌钱玖分柒厘壹毫贰丝陆忽贰微贰尘捌渺。

原额凤浦湖开垦荡 叁拾壹亩壹分。康熙六年，丈出每亩征银贰分玖厘贰毫，实征银玖钱捌厘壹毫贰丝。

原额泰邱乡续开垦升科田地 叁顷肆拾伍亩壹分玖厘贰丝。康熙六年，丈缺田地伍亩玖分肆厘柒毫伍丝肆忽，除弃置田地捌拾柒亩玖分玖厘玖毫，加康熙十年展界复业开垦弃置田地捌拾柒亩玖分玖厘玖毫。**实存田地叁顷叁拾玖亩贰分肆厘贰毫陆丝陆忽。**每亩征银陆分壹厘壹毫，实征银贰拾两柒钱贰分柒厘柒毫贰丝陆忽伍微贰尘陆渺。

原额户口人丁 叁万贰千陆百贰拾柒丁口肆分贰厘陆毫。
市民人丁 壹千叁百柒拾贰丁。康熙六年，清出人丁捌百柒拾捌丁壹分。**实**

该市民人丁贰千贰百伍拾丁壹分。每丁征银壹分叁厘，实征银贰拾玖两贰钱伍分壹厘叁毫。

乡民人丁 贰万叁千叁拾贰丁。 除弃置人丁壹千捌百壹拾柒丁贰分，加各年展界招回人丁壹千陆百玖拾壹丁柒分玖厘，又雍正十一年展界招回、于乾隆元年起科人丁壹拾伍丁壹分贰厘，又雍正十二年展界招回、于乾隆二年起科人丁玖丁肆分伍厘，又雍正十三年展界招回、于乾隆三年起科人丁贰拾陆丁贰分玖厘，又乾隆四年展界招回、于乾隆七年起科人丁壹拾贰丁叁分肆厘，又乾隆六年展界招回、于乾隆九年起科人丁壹拾陆丁壹分贰厘，又乾隆七年展界招回、于乾隆十年起科人丁柒丁陆分捌厘，又乾隆八年展界招回、于乾隆十一年起科人丁壹拾玖丁壹分贰厘，又乾隆九年展界招回、于乾隆十二年起科人丁叁拾叁丁壹分伍厘，又乾隆十三年展界招回、于乾隆十六年起科人丁壹拾玖丁肆分伍厘。**实存乡民人丁贰万叁千陆拾伍丁叁分。** 每丁征银贰分贰厘，实征银伍百柒两肆钱叁分陆厘陆毫。每丁征米捌合伍勺，实征米壹百玖拾陆石伍升伍合伍秒。

人口 捌千贰百贰拾叁口肆分贰厘陆毫。 康熙六年，清出人口肆百肆拾肆口叁分贰厘，除业置人口柒百贰拾玖口柒分肆厘，加各年展界招回人口柒百伍口肆分肆厘，又雍正十一年展界招回于乾隆元年起科人口陆口肆分肆厘，又雍正十二年展界招回于乾隆二年起科人口贰口柒分陆厘，又雍正十三年展界招回乾隆三年起科人口壹拾贰口五厘，又乾隆四年展界招回于乾隆七年起科人口伍口壹分捌厘，又乾隆七年展界招回于乾隆十年起科人口贰口陆分贰厘，又乾隆八年展界招回于乾隆十一年起科人口陆口叁分肆厘，又乾隆九年展界招回于乾隆十二年起科人口壹拾叁口叁分捌厘，又乾隆十三年展界招回于乾隆十六年起科人口玖口陆分贰厘。**实存人口捌千柒百捌口壹分贰厘陆毫。** 每口征银贰钱贰分壹厘壹毫，实征银壹千玖百贰拾伍两叁钱陆分陆厘陆毫伍丝捌忽陆微。

乾隆十六年，清编实在完赋人丁叁万肆千贰拾叁丁伍分贰厘陆毫外，盛世滋生，永不加赋。人丁贰千伍百捌拾壹丁内。市民壹百玖拾丁，乡民壹千柒百叁拾玖丁，人口陆百伍拾贰口。 **按：** 旧志载有镇邑户口，《雍正府志》亦载各县户口，《浙江通志》则载丁口而不列户数。盖户但科丁，丁实而户虚也。自康熙年间，奉例丁归田办，完赋人丁已于应征项下开明。原额招回实在数目，则丁又归田，而地丁不必复行分列。惟恩诏永不加赋，人丁岁有增益，今依乾隆十六年分编数开载。休养生息，日新月盛，固将不止于是云。

实征照乾隆十六年《奏销册》内增本年加闰各条

《旧志》载，明贡赋之制四，曰额征、额办、坐办、杂办。其额征，夏税麦及纳钞，秋税米及租丝租钞。两税之外有官吏、市民盐钞，运司盐课，灶户盐课，及课程钞，鱼课钞，商税钞等项。其额办、坐办、杂办，有本色、折色各名目，与今起运、存留之项大同小异，皆以里计派，七人共当一月，不计田之多寡，一体均之。又徭役有均徭、驿传、民兵、里甲、夫马、班匠之目，计亩而科，刻期而办，此嘉靖以前之旧制也。隆庆元年，余姚令邓村乔申请行一条鞭法，以夏税、秋粮及"三办"内纤悉名色不下三四十项，某件一亩袖银几钱几分，某件一亩派银几厘几毫，在官者或能抄记，乡里小民何由识其要领？以致奸猾收头设计巧弄，以小呼大，以无捏有，以收作欠，以多报少，种种累民，请仿直隶等处现行事宜，将各色额税并为一主征收，名曰一条鞭。在派征则攒为一总，在起解则照旧分项，尽除赠耗，革去收头，各里长领小户自行投入县柜。惟起解钱粮于粮长中阄选数人，逐项领解云云。具申三院，准照议行。镇邑自万历四十一年邑令黎民表遵行一条鞭法，迨今本朝丁亦归田，更免光丁完赋。且官收官解，革除民户领运，永杜派扰。历来赋役苦累，扫除尽净。凡有产之户，惟应依期纳银入柜、输米交仓二者而外，终年可安耕凿，享盛世乐康之福，何其幸欤！识此以俟父老子弟，诏示于不忘。其嘉靖前征办米麦、银钞等，及万历后杂派银、米等数目，俱随时增损，非今现行例，不具载。

雍正九年，总督李卫将里长、柱头现年诸名目尽行革除，原设版图八十八里，改编顺庄六百零七庄。详《疆域》卷内。有都图无甲，并禁止十年大造挂榜之法，每年每月挨庄催征，为今成例。**按：邑有都，都有图，图有甲。每甲田几百亩，每图田几千亩。每岁开除不一，至十年编审，则仍衰多益害寡，而配成数百亩之数，揖榜示民，所谓榜田是也。其差役之法，即具于榜田之中，轮值当差，周而复始，至十年复行大造挂榜示民，丁役皆派于田。自雍正九年奉行顺庄，田无限额，因从前之难派差徭概已禁革，故不复为均役之计。惟旧编里甲以田地坐落为定，粮户四散，故里甲得以滋弊，而催科为难。今遵顺庄，端以人户住居为定，一户之内，虽有各乡田地，总汇于住庄立户完粮，挨户滚催，里甲不能欺隐，成为征粮善法。惟逐年推收，册籍繁重，田地去来苦无鳞号，岁久转有移粮易产诸虑，亟加意于催收征册，尚为保民业、杜讼累之要务也。**

田地山荡人丁等项，共征米柒千柒百石叁斗叁升肆合伍勺伍抄贰撮肆圭捌

黍陆秫。内除弃置米陆百壹拾陆石柒斗捌升肆合捌勺柒秒伍撮壹圭玖粟肆粒，加各年展界复业开垦起科米伍百陆拾捌石贰斗陆升肆合伍勺叁秒陆撮肆圭陆粟伍粒叁黍。 又雍正十一年复业开垦，于乾隆元年起，科米叁石肆斗捌升肆合壹勺肆撮肆粟贰粒。又雍正十二年复业开垦，于乾隆二年起，科米贰石叁斗贰升叁合肆勺捌秒叁撮叁圭叁粟五粒。又雍正十三年复业开垦，于乾隆三年起，科米陆石伍斗捌升柒勺叁秒贰撮叁圭壹粟贰粒。又乾隆四年复业开垦，于乾隆七年起，科米贰石玖斗壹升肆合捌勺贰秒贰撮玖圭伍粟。又乾隆六年复业开垦，于乾隆九年起，科米肆石贰斗肆升捌合玖勺贰秒伍撮柒圭捌粟壹粒。又乾隆七年复业开垦,于乾隆十年起,科米壹石柒斗玖升玖合伍勺柒秒叁撮肆圭贰粟壹粒。又乾隆八年复业开垦，于乾隆十一年起，科米肆石玖斗柒升玖合壹勺柒秒壹撮玖圭伍粟肆粒。又乾隆九年复业开垦，于乾隆十二年起，科米捌石伍升贰合贰勺陆粟玖粒。又乾隆十三年复业开垦，于乾隆十六年起，科米伍石贰斗叁升玖合叁勺玖秒肆撮壹圭叁粟壹粒。实征米柒千陆百玖拾壹石肆斗叁升陆合陆勺贰秒柒撮玖圭柒粟柒粒壹黍陆秫，内除收零积馀米肆拾贰石玖斗伍合玖秒叁撮贰圭叁粟贰粒陆黍柒秭叁糠壹粃，又除孤贫口粮米壹百玖石贰斗陆升陆合壹秒贰撮俱改米征银外，本年加闰米壹百捌拾玖石叁斗伍升捌合壹勺捌秒。**实征米柒千柒百贰拾捌石陆斗贰升叁合柒勺贰撮柒圭肆粟肆粒肆黍捌秭陆糠玖粃。**内：一、漕运月粮连闰米壹升贰百捌拾肆石伍斗叁升贰合贰勺柒秒玖撮，俱改米征银，造报粮道。一、存留米陆千肆百肆拾肆石玖升壹合肆勺贰秒叁撮柒圭肆粟肆粒肆黍捌秭陆糠玖粃。

共征银贰万柒千叁百叁拾两捌钱陆分柒厘壹毫柒丝柒忽肆微叁尘陆渺陆埃。内除弃置银贰千陆百肆拾叁两肆分陆厘捌毫陆丝陆忽贰微柒尘贰渺。加各年复业开垦起科银贰千肆百伍拾贰两壹钱捌分壹厘捌毫陆丝柒忽玖微玖尘肆渺陆漠。又雍正十一年复业开垦，于乾隆元年起，科银壹拾伍两陆钱陆分叁厘陆毫壹丝陆忽陆尘肆渺。又雍正十二年复业开垦，于乾隆二年起，科银捌两玖钱肆分柒毫柒丝陆忽陆微叁壹渺。又雍正十三年复业开垦，于乾隆三年起，科银贰拾玖两肆钱柒分捌厘伍毫玖丝捌忽捌微玖尘肆渺。又乾隆四年复业开垦，于乾隆七年起，科银壹拾贰两伍钱捌分叁毫伍丝捌忽捌微伍尘捌渺。又乾隆六年复业开垦，于乾隆九年起，科银壹拾柒两捌钱伍分陆厘叁毫贰丝全忽伍微叁尘伍渺。 又乾隆七年复业开垦，于乾隆十年起，科银捌两柒钱贰厘伍毫叁丝贰忽叁微叁尘。又乾隆八年复业开垦，于乾隆十一年起，科银壹拾玖两叁钱肆分柒厘叁毫玖丝肆忽肆微柒尘贰渺。又乾隆九年复业开垦，于乾隆十二年起，科银叁拾肆两壹钱叁分陆厘陆毫捌丝陆忽柒微肆尘壹。又乾隆十三年复业开垦，于乾隆十六年起，科银贰拾陆两捌钱壹分肆厘伍毫柒丝壹忽玖微捌尘贰渺。实征银贰万柒千叁百壹拾叁两伍钱贰分叁厘肆丝陆微陆尘伍渺陆漠陆埃。加收零积余米，改征银肆拾贰两玖钱伍厘玖丝叁忽贰微叁尘贰渺陆漠柒埃叁纤壹沙。加孤贫口粮米，改征银壹百玖两贰钱陆分陆厘壹丝贰忽。加颜料、蜡、茶新加银叁拾两贰钱肆分叁厘伍毫捌丝伍忽玖微柒尘贰渺柒漠壹埃陆纤陆沙。加颜料、药材时价银陆两肆钱伍分叁厘肆毫捌丝伍忽贰征陆尘叁渺玖漠叁埃壹纤肆沙。加外赋不入地丁盐课银陆百叁拾贰两玖钱肆分柒厘壹毫叁丝陆忽柒微玖尘壹渺伍漠。加渔课并新加银壹拾肆两捌钱玖分叁厘贰毫玖丝壹忽贰尘贰渺。加课钞银贰拾捌两柒钱柒分陆厘叁毫捌丝。加归入地丁带征匠班银伍拾两叁分。本年加闰银柒百叁拾玖两柒钱肆分捌厘壹毫陆丝壹忽贰尘壹渺肆漠壹埃壹纤叁沙。**实征银贰万捌千玖百陆拾捌两捌钱贰分陆厘壹毫叁丝柒忽伍微柒尘玖渺捌漠玖埃贰纤肆沙。**内：一解漕运连闰银贰千壹拾壹两贰钱肆分陆厘陆毫壹丝伍忽陆微；一解监道课银陆百叁拾贰两玖钱肆分柒厘壹毫叁丝陆忽柒微玖尘壹渺伍漠；一解司并存留银贰万陆千叁百贰拾肆两陆钱伍分贰厘叁毫捌丝伍忽壹微捌尘捌渺叁膜玖埃贰纤肆沙。

附条剔弊之法

一除浮混之弊。遵照易知，由单开列，某则田、地、山、荡若干，该银若干，米若干，通共钱粮若干两，南米若干斗，遇闰加闰若干，分悉详注，缴县盖印，结发花户。或有浮多，许本户呈控严拿，经承究处，但设簿为开征第一要务，须严饬庄书，于冬月先纂，由单科则册送司核发。一面造明推收征册，封印后即造滚簿，开印后解府磨核钤印，于二月中旬发滚。凡发滚摘欠，均照征册原额若干，完过若干，欠少若干，俾民照单完纳，则浮混之弊除矣。

一除扰误之弊。收征之法莫便于滚单，每单或伍户或十户，不拘大小，户贯挨顺填入，粮多之户即为单首，或限五日，或限十日，赍单赴柜完纳，完粮之后即将纳照来入单内，赴宅门查验。再点粮额欠多之户，将单仍交本人带回传交下户，倘花户卧单不滚，罚催同单各户，或罚其全完本户钱粮，以申惩儆之意。但滚单非摘罚不行，而摘拘卧单势亦难免。差役惟在驾驭严明，则扰误之弊除矣。

一除改换银数之弊。粮票不许添改，亦不许加一浮签，笔迹俱要清楚。流水簿或有舛讹，只许旁注，不许粘贴其旁。注处亦须官盖戳记，则败换银数之弊除矣。

一除大小票之弊。四聊串票并送宅门盖戳，一给纳户执照，一给差役销比，一存柜书按籍注销，一存串根留署备核。法至密也，但四联分藏，即可藏奸，销照串根，二票当时截开，则内外隔绝，乃有销照填多，串根填少，而日报流水俱照串根填数，至奏销时第据日报流水之数为准，而官受其欺，即查根更拘短欠。斯时花户执串幸存，尚可送验，倘执串遗失，势必重赔。而民之受病亦不浅，必须销照、串根二票联送署内，核其彼此一样，随用一查验戳记，立即截给票内银数，上务加"完"字，分厘下另加"正"字，则大小票之弊除矣。

一除重号之弊。于印发串票时，将字号、张数核对无重张，方行用印。给发时令在宅门逐张数清，领后不许混禀漏印请补，则重号之弊除矣。

额解
户部

京库麦米 折银柒百肆拾叁两肆钱陆分捌厘捌毫肆丝玖忽壹微贰尘叁渺贰漠贰埃肆纤肆沙。滴珠路费银贰拾两柒分叁厘陆毫伍丝玖忽叁微肆尘柒渺叁漠叁埃。

折色蜡价银 壹百壹拾叁两玖钱伍分肆厘伍毫捌丝捌忽伍微肆尘柒渺捌漠捌埃壹纤。路费银壹两壹钱叁分玖厘伍毫肆丝伍忽捌微伍尘贰渺捌漠柒埃捌纤捌沙。

江南药价银 贰钱捌毫陆忽贰尘叁渺壹纤伍沙。津贴路费银肆分壹毫陆丝壹忽柒微肆渺肆漠伍埃伍纤肆沙。

颜料改折银 贰百壹两叁钱肆厘柒毫肆丝壹忽肆微柒尘捌渺肆漠贰埃叁沙。路费银贰两壹分叁厘肆丝柒忽肆微贰尘贰漠伍埃柒纤叁沙。

盐钞银 伍两贰钱贰分捌毫捌丝壹微贰尘肆渺伍漠陆埃柒纤伍沙。路费银壹钱叁分伍毫贰丝伍微伍尘壹渺伍漠捌埃壹纤捌沙。

闰银 柒钱贰分肆厘陆毫壹丝伍忽肆微肆尘伍漠伍纤捌沙。路费银壹分捌厘壹毫壹丝伍忽叁微捌尘贰渺壹漠捌埃捌纤叁沙。

玖厘银 叁千陆百拾肆两玖钱肆分捌厘壹毫伍忽壹微捌尘玖渺肆漠柒埃捌纤柒沙。路费银贰拾伍两叁钱肆厘陆毫叁丝陆忽伍尘捌渺叁漠玖埃陆纤伍沙。

康熙六年丈量新课银 壹百壹拾壹两壹钱壹分玖厘壹毫捌丝贰忽捌微贰尘壹渺陆埃。 **又各年新升银** 肆两柒钱贰分陆厘壹毫贰丝贰忽捌微参尘玖渺。

礼部牲口银 贰拾捌两陆钱玖厘捌毫贰丝壹微伍尘柒渺叁漠玖埃陆纤玖沙。路费银贰钱捌分陆厘玖丝捌忽壹微玖尘玖渺玖漠柒埃壹纤柒沙。

药材折色银 贰两伍分伍厘壹毫玖丝玖忽壹微叁尘叁渺贰漠柒埃陆纤陆沙。津贴路费银壹两贰分柒厘伍毫玖丝玖忽伍微柒尘壹渺陆漠叁埃捌纤叁沙。

果品银 壹拾叁两壹钱贰分贰厘陆毫叁丝捌尘叁渺伍漠柒埃贰纤。路费银壹钱叁分壹厘贰丝陆忽贰微肆尘捌漠叁埃伍纤柒沙。

箓笋银 肆两玖钱贰分叁厘玖毫肆丝陆忽贰微壹尘柒渺伍漠贰埃壹纤壹沙。路费银肆分玖厘贰毫叁丝玖忽肆微贰尘陆渺陆漠柒埃伍纤壹沙。

工部

斑竹银 壹两柒钱柒分叁厘叁毫伍丝肆忽壹微叁尘捌漠叁埃捌纤肆沙。路费银壹分柒厘柒毫叁丝叁忽伍微陆尘柒渺捌漠捌埃叁纤捌沙。

雕填匠役银 贰两伍分肆厘肆毫捌丝玖忽陆微叁尘列主渺叁漠陆埃叁沙。路费银贰分录伍毫肆丝肆忽捌微玖尘捌渺陆漠玖埃叁纤陆沙。

闰银 贰钱捌分陆厘陆毫捌丝伍忽肆微肆尘伍漠陆埃贰纤伍沙。路费银贰厘捌毫陆丝陆忽捌微肆尘陆渺伍漠伍纤陆沙。

漆木料银 壹两玖钱捌分柒厘柒毫壹丝柒忽玖微玖尘肆渺壹漠叁埃叁纤叁沙。

弓改牛角银 叁百肆拾玖两叁钱肆分陆厘贰毫陆丝玖忽陆微玖尘叁渺玖漠叁纤壹沙。路费银伍两捌钱贰分叁厘柒毫玖丝陆忽柒微伍渺陆漠捌埃柒纤捌沙。

箭银 壹百伍两陆钱玖分伍毫肆丝陆忽伍微柒尘贰渺伍漠捌纤叁沙。

弦银 伍拾捌两肆分柒厘叁丝伍忽贰微玖尘捌渺贰漠叁埃纤贰沙。

胖袄裤鞋银 陆拾陆两捌钱叁分伍厘肆毫贰丝捌微柒尘叁漠叁埃伍纤。

白猪鬃银 捌钱肆分叁厘贰毫柒丝柒忽捌微柒尘柒渺玖漠捌埃伍纤肆沙。

四司工料银 壹百肆拾伍两伍分捌厘伍毫壹肆忽陆微伍尘肆渺叁漠陆埃伍沙。

岁造缎疋银 壹百贰拾捌两捌钱肆分陆厘壹毫贰丝柒忽陆微柒尘壹渺叁漠壹

埃伍纤捌沙。

闰银 壹拾肆两肆钱叁分贰厘柒毫贰丝壹忽捌微叁尘伍渺叁漠柒埃柒纤捌沙。

军三军器并路费银 肆百贰拾两柒钱贰分贰厘陆丝贰忽壹尘伍漠肆埃柒纤陆沙。

军器民七银 捌拾伍两玖钱贰分捌厘陆毫肆丝叁忽玖尘壹渺壹漠柒埃捌纤。路费银贰两肆钱柒分陆厘捌毫壹丝壹忽肆微柒尘壹渺贰漠肆埃柒纤叁沙。

织染局丝银 柒分捌毫肆丝忽叁微柒尘叁渺肆漠玖埃玖纤。

匠班银 伍拾两叁分。

渔课改折银 壹拾两陆钱陆分玖厘捌毫伍丝贰忽。路费水脚银壹两捌钱叁分贰厘肆毫伍丝肆忽捌微叁尘贰渺。

闰银 壹两壹钱叁分贰毫肆丝柒忽。路费水脚银壹钱壹分叁厘壹毫伍丝叁忽柒微伍尘壹渺。

渔课新增时价银 壹两壹钱捌分玖厘壹毫伍丝贰忽玖微。路费银壹钱壹分捌厘玖毫壹丝伍忽贰微玖尘。

闰银 肆分壹厘玖毫肆丝壹忽伍微柒尘伍渺。路费银肆厘壹毫玖丝肆忽壹微伍尘柒渺伍沙。

户部旧编裁扣充饷项下

顺治九年旧编裁剩解部并米折银 肆百叁拾柒两肆钱肆分捌厘捌毫肆丝叁忽玖微壹尘玖渺玖漠叁埃柒纤伍沙。路费银壹两陆钱陆分肆厘伍毫陆丝肆忽贰微捌尘贰渺肆漠伍埃玖纤壹沙。

闰银 贰两柒钱伍分陆厘伍毫玖丝柒微柒尘叁渺壹漠捌沙。

军储充饷银 肆百陆拾伍两陆钱贰分肆厘壹毫肆丝玖忽陆微贰尘贰渺叁漠壹埃柒沙。

顺治九年裁扣银 壹百伍拾贰两玖钱柒分玖厘叁毫捌丝壹忽柒微玖渺玖漠玖埃壹纤伍沙。

闰银 壹拾玖两伍钱玖分壹厘肆毫捌丝肆忽陆微贰尘叁渺肆漠陆埃纤肆沙。

顺治十二年裁扣银 肆两柒钱贰分捌厘捌毫捌丝叁忽伍微壹尘捌渺柒漠肆埃柒纤陆沙。

顺治十三年，裁漕运月粮三分，拨还军储充饷银伍百玖拾壹两贰钱肆分捌厘叁毫玖丝柒忽叁微玖尘壹渺陆漠。闰银陆拾肆两玖钱柒分陆厘柒毫捌丝叁忽壹微柒尘柒渺叁漠柒埃陆纤。

顺治十三年，裁场官经费银壹百玖拾伍两壹钱玖分捌毫壹丝柒忽柒微壹尘，闰银壹拾陆两贰钱伍分肆毫玖丝陆忽肆微玖尘叁渺壹埃柒纤陆沙。

顺治十四年，裁扣银叁百壹拾柒两叁钱壹分柒厘伍毫玖丝伍忽贰尘伍渺玖埃叁纤肆沙，闰银陆两壹钱贰分捌厘肆毫玖丝贰忽壹微肆尘肆渺叁埃伍纤捌沙。又裁膳夫银叁拾玖两肆钱壹分陆厘伍毫伍丝玖忽捌微贰尘壹渺肆漠肆埃，闰银叁两贰钱捌分壹厘陆毫贰丝肆忽叁微捌尘贰渺玖漠玖埃肆纤叁沙。

顺治十五年，裁优免银壹百伍两柒钱陆分叁厘伍毫玖丝柒忽贰微伍尘捌渺捌漠玖埃叁纤陆沙。

顺治十六年，裁扣各官闰月俸银叁拾贰两捌钱叁分贰厘壹毫柒丝柒忽捌微叁尘叁渺陆漠贰埃柒纤壹沙。

康熙元年，裁吏书工食银壹百陆两肆钱贰分肆厘柒毫壹丝壹忽伍微叁尘叁渺捌漠捌埃捌纤，闰银捌两捌钱陆分肆毫柒丝伍微贰尘贰渺捌漠贰埃肆纤。又裁岁贡银贰拾壹两捌钱玖分捌厘叁毫陆丝伍微陆尘。

康熙二年，裁太平巡司俸银叁拾壹两陆分贰毫肆丝玖忽贰微肆尘叁漠叁埃肆纤柒沙。又裁仓库学书银壹拾捌两玖钱壹分玖厘玖毫肆丝捌忽柒微壹尘贰渺陆漠陆漠玖埃壹纤贰沙，闰银壹两伍钱柒分伍厘壹毫玖丝肆忽柒微叁尘陆渺伍埃柒纤陆沙。

康熙三年，裁教职经费银伍拾柒两柒分伍厘壹毫柒丝捌忽陆微贰尘伍渺贰漠捌埃伍纤壹沙，闰银壹两壹钱捌分贰厘叁毫玖丝陆忽伍微陆渺玖漠捌埃陆纤叁沙。又裁齐夫银叁拾伍两肆钱柒分肆厘玖毫叁忽捌微肆尘壹渺贰漠玖埃陆纤，闰银贰两玖钱伍分叁厘肆毫玖丝壹微叁尘柒渺陆漠捌纤。

康熙八年，裁驿站银捌拾陆两玖钱壹分叁厘伍毫壹丝肆忽肆微柒渺陆漠柒埃伍纤贰沙。

康熙十四年，裁扣银壹百捌拾柒两陆分陆厘玖毫柒丝贰忽贰尘贰渺柒漠伍埃陆沙。又续裁银贰拾柒两玖钱伍分叁毫贰丝肆忽肆微贰渺壹漠叁埃壹纤柒沙。

康熙十五年，裁扣银壹百贰拾壹两捌钱玖厘贰毫柒丝捌微伍尘柒渺柒漠捌埃叁纤叁沙。

康熙十六年，裁扣银壹拾两肆钱肆分伍厘叁毫捌丝捌忽叁微肆尘捌渺捌漠捌埃壹纤陆沙。

康熙二十七年，裁岁贡路费银贰拾玖两伍钱陆分贰厘肆毫壹丝玖忽捌微陆尘伍渺捌漠捌埃。又裁科举迎宴等银壹百肆拾壹两伍钱伍分玖厘伍毫肆丝捌忽玖微玖尘柒渺贰漠伍埃肆纤陆沙。

康熙三十一年，裁驿站充饷银陆百贰拾两肆钱捌分玖厘柒毫陆丝陆忽贰尘贰渺贰漠肆埃叁纤，闰银肆拾伍两玖钱陆分伍毫肆丝玖忽玖微伍尘伍渺肆漠陆埃壹纤。

康熙五十六年，裁表笺银壹两叁钱柒分捌厘捌毫伍丝贰忽玖微柒尘。

雍正三年，裁历日银壹拾壹两陆分柒厘捌毫贰丝肆忽玖微柒尘，闰银壹钱陆分叁厘贰毫柒丝玖忽贰微陆尘。

雍正六年，裁灯夫工食银贰拾叁两柒钱肆分陆厘柒毫捌丝叁忽柒微，闰银壹两玖钱柒分玖厘肆丝陆忽壹微壹尘。又裁铺兵工食银贰拾柒两柒钱捌厘贰毫陆丝陆忽柒尘贰渺柒漠壹埃伍纤，闰银贰两壹钱陆分捌厘壹毫陆丝陆忽壹微柒尘壹渺柒漠伍埃肆沙。

雍正十二年，裁扣民壮工食银壹百壹拾陆两柒钱柒分陆毫肆丝壹忽壹微叁尘贰渺，闰银玖两玖钱壹分叁厘玖毫肆丝壹微肆尘肆沙。

雍正十三年，裁藩字号工食银陆钱玖分伍厘壹毫壹丝伍忽肆微壹尘，闰银伍分柒厘捌毫陆丝壹忽柒微壹尘。

户部额编兵饷项下

田地山银 叁千柒百叁拾两叁钱贰分玖厘玖毫陆丝贰微玖尘叁漠柒埃陆纤。

均徭充饷银 壹百玖拾捌两肆钱贰分贰厘玖毫陆丝贰忽壹微伍尘柒渺捌漠肆埃玖纤。

民壮充饷银 壹千叁百叁拾捌两壹钱壹分叁厘叁毫柒丝贰忽玖微柒尘贰渺捌埃伍纤壹沙。

闰银 壹百贰拾玖两玖钱伍分肆厘贰毫捌丝贰忽肆尘肆漠壹埃肆纤柒沙。

仓岁余米银 贰千柒两贰钱陆分伍厘捌毫陆丝陆忽玖微伍尘肆漠捌埃陆纤陆沙。

续拨军储充饷银 肆千壹百肆拾贰两陆钱伍分贰厘伍丝壹忽肆微柒尘壹渺伍漠陆埃柒纤贰沙。

遇闰监米银　肆拾陆两捌钱伍分伍厘玖毫陆丝柒忽肆微贰尘陆渺叁漠伍纤。

历日充饷银　肆两玖钱贰分柒厘陆丝玖忽玖微捌尘叁渺壹漠壹纤肆沙，会裁冗役银玖百玖拾柒两伍钱壹分柒厘捌忽壹尘肆渺肆漠玖埃捌沙，闰银贰拾捌两柒钱伍分陆厘陆毫柒丝玖忽柒微伍尘玖渺陆漠捌埃壹纤玖沙。

原协济富阳、嘉兴、秀水、石门四县夫马，今抵解兵饷银壹百贰拾两贰钱贰分伍毫柒忽肆微柒尘玖渺叁漠玖埃贰纤。闰银壹拾两捌厘玖毫捌丝肆忽贰微玖尘玖渺捌漠陆埃肆纤伍沙。

以上解司地丁连闰共银贰万叁千柒百壹拾伍两肆钱贰分柒厘捌毫肆忽伍微贰尘。

盐课解司充饷抵课水手银，肆拾壹两伍钱肆分贰厘陆毫柒丝贰忽玖微玖尘捌渺捌漠柒埃壹纤伍沙。加闰银贰两玖钱玖分柒厘叁丝壹忽伍微肆尘伍渺玖漠柒埃伍纤。

户部本折颜料并路费银肆拾伍两肆钱捌分伍厘玖毫玖丝贰忽玖微贰渺叁漠壹埃贰纤玖沙。时价银肆两玖钱伍分贰厘叁毫捌丝陆忽玖微叁尘伍渺捌漠肆埃玖纤。

本折蜡茶并路费银伍拾贰两肆钱贰分壹厘肆毫贰丝肆忽陆微伍尘壹渺玖漠贰埃贰纤。时价银壹两贰钱贰分捌厘柒毫玖丝肆忽肆微壹尘贰渺贰漠伍埃捌纤陆沙。

礼部本折药材并路费银　壹两壹分肆厘柒毫贰微肆尘叁渺玖漠陆埃贰纤壹沙。时价银贰钱柒分贰厘叁毫叁忽玖微壹尘伍渺捌漠贰埃叁纤捌纱。

工部本色熟铁银　玖钱柒分伍厘陆毫。路费水脚银壹钱柒厘叁毫壹丝陆忽。加闰月银捌分壹厘叁毫。路费银捌厘玖毫肆丝叁忽。

司存留布政司解户役银　贰拾玖两玖钱柒分玖厘陆毫壹丝伍忽壹微。

涣字号坐船水手加补荒共该银贰两肆钱陆分贰厘伍毫。加闰月并补荒共银贰钱伍厘贰毫。

以上另款解司连闰银壹百捌拾叁两柒钱叁分伍厘柒毫捌丝壹忽柒微柒渺柒埃肆纤玖沙。

盐运司项下

额征水乡并清泉场灶课解京等银叁百捌拾柒两柒钱捌厘陆毫肆丝捌忽伍微

伍纤。车珠银陆两伍钱玖分壹厘肆丝柒忽贰尘伍埃叁纤伍沙。

额征备荒银贰百叁拾贰两捌钱柒分叁厘贰丝伍忽玖微伍纤。车珠银叁玖钱伍分捌厘毫肆丝壹忽肆微壹尘伍埃肆纤壹沙。

额征龙山所石塘山地租银壹两柒钱捌分伍厘贰毫贰丝伍忽。车珠银叁分叁毫肆丝捌忽捌微贰尘伍渺。

以上不入田亩外赋银陆百叁拾贰两玖钱肆分柒厘玖毫叁丝陆忽柒微玖尘壹渺伍漠。

粮储道项下

随漕折色浅船银叁百捌两壹钱贰厘捌毫壹丝伍忽陆微。

贡具银壹百肆拾玖两壹钱贰分叁厘捌毫。

月粮七分给军银壹千肆百两。加闰银壹百伍十肆两。

以上漕运折色连闰银贰千壹拾壹两贰钱贰分陆厘陆毫壹丝伍忽陆微。

随漕本色月粮给军米壹千玖拾伍石壹斗柒升肆合玖秒玖撮。加闰米壹百捌拾玖石叁斗伍升捌合壹勺捌抄。每石折征银壹两贰钱，共折征银壹千伍百肆拾壹两肆钱叁分捌厘柒毫叁丝肆忽捌微。

以上于漕运项下折解造报。

《杭郡志》：解粮旧例款项常百余条，缓急之际不得不那移，一那移而册籍必致混淆，一混淆而胥役必致侵渔者，势也。康熙二年，左布政司袁一相条议各州县钱粮，既以一条鞭起解，除轻赍浅贡，行月解粮道、站银解驿道、盐课解运司，采办本色解府外，诸凡部寺各项百余条，应解司者汇为一条，及至解部则藩司自列款项。近年以来，无仍前纷纭之弊，而解额无分毫之挂欠者，实条议之力也。

经费

关圣帝君祀银陆拾两。

龙神庙祀银壹拾肆两捌钱。

邑厉坛祭米折银叁两叁钱捌厘肆毫捌丝玖忽捌微捌尘玖渺捌漠贰埃壹纤捌沙。

龙头场经费俸银肆拾叁两伍钱贰分，加闰银壹两。内俸银叁拾壹两伍钱贰分，皂隶工食银壹拾贰两，加闰银壹两。

以上动支连闰共银壹百贰拾贰两陆钱贰分捌厘肆毫捌丝玖忽捌微捌尘玖渺捌漠贰埃壹纤捌沙。

本县祭祀银壹百肆拾柒两玖钱肆分壹厘陆毫玖丝捌忽肆微伍尘。内文庙二祭银伍拾两、启圣祠二祭银壹拾贰两、乡贤名宦祠二祭银壹拾两、社稷山川坛二祭银贰拾玖两柒钱肆分、邑厉坛三祭银贰拾壹两、信国公祠二祭银柒两、越国公祠二祭银伍两外，每年应解司充补不足之县银壹拾叁两贰钱壹厘陆毫玖丝捌忽肆微伍尘。

文庙香烛银壹两伍钱玖分捌厘柒毫贰丝玖忽柒微肆尘。

迎春芒神土牛春酒银壹两玖钱玖分捌厘肆毫壹丝伍忽玖微陆尘。

本县知县经费银陆百伍两叁钱壹分陆厘柒毫叁丝柒忽柒微柒尘，加闰银捌拾陆两柒钱。俸银肆拾肆两玖钱壹分陆厘柒毫叁丝柒忽柒微柒尘，内除摊荒银捌两叁钱柒分肆毫肆丝贰忽肆微柒尘，实银叁拾陆两伍钱肆分陆厘贰毫玖丝伍忽叁微。门子二名，工食加补荒银壹拾贰两，加闰银壹两。皂隶一十三名，工食加补荒银柒拾捌两，加闰银陆两伍钱。仵作叁名，工食加补荒银壹拾捌两，加闰银壹两伍钱。马快八名，工食并置械加补荒银壹百叁拾肆两肆钱，加闰银壹拾壹两贰钱。民壮三十名，工食加补荒银壹百捌拾两，加闰银拾伍两。禁卒捌名，工食加补荒银肆拾捌两，加闰银肆两。轿伞夫柒名，工食加补荒银肆拾贰两，加闰银叁两伍钱。库子肆名，工食加补荒银贰拾肆两，加闰银贰两。斗级肆名，工食加补荒银贰拾肆两，加闰银贰两。

县丞经费银柒拾陆两，加闰银叁两。俸银加补荒银肆拾两。门子壹名，工食加补荒银陆两，加闰银伍钱。皂隶肆名，工食加补荒银贰拾肆两加闰银贰两。马夫壹名，工食加补荒银陆两加闰银伍钱。

典史经费银陆拾柒两伍钱贰分，加闰银叁两。俸银加补荒银叁拾壹两伍钱贰分。门子壹名，工食加补荒银陆两，加闰银伍钱。皂隶肆名，工食加补荒银贰拾肆两，加闰银贰两。马夫壹名，工食加补荒银陆两，加闰银伍钱。

儒学经费银贰百肆拾壹两陆钱，加闰银捌两壹钱叁分叁厘叁毫。俸银并加俸补荒银共捌拾两。廪生贰拾名，廪银加补荒银陆拾肆两。斋夫叁名，工食加补荒银叁拾陆两，加闰银叁两。膳夫捌名，工食加补荒银肆拾两，加闰银叁两叁钱叁分叁厘叁毫。门斗叁名，工食加补荒银贰拾壹两陆钱，加闰银壹两捌钱。

管界、长山、穿山三巡检司经费银壹百壹拾叁两柒钱陆分，加闰银壹两陆钱。每员俸银加补荒银叁拾壹两伍钱贰分，共银玖拾肆两伍钱陆分。管界巡司皂隶贰名，工食加补荒银壹拾贰两，加闰银壹两。管界巡司弓兵贰名，工食加补荒银柒两贰钱，加闰银陆钱。

清泉、大嵩、穿山三场经费银壹百叁拾两伍钱陆分，加闰银叁两。每员俸银加补荒银叁拾壹两伍钱贰分，共银玖拾肆两伍钱陆分。每场皂隶贰名，工食加补荒银壹拾贰两，共银叁拾陆两，加闰银叁两。

乡饮酒礼银柒两肆钱玖分肆厘伍毫玖丝贰微贰尘。

本府岁贡斻匦花银壹两叁钱玖分捌厘叁毫贰丝贰忽陆微叁尘。

本县岁贡斻匦花红银叁两肆钱玖分柒厘贰毫柒丝叁忽肆微叁尘。

战船民六银肆拾两肆钱陆分柒厘玖毫柒丝贰忽壹微柒尘。*每年解司充饷。*

看守公署门子银柒两玖钱玖分叁厘陆毫陆丝捌忽玖微叁尘，加闰银陆钱陆分陆厘壹毫伍丝伍微捌尘。*每年奉拨加给禁卒。*

本县巡盐应捕拾名，工食加补荒银肆拾叁两壹钱叁厘肆毫叁丝贰忽陆微叁尘叁渺柒漠玖埃肆纤伍沙，加闰银陆两。

岑港司弓兵伍名，工食加补荒银叁拾陆两，加闰银叁两。

沈呑司弓兵捌名，工食加补荒银伍拾柒两陆钱，加闰银肆两捌钱。

各铺司兵陆拾捌名，工食加补荒银肆百壹拾贰两肆钱。加闰银叁拾肆两叁钱陆分陆厘陆毫陆丝陆忽陆微陆尘陆渺陆渺陆埃陆纤柒沙。

各渡渡夫伍名，工食加补荒银柒两伍钱，加闰银陆钱贰分伍厘。

闸夫壹拾伍名，工食加补荒银叁拾两，加闰银贰两伍钱。

碶夫叁拾叁名，工食加补荒银柒拾陆两，加闰银伍两伍钱。

额内孤贫陆拾柒名，口粮柴布并加增补荒银贰百捌拾壹两肆钱，加闰银贰拾叁两肆钱伍分。每名每日给银壹分壹厘陆毫陆丝陆忽，每逢小建按数扣存，解司充饷。附：额外孤贫五名，口粮银捌两壹钱玖分陆厘柒毫贰丝。每名每年给银壹两陆钱叁分玖厘叁毫肆丝肆忽，系于耗羡项下动支，不在正项数内。

囚粮银叁拾伍两玖钱柒分陆厘陆毫捌丝贰忽玖微伍尘。

以上动支，连闰共银贰千伍百柒拾叁两肆钱陆分捌厘陆毫肆丝贰忽壹微叁尘肆漠陆埃壹纤贰沙。内除儒学加俸银肆拾捌两肆钱捌分、廪膳补荒银捌分叁厘伍毫柒丝叁忽陆微玖尘、民壮补荒银肆钱肆分捌厘玖毫肆丝捌忽伍微贰尘、役食补荒银叁两壹钱壹分壹厘叁毫捌丝肆忽肆微陆尘叁渺壹漠玖埃柒纤陆沙、孤贫补荒银贰钱叁分伍毫伍丝陆忽孤贫加增银柒拾壹两陆钱叁分叁厘玖毫捌丝捌忽、孤贫加闰银贰拾叁两肆钱伍分，均于地丁项下动支造报。又佐杂官俸补荒银伍钱叁分陆厘捌毫陆丝肆忽捌微贰尘，于县俸摊荒银内拨补。实共存留连闰银贰千肆百贰拾伍两肆钱玖分叁厘叁毫贰丝陆忽陆微叁尘柒渺贰漠陆埃叁纤陆沙。

厉坛祭祀米贰石柒斗壹升伍合贰秒叁撮玖粟捌粒壹黍柒粞捌糠柒粃。

给兵秋米陆千肆百肆拾壹石叁斗柒升陆合肆勺陆圭伍粟壹粒叁黍捌糠贰粃。

以上于存留米项下动支造报。

附外赋

学租田壹千壹百叁拾肆亩叁厘贰毫壹忽，地壹百捌拾壹亩贰分陆厘壹毫贰忽。各田字号四至旧有官册，年久缺失。雍正年间，邑令田长文逐一清出，仍将字号四至、弓口佃名备造印册存案。今将印册封贮堂橱，责令总科司掌造入交代，以杜毁匿。

《唐令志稿》：学租一项，前人捐田并查出绝甲户田以赡养士子，内除隅四沈仕亭田侵没勒在府仪门，缺额无征银贰钱壹分玖厘肆毫伍忽。存田定为上、中、下三等，按亩折租，额银贰百伍两伍钱玖分叁厘陆毫伍忽，在县征收，先因各省学租充饷。康熙二十二年，工科许公以学校教养无资等事具，题将充饷银两着学臣给还，现在输纳如额。内解学院银叁拾两玖钱伍分。*每年照数征输，解司转解学院，赈给贫生膏火之用。*

本府银贰拾捌两，又银捌两陆钱柒分柒厘陆毫捌丝。*每年解府赈给贫生。*

给廪生银肆拾两。

鸣赞生银陆两。

宣讲生银陆两。

县贫士银陆拾柒两捌钱贰分叁厘零。*每年牒送儒学转给。*

修碶银壹拾捌两壹钱肆分贰厘。*每年备修虞家碶之用。*

何坊学租银贰两柒钱肆分壹厘。*此款每年解本府投纳。*

官基佃租银贰两贰钱肆分捌厘。*此款每年解藩司投纳。*

牙税银壹百伍拾柒两陆钱。*上则牙户一名，征银捌钱；中则牙户四十名，*

每名征银陆钱；下则牙户三百三十二名，每名征银肆钱。

牛税银玖两陆钱。

契税每买产银壹两，征银三分，尽收尽解，岁无定额。

仓储

《汉书·食货志》：宣帝时，大司农中丞耿寿昌白令边郡皆筑仓，以谷贱时增价而籴以利农，谷贵时减其价而粜以赡贫民，名曰常平仓，人便之。

《隋书·食货志》：开皇五年五月，工部尚书长孙平奏令诸州百姓及军人劝课当社，共立义仓，收获之日，随其所得，劝课出粟及麦，于当社造仓窖贮之。即委社司执账检校，每年收积，勿使损败。若时或不熟，当社有饥馑者，即以此谷赈给。

《续通鉴纲目》：乾道四年，江南民艰食，朱熹请于府，得常平米六百石。夏则赈贷，冬则纳还。量加息米二斗，逐年敛散，歉则蠲其息之半，大饥则尽蠲之。凡十有四年，以原米六百石还府，见储米三千一百石以为社仓。自后敛散不复收息，每石止收耗米三升，以故一乡四五十里间，虽遇歉年，民不缺食。至淳熙八年，奏于朝，请行于仓司。后嘉定末，真德秀躬行于长沙，人多赖之。其法以十家为甲，甲推一人为首，五十家则推一人通晓者为社首，其逃军及无行之士与有税粮衣食不缺者并不得入甲。其应入甲者又问其愿否，愿者开具一家大小口若干，大口一石，小口五斗，五岁以下不得豫，置籍以贷之，其以湿恶不实还者罚。

《明实录》：嘉靖中，侍郎王廷相言备荒之政莫善于古之义仓，若立仓于州县，则穷乡就仓，旬日待毙，宜贮之里社，定为规式。一村之间，约二三百家为一会，每月一举，第上中下户捐谷多寡各贮于仓，而推有德者为社长，善处事能会计者副之，若遭凶岁则计户而散，先中下者后及上户，上户责之偿，中下者免之。凡给贷悉听于民，第令登记册籍以备有司稽考，则既无官府编审之烦，亦无奔走道路之苦。从之。

国朝康熙十九年，覆准直省常平仓谷留本地备赈，义社仓谷留本村备赈，永停协解外郡。

雍正十一年，奉上谕：各省、州、县设立社仓，原以便民济用，若遇应行借给之时，该州、县一面申详上司，一面即速举行。

乾隆三年，奉上谕：嗣后无论常平、社仓谷石，但值歉收之岁，贫民借领者，秋后还仓一概免其加息，永著为例。

乾隆六年，奉上谕：国家设立平粜，乃惠济农民，但恐发卖官谷之处与乡村隔远，小民搬运为难，有司当设法运至。脚价动存公银两、开销正项钱粮。

乾隆七年，奉上谕：嗣后该州县当秋成之时，谷价高昂不能买补，而该处存仓谷石尚可接济者，照例详请展限，于次年买补；倘谷价既属不敷，而贮仓谷石又系不足者，准其详明上司，以别州县谷价之盈余添补采买。为酌盈济虚，把彼注兹之计，该督抚查察一面办理，一面奏闻。

乾隆十年，遵旨速议事例，监生于本县捐谷一百三十六石，实贮存仓，又每谷一石捐建仓银肆分。

仓廒

大有仓一座三间。编天、地、黄三字，在县堂东廊。

恒足仓一座三间。编宇、宙、洪三字在大堂东廊。

预备仓一座七间。编日、月、盈、辰、宿、列、张七字，并在仪门内东侧朝北。

永裕仓一座五间。编寒、来、秋、收、珍五字，在仪门外东首。

屡丰仓一座五间。编冬、藏、闰、余、成五字，在大堂西廊下。

小西仓一座三间。编岁、律、吕三字，在大堂西廊下。

常平仓一座三间。不编号，在仪门内西首朝北。

阜成仓一座五间。编调、阳、云、腾、果五字，在仪门外西首。

广仁仓一座三间。编露、结、为三字。

庆余仓一座三间。编金、生、玉三字。

盈积仓一座七间。编昆、冈、剑、巨、珠、称、光七字。

以上十三间，在新建常平仓六间之西首。

新建常平仓一座六间。编李、奈、菜、重、芥、姜六字，在大堂西首朝南。乾隆六年，邑令杨玉生建。

新建常平仓二间。一编珍字，在李廒之东；一编雨字，在露廒之北。乾隆十五年，邑令王梦弼建。

仓谷存县，各案漕积谷贰万肆千壹百叁石伍斗壹升柒合玖秒贰圭捌粟伍粒伍黍捌糠。每年官生捐贮，并给赏配到军流，照孤贫例支一年口粮，增减无定，今依乾隆十六年旧管数额载。邑在滨海，仓谷易致潮蒸，奉例每年春夏之交，存半粜半以平市值，秋收如额买补。又每年秋米民间向于秋收完纳其应支，春夏兵米例动仓谷碾放，秋后改征谷石还仓，积贮无陈蠹之虞，民力有输将之便。储蓄良规，莫善于此。

附社谷

依乾隆十六年旧管数，岁有捐息，无定额。

存乡社谷，共原存社谷贰千柒百壹拾陆石壹斗贰升陆合。内：

东管乡 二都一图原存谷叁拾捌石捌斗玖升肆合；二都二图原存谷叁拾贰石叁斗贰升柒合；二都三图原存谷肆拾陆石陆斗壹升捌合；三都一图原存谷肆拾陆石柒斗贰升；三都二图原存谷伍拾伍石叁斗贰合；三都三图原存谷肆拾玖石陆斗陆升壹合；三都四图原存谷壹拾陆石壹斗捌升；三都六图原存谷壹拾陆石壹斗伍升贰合。

西管乡 四都一图原存谷叁拾壹石叁斗肆升叁合；四都二图原存谷肆拾壹石叁斗陆升玖合；四都三图原存谷陆拾石玖斗捌升；四都四图原存谷伍拾壹石捌斗肆升；四都伍图原存谷壹拾伍石贰斗伍升肆合；五都一图原存谷贰拾壹石叁斗柒升叁合；五都二图原存谷肆拾捌石陆斗伍升壹合；五都三图原存谷贰拾壹石贰斗肆升肆合；五都四图原存谷叁拾石伍斗柒升柒合；六都一图原存谷壹拾捌石捌斗叁升肆合；六都二图原存谷贰拾陆石肆斗柒合；六都三图原存谷叁拾贰石陆斗捌升捌合；六都四图原存谷壹拾叁石陆斗叁合；六都五图原存谷肆拾捌石肆斗壹升肆合；六都六图原存谷叁拾捌石捌斗捌升壹合。

灵绪乡 一都一图原存谷壹拾柒石玖斗柒升陆合；一都二图原存谷叁拾壹石壹斗叁升柒合；一都三图原存谷壹拾陆石柒斗叁升肆合；一都四图原存谷叁拾柒石壹斗贰升伍合；一都五图原存谷贰拾石贰斗玖升捌合；一都六图原存谷拾壹石玖斗壹升壹合；二都一图原存谷贰拾石捌升柒合；三都一图原存谷壹拾石壹斗玖升叁合；三都二图原存谷壹拾捌石肆斗叁合；三都三图原存谷贰拾叁石肆斗捌升伍合；三都四图原存谷贰拾贰石贰斗柒升叁合；四都一图原存谷玖石肆斗肆升伍合；四都二图原存谷贰拾玖石伍斗叁升贰合；四都三图原存谷壹拾捌石伍斗柒升肆合；五都一图原存谷壹拾柒石叁斗伍升；五都二图原存谷壹拾壹石捌斗柒升玖合；五都三图原存谷贰拾伍石伍斗贰升贰合。

崇邱乡 一都一图原存谷伍拾壹石柒斗贰升陆合；一都二图原存谷壹拾捌石柒斗壹升壹合；二都一图原存谷陆拾陆石伍斗肆升贰合；二都二图原存谷叁拾伍石贰斗伍升捌合；二都三图原存谷伍拾壹石肆斗壹升肆合；二都四图原存谷叁拾贰石玖斗叁升肆合；三都一图原存谷肆拾捌石贰斗柒升肆合；三都二图原存谷壹拾玖石贰斗伍升陆合；三都三图原存谷叁拾陆石伍斗捌升柒合；三都四图原存谷陆拾捌石肆斗贰升肆合；四都一图原存谷肆拾叁石陆斗伍升陆合；四都二图原存谷肆拾伍石柒斗壹升捌合。

灵岩乡 一都一图原存谷贰拾肆石叁斗柒升贰合；一都二图原存谷贰拾叁石陆升陆合；一都三图原存谷叁拾石伍斗贰升叁合；二都一图原存谷叁拾壹石陆斗玖升贰合；二都二图原存谷叁拾叁石叁斗伍合；二都三图原存谷贰拾伍石捌斗肆升壹合。

泰邱乡 一都一图原存谷叁拾叁石玖斗壹升叁合；二都一图原存谷肆拾玖石柒斗肆升 二都二图原存谷壹拾叁石柒斗叁升肆合；二都三图原存谷叁拾石贰斗叁升叁合；二都四图原存谷壹拾柒石贰斗玖升肆合；三都一图原存谷贰拾玖石捌斗陆升壹合；三都二图原存谷壹拾玖石玖斗陆升捌合；四都一图原存谷陆拾伍石陆斗肆升伍合。

海晏乡 一都一图原存谷叁拾贰石肆升陆合；一都二图原存谷叁拾柒石捌斗伍合；一都三图原存谷柒拾伍石捌斗贰升合；一都四图原存谷贰拾肆石玖斗捌升捌合；二都一图原存谷陆拾柒石陆斗柒升叁合；三都一图原存谷叁拾叁石肆斗玖升陆合。

镇隅 一图原存谷伍拾捌石贰斗肆升伍合；二图原存谷伍拾壹石陆斗肆升贰合；三图原存谷壹拾玖石叁斗柒升；四图原存谷叁拾伍石柒斗捌升贰合；五图原存谷壹百贰石柒斗壹升壹合；六图原存谷壹拾贰石叁斗伍升；七图原存谷陆拾柒石贰斗陆升玖合。

每图选举殷实老成二人，充社长、社副，司掌存谷。岁于春耕，例动三分，檄耆老保甲公查贫农，按甲匀借，秋收加息一斗还仓。歉岁请借不拘分数，并免其息，随时各取结收，申上备考。此民间义社势均利溥，古制甚详，惟镇邑奉行迄今，各庄咸有成数，良非易及。虽官胥贵于无扰，而总其出纳，使勿渐耗，是在为上者加之意焉。

盐政

《旧志》：海王之国爰有盐荚，自管夷吾相齐，兴山海之利，令民伐菹薪煮海水为盐。后代仍之，至天下之赋，盐居其半，宫闱服御军饷百官禄俸皆仰给焉，而盐遂等正赋矣。定邑外濒巨海，内联大小二江，地皆斥卤，故环江海而居者，民皆占籍为亭户。有清泉、长山、穿山、龙头四场，始为常股存积二法。厥后商人支给不时，而仓廒所积有浥漏耗损之患，官府必责其取盈总催者，往往破家以偿，于时十室九窘，民不聊生。弘治间，侍郎彭韶督理盐政，廉知其弊，奏征折色本场解纳转盐运使司，商人支银到场，与灶自相贸易，商无支出之难，盐无亏损之害，灶困始获少苏。故至于今颂彭公之德不衰。或又以盐法坏于折色，载在府志。在司计者，权其利害而行之。夫灶一身，日办叁斤，夜办四两。洪武初，给工本米，继即易之以钞。嗣后钞法不行，而工本遂废。然其每年额征之数犹昨也，而又身膺二役。县有里长，场有总催。县有甲首，场有头目。县有收头，场有解户。县有支应，场有值日。县有见递年，场亦有见递年。则灶之与民，其苦乐已倍矣。为有司者又以灶得盐利而每困苦之，凡征输杂办咸欲与民相垺。噫，灶独非吾民乎？而可以虐使之也！且商人到场买盐，其弊又有不可胜言者。盖灶之贪者，无盐可货必先贷其银，而商人乘之以牟利，数月之中必取倍称之息，倘迟之一年，其息奚啻十倍！或不能偿，则必讼之运司，发场督责过于官负，强者破产，而弱者鬻子女。有志恤民隐者，不可不严为之禁也。

官制

《左传》：晏子曰："海之盐蜃，祈望守之。" **按：祈望，官名，此后世场官之始。**《通鉴纲目》：汉元狩四年，置盐铁官。《旧盐志》：三国魏司盐监丞，秩八品。《隋书·百官志》：盐池四面监丞，视从九品。《唐书·百官志》：诸盐池监一人，正七品，下掌盐功簿帐，有余事一人，史一人。《宋史·职官志》：监当官掌茶盐酒税、场务、征输之事。建炎初，诏转运司具名奏辟。《玉海》：绍兴三十二年盐额，浙东路四明州有场六。《元史·百官志》：大德三年立场三十四所，每所司令一员，司丞一员，管勾一员。《大元典章》：至元年，盐局官从各处官司于近上户计内选，保有抵业人充，每局大使一员，副使一员。《明会典》：各盐运司所属盐课司，宁绍分司属十三。**按：在镇者，青泉、龙头、穿山、长山。**《旧盐志》：天启时，裁龙头场，归并清泉场大使；裁长山场，归并穿山场大使。

国朝康熙年，并两浙三十一盐场为二十三场，镇海盐场大使二：清龙、穿长。雍正五年，巡抚李卫题请各场员以候补候选之同知、通判、州县等官发浙，分往各场管事。六年，定例场员为八品。八年，清龙场设协理。九年，穿长场设协理。乾隆元年，停穿长场协理。五年，分清龙场，复设龙头场大使。今镇海场司三：清泉、龙头、穿长，隶宁绍分司辖。

【国朝】

清龙场盐课司大使雍正八年设协理。乾隆五年，复分清泉、龙头二司，罢协理。

【康熙】

彭三泰 陕西人，二十四年任

邵秉敬 二十四年任

王邦超 二十七年任

刘天贵 三十一年任

丁国良 三十二年任

牛光斗 北直人，四十年任

陈 琦 上元人，五十二年任

姚正声 陕西人，五十六年任

王廷芳 顺天人，五十六年任

【雍正】

吴大成 北直人，四年任

汪明积 旌德人，供事，五年任

张 埰 湘潭人，举人，六年任

武文郁 柏乡人，举人，七年任

汪天来 州同，八年协理

蒋蟾荣 州同，九年协理

蔡昭铭 吏员，十年协理

朱辉璘 平阴人，保举，十一年协理

沈廷璟 长洲人，州同，十三年任

赵 湘 钱塘人，十三年署协理

【乾隆】

朱闻政 元和人，州判，元年协理

张铭渭 长洲人，州同，二年协理

陈上龄 上元人，州同，三年任

清泉场盐课司大使

【乾隆】

侯日曜 南皮人，援贡，四年任清龙，后任清泉

王日栋 正白旗人，监生，十四年任

龙头场盐课司大使

【乾隆】

沈　昂 海宁人，拔贡，五年任

林中梅 南靖人，举人，十五年任

穿长场盐课司大使 雍正九年设协理，乾隆元年停止。

【康熙】

李　鼐 十九年任

蒋永年 二十四年任

钱朝宗 二十八年任

袁士纬 山东人，二十九年任

王　衡 三十年任

高　捷 三十一任

孙　琳 三十四年任

王　杰 四十八年任

【雍正】

陈绍舆 元年任

靳文龙 四年任

彭义英 湘英人，候选知县，六年任

张　埰 湘潭人，候选知县，七年任

宋德弘 仁和人，候选州判，七年任

耿昭需 黄安人，候选知县，八年任

吴　艾　徐州人，候选州判，九年协理

李廷藻　仁和人，候选州判，十一年协理

钱时景　桐乡人，候选县丞，十二年协理

徐　凤　金溪人，候选知县，十三年任

【乾隆】

王润生　蓬莱人，候选县丞，元年任

侯日曜　南皮人，拔贡，元年协理

王汇宗　大兴人，候选县丞，二年任

王　康　太原人，候选知县，五年任

赵文炳　涿州人，廪生保举，六年任

章尧仁　会稽人，候选州同，九年任

杨如璋　北流人，举人，十六年任

　　税额　镇海县旧设四场，职专司盐务，凡灶户应输课税在县征收。雍正七年，奉文改归各场就近代征，仍各送县汇解、考成，由县督征察核，造册转报。乾隆十六年，奏销额征场课银肆千捌百肆拾柒两柒钱叁分叁毫玖丝玖忽贰微陆纤肆沙柒尘玖埃伍渺捌漠，内除另批起解新升科银伍两玖钱伍分柒厘玖丝柒忽捌微捌纤伍沙伍埃叁渺壹漠，又除清泉场周文生新升银内分归鄞县，递减丁课银陆钱壹分陆厘肆毫伍丝柒忽叁微伍纤叁沙伍尘肆埃陆渺玖漠外，**实银肆千捌百肆拾壹两贰钱伍分陆厘捌毫肆丝肆忽贰纤柒沙壹尘玖埃伍渺捌漠。内清泉场正课银壹千柒百柒两壹钱陆厘柒毫叁丝叁忽肆纤贰尘伍埃伍渺陆漠。**车硃银贰拾玖两壹分捌厘捌毫壹丝肆忽肆微陆纤壹沙陆尘捌埃肆渺陆漠。龙头场正课银壹千贰百两柒钱贰分捌厘伍毫柒丝叁忽壹微伍纤贰沙二尘三埃柒渺玖漠。车硃银贰拾两肆钱壹分贰厘三毫捌丝伍忽柒微肆纤叁沙伍尘捌埃捌渺。**穿山场正课银捌百叁拾壹两贰钱壹分伍厘柒毫柒丝陆忽陆微。**车硃银拾肆两壹钱叁分柒毫贰忽贰微贰沙贰尘。**长山场正课银壹千贰拾壹两壹钱柒分玖厘捌毫贰忽壹微玖纤。**车硃银拾柒两叁钱陆分伍丝陆忽陆微叁纤柒沙贰尘叁埃。

　　场灶按各场灶户，凡有灶田、灶地，于科征条漕之外，兼输场课。有涂有荡，则专输场课，灶丁则计丁输课。雍正四年，奉文丁摊地办，以免光丁苦累。但各灶分给滩场，潮来为海，潮去为涂，坍存不一，丁课难以独摊。今于刮土淋煎之海滩，并灶、田、地、荡、仓基，及历年展复地亩之上，按则验滩。其灶田等地亩，业经纳税，复加摊丁，遇有新涨升科，即与抵除。又定例，凡民人所有灶地，嗣后止许卖与灶户为业，如有仍转行典卖与民者，照盗卖官地律治罪。

清泉场 《两浙盐法志》：在崇邱一都一图，去运司五二十里。东至小港口十里，西至杨木堰三十五里，南至徐家洋十里，北至海十里。**办课海滩叁千肆百捌拾柒亩柒分，上、中、下各则办税灶田地荡肆万壹千玖百捌拾亩伍分陆厘玖毫玖丝叁忽陆微陆纤陆沙陆尘。**内鄞、镇二县灶田、灶地叁万玖千陆百叁拾玖亩玖分贰厘陆毫叁丝捌忽，原额各则税荡壹千陆百玖拾肆亩伍分玖厘捌毫伍丝捌忽，仓基税地陆拾伍亩壹分壹厘陆毫玖丝陆忽贰微，报升税荡壹百壹拾叁亩叁分贰丝捌忽肆微陆纤陆沙陆尘，展复灶田地荡肆百叁拾捌亩柒分贰厘叁毫备荒税荡贰拾捌亩玖分肆毫柒丝叁忽。

旧团额：王家南团、王家北团、翁浦东团、翁浦西团、后沙团、戴家团、葫芦团、渡头团、司后团、石桥团、清浦团、新盐团、涨浦东团、涨浦中团、银新团。

新聚团额：**王北团**五十一灶、**葫芦团**二十二灶、**后沙团**二十五灶、**戴家团**四灶、**翁家团**十二灶、**渡头团**九灶、**石桥团**六灶、**洪东团**三十四灶、**洪西团**六十九灶、**清浦团**八灶、**新盐团**三灶、**涨东团**三灶、**洪南团**二灶、**司后团**五灶、**涨中团**四灶。共十五团，煎灶二百五十七座俱篾盘。

龙头场 明天启年间，裁并清泉场，国朝乾隆五年复。《两浙盐法志》：在灵绪乡，去运司四百八十里，东至县六十里，西至鸣鹤场界四十里，南至雁门岭十五里，北至大海五里。**办课滩荡壹万贰千玖百伍拾陆弓，中、下各则办税灶田地荡肆万玖百叁亩陆分柒厘贰毫贰丝柒忽肆微玖纤柒沙肆尘肆埃捌渺肆漠，**内原额各则灶田地荡叁万玖千玖百柒拾玖亩伍分肆厘肆毫壹丝玖忽贰微，仓基税地贰拾玖亩叁分柒厘叁毫贰丝肆忽玖微贰纤叁沙肆尘壹埃捌渺肆漠，报升中下各则税荡捌百玖拾肆亩柒分伍厘肆毫捌丝叁忽叁微柒纤肆沙叁埃，又备荒石塘山籽粒。

旧团额：山居管团、中甲东团、中甲西团、施公山东管团、施公山、施公山中管团、施公山西管团、齐家埠上管团、齐家埠下管团、石埠东中团、石埠中团、梅林大团、梅林中团、梅林西团、梅林小团、新中北管东团、新中北管西团。

新聚团额：**中甲西团**五灶、**山居管团**三灶、**中甲东团**五灶、**施公山西管团**

五灶、**施公山中管团**四灶、**施公山东管团**二灶、**齐家埠上管团**十三灶、**齐家埠下管团**十灶、**石塘西团**七灶、**石塘东团**三灶、**梅林团**五灶，今改为梅林大团、梅林西团、梅林团、梅林小团、**北管西团**二灶、**北管东团**十三灶。**共十三团，煎灶七十七座。**内铁盘七十副，今改六十二副；篾盘七副，今改十副。

穿山场 《两浙盐法志》：在海晏二都，去运司五百九十六里。东至霸衢所三十里，西至长山场四里。南至海三十里，北至海一里。**各则办税灶田地荡壹万陆千陆百亩伍分贰厘柒毫陆丝肆忽，**内原额灶田灶地捌千玖百玖拾柒亩叁分陆厘捌毫贰丝肆忽，展复灶田地荡柒千陆百叁亩壹分伍厘玖毫肆丝。

旧团额：山门团、傅东团、傅西团、廒东团、庩头团。

新聚团：**傅东团**十五灶、**山门团**五灶、**廒东团**六灶、**庩头团**七灶。**共四团，煎灶三十三座。**内铁盘一副余俱篾盘。

长山场 《两浙盐法志》：在县东南罗山城，去运司五百六十里。东至穿山场三十里，西至清泉场三十里，南至育王岭二十里，北至海。**办课滩涂壹千玖百陆弓玖分，办税灶田地荡贰万伍千壹百捌拾亩壹分肆厘叁丝伍忽柒微捌纤肆沙柒尘柒埃叁渺，**内原额灶田地荡壹万梁千肆百陆拾壹亩陆分柒厘捌毫伍丝壹忽陆微伍纤柒沙伍尘，报升税荡壹千壹百肆拾亩肆分陆厘叁毫肆丝玖忽壹微贰纤柒沙贰尘柒埃叁渺，展复税荡捌拾柒亩肆分壹厘肆毫柒丝伍忽，备荒税荡陆千伍百贰拾陆亩伍分捌厘贰毫陆丝。

旧团额：杨清团、妙林团、槎旧团、槎大团、槎东团、槎上团、丁西团、朱塘团。

新聚团额：**杨清团**七灶、**妙林团**六灶、**槎旧团**十灶、**槎大团**二十四灶、**槎上团**八灶、**丁西团**六灶、**朱塘团**六灶。**共七团，煎灶六十七座。**内铁盘六副，余具篾盘。

引照 《浙江通志》：镇海岁销票引肆百引。雍正元年，奉盐院葛尔泰拨增四百引，共捌百道。每年题销仍以肆百道入册核算考成。七年，总督兼管盐政李卫因宁港渔船多于镇邑，配买官盐票引不敷，题定增用。宪照每年请颁六七千道，肩渔并配行销无额，验戳解缴如引例。

余引 《浙江通志》：余引原无定额，总督李卫兼理盐政后，盐数溢销，因于雍正七年五月间，奏请颁发额外引目十万道以备余盐配掣。又于十二月间再请余引二十万道。八年正月，又请发十八万道，其引照例于行销后截角缴部申明。余盐原无定数，如有存留，仍将生引缴毁，不在年纳引目之内。

残引 《浙江通志》：凡引盐掣过运往各卖地，即将盐引并水程投县，验截其肩引，计日销完之后，亦将引目投县验截，四角俱经截去。引为无用之物，名曰退引，亦曰残引。恐有商胥从中为奸，或盐到而引不投，或引投而角不截，影射重照，莫可究诘，致卖销之迟违、考成之分数无凭稽察，故律严不缴退引之条，饬令各州县按季造册，责令经丞赍缴盐道，核对引数，毋许短少，及查到县日期有无违限，沉匿不缴者，按律究问。每岁两起差吏，量给路费，汇解户部。

掣挚 《浙江通志》：顺治初年，杭、嘉、绍、松等所四季委官掣验，孟起季竣。迫后巡盐御史奉停巡方盐皆亲掣一季，不能遍历四所，遂定为一岁两掣，每掣两季。首掣以孟冬月为期，次掣以仲夏月为期。今两浙盐政归并督抚兼理，照依部颁每岁春、夏、秋、冬四季引目按年行销，期于年清年额，定在每岁夏六月一掣，冬十二月一掣，以符一年两掣之限。**按：镇邑场盐配销，有季、埠、肩、渔四项。季商在场收盐，每至夏冬，捆配领程，赴绍所过掣，转运上江各路行销。一年两掣，每引例配二百八拾斤。如附近鄞、奉等县地方开店销盐，系领商引随时到场买运，例由本府随过随掣，赴埠上店住卖，名住商埠盐。每引例配四百斤，不在一年两掣之限。**其肩贩渔船，同销票引，宪照每道概配盐八百斤，系由窝商（配掣者为商销，肩引者为窝商）纳课领引（每引壹钱玖分肆厘），设局零销，肩贩向窝商买引一道（八日为满，缴销零买），每日赴灶买盐一百斤，场官给发印联票三张，俗名小票。肩贩转售行贩，一人许买三十斤，给场联票一张（票内填注肩贩、行贩姓名，并卖盐日期，限二日为满，过期即为废纸，以杜影射），行贩执以为凭，零星售卖。如无场印联票，即为私盐。有票而盐斤多者，亦作私盐论。渔船亦向窝商领引，对灶买盐，由场验戳截角，上船经由汛地盘验，相符收引，移县汇解，另于船照上印盖验盐戳记，以备各汛稽查。乾隆元年正月，奉上谕："私盐之禁，所以除蠹课害民之弊，大伙私枭每为盗贼逋薮，务宜严加缉究。然恐其展转株连，故律载私盐事发，止理人盐并获，其余获人不获盐，获盐不获人者，概勿追坐。至于失业穷黎，肩挑背负，易米度日，不上四十斤者，本不在查禁之内。盖国家于裕商足课之中，而即以寓除奸爱民之道，德意如是其周也！乃近见地方官办理私盐案件，每不问人盐曾否并获，亦不问贩盐斤数多寡，一经捕役、汛兵指拿，辄根追严究，以致挟怨诬攀，畏刑逼认，干累多人。至于官捕业已繁多，而商人又添私雇之盐捕，水路又添巡盐之船只，州县毘连之界，四路密布，此种无赖之徒藐法生事，何所不为？凡遇奸商夹带，大枭私贩，公然受贿纵放，而穷民担负无几，辄行拘执，或乡民市买食盐一二十斤者，并以售私拿获。有司即具文通详，照拟杖徒，又因此互相攀染，牵连贻害。此弊直省皆然，而江浙尤甚，朕深为悯恻。着直、省督抚严饬府、州、县文武官弁督率差捕实拿奸商大枭，勿令疏纵，其有愚民私贩四十斤以上被获者，照例速结，不得拖累贫人。至贫穷老少男妇挑负四十斤以下者，概不许禁捕。所有商人私雇盐捕及巡盐船只、帮捕汛兵，俱严查停止，毋使滋扰地方。"本年，总督阁部堂稽曾筠题定：仁和、钱塘、海盐、山阴、会稽、萧山、海宁、鄞县各县各设五十名，慈溪、镇海、平湖、余姚、上虞每县各设四十名，象山、石门各设二十名，凡年六十以上、十五岁以下，少壮之有残疾及孤寡无依之老年妇，实在贫难无业可守，无亲可靠，照例取具认状保结，印官加具印结，开明年貌，备具木筹，由道申院，烙印给发，准其负卖度日。其非近场之人，与有亲有业、年力壮盛者，不得混行报充。**按：灶户出盐，照滩之多寡，缴盐之斤数，自无偏枯之弊，而盐亦易足数。至给价值，须酌其工本，使之煎办有资，自必争先赴纳。向煎盐配引，有肩、渔、季、埠四项，肩盐出诸肩厂，季、埠、渔盐出诸埠厂。季商给价较肩、渔、埠而减其半，是以埠厂配渔埠而不肯配季商，虽主场者十日两比，终难足数，不特情有未甘，实亦力有不足也。且不论滩之多寡，丁之衰旺，而但均派以比足其数，更属难行。乾隆十年，场使侯君日曜深悉其艰，乃令团保丈滩造册，照滩缴盐。滩多者二三万斤，滩少者则数千斤。一时穷灶少为苏甦。日久法弛，今又设上、中、下以比，而季商之盐仍不能足，其弊总由短价所致。夫灶户与商交相资益，自贪刻价值而彼此俱病，亦思销引获利在于盐足，使盐不足应运则所利亦属无几，宁非自敝之事？此在主场者正本澄源，善为调剂，不使两有亏损，以裕盐销引，亦足国足民之要务也。**

关税

宁、镇关津，外省通直隶、山东，本地通杭、绍、嘉、台、温、处各处。如南船，常运糖、靛、板果、白糖、胡椒、苏木、药材、海蜇、杉木、尺板，其船出台、温为缯艚，中为白艕，小为渔船尖船，自南至沙埕，北抵定关。如北船，常运蜀、楚、山东、南直棉花、牛骨、桃枣诸果、坑沙等货，其船系沙船、弹船，自北而南抵定关。又有台、温捕贩渔船，绍兴、余姚土产、棉花。绍兴自内河至关，并宁波本地捕贩渔船及土产等货，与诸番市舶分征，船货有定，所科征百物有定额。俱详海关则例。

浙海钞关口址共一十七处，又添设红毛馆一处。

大关口 鄞县地。

古窑口 慈溪县地。

镇海口 镇海县地。

小港口 镇海县东，旁口二：穿山、大碶。

湖头渡 宁海县地。

邱洋口 镇海县北。

蟹浦口 镇海县西北

象山口 象山县地，旁口一：泗洲

乍浦口 平湖县地。

头围口 海盐县地

沥海口 上虞县地，旁口一，王家路。

白峤口 宁海县地，旁口一：健跳。

江下埠 太平县地。

海门口 临安县地，旁口一：金清港。

温州口 永嘉县地，旁口四：宁村、状元桥、黄华关、蒲岐。

瑞安口 瑞安县地。

平阳口 平阳县地，旁口一：大渔。

红毛馆 定海县地。按红毛即英圭黎国，在身毒国西。其人有黑白二种，白贵黑贱，皆高准碧眼，发黄红色，中土呼为红毛，又呼为鬼子。其国以贸易为务，自英圭黎至中国，水程数万里，舟行约半年余。船式夹板，头尖尾大，篷桅随风，逐节增减，与中国殊。虽逆风亦可戗驶。船舱极深，梯级上下，凡三层。船底夹帮双板，涂灌松脂、柏子油，坚硬若铁，能敌风浪。往来于广东、岙门、福建、厦门间，有乘风至定海者，地方文武官不敢擅留。康熙三十三年，监督常在具题，谓初设海关，时定海尚未置县，故驻扎宁城。凡商船出洋、回洋，出入镇海口，往还百四十里，报税给票，候潮守风。又蛟门、虎蹲水急礁多，绕道陡险，外国商船至此往往回帆而去。请移关定海，岁可增税银万余两。部议移关定海，府城市廛必致弃毁，定邑又须建造，仍令驻扎宁波，差役前往收税。三十五年，监督李雯复题请移关镇海县，照闽省设关厦门，粤省设关岙门之例，设红毛馆一座。外国商船必闻风而至。部议移关殊毁成功，设馆恐縻正帑，俱未准行。三十七年，监督张圣诏题：定海岙门宽广，水势平缓，堪容外国大船，可通各省贸易。海关要区，无过于此，自愿设法捐造衙署一所，往来巡视，以就商船之便。另设红毛馆，安置红毛夹板大船人众，可增税一万余两。府城廛市，仍听客商贸易，不致毁坏。部议允行。

海关税正额 梁头货税银叁万贰千叁拾两陆钱贰分，外增长江税银壹百贰拾柒两陆钱壹厘捌丝，又加征丝税银伍拾贰两贰钱（旧额肆拾捌两肆钱贰分），通共税银叁万贰千贰百壹拾两肆钱叁分捌丝（内除动支各役工食银贰百伍拾捌两），实征净银叁万壹千玖百伍拾贰两肆钱叁分捌丝，又派解铜斤水脚银叁千柒百伍拾两。康熙六十年，议除正额钱粮外，每年加增银壹万两。雍正二年，议准加增银尽行裁去，每年应征额税银两照数完解，如有赢余，另行据实奏报。雍正六年，于额外报收赢余银伍万肆千余两。嗣后，岁征赢余视此增减无额。

海关行署 《宁波府志》：在府治南，旧理刑厅馆地。雍正五年，宁波府知府江承玠护理关事增葺。

明榷货之官有市舶提举，初以宦者为之，后改用士流。嘉靖中遭倭患，遂罢不设。《明典汇》：嘉靖四十四年九月，巡抚刘几言宁波旧额市舶司听其贸易，征其舶税，行之未久，以近海奸民侵利启衅，故议裁革。今人情狃一时之安，议复开市舶以通海夷，不知浙江沿海江口多而兵船少，最难关防，此衅一开，则岛夷啸聚，其害有不可胜言者。上以为然，事遂寝。

国朝康熙二十二年，海氛既靖，户科给事孙蕙请立税关。二十四年，部议覆准浙江照福建、广东例，许用五百石以下船只出海贸易。地方官登记人数、船头，烙号给发印票，令防守海口官员验票放行。二十五年，特设监督浙海钞关一员（统辖诸口址）。六十一年，始以巡抚兼理海关，递年题委道府同知、通判护印监收。其温州口商税委令温处道就近监收，钱粮总归海关考核。乾隆元年后，关印专归宁绍台道护理。乾隆十年，护理海关宁绍台道叶士宽详定各口址，就近分归所辖各该县监收。宁波口仍由护关经征再委宁波府协理。温州口仍委温处道征收，再委温府协理。俱以四年起至八年止，五年收数折中为准，盈则尽解。凡离任，交代查明经收起止，出具印结接管。

镇海县监收镇海、小港、邱洋、澥浦四口，每年征收正耗银尽收尽解。五年折中收数，约为准则。

镇海口 在县南薰门外，康熙二十四年建 每年杂税正耗银陆千伍拾柒两捌钱陆分柒厘。（首季正耗银贰千玖百拾贰两肆钱捌分陆厘，二季正耗银壹仟壹百贰拾柒两叁钱玖分叁厘，三季正耗银壹千叁百玖两叁钱叁分，四季正耗银柒百捌两陆钱伍分捌厘。）每月关费内支销伙食银柒两。又本口每年立夏起、夏至止，另设鱼税厅，专征黄鱼税课鱼息，岁有旺衰，税银多寡无定。

小港口 在县东北崇邱一都 每年共正耗银叁百壹两玖钱贰分。（首季正耗银壹百壹拾柒两贰钱陆分玖厘，二季正耗银陆拾陆两捌钱肆分，三季正耗银肆拾柒两壹钱柒分柒厘，四季正耗银柒拾两陆钱叁分玖厘。）除开正项工食银壹两伍钱外，再关费内支给伙食银叁两伍钱。

邱洋口 在县北灵绪，三都 每年共正耗银柒百壹拾玖两捌钱柒分陆厘。（首季正耗银肆百捌拾捌两叁钱陆分壹厘。二季正耗银玖拾伍两档钱壹分肆厘。三季正耗银玖拾壹两叁钱壹分贰厘。四季正耗银肆拾肆两柒钱捌分玖厘。）除开正项工食银壹两伍钱外。再关费内支给伙食银肆两。

蟹浦口 在县西北灵绪，二都 每年共正耗银叁百壹拾叁两伍钱玖分叁厘。（首季正耗银壹百贰拾贰两玖钱肆分贰厘，二季正耗银柒拾肆两柒钱玖分肆厘，三季正耗银陆拾贰两壹分肆厘，四季正耗银伍拾叁两捌钱肆分叁厘。）除开正项工食银壹两伍钱外，再关费内支给伙食银叁两。（该口奉除外洋单税，每年尽解，不以折中为限。）雍正元年八月，奉上谕：闻榷关者，往往寄耳目于胥役，不验客货之多寡，止凭胥役之报单，胥役于中未免高下其手、任意勒索。饱其欲者，虽货多税重，而蒙蔽不报者有之，或从轻重报者有之；不遂其欲，虽货少税轻而停滞关口，至数日不得过。又闻放关，或有一日止一次者，江涛险急，河路窄隘，停舟候关，于商民亦甚不便。嗣后榷关者务须秉公实心，查验过关船只，随到随查。应报税者，纳税即放，不得任胥役作弊，勒索阻滞。七年二月，奉上谕：各关开放船只之处，向例有部颁号簿以便稽查，兹闻各关另设私簿征收，惟于报部之时始将号簿挨日填造，如此则簿内全非实在数目，与商船过税串票毫不相符，殊非正体。嗣后，各关于部颁号簿务须据实填写，如无船只过税之日，亦即注明，不得仍蹈前辙。如敢故违，定行严加议处。该部亦不得混行指驳，致滋弊端。十三年十一月，奉准王大臣等议：各关应纳税课，嗣后务须刊刻木榜大书设立关口，使商贾一目了然，胥吏无从额外苛索，违者题参治罪。又商贾未行纳税之前，胥吏苛索者计赃论罪，监督一并处分。其往来行客及肩挑步担不应纳税者，听其竟过，不得借端需索。又近关前后数里之内，除岔路小口准设巡查外，其滥设之巡役，悉行撤除。违者参劾治罪。

卷 三

学校 武备 海防 城垣 署廨 附邮舍

知镇海县事商邱王梦弼 纂修

儒学教谕姚江邵向荣 订正

学校

建国君民，教学为先，所以育贤才，美风俗也。邑自沈端宪倡学以来，庠声序音日以隆起，其后虽值干戈扰攘，而振兴鼓舞之意不衰，盖雍雍乎拟迹邹鲁焉。圣世崇道尊儒，典章大备，士之沐浴教泽益深矣。导善学之俗，使进于大成，非主治者职欤？志学校。

学宫

《旧志》：在县东北隅。《延祐四明志》：宋雍熙二年，主簿李齐始建先圣殿于县东二十步。至道元年，令冯琏增修。崇宁中，诏天下行三舍法，因增广学宫。建炎四年，毁于兵。绍兴八年，令章汝翼改建于县东（即今所）。《嘉靖府志》：庆元初，令韩永德复建大成殿，历三令始完。明伦堂久圮，嘉泰初令商逸卿鼎新之。邑人胡大任、黄君中亦益地拓学。嘉定间，令崔端学创四斋及两庑、廪、库、泮桥，设重门于桥之外。八年，摄守程覃捐缗钱卫以仪门，堂后立直舍，辟小学三斋。绍定四年令陈缵、淳祐庚戌令范世昌相继易民庐以拓旧址，胡刚中为之记。《旧志》：咸淳间，令郑从龙复修。元延祐中令李敬、至正中令汪以敬相继修葺，筑杏坛于泮池西，置光霁亭于泮池东，又于杏坛西建文昌祠。

《吴志》刘仁本记：定之为邑，带江滨海。土斥田薄，家以鱼贩为业，俗号醇厚。民之秀者莫不趋学。放斋曹先生、端宪沈先生，诗书礼乐之训，实倡之流风余韵，至于今未泯也。

学在县东北半里，宋绍兴间，令章汝翼改建焉。嘉泰间，令商逸卿又新之。拨官产以禅学，核旧租以养士，则令赵玑夫之功也。厥后修敝补废，皆贤令相继输力。门宇靓深，规模宏远，甲诸校久矣。混一以来，屡圮屡作，未暇悉举。延祐丙辰，令尹李敬始至，伏谒俯仰，四顾礼殿倾颓，廊庑挠腐，杏坛未筑，祭品未备，慨然兴叹。乃竭力而营之，涂垩丹臒，灿然一新。升降劝酬，举无阙典，而士不告病，民不知役。

夫学，三代共之，皆所以明人伦，而必为之宫，以祀先圣先师者，示民不忘本也。巍乎具瞻，陋则弗称，知所先务，令尹有焉。士游其间，得以学周孔之学，则必无忘令尹作新之功；知令尹作新之功，则必无忘曹、沈二先生表倡之力；知二先生表倡之力，则亦无忘周、孔之学而已。令尹，真定人，莅官严明，尤于学校加意焉。

《嘉靖府志》：明洪武初，诏郡县开学，令杜彬更修。永乐十四年圯。明年，令张潼渐加经营。正统间，令戴钟建大成殿，修明伦堂。天顺间，令贺懋徙学门于棂星门东。《旧志》：成化初，县丞王愉建膳堂于明伦堂东。六年，副使朱绅、都指挥张勇重创殿堂东西两庑，刘纡为之记。宏治初，提学副使郑纪于学左辟地为射圃。七年，巡海副使文贵命知县李廷仪建馔堂，增修号舍及东西坊门。岁久倾圯，巡海副使李昆、都指挥秦玉重修。嘉靖二年，令郑余庆复修。

大学士谢迁记： 正德庚辰，都御史高密李公昆左迁浙江按察副使，领巡视海道之命，驻节定海。首诣学谒庙，目击圯敝，慨然以修复为己任。适逻吏获海艘非式者若干，足充其费。遂定议于巡视都御史许公庭光、巡按御史唐公凤仪，佥曰宜。乃以厥成责之令知县郑君余庆。始事于是岁之夏六月，讫工于辛巳之冬十二月，像设严整，规模宏邃，自殿庑、祠宇以及斋堂、号舍、庖湢之类，罔不改观。甃石凡若干所，缭垣凡若干尺，辟地凡若干丈，增屋凡若干楹。财不告匮，民忘其劳，是虽郑君经营之功，大都出李指授也。

考之县志，定海有学自宋雍熙始，中间兴废屡矣。至我朝成化间，宪副朱公绅尝一新之，迄今五十余年。而修举盛美，乃于更化之会见焉，不亦有数存乎其间耶！郑君重念李公之绩不可泯，乃托吾姚乡进士毛君复恳以记请，迁何敢以难为言辞哉？

惟定海为万水之会，东望沧溟，浩漾无际。潮汐之往来，日月之吐吞，鱼龙之出没，一举睫而俱见，实大观之区也。昔我夫子亟称于水，岂徒取其周流无滞而已哉。盖道之所寓，触目会心，自不容已。川上之叹，可想见也。兹宫墙载新，圣灵斯妥，亟称而叹之意宜必有无间于存亡者乎！然则游圣人之门者当何如，必探无穷之道体，事有本之学术，充朝宗之念，致回澜之力，庶几其无愧乎！斯固郑侯作新之意也。

是役也，县丞胡良，主簿吴恭，典史赵大和，教谕李儒，训导刘绶、李泰，生员沃如信、薛俊、周南皆与有劳者，因得以附书。

嘉靖十六年，令王文贵大加修葺，扩明伦堂址，增建号舍四十余间。三十三年，知县宋继祖重修，移仪门前十步，学南创建龙门牌坊。

给事王交记： 夫子之道，穷天地惟一人，历万世如一日。今有郡县，即有庙祀，而登民俊以为学其中。凡长民者之所以治，所以教，罔敢勿惴惴焉，务先乎此。至其士气之低昂通室，则咸于其规建之制，监之匪特，报之宜崇，盖道固不可隘尔也。

定邑夫子庙肇建绍兴，其北亘梓山之址，南鉴古濠之源，阻山带江。海门日浸之壮，无能改于其旧。自正德辛巳巡海宪副李公昆既修之后，且复三十余年矣。蜀汉宋公继祖莅治来，锐意学政，校文旅射，诸士子向进者彬彬可观。顾览楹宇，独勿称崇祀之义，设屏门外尤若蔽翳然，遂更营而式廓之。乙卯季夏告竣事，则宫墙内外无不焕新，且饬南徙戟门若干武，增庙道若干丈，广若干尺，而两庑诸贤之有墠，名宦乡贤祠之内附，皆出创始。已乃撤其屏，洞然为门。腾蛟、起凤之门夹侍左右。于是泮池之南而棂星，又南而街，以距于河。圣灵向明之瞻，诚今日面势之宏伟也。吉日戊子，将升士之俊者于乡，敬拜告庙，扁其门曰"龙门"，俎豆衣冠，振奋气倍。观者啧啧相与叹曰："龙德圣修，从入之地旷然，示人昭矣。"

于戏！当时称能仕者，砥砺志胜为人道微，务以避营役，苟因循为得，故往者有事于兹庙学，率假诸宪臣之重，而令皆仰成，服勤而已。惟公身任之不辞，虽亟焉经武，弗妨教化之务，固其有见有为之异乎人者哉！《春秋》重民力，虽时且义亦书。学博曾君希说、李君锷、蔡君钟和，谋之诸生陈楷、刘时益、林淮、谢谏及予友汪宋辈伐石征词，表树乎堂之上，义兹役也。公治定甫期，修举毕集，然后均田理水之议兴焉。时有歌之者曰："孰为明朝阳斯升？孰为澄海波斯平？侯之来，龙门其开。侯之功，学宫其隆。"

四十一年秋，大风损学宫，令何愈重修。学南筑屏墙一带，高丈余，长二十余丈；改龙门牌坊为龙门高跃；左右为解元、状元坊，为张信立；旧乡贤、名宦二祠附于两庑之下，于制不协，移于敬一亭之左右；又于明伦堂上立科贡、题名二碑，自为之记。（载《艺文》）

尚书张时彻记：定海令何君愈之始至也，谒告先师，课诸生诵说先王已，乃达观学宫，诸生进曰："斯不已陋乎？奈何乎居业矣！"

何君曰："盖闻之：陋以人，不以学宫。诸君不自陋，而惟学宫之陋乎？"

或曰："其地则然。"

何君曰："盖闻之：陋以人，不以地。诸君不自陋，而惟地之陋乎？如以其陋也，则翼赞经纶、藻润鸿业，不有若虞世南其人乎？丝纶密勿，化淑乌程，不有若应峲氏兄弟其人乎？儒林冠冕，甲第联芳，不有若孙枝氏父子其人乎？首弁贤科，清朝著节，不有若张信其人乎？龙骞凤翥，四域文明，天下称奇焉。又况溟渤萦洄，日月吞吐，万叠青峰，凌空翔舞，固奥宦之都而神灵之宅也，曾是以为陋乎？乃若学宫之不饬也，斯有司之责也，我其图焉。"

乃庀材鸠工，卜日而蒇事。蠹者易之，欹者直之，崩者饬之，黔者饰之，齾者齐之，圮者起之，翼翼如也，隆隆如也。已，又谓水射其宫，风气之不钟也。则去学舍南二十武，设屏二十丈有奇。谓仪观之不饬也，则修绰楔者三：曰龙门高跃，曰解元，曰状元，为张信作也。谓乡贤、名宦二祠尾于东西两庑，于制未协也，则改作于敬一亭之左右。谓选举不可无纪也，则立科、贡二碑于明伦堂，自为之记。于是诸生乐康，弦诵奋起。

教谕吴经，训导毛九思、王颐乃率诸生乐亮山、俞应科、江汝枬、谢谏、薛一乾辈旅谒予庭，请记诸丽牲之碑。余曰："诸生谓何君之意将修其学宫而已也，抑亦望诸生之自修也？今而知学宫之有楹栋也，亦知吾身之有楹栋乎？知学宫之有堂奥也，亦知吾身之有堂奥乎？知学宫之有阶阤也，亦知吾身之有阶阤乎？知学宫之有门户也，亦知吾身之有门户乎？知学宫之有垣墙也，亦知吾身之有垣墙乎？知学宫之有丹膜也，亦知吾身之有丹膜乎？是故志道据德，强立不反，则吾身之楹栋修矣。蓄养宏邃，居安资深，则吾身之堂奥修矣。礼义威仪，秩秩有序，则吾身之阶阤修矣。履仁蹈义，出斯入斯，则吾身之门户修矣。屏斥外邪，如捍巨寇，则吾身之垣墙修矣。礼乐饬躬，翱翔艺苑，则吾身之丹膜修矣。然而犹以为陋者，未之有也。夫身之不陋，而地之陋也，学宫之陋也，何患乎？况其地则昔日之山川也，其学宫则何君修之，皆之非陋也，是在诸生勖之而已矣。"遂以复于师徒，使镵诸石以诏来者。

《王令志稿》：万历二十五年，大成殿毁，令丁鸿阳重修。太常少卿余寅为之记。（载《艺文》）二十九年，令朱一鹗修尊经阁，移文笔峰于学宫之东，邑人薛三省为之记。（载《艺文》）崇正元年八月，正殿、两庑为飓风所摧。巡海副使萧基、知县龚彝谋改建。邑人薛三省考卜面向，重建大成殿、两庑、戟门，并移乡贤、名宦二祠于戟门左右。

薛三省记： 定有学，历宋初迄今数百年，凡几更缮修，而先师殿犹故。崇祯初元八月，奄为飓风所摧，独先师神位岿然瓦砾之中。生徒匐匍往吊者更为庆曰："往形家言移址易向垂三十年，第以殿所犹仍其旧，今当改作。语曰：'不有废也，其何以兴？'或吾夫子意欲更新以开人文乎？何天运之适逢也！"乃诣令以改创请，而议割商渔之余税。牍上，主者不可，曰：'今军兴方急，邑其自为计。'士若民不得已，以履亩请。牍上，主者又不可，曰：'今功令方严，若曹其自为计。'定瘵邑，二三搢绅所居不蔽风雨，又比岁俭，百姓不给饘粥，计无所复之。则奉主于漂摇之戟门而祀之。逾春及秋，皆绵蕞将事，故使观察萧公基数因视师谒门下，愀然不自宁，若其身之中露也。时海寇声方扬，公外周修诘，内固绸缪无余蟊。而主者听荧，复轻大举。公益拮据，调兵食不遑，且兵使犒军资外无他储，计亦无所之。会有群书作奸者，公廉得状，当伏法，愿以所当罪多寡输赎，凡得白金五百两有奇，因悉以佐资。公已倡，抚按及郡邑诸公皆属和，或捐助，或设助，各视其力。故役兴得无乏，学宫规制视昔加宏敞焉。

学宫肩梓山为艮，而面直丙，当江南之双童峰，于形象法合。乃故殿与门位置稍失次，遂并失胜，于是徙殿后故址四十尺，损址之东而西益者三十六尺以就艮脉。更殿向正丙，收双童之秀。殿三楹增为五楹，高者十尺，增广者三十五尺，增邃者二十五尺，而周翼如故制。戟门楹增如殿数，移乡贤、名宦于戟门之东西两庑，各增若干楹。而东西址则盈缩以奉殿，泮池亦如之。西广棂星门址十尺而杀其东，引绳正之，使如殿向。以及缭垣驰道，内露外屏，视旧靡不崇斥。其明伦堂、尊经阁及斋舍，则有待焉。

方初创时，议多异同，余谓虑始实难，人谋而疑，不若鬼谋之信也，请以七月朔决于蓍。遇同人之二日，同人于宗咮或犹以为嫌。余曰："天火，文明之象也。同人，天从人之意也。礼前朝后寝寝者，庙也。朝君而宗庙。故《诗》曰'君之宗之'，义莫显焉。咮之文在口上，吐词成章，吉莫大焉。又火七月西流，仰观天时，应莫正焉。"议于是始决。及今落成，栋宇巍然色丽，前瞻后瞩，耳目改观。盖从开辟以来，地设之胜，一旦豁然，若天所创造。咸相顾谓蓍有灵。然非吾夫子果有意开我人文，胡能使天人交赞若此？是不可无记。乃以属余，谓始终其事，能不失端末也。

余作而叹曰："'天不人，不因人，不天不成。'余则曰：'人不天，不因天，不人不成。'学宫未毁以前，即有移址易向之议，人固无如天何！及学宫毁矣，舍旧而新是图，此其时矣。而上下相诿，非萧公锐意作新，天又无如人何！故其毁则天所以开人，其兴则人所以成天也。"《易》曰："观乎天文，以察时变。观乎人文，以化成天下。"士所操具莫如天，文所操世莫若明，而贲之彖则曰："文明以止，人文也。"此何以称焉？盖尝观于止水无文；水之文，风之所波也。顾水，惟止也，而风行焉，然后散而为文。道惟暗也，而德成焉，然后章而为文。

大之经纬天地，次之润色鸿业，又次黼藻国华，文明之化所由成也。火止于山，文乃贲；水止于坎，文乃焕；道止于暗，文乃明。文而过著，有道者所不居。故观人文不徒于其明也，又况乎以缔章绘句为文，以科名甲第之盛为人文之明。如迩所趋其流，将安所底止？虽复遭时遇主，不足以文明天下。即国家无从睹化成之效，亦小之乎为观矣。诸士今日者倘能察时之变，究止之义，观文之化，务尽人以观天，而因以开天。使他日称吾定人文之盛，自今日开学宫始，则使者实获有永誉。若徒以今日学宫之新为足以兆人文，而听天之自开，即厚侥天幸，非使者所为属望诸士至意，即诸士所自期待不当若是矣。

是役也，始于崇正己巳之秋八月，成于甲戌年之孟冬月望日。凡费金钱二千两有奇。萧公讳基，癸丑进士，江西太和人。署县同知廖鹏，举壬子乡进士，闽安溪人。知县龚彝，戊辰进士，云南之保山人。

六年庙成，越三载，巡抚喻思恂巡海至此，复议新明伦堂、尊经阁，时正庙从壬向丙徙殿后故址四十尺。堂之前隰于地，邑人邵辅忠主议改建高楼，上为尊经阁，下为明伦堂，高广与庙制等，并建两斋于堂之左右。邵辅忠为之记。

国朝顺治三年，学宫墙垣倾塌，启圣祠及两庑公署相继圮。十八年，巡按御史杨旬瑛捐百金议修。康熙四年七月，飓风淫雨，棂星门、戟门、乡贤、名宦祠俱圮，正殿栋挠，神位露处。六年，邑令王元士捐修，多方劝输，属教谕徐友贞、江溥先后董其事。逾二年，正殿葺，戟门、棂星门建，周垣治，外屏立，余因赀无所继，工未竣。

教谕江溥记：邑令王公修我先师之宫，既有其始事矣。已，学谕徐君以擢沿山令行，而予代之。君素好学，能教养士人，士欢然动，而邑学之颓落者已阅二十余年。公不创其议，则更新为无日。君不任其事，则营度为无人。盖自康熙庚戌夏仲，鸠工伐材，于是为始，迄于辛亥之初秋，而君已趣装去。其间陶瓦材木之直第稍稍集之。虽以君之贤，精于会计，躬视虔斫，商无敢以楛售，工无敢以窳试，材无短长，咸获其用，而落成犹未之猝致矣。此非董之者不勤，谋之者不周，而资之不赡故也。圣庙虽已改观，而外此之蚀于风雨、零于瓦砾者，十犹四五。门庑立之而弗尽立也，周垣缭之而弗尽缭也。邦人父兄过而叹息，以为天下事为之甚难，而废之甚易。及今尚弗克成，将恐蔓蔓荆榛，有如畴昔，而惜乎不能少缓君之行也。且海壖亦既晏安矣，曩时烽火动，戍卒猬毛而起，指宫墙为府，下令增灶，则炊烟起廊庑间。今大帅有礼，军人奉约束甚严，毋敢仡乎入黉门而立。然非讲学受成，春秋释菜之地，环视其间，未有极其瑰玮，岂犹曰靺韦跗注之夫杂沓之也。

予闻前岁仲冬，朔风连宵，雪平地尺。君初卜构梁于下浣之三日，邑人皆难之。比及期，晨鸡方号，云翳四除，繁星灿然。已而扶桑辨色，朝霞散采，层冰照之，光景晶莹，鸣禽翩翔，庭树垂滴。遥瞻城南，山碧刻露。迨于时中，设表伐斅。役人子来，无有后先。官师生徒，及乡三老，嘉栗旨酒，既拜且祝。闾左之民，长幼咸集，立于桥门。群情怡愉，佳气溢洋，望若春和，人忘其寒。晡时风雨复作，涉季冬乃止。人始为君异之也。呜呼，此其良时之偶值然欤？抑亦邑之休祥将有濂洛关闽之学，贾、董、房、杜之才出于其中，以应国家文明之运者欤？盖大圣之神灵启之矣。此宜大夫、君子交劝于弗倦，以相成也。

《唐令志稿》：康熙十七年，重建启圣祠。祠倾圮多年，前修文庙时乏于赀，未葺治，春秋丁祭将事于明伦堂。至是教谕赵时楫捐俸劝输重建。二十六年，重建魁星阁。阁久倾圮，形家云："巽方不耸，无以壮观。"康熙丙寅，令周家齐捐俸建造，丁卯春落成。河南道御史谢兆昌为之记。

《浙江通志》：康熙五十年，署令缪燧修大成殿及两庑。五十八年，令田长文捐俸加葺。雍正四年，邑令田长文奉文建忠孝、节义二祠于学宫东首。祠各三间，头门一间，建石坊石牌镌刻前后忠孝节义姓名于上。五年，教谕曹三才同训导沈炜世筑东首黉墙一带，并铺整甬道石砌。九年，邑令赵应召同教谕张致恭、训导洪熙揆重修大成殿。十三年，邑令陈秉钧同教谕邵向荣重建大成门五间，并修葺两庑及崇圣祠、明伦堂。乾隆三年，邑令王钧同教谕邵向荣开浚学宫东西河道并两泮池。四年，教谕邵向荣同训导冯大位重修魁星阁，土地祠改名含光祠。

教谕邵向荣记：斗魁戴匡六星为文昌，又曰达旦。建者魁学东偏于两水澡洄处建阁以布魁星，元气之英，引人文而直上，其前令周公经始者之意乎？不宁惟是，学必有泮，镇学又以宫墙外之濠河为外泮，分拱于大成门、棂星门外，皆从梓山元辰水分条而下，其东条自北迤逦而南，其西条由明伦堂后三折而入于内泮，停蓄盈科则又逆折而北，而东与东条水会，仍不背"半于廱廦"之制。于时由魁阁右抵巽方，转文笔下始达外泮，渊澄洸漾，常与魁光辉映，以时泄诸外河。形家谓是九曲入朝也，四水皆聚也，玉带围拱也，元辰会归也，予不敢知。惟予承乏于兹，于同寅冯君大位偕学中宿老向时所谓水城环绕之故迹，几断续不可问矣！且成阜成路，行人去来者络绎，元辰水大半从西庑后斜飞而去不归泮，泮常涸，雨集水衍溢于途。予与冯君方急图疏浚，幸明府王公钧以课士频来，有同志，爰捐俸劝，诸生各捐工，应之者渐以众。而邑绅谢君绪琨、张君学伊、郑生廷秀助有加焉。始于乾隆三年戊午夏，明年告竣。要惟开涤，其积聚之瓦砾埤墙历久坚凝而充塞者，以清其故址，由支条及两泮，功不计多，时不嫌久，庶几经始者因势利导之遗意，可临流而睹矣。嗣是而魁阁暨大门、土地祠次第新其旧。

监工者，张生学益、陈生锡卣、江生士超、王生谦吉、车生学礼实始终之。今年春，郑生继宗鸠工，杂五色之位以复章神像，请予拜瞻。予闻星本于火，汉本于水，水火相得，其应在人。今者阁焕斗魁，池涵星汉，多士邀神之贶，登览于斯，复何患乎？视壅而志滞，斯诚文蔚文炳之所由造端乎？因以文澜敬颜额而附诸记。

九年，邑令杨玉生重修大成殿及明伦堂。十四年七月，飓风霾雨，大成殿圮，两庑、戟门暨崇圣、乡贤祠多损坏，儒学邵向荣、叶元璧移邑令王梦弼详估兴修。

先师庙　五间南向。康熙二十三年御书扁额曰"万世师表"。雍正三年御书扁额曰"生民未有"。乾隆三年御书扁额曰"与天地参"。

东庑　十二间。内东南首一间为学门，东北首一间为儒学仪门。《旧志》：六间。

西庑　十二间。《旧志》：六间。

大成门　五间。向南即戟门。《旧志》：为庙门。

黉门　向南即棂星门，以石为柱楣，三座六扉，门内甬路中左右三道，外黉墙一座。《旧志》：庙门下一丈为泮池，跨以石桥三。

杏坛　在泮池西。

学门　一间向东。行香由此出入，外筑墙一座。

明伦堂　五间向南。在文庙后。《旧志》：庙后为明伦堂，凡五间，东西立两斋，各三间，东曰成德，西曰达材。堂之后为敬一亭，凡三间。亭之左右为号舍，各十间。右号舍稍前为射圃，左号舍东又前为仓库，凡三间，今皆圮。

尊经阁　崇正六年改建于明伦堂之上。

光霁亭　在泮池东，今圮。

名宦祠　三间向南，大成门东。《旧志》：庙门左。

乡贤祠　三间向南，大成门西。《旧志》：庙门右。

崇圣祠　三间向南，在学宫东首，外台门一间。《旧志》：明伦堂南，凡三间。

忠义孝弟祠　三间向南，在学宫东，外台门一间。

节孝祠　三间向南，外台门一间，忠孝节义石坊共一座。

二祠俱雍正四年建。

射圃亭　《四明郡志》作观德亭。《旧志》：明伦堂后，右号舍前，凡三间。今圮。

迎龙桥　久圮。今建在亭基之后，教谕邵向荣为之记，载《艺文》。

儒学大门　三间向南，黉门东首。又二间与魁阁之墙相连，内甬道直接仪门，旧呼柳巷。甬道中设焚纸炉一座。《旧志》：训导宅前为学门。

儒学仪门　一间向东，有照墙。

土地祠　三间。大门内东首，向西有照墙。《旧志》：学门旁为土神祠，凡三间。

文昌祠　在杏坛西，今圮。

魁星阁　大门东首。

教谕宅　八间向西。《旧志》：崇圣祠东，凡三间。

训导宅　六间向西。《旧志》：崇圣祠东，二所各三间。

文笔一座　学前东首。《旧志》：学门外有文笔峰。

腾蛟起凤坊　石建学前，东西各一座。《旧志》为兴贤、育材二坊。

侑祀

《通鉴纲目》：周敬王四十年夏四月，鲁哀公诔孔子曰"尼父"。

《文献通考》：汉永平二年，令郡县通祀孔子于学校。十五年，祭孔子及七十二弟子。

《汉史》：桓帝给酒米牛羊，诏春秋享祀孔子。

《文献通考》：南齐永明三年，用宋元嘉故事，设轩悬之乐六佾之舞，牲牢器用悉依上公。

《通鉴纲目》：北魏太和十六年，称文圣尼父，亲祭拜，令有司享荐。

《文献通考》：隋开皇八年，赠先师尼父，诏州县学以春秋二仲月上丁释奠。唐武德二年，诏孔子庙四时致祭。七年，赠太师。贞观二年，从房元龄议，孔子为先圣，以颜回配。四年，诏州县皆立庙，守令主祭。二十一年，诏以左丘明、卜子夏、公羊高、谷梁赤、伏胜、高堂生、戴圣、毛苌、孔安国、刘向、郑众、杜子春、马融、卢植、郑康成、服子慎、何休、王肃、王辅嗣、杜元凯、范宁、贾逵等二十二人并令配享于尼父庙。

《文献通考》：总章元年，颜回赠太子少师，曾参赠太子少保，并配享孔子庙。开元八年，诏颜子等十哲宜为坐像，悉令从祀。曾参大孝，德冠同列，特为塑像，坐于十哲之次。因图书七十弟子及二十二贤于庙壁上。三十七年，诏追谥孔子为文宣王，南向坐，被王者之服，释奠用宫悬。赠颜子兖国公，闵损等九人为侯，曾参等为伯。

《续通鉴纲目》：宋建隆元年，诏增葺祠宇，塑先圣先贤像。三年，诏庙门立戟十六。大中祥符二年，追封孔子父叔梁纥为齐国公。三年，加谥孔子元圣文宣王，祭以太牢，追封从祀者颜回为兖国公，闵损、曾参及左丘明、汉儒以下为公、侯、伯。

《文献通考》：景祐元年，诏释奠用登歌。元丰六年，诏封孟轲邹国公。七年，以孟子同颜子配食宣庙，荀况、扬雄、韩愈并从祀，天下学庙塑像，春秋释奠行礼。崇宁元年，追封孔鲤为泗水侯，伋为沂水侯。大观二年，诏跻子思从祀。四年，诏庙用戟二十四支，文宣王执镇圭，并如王者之制。

《续通鉴纲目》：宝庆三年，赠朱熹太师、信国公。绍定中，改封徽国公。淳祐元年，诏封周惇颐汝南伯，张载郿伯，程颢河南伯，程颐伊阳伯，与朱熹并祀庙庭。景定二年，诏封张栻华阳伯，吕祖谦开封伯，并从祀。咸淳三年，释菜于孔子，以颜回、曾参、孔伋、孟轲配列，邵雍、司马光从祀。又升颛孙师于十哲，追封雍新安伯。

《续通鉴纲目》：元至元三十一年，诏中外崇奉孔子。大德十一年，加孔子为大成至圣文宣王。至大二年，定制大成至对圣文宣王春秋二丁释奠用太牢。皇庆二年，以宋儒周惇颐、程颢、程颐、张载、邵雍、司马光、朱熹、张栻、吕祖谦及故中书许衡并从祀孔子庙庭。延祐元年，封孟子父为邾国公。至顺元年，诏封孔子父为启圣王，加颜子兖国复圣公，曾子郕国宗圣公，子思沂国述圣公，孟子邹国亚圣公，程颢豫国公，程颐洛国公。十二月，又诏以董仲舒从祀孔子庙，位列七十二子下。

《明史·礼记》：洪武元年二年，诏以太牢祀孔子于国学，诏革诸神封号，维孔子封爵仍旧。

《明会典》：洪武三年，定释奠乐器颁行天下府州县学。

《明史》：四年，礼部奏定，初制笾豆之八为十，笾用竹。其簠簋登铏及豆初用木者，悉易以瓷。牲易以熟。乐生六十人，舞生四十八人，引舞二人。

《明会典》：五年，诏天下称大成至圣文宣王，及配享从祀祀先贤先儒。十四年，自孔子以下像不工绘，祀以木主。

《明史·礼记》：十五年，大成门左右列戟二十四，诏天下通祀孔子，并释奠仪注，凡府州县学，笾豆以八，器物牲牢，皆杀于国学。三献礼同，十哲两庑一献。其祭，各以正官行之，分献则以本学儒职每岁春秋仲月上丁日行事。

《明会典》：十七年，定与祭官祭服仪式，敕每月朔望，县官以下诣学行香。

《明史·礼记》：二十六年，颁大成乐于天下。

《明会典》：二十九年，罢扬雄从祀，进祀董仲舒。

《明史·礼记》：正统二年，进先儒宋胡安国、蔡沈、真德秀从祀。三年，禁天下祀孔子于释老宫，封伯鱼子皙公爵，偕颜、孟父俱配启圣王殿。八年，进元儒吴澄从祀。成化二年，追封董仲舒广川伯。十二年，增乐舞为八俏，笾豆十二。弘治八年，追封杨时将乐伯，从祀，位司马光之次。九年，增乐舞为七十二人，如天子制。

《明会典》：嘉靖九年，上用辅臣张孚敬议，尊称为至圣先师孔子，四配为复圣颜子、宗圣曾子、述圣子思子、亚圣孟子，及门称先贤，左丘明以下称先儒，不复称公侯伯。去肖像，易木主，春秋上丁释奠。大成殿为先师庙，大成门为庙门，祭祀十笾十豆，天下各学八笾八豆，乐舞止六俏。两庑从祀先儒共黜十四人。以申党即申枨，存枨去党；公伯寮以谗仲由黜，秦丹、颜何以字画相似黜；荀况以言性恶黜；刘向以喜神仙黜；贾逵以附会谶纬黜；马融以贪鄙附势黜；何休以黜周王鲁黜；王肃以党司马氏黜；王弼以旨宗老庄黜；杜预以党贵要建短丧黜；吴澄以忘宋事元黜。退七人，林放、蘧瑷非孔子弟子，与郑众、卢植、郑元、服虔、范宁各祀于其乡，进后仓、王通、胡瑗、欧阳修、陆九渊五人从祀。十年，诏天下儒学并建启圣祠，叔梁纥改称启圣公。以曾点、颜无繇、孔鲤并孟孙激称先贤，为四配，春秋祭祀与文庙同日，笾豆牲制视四配，东西祀位视十哲，从祀先儒程珦、朱松、蔡元定视两庑。是年定制，殿中先师南向，四配东西向，十哲稍后皆东西向，两庑从祀先贤澹台灭明至颜哙、先儒左丘明至许衡，凡九十一人。

《明史·礼记》：隆庆五年，以薛瑄从祀。万历中，以罗从彦、李侗从祀。十二年，又以陈献章、胡居仁、王守仁从祀。二十三年，以周惇颐父辅成从祀启圣祠。每月朔及每科新进士祭先师行释菜礼，府州县各提调官行礼，牲用少牢，乐如太学。

《明会典》：崇正元年，诏祭日先祀启圣祠。十五年，加左丘明并周、程、邵、张、朱六子曰先贤。

《大清会典》：顺治二年，定文庙谥号大成至圣文宣先师，凡府州县每岁春秋仲月上丁日，令地方印官主祭（如遇有事改次丁日或下丁日）。其陈设行礼与国子监岁祭同。十四年，议改谥号为至圣先师孔子。康熙五十一年，以朱子升配大成殿十哲之次。五十四年，以宋儒范仲淹从祀。五十五年，钦定乐章诸曲皆取平字之义。雍正元年，追封孔子五代王爵，改启圣祠为崇圣祠。是年，颁行一应供献祭器、乐器诸图。二年，复先儒明代黜者六人：林放、邃瑗、秦冉、颜何、郑康成、范宁，增祀二十人：孔子弟子县亶、牧皮；孟子弟子乐正子、公都子、万章、公孙丑，汉诸葛亮，宋尹焞、魏了翁、黄干、陈淳、何基、王柏、赵复，元金履祥、许谦、陈澔，明罗钦顺、蔡清，本朝陆陇其从祀。又以张载之父张迪从祀崇圣祠，位班周氏下，程氏上。三年，诏郡县春秋二祀增用太牢。乾隆二年，诏复祀元儒吴澄。三年，诏升东庑先贤有若配享，十哲设神牌于卜子夏下。

正殿

至圣先师孔子　木主。先世宋人，世为公族。有防叔者，避华氏乱，奔鲁居聚邑昌平乡。防叔生伯夏。伯夏生叔梁纥，娶颜氏名征在，以周灵王二十一年二月庚子生孔子，时鲁襄公二十二年。考之夏正甲子，则八月二十七日也。鲁哀公十六年四月己丑卒，年七十二，葬鲁城北泗上。《阙里志》：今八月二十七日为生辰，二月十八日为忌辰。

四配　四子配享自宋元丰、咸淳始。坐庙殿两楹间，俱木主。
复圣颜子　名回，字子渊。鲁人。
宗圣曾子　名参，字子舆。鲁人。
述圣子思子　名伋。
亚圣孟子　名轲，字子舆，《汉书》作子车。邹人。

四配封号俱详上。

十二哲 十哲升配自唐开元间始，今增有子、朱子，为十二哲，从庙殿两壁间，俱木主。

闵子骞 名损。鲁人。旧封费公。

冉子伯牛 名耕。鲁人。旧封郓公。

冉子仲弓 名雍。鲁人。旧封薛公。

宰子我 名予。鲁人。旧封齐公。

端木子贡 名赐。卫人。旧封黎公。

冉子有 名求。鲁人。旧封徐公。

仲子路 名由，一字季路。卞人。旧封卫公。

言子游 名偃。吴人。旧封吴公。

卜子夏 名商。卫人。旧封魏公。

颛孙子张 名师。阳城人。旧封陈伯。

有子若 《史记》：字子若。《家语》作有子。旧封平阴侯。

朱子元晦 名熹，更字促晦。婺源人。宋高宗庚戌九年十五日生。封号详上。

东庑两庑从祀自唐开元间始。以下位次遵照乾隆三年国子监新颁式

先贤

蘧瑗 字伯玉。卫人。旧封内黄侯。

澹台灭明 字子羽。武城人。旧封金乡侯。

原宪 字子思，《檀弓》作仲宪。宋人。旧封任城侯。

南宫适 《史记》作南宫括，《家语》作南韬，字子容。鲁人。旧封汝阳侯。

商瞿 字子木。鲁人。旧封须昌侯。

漆雕开 《家语》：字子若，蔡人。《史记》：字子开，鲁人。旧封平兴侯。

司马耕 字伯牛。《家语》作司马黎耕，与《史记》俱字子牛。宋人。旧封睢阳侯。

巫马期 字子期，《史记》作巫马施。字子旗。陈人。旧封东阿侯。

颜辛 《史记》作幸。字子柳。鲁人。旧封阳谷侯。

曹恤 字子循。蔡人。旧封上蔡侯。

公孙龙 《家语》作宠。卫人。郑云楚人，孟云赵人。字子石。旧封枝江侯。

秦商　《史记》字子丕，《家语》字丕兹，鲁人。郑云楚人。旧封冯翊侯。

颜高　字子骄。《家语》作颜刻。鲁人。旧封雷泽侯。

穰驷赤　《家语》：字子从。《史记》穰作壤，字子徒。秦人。旧封上邽侯。

石作蜀　字子明。《家语》作石子蜀。秦人。旧封成纪侯。

公夏守　《史记》作首。字子乘。鲁人。旧封钜平侯。

后处　《史记》：字子里。《家语》作石处。字里之。齐人。旧封胶东侯。

奚容蒧　《家语》：字子楷。《史记》：字子哲。《文翁图》：鲁人。《正义》：卫人。旧封济阳侯。

颜祖　字子襄。《家语》作相。鲁人。旧封滏阳侯。

句井疆　字子疆。《史记》作句井，《正义》作鉤井。《阙里志》字子野，《山东志》字子孟。卫人。旧封滏阳侯。

秦祖　字子南。鲁人。郑云齐人。旧封鄄城侯。

公祖句兹　《家语》作公祖兹。字子之。鲁人。旧封即墨侯。

县成　字子祺。《家语》作悬成，字子横。鲁人。旧封武城侯。

燕伋　字子思。《史记》作级。秦人。旧封汧县侯。

颜之仆　《家语》：字子叔。《史记》：字叔。鲁人。旧封宛句侯。

乐欬　《史记》：字子声，《正义》：鲁人。《家语：作乐欣，秦人。旧封建城侯。

狄墨　《家语》：字晳之。一作子晳。卫人。旧封林虑侯。

孔忠　字子蔑。《史记》作孔子兄伯皮之子。《家语》作孔弗。旧封郓城侯。

公西蒧　字子尚。一作子上。鲁人。旧封徐城侯。

施之常　字子常。《史记》作子恒。鲁人。旧封临仆侯。

申枨　《史记》作申党，字周。《家语》作绩，字子周。《文翁图》作堂。《后汉碑记》作棠。郑作续。旧封文登侯。

左丘明　鲁人。左史倚相之后。旧封中都伯。

秦冉　《史记》：字开。人。旧封新息侯。

牧皮　薛应旂《人物考》：力牧之后。

公都子　未详。

公孙丑　齐人。

张载　字子厚。郿人。生宋真宗庚申。封号详上。

程颐　字正叔。颢弟。生宋仁宗癸酉。封号详上。

先儒

公羊高 齐人。生周末。旧封临淄伯。

孔安国 字子国。孔子十一世孙。生汉武帝时。旧封曲阜侯。

毛苌 赵人。大毛公亨之子。生汉武帝时。旧封乐寿伯。

高堂生 《索隐》：字伯。鲁人。生秦汉间。旧封莱芜伯。

郑元 字康成。东汉北海高密人。

诸葛亮 字孔明。汉末琅琊人，徙居南阳邓州。

王通 字仲淹。隋龙门人。

司马光 字君宝。夏县人。生宋真宗己未。旧封温国公。

欧阳修 字永叔。庐陵人。生宋真宗丁未。

胡安国 字康侯。崇安人。生宋仁宗甲寅。封号详上。

尹焞 字彦明，一字德充。洛人。宋高宗朝为崇政说书。

吕祖谦 字伯恭。婺州人。生宋高宗丁巳。封号详上。

蔡沉 字仲默。建阳人。生宋孝宗丁亥。封号详上。

陆九渊 字子静。金溪人。生宋高宗己未。

陈淳 字安卿，一字北溪。宋漳州龙溪人。

魏了翁 字华父，浦江人。宋理宗时为资政殿学士。

王柏 字会之。号鲁斋。宋金华人。

许衡 字平仲。元河内人。生宋宁宗年间。旧封魏国公。

许谦 字益之，号白云。元东阳人。

王守仁 字伯安。余姚人。生明宪宗壬辰。旧封新建伯。

薛瑄 字德温。河津人。生明太祖乙巳。

罗钦顺 字允升。号整庵。泰和人。明弘治进士。

陆陇其 字稼书。平湖人。康熙庚戌进士。

西庑
先贤

林放 字子邱。鲁人。旧封长山侯。

宓不齐 字子贱。鲁人。旧封单父侯。

公冶长 字子长。《家语》作苌，鲁人。《史记》：齐人。范宁云字子芝。旧封高密侯。

公析哀　字季沈。《史记》作公晰哀，字季次。《索隐》作公晰。齐人。旧封北海侯。

高柴　字子羔。《史记》：卫人。《家语》：齐人。旧封共城侯。

公西赤　字子华。鲁人。旧封钜野侯。

樊须　字子迟。《家语》：鲁人。郑云齐人。旧封益都侯。

冉孺　《史记》：字子鲁，一作曾。《家语》：字子鱼。旧封临沂侯。

梁鳣　《史记》注作鲤。字叔鱼。齐人。旧封千乘侯。

伯虔　《家语》：字子楷。《史记》：字子析。鲁人。旧封沐阳侯。

冉季　字子产。鲁人。旧封诸城侯。

漆雕侈　字子敛。《史记》作漆雕哆。鲁人。旧封濮阳侯。

漆雕徒父　《家语》作从父。字子文，一作子期。鲁人。旧封高苑侯。

商泽　字子秀。《史记》作子季。鲁人。旧封邹平侯。

任不齐　《家语》：字子撰。《史记》：字子选。楚人。旧封当阳侯。

公良儒　《史记》作孺。字子正，一作子幼。陈人。旧封牟平侯。

公肩定　《家语》：字子仲。《史记》作公坚定。字子中。鲁人。或曰晋人。旧封梁父侯。

邬单　《史记》：字子家。《家语》作县亶，字子象。徐广作鄡单。旧封聊城侯。

罕父黑　《史记》：字子素。《家语》作宰父墨，字素，一字子黑。鲁人。旧封祁乡侯。

荣旂　《史记》：字子祺。《家语》作祈，字子祈。鲁人。旧封厌城侯。

左人郢　《史记》：字行。《家语》作左郢，字子行。鲁人。旧封南华侯。

郑国　《家语》作薛邦。《史记》讹薛为郑，又避汉高祖讳，以邦为国。字子徒。宋人。旧封朐山侯。

原亢　字子抗。《家语》作元抗，字子籍。《史记》作元亢。《籍正义》亢作冗。鲁人。旧封乐平侯。

廉洁　《史记》：字庸。《家语》：字子庸。卫人。旧封胙侯。

仲叔会　字子期。《文翁图》作唅。《家语》：鲁人。郑云晋人。旧封博平侯。

邽巽　字子敛。《家语》作邦选。《史记》讹邦为邽。《文翁图》避汉讳，以邦为国。鲁人。旧封高堂侯。

公西舆如　字子上。鲁人。旧封临朐侯。

陈亢　字子禽。陈人。旧封南隶侯。

琴牢 《家语》：字子开。《文翁图》：字子张。卫人。旧封阳平侯。

步叔乘 字子车。齐人。旧封博昌侯。

秦非 字子之。鲁人。旧封华亭侯。

颜哙 字子声。鲁人。旧封济阴侯。

颜何 《史记》：字冉。鲁人。旧封堂邑侯。

县亶 《家语》：字子象。《檀弓篇》县子疑即其人。

乐正克 仕鲁平公。

万章 《通志氏族略》：万氏，姬姓，毕万之后。

周惇颐 字茂叔。营道人。生宋真宗丁巳。旧封道国公。

程颢 字伯淳。洛阳人。生宋仁宗壬申。封号详上。

邵雍 字尧夫。范阳人，徒河南。生真宗辛亥。封号详上。

先儒

谷梁赤 《尸子》作俶。颜师古作喜。字元始。鲁人。生周末。旧封睢阳侯。

伏胜 字子贱。邹平人。生秦汉年间。旧封乘氏伯。

后苍 字近君。东海郯人。生汉宣帝时。

董仲舒 广川人。生汉景帝时。旧封广川伯。

杜子春 河南人。生汉哀帝、明帝时。旧封缑氏伯。

范宁 字武子。鄢陵人。东晋豫章太守。旧封新野伯。

韩愈 字退之。修武人。生唐代宗戊申。旧封昌黎伯。

范仲淹 字希文。吴县人。生宋太宗时。

胡瑗 字翼之。海陵人。生宋太宗癸巳。

杨时 字中立。将乐人。生宋仁宗癸巳。封号详上。

罗从彦 字仲素。南剑州人。生宋仁宗元丰。

李侗 字愿中。剑浦人。生宋喆宗癸酉。

张栻 字敬夫。绵竹人。生宋高宗癸丑。封号详上。

黄干 字直卿，号勉斋。宋闽县人。生高宗壬申。

真德秀 字景元，一字希元。宋浦城人。封号详上。

何基 字子恭。宋金华人，居北山，学者称北山先生。

赵复 字仁甫。元江西德安县人，学者称为江汉先生。

吴澄 字幼清。江西崇仁人。生宋理宗丙午。

金履祥 字吉甫。元兰溪人，筑居仁山下，学者称仁山先生。

陈澔　字可大，一字云庄。都昌人。生宋末。

陈献章　字公甫。新会人。生明宣宗戊申。

胡居仁　字叔心。余干人。生明宣宗甲寅。

蔡清　字介夫，号虚斋。晋江人。明成化进士。

崇圣祠旧名启圣祠，雍正元年改今名，更定封号

昌圣王伯夏公　东二室南向。

裕圣王祈父公　东一室南向。

肇圣王木金父公　正中南向。

诒圣王防叔公　西一室南向。

启圣王叔梁公　西二室南向。

配位

颜无繇　字路。《家语》作季路。旧封曲阜侯。元加封杞国公。

曾点　字皙。《家语》作子皙。《史记》作曾蒧，参之父。旧封莱芜侯。

孔鲤　字伯鱼，子思之父。封号详上。

孟孙激　字公宜。轲匀。封号详上。

两庑

东

周辅成　惇颐之父。

程珦　字伯温。颢、颐之父。旧封开国公。

蔡元定　字季。通沈之父。生宋高宗乙卯。

西

张迪　载之父。字德象。

朱松　字乔年。熹之父。元封越国公。

名宦乡贤二祠、忠义孝弟祠、节孝祠俱详祠祀。

释奠释，置也，谓置牲币，设馔奏乐以奠之也。古释奠、山川、庙社统言之。
宋以后惟文庙曰释奠。

陈设列图七

正位陳設圖

南向

先師

坐爵　坐爵　坐爵
獻爵　獻爵　獻爵
獻爵　獻爵

豆　　鉶　簠　簋　鉶

菹醢　韭菹醢　羹和　稻粱　羹太　黍稷　羹和　鹽　形鹽魚鮞　棗栗榛菱　犬鹿脯餅白黑

筍菹醢魚醢　芹菹醢兔　鹿醢菁菹醢

豚胉肫脾

篚帛
俎
豕　羊

祝香

燭　燭　燭

配位陳設圖

配位

坐爵獻爵
坐爵獻爵

坐爵獻爵

　　銅羹和
籩　榛菱芡鹿脯
鉶　形鹽魚鱐棗栗
簠　黍稷

簠　黍稷

帛

羊燭

香燭

豕燭

　銅羹和
豆　菹片兔醢菁葅鹿醢
　　菹韮醢鹿葅魚醢

稻粱

配位前陳設俱同繪共一

哲位陳設圖

哲位

坐爵　坐爵　坐爵　坐爵　坐爵
　　　獻爵　獻爵　獻爵

銅
和羹

簠稷　盞黍
　　　　皆帛

邊栗　脯鹿
　　　形鹽

豆　菹鹿　菹芹
　　醓醢　醓醢

帛　豕香　豕灼

灼　香　灼

哲位前陳設俱同繪其一

兩廡陳設圖

廡位

坐爵

獻爵 獻爵
獻爵

刀 簠 簋 籩

葅芹 葅菁 稷 黍 鹽 形 粟

醢兔 醢鹿 肉豚 荁 菜 肉兔 棗 脯鹿

帛

爵 香 爵

先賢先儒前陳設同繪其一

藜羹羹

崇聖祠陳設圖

正位

南向

坐爵　坐爵　坐爵　坐爵
　　　獻爵　獻爵　獻爵

豆　鉶　簠　籩　鉶　邊

　　　　　　　　　　榛　菱　芡　鹿脯
　　　　　　　　　　形鹽　魚鱐　棗　栗
　　銅　簠　　銅　邊
芹菹　菁菹　羹和　稷黍　黍稷和　鹽
醓醢　醓醢　　　稻粱　　櫻桃
醢筍　醢蒿　　　簠帛
醢魚　醢鹿

　　　　豕　羊

　　　　祝

灼　香　灼

崇聖祠配位陳設圖

配位

坐爵　獻爵
　　　獻爵
坐爵　獻爵

邊　粟　脯　鹿
形　鹽　棗
籩　黍
簠　復
菁　蒲　鹿菹
豆　芹　兔菹

脯豕

帛

豕

灼　香　灼

韭

配位前陳設饌同繪其一

崇聖祠廡位陳設圖

廡位

坐爵　獻爵
坐爵　獻爵
坐爵　獻爵

邊　栗　脯鹿

籩　形　鹽　束棗
　　黍　肉　豕

簠　稷　肉豕
豆　菹菁　菹麑
　菹芹　菹兔　醢

帛

香　燭　爐

燭

镫

先儒前陳設俱同繪其一

祭器 存贮学库

铜爵六十二只、锡爵六只、锡尊六只、铜铏六个、锡铏一十八个、铜簠一十个、锡簠二个、铜簋四个、锡簋一十二个、锡登一个、锡笾八十四个、锡豆八十四个、磁生杯一百五十五只、锡烛台一十八对、铜香炉一个、锡香炉一十八个、铜花瓶一对、锡花瓶一对、牲俎三架、牲盤二十二面、帛筐余介、祝板二座

乐器 雍正十年，学院李清植颁学

麾一座、编钟十六口、编磬十六块、鼓一架、搏拊二面、柷一座、敔一座、琴四张、瑟二张、排箫二柄、笙四执、箫四枝、笛四管、埙二个、篪二个

舞器

节二架、翟二十四枝、籥二十四管、大鼓一面并架、鼓幔一副、钟磬鼓架流苏节缨共八串、金龙首硃竿红架一副

祀期

每岁春秋二仲月上丁行礼。按：月用仲，以持之正也。日用丁，丁阴火，文明之象也。又春秋仲月属阴，丁属火，取阴火，文明之象。崇圣祠岁仲春秋上丁日子夜致祭，取不先父食之义也。

斋戒

正祭前三日，献官、陪祭官及诸执事咸沐浴更衣。散斋二日，各宿别室。致斋一日，同宿祭所。散斋仍理事务，惟不饮酒，不茹葱韭薤蒜，不吊丧问疾，不听乐，不行刑，不判署刑杀文字，不预秽恶事，致斋惟理祭祀。

省牲

正祭前一日，执事设香案于宰牲所，赞礼者引献官常服诣省牲所。省牲揖，执事者牵牲香案前，过视纯色肥硕，无有伤损抵易。再揖，省牲毕，遂宰牲，以毛血少许盛于盘，其余毛血以净器盛，祭毕埋之。取毛以告纯，取血以告杀也。

执事

正祀：正献官知县，分献官教谕、训导，陪祭同城文武各官，通赞一人，

引赞二人，读祝一人，陈设五人，瘗毛血二人，司盥二人，司尊二人，司爵二人，司帛二人，饮福、受胙二人，司库十人，监宰四人。

四配：东西各陈设五人，司爵二人，司帛二人，引赞二人。

十二哲：同四配。

两庑：同四配。

崇圣祠：正献官知县，分献官教谕、训导，通赞一人，引赞二人，读祝一人，陈设五人，瘗毛血二人，司盥二人，司爵二人，司帛二人，司尊二人，饮福、受胙二人。

配位：东西各陈设五人，司爵二人，司帛二人，引赞二人。

两庑：同配位。

祭仪

《学宫仪物撮要》：祭日夙兴，鼓初严，遍燃庭燎香烛。再严，赞礼、乐舞生及执事各序立于丹墀两旁。鼓三严，引赞引各献官至戟门下立俟。

通赞唱**乐舞生各就位**，乐生各以序进，立于庙廷奏乐之所，司节者各引舞生至丹陛东、西两阶，各序立舞佾之位，司节在东则退至东三班舞生之首，在西则退至西三班舞生至首，相向立。

通赞唱**执事者各司其事**，各执事者以序进，立于各事所。

通赞唱**陪祭官各就位**，众官就拜位讫。

通赞唱**分献官各就位**，各引赞引各分献官至拜位，各引赞退立于东、西讫。

通赞唱**献官就位**，引赞引献官至拜位，引赞退立于献官东西，相向而立。

通赞唱**瘗毛血**，执事者捧毛血，正祀由中门，四配、十哲由左、右门出，两庑随之瘗于坎。

通赞唱**迎神**，舞生横执其籥，无舞。麾生举麾。**唱乐奏《咸平》之曲**，遂击柷作乐，通赞亦随唱，拜礼详后。

乐生歌曰：**大**太四**哉**南工**孔**林尺**圣**仲上，**道**太四**德**仲上**尊**林尺**崇**仲上。**维**南工**持**林尺**王**仲上**化**太四，**斯**林尺**民**仲上**是**黄合**宗**太四。**典**黄合**祀**太四**有**仲上**常**林尺，**精**南工**纯**林尺**并**太四**隆**仲上。**神**黄合**其**南工**来**林尺**格**仲上，**于**林尺**昭**仲上**圣**黄合**容**太四。（此章仍宋徽宗凝安之曲，每歌一句，击鼓三声。）

通赞唱：**跪，一叩首，再叩首，三叩首。兴。**如是者三。（麾生偃麾，柷敬乐止。）

通赞唱**奠帛行初献礼**，捧帛者正祀由中门入，四配、十哲俱由左门入，两庑由左右入，诣各神位前之左，朝上立。

引赞唱**诣盥洗所**，引赞导献官至盥洗所盥手。

引赞唱**进巾**，献官帨手。

引赞唱**诣酒尊所**，导引至酒尊所。

引赞唱**司尊者举幂酌酒**，执爵者以爵受酒，在献官前行，正祀由中门，余由左门入，各于案侧朝上立。引赞导献官由左门入。

引赞唱**诣先师神位前**，麾生举麾。唱**乐奏《宁平》之曲**，击柷作乐，舞生按节而舞。

乐生歌曰：自^{太四}生^{仲上}民^{林尺}来^{仲上}，谁^{太四}底^{黄合}其^{仲上}盛^{太四}。维^{南工}师^{林尺}神^{仲上}明^{太四}，度^{黄合}越^{仲上}前^{仲上}圣^{太四}。粢^{仲上}帛^{太四}具^{仲上}成^{林尺}，礼^{黄合}容^{太四}斯^{林尺}称^{仲上}。黍^{太四}稷^{南工}非^{黄六}馨^{林尺}，惟^{南工}神^{林尺}之^{仲上}听^{太四}。（此章仍元武宗之旧。）引赞于麾生举麾时即导献官至神位前。

引赞唱**跪**，献官跪，捧帛者转身向西跪，进帛于献官右。献官举帛。

引赞唱**奠帛**，献官奠帛。西旁执事者跪接帛，进于神前案上，司爵者转身向西，跪进爵于献官右。献官举爵。

引赞唱**献爵**，献官献爵，西旁执事者跪接爵，进于神前案上。

引赞唱**俯伏**，献官俯首至地。

引赞唱**兴**，献官起。

引赞唱**诣读祝位**（位在庙中香案前），读祝者跪取祝文，立祝位西旁。

引赞唱**跪**，献官并读祝者皆跪。

通赞唱**众官皆跪**，各官跪讫。

引赞唱**读祝文**，麾生偃麾，乐暂止。读祝者读毕，将祝文跪放于祝案上，退堂西，朝上立。

通引赞同唱**俯伏**，献官、众官俱俯首至地。

通引赞同唱**兴**，各官皆起。麾生举麾不唱，乐生接奏在先未终之乐舞。

引赞唱**诣复圣颜子神位前**，引赞引献官至神位前。

引赞唱**跪、奠帛、献爵、俯伏、兴**，俱如正祀仪。

引赞唱**诣宗圣曾子神位前**，如前仪。

引赞唱**诣述圣子思神位前**，如前仪。

通赞唱**行分献礼**，各引赞引分献官各至十哲、两庑，行礼俱如正祀仪，惟捧西哲、西配、西庑帛、爵者，须转身跪于献官、分献官之左，余俱如前仪。

引赞唱**诣亚圣孟子神位前**，如前仪。

引赞唱**复位**，麾生偃麾，柷敔乐止。引赞引献官由右门出，分献官同复原位，执事者随至酒尊所立俟。

通赞唱**行亚献礼**，惟不诣盥洗所，其诣酒尊所，俱如前仪。

引赞唱**诣先师神位前**，麾生举麾。唱**乐奏《秩平》之曲**，击柷作乐，舞生按节而舞。

乐生歌曰：**大**太四**哉**仲上**圣**黄合**师**太四，**实**南工**天**林尺**生**仲上**德**太四。**作**仲上**乐**太四**以**仲上**崇**林尺，**时**仲上**祀**太四**无**林尺**敫**仲上。**清**黄六**酤**南工**惟**林尺**馨**仲上，**嘉**林尺**牲**仲上**孔**黄合**硕**太四。**荐**太四**羞**南工**神**黄六**明**林尺，**庶**南工**几**林尺**昭**仲上**格**太四。（此章仍元武宗奠币、明安之曲。）

献爵同初献，无奠帛，不读祝文。次及四配，仪同初献。

引赞唱**复位**，麾生举麾，柷敔乐止。

通赞唱**行终献礼**，引赞唱**诣先师孔子神位前**，麾生举麾。唱**乐奏《景平》之曲**，击柷作乐，舞生按节而舞。献爵及四配位仪俱同亚献，惟执爵者不出庙外，俱庙内两旁立俟彻馔。

乐生歌曰：**百**仲上**王**南工**宗**林尺**师**仲上，**生**林尺**民**仲上**物**太四**轨**黄合。**瞻**黄六**之**南工**洋**林尺**洋**仲上，**神**林尺**其**仲上**宁**太四**止**黄合。**酌**太四**彼**黄合**金**林尺**罍**仲上，**惟**南工**清**林尺**且**太四**旨**仲上。**登**仲上**献**太四**惟**林尺**三**仲上，**于**南六**嘻**南工**成**林尺**礼**仲上。（此章仍元武宗成安之曲。）

引赞唱**复位**，麾生偃麾，柷敔乐止。

通赞唱**饮福受胙**，进福酒者执爵，进福胙者捧盘，立于读祝案之东，执事者取正坛羊左肩胙置盘中，又二执事立案西。

引赞唱**诣饮福受胙位**，引赞引献官由左门入至祀位。

引赞唱**跪**，献官跪。

引唱**赞饮福酒**，东执事捧福酒跪进于献官，饮讫，西执事跪执爵。

引赞唱**受胙**，仪同饮福。接胙者捧胙由中门出。

引赞唱**俯伏、兴、复位**，引赞引献官至原拜位。

通赞唱**三跪九叩首**，众官同行礼讫。

通赞唱**彻馔**，麾生举麾。唱**乐奏《咸平》之曲**，击柷作乐，舞生直执其籥，无舞。

乐生歌曰：**牺**仲上**象**太四**在**仲上**前**林尺，**豆**太四**笾**仲上**在**黄合**列**太四。**以**太四**享**南工**以**林尺**荐**仲上，**既**仲上**芬**林尺**且**太四**洁**仲上。**礼**黄合**成**太四**乐**仲上**备**太四，**人**南工**和**林尺**神**仲上**悦**太四。**祭**黄合**则**太四**受**仲上**福**林尺，**率**黄合**尊**南工**无**林尺**越**仲上。（此章仍宋神宗饮福绥安之曲。）

执事者各于神位案前将笾豆稍移动，仍复原位。乐尽，麾生偃麾，敔敬乐止。

通赞唱**送神**，麾生举麾。唱**乐奏《咸平》之曲**，击柷作乐，无舞。司节在东者进立于东班舞生之首，在西者进立于西班舞生之首，举节朝上，分引东、西舞生于甬道东、西，依次序立，相向。

乐生歌曰：**有**太四**严**南工**学**林尺**宫**仲上，**四**黄合**方**太四**来**仲四**崇**太四。**恪**黄六**恭**南工**祀**林尺**事**仲上，**威**南工**仪**林尺**雍**仲上**雍**太四。**歆**仲上**兹**林尺**惟**南工**馨**林尺，**神**仲上**驭**太四**还**林尺**复**仲上。**明**黄六**礼**南工**斯**林尺**毕**仲上，**咸**南工**膺**林尺**百**仲上**福**太四。（此章仍宋徽宗凝安之曲。）

通赞唱**三跪九叩首**，行礼讫，麾生偃麾，敔敬乐止。

通赞唱**读祝者捧祝，司帛者捧帛，各诣瘗所**，读祝者先跪取祝文，司帛者次跪取帛，转身向外立。正祀者由中门捧出，左配、左哲由左门出，右配、右哲由右门出，两庑如前仪，随班俱往瘗所。

通赞唱**望瘗**，麾生举麾。唱**乐奏《咸平》之曲**，击柷作乐，无舞，乐章与送神同。

引赞唱**诣望瘗位**，引赞引献官、众官俱至瘗所。

引赞唱**焚祝文，焚帛。**

引赞唱**复位**，麾生偃麾，敔敬乐止。

通引赞同唱**礼毕**，各官俱散。

崇圣祠祭仪与正祀同，无饮福，不用乐，行二跪六叩礼。

舞法

初献奏《宁平》之曲。

自大四

左右舞，开翟籥向上，随起左右手于肩，又垂右左手于下，又跷右左足向前。

生仲上

左右开翟籥翟籥向上，随起右左手于肩，垂左右手于下，跷左右足向前。

民林尺

左右合籥向上，移左右足，过右左足边交立。

来仲上

左右转身向西东开籥，随起。右左手于肩又垂。左右手于膝，又蹲身曲足更加。左右足虚其跟，足尖著地。

谁大四

左右合籥向内拱手出。右左足。

底黄合

左右合籥转身向外拱手出。左右足。

其仲上

左右合籥鞠躬向上揖。

盛大四

左右合籥，转身向西东鞠躬拱手，出左右足。

维南工

左右开籥向上起，左右手于肩拱，右左手于下，出右左足。

师林尺

左右开籥向上起，右左手于肩拱，左右手于下，出左右足。

神仲上

左右合籥，转身向西东，蹈左右足。

明大四

左右开籥，以左右手平肩，左右手平胸，斜身向上，头偏西东。左右足虚其跟，足尖著地。

度黄合

左右合籥，向上过左右足，于右左交立。

越大四

左右合籥，向上过右左足，于左右足交立。

前仲上

左右合簫，向上鞠躬揖。

圣大四

左右合簫，向上平身立。

粲仲上

左右开簫，向上起左右手于肩，垂右左手于下，跷右左足向前。

帛大四

左右开簫，向上起右左手于肩，垂左右手于下，跷左右足向前。

具仲上

左右合簫，当胸向上揖于左右。

成林尺

左右合簫，当胸向上揖手于左右，随复平身，拱手立于中。

礼黄合

左右合簫，蹈左右足转身向上。

容大四

左右合簫，蹈左右足向东西。

斯林尺

左右合簫，低头向西东揖。

称仲上

左右合簫，转身向中平立拱手。

黍大四

左右合簫，向上过左右足于右左交立。

稷南工

左右合簫，向上过右左足于左右交立。

非黄合

左右合簫，低头揖向上。

师林尺

左右开簫，向上起右左手于肩，拱左右手于下，出左右足。

馨林尺

左右开簫，向上起左右足，更加右左足，虚其跟，以足尖着地。

维南工

左右合籥，低首揖于左右，右左足随揖蹈之于后。

之仲上

左右合籥，转身向西东而南北拱手，跷左右足尖。

听大四

左右合籥，转身向上拱手，跷左右足尖。亚献奏《安平》之曲。

大大四

左右开籥，向上起右左手于肩，垂左右手于下，跷左右足向前。

哉黄合

左右开翟，向上起左右手于肩，垂右左手于下，跷左右足向前。

圣黄合

左右合籥，向上过右左足，于左右交立。

师大四

左右开籥，向上起左右手于肩，垂右左手于下，蹲身曲左右足，更加左右足虚其跟，足尖着地。

实南工

左右合籥，向上鞠躬揖于左右，跷左右足尖。

天林尺

左右合籥，向上鞠躬揖于左右，跷右左足尖。

生仲上

左右合籥，向上鞠躬揖于右左，随跷左右足尖。

德大四

左右开籥，向上起左右手于肩，垂右左手于下，蹲身曲左右足，更加左右足虚其跟，足尖着地。

作仲上

左右合籥，拱手向东西，出左右足。

乐大四

左右合籥，转身拱手向西东，出左右足。

以仲上

左右合籥，向西东过左右足，于右左交立。

崇林尺

左右合簫，向东西徹左右足，随虚右左足跟，少斜拱手于上。

时仲上

左右开簫，向上起左右，跷右左手于肩，垂左右手于下，跷左右足向前。

祀大四

左右开簫，向上起左右手于肩，垂右左手于下，跷右左足向前。

无林尺

左右合簫，蹈右左足，转身。

敦仲上

左右合簫，向西东拱手，跷左右足。

清黄合

左右鞠躬，向上开簫，双手向右左，跷左右足尖。

酤南工

左右鞠躬，向上开簫，双手向左右，跷右左足尖。

维林尺

左右合簫，向上低揖。

馨仲上

左右开簫，起左右手于肩，垂右左手于下，蹲身曲左右足，更加右左足虚其跟，足尖着地。

嘉林尺

左右合簫，向西东拱手，出右左足。

牲仲上

左右合簫，向东西拱手，出左右足。

孔黄合

左右开簫，向东西起左右手于肩，垂左右手于下，蹲身曲左右足，更加左右虚其跟，足尖着地。

硕大四

左右开簫，转身向西东，起右左手于肩，垂左右手于下，蹲身曲左右足，更加左右足虚其跟，足尖著地。

荐大四

左右合籥，鞠躬向上揖于右左。

羞南工

左右合籥，鞠躬向上揖于右左。

神黄六

左右合籥，鞠躬向上复揖于右左。

明林尺

左右合籥，复手于中，随鞠躬拱手向上。

庶南工

左右开籥鞠躬，左右手起舞加额，左右手随舞于后，右左足随手，出后足尖着地。

几林尺

左右开籥鞠躬，左右手起舞加额，左右手随舞于后，左右足随手，出后足尖着地。

昭仲上

左右开籥鞠躬，复以左右手起舞加额，左右手随舞于后，右左足随手，出后足尖着地。

格大四

左右合籥，拱手下拜。终献奏《景平》之曲。

百仲上

左右开籥，向外跷左右足。

王南工

左右开籥，向里跷左右足。

宗林尺

左右侧身向外落籥，朝上蹈左右足。

师仲上

左右朝上，正立合籥。

生林尺

左右两班，上下两相对交籥。

民仲上

左右合手朝上，身由足。

物大四

左右侧身向里落籥，蹈左右足，复拱手。

轨黄合

左右合籥，朝上正立。

瞻黄六

左右转身向外开籥，舞跷左右足。

之南工

左右转身向里开籥，舞跷左右足。

洋林尺

左右开籥，朝上正立。

洋仲上

左右合籥，当胸平立。

神林尺

左右向外开籥，舞跷左右足。

其仲上

左右向里开籥，舞跷左右足。

宁大四

左右进步向前，双手合籥对立。

止黄合

左右合籥，转身东西相向拱手。

酌大四

左右向外开籥，舞跷右左足。

彼黄合

左右向里开籥，舞跷左右足。

金林尺

左右开籥，朝上正立。

罍仲上

左右合籥，朝上正立。

惟南工

左右向外，垂右左手，舞跷右左足。

清林尺

左右向里，垂左右手，舞跷左右足。

且大四

左右朝上正揖鞠躬。

旨仲上

左右鞠躬，两开而拱。

祭仲上

左右鞠躬，斜身向左右合籥，舞蹈左右足。

献大四

左右鞠躬，斜身向左右合籥，舞蹈左右足。

惟林尺

左右鞠躬，斜身向左右合籥，舞蹈左右足。

三仲上

左右合籥，朝上拜一鼓便起身。

于黄六

左右侧身向外，垂左右手，舞蹈左右足。

嘻南工

左右侧身向里，垂左右手，舞跷右左足。

成林尺

左右鞠躬，朝上正揖，各回头拱手。

礼仲上

左右鞠躬，朝南俯伏，三鼓毕起身。

师儒
教职

《通鉴》：汉元朔元年，公孙弘请于武帝，为博士官置弟子。

《文献通考》：开元十一年，元宗置广文馆，以郑虔为博士。宋仁宗庆历四年，诏诸路州军监各立学，学者二百人以上，许更置县学，又制教授，以经术行义训导诸生，掌其课试之事，而纠正不如规者。运司及长史于幕职州县官内荐，或本处举人有德艺者充之。熙宁六年，始诏由中书门下选差。建炎三年罢。绍兴十三年复置。

《元史·百官志》：县儒学设教谕一员，训导二员。

《吾学编》：明制县儒学教谕一人，训导二人佐之。

国朝顺治初，裁训导一员。十六年，俱裁。康熙十五年，复一员。雍正十三年，吏部题准各县儒学教谕为正八品，训导为从八品。乾隆元年，奉上谕：教职两官着从元年春季为始，照各员品级给与全俸，永著为令。

元教谕

包莘有传

明教谕

【洪武】　乐良邑人。荐辟。

【宣德】　谢坤

【正统】　麦副　陈敦

【成化】　刘祯　陈纯有传。　　李文献莆田。举人。

【弘治】　邵勣嘉兴。举人。　　鄒琥南吕。举人。

　　　　　王成宪昆山。举人。　　叶葵浮梁。举人。

【正德】　陶釜将乐。举人。　　李儒江宁。岁贡。

【嘉靖】　方希哲闽县。举人。　　曾枢江西。岁贡。　　徐裔无锡。监生。

　　　　　邓政合肥。岁贡。　　曾宸泰和。岁贡。　　鄺梦琰南海。举人。

　　　　　曾希说郧阳。岁贡。　　李庶保昌。岁贡。　　吴经绩溪。岁贡。

【万历】　顾充有传。　　郑全性广西。举人。　　冯一凤仁和。举人。

　　　　　陈仕远福建。举人。　　吴子英嘉兴。举人。

【天启】　郑时化福建。岁贡。　　吴中颖湖州。举人。

【崇正】　戴仲南兰溪。举人。　　陈天锡仁和。举人。　　叶国华有传。

　　　　　章士荣新昌。举人。　　朱襟萧山。岁贡。　　陈法玑临海。贡生。

国朝教谕

【顺治】　周耀祖缙云。岁贡。　　陈赓泰举人。六年任。　　裘秉懿富阳。举人。

　　　　　邵叶槐十五年任。有传。

【康熙】　徐友贞海盐。举人。　　江溥嘉兴。举人。　　赵时楫仁和。贡生。

王召有传。　　　　严曾荣仁和。举人。　张坽有传。

沈峮平湖。举人。　　蒋茂沇有传。　　　林徵崴三十七年任。有传。

曹三才海盐。举人。五十七年任。

【雍正】张致恭海宁。举人。七年任。

邵向荣余姚。举人。十二年任。

明训导

【洪武】鲍忠鄞人。荐辟。

【永乐】戴原播邑人。见明《进士登科录》载：戴觐父原播，任本县儒学训导。

【正统】刘彦　　刘鑑

【天顺】张时启太和。岁贡。

【成化】吴馨莆田。岁贡。　　汪溍歙县。岁贡。

【弘治】丁澍丰城。监生。　　陈富侯官。岁贡。

刘宣衡山。岁贡。　　黄銮德典。岁贡。

【正德】刘金华安福。岁贡。　田维有传。　　　　王圻

刘绥电白。岁贡。　　李泰福安。岁贡。　　汪瀚玉山。岁贡。

【嘉靖】陆载靖江。监生。　　孔世儒南惠。岁贡。　刘孔愚永新。举人。

刘志忠靖江。岁贡。　浦铠无锡。岁贡。　　曹一和有传。

朱华宗延平。岁贡。　李谔安仁。岁贡。　　王士进南靖。岁贡。

蔡锺和瑞昌。岁贡。　施一唯庐江。岁贡。　毛九思富川。岁贡。

王颐松滋。岁贡。

【万历】周时礼 顾嘉嘉善。岁贡。　　王科　　郑崇礼

黎元德广东。岁贡。　顾自新

袁大恒岁贡。《嵊志》：万历七年由定海训导升常山教谕、襄阳府
教授。

【天启】窦若俨有传。　　　曾元忠金华。岁贡。

【崇正】宁用辙广德。岁贡。　卢洪恺东阳。岁贡。

谈明瀛归安。岁贡。　赵绍芳金华。岁贡。

詹鼎元常山。岁贡。　陈允升金华。岁贡。

叶显槐金华。岁贡。　叶琦金华。岁贡。

陈忠诚临安。岁贡。

国朝训导

【顺治】　**程廷诰**仙居。岁贡。　**钱允康**桐乡。岁贡。

　　　　　郁宪章萧山。贡生。

【康熙】　**沈节**嘉兴。贡生。　　**许德裕**山阴。岁贡。

　　　　　蒋名世四十一年任。有传。

【雍正】　**沈炜世**山阴。捐贡。元年任。　**洪熙揆**八年任。有传。

【乾隆】　**冯大位**元年任。有传。　　　**叶元璧**宁海。岁贡。七年任。

廪生二十名

《日知录》：明洪武初，府学生员四十人，县学二十人，日给廪膳，免其差徭。国朝《学政全书》：顺治四年，定直省各学廪生府学四十名，州学三十名，县学二十名。

增广生二十名

《日知录》：明洪武二十年令，增广生员不拘额。宣德三年，增广生员定额如廪生之数，廪膳有缺，于增广内考选；增广有缺，选民间子弟以充。国朝《学政全书》：顺治四年，定直省各学增广生额与廪生同。

附学生

岁科两试，各额取二十名。

《日知录》：明正统十二年，因人才日多，令提调教官于常额之外选军民子弟愿入学者为附学。

《明舍典》：万历三年，始令提学考试，每次取入附学大府不过二十人，大县不过十五人。

国朝《学政全书》：顺治四年，定直隶各省儒学大学取生员四十名，中学取三十名，小学取二十名。顺治十六年，题准儒童入学，大府取二十名，大州大县取一十五名，中县取十二名，小县取四五名。时镇邑取十五名。康熙元年，以后四科岁科并试取十五名。十二年，岁科分两考，各取十五名。十五年，颁行各直省府州学上五名，大学取四名，中学取三名，小学取二名。时镇海取四名。十七年，开例儒童捐银百两者充附学生，无定员。十九年，停止捐例，考取儒童照顺治十六年定例。康熙二十八年，上谕浙江人文繁盛，增广入学额数议定小学取十二名，中学取十六名，大学取二十名，府学取二十五名。时镇邑取二十名。三十八年，上谕增额五名，举行一次。雍正元年，恩诏广额加取七名，举行一次。二年三月初一日，上谕着令督抚会同学政查明实在人文最盛之州县，题请应试童生小学改为中学，中学改为大学，大学照府学额数。时镇邑署令结报稽迟，未得上邀题请。乾隆元年，恩诏增额七名，举行一次。二年，又奉旨增额七名，举行一次。十六年，又奉旨增额五名，举行一次。

武生

岁取十五名。

《明史·选举志》：洪武时置大宁等卫儒学教武官子弟。正统中，始命两京建武学，命都司卫所应袭子弟提学官选送武学读书。崇正十年，令天下府州县学皆设武学生员，提学官一体考试。国朝顺治初，令民有愿为武生者，捐银若干两，其籍统于兵备道。十五年，始令学臣考试取进武生附学肄业，每次府学取八名，县学四名。康熙元年，岁科并试，府学广至二十名，大学十五名，中学十二名，小学八名。镇海为大学，取十五名。十五年，府学取十二名，大学取四名，中学取三名，小学取二名，余令捐银五十两，准充武生，无定额。十九年，停止捐例，俱照元年额，仍岁科并试，嗣后永为定例。

附教谕邵向荣《镇海升学辩》：镇海为大学，由来旧矣！传说者谓由中学升，不知何据？纂郡志者直据其所传以载入官制。今者王公重纂邑志，举二百年残缺之书补遗订误，采核周详，用昭永久，而此一事传讹，所当为之厘正者也。按学校规制有现行之《铨政》，现颁之《学政全书》，与夫旧有之考案典籍具在，班班可考。镇邑学制国初如前制，至康熙元年裁训导，但留教谕，十五年复训导。稽例：大学裁训导，留教谕；中学、小学裁教谕，留训导。嗣后未经奉裁者为经制教谕经制训导，裁而复者为复设教谕复设训导。大学用经制教谕，举人领之；中学、小学用复设教谕，恩拔副贡领之。铨选分两班，永著为令。其有不由常格用者，不限此例。否则中学即升大学，教谕不用经制。镇学自复设训导以来，教谕俱用举人，此明证也。镇学员额国初亦如前制。顺治十七年始并岁、科两试为一，儒士充附十五名。康熙九年，裁儒士充附四名。十九年，增额十五名。二十八年，增额至二十名。六十一年，恩诏加取七名。又武童定额取十五名。

是镇学员额自国初来与鄞、慈同，此明证也。

且直省之设学、升学悉载《学政全书》。查，浙省自康熙六十一年前，惟金华之武义以小学升中学，开载《全书》内，予不知镇之升学何人奏请，何年准题，何《全书》独遗之？岂升学在前明之时乎？然国初裁训导留教谕，亦仍前明之例，是明已属大学，益可无辨也。又《全书》开载雍正二年奉上谕令，督、抚会同学臣查明人文最盛之州县，小学升中学，中学升大学，大学照府学额取。于时鄞、慈两学各照府学员额；奉化向系中学，照大学员额；定海以新设，照小学员额。此皆由邑令依限详请核题，乃得准覆如是，独镇署篆之奉丞踰限，而后结报文未至而中丞公之题本已上达无及矣。批示仰候续题，于署县无怨词焉。盖镇邑士风大抵俭约自爱，重去其乡，守书生之常分，绝不染奔竞钻营之习，虽甚贫困，学业不敢轻废，历任学使者考校皆奖励之，称"才薮"，固早为中丞公洞鉴也。幸蒙恩诏，不得照府学员额，佥谓为奉丞误，皆有余憾。然此时大学如湖之长兴、绍之萧山，皆不得与题请，亦不独镇学然也。

夫地以人重，人以贤重，镇自唐、宋、元、明来，代有伟人，如宋季沈公之理学，结契紫阳；明初张公之魁名，开先东浙，诚卓卓矣！今镇之士，钦承圣朝作人之恩，意克自振拔，以绍前贤，正未可涯量，而于奉丞又奚憾焉。

典籍

御制《先师孔子赞并序》康熙二十五年

盖自三才建，而天地不居其功；一中传，而圣人代宣其蕴。有行道之圣，得位以绥猷；有明道之圣，立言以垂宪。此正学所以常明、人心所以不泯也。粤稽往绪，仰溯前徽，尧、舜、禹、汤、文、武达而在上，兼君师之寄，行道之圣人也；孔子不得位穷而在下，秉删述之权，明道之圣人也。行道者勋业炳于一朝，明道者教思周于百世；尧、舜、文、武之后，不有孔子，则学术纷淆，仁义湮塞，斯道之失传也久矣。后之人而欲探二帝、三王之心法，以为治国、平天下之准，其奚所取衷焉？然则孔子之为万古一人也，审矣。朕巡省东国，谒祀阙里，景企滋深；敬搞笔而为之赞曰：

清浊有气，刚柔有质。圣人参之，人极以立。行着习察，舍道莫由。惟皇建极，惟后绥猷。作君、作师，垂统万古；曰惟尧、舜、禹、汤、文、武。五百余岁，至圣挺生。声金振玉，集厥大成；序书、删诗，定礼、正乐；既穷象系，亦严笔削。

上绍往绪，下示来型；道不终晦，秩然大经。百家纷纭，殊途异趣；日月无踰，羹墙可晤。孔子之道，惟中与庸；此心此理，千圣所同。孔子之德，仁义中正；秉彝之好，根本天性。庶几夙夜，勖哉令图。溯源洙、泗，景躅唐、虞。载历庭除，式观礼器；摛毫仰赞，心焉退企。百世而上，以圣为归；百世而下，以圣为师。非师夫子，惟师于道；统天御世，惟道为宝。泰山岩岩，东海泱泱；墙高万仞，夫子之堂。孰窥其藩？孰窥其径？道不远人，克念作圣。

御制《颜子赞》

圣道早闻，天资独粹；约礼博文，不迁不贰。一善服膺，万德来萃；能化而齐，其乐一致。礼、乐四代，治法兼备。用行舍藏，王佐之器！

御制《曾子赞》

洙、泗之传，鲁以得之。一贯曰唯，圣学在兹。明德新民，止善为期；格致诚正，均平以推。至德要道，百行所基。纂承统绪，修明训辞。

御制《子思子赞》

于穆天命，道之大原。静养动察，庸德庸言；以育万物，以赞乾坤。九经三重，大法是存。笃恭慎独，成德之门。卷之藏密，扩之无垠。

御制《孟子赞》

哲人既萎，杨、墨昌炽。子舆辟之，曰仁与义。性善独阐，知言养气。道称尧、舜，学屏功利。煌煌七篇，并垂六艺。孔学攸传，禹功作配。

钦定文庙祭文康熙二十五年

维先师德隆千圣，道冠百王，揭日月以常行，自生民所未有。属文教昌明之会，正礼和乐节之时，辟雍钟鼓，咸恪荐于馨香，泮水胶庠，益致严於笾豆。兹当（　）仲，祇率彝章，肃展微忱，聿将祀典，以复圣颜子、宗圣曾子、述圣子思子、亚圣孟子配。尚飨。

钦定崇圣祠祭文

维王，奕叶钟祥，光开圣绪。盛德之后，积久弥昌。凡声教所覃敷，率循源而溯本。宜肃明禋之典，用伸守土之忱。兹届仲（　），聿修祀事。配以先贤颜氏、先贤曾氏、先贤孔氏、先贤孟孙氏。尚飨。

卧碑文与洪武旧碑不同，顺治九年通行各学刊立，乾隆十四年，知县王梦弼立石重刊。

朝廷建立学校，选取生员，免其丁粮，厚以廪膳，设学院、学道、学官以教之。

各衙门官以礼相待,全要养成贤才,以供朝廷之用,诸生皆当上报国恩,下立人品。所有教条,开立于后:

一、生员之家,父母贤智者,子当受教。父母愚鲁或有非为者,子既读书明理,当再三恳告,使父母不陷于危亡。

一、生员立志,当学为忠臣、清官。书史所载忠清事迹,务要互相讲究。凡利国爱民之事,便宜留心。

一、生员居心忠厚正直,读书方有实用,出仕必作良吏。若心术邪刻,读书必无成就,为官必取祸患。行害人之事者,往往自杀其身,常宜思省。

一、生员不可干求官长,交结势要,希图进身。若果心善德全,上天知之,必加以福。

一、生员当爱身忍性,凡有司官衙门不可轻入,即有切己之事,止许家人代告,不许干与他人词讼。他人亦不许牵告生员作证。

一、为学当尊敬先生,若讲说皆须诚心听受,如有未明,从容再问,毋妄行辩难。为师长者亦当尽心教训,勿致怠惰。

一、军民一切利病,不许生员上收陈言。如有一言建白,以违制论,黜革治罪。

一、生员不许纠党多人,立盟结社,把持官府,武断乡曲。所作文字,不许妄行刊刻。违者听提调官治罪。

御制训饬士子文行学宣讲乾隆十四年知县王梦弼奉文立石重刊。

国家建立学校,原以兴行教化、作育人材,典至渥也。朕临驭以来,隆重师儒,加意庠序。近复慎简学使,厘剔弊端,务期风教修明,贤才蔚起,庶几朴樕作人之意。乃比来士习未端,儒行罕著。虽因内外臣工奉行未能尽善,亦由尔诸生积锢已久,猝难改易之故也。兹特亲制训言,再加警饬,尔诸生其敬听之。

从来学者先立品行,次及文学。学术事功,源委有叙。尔诸生幼闻庭训,长列宫墙,朝夕诵读,宁无讲究?必也躬修实践,砥砺廉隅。敦孝顺以事亲,秉忠贞以立志。穷经考义,勿杂荒谬之谈;取友亲师,悉化骄盈之气。文章归于醇雅,毋事浮华;轨度式于规绳,最防荡轶。子衿佻达,自昔所讥。苟行止有亏,虽读书何益?若夫宅心弗淑,行已多愆;或蜚语流言,胁制官长;或隐粮包讼,出入公门;或唆拨奸猾,欺凌孤弱;或招呼朋类,结社要盟;乃如之人,名教不容,乡党弗齿。纵幸脱褫扑,滥窃章缝,反之于衷,能无愧乎?况乎乡会科名,乃抡才大典,关系尤钜。士子果有真才实学,何患困不逢年!顾乃标榜虚名，暗通声气，夤缘诡遇，罔顾身家。又或改窜乡贯，希图进取，嚣凌腾沸，网利营私。种种弊端，深可痛恨。且夫士子出身之始，尤贵以正。若兹厥初拜献，便已作奸犯科，则异时败检逾闲，何所不至？又安望其秉公持正，为国家宣猷树绩，膺后先疏附之选哉？

朕用加惠尔等，故不禁反复惓，惓颁兹训言，尔等务共体朕心，恪遵明训，一切痛加改省，争自濯磨，积行勤学，以图上进。国家三年登造，束帛弓旌，不特尔身有荣，即尔祖父亦增光宠矣。逢时得志，宁俟他求哉！若仍视为具文，玩愒弗儆，毁方跃冶，暴弃自甘，则是尔等冥顽无知，终不能率教也。既负栽培，复干咎戾，王章具在，朕不能为尔等宽矣。自兹以往，内而国学，外而直省乡校，凡学臣师长，皆有司铎之责者，并宜传集诸生，多方董劝，以副朕怀。否则职业勿修，咎亦难逭，勿谓朕言之不预也。尔多士尚敬听之哉！

乾隆五年奉上谕

士为四民之首，而太学者教化所先，四方于是观型焉。比者，聚生徒而教育之，董之以师儒，举古人之成法，规条亦既详备矣。独是科名声利之习，深入人心，积重难返，士子所为汲汲皇皇者，惟是之求，而未尝有志于圣贤之道。不知国家以经义取士，使多士由圣贤之言，体圣贤之心，正欲使之为圣贤之徒，而岂沾沾焉文艺之末哉！

朱子同安县谕学者云："学以为己。今之世，父所以教其子，兄所以勉其弟，师所以教其弟子，弟子之所以学，舍科举之业，则无为也。使古人之学止于如此，则凡可以得志于科举斯已尔，所以孜孜焉爱日不倦，以至于死而后已者，果何为而然哉！今之士惟不知此，以为苟足以应有司之求矣，则无事于汲汲为也，是以至于惰游而不知返，终身不能有志于学。而君子以为非士之罪也。使教素明于上，而学素讲于下，则士者固将有以用其功，而岂有不勉之患哉。诸君苟能致思于科举之外，而知古人之所以为学，则将有欲罢不能者矣。"观朱子此言，洵古今通患。夫"为己"二字，乃入圣之门。知为己，则所读之书一一有益于身心，而日用事物之间，存养省察，暗然自修，世俗之纷华靡丽无足动念，何患词章声誉之能夺志哉。况即为科举，亦无碍于圣贤之学，朱子云："非是科举累人，人累科举。若高见远识之士，读圣贤之书，据吾所见，为以应之，得失置之度外，虽日日应举亦无累也。居今之世，虽孔子复生，也不免应举，然岂能累孔子也！"

朱子此言，即是科举中"为己"之学。诚能为己，则四书五经皆圣贤之精蕴，体而行之，为圣贤而有余；不能为己，则虽举经义治事而督课之，亦糟粕陈言，无裨实用，浮伪与时文等耳。故学者莫先于辨志，志于为己者，圣贤之徒也；志于科名者，世俗之陋也。国家养育人材，将欲以致君泽民、治国平天下，而囿于积习，不能奋然求至于圣贤，岂不谬哉！朕膺君师之任，有厚望于诸生。适读朱子书，见其言切中士习流弊，故亲切为诸生言之，俾司教者知所以教，而学者知所以学。钦此。

　　乾隆十三年秋九月

　　太子少保、总督闽浙、兵部右侍郎　臣喀尔吉善

　　巡抚浙江、都察院右副都御史　臣方观承

　　翰林院侍讲、提督浙江学政　臣于敏中恭录行

　　布政使　永贵

　　按察使　叶存仁

　　宁绍台道　侯嗣达转饬

　　宁波府知府　胡邦祐

　　镇海县知县　王梦弼敬刊

《圣谕广训》一本，《上谕》一本系谕三教，《平定青海摹揭碑文》二道，《刺恶诗集》二本，钦颁《训士典谟卧碑摺贴》一本，《圣典训士碑帖》一本，《御纂周易折衷》八部，《诗经传说稿纂》十部，《书经传说稿纂》十部，《春秋传说稿纂》十部，《朱子全书》八部，《性理精义》十部，《上谕》十部又二部，《学宫仪物撮要》一本，《学政全书》二本，《驳吕留良四书讲议》一本，《钦定训饬州县条规》一本，《钦定四书文》一部，《圣训》一部五十四本，《御制盛京赋》一本，《御批通鉴纲目》一部，《明史》一部

附：学田

　　《雍正府志》：明万历间，知府戴新查定海县绝甲官田地共六百一十八亩零，内拨三百五十四亩六分一毫以赡贫士。知府陈之美亦置田若干亩。**按：雍正元年编立顺庄，邑令田长文将学田亩分字号稿造清册存县备查，其粮额征解详《田赋》。**

书院

鲲池书院 初名蛟川，抚军常安改今名，在梓荫山下。前明时，山顶建文昌祠，山麓建纯阳阁，多士会文于其所。兵燹后归于释氏，改名罗汉堂。乾隆八年，邑士郑宗璧、李士瀛等请于邑令杨玉生，详改书院，各宪俱报可。邑令捐六十金，邑士共输三百八十两有奇，鸠工庀材，经始是年冬，至十一年二月落成。除修葺旧屋十五间外，余皆新构，中为讲堂，东西廊房各八间，南临映河七间，西南台门三间，东北小屋及后门三间。余为园圃。映池横二十五丈，由月台之南入学后河，西流与泮水合，砌以石硪，围以石栏，跨以石桥，接连学宫，以通往来。西建"蛟川书院"石坊一座。讲堂内抚军常安额曰"海天毓秀"，抚军方观承额曰"学海而至"，巡道叶士宽额曰"海表回澜"，郡守魏峥额曰"明体达用"。其田产原存二亩七分，胡孝先入官田九亩零，绅士谢绪恒等捐田四十亩零，俱收租以供膏火。乾隆十年，绅士谢闿祚等会议膏火不敷，以傅家碶下官滩九十余亩碶成可垦，请详升赡学。十一年，令王梦弼勘丈详明，召佃垦熟后，内拨田一十余亩归忠勋祠义学，拨田三十亩零归泰邱乡杨亭庙义学，余田若干归书院收息，勒石垂远。教谕邵向荣有记，载《艺文》。

崇正书院 在江北西管乡，旧在四方桥，系罗祖庵。康熙五十八年，知县田长文改为书院。庵产二十亩有奇，悉供师生膏火，勒记于石。

略曰：康熙五十八年间，本县奉前道宪江批，毁罗祖庵经像，改设义学，额以"崇正书院"，俾公举端方宿学延为义师，招集贫寒子弟就学训迪，本县仍时时命题课艺，不徒视为具文。其原存并续置田地共二十亩有奇，以租息为延师、葺舍之资，照镇邑学田例，免编丁役，惟钱粮不便豁免，自雍正元年以前历皆本县代为完纳，经理措置，颇有规模。惜乎无暇，诸多未备，深为不慊于心。所喜者，其学师能尽心于教，弟子亦鼓舞于学，文风日进，益彬彬乎有造也。兹本县恭膺荐剡，循例引见。虑及去镇之后，书院或归额废，爰再详明道宪在案。兹将书院户管册一样两本，一存县房，一发书院，并各具述原委于前，以备查考，惟冀后来贤令长加意作养，幸勿令人侵渔废坏，而师弟子亦勿替于弦诵，是所深望也。

后缘地居旷野，多士艰于远集，讲席既虚，屋宇亦就圮。雍正十二年，署令陈秉钧将田暂拨在城中义塾。乾隆元年，江北士民庄懋建等请县令杨玉生移崇正书院旧屋，建筑于庄市进贤桥内，庶东、西两管道里适均，从游者便，令许之。越二载落成，共屋一十三间，岁延师掌教。

镇邑义塾 《旧志》载坊隅一处，乡都二十四处，今皆荒废。

忠勋祠义塾 在城隍庙左。

杨亭庙义学 在泰邱□都四图，庙旁平庑一所，邑御史谢兆昌额曰"党塾遗规"。乾隆十一年，令王梦弼详拨傅家碶下新垦田三十亩零以资膏火。

附鲲池书院田

原存庵田二亩七分 河字二千七百九十号

胡孝先入官田九亩六分七厘七毫 字

谢绪恒捐田一亩三分 字

范用贤捐田三亩五分五厘四毫三丝 字

王和吉捐田二亩一分九厘一毫四丝 字

王谦吉捐田二亩四分四厘五毫 字

谢铨祚捐田二亩二厘七毫七丝 字

谢绪璇捐田一亩 字

谢绪珙捐田一亩二分五厘 字

谢琦祚捐田二亩 字

谢佑从捐田二亩二分七厘五毫 字

胡维焕捐田二亩一分三厘九毫八丝六忽 字

余光学捐田一亩四分四厘九毫二丝二忽 字

马锡祚捐田一亩一分 字

谢绪玑捐田六分三厘 潜字

舒　椒捐田一亩九厘八毫 翔字三千一百二十七号

谢因祚捐田八分五厘七毫 字

刘维献捐田一亩 字

史　峻捐田一亩四厘九毫 字

袁　戴捐田一亩四分五厘 光字二千八百号

孔衍瑞捐田八分四厘五毫 重字一千六百九十七号

　　　又捐田二亩一分五厘五毫二丝 重字二千五百五十九号

夏日瑚捐田七分二厘三毫 李字三千一百零八号

胡 栋捐田一亩 字

虞汝辉捐田一亩 字

王元吉捐田八分五厘二毫 字

沈上策捐田一亩一分 字

王升猷捐田二亩五分 制字五十三号

施守缜捐田六厘六毫 火字四百九十五号

傅家碶下召垦田忠勋祠义学田在内

第一号 土名碶西田 一亩八分七厘五毫

第二号 土名碶东田 八亩五分七厘五毫

第三号 土名尖角田 六分六厘六毫六丝六忽

第四号 土名庵后田 五亩九分七厘九毫一丝六忽

第五号 土名孤坟滩下田 六亩二厘六毫

第六号 土名江船埠田 十五亩一分九厘三毫东畔有余滩约一亩零未丈在内

第十一号 土名新丈地下田 五亩六分二厘五忽

第十二号 土名陆家义田 三亩一分六厘六毫

第十三号 土名陆家义田 五分三厘三毫三丝三忽

第十四号 土名陆家义田 七分五厘八毫三丝三忽

第十六号 土名桥头坵田 二亩五分四厘三毫七丝五忽

第二十号 土名纱帽坵田 六亩三分三厘三毫

第二十一号 土名跳头下田 八亩三分四毫一丝

共田六十四亩九分三毫四丝

书院后有蔬地一亩，系观音寺僧产，邑人王启宪以己田易之捐书院。

崇正书院田亩照雍正元年田任印册开载

成字八十二号北民田 四亩四毫一丝

成字八十八号北民田 五分六厘

成字二百九十一号北民田 五分六厘

成字三百七十六号北民田 二分四厘三毫

成字三百八十号北民田 五分二厘七毫内扣一分兑入东汉经堂

成字三百八十一号北民田 五厘

成字三百八十二号北民田 五厘

成字四百三十六号北民田　七分九厘

成字五百十八号北民田　三分六厘

成字二千一百三十七号北民田　二亩八分七厘三丝查此号田已兑出，册内当除

收字一千六百二号田　一亩六厘六毫

收字一千八百九十一田　一亩八分七毫

上二号共田二亩八分七厘三毫

成字二千三百六十三号北民田　二亩六分五厘

成字二千三百六十四号北民田　五分二厘

成字二千三百九十二号北民田　三亩六分六厘六厘

成字二千七百十三号北民田　一亩五分

余字一千一百十号北民田　九分五厘八毫五丝

共田地二十一亩七分六厘六毫九丝

杨亭庙义学召垦田傅家碛下拨入

第七号田　土名江船埠　三亩四分一厘八毫七丝五忽东畔有余滩约计四分未丈在内

第八号田　土名双条塘　九亩七分

第九号田　土名倒桥头　五亩八分一厘二毫五丝

第十号田　土名大爿田衕　四亩四分五厘六毫二丝五忽外有余滩约计一亩未丈在内

第十五号田　土名姚家镶　九分三厘七毫五丝

第十七号田　土名桥西坵　三亩八分九厘五毫八丝三忽

第十八号田　土名坎下坵　三分

第十九号田　土名纱帽坵　五分五厘四毫一丝七忽

第二十二号田　土名姚头下　四分七厘五毫

第二十三号田　土名方坵　六分六厘六毫六丝六忽

共田三十亩二分一厘六毫六丝六忽

武备

汉制：郡国兵平地用车骑，川泽用楼船，材官技击各因所宜。四明号泽国，镇以雄关扼要设险，津陆戒严，江海联络，控制视他处为难，而慎守愈不可不备。我朝神武孔扬，运筹善后，重镇以壮外卫，全师以据上游，凡驻泊屯戍、蒐阅缀厉之法详矣，密矣。兵戢不用，而军政治，是在老成能畜众者。志武备。

营制

镇海营

康熙二十六年改定海营为镇海营。

《宋史·兵志》：建炎立寨兵，庆元府十寨：浙东、鲒埼、三姑、管界、大嵩、海内、白峰、岱山、鸣鹤、公塘。

《宋史》：绍兴二年，以右朝请大夫吕源为浙东福建沿海制置使，治定海县（今镇海，下同）。

《玉海》：绍兴三年正月，诏御前忠锐第七将徐文以所部屯定海县，听沿海制置使节制。

《宋史》：乾道三年，以明州定海县水军为御前水军。

《元史·兵法》：元大德八年，调蕲县王万户翼汉军一百人、宁万户翼汉军一百人、新附军二百人守庆元，自乃颜来者蒙古军三百人守定海。

《续文献通考》：明洪武元年，以太史令刘基奏立军卫法，大率以五千六百人为卫，一千一百二十八人为一千户所，一百一十二人为一百户所，通以指挥使等官领之。

《旧志》：洪武七年，调明州卫前所屯守定海。十二年，置定海守御千户所。十八年，调前所守昌国，以宁波卫右所补额。二十年，信国公汤和立定海卫。在县东北，后改总镇府，今为演武场。调宁波卫左所及新操中、前、后三所为五千户所，外辖霩䃈、大嵩二千户所。二十五年，徙昌国卫于象山，存中中、中左二所隶本卫，共辖九千户所，其员指挥使、指挥同知、指挥佥事、经历、知事、卫镇抚所正千户、副千户、镇海百户等官九十一员，令史、典史、司吏等一十二员，旗军五千六百名，经历司、卫镇抚、千户所有署，土神有祠，旗纛庙祭器祭品有常秩。铜牌制书，官吏掌之。谯楼、演武场、军器局、火药局、火攻库、仓庾各有所。威远有城。详城垣。靖海有营。都督卢镗因祭江亭址展筑舍宇三十楹为海口屯戍处，名靖海营。守城军火、器械、关隘、台堠、战船有数，岁造解京，军器有额。按：五千户所内，左、中、右、前四所附卫。后千户所在海晏二都之穿山。洪武二十年，信国公汤和徙大小榭海岛居民于此。二十七年，安陆侯吴复**按《皇明从信录》：洪武二十七年，命安陆侯吴杰练兵防倭，至穿山置所。复乃杰之父，洪武十六年已卒于普定，追封黔国公，旧志称复，误。**置所，调本卫后所守御，辖十百户所，正千户、副千户、镇抚、百户等官一十七员。司吏一，旗军一千一百二十名，本卫贴守军余一百二十名。所署祠庙、铜牌、制书、场局、仓庾等并同卫。外辖霩𠷢千户所，海晏三都地。宋置霩𠷢驿，洪武二十年，信国公汤和改建千户所，辖十百户所，正千户、副千户、镇抚、百户等官一十六员，司吏一，旗军一千一百二十名，本卫贴守军余六十名。所署祠庙等并同后所。**按：旧志并载大嵩千户所、中中、中左千户所，今大嵩隶鄞县，中中、中左所隶定海县，故不录。**

《嘉靖府志》：龙山千户所，郡治北七十里，洪武二十年，信国公汤和建，辖十百户所，正千户、副千户、镇抚、百户等官一十六员，司吏一，旗军一千一百二十名。所署祠庙等并同后所。**按：龙山千户所旧系观海卫外辖之所，汤和因定海县龙头场石塘团旧址创建，地属镇，故录。**

《浙江通志》：定海把总旧为定临观总，嘉靖二十八年分为二：临观一，定海一。定海总统水兵三枝：游哨、南哨、北哨，驻扎定海。嘉靖三十一年，革备倭都司，改设宁绍参将，统水兵三枝：正后哨、正游左哨、正游右哨，驻扎定海，定海总属调度。三十四年，设管理浙直海防军务总兵，驻扎临山。三十五年，以定海为诸番贡道，改驻弹压，标下统**陆兵五总**中左右前后五营；**水兵三枝**中军哨、中游左哨、中游右哨；**中营**本标坐营官部领哨官四员，兵四百名。平时常驻定海防守本城并大关涨口听备，缓急调遣策应；**左营**各色把总一员，部领哨官四员，兵四百名。平时常驻定海操练，每年汛时更番发守龙山等处地方，拨兵往来沿海巡哨；**右营**官兵同左营。平时常驻定海操练，每年春汛更番发守霩𠷢等处地方，拨兵往来沿海巡哨；**前营**官兵同左营。平时常驻定海操练，每年春汛更番发守钱仓等处地方，拨兵往来沿海巡哨；**后营**官兵同左营。平时常驻定海操练，每年春汛更番发守穿山、后所等处地方，拨兵往来沿海巡哨；**中军哨**各色把总一员，部领大小战船四十六只，兵七百五十九名，泊定海港，平时把守关口，汛期本镇坐统出洋，南北往来巡督；**中游左哨**各色把总一员，部领哨官二员，大小战船三十六只，兵一百七十八名，汛毕泊定海港，汛期出洋扎陈钱岙，东哨至浪冈海礁大洋，南哨至大霍山，与宁绍参将、正游左哨官兵会哨；西哨至蒲岙，与宁绍参将、正游右哨官兵会哨，兼顾茅草大小七洋山；**中游右哨**官兵同左哨，汛毕泊定海港，汛期出洋泊花脑，东哨至日本极东洋，南哨至陈钱里西二岙，与本标中游左哨官兵会哨；西哨至落华洋山北丁兴殿前山，与直隶官兵会哨，北哨至大小七茅草洋崇明，与江北狼山官兵会哨。国朝顺治三年，仍明制设协镇定海总兵，分设陆师中左右三营各副将一员、守备一员、千总二员、把总四员；水师左右二营各参将一员，守备以下与陆同。六年改协镇总兵为宁绍温台总兵，仍驻定海，辖五营陆师副将、水师参将俱改游守。十四年，设宁台温水师总兵，以定海水师左右二营改水师前后二营属焉。十五年，调宁绍台温总兵率本标陆师三营移驻黄岩，以宁台温水师总兵驻定海。本年，复调原驻舟山、移驻黄岩协镇之陆中营改为定海城守营，汛守定海城并江南江北沿海所城台寨，听台州总镇统辖。康熙元年，改宁台温水师总兵为水师左路总兵。八年，改水师左路总兵为镇守定海总兵，辖定海城守。二十三年，移定海镇总兵驻舟山，为舟山镇。二十六年，舟山设定海县，仍为定海镇，定海营改镇海营系陆路。雍正二年，改城守营为水师营隶定海镇管辖，额设参将一员、守备一员、千总二员、把总四员。雍正二年，添设外委千总二员、把总五员，额设兵一千一百五十五名。

明闸帅初以公、侯、伯辖卫官。嘉靖三十五年后改。总镇卫官及协镇姓氏不备载

【洪武】汤　和　信国公。凤阳人。吴元年，以御史大夫平方国珍。至二十年，经略海上。

【永乐】李　彬　丰城侯。四年任。

　　　　王　友　清远伯。

　　　　吴　杰　安陆侯。

【嘉靖】刘　远　南京济川卫指挥。三十五年任。

　　　　俞大猷　武进士。泉州卫百户。三十六年任。

　　　　卢　镗　处州卫指挥。三十八年任。

　　　　杨尚英　直隶人。定海卫指挥。四十二年任。

【隆庆】刘　显　江西南昌卫指挥。元年任。

　　　　朱　冠　山东济南卫正千户。五年任。

【万历】李　超　海门卫指挥。二年任。

　　　　黄应甲　安庆卫人。武进士。五年任。

　　　　吴　国　怀庆卫千户。八年任。

　　　　胡守仁　观海卫指挥。十二年任。

　　　　王化熙　磁州卫人。十二年任。

　　　　侯继高　直隶卫指挥。十四年任。

　　　　李应诏　南昌卫指挥。二十年任。

　　　　李承勋　处州人。二十九年任。

　　　　杨宗业　癸未进士。潼关卫指挥。三十四年任。

　　　　李光先　彰德卫指挥。四十年任。

　　　　王良相　山东诸城所千户。四十四年任。

【天启】何斌臣　武进士。山阴人。元年任。

　　　　郑　钦　河间卫指挥使。六年任。

【崇正】任中英　己未进士。西安卫指挥。元年任。

　　　　王光有　绍兴卫镇抚。三年任。

　　　　陈弘范　定辽卫指挥。四年任。

　　　　刘嘉言　南京旗手卫指挥。五年任。

　　　　张之斗　己未进士。南京龙虎左卫指挥。六年任。

　　　　马孟骅　海盐卫指挥。八年任。

　　　　刘镇藩　贵州敷勇卫千户。十三年任。

　　　　杜弘域　榆林卫世袭。十三年任。

　　　　蔡弘毅　湖州守御所指挥。十四年任。

　　　　王之仁　武举。北京卫官籍。十七年任。后死难。

国朝总镇康熙二十三年后移镇舟山

【顺治】张　杰　辽东广宁卫人。三年任。

　　　　常进功　辽东广宁卫人。十四年任。入邑名宦。

【康熙】朱万化　辽东瑷阳人。三年任。入邑名宦。

牟大寅 湖广施州卫人。十五年任。有传。

孙维统 北京人。十六年任。

吴　英 福建泉州人。二十年任。

黄大来 二十年任。

以后移镇舟山（今定海），不复登载。

邵辅忠　历任大帅题名碑记：都督同伯马公镇浙七载，威远惠布，壮猷诞敷，长鲸授首，丰功奏成，天子嘉厥懋伐，貤封进秩。公视事之暇，睹堂左旧题名记已无余石，因复磨碑树堂右，续记后来者名，问记于余。余考吾浙之改设大帅，自嘉靖三十五年始；改建镇帅公署，自万历二年始，迄今大帅一十余人，其间丰功伟绩、光昭史册、脍炙人口者固不鲜，湮没无称者比比焉。前碑姓名爵里畴不麟麟炳炳，名与石垂，何以后此轻重殊致也？夫国之建，重臣在。重臣之能知所重，以重朝廷，而国家享敉宁之福。吾浙为宇内首藩，南引闽粤，东控三韩，北拱神京，西包吴越，屹然重地矣。特置帅臣，建牙蛟川，以便控驭。地重则任重，任兹帅者，岂特鹊印摇天，龙旗掣云，侈尊大予雄，抑亦端已式下，克诘戎兵，以固吾圉也。况昔之防，防在倭；今之防，防在盗。防倭则汛有定期，不重苦吾军士。防在盗则窃发靡常，经春秋不撤备。民依于海以生，盗日滋而军士苦久戍，每惜于用命。故今日之帅臣视昔倍重而难。蠢尔岛倭，自嘉靖大创后，历圣化洽，无敢以一帆惊吾烽燧，而潢池弄兵犹是，吾赤子而顾，兢兢然日御之不遑给与。诗曰："柔远能迩，以定我王"，正帅臣事也。帅臣跻是堂皇，盍深维而思其重乎？思天子简书，何以答之？文武殊志，曷以一之？三军具瞻，奚以副之？岛倭难戢，曷终靖之？奸究未弭，曷潜消之？户庸何以绸缪？号令何以严明？城隍何以金汤？士卒何以抚循？苞苴何以禁？戎籍孑虚，何以核汰？楼橹器械之属，奚以坚利？阑入阑出者，奚以稽？斥堠奚以谨？果其军纪肃如，恩信沛如，克广德心，有严有翼，以之折冲樽俎，聿奏肤功，则登之于碑也，人得而指之曰："某也功""某也德"，靡不钦然重之。倘其反是，则登之于碑也，人得而指之曰："某也不肖，岂然号为大帅也！"问其功若德，则否，得毋负天子推毂重臣意乎？公之树斯碑也，宁第俾后来者姓氏爵里有志，而劝诫寓焉，可谓知所重矣！知所重，朝廷重之，邦国重之，以暨天下后世靡不重之，则斯名也，不洵有光耀乎？填珉也哉！其改帅改署颠末，与已前诸公姓名爵里俱登于旧石，兹不复书。

镇海水师营参将 初为城守营，雍正二年后改陆路为水师营

【顺治】 郭光斗 满州人。十五年任。

孙廷相 羽林卫人。十五年任。

徐万遴 辽东人。十七年任。

【康熙】 孙登科 辽阳人。三年任。

高满敖 延安人。九年任。

马化龙 十二年任。

孔国元 开元人。十四年任。

高　禄 十六年任。

姚世熙 陕西人。十七年任。

柳　星 榆林卫人。十九年任。

康　共 苏州人。二十二年任。

韩世臣 顺天人。二十七年任。

刘成功 湖广人。三十一年任。

杨弘基 镶蓝旗人。三十七年任。

周奕突 山东人。四十二年任。

陈安国 福建人。四十四年任。

鲁　玙 山东人。四十九年任。

钮鸿杰 顺天人。五十一年任。

孙如霖 顺天人。五十六年任。

穆廷杰 镶黄旗人。六十一年任。

【雍正】 张　溥 正黄旗人。元年任。升总兵官。

罗　雄 晋江县人。二年任。

吕瑞麟 福建人。三年任。

倪齐贤 金华人。四年任。

高　升 福建人。五年任。

苏　福 晋江县人。六年任。升总兵官。

施世泽 福建人。十年任。升副将，至总兵官。

张兆龙 广东人。十二年任。升副将。

【乾隆】　黄　寿　饶平人。三年任。

　　　　董　方　福建人。六年任。

　　　　朱国宝　黄岩人。七年任。

　　　　余定国　澄海人。八年任。

　　　　周宗茂　鄞县人。十一年任。

　　　　柯地祐　福建人。十四年任。

　　　　讷升额　镶黄旗世袭。十七年署。

水师营守备

【康熙】　苟天麒　陕西人。

　　　　方　俊

　　　　于　海

　　　　刘士鸿　江西人。进士。

　　　　李　升

　　　　李胜龙　陕西人。四十八年任。

　　　　曹　琦　严州人。五十二年任。

　　　　王　玉　五十六年任。

　　　　郝良玉　四川人。五十八年任。

【雍正】　杨国祥

　　　　陈奇坊　广东人。三年任。

　　　　黄　寿　福建人。五年任。

　　　　张文耀　广东人。七年任。

　　　　刘进升　广东人。八年任。

【乾隆】　陈云奇　福建人。五年任。

　　　　顾金策　崇明人。八年任。

　　　　吴大勋　福建人。十一年任。

　　　　姚　雄　温州人。十七年任。

俸饷

经制额设参将一员。大建支俸银二十二两二钱七分八厘三毫，小建支银二十一两五钱三分五厘六毫九丝；马八匹，每匹月支乾银二两。**守备一员。**大建支俸银八两二钱二分五厘五毫，小建支银七两九钱五分一厘一毫；马四匹，每匹月支乾银一两。**千总二员。**大建每员支俸银四两，小建支银三两八钱六分六厘六毫 ；马各二区，第匹月支乾银一两。**把总四员。**大建每员支俸银三两，小建支银二两九钱；马各二匹，每匹支乾银一两。**雍正二年添设外委千总二员、把总五员。**每员应支养廉粮饷，于有马战兵项下支给造报。

额设马步战守兵一千二百五十七名。康熙三十五年，裁战守兵丁共九十名。雍正二年，裁官马一百二十六匹，将马战兵改为水战兵，额设守兵，内改二百三十四名为水守兵。七年，裁减京拨战守兵西共一十二名，又复设官马八十匹，将水陆战兵八十名改为马战后。九年，改设陆战兵一百八十一名，水战兵三十七名，陆守兵七百六十四名，水守兵九十三名。

实在兵丁一千一百五十五名，内有马战兵八十名。大建每名支饷银二两，小建支饷银一两九钱三分三厘三毫。**马八十匹。**每匹月支乾银一两。**无马战兵一百八十一名。**大建每名支饷银一两五钱，小建支饷银一两四钱五分。**水战兵三十七名。**大建每名支饷银一两五钱，小建支饷银一两四钱五分。**守兵七百六十四名。**大建每名支饷银一两，小建支银九钱六分六厘六毫。**水守兵九十三名。**大建每名支饷银一两，小建支银九钱六分六厘六厘。

附

生息银。雍正五年定例，定海镇标兵丁赏银一万二千两零，该镇会同督抚、提督料理营运，以备赏给之用。**每季请领银五十六两七分。**定制兵丁父母故者，给银二两；婚娶者，给银一两五钱；嫁女者，给银一两。

谷价银共一千一百九十五两零。

戍守

镇海营 内守县城，外辖关口、招宝、笠山、龙山诸汛，其原辖穿山、霩衢、昆亭三汛，雍正二年改归提标左营分防。又镇海营辖水面洋汛十一。

镇海县城 千把总专防。外委千把总协防。俱二月一换。**驻兵二百八十六名。**

大南门营房六间，东门、小南门、大西门、小西门兵马司营房各三间，西水门营房一间，共营房十九间。

镇海关口汛 在县城南大浃港口。明时设指挥一员，旗军五十名，盘诘舟航，官哨船亦泊于此。千把总专防，外委千把总协防。俱二月一换。驻军十三名。营房三间，栅棚一座。**按：镇海关口原系防城千把总稽查，缘汛守事繁，恐有顾此失彼之虞，雍正六年，详定将镇海关口责令经制千把总一员专防，外委千把总一员协防，其镇城事务亦令经制千把总一员专防，外委千把总一员协防，以专责成。**

招宝山汛 在县城东北山下即沿江汛营房十三间，烟墩三座。外委千把总专防。一月一防。驻兵一百五名，辖汛地四。沿江汛：沿海通衢要汛。营房三间。至清水浦二十里。滚江龙汛：沿江通衢要汛。营房三间。至清水浦二十里。清水浦汛：沿江通衢要汛。瞭台一座，烟墩三座。至三官堂二十里。三官堂汛：沿江通衢要汛。瞭台一座，烟墩三座。西与宁波城守甬江汛接界。**按：滚江龙汛原与招宝、龙山、穿山、霩衢、昆亭共为六汛，康熙五十六年，改设笠山城汛，将滚江拨归招宝山汛管辖。又雍正八年定例，凡有城汛兼顾者，俱令专防驻扎。查招宝山汛系兼顾镇城，因将招宝山汛着令外委千把总专防，镇海县城着令经制千把总专防。**

笠山城汛 在大浃港南岸海口，山上有笠山台，台下即小港汛。营房十三间。千把总专防，外委千把总协防。俱二月一换。驻兵二百一十名，辖汛地十二。金鸡汛：距笠山城二里，沿江要汛。营房三间，烟墩三座。笠山台：沿海山巅要汛。台屋三间，烟墩三座。小港汛：小浃港内通东江，出穿山所达府城，极险要汛。营房二十二间。至大跳嘴汛六里。大跳嘴汛：沿海要汛。营房三间。至张师山台四里。张师山台：沿海山巅要汛。营房三间，烟墩三座。至青峙汛一里。青峙汛：沿海要汛。营房十间。至打鼓山台九里。打鼓山台：沿海山巅要汛。营房三间。烟墩三座。至大尖山汛三里。大尖山汛：沿海要汛。营房三间。至路石山台三里。路石山台：沿海要汛。台屋三间。烟墩三座。至东岗碶汛二十里。东岗碶汛：至石门汛十里。石门汛：至墓孝陈汛七里。墓孝陈汛：西与提标左营大渔山台汛接汛。

龙山所城汛 在县西北六十里，去海二里，有伏龙山，控临海际。周城三门，每门营房三间。千把总专防，外委千把总协防。俱二月一换。驻兵二百八十名，辖汛地十五。汪家路台：沿海通衢要汛。台屋三间。烟墩三座。至鹭鸶台十里。
鹭鸶台：沿海通衢要汛。台屋三间，烟墩三座。至路南台十里。路南台：沿海
通衢要汛。台屋三间，烟墩三座。至蟹浦台十里。蟹浦山台：沿海山巅要汛。
台屋三间，烟墩三座。至青溪山台十里。蟹浦口：在蟹浦台脚下。青溪山台：
沿海山巅要汛。台屋三间，烟墩三座。至金家岙汛四里。金家岙汛：在所东北，
与邱家洋相连，东对烈港海洋，北望洋山三姑大洋，最为险要。营房三间。至
邱家洋四里。邱家洋汛：沿海通衢要汛。营房三间。至石塘山台二里。石塘山台：
沿海山巅要汛。台屋三间，烟墩三座。四里至所城，又十里至伏龙山台。伏龙山台：
沿海山巅要汛。台屋三间，烟墩三座。县西北八十里伏龙山，一名箬山，首尾
跨东西两海门，南距所城十里，屹临水际，为番船必由之道。至施公山台十里。
施公山台：沿海山巅要汛。台屋三间，烟墩三座。至宣家堰七里。宣家堰汛：
至松浦汛三里。松浦汛：营房十间。至憩桥汛五十里。憩桥汛：至畈底塘汛八里。
畈底塘汛：与绍协营汛接界。

已上镇海营管辖。

穿山所城汛 东五里至黄崎港海口；西六十余里至墅岭，与镇海营接界；
南至杨洛河，与昆亭汛接界；北三十里至横水洋海口为界。大营房十间，南西
三间，烟墩三座。 左营千把总轮防，驻兵一百五十五名，辖汛地十六。三山浦
口汛：沿海要汛。营房七间，烟墩三座。至大渔山台十五里。大渔山台：沿海
山巅要汛。台屋三间，烟墩三座。至东堵河台三十三里。东堵河台：沿海要汛。
台屋三间，烟墩三座。至林大山台十二里。林大山台：沿海山巅要汛。台屋三
间，烟墩三座。至穿山村台十二里。穿山村台：沿海山巅要汛。台屋三间，烟
墩三座。至小亹山台十二里。小亹山台：沿海山巅要汛。台屋三间，烟墩三座。
去所城五里，至司前山台十一里。司前山台：沿海山巅要汛。台屋三间，烟墩
三座。去官庄汛五里。八凤洋汛：沿海要汛。去大渔山台六里，至大碶头汛七
里。大碶头汛：沿海要汛。营房十间，烟墩三座。至贝家碶汛十三里。贝家碶汛：
沿海要汛。营房五间，烟墩三座。至朱家塘汛五里。朱家塘汛：沿海要汛。营
房三间，烟墩三座。至霞浦张汛八里。霞浦张汛：沿海要汛。营房五间，烟墩
三座。至山门汛五里。山门汛：沿海要汛。营房七间，烟墩三座。去所城五里，
至白峰汛十五里。白峰汛：沿海要汛。营房三间，烟墩三座。至官庄汛十一里。
官庄汛：沿海要汛。营房三间，十里至袁家岭山，与霸衢汛接界。**按：大碶头**

汛旧系海船停泊之所，东二十里出海口，为三山浦口。浦内三里，地名五龙汊，乾隆十年筑东西二碶，改浦港为内河，船只俱泊新碶头。大碶汛远，难稽查，详请于浦口增设汛地，拨大碶头汛兵五名，八凤洋汛后三名，贝家碶汛兵五名戍守。

霩衢所城汛 东二十里至崎头洋，西至虾蜅山台与袁家家岭，与穿山汛接界。大营房十间，东门兵马司营房二间，南西北三门兵马司营房各三间，烟墩三座。右营千把总轮防，驻兵七十名，辖汛地五。蜅头汛：沿海要汛。营房十间，烟墩三座。去虾蜅山台五里。东山台：沿海山巅要汛。台屋三间，烟墩三座。去所城十里，至总台山台四里。总台山台：沿海山巅要汛。台屋三间，烟墩三座。至箬雷山台十里。箬雷山台：沿海山巅要汛。台屋三间，烟墩三座。至虾蜅山台十三里。虾蜅山台：沿海山巅要汛。台屋三间，烟墩三座。十里至东吞山台，与昆亭汛接界。

昆亭寨城汛 东至东吞山台，与霩衢汛接界；西至合吞，与前营大嵩汛接界；南五里至青龙港海口；北至杨洛河头与穿山汛接界。大营房十间，烟墩三座。左营千把总轮防，驻兵九十五名，辖汛地七。东吞山台：沿海山巅要汛。台屋三间，烟墩三座。去寨城五里，至菖蒲山台十里。菖蒲山台：沿海山巅要汛。台屋三间，烟墩三座。至狮子山台十里。狮子山台：沿海山巅要汛。台屋三间，烟墩三座。至庙东山台十里。庙东山台：沿海山巅要汛。台屋三间，烟墩三座。去合吞汛五里。三山汛：沿海要汛。营房七间，烟墩三座。至慈吞汛十里。慈吞汛：沿海要汛。营房七间，烟墩三座。至合吞汛十里。合吞汛：沿海要汛。营房七间，烟墩三座。五里至穿鼻山，与前营大嵩所接界。

已上提标左营管辖。

镇海营水汛 督巡将备一员。各巡四月。专巡千把员一员，随巡千把外委二员。俱二月一换。带兵一百三十名，领哨船八只。四只周遍巡查联络会哨，四只湾泊港口遇警接应。哨洋面十一。镇海港：在县城南，自蛟门海洋分派为支江，谓之大浃江。五里至虎蹲山。虎蹲山：孤悬港口，击水分流一十里至捣杵山。捣杵山：北系定镇标右营烈港汛。三十里至金塘山。金塘山：山东南北俱系定标右营洋汛。一十里至太平山。太平山：障金塘之西北，山之东北，系定镇标右营洋汛。一十里至沥表嘴。沥表嘴山：东北系定标右营汛。一十里至后海。后海：水面辽阔，风涛浩渺。五十里至东霍。东霍：山东北系定标右营汛。

五十里至西霍。西霍：山北系乍浦营洋汛。二十五里至七姊妹山。七姊妹山：山北系乍浦营洋汛。会哨分哨汛期详下《海防》。

军实

甲械旗帜俱乾隆十六年本营开报数目

刻丝团补马铁甲六十顶副；刻丝团补步铁甲二百身；刻丝团补步棉甲四百六十身；高盔九百八十一顶；刻丝团补铁甲八十身；挑刀手滚身并围腰八十六身；籐牌手滚身并围腰套裤八十六副；硬弓二十张；城汛马兵各自摆箭四十枝，步兵各自备箭三千枝；义子牌枪四百六十六杆；挑刀一百六把；藤牌一百六面；牌刀一百六口；腰刀九百六十一口；大旗四十面；小旗二百面；督阵红旗四十面；大小炮三百十八位；帐房四十顶；塘马旗一十面杆；虎翅义二十把；锣锅一百六口；阵鼓一十六面；单刀二十把；金鼓二副；长枪二十杆；大凉篷一座。

炮位

红衣炮五十五位安设城上周围三十四位，招宝山五位，沿江汛一十二位，笠山城四位；劈山炮二十位安设招宝山六位，笠山城六位，配船八位。

百子炮三十八位配船；行营炮一百四十八位安设大关口、招宝山、沿江汛，滚江龙、清水浦、三官堂、笠山台、金鸡汛，张师山台、青峙汛，打鼓山台、路石山台、墓孝陈汛各四位，龙山所、汪家路台、鸬鹚台、路南台、澥浦山台、青溪山台、石塘山台、伏龙山台、施公山台、松浦汛各三位，配队八位，贮局五十八位；八节炮一位贮局；得胜炮三十位安设招宝山九位，配船八位，贮局一十三位；荡寇炮一百杆配船三十四杆，贮局六十六杆；铜百子炮二位配船；生铁发贡炮六位贮局；母子炮二十位配船十位，并子炮五十个；配队十位，并子炮五十个。

提标左营分拨各炮一十一位新设穿山所城汛行营炮二位，大渔山台行营炮一位，林大山台行营炮一位，霩衢所城汛行营炮一位、百子炮一位，昆亭寨城汛行营炮一位、百子炮一位，狮子山台百子炮一位，合嵌汛百子炮一位、子母炮一位。

战哨船只

海字一号水艍船一只长八丈九尺，广二丈二尺五寸；海字二号赶船一只长七丈九尺，广一丈九尺五寸；海字三号至八号快哨船六只各长四丈八尺，广一丈四尺；海字九号十号钓船二只各长四丈，广六尺五寸。

《建镇移镇考略》：明洪武初，方国珍遁入海岛，沿海绎骚数年，汤和率师讨之。国珍虽归顺，而海外尚未宁谧，留汤和建卫戍守，遂拓县城，设卫制，以指挥暨同知佥事经历主卫事，官皆世袭，军亦子孙充补。有事则请命于公、侯、伯，无事则专守城池防御，驾船巡哨。然初来时，官皆勇士，军亦劲旅，代传而后，纨袴子弟冒滥军粮，兵戈未习，按籍则有，官军调征则无什伍，以致岛倭犯浙，失律丧师。

嘉靖三十五年，特设总兵官一员，召募左、右、中、前、后五营之兵，内辖各卫所官军，外辖南洋游击，军兵数万，材官数千，楼船横海，棋布络绎。其辖南洋，至温闽界而止；其辖北洋，至松江而止，权甚重也。卫官守城贴驾船只，分戍寨堡。舟山则设参将一员，辖防守要害，统节制于总兵。春时巡抚到汛考察、点验、练习、操演，秋汛监司亦然。官有兼制，而兵皆习战。

今国家于宁郡有提督五营大师，廷议以孙继统之请，遂移定海镇驻扎海外，而镇海以参将领其事，巩门户，固藩篱。庙堂之胜算周详慎密如此，膺将帅之任者可不仰体朝廷德意，以克副清晏之休乎？

《靖寇安疆始末》：我朝定鼎，浙东诸郡县望风归顺，梗化伪弁张肯堂等盘踞舟山，沿海骚扰。时贝勒王拥节省城，遣总兵王之纲招抚不服。顺治八年二月十三日，大师三路进剿固山金汝砺、刘清源，总督陈策，提镇田雄、张杰于九月初四日克舟山，渠魁骈肩受戮，胁从之民仍命归农，招抚各吞灾黎共八千五百五十余户。留绿旗兵三千八百名，令哈喇编统领分防以为善后之图。不二年，寇复作，遥联大兰贼王完勋、冯京第劫掠地方，民无宁居。宁郡调主客官兵搜山剿海，家苦供兵，户纳军储。

十二年，宁海大将军进兵克舟山，逆贼潜遁。部院李率泰以舟山之课不足偿兵饷什一，且悬海兵单，势难孤守，不如弃地绝粮，待其自困。疏入，报可。于是徙舟山民于内地，虚其城野，更弃置普陀等处。犹虑海岛余逆上沿劫掠，特命兵部尚书苏纳海徧历边海，巡视要害。十八年，再徙海晏、太邱沿海居民于内地，复令近涂之民插木为界，禁出椿外采捕，犯者以通寇论。复严寸板下海之令，绝其接济。除内港战船防守关口外，余江内俱用竹筏。又于小道头造铁缆滚江龙，江面拦截贼艨。江南岸上建筑炮台、小城、营屋，瞭望守御。嗣是寇粮匮乏，势日消蹙。十七年，都统明安达里督舟师次第搜剿，多擒获归顺。

康熙五年，命巡视大人驻扎定海，巡阅南界至温台而止，北界至苏松而止。严饬边防瞰其偷越。八年，余党悉尽，海外荡平，准沿海居民撤椿展界复业。十三年，提督赛白里题拆南岸炮台。二十二年，定海镇孙继统以海寇既靖，请复舟山以拓疆宇，户科给事中孙蕙题准沿海诸省各邑商民，或愿内地经贩，或愿出海贸易，俱许自造船只，报官登记，严其夹带，定其限期，取其保状。其日本贸易俟进贡之年准其交市。于是海道舟航云屯鳞集，而居民耕凿外户不惊，熙熙然太平极盛焉。顾安不忘危，桑土绸缪，消萌遏孽，是又在制治保邦之盛心矣！

海防

国家声教暨讫，海波晏然，而安不忘危，经略万里，自登莱至浙分界数百，所在列戍不既慎欤？邑当宁郡要冲，为诸番贡道，其间港次吞所，有寨造舟，选卒巡徼，稽察有令，先事之防为有加焉。而谋伐计胜，尤在相厥机宜，若所谓近守远遏，绝内援而摧外疆，当择利以究图之。志海防。

《旧志》：定薄海而邑，与倭岛为邻，盖贡道所经，于入寇最迩，故防患尤切。兹举防御之关于定海（今镇海，下同）者，撮而志之。昔我祖宗之制，防边戍海树设周详，郡县所在建立卫所。定海卫内辖四所及卫镇抚，外辖后所、霩衢、大嵩（大嵩今属鄞）、中中、中左所（今隶定海），旗军一万有奇，岁给官军粮饷十万余石。置巡检司九：曰螺峰，曰岑江，曰岱山，曰宝陀，曰长山，曰穿山，曰霞屿，曰太平，曰管界，莫不因山堑谷，崇其垣墉，陈列兵士，以御非常。复于津陆要冲置为关隘，曰定海关（即今镇海关），曰舟山关，曰小浃港隘（即今小港口），曰青屿隘，曰碶头隘，曰钱家隘，曰梅山隘，曰慈吞隘，曰横山隘，曰螺头隘，曰碇齿隘，曰小沙隘，曰沈家门水寨，曰路口岭隘，曰岱山隘，曰大展隘，凡一十有六，皆屯兵置舰以为防守。其中若定海关、舟山关、沈家门水寨、小浃港隘，最为要害，自昔至今，尤致严焉。定海烽堠一十三，后所烽堠十，霩衢烽堠六，舟山烽堠二十五，咸设旗军以瞭望声息，昼烟夜火，互相接应。若霩衢之三塔山，舟山之朱家尖，矗峙最高，所望独远，故设总台，多拨旗军，戒严尤至。设总督备倭，以公、侯、伯领之；巡视海道，以侍郎、都御史领之。海上诸山分别三界：黄牛、马墓、长涂、金塘、册子、大榭、兰秀、剑岱、双屿、双塘、六横等山为上界，滩浒、洋山、三姑、霍山、徐公、黄泽、大小衢等山为中界，花脑、求芝、络华、弹丸、东库、陈钱、壁下等山为下界，率皆潮汐所通，倭夷贡寇必由之道也。前哲谓防陆莫先于防海。沿陜卫所置造战船，以定、临、观三卫九属所计之，五百料、四百料、二百料尖尖等船一百四十有三，量船大小分给兵仗火器，调拨旗军驾使，而督领以指挥、千百户。每值风汛，把总统领战船分哨于沈家门。初哨以三月三日，二哨以四月中旬，三哨以五月五日。由东南而哨，历分水礁、石牛港、崎头洋、孝顺洋、乌沙门、横山洋、双塘、六横、双屿、青龙洋、乱礁洋，抵钱仓而止。凡韭山、积固、大佛头、花脑等处，为贼舟直所经行者，可一望而尽；由西北而哨，历长白、马墓、龟鳖洋、小春洋、两头洞、东西霍，抵洋山而止。凡大小衢、滩浒山、丁兴、马迹、东库、陈钱、壁下等处，为贼舟之所经行者，可一望而尽。即由此而南通于瓯越，北涉于江淮，皆以南北两洋为要会。而南、北之哨，则以舟山为根柢。六月哨毕，临、观战船则泊于岑港，定海战船则泊于黄崎港，仍用小船巡逻，防守备至密也。今日倭奴更不可以春汛期，而备御宜益密矣。

倭奴入寇自彼黑水大洋，舟行一二日抵天堂山，复一二日渡官绿水，抵陈钱、壁下，渐经浊水，因潮乘风，寇无定迹。瓯、闽、渤海，南北可从，即其南涉韭山，北由马迹。舟山则四面可登，沿海则随处可犯。游击、把总等官督领兵船，自春历夏及小阳汛期，于南北海洋穷搜远探。遇有贼舟，即为堵截，驰报内境，俾为预防。复于沈家门列兵船一枝，以一指挥领之。马墓港列兵船一枝，以一指挥领之。把总驻扎舟山，兼辖水陆。总参标下各选练精兵三千以听征剿。定邑则屯聚重兵，屹为巨镇。贼或流突中界，则沈家门、马墓兵船迤北截过长涂、霍山、洋山、三姑，与浙西兵船为犄角；迤南截过普陀、桃花、青龙洋、青门关，与昌国石浦兵船为犄角；贼或流突上界，则总兵官自烈港督发舟师，北截于七里屿与观海洋，参将自临山海洋督兵船为应援；南截于金塘大猫洋，而石浦、梅山港兵船为应援。

是故今日之海防，会哨、分哨于外海，为第一重；出沈家门、马墓之师，为第二重；总兵督发兵船，为第三重。巨舰云屯，倭奴之舟航勿与也；火器飙发，倭奴之短兵弗与也。以我之众，制彼之寡，以我之长技，攻彼之不足，折蛇豕之势，而免内地震惊之虞，斯策之上者也。万一疏虞而贼得登陆，由掘泥、乌山、鸣鹤场、古窑、松浦、邱家洋、官庄诸路，可犯慈溪与县之西北境以达于郡城，则向头、观海、龙山、管界之备不可以不严，而邱洋、金吞、慈溪新城石墙之筑，实所以扼其冲；由小浃港、穿山、昆亭、康头、尖崎诸路，可犯鄞界与县之东南境以达于郡城，则小浃口置列兵船，与后所、霩衢、大嵩、甬东、太平诸处之备不可以不严，而慈吞、蛤吞石墙之筑，实所以扼其冲；由大浃口直走郡城，则西渡、东津、桃花、梅墟之备不可以不严，而关口水路之兵，与招宝山、威远城之筑，实所以扼其冲。盖我尺寸之地皆系金汤，得人而守，则其险在我。防或少懈，则反以资敌耳。是故修治垣隍，保固城守，一策也；编立保甲，内寓卒伍，一策也；讥察非常，严禁滥出，一策也；抚绥疮痍，固我根本，一策也。

此皆所以治内也。修复墩堡，严明烽燧，一策也；缮治器械，查复战船，一策也；出哨会哨，悉遵旧规，一策也；据险守要，联络响应，一策也。此皆所以治外也。至于练主兵而免调募之扰，足财用而资军兴之需，聚刍粮而给饷以时，严赏罚而功罪不掩，设画树防，出奇应变，为吾之不可胜，以待敌之可胜，则在中外任事之臣加之意可也。

会哨分防要害

《观海指掌图》：防海在于会哨，会哨必于洋山。洋山者，海道必由之路。山围百里，形似南箕，中平如掌，内有十八岙，可藏海船数百。海水盐，不可饮，惟山顶一泉清淡可汲。会哨必泊其中，以避风汲水。南至定海，北至吴淞，皆一潮可到，盖江浙之交界也。故舟山为浙江之屏翰，而玉环、凤凰、马墓等山辅之。洋山又为江浙两省之屏翰，而陈钱、壁下、大衢、小衢诸山辅之。故防海之道，贼犯江南，而浙江官兵不至陈钱者，罪在浙江；贼犯浙江，而江南官兵不至马迹者，罪在江南。俱以交牌号为验，遇贼则江浙官兵联络为一，并力击杀。或捣其中坚，或截其归路，或踵其后，或犯其前，毋使登岸入江为第一策。此江浙海防之大要也。

《两浙海防类考》：洋山屹立大海，东窥马迹，西应滁山，南援衢山，北控大小七山，此地之重者一也。温、台、宁三府，于汛期之际，渔船到此而后分艅采捕，南极渔山，北极茶、蛇二山。渺茫千里，处处皆船，此地之重者二也。此地不守，则马迹可以结巢，而徐公上下皆为倭寇渊薮，不惟滁山有唇亡之虑，而声息不通，应援阻绝，衢洋当一面之冲，浙西失藩蔽之固矣。夫圣姑礁为居中之地，创为老营，而以大船数只泊之洋山，则张家屿之北、锅湾屿之东之警可备也；以小船数只泊之下钓，则徐公之外、马迹之内之警可备也；以小船数只泊之秀才等岙，则衢洋之上、沙塘之下之警可备也；以小船数只泊之西洋等岙，则滩山之前、渔山之后之警可备也。如此分布，则要害有守，而浙西之门户可固矣。

《筹海图编》：洋山为浙西门户，深水、蒲岙、大衢、韭山为浙东门户，而陈钱者，倭寇必经之地也。守马迹、殿前诸山以控吴，守大衢诸山以卫越，守陈钱诸岛以制贼往来之冲，夹攻互救，三道鼎峙，贼不足防矣。陈钱山为浙直分路之始，宜更番共守。贼由东洋，经陈钱、马迹犯宁、定者，必藉衢山、马墓兵船以御之。

《筹海重编》：宁波之定海（今镇海，下同）大浃湖头渡，一郡之门户也，守门户则堂奥自安矣。定海之舟山远，而陈钱、马迹八山，沿海之藩篱也，守藩篱则门户自固矣。

《定海县志》：由定海（今镇海，下同）大浃港，可直走宁波，则西渡、东津、梅墟、桃花渡之备不可以不严。由定海小浃港，循长山桥、鄞山桥、七里垫可达于郡城，则港口置兵不可以不严。由定海穿山碶，踰育王岭可达于郡城，则穿山横江之备不可以不严。由定海尖崎，踰韩岭涉东湖可达于郡城，则霩衢、大嵩、霞屿、太平之备不可以不严。由定海邱家洋，越雁门岭，由龙头，越凤浦岭，渡青林、李碶可达于城，则龙山、管界之兵与岭口把截之兵不可以不严。

寇船来往风汛，陈钱、壁下为倭寇必争之地，盖自彼开洋随风到此，必登山取汲，整顿精神，徘徊眺望。其初无定向也。若南风急，则由茶山而往直隶，到茶山而风转东，则由高家嘴而入吴淞；风转西，则由老鹳嘴而入三江——此陈钱向正北之程也。若东南风急，则由下八山越马迹而进洋山，到洋山而风转正南，则由大小七北经翁家港、刘家河而入清河；南风转正东，则由浒山而入金山乍浦——此陈钱向西北之程也。若东北风急，则过落星头而入深山蒲岙，到蒲岙而风转正东，则入大衢沙塘岙而进长涂，到长涂而风转东北，则由两头洞而入定海（今镇海），到长涂而风转南，则由胜山而入临观，到临观而南风大作，则过沥港而达海盐、澉浦、海宁——此陈钱向正西之程也。到蒲岙而风犹东北，则过三星鼠狼湖一带而入舟山矣。若正北风急，则影外洋诸山而达闽、广矣。由是观之，老鹳、高家二嘴为直隶门户，洋山为浙西门户，深水、蒲岙、大衢、韭山为浙东门户，而陈钱者，海贼必经之地也（采录陈钱向导）。

哨船避风海口

《涌幢小品》：兵船在海遇晚，宜酌量收泊安岙，以防夜半发风。尝按沿海之中上等安岙，可避四面飓风者凡二十三处，曰马迹，曰两头洞，曰长涂，曰高丁港，曰沈家门，曰舟山前港，曰烈港，曰定海港，曰黄崎港，曰梅港，曰湖头渡，曰石浦港，曰猪头岙，曰海门港，曰松门港，曰苍山岙，曰玉环山梁岙等岙，曰楚门港，曰黄华水寨，曰江口水寨，曰大岙，曰女儿岙；中等安岙可避两面飓风者凡一十八处，曰马墓港，曰长白港，曰蒲门，曰观门，曰竹齐港，曰石牛港，曰乌沙门，曰桃花门，曰海闸门，曰几山，口爵溪岙，曰牛栏矶，曰旦门，曰大陈山，曰大姝砂，曰凤凰山，曰南麂山，曰霓岙；其余下等安岙可避一面飓风，如三姑山、衢山之类，不可悉数。必不得已，寄泊一宵；若停久恐风反别汛不能支矣。至潭岸山、滩山、浒山之类，皆团土无吞，一面之风亦所难避，可不慎乎！

每月风暴日期

正月 初三、初八、初九、十一、廿五、廿九、三十

二月 初三、初七、初九、十一、十七、廿一、廿九、三十

三月 初三、初七、十五、廿三、廿七、廿八

四月 初一、初八、十二、十七、十九、廿三、廿五

五月 初五、十一、十二、十三、廿一、廿九

六月 初九、十二、廿四、廿七

七月 初七、初八、初九、十五、廿七

八月 初三、初八、十四、廿一、廿七

九月 初九、十一、十五、十九、廿七

十月 初五、初八、十五、二十、廿七

十一月 十四、廿九

十二月 廿四

每月壬辰，子胥忌日；庚辰，河伯忌日；甲子，风伯忌日，俱不宜行船。又，每逢箕、璧、翼、轸四宿值日，多主有风，其风暴每起于午后。

稽察沿海事宜

雍正元年定例：广东、福建、浙江、江南沿海等处，一切出海民船皆报明各本管地方，自一号起挨次给以记号，船头刊刻大字：某处某字某号船，以次编号，船头起至鹿耳、梁头及桅杆上截俱用油漆。广东海船桅杆尽用红油，用青色钩字，亦令油过，使人易于识认；福建海船船头、桅杆尽用绿色，用红色钩字，照此油饰为记号；浙江海船船头、桅杆尽用白色，用绿色钩字，亦照此油饰为记号；江南海船船头、桅杆尽用青色，用白色钩字，亦照此油饰为记号。倘无记号，即系贼船，随到何处，俱可擒拿。

雍正九年定例：沿海各省商、渔船只照各省颜色油饰，篷上大书州、县、船户姓名，每字俱径尺，船头两舷刊刻字号不许模糊缩小，如遇剥落即行填写油饰。蓝布篷用石灰细面以桐油调写，篾篷、白布篷概用浓墨书写，用黑油分抹字上，仍饬各州、县及汛口巡哨员弁严加稽查，如有船篷及两舷不行刊写县分姓名，或有涂改刻削情弊，即系匪船，立即拘留究讯。倘巡哨员弁懈怠偷安，

该管上司即行揭参。如有瞻徇情面不行揭报，将该管上司一并交部议处。

雍正九年定例：嗣后各省驿站船只，每十船编为一甲，每甲立一甲长；如零船五六只，仍另立一甲；如一二只，则附编各甲之内。每帮船只俱令挨号衔尾停泊，不许离帮。每船给保甲牌一面，上开船丁姓名、年貌、籍贯，并在船头舵、水手人等实在姓名、年貌、籍贯，悬挂船头。一甲之内，互相稽察，彼此保结。如有容隐匪类，及酗赌等事察出，十船并坐。凡遇出差添雇水手，务令选择土著良民，不许混招无籍。其所招之人，一并照开姓名、年貌、籍贯，填给照票，以备沿途盘诘。回时仍对验放行，毋得沿途散去，以致无可稽查。

乾隆二年定例：凡沿海一应采捕及内河通海之各色小艇，俱令地方官取具保甲，邻佑甘结一体，印烙编号，刊刻船傍，书写篷号，给以照票。其新造小艇与采捕售卖者，亦令一例报官取结编号，如有私造私卖及偷越出口者，俱照例治罪。保甲不行呈报，一体连坐。遇晚停泊近人家塘汛之处，倘有船只被贼押坐出洋者，立即赴官报明，将船号、姓名移知营汛缉究。容隐不首，日后发觉，以接济洋盗治罪。租船之人必报明本处保甲，出结报官存案，若租船者为匪，船主、保甲一并究拟治罪。其呈报遭风者，必查明人伙有无落水受伤，亦讯明实据，方准销号，如有捏报者，即行根究治罪。倘有官役藉口需索诈害良民，许赴有司控告究治。

雍正五年，议准福督高疏称"出洋船只应带米石。暹罗大船带米三百石，中船二百石；噶喇叭大船带米二百五十石，中船二百石；吕宋等处大船带米二百石，中船一百石；垛仔等处中船各带米一百石。如有偷漏，照接济外洋例治罪"等语。查定例"内出洋船只多带米粮接济外洋者，查出将米入官，卖米之人即行立绞"等语，今米石数目，该督既按船只之大小、地方产米之多寡酌量议定，应如所请，准其照数带归，仍于入口时将米石数目确查，除米石多余一并造册查核外，其米石不足原数者严讯，果有偷漏情由，照接济外洋例治罪。

乾隆二年定例：沿海小艇按海道远近、人数多寡，每人每日准带食米一升之外，余一升以备风信阻滞，其出口、进口仍令守口各官实力稽查。

城垣

设险守国，籍城郭沟池以为固，由来重已。镇为东南屏障，重门御暴，既先务之是亟，而北垣俯凭渤海，当朝夕巨涛之冲，百堵之作功并回澜，则尤兼权而倍重也。自明信国展拓至今，历见成毁，比卯秋溃败滋剧，廓旧更新，役费为艰巨矣！虽幸藉手有成，规模略备，而危平易倾。苞桑巩固之计，宜先事图焉。至各所旧城，或存或否，备载之，亦以俟修复者。志城垣。

县城

《旧志》：县薄海而城，东连招宝山出峡口，南环以江，北负巨海，西通于鄞，距郡东六十二里。

《成化郡志》：旧城周围四百五十丈，濠三百余丈。后梁钱镠置静安、迎恩、航济三门。历元池塞城圮。明洪武元年，千户王及贤始立木栅。七年，守御千户端聚改筑石城。二十年，信国公汤和置定海卫，拓而大之。

《唐令志稿》：址计九里有奇，周围一千二百八十八丈，高二丈四尺，广一丈，上列警铺一十六，敌楼二十四，雉堞二千一百八十五，开门六，穴水门于小南门右，各冠以楼，罗以月城。城外各设吊桥，惟小南门无月城。二十九年，指挥刘澄增置大西门水门。永乐十三年，都指挥余成以北抵海，塞北门。十六年，指挥谷祥增置敌楼七、窝铺四十。嘉靖十二年，指挥刘翱加增雉堞三尺，外为濠，自东抵西，环九百六十六丈五尺，东广五丈，南广四丈六尺，西广一十三丈，各深二丈。北际海不设。指挥张浩匾东门曰镇远，南门曰南薰，小南门曰清川，小西门曰武宁，大西门曰向辰。三十三年，令宋继祖于城北建望海楼。

《王令志稿》：隆庆二年秋，淫雨海啸，水薄城，冲没庐舍。巡抚谷中虚筑外塘以护城垣。

太仆寺卿杨美益记略：大中丞近沧谷公督抚全浙，天子遣太常来祭海，谷公与之俱陟招宝山巅，肃将明，命献告。既毕，公顾而问曰："蕞尔之城，瞰江负海，势甚逼仄，险固足恃，患亦可虞。古人十筑，岂无远虑乎？"

定海令马公有骍进曰："城之北地虽斥卤，去海之浒十里而遥为灶滩，以煮盐之故取其土，岁久日削，水复剥蚀，遂抵城下。每遇怒风激涛，惧为沼焉，此固可危。且西有石堤六百余丈，创自典午，宋人尝葺之，邦邑奠安，于斯为赖。今为风湍冲啮，石无一存。无此堤则塘将决而为海，鄞、慈、奉三邑均受其患，此尤可危也。"

公闻之，即躬阅其所，恻然曰："嘻！愚民见利而忘害，县令忧深而言核，吾将驱海氛以慰苍生，而顾使之垫为鱼鳖，其忍乎？当兹城之单薄，防患贵预。吾欲缭以崇垣为外护，不可不亟图也。"乃捐鱼税并藏余若干，檄马君董其役，辇巨石鸠工修筑之，越三月皆就绪。堤长四千五百尺，与城唇齿相摄，狂澜周侵，金汤愈固，保我黎民，永恃无恐，公真大有惠于吾乡也。

初，巡抚谷中虚议于城北筑重垣为外护，事下，监司督理同知段孟贤上言："筑外城不便，请增筑内城。"新任都御史邹琏报可。万历元年，海道副使刘翾命通判祝完董其役。次年工竣，长四百六丈三尺，址广一丈四尺，面广一丈，高二丈。

张时彻记略：定城并海而设，潮汐之所吞吐，雷霆之所震击，妖飔之所凭陵，无宁朝夕。前代亦虑其不虞也，宋荆国尝为之外堤，至今称巨防焉。历年既久，堑障渐弛，啮者、洼者、欹者、锐而突者、蟠而堕者，乃稍稍见矣。隆庆三年，督抚军门谷公中虚临而视之，曰："斯浙东之保障，盖犹之西陵虎牢也。及今不竞，患将莫御，曷其勿亟？"乃檄下所司策计之，增筑外城，以捍其旧，有成议矣。

已而，前海道副使蒙公诏反复咨诹，长虑确计。督理同知段孟贤上议曰："城外城始议也，于事良便。然视而验焉，城之外俱沙石梗隔，不可以椿，不椿不可以城，若掘梗去石，城且善坏，况潮汐冲涌，工力难施及。长老、黎庶咸称外城艰于奏功，若修固古堤作为外护，筑新城于内地为便。夫举大事者，必协于众；利永远者，必虞其始。惟当道裁察之。"督抚邹公琏辄报诺。

万历元年，督海副使刘公翾至而景望焉，城内隘逼，亦多沙石，难以密比入椿，奚城而可。乃亲自度量，立表记号，随旧城地势宽窄而舒缩之。定其物程，榷其经费，俱有成算。会段以给由谢事，以通判祝君完代之，专任提调，经理百物。升任知府王君原相酌议，巡省补所未备。知府周君良实综理周详，课饬不懈。定海知县陈君朝定百尔具肩，鸠率罔怨。而抚军方公宏静、巡按萧公廪作其不力，乃祝君不避泽门之谤，时督所委远近之属，循行省视，宵旦不休。分守左参议余公一龙、分巡佥事王公嘉言胥赞其事。粤若抚军谢公鹏举至而乐观厥成，差其劳勚，闻于新巡按吴公从宪，行赐劳焉。

城凡长四百六丈三尺，址阔一丈四尺，顶阔一丈，高二丈，与旧城齐。面之以石，联于旧城，盖不啻山岳固矣。工始于万历元年五月初八日，讫于万历二年闰十二月二十六日。费取诸鱼税，力取诸在城编户。

城成，而郡守周君来请记。余曰："甚矣，远猷之难也！蚁穴不塞，不可以固百丈之堤；突不曲，薪不徙，不可以保千金之室。明者睹于未形，而昧者忽于已著。况兹设险守国，其大者哉！故曰哲夫成城。夫察兴废之谓哲，明安危之谓哲，辨轻重度劳逸之谓哲，非大贤孰能办此者乎？诸君子之为斯城也，自为者寡而为民者多，为一时者寡而为百世者多，为一方劳役者寡而为边徼保障者多，诚不可以不记也。"爰以芜词，载之碑石，以诏于永永。

万历三十七年，令黎民表修县城，增高二尺。

薛三省记略： 黎侯令吾定，有所为百世之功者。定介在山海，称岩邑而城，故卑且单。嘉靖末，倭薄城几陷，时方军兴，不暇议增筑。隆庆初，潮乘飓，又几浸。于是稍增其北偏直海者，而三面犹故城也。属醝使者方公行部俯城而危之，具讯得往状，亟下檄议，而苦空帑费不给。郡守吴公为括府藏赢金若干，度不足，则请出关税若干佐之。台使者不尽报可，曰："姑先最敝者，而须后令。"涉两岁，工不能十四。侯至，多方经理，且躬为劳来，踰年而役竣，则新故形若补苴，且笋牙不相错，势益危。侯熟计，苟若是，且并弃前功，顾无所得费，得以关税请益，不报而弟檄，自为计。久之，乃得折役与他羡若干，伐石鸠工，增故城二尺。又踰年而竣，则崇城巩固，百雉巍然矣！定扼海面而邑，盖全浙咽喉也，城固则定固，定固则全浙固，而东南半壁俱固。是侯所为，百世之功者也！

国朝顺治十五年，奉总督李率泰檄，郡县修城，雉堞改筑阔大。邑旧雉堞二千一百八十五，并为八百八十。改造旧敌楼十，警铺三十九，属令朱承命董其成。康熙二十年，飓风坏城楼。三十六年，令唐鸿举设法修葺。后屡被飓风所坏。雍正五年，令田长文修葺。乾隆十二年七月十四日，飓风大作，潮水冲决，北城尽圮。巡抚方观承亲临相度，奏议御潮塘制修法，给帑重建。

邑令王梦弼记略： 闻之：沧桑易变，会有其适，固不得与气运争。然因时审势，亦无安常袭，故不尽人事补救之理。昔海宁潮警，工役繁兴几三十年，当劳劳版筑，殚思毕力不敢诿，为时会一旦沙涂复涨。曩之洪涛巨浸，今则遍野桑麻。是有前日之大创，乃有今日之大利。此余摄富邑，曾与斯役所习知者。

自青田、江山量移至镇，匝岁即罹潮患，完然之北城一夜漂失。以数百年捍御之资，历前贤之先后修筑，而独失险于今日，何沧桑变易之会逢其适耶？父老乃诣相告："城之北，旧涨沙涂远十余里。"稽之载籍，隆庆时故有刮土盐场。又得康熙五十年碑卷，亦尚有牧滩争垦。是修建以来，城赖涨沙外护，虽遇大潮，到涂水浅势弱，而易以抵御。兹值沙涂洗尽，常潮水浸半塘，遇巨飓加涨，鼓荡澎湃，薄城而上。旧城以宽不盈尺之石，叠高二丈，一经冲击，则土石相离，随波倾圮。且城脚浮砌塘面，浪刷底土，石糙缝疏，掣出砌石，又皆空虚，致溃之由及此，不为改图，飓潮间作，城社生灵将焉用恃？且城下之塘已议更新，城塘相连而不并举，工亦难施。

奉檄鄞令宗绍薿、郡倅吴宪青会商御潮修法，经分巡宪副汪公德馨、侯公嗣达偕备兵宪副陈公树著周度鉴可，请于大中丞方公观承。公意以塘制筑城，事出创举，非情形目击难以具题。因于戊辰元日，冒雪行边，躬亲相度，睹城塘合一，允以御潮塘制改建北城。其制石砌加厚，底宽六尺，至顶三尺，城分上、中、下截，下截先于塘后剡土，深三尺八寸，梅花钉桩嵌以块石铺盖，石板上用丁顺小条石包镶块石，高埒塘面以固城基。于城塘之间立砌护城龙骨石一道，内外扣槽，联合城塘以堵缝水。后以丁铺大石四层、间砌丁顺大石六层、夹成三仓为中截，计高六尺，以抵潮浪。自此以上，水势已轻，仍如旧之小条石增为一丁一顺包砌，至顶俾得拊入里土，以资牵制。城面零筑块石，仔城下铺散水石板，上筑雉堞，厚至二尺五寸，覆以石顶，不虞震撼，各长四百一十二丈。中建大炮台一座，分列小炮台一十二座，皆从新建造。其里城之颓者、欹者，同修三百三十七丈五尺。下筑护城土礅二百七十丈，使表里同固。惟城面新土易于受水，未得添用幔石以避浸灌，尚觉缺然。所余东、南、西三面，城身稍次险工，议俟续修。余适逢计荐，于例当代恭捧一手底绩之檄，卒偕塘案任事诸僚寀加意经营，于迎潮之石增设莺尾肩槽，更于转角加以阴阳合榫。里城尚有毗连坏处四十四丈，俱一律并修，期于一劳永逸。

是役也，始于乾隆十五年四月二十二日，竣于十六年十二月十七日。历荷督抚大宪喀公、永公之巡阅，雅公之报成，司道府宪之先后教率，合计塘工阅周四载，役夫千百寒暑不辍，以蚊力负兹重任，夙夜祗惧而工无废事，役不告病，得终免败绩之患，以迄于成，非天幸无以致此。

夫痛定则益思痛，忆塘脚剡深二尺即见流沙活水，海滨浮土可为寒心，于今底莫屹然，控扼海门，屏障东浙。赖国家景运灵长，用保边隅生聚，沙涂旋复，斥卤为田。所祷祀祈焉，而桑土绸缪，因时补救，所云尽人事以挽气运，端俟后之贤者，爰述本末如此。

威远城

《旧志》：招宝山雄据海口，与竹山对峙，为江海之咽喉，郡治之门户，诚保障要害处也。

《唐令志稿》：明嘉靖三十九年，都督卢镗与海道副使谭纶议，以招宝俯瞰县城，相隔不数十武，贼一登据置火炮其上，县城可不攻而破。即倭船络绎衔尾入关，我军亦无以制之。故守郡非据险不可，而据险非成城不可。乃请于总制胡宗宪，于招宝山之巅筑建城堡，越三月告竣，周围二百丈，高二丈二尺，厚一丈，设雉堞一百六十四。十一年，海道副使刘应箕、知县何愈增覆石屋其上，东西辟门二，内建成屋四十余楹，调兵以守，名威远城。复于山麓西南展筑靖海营堡，周围二百四十丈，建屋四十余楹，置铁发贡五千斤者四座，铜发贡三百斤者百余座，诸战守器械靡不毕具。港口置发贡厂，城中有总督胡宗宪祠，张时彻为平倭碑文（载《祠祀》）。

《王令志稿》：有海道副使谭纶、都督同知卢镗祠。

张时彻记：天下之患莫大乎幸视不虞，而操执恒算者不与焉。故入虎穴而握兵，涉江河而腰瓠，此其事易明而其难易弭也。乃若河崩于蚁穴，而火灼于突薪，即才勇鲜不困已。嗟乎！非神智孰能辨此者乎？

东南倭寇之患起于积弛，是河崩而火灼者也。当是时，羽书飚驰，烽燧电掣，材官技击遍征于九域，而失律丧师者踵相接也。天子忧之，博咨才硕，以任驱驰。而梅林胡公实专节钺，时则有若巡海副使谭公纶，文武兼资；有若都督同知卢公镗，夙娴韬略，固三军之貔虎、而海徼之长城也。挟同仇之义，入则抒筹帷幄，出则率先戎行，旌麾所指，折丑若遗，驰露布而奏肤功者，盖未可一二数也。已而相与议曰："夫弧矢威暴，金汤设险，古先圣王岂其弃德而逞志于武哉！捍蜂于未螫，戒袽于未濡，诚知保太平、遏乱略，非此其道无由也。又况豨奔狼突、扰扰不宁者哉！"

今夫定海海壖奥区，盖鲸鲵之国，而烽燧之交也。招宝实奠其枢，则江海之咽喉而郡治之门户也，去县城百武而近，贼如登而据其上，飞炮其下，则县城瓴甓碎耳。即寇船尾衔而入，亦何以制之？语有之曰："百丈之山，而跛牂得游其上；五丈之城，而娄季不敢犯也。"诚为战守计者，宜莫如城招宝。便乃以其意裁于胡公。公辄报诺，卜日鸠工，堑隆培圮，开凿山道二百余丈，为雉堞一百六十七，为东西门二，上构楼橹，为海神祠；下为戍屋四十余楹，为架放发贡厂二。力取于军隙，财取于渔税，而经营藏率则卢公实肩之。工始于庚申春，凡三越月而告成。屯戍卒其中，扼海口以压敌冲，与县城盖唇齿摄也。其外益兵营，布战舰，诸威敌物器靡不毕具，贼人即鸟举不能度也。于是文武吏士欢腾鼓舞，以为更生之赐，乃为祠以祀胡公。

已复为祠，祀谭、卢二公。翚飞鸟革，烟霞出没于甍栋，波涛翔舞于檐楹，真世所谓瑶台贝阙也。县尹何君愈身保障之责，戴芘翼之功，而始终宣力为多，乃又属余文，以章鸿伐，则应曰："斯役也，余盖数赞其事，云何则囷之，却鸡豚也。不恃僮奴之瓦砾，而恃朴樕之卑樊。家之御猛兽也，不在操戈负弩，而在四周之屏。故苞桑系泰，复隍成否，此其则然耳。滨海之区，其为要害也多矣。国初建设墩堡，调兵置戍，盖种种悉也。承平日久，积以玩愒，率废弃不讲矣。始议所漏者，又莫有出一算筹之。即筹也，亦莫之为理，诸厄塞便利，贼皆得觇而据之。而我望风丧气，仓皇驱愍卒以尝锐锋，庸能格乎！故贼少入也，我则少衄；大入，则大衄。非惟击斗之不力，亦其所乘之势然也。乃如采涛，港如川沙，洼如刘家河，如舟山，如岑江，如柯梅诸所，若先贼未入扼险置戍，贼恶得据为巢穴？至麇大众，久而不克乎！然彼犹守在藩篱也，招宝则门户矣，无招宝则无县，无县则无郡，而可弗亟乎！兹城也，狡寇寝谋，氓黎安堵，功德于吾民至宏远矣。兵志曰："上兵伐谋。"又曰："善师者不战。"其三君子之谓乎！祠而祀之，夫谁曰不宜。

巳而巡海副使刘公应箕继至阅武犒士，升高纵览，谓卢公曰："扼险树防，斯策之上者乎？余与公当图所未竟矣。"乃系以词曰："赫赫王化，靡远不流。薄海内外，控如缀旒。蠢兹丑类，不令为雠。燔我积聚，败我来年。围掠货贝，是任是舟。华都丽宅，鞠为墟邱。皇帝赫怒，简兹壮猷。矫矫虎臣，公侯好仇。乃脵毂秉，钺纤筹矫。乃弓矢砺，乃戈矛肰。折其丑复，执其酋肤。功载奏皇，是用褒帝。曰劳止臣，曰囷休兹。招宝维郡咽喉，曷扼之吭，曷伐之谋。乃城乃堞，金汤是侔。威彼不逞，亿万貔貅。鲜我遗育，忭舞道周。抚我黔赤，蒇我田畴。伊谁之赐，庙谟孔修。二三元戎，是度是鸠。无患不烛，无言不酬。新宫奕奕，令誉悠悠。何以报之，乃黍乃羞。何以戴之，百千斯秋。"

又重建宁波府知府沈恺祠，张时彻为之记（载《祠祀》）。天启四年，大风雨，城半圮。知县顾宗孟重修并修宝陀寺，薛三省为之记（载《寺观》）。

《唐令志稿》：国朝顺治十五年，总督、尚书李率泰檄修，改雉堞一百四。康熙四年，总镇常进功加筑。

邑人谢泰宗记： 余观古名将，未有不熟于形势者也。王公设险浚渠，傅堞而守，俾形有所扦，势有所禁，而不虞是防。况兹候涛屹峙海口，以咽喉两浙，为全郡门户哉！

往者，汪直引倭犯关深入，由门户之不慎、咽喉之未守也。故山之有城，城以威远著。卢公、谭公经其始，刘公、何公覆石屋焉。勿论增华踵事难，其人即距今百有余岁，石剥雉摧，谁为政也？朝廷念狂寇匪茹，疆围告警，特设水镇统其师。我常公用瀽洲之捷、大栏山之荡平、闽安镇之擒获，累功而膺兹任。其为门户、咽喉计，固不特一城之增崇加竣也。即就定言定，若靖波台，若阅武厅，若钟鼓楼，无不焕然改观，而大功尤在全城之濠隍。即兹威远，犹绪余及之也，乃公正不欲绪余视之也。

公盖尝登城而远眺矣，其自琉球日本、三神蓬莱，秦皇之所心艳，汉武之所远征，一览而即得梯航献琛，欣然有六国来王之志焉。又尝登城，近顾招宝，俯瞰县治，既不远数十武，乘高临下，若逆人据而有之，所击炮若一丸泥，而炮烈机发，烛照而数计，愀然抱剥肤震躬之忧焉，斯公亟亟于是举而不容姑待者也。

人谓公曰："公莅定十有八载，虽四方援剿，弗克宁宇，斯城堡之蚀坏，俟今日一振修耶？"

公曰："大木之举，非一人力也。千里之程，非跬步至也。向者权不属焉，异日天子东顾，问握符玉帐者，增陴浚隍谁似颜平原者，虑无以对。"扬休命而称保厘，秉钺之臣故远睇而欣然，近顾而愀然。我公十八载之神思，未尝不一日释诸怀也。

于是揆丈数、揣高卑、计徒庸、虑材用、书糇粮，以令役。旧城二百丈，今更廓五十丈有奇，而二丈二尺之上复高三尺，城身厚一丈者益倍之，东西二门楼鸟革翚飞。不但扃钥之严固矣，公又以城孤而无辅，乘障吏仅足自卫，而远之不御，何名威远？乃于城之东、西、北为炮台三，每台高广各四十尺，置铁发贡二千斤，台各二位，诸战守械咸具，凡使厚集其势不至孤而无辅也。

是役也，三阅月而告竣。官帑不费，民力不屈，子来之趋，如手足之捍头目，所称人和逾天险之雄，此物此志哉！然余更服公即水治陆，即陆治水，任疆围而不形彼此之见，为得将相大臣之体云。

常公名进功，辽东人。是为铭。铭曰：鳌柱屹立，砥此大荒。锁钥两浙，天开阊阖。占形取胜，建筑垣墙。谭、卢经使，刘、何继光。我公秉钺，百废具张。山城云矗，保厘金汤。炮台新建，环拥四旁。桓桓戍士，发贡远扬。佛坐紫林，慈悲道场。师中嘿相，神道教彰。崇墉屹峙，大功孔章。明德远垂，天地久长。

蟹浦城在灵绪二都

高一丈八尺，广二丈，周围二百二十七丈四尺。初设二门，后塞其北，惟南面一门。旧建年月不可考，今城多圮。旧建年月不可考，今城多圮。

龙山城在灵绪三都。旧系观海卫辖所

《嘉靖府志》：龙山背海面山，左亘覆船山，右为望野，距郡北七十里。

《成化郡志》：洪武二十年，信国公汤和以定海县龙头场石塘团之址筑城凿池，建门一。永乐十六年，都指挥谷祥增高八尺，环置敌楼，增建东、南、西三门，各冠以楼，外罗月城，浚子池于城之外。

《唐令志稿》：城高二丈五尺，址广二丈，延袤三里。四门各有楼，设吊桥于东、西、南三门之外。城上列雉堞八百五十六，敌楼、警铺各二十，正濠周围五百六十二丈，备濠周围五百一十丈。

《雍正府志》：今属镇海营城守官兵驻防。

穿山城旧志海晏一都，今编镇隅六图

《旧志》：穿山东北据山，西南臂海，距县治之南八十里。

《唐令志稿》：地旧属鄞，宋熙宁十年割属今镇邑。明洪武二十年，信国公汤和徙大、小榭海岛民居之。二十七年，安陆侯吴杰视其地滨海要冲立城，徙定海卫后所官军守御。次年，本所千户邵通辟东、西、南、北四门，穴水门于南门之侧，设以吊桥，罗以月城，门置楼，凿池为壕。永乐十二年，都指挥余成开堑道。二十六年，都指挥谷祥加增战楼、敌台。城高二丈二尺，广一丈，周围七百四十二丈，延袤四里有奇。雉堞一千六百四，战楼、敌台各六，警铺一十二。壕三面，自东绕西，通二百八十五丈。堑二道，自东暨北，各五百二十五丈。清顺治十五年，加修城垣。十八年，朝使以城址跨山空阔，移置平地更筑改小，周围三百九十五丈，延袤二里有奇，高、广如旧。雉堞三百九十五，战楼、敌台、警铺皆不设。

《雍正府志》：旧属镇海营官兵守御。雍正二年，奉文改隶提标左营管辖。

邑生项森议：穿山所城东北据山，下即黄埼，通日本、琉球诸番，北接蛟门，南则旷野膏壤，西大路为县治、宁郡之通衢。明洪武初，海氛作祟。二十年，信国公汤和阅边，先筑大嵩、廓衢城垣以固封守，又视穿山为定邑门户，不可无城，

环山带海绘其图址，于二十七年遣安陆侯吴杰督建，调定海后所千百户官军守御，故又名后所城。辟门四：东曰镇东，南曰阜财，西曰永昌，北曰安澜。又建楼二：一曰海晏，在所治中央；一曰望江，在所治东北。又于睡龙山巅立觇海台一，警铺十二在所治西北。夫当建城之始，审山川之形胜，度地理之险要，鸠工庀材，阅数十年而始成。若平地施功可省财力，而必欲上环山巅者，盖因睡龙山北之黄埼江为定邑门户，海口出入所必经，据高凭城，发炮击贼，虽千百艘不能扬帆飞渡，是凭险扼要，退可守而进亦可战也。嘉靖间，倭寇连年猖獗，全省惊扰。定兵攻贼前艘，所兵攻贼后舰，前后夹攻，而倭寇殄灭。威远城得"平倭第一关"之号，而兹所城亦与有功焉。此前人审边疆之要，遗后人以御敌制胜之区也。嗣因阅边，嫌城太旷，弃山就野，横截其半，塞镇东门，以海晏楼为北门。康熙十三年，海寇由黄埼江登岸，据睡龙山巅，俯视城隍，矢石交加，顷刻城陷。而城为贼穴，江南人民尽受荼毒矣。盖据山临江，则官军得其要，而贼苦仰攻；弃山就野，则贼得其势，而官军苦仰攻，此一定之理也。况延袤仅四里有奇，而又截其半，非海防之遗憾乎？虽今诸番入贡，中外一家，而未雨绸缪，不可不握其地利以为边海之金汤也。

昆亭寨城 海晏一都

《唐令志稿》：周围八十丈，康熙八年建，令王元士题南门曰"迎熏"，北门曰"望昆"。十一年，造营房一百二十六间，至菖蒲山台。按：旧属镇海营官兵守御。雍正二年。奉文改隶提标左营管辖。府志失载。

霩衢城 《旧志》海晏三都，今编镇隅七图

《旧志》：霩衢南汇大江，自南徂东为渤海，西接育王山，北负穿山，距县治南百二十里。城高一丈九尺，址广一丈，周围四百八十八丈，延袤三里有奇。辟南、北、西三门，各有楼，外设吊桥，罗以月城，雉堞九百二十，警铺十三，敌楼九。西有瞭远台，外东至西北，凡三百七十四丈为壕，南至西山一百三十二丈为堑。备壕三百七十丈。洪武二十年，信国公汤和筑，辟南、北、西三门，东穴以水门。永乐十五年，都指挥谷祥塞水门。

《雍正府志》：国朝顺治十四年，徙居民内地，城隳。康熙十八年，展复旧界，仍筑城，复民居。旧属镇海营官兵守御，雍正二年，奉文改隶提标左营管辖。

署廨

自营国之制详于匠人，凡六官之长，下逮府史、胥徒，莫不有官府之地用以莅政临民，慎之至也。自职事更替，迁徙久暂靡常，遂视公堂听事如传舍焉。镇邑揆文奋武，各有攸司履其地者，朝而听政，夕而考令，亦思无负所居，斯可矣！志署廨。

县署

《旧志》：在城东南隅。为正厅凡三间，名忠爱堂（旧名牧爱）。左为架阁库（今圮）。库之左为赞政厅，右为仪仗库（旧圮。后建平屋三间，中为库藏，西为外库，东为宿卫所。令王梦弼以守库宜严，于库南接建守护房，缭以周垣，以宿兵卫。其东间改为架阁库，以贮堂橱版籍、各年征册，及关粮产源流悉令收架，责总科典守），东西列曹吏房科各九间（今东廊为承发吏、户、礼铺招外兵科，计六间；西廊为兵、刑、工科三间；南皆接建仓廒），中为甬道，为箴石亭（碑阴刻"公生明"三字），亭之前为仪门三间。门之左右为预备等仓（详《仓廒》）。门外东为土地祠，西为狱禁，南为大门三间，门内之左为监仓（久圮。今于左右各建谷仓五间），外为阜成坊。东西榜房各五间（今圮），外为旌善、申明二亭（今圮）。正厅后为堂，凡三间。堂后为内宅。今堂后为川堂三间。东厅三间，南为书房三间，又南小房三间。川堂西书房四间，又南三间。川堂后正房八间，东厨房二间。内宅正楼五间，东西厢房各三间。楼西小房二间。再西为蔬圃，后为池。《浙江通志》：宅内旧有瑞菊亭、四知轩、锦春楼、广瑞轩、白华朱鄂亭，皆见堂。《成化郡志》：县治建于梁贞明二年。宋建炎四年毁。绍兴元年，令盖大渊重建。《旧志》：淳熙间，令陈公亮、韩永德相继修复。《浙江通志》：明洪武二十五年，令袁尚敬重修县厅。三十四年，令陆本重创幕厅库廊。《成化郡志》：永乐间圮。正统初，知县戴锺重建。《嘉靖府志》：正德间，令陈轼、郑余庆各加修葺。《旧志》：嘉靖间，令宋继祖重修，何愈复修火攻库三间。旧在县后，岁久倾圮，称建县西（今圮）。《王令志稿》：万历十六年，令汪应泰重修。

皂司山阴黄猷吉记：夫营缮之役，难言矣！自旧贯训于鲁论而改作者见以为扰，大壮演于《周易》而因循者见以为陋。扰则劳民，陋且辱国，二者将何取衷哉？夫唯衷天时、协地宜、缘人情而有作焉，斯善乎，无以议为矣。

浙之险要在海，海之门户在定，是故建邑治以主民社，建幕府以诘戎兵。幕府，军容也，非壮丽无以蓄威；县治，国容也，非整齐无以昭德。而定孤悬海外，密迩岛夷，创始者既不知相厥阴阳，继续者又不能新其简陋。夫阴阳不协则何以发地灵？简陋相仍则何以系民望？且也幕府如彼，邑治如此，甚非昭代右文意也。

当事者为国家计久安，为地方建长利，廉侯治暨阳、破巨奸、剪剧盗，绩效殊等，海门锁钥，非侯莫寄。请于朝，使更治定。侯之至定也，谓凋敝之邑宜先惠和，杂处之地宜先威信。师旅岁出，既不可以民废兵；饥馑荐臻，又不可以兵病民。盖于心独苦，而于贤独劳，久之，文武辑睦，兵民悦附。开府大臣、直指使者同声贤之，交章荐焉。定父老谓："耳目所睹记，未有赫赫如侯者也。"

侯于政成之暇，周览邑治，意欲更新。适值年饥，以待乐岁。无何，飓风发屋，官舍益圮。定诸父老相率而请曰："此岂天意厌故喜新，欲风伯为之驱除耶？夫岁绌不可以举赢矣，不曰一劳乃可以永逸乎！侯诚主议于上，吾富者输财，贫者输力，不日之功可告成矣。"侯乃白之监司以举工，而邑民欢如子来，众赴如云集，先葺其堂，次而阶以辨等级，次而门以容轩盖，次而坊辟之使可旋也，次而井改之使可食也，次而亭申明旌善示劝惩也，次而正庙门、别狱户、妥幽明也。次引县内之沟而合于前使有统也，次通县西之街而绝其后使无犯也。盖千古之灵秀发于一旦，百年之简陋新于不日，然而民不告劳，官不告匮，视者新目，听者新耳，此无他，以天道有废兴，乘之者成；地道有阴阳，协之者昌；人道有欲恶，缘之者助。

定诸父老谓余与侯有一日之长，征言记之，且告余曰："定兵强民弱、兵富民贫，由来非一日之积矣，自侯之扶植吾民也，而始免于弱；自侯之抚字吾民也，而始免于贫。吾子记诸。"

余应之曰："诸父老其毋以兵民而异视，强弱、贫富异论也，方今大将军节制严明，诸参佐部伍整静，如林之旅，凡以卫民，何强之嫌？楼船接冲，海波不扬，使定之民得安享无疆之利，何贫之虑？侯与大将军交欢如平勃相须，如臂指琴堂，幕府鼎峙，雄长以蔽沧桑，此所谓长久之术也。"诸父老其以是落成。

侯姓汪名应泰，古博野人，万历丙戌科进士。初任诸暨，于万历十六年更任定海，又二年而重修县治。

《唐令志稿》：二十七年，令朱一鹗重修县署。《浙江通志》：天启间，令顾宗孟加修。《唐令志稿》：令龚彝筑县后楼三间。《浙江通志》：崇正间，令杨芳蚤增葺县廨。《雍正府志》：国朝顺治初，令郑元成加修。《王令志稿》：顺治十二年，令朱承命修大堂、大门、仪门，功未竟。康熙七年，令王元士加修，并川堂内署预备仓，重建赞政厅东西廊房，筑四围墙垣。《唐令志稿》：二十五年，令周家齐重修。三十五年，令唐鸿举造东大有仓五间，西预备仓五间（详《仓廒》）。乾隆六年，令杨玉生修葺衙署，重建后楼，并于大堂西首添造常平仓六间。十三年，令王梦弼重修两廊科房，建库南守护房，修内宅东厅及静虚斋三间并曦轩一楹。十五年，建常平仓三间于库房右。

县丞署　《旧志》：县宅东。今头门三间，土地祠三间，大堂三间，住宅四间，书房二间，厨房一间。

主簿署　《旧志》：县宅西。今废。官亦裁。

典史署　《旧志》：县署廊之东。今头门一间，仪门一间，东奉土地祠一间，西班房一间，大堂三间，住房六间。

教谕训导署并详《学校》。

水师营参将署　《浙江通志》：在县治西王施衕，旧系总兵府。万历二年总兵移驻指挥衙门，改为参将衙署。头门五间，仪门五间，大堂五间。东畔签押厅一间，题曰"忠武堂"。西畔掾房一间，住宅五间。西廊轩六间。西廊外箭厅三间，额曰"问心"。

水师营守备署　在县治西北隅西长营衕。康熙八年，守备苟天麒价买民屋改作公署。头门三间，大堂三间，内宅楼屋三间，并两廊轩屋各半间。又小屋一十六间。三十九年，楼屋毁。本营照旧捐造。

军器局　在参将府东南。乾隆二年，参将张兆龙奉文修治。大楼三间，中为官厅，楼上俱藏军器，大门五间，外设照墙一座。

演武厅　县治东北鼓楼内，旧系衙指挥署，万历二年改为总镇府。康熙二十六年，总兵移驻舟山，署颓废。雍正三年，参将吕瑞麟详改教场。乾隆二年，参将张兆龙详动公粮建厅屋三间、走廊二间。厅后铺筑明堂，又建旗台一座。**按：旧演武场有二，一在候涛山下，今塘外东首即其地，约广百亩，自明至国初俱操演于此。雍正三年移于城中，此地遂废为荒土；一在西郊，即今化身庵侧，约六十余亩，名曰"白营"，移镇后民升课作田。**

邑生王鹤迁《请复教场旧址议》：镇邑旧有教场，在东西两门外，候涛山之下，大浃江之口，由来久矣。康熙初，总兵黄大来奉命移镇舟山，后立舟山为定海，而锡本邑以今名，留参戎驻之城中。县治东之帅府因移镇，而遂撤其宇木以去，自是故址颓垣，鞠为茂草。里人且请输租以为种植地，旋奉禁止。雍正三年，参戎吕瑞麟详请移教场于是区，爰建演武厅及旗台，一时改观，不但人忘此为旧帅府，并忘候涛山麓为旧教场矣。

夫天设候涛以为海门砥柱，而审形势者既立城于山之巅，复立教场于山之麓，此皆因险以为卫之义也。今之移教场于城中者，将何所为乎？夫军容不入国，古之制也。书曰："阃以外，将军制之。"设可于城内操兵，则立营之初，城中岂无数亩之隙地可供蒐苗，而必观兵于郊外乎？其所以必观兵于郊外者，盖兵贵先声而后实，利在耀武而扬威。当操演时，旌旗耀日，戈甲弥天，钲鼓连鸣，炮声不绝，寒侦卒窥伺之胆，消远人觊觎之心，其为谋至深远也。东、西郊外有教场，俱宽敞平衍，可容万人。西门外教场，土名"白营前"，牟总帅因承平无事，命军人开垦为田，随转售民间，今既易数主矣。若夫东郊教场，据险扼要较胜西郊外，缘战舰水寨之阵迭鸳鸯、内树牙幢，岸左之营连鹳鹤、张声威远，势若建瓴，虽海潮为患，侵削寻丈耳。邑人利无禁阻，挑土取泥，故址日益削。然苟用一营之余力修除培补之，犹可以复故。今弃数百年之场址为废壤，而张我师于城内，舍门庭而事堂奥，疏守望而诧市人，其谁知之，而谁惧之？况枪炮喧阗于城市亦属不宜，譬如心腹受惊而百骸震慄，亦理势之必然也。介胄之士狃于便安，治平之时当思保泰。还总府之旧基别谋久远，复教场之故址重整规模，庶市肆不惊而军容远震，是在为国为民之君子矣。

把司公署 在洋山庙衕。今仅存屋一间，供土地神。

管界巡检司署 《旧志》：在县西四十里。中为厅事，凡三间。东、西廊房各五间，军器库、吏舍各一间。舍后为土神祠。厅后为官廨，凡三间。前为门。**按：旧在蟹浦城内，圮废多年。今在龙山所城内永乐寺栖止办公。**

长山巡检司署 《旧志》：在县南四十里。**按：旧在芦山，坍废已久，所遗基地于崇正间缁流构庵栖息。司是土者赁居民房办公。**

穿山巡检司署 《旧志》：在县南九十里。今署废，赁居民房办公。

太平巡检司署 《旧志》：在县南一百二十里。中为厅事，凡三间。东西廊房各五间。后为官廨，凡三间。左右为庖舍。前为鼓楼门。今署废，官亦裁。

霞屿巡检司署 《旧志》：在县南百里。今署废，官亦裁。

清泉场监课司署 《旧志》：在县南十里。中为厅事，凡三间。后为川堂，凡二间。又后为堂，凡三间。东、西廊屋各四间。东为官廨，外为门。**按：自康熙五十三年倾圮，历任赁居山下觉海僧舍办公。**

穿山场盐课司署 《旧志》：在县东南九十里海晏乡。中为厅事，凡三间。左右为耳房。后为堂，凡三间。东西为书房。再后为官廨。外为门。今废，改并穿长场。

龙头场盐课司署 《旧志》：在县西北九十里灵绪乡。中为厅事，凡三间。左为耳房。东、西为廊房。后为仪仗库。东为官廨，外为门。**按：天启年间，归并清泉场兼理，官衙仅存基址。国朝乾隆五年，巡抚卢焯题请复设。九年，场大使沈昂请帑，照依旧址复建。大堂三间，头门、仪门各三间，住宅三间。并两厢房东长三十五弓，西长三十五弓，南阔十三弓，北阔十三弓。署后及两边有司后仓基。**

广安仓大使署 《旧志》：在县北二里。中为厅事，凡三间。后为官廨，凡六间。东西为廒，外为门。今署改火药局，屋仅存三间，官裁。

常盈一仓署 《旧志》：在县东昌国。中为厅事，凡三间。东为官廨，凡三间。左右为耳房，东西为廒，外为门。

常盈三仓署 《旧志》：在县南穿山。中为厅事，凡三间。东西为廒，官廨废，外为门。

常盈四仓署 《旧志》：在县南霩衢。中为厅事，凡三间。后厅凡三间。上下列廒，外为门。

常盈五仓署 《旧志》：在县南大嵩。中为厅事，凡三间。东为官廨，凡六间。东西列上下廒，外为门。

以上四署今俱废，官亦裁。

阴阳医学 《旧志》：在县治西。今废。

僧会司署 《旧志》：在回向寺。

道会司署 《旧志》：在渊德观。

税课局 县南城门外。今署废，官亦裁。

行署

军门府 在县治东，城隍庙西。万历七年，令赵思基建，为巡抚视师海上驻节之所（见《名宦传》）。前厅五间，大门三间，仪门五间，后堂三间，廊房各五间，堂左厨房三间。国朝康熙六年，令王元士重修。二十二年，令郝良桐修葺。（今废）

布政分司《旧志》：在县西按察司右。中为正厅，凡三间。东西列廊房各四间。后为堂，凡三间。前为仪门，凡三间。外为大门。今圮。

按察分司《旧志》：在县西五十步。中为正厅，凡五间。东西列廊房各五间。后有明楼，凡三间。前为仪门，凡五间。外为大门。今圮。

督税厅 在按察分司右。今圮。

二府厅 三府厅 在总持寺内。

四府厅 在南山书院右。今圮。

游击府 在仓前。今圮。

邮舍附

县前铺 分路出小西门，十五里至清水铺；出大西门，十五里至官团铺；出大南门，九里至浃港铺。

清水铺 至永福十五里。

永福铺 至孔浦十五里。

孔浦铺 至鄞县砖桥铺十五里。

官团铺 至曲塘十五里。

曲塘铺 至徐家十五里。

徐家铺 至所前十五里。

龙山所前铺 至龙西十五里。

龙头西铺 今名施公山铺，至慈溪松浦十五里。

浃港铺 至孔墅十五里。

孔墅铺 至辛岙平坦路十里，崎岖岭路五里，共一十五里。

辛岙铺 又分二路，一至鄞县育王铺十五里；一至长山铺平坦路十里，崎岖岭路五里，共十五里。

长山铺 至陈华十五里。

陈华铺 至穿山十五里。

穿山铺 又分二路，一至定海铺三里；一至竹岭铺十五里。

定海铺 过横渡至定海县衙头铺，约计洋面水程一百里。

竹岭铺 至门堰二十里。

门堰铺 至霩衢平坦路十里，崎岖岭路五里，共十五里。

廓衢铺 至庨头铺平坦路十里，崎岖岭路五里，共十五里。

庨头铺 至虾庨十里。

虾庨铺 至昆亭平坦路十里，崎岖岭路五里，共十五里。

昆亭铺 至慈岙平坦路十里，崎岖岭路五里，共十五里。

慈岙铺 至鄞县孤岭铺平坦路十里，崎岖岭路五里，共十五里。

卷 四

典礼 祠祀 风俗 物产 祥异 蠲恤

附养济院 育婴堂 漏泽园 各乡义冢

知镇海县事商邱王梦弼 纂修

儒学教谕姚江邵向荣 订正

典礼

周官六典，礼居一焉，大宗伯掌之，所以建国谐民也。国家制作昌明，规模宏远，凡班朝、治军、教训、正俗以及祷祠神鬼之事，莫不酌古准今，烂然备具。一邑虽小，亦得观书象魏，恪守遵循，行而宜之，庶儿上凛天威，下肃民视，无陨越焉尔。志典礼。

莅任

入境 《剡志》：洪武四年，令新任者必先舆城隍神誓，期阴阳表里以安下民，谓之宿斋，今多因之。初到城外斋宿，父老人等道迎入城，谒城隍庙，备牲醴，祀仪门，行拜谢礼。

谢阙 设香案于月台，望阙行三跪九叩礼。

拜印 置印箱于公座，行三跪九叩礼。

升座 皂隶人等排衙毕，皂隶叩头；次典吏，各行两拜礼；次左贰官参见，行两拜礼。新官出公座答礼。礼毕，署公文。

行香 文庙行三跪九叩礼。诣崇圣祠行二跪六叩礼。礼毕，县正教职同诣明伦堂，设公案坐，进生员讲书。关帝庙行香，行三跪九叩礼。土地祠牲醴致祭，行拜献礼。

朝贺

元旦 先一日设龙亭于某所，至期五鼓，县正率僚属具朝服，行三跪九叩礼，赞引县正诣香案前跪祝，再行三跪九叩礼。礼毕。

至日 仪同上。

万寿 仪同上。

千秋节 行六叩礼。余礼同上。

迎诏

诏使至，官僚具龙亭、仪仗、鼓乐郊迎，捧诏书置龙亭，中道入县治，南向，众官依次排班，班齐乐作，北面行三跪九叩礼。展读官诣开读案宣读，众官跪听毕，复行三跪九叩礼。班首官诣龙亭前跪问圣躬万福，朝使鞠躬答如所问。众官乃退。

鞭春

每岁司事造芒神、土牛。立春前一日，县正率僚属至东郊，迎土牛、芒神至县，仪门设香案，居芒神于牛之左，土牛南向，芒神西向，各揖而退。次晨各官吉服、设果酒祭芒神，行祭拜礼。礼毕，各官执彩仗排立于土牛两旁，班首官击鼓三下，众鼓齐作，抛散五谷。各官环击土牛者三，乡人各取其土以为宜年。

救护

《明史·礼志》：洪武二十六年，定救日礼。礼部设香案于露台，向日设金鼓于仪门内，设乐于露台下，各官拜位于露台上，至期入班。乐作，四拜兴，乐止，跪。执事者捧鼓，班首击鼓三声，众鼓齐鸣。候复圆，复行四拜礼。月食同。在外府、州、县如仪。国朝因之。《三衢志》：日、月食，县正官率僚属救护。初亏时用常服，行四叩礼，生明又行四叩礼，复圆用朝服行四叩礼毕。

耕耤

《续文献通考》：明洪武九年，御史寻括请耕耤田，享先农以劝天下。《大清会典》：每岁仲春亥日，各省各官祭先农坛，礼毕，换蟒袍补服耕耤。县则正印官秉耒，左贰执青箱播种，行耕时用耆老一人牵牛，农夫二人扶犁，照九乡之例九推九返。农夫终亩耕毕，各官率耆老、农夫望阙三跪九叩首。又奏准：耕耤农具俱用赤色，牛只俱用黑色，箱俱用青色，所用籽种悉照各该处土宜。六月县官载酒食往四郊给赏劝农。

耤田　雍正五年，知县田长文奉文置田四亩九分：昃字二十二号田一亩四分七毫六丝五忽；昃字十四号田三亩四分九厘二毫三丝五忽。

雩祭

《文献通考杨氏注》：龙见而雩，乃建巳之月，万物始盛，待雨而长，为百谷祈膏雨。《文献通考》：后汉制：岁旱，公卿官长以次行雩礼。《明史·礼志》：嘉靖十二年，夏言言雩用祀天祷雨之祭，凡遇亢旱，请行之。国朝乾隆九年，诏各省官行雩礼。

钦颁祭文

维 年 月 日 官

致祭于社稷、先农、山川之神曰：恭膺诏命，抚育群黎。仰体彤廷保赤之诚，勤农劝稼；俯惟部屋资生之本，力穑服田。令甲爰颁，聿举祈年之典；惟寅将事，用申守土之忱。黍稷惟馨，尚冀昭明之受赐；来牟率育，庶俾丰裕于盖藏。

宾兴

《续文献通考》：洪武十七年，颁行科举成式。凡三年大比，子、午、卯、酉年乡试。国朝因之。生中大比，县正择期宴送。前三日用印帖，命阴阳生启请。届期设公宴于县堂，生员至，县正出迎，揖让升堂。县正主席，学官及僚幕与焉。宴毕，县正步送出头门，随乘舆送至城门外揖别。

入学

《明史·选举志》：士子未入学者，通谓之童生。入学，初由巡按御史、布按两司及府、州、县官，正统元年始置提学官专提督学政。取入附学生便服用彩旗、鼓乐、肩舆诣县至大门，步至仪门，县正升堂，诸生诣大堂，二拜，县正拱立，诸生更公服，给花红，赐酒三杯。又二拜，县正答拜，鼓乐，从中门出，至学前俟迎县正。斋长引县正从边门入，诸生随入至大成门内，县正、教谕、训导俱就位，诸生各就位，谒先师，赞唱三跪九叩礼。至明伦堂，县正、司铎行交拜礼，先宾东主西，后主东宾西，四拜。诸生谒学师四拜，答两拜；诸生谢县正四拜，答两拜；向斋长三揖，其同学友交拜。礼毕，诸生鼓乐而还。次日，就学肄业。

乡饮

《学政全书》：顺治初，令京府及直省、府、州、县每岁举行乡饮酒礼，设宾僎介主，酒席于存留钱粮内支办，凡以申明朝廷之法，敦叙长幼之节，遂为定制。每岁正月十五、十月初一日初，儒学行乡饮酒礼。先九日，正印官用印帖端启，择文行兼优生员四人登请各宾，届期于明伦堂行礼。以正官为主位，东南；以致仕官为大宾位，西北；以年高有德者一二人为僎宾位，东北；以次长为介宾位，西南；以教官为司正，以老成生员赞礼。前一日，执事者于儒学讲堂陈设坐次，司正率热带者习礼。次日黎明宰牲具馔，主席及僚属、司正先诣学，遣人速宾，宾至出迎，于庠门外揖入。主居东，宾居西，三揖三让而后入门。至二门，如前三揖三让。升阶至堂前，又三揖三让，而后升堂，东西相向立，赞两拜讫，就位。执事者唱："司正扬觯"。司正至中堂，北向立，主宾皆立。唱："揖"。司正揖，主宾皆报揖。执事者以觯酌酒授司正，司正举酒曰："恭惟朝廷，率由旧章。敦崇礼教，举行乡饮，非为饮食。凡我长幼，各相劝勉。为臣竭忠，为子尽孝，长幼有序，兄友弟恭。内睦宗族，外和乡里，无或废坠，以忝所生。"读毕，执事者唱："司正饮酒。"饮毕，以觯授执事。执事者唱："揖"。司正、宾僎皆揖。司正复位，宾僎以上皆坐唱读律令。执事者举律令案于中堂，唱："宾主皆拱立。"读者诣案，北面读曰："乡饮之设，所以尊高年，尚有德，兴礼让，敢有喧哗失礼者，许扬觯者以礼责之。其或因而争竞者，主席之人会众罪之。"读大诰曰："乡饮酒礼，叙长幼，论贤良，别奸顽，异罪人。其坐席间，高年有德者居于上，高年淳笃者并之，以次序齿而列。其有曾违条犯法之人，不许干于善良之席，违者罪以违制。"读毕复位。执事者唱："供馔案。"执事者举馔案至宾前，主人荐脯醢折俎。执事者斟酒以授主，主受爵诣宾前，奉爵揖退。复位赞唱："宾酬主。"一如主献礼。宾复位，赞唱："饮酒，供汤馔，歌诗酒。"一行歌童歌《鹿鸣》之首章，再行歌《南山》之首章，三行歌《湛露》之首章。每酒一行、供汤一次毕，赞唱："彻馔。"主宾以下皆起，仍东西立。赞唱："宾谢主。"并两拜讫，下堂，面西北隅望阙谢恩，行三跪九叩礼。主宾复揖，分东西行，仍三揖，出庠门而退。

鄉飲酒禮圖

三賓　二賓　一賓　水簋　　饌　一饌　二饌　三賓頭

《旧志》：按乡饮酒义，宾主，象天地也；介僎，象阴阳也；三宾，象三光也；让之三，象月之三日而成魄也；四面之坐，象四时也；六十者坐、五十者侍立以听政，役所以明尊长也；六十者三豆、七十者四豆、八十者五豆、九十者六豆，所以明养老也。夫观于四面之坐而知今之斜列之席者,悖礼甚矣！又按《仪礼》曰："其牲，狗也，取择人也。"烹于堂东北，祖阳气之发于于东方也。今制坐宾于兹，而与古独异，无亦有取尔乎？又按俗，儒多泥宾位于东北，则斜列其序而西南面；僎位于西北，则斜列其席而东南面；介位于西南，则斜列其席而东北面；主位于东南，则斜列其席而西北面，殊失古人"席不正不坐"之义矣！尝按《仪礼图》设席陈器之言，曰"宾位在西北"，自中以西之北便为西北，岂必东南面之位哉！余仿此，谨将颁布定图式录后，以为行礼者告。

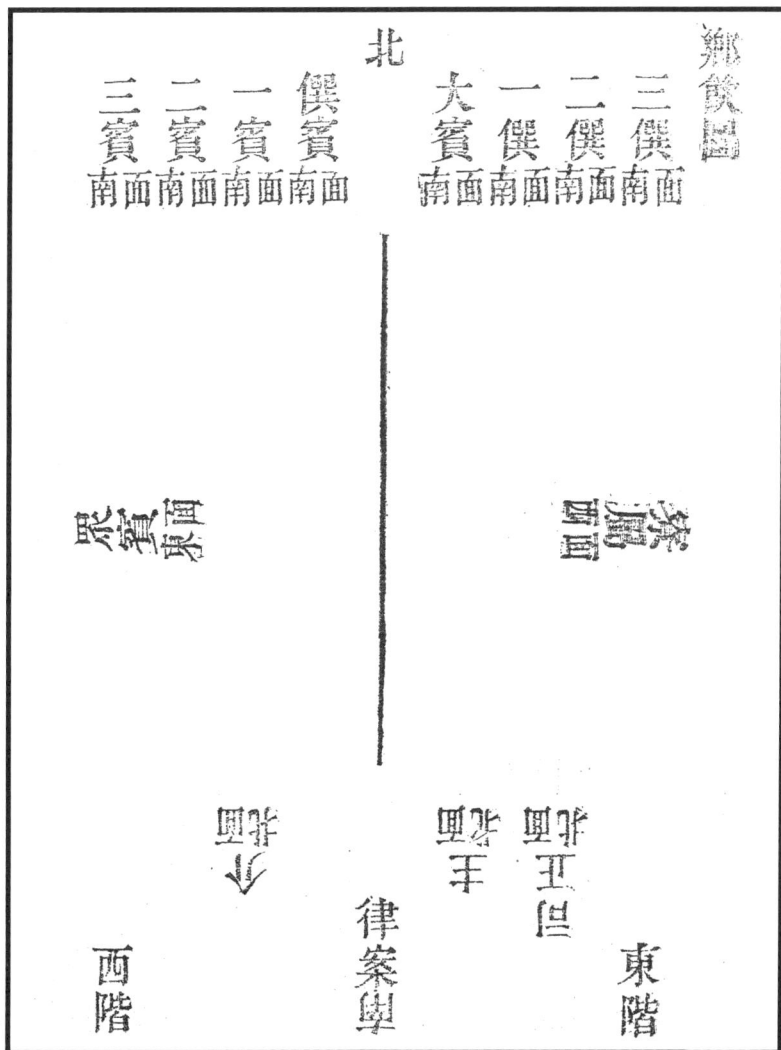

乡饮图

北

三宾南面　二宾南面　一宾南面　僎宾南面　　大宾南面　一僎南面　二僎南面　三僎南面

众宾席位　　　　　　　　　　　　　　　　众僎席位

北

律案桌

西阶　　　　　　　　　　　　　　　　东阶

宾撰题名

乡饮之礼，叙长幼，论贤良，分贵贱，别奸顽，异罪人，诚巨典也。镇邑之膺斯选者，姓氏多不可考，兹取其在本朝所灼见者列于左。

庄其度 顺治三年

任春魁 顺治十六年

方一贯 顺治

王应台 康熙九年

周尚埈 康熙十一年

任 亮 康熙十三年

庄俊遴 康熙十三年

庄俊元 康熙二十年

任兆魁 康熙二十五年

陈应麟 康熙二十八年

庄俊进 康熙三十年

任廷俊 康熙三十一年

余中发 雍正二年

谢绪惇 雍正八年

徐际生 雍正八年

刘宗栻 雍正九年

沈尚隆 雍正九年

孔尚德 乾隆三年

沈德鹤 乾隆十五年

陈枚才 乾隆十五年

方允升 乾隆十五年

乡射

《明史·礼志》：洪武三年，诏国学及郡县生员皆习射，颁仪式于天下，朔望则于公廨或闲地习之，其官府学校仪略仿大射式而杀其礼射位。初三十步，自后累加至九十步，射四矢，二人为耦。今废。

乡射礼总图

读法

《学政全书》：顺治九年，颁行《六谕》于各直省。十六年，覆准乡约正副令各乡人公举六十以上、经告衣顶、行履无过、德业素著生员统摄，若无生员，即举素有德望、六十岁以上平民统摄。每遇朔望，申明《六谕》并旌别善恶实行，登记簿册，使之共相鼓舞。康熙九年，颁发《圣谕十六条》。雍正二年，御制《圣谕广训》万言颁发直省宣讲，吏部行文各省督抚，令教授、正谕、训导等官，遴选生员中有品行文学者，将钦奉《圣谕广训》之书句诠字解、阐发宣讲，俾兵民之众入耳会心、翕然丕变，毋得以乡约耆辈偶尔调习虚应故事。雍正七年，部咨各省督抚，令各州、县于大乡大村人居稠密之处，俱设立讲约之所，于举贡生员内拣选老成有学行者一人以为约正，再选朴实谨守者三四人以为值月，每月朔日，齐集乡之耆老、里正及读书之人宣读《圣谕广训》，阐明大义，详示开导，务使乡曲愚民鼓舞向善。乾隆二年，覆准约正值月，原令州、县官于各乡举行，不论士民，不拘名数，惟择其人，以行化导之事。自宣讲《圣谕广训》之外，并令直省转饬各州、县，摘取简明律例并和睦乡里之上谕稿刊成册，酌量大小，各乡村遍行颁给，俾于朔、望讲解，务令人各周知。仍令州、县各官董率约正值月，勤为宣讲。该督抚严加查察，毋使视为具文。今每月朔、望为讲约期，清晨于本城空阔处为讲所，上供圣谕牌香案一张，布椅两旁设讲案，于中间置乡约条规，县正率僚属、绅衿、里民齐集讲所，选老成宣读，赞唱排班，跪叩如式，向案开讲圣谕。众官、绅衿、里民恭肃听受，颁发乡约全书于各乡堡，齐集居民在约所，逐条讲解并读律令。

圣谕十六条

一、敦孝弟以重人伦；

一[①]、笃宗族以昭雍睦；

一、和乡亲以息争论；

一、重农桑以足衣食；

一、尚节俭以足财用；

一、隆学校以端士习；

一、黜异端以崇正学；

---

①原文如此，不再按现代要求逐个排序。

一、读法律以儆愚顽；

一、明礼让以厚风俗；

一、务正业以定民志；

一、训子弟以禁非为；

一、息诬告以全善良；

一、诫窝逃以免连株；

一、完银粮以省催科；

一、联保甲以弭盗贼；

一、解仇忿以重身命。

讲武

顺治四年，县设民壮五十名，县正时督操练。孟春诹吉向喜神方祭旗纛；仲春望开操，仲夏望封操；孟秋望开操，孟冬望封操。其开操日，武职具牲醴祭旗纛。孟冬封操之前，县正武职统马步兵及民壮操练于演武场，赏罚有差。

祠祀

国之大事首在祀，所以崇德报功，答阴而理阳也。礼凡在祀典，举莫敢废。镇邑坛壝之设，各有定祀。他若勤事定国、御菑捍患，与乡先生没而祭于社者，后映前辉，俎豆称甚盛焉。吾闻神之凭依在德，诚能绝矫举、戒丰昵、先成民而后致力于神，庶几明德荐馨也欤。志祠祀。

先农坛《浙江通志》：在县城西门外，距城五十步。雍正五年，知县田长文奉文建正殿三间、配房二间、大门一间。《大清会典》：雍正四年，覆准各省各府、州、县于各该地方择洁净之地设立先农之神，祭祀陈设供品照社稷坛例：羊一、豕一、帛一、铏二、笾四、豆四、簠二、簋二，其斋戒日期、祭服色、一切礼仪悉照各省社稷之例。

乾隆九年钦定祭文：维神肇兴稼穑，粒我烝民。颂思文之德，克配彼天；念率育之功，陈当时夏。兹当东作，咸服先畴。洪惟九五之尊，岁举三推之典。恭膺守土，敢忘劳民？谨奉彝章，聿修祀事。惟愿五风十雨，嘉祥更沐于神麻；庶几九穗双歧，上瑞频书于大有。

社稷坛《旧志》：在县城西北一里。坛高三尺，东西二丈五尺，四出陛各三级，缭以周垣，埋石北向。坛下地：南一十五丈，东西北各五丈。《大清会典》：顺治初，定每岁春秋仲月上戊日祭。雍正二年，奏准每岁县祭社稷，称县社之神、县稷之神，每位陈设黑色帛一。雍正五年，部颁定式，每案陈设黑色帛一、白磁爵三、羊一、豕一、铏二、簠二、簋二、笾四、豆四。

乾隆九年钦定祭文：维神奠安九土，粒食万邦，分五色以表封圻，育三农而蕃稼穑。恭承守土，肃展明禋。时届仲（ ），敬修祀典。庶丸丸松柏，巩磐石于无疆；翼翼黍苗，佐神仓于不匮。

乡社附《明史·礼志》：每里一百户立坛一所，祀五土五稷之神。《旧志》：里社坛即今土谷神祠，随地建设皆如里之数。**按：今镇邑惟东管三都四图有社稷坛，在朱家村，东南半里，周围六十步，高三尺许，旁有古松，相传为神所凭。**

风云雷雨山川坛《旧志》：在县城西一里，坛制与社稷同。坛下地：南一十丈，东西北各五丈。《大清会典》：凡风云雷雨、山川城隍之神，顺治初定共为一坛，每岁春秋仲月致祭。雍正二年，奏准安设神位，风云雷雨称风云雷雨之神，居中，帛四；山川称某县境内山川之神，居左，帛二；城隍称某县城隍之神，居右，帛一。帛并白色，陈设行礼与社稷同，改望瘗为望燎。

乾隆九年钦定祭文：维神赞襄天泽，福祐苍黎。佐灵化以流行，生成永赖；乘气机而鼓荡，温肃攸宜。磅礴高深，长保安贞之吉；凭依巩固，实资捍御之功。幸民俗之殷盈，仰神明之庇护。恭修岁祀，正值良辰。敬洁豆笾，祇陈牲币。

邑厉坛《旧志》：在县城外西北一里。筑土为坛，左右设寒林所。

已上三坛俱洪武四年知县杜彬建置。嘉靖四十一年，知县何愈重修。**按：厉坛祭无祀鬼神。**《春秋传》曰："鬼有所归，乃不为厉。"此其义也。以清明日、七月十五日、十月朔日祭。先期三日，主祭官诣城隍庙读牒。祭日，迎神于坛，用羊、豕各三，饭羹以次铺设。

乡厉坛附凡九所

东管二都一图厉坛，在虹桥西一里；

东管三都二图厉坛，在横河堰包姓河北，地二分；

西管四都二图厉坛，在孔浦庙西，基一分七厘五毫；

西管四都五图厉坛，在东坞村；

西管五都四图厉坛，在谢家河兜，基二分；

西管六都三图厉坛，在高地头屋后；

西管五都六图厉坛，在憩桥村夏姓田边；

灵绪一都五图厉坛，在八部庙东；

灵绪四都三图厉坛，在望井岭边。

先师庙详《学校》。

崇圣祠详《学校》。

名宦祠在学宫大成门东

【唐】 县尹王元炜，鄞尹陆南金，刺史裴儆、孔戣、齐澣、王密、任侗、于季友

【宋】 刺史李彝庚、张津、王元恭、燕肃、程大昌、吴潜、钱公辅、傅尧俞、仇愈、胡榘、陈恺，通判黄恕，县丞林鼐，县尹唐叔翰、施廷臣、卢万

【元】 县尹吉雅谟丁、汪汝茂，教谕包荦

【明】 信国公汤和，刺史王班、寇天叙、沈恺、蔡贵易、海道谭纶、杨瑄、刘翾，刺史伍符，县尹杜彬、何公肃、陆本、许伯原、贺懋、宋宣、李廷仪、钱如京、陈轼、郑余庆、周懋、金九成，教谕陈纯，训导田维，训导曹一和，

县尹宋继祖、何愈、赵思基、王嘉宾、时偕行、丁鸿阳、汪应泰、黎民表、顾宗孟、龚彝，县丞陈懋龄，学道许豸，教谕顾充，训导窦若俨，教谕叶国华

【国朝】巡抚李之芳、范承谟，提督张杰，巡抚王隲、朱昌祚，总镇常进功，巡抚王尔禄，提督李塞白理，总镇朱万化，提督王世臣、陈世凯，刺史邱业，粮储道梁凤鸣，刺史李廷机、杨之衲，县尹郑元成，宁台道胡承祖，县尹周家齐，按察司杨宗仁，县尹黄宫柱，学政周清源、宫保，尚书李卫

按：鄞尹陆南金浚东钱湖，利泽及镇，故祀之。

乡贤祠在学宫大成门西

【汉】任奕

【唐】虞世南

【宋】曹粹中、沈焕、黄震、袁甫

【明】张信、梁田玉、梁良玉、梁中节、郭良、梁良用、张安国、王永隆、陈治、陈宪、谢琛、贺钦、夏时正、乐舜宾、沃頖、邵凤来、薛邑、薛三才、谢大纶、谢渭、薛三省、王日华、薛玉衡、谢瀚、林继祖、谢泰宗

【国朝】谢泰交、薛士珩、谢泰履、虞一稷、虞二球、谢泰定、谢泰阶、薛士学、谢晋昌、谢荣昌、谢谔昌

忠义孝悌祠

在学宫东儒学，奉文前朝以府志县志有传可据者，本朝以旌表者，册报入祠。

【宋】张超、朱日新、吴璿、吴安礼、吴安时

【元】夏永庆

【明】乐枅、乐平、陈睦、张安国、俞敏德、俞恺、俞民化、陈浩渊、陈韬、韩鼎、李贵、缪廉、施邦彦、李纲、艾敬、李泽、叶府、艾春、贺琦、刘隆、叶七、刘梦祥、戎良翰、刘晋、姚思敬、郑十三、杨一、胡滚、李道宗、陈大纲、洪应科、董一麟、武爱文、刘可立、俞肇乾、潘世宝、王大豫、张国鼎、陈应鸥、陈应璠

钦定忠义孝弟祭文：维灵禀赋贞纯，躬行笃实，忠诚奋发，贯金石而不渝；义问宣昭，表乡闾而共式。祇事懋彝伦之大，性挚莪蒿克恭，念天显之亲情，殷棣萼楷模，咸推夫懿德纶恩。特阐其幽光，祠宇维隆，岁时式祀，用陈罇篮，来格几筵。

节孝祠列女在明以前者列名照前志，在本朝者列名照旌册。

【元】　乐寿妻刘氏

【明】　黄谊照妻孙氏、汤彦敬妻蔡氏、乐恕妻王氏、毕儒妻陈氏、陶善庆妻刘氏、邹诚妻黄氏、金杰妻徐氏、沈歆妻邬氏、韩克相妻阮氏、郑宪妻周氏、杨瑄妻汪氏、黄佾妻刘氏、烈女守贞陈氏、黄赟妻周氏、徐潭妻汤氏、周廷琪妻庄氏、朱昂妻吴氏、董相妻蔡氏、俞文光妻王氏、庄昊妻傅氏、陈杰妻沈氏、王廷玉妻谢氏、谢崇妻杨氏、叶余妻严氏、烈女傅氏、赵应龙妻虞氏、郑一贤妻李氏、胡世美妻汪氏、陈一策妻朱氏、武爱文妻陈氏、范应祥妻朱氏、范应瑞妻汪氏、李应元妻姚氏、李德妻吕氏、薛三祝妻李氏、沃惟聪妻洪氏、沃我元妻张氏、胡世保妻周氏、戴正之女戴氏、贞女王氏、柳济妻虞氏、桂应秋妻郑氏、桂一枝妻史氏、胡泽妻韩氏、胡佩妻何氏、倪毓椿妻张氏、韩鍼妻郑氏、谢子馨妻贺氏、谢栋妻邵氏、刘太华妻汤氏、陈尚友妻方氏、臧长裕妻陈氏、邹文瑞妻王氏、贝效妻郑氏、朱燧妻卢氏、朱和妻施氏、张应瑞妻周氏、竺尚文妻周氏、詹恩妻张氏、谢应魁妻丁氏、胡尚质妻张氏、孙寿祖妻胡氏、金大用妻沈氏、刘道妻翁氏、刘惟成妻沈氏、张和妻黄氏、张栋妻李氏、俞锡妻胡氏、周锦妻沃氏、张允行妻江氏、陈嘉猷妻朱氏、贞女淑英魏氏、周凤正妻王氏、妾李氏、施光弘妻李氏、武嘉祺妻赵氏

【国朝】　谢赓昌妻武氏、郑彝妻庄氏、谢绪正妻潘氏、谢绪勤妻薛氏、沈呈美妻高氏、薛守裕妻沈氏、郑允懋妻汪氏、马士通妻陈氏、王之纯妻谢氏、范伟生妻章氏、朱金玉妻谢氏、林汝泰妻徐氏、陈应昇妻朱氏、谢绪进妻阮氏、归士良妻傅氏、金之印妻吴氏、林月三妻邵氏、蒋允文妻杨氏、陈耀祖妻林氏、刘尧安妻朱氏、崔士璜妻陈氏、屈殿选妻王氏、任琯瓒妻白氏、陈旭顕妻朱氏、张学祁妻沈氏、刘照麟妻张氏

关帝庙　在镇远门内。又一在城中心庵，一在城西半里，一在崇邱一都一图觉海山麓，一在崇邱二都一图广利庵西，一在龙头山之阳，一在崇邱二都二图大石门，一在灵岩二都，一在穿山所永昌门内，一在太邱陈华铺，一在灵绪四都筋竹呑。《大清会典》：顺治元年，定海每年五月十三日祭。九年，勅封忠义神武关圣大帝。雍正三年，勅封关帝三代公爵：曾祖光昭公、祖裕昌公、父成忠公，制造神牌供奉后殿。五月致祭外，春秋二次致祭，各府、州、县如制遵行。今每岁春秋以部文颁示为期，届期主祭官穿蟒服，先祭三代，帛三、豕一、羊一、笾豆各四，行三跪九叩首礼。三献后饮福受胙，再行三跪九叩，

焚帛礼毕。

乾隆九年钦定祭文：维帝浩气凌霄，丹心贯日。扶正统而彰信义，威震九州；完大节以笃忠贞，名高三国。神明如在，遍祠宇于寰区；灵应丕昭，荐馨香于历代。屡征异绩，显佑群生。恭值嘉辰，遵行祀典。筵陈笾豆，几奠牲醪。

祭先代文：维公世泽贻庥，灵源积庆。德能昌后，笃生神武之英；善则归亲，宜享尊崇之报。列上公之封爵，锡命犹隆；合三世以肇禋，典章明备。恭逢诹吉，祇事荐馨。

城隍庙　《雍正府志》：在县东南边。梁贞明三年建。元至正二年重建。明洪武四年，邑令杜彬广其址重修。永乐十三年圮。正统间，令戴锺重建。天顺六年，令贺懋加修。本朝康熙七年，令王元士重建，加造廊房。又别庙一在龙山所，一在穿山所，一在霩衢所。

谢兆昌《重建城隍庙记》：郡邑之祀城隍，于国门之外则坛之，于国中则庙之。坛以主，庙则像，坛则风雨及境内之山川并祀焉。《祭典》载在秩祀中，其日以二仲之上戊，守令率其属，奉牲帛以告。庙则城隍神有专祀，吏民皆得致其将享。凡吏之新至与月朔望，必瞻拜于庙。厉祭则先期吏读牒于庙，至期迎神于坛。以临之水旱，则吏民步祷，坛庙皆往。而郡邑有兴作，吏民聚议必于庙。民间有事，祈祝亦于庙。或张乐以侑神坛，尊而庙亲也。

吾定邑为浙省要地，重兵宿焉，故城池为尤重，其神祠则将吏军民同恃以为保艾。楚黄王侯来令兹土，风雨以时，禾黍屡丰，烽火久息。蛟门虎蹲，天险屹然，唯我国家之声灵覃被奠兹东南，神所凭依亦于是乎可观也。故数年以来，文武协和，吏习民安，输将无或后。时行野依樗之人日以环集，侯于是顾瞻榱桷，与民谋之，诹吉庀材，丹垩聿新，不忘神功，古之道也。今年春，侯以秩满迁，贰守于粤之琼州，而庙工适成，邦人父老请余文以记之，且为之铭。其辞曰："稽古建国，有俶其城。实墉实壂，卫我民生。民藉其卫，吏慎其守。互于退年，如冈如阜。衣食我民，惟吏之绩。寿考我生，惟神之锡。定邑控海，两浙咽喉。封疆之臣，未雨绸缪。绸缪伊何？民有风俗。又何绸缪？军有约束。柳营干羽，莲漏晨昏。以报神贶，以报国恩。国恩孔厚，神贶孔硕。鼛鼓勤工，庙成奕奕。川以成璧，山以展愚。惟我神祀，何以告虔。荧丹菊黄，既登万宝。工奏笙歌，簋羞黍稻。蔼蔼王侯，民功日庸。桑条杏花，红女良农。修宫成梁，役以书时。侯学春秋，亲民于兹。洁齐礼神，六阅岁月。最政攸闻，典郡东粤。蛟江如练，候涛山青。神馨世世，爰载斯铭。"

侯讳元士，号九山，湖广黄州麻城人。己亥科进士，升军海防同知。

本县土地祠在县治内东

以上通祀。

龙神庙　《浙江通志》：在县东镇远门外二里。国朝雍正五年，奉敕封"涵元昭泰镇海龙神"，发帑银二千五百两创建祠宇。八年，知县张珽奉文建造正殿，供奉蛟门龙神牌位，两庑安设雁潭、乌沙、鳗井、桃花、钓岩、箬雷、陈山、灌门、嬴屿、李家堰、天井峰、北雪十二龙神牌位，并各塑神像。每岁春秋，邑令率同僚属致祭。

总督李卫碑记：宁波为浙江首郡，其属镇海距海十里，山曰蛟门。巉岩耸峙，环锁海口，潮汐吞吐，波涛喷涌，最称险要。传其下为老龙窟宅，其兴云雨以润泽生民，著灵异以捍御灾患，父老历历能道之。镇邑士民屡荷庥荫，思欲仰邀圣恩，锡之封号，彰厥绩以垂不朽。余案龙神之绩显于前代者不具述，惟我顺治八年大帅征讨舟山，战舰出蛟门，风浪恬息。雍正二年秋，飓风暴发，海潮奔溢，浸灌镇民，自分鱼鳖矣，既而潮忽渐退，居民登候涛山，望见龙身横截海中，潮因之不能入。是时沿海多被漂溺，而镇独安堵无恙，是龙神捍御保障之功也。用允镇民之吁请于朝，蒙恩特敕曰"涵元昭泰镇海龙神"，旋发帑金，卜邑镇远门之东立庙崇祀。翚飞跂翼，美轮奂焉。复于郡属山川若雁潭、乌沙、鳗井、桃花、钓岩、箬雷、陈山、灌门、嬴屿、李家堰、天井峰、北雪诸龙神施惠于民者，配位两庑，以广圣恩，均得享祀勿替。

夫向者望洋以祭，疏而不亲，今则庙貌崇严，得所凭依。且沐封号，恩宠优渥，龙神之效灵以维护斯土者宜益力。岂直风雨以时、年书大有而已哉。庙之作，鸠工于雍正八年四月，落成于九年三月，郡守曹秉仁来乞余文纪诸石，因识其岁月，俾后人无忘创始，且以知圣主之念切民依，苟有利于民社，虽僻处海隅，而皆不遗恩宠，若是司民牧者，其亦知所观感也夫。

乾隆九年钦定祭文：维神德洋寰海，泽润苍生。允襄说水土之神，经流顺轨；广济泉源之用，膏雨及时。绩奏安澜，上大川之利涉；功资育物，欣庶类之蕃昌。仰藉神庥，宜隆报享。谨遵祀典，式协良辰。敬布几筵，肃陈牲币。

包家湾龙神　在慈溪界，潭有龙穴，亢旸请祷辄应，居民请从祀龙神庙。乾隆三年，知县王钧详请附祀。

汇源潭龙神 在灵绪乡息云山下，龙穴其中，遇旱暵士民向潭祈祷，则山顶兴云立雨。乾隆八年，知县杨玉生详请从祀龙神庙。

圣井龙神 在县南崇邱乡，两峰对峙，中有龙潭名圣井，久旱不涸，遇祷即应。向设神主于净严寺中，乾隆十二年，士民请从祀龙神庙，令王梦弼据请从祀。

张越公祠《旧志》：县东北二里巾子山上，祀宋忠臣张世杰。嘉靖二十四年，本县训导曹一和请于巡视海道副使张一厚，始建。《唐令志稿》：万历间，知县朱一鹗迁主于表功庙，明末庙圮。国朝，令郑元成奉主祀张仙祠内。康熙二十七年，令周家齐捐造三楹，仍额曰"忠烈祠"，春秋致祭。

汤信国公祠 旧名表功庙。《旧志》：县东北半里，祀明信国公汤和。正德间，御史成英以和有功边海，题请建庙，后圮。《雍正府志》：国朝康熙二十七年，县令周家齐拘屋三楹，额曰"忠勋祠"，合祀张、汤二公。

周家齐《忠勋祠记》：呜呼，古今塞沧溟，弥天地，亘万世而不磨者，岂不以忠孝哉！人心赖以不死，世道赖以长存，亦惟此忠孝数人撑持宇宙而已。礼崇祀报功之典，非其忠臣，即其孝子，外此，则荐绅先生难言之。

岁丙寅，余谒选京邸。一夕梦过一庙，额曰"宋越国公祠"。余入而肃揖，神顾余，初无语。视其左位有神如欲就余言者，觉而异之。既而授镇海令。亦初不解梦为何意，及之任，遇秋仲上戊日例奉牲币告虔，则越国张公也，盖与明初勋臣信国汤和并祀焉。张公宋室忠臣，当时义兵勤王与文文山为将相，于国事既去之余，剐割元使之招降者，于城东巾子山慷慨击节，至崖海祷天运移宋祚，愿君臣同没于巨浸中然后已。此其精忠贯日，岂有一日不留于天壤间哉！今其庙貌之圮，而犹示余以梦中，藉非公之灵爽式凭镇海，何由如此？余欲为之卜筑久矣，而今且以忧去，用是与诸生耆老谋所以新之，以成余志。至于信国功树封疆，祝文并列，其来已久。盖两公风烈实相伯仲，余不敢少更其旧焉。

以上祀典。

海角庙 在县署内。先是庙在尚书桥东，顺治初徙今所。一在县南二十里小浃江岭上，俱祀海神。

静波庙《成化四明郡志》：一名薛将军庙，在县西，世传唐将薛仁贵征辽道经于此，抚安人民后，乡人立行祠焉。《旧志》：裔孙淮东安抚使居实重修，宋高宗航海，赐额"静波"。又别庙在灵岩乡白石屿山前。

义爱祠 在县治西静波庙中，祀明邑令时偕行、龚彝。**按：《唐令志稿》：时公、**

龚公各有祠,俱在县西三十步。国初时公祠圮,邑人徙像与龚合祠,额曰"义爱"。乾隆十六年,邑令王梦弼查丈时公祠址归庙祝,蓺蔬以助香火。计丈东至蒋姓屋墙脚,南至官街大路,西至王姓墙脚并官街路,北至南街路。东西各十五弓,南北各十二弓,计地七分五厘,系黄字一百八十九号,土名县西街旧铺基。

助海显应侯庙 《旧志》:县西半里孝门巷。世传象山有孔七溺海,见梦里人刘赞"当为境神",赞为立祠。宋高宗航海时赐额。

孙韩二公祠 在助海庙大门西首,祀参戎孙登科,韩未详。**按:匾文孙号荣庵,正白旗人。康熙三年任城守参将,有恩网户,民置田十一亩有奇,为每岁二月诞辰庆祝。资韩并祀焉。**

广灵王庙 《旧志》:县西北三百步,小南门内祀晋鲍王,盖宋宣和五年方腊之乱,邑赖隐佑,立祠祀之,俗呼为大庙。又别庙在崇邱乡黄满堰东。

元坛庙 《嘉靖府志》:县西三百步小南门内。

梓宫庙 县西北二百步施家衖,今称宋帝行宫。又崇邱二都陈山南有宋帝行宫。

朱公祠 《唐令志稿》:总持寺内,祀明知县朱一鹗。

黎公祠 《唐令志稿》:总持寺后,祀明知县黎民表,邑人薛三省有记。**按:今与定海总兵杨公宗业并祀纯阳阁中。**

晏公庙 县南半里,祀海神。又别庙在县西旧水关内《浙江通志》:元晏戌仔,江西清江县人,元初输文锦于上都,因而尸解,人以为神,立祠祀之,后显应江湖间,洪武初封平浪侯。

杨使庙 在县西长营衖,传神诞在八月十六日。

澜浦庙 《唐令志稿》:县西一里,世传神汉时人,为邑民捍海,没后祀之。又别庙在武宁门外二里,乃县七乡之首庙,称七乡总镇。

三元庙 在向辰门内。又别庙一在灵岩乡二都长山碶东,一在穿山所锺灵山上。

广济林王庙 在县北二里。又别庙在镇隅七图。**按:神姓林名友直,瑞安人,生于宋,生平好义,时有为贼劫者,神力救之,没后屡著灵异。咸淳初,封广济侯。元历封忠武孚佑昭惠广济王,自明迄今庙享。乾隆十二年,飓风大作,潮坏海塘,民居几没,夜半风返,横波顿息,士民咸见神助。吁令王梦弼上其事,请加封祀。巡抚方观承匾曰"明光上下"。**

完者都元帅祠 《旧志》：在县西北坊隅。

它山庙 《雍正府志》：在县北半里，祀唐鄞令王元炜。宋乾道时，敕赐庙额曰"遗德"。宝庆三年，封善政侯。

马王庙 招宝山下。雍正年间移演武厅北。《周官》：春祭马祖天驷星也，夏祭先牧始养马者，秋祭马社始乘马者，冬祭马步乃神之灾马者。《明史·礼记》：祭马祖先牧神，庙定以春秋仲月甲戌庚。

旗纛庙 《旧志》：在定海卫治内东。

广德王庙 《旧志》：县东北巾子山西。宋绍兴间，请额为"渊德观"，徒神于廊之东。

文昌祠 在梓荫山。《唐令志稿》：万历十五年，教谕顾充建，后毁。三十六年，总兵杨宗业重建。三十九年，郡判李文华捐置祀田。国朝初，祠内置火攻局。顺治十三年，邑人谢赓昌请之镇守，移局旗纛庙，祠重修。又别庙一在穿山所，一在霩衢所。

邵辅忠《文昌祠田记》：今国家功令置学宫，春秋祀孔子匪懈。盖学士大夫靡不统于圣，其祀文昌者何？说者曰："文昌主仕籍司禄，乞其灵而冀奋庸始，比比祠祀焉。"夫文昌悬像著明，岂其俎豆祝史之是愉快，而以禄秩锡尔士乎？余考化书传，文昌变现如龙，汉鸾台诸异未足深信。至所称子孝臣忠，实有当吾夫子所求臣子之义，则议祀也何不可？

乃吾邑祠祀于梓荫山者何？盖邑居郡之东偏，而梓荫山更居学宫东北艮上，按分野皆在斗，实应斗分奎杓之间第六星，司禄座尤宜祀。吾邑自祠祀以来，邑大夫长兹土者相继兴起，人文较往昔隆盛，若神为凭之，诚天造梓荫山以显文昌之胗蜜矣！

虽然祀可也，使学博士分其首蓿以供粢盛，则虞不给；使诸文学采其芹藻以羞神明，则虞无田。辛亥秋，会别驾李公来榷海关上，徘徊于山，礼文昌之宫，遂慨然捐俸锱置田若干亩，文昌祠祀之有田自公始。诸士进而前曰："今者获邀大夫之灵，俾文昌无乏祀，更得邀文昌之灵显我多士，当颂大夫不朽。"公曰："唯唯。否否。"因进诸生而训之，谓："祠有田，愿多士，无荒之。荒祀田，文昌将不永厥祀，吾何庸置田为？抑学犹植也，更愿多士，无荒之，荒乃植，多士亦无以食文昌赐，多士又何以祀文昌为？惟是多士，服孔子之教，处为孝子，出为忠臣，一如文昌，乃善祀文昌者哉！"于是践亩量数以授学宫，掌故附于祀典。

乾隆镇海县志点校／
254

时则得武原吴广文领其事，而出膳资设几划石，以广古虞回澜顾公创祀之意云。

公楚蓝田人，讳文华，署教谕事。举人吴之英、训导卢仲海田数载于后，一东管三都民国二丘，系荒字一千七百四十九号，量计六亩四分，有田沟随本田，南沟注水。

谢泰宗《重修文昌祠记》略曰： 余往见文昌祠于他邑，多附宫墙内，定独祠之于山。自明嘉靖间始，即山尾宫墙而镇其后，盖山脉自巾子传梓荫，梓荫传学宫，为一气之通，祠于山，犹之宫墙也。万历时，大帅杨宗业新以楼，而虚其中以祀帝君焉。兴庙以来，制火攻炮业于其内，神欲凌烟雾去矣。且扃镝诸栅门，屏人窥伺。即山亦可望而不可近也。家咸起臣、家季天童请于大帅常公移药局旗纛庙，凡三请得许可，而祠门始洞然启。于是鸠工庀材，修废举坠，若垣墙之塗墍，樽栌亲栋之重缔，一如其初构，而坚壮倍之。楼下又虑军容作舍，则奉大士像于中，俾僧守之。故事：二丁祭孔庙，次日学博牲醴帝君前，至是复得瞻庙貌、肃威仪也。

时士子群相谓曰："居恒苦乏怠游之所，以阁之高朗，山川之气萃焉，即二三子谈艺于斯，安得隙处若兹土者，登高能赋，冀得好句于朱衣，为异日点头地，乃得邀神灵之睨乎？无奈布席之失其据，横膝之无其具，何于是制连几可以代梧，连坐可以代椅，而以文会友者，殆无虚日，宁不曰谢氏之贻哉！"

夫所称文昌，十七世为士大夫，常定王均之乱，诛吴曦之逆，夙以文事武功见，不知其何所据，但其言殊足为人子人臣者劝。不然者，夫岂无他所，而必附之于宫墙？夫亦以文之为文，忠孝盛焉耳。弟侄辈与诸君子游息于斯，宁徒修辞是饰，将以效帝君忠孝之业于无穷也。

都督俞公祠 《旧志》：县东半里镇远门内，嘉靖三十五年，为都督俞大猷建。国朝康熙八年，清丈祠基地二分，坐落镇隅五图，宙字号，旧祠屋三楹。雍正二年圮，里人陈殿扬捐修。有祀田四亩一分零，坐东管二都二图，昃字一百四十二号，土名丁宅田。向系指挥刘、李、陈三姓后裔值祀，今归邑生陈锡卤管理，为祭祀修葺诸费，办粮寄陈元松户下。

鄞考功主事丰道《俞公祠记》： 虚江俞公大猷，字志辅，始来自霍邱。五世祖敏从高皇帝集大统，授泉州卫前所百户。四传至爱松公瓒，皆世袭焉。

爱松生公，治《易》，充泉州府学弟子员，试辄高等，人以文魁望之。爱松公卒，公白诸有司，请以官让其弟，得毕志于文举。不可，则如京师受职归。

嘉靖甲午魁武举，乙未会试亦魁，进千户，视师于金门。金门号难治，公以恺悌、公廉御之，教士卒以荆楚剑法，帅其子弟谈习经礼，金门大治。戊戌秋，臬司征公讨贼，擒其酋杨志新等二百三十二人。癸卯秋内牧，兵部尚书毛公伯温荐之，诏公御敌于木莲港，斩首甚众。明年，进指挥佥事，以都指挥体统守备汀、漳。丁未，擒海寇康老，斩首二百八十有二。是岁秋，擒流贼雷士贤等九十余人，又擒流贼汤信四等百七十人。事闻，进广东都司署都指挥佥事。戊申秋，擒新兴贼谭青蛇、苏青竹等五十余人。十二月，迁福建都司。广人请于都御史，乞还之。奏上，明年迁广东，守钦廉。夏，南彝平。秋，安南叛贼至，公帅水陆兵败之于白勒港，绝其道，俘溺无算。寻自龙门追及于万宁，擒其酋范子仪、范子流、范廷真等，斩首千二百余级。庚戌，黎寇作，公帅师徂征，擒其酋符门钦等，斩首五千二百余级，遂平黎。三月，进右参将，守琼州。

当是时，鄞、歙亡命入海，构倭反，官兵亟战不利。兵部侍郎张公时彻荐公移镇于浙，而宁、绍、台、温隶焉。公督水陆兵击列港，募善伏者潜从背逼其巢穴。火夜起，贼辎重尽毁，大溃，次于马迹。飓风昼晦，群蛟荡舟，公恬不为动，既而曰："虽天变，亦舟人弗力。"斩二人以殉，军始知有纪律者，惧而思奋。俄而倭攻昌国，公帅舟师赴之，战于石浦、扁礁头、玉屏、海门、松门，十有八合，擒斩四千，溺者万计。余贼百余人，转补陀洛迦山，据之。公集兵围之，令举火。或曰："恤首功。"公曰："靖民而已，首功何为者？"遂火，贼歼焉。是月，牒言温州有贼。公复帅舟师追之。贼走绍兴，抵柯桥，四面皆水。官壁舟，贼将涸以攻城。典史吴成器觉而拒之。公不寐，曰："吾心动，贼其至乎？"将数卒，操一舟觇之。贼方持戎器，急，公手戈踣一人，贼众骇乱，急击，殪之。丙辰，进副总兵，提督金山。时贼将趋留都，公督永顺等兵，于乙卯之夏，五战于平望、王江泾、秋母亭、六金坝、英德湖，斩首千余。秋，七战于大赤海洋、柘林、陶宅、青村、周浦内地，斩首千余。冬，三战于川沙洼、吴淞、宝山，斩首百七十，尽沉其舟。丙辰，贼徐海以倭围桐乡，诏进公都督佥事，直隶浙江总兵，佐总督胡公宗宪救桐乡。胡公密谋于公，使谕徐海解围，而授之朱旗。俾出海，公豫以舟师伏于海。胡公获徐海，轘之于沈庄。倭数千扬朱旗出海，公伏起，无一脱者。自夏及秋，五战于宝山、高家嘴、平洋沙、吴淞、刘家河。遣小舟觇贼，数里举火相属，追及于洋山、茶山，凡斩首千五百，溺者亦无算。留都安。

舟山者，定海之塞也。贼据山且阅岁十有二日，公图于副使方湖王公，授略于指挥张四维，帅麻阳兵攻之，壁益坚。夜使人持死豚投其壁，狗群吠，夷惊起。纵兵击，且焚殆尽，擒百四十，献于胡公，斩之。其民归于田，屋舍妻孥，晏然复矣。于是诏进公都督同知，总兵开府定海。定海之士民曰："微公，吾堕也。"相与薙壤构穴而尸祝之。

道生闻而笑曰："公之惠，直定海而已乎？"贼谋以金陵为市，公抗讨议，贝锦孔敚，稍愒于身，谋大事且不测，故辟邪说以立纪，亦难矣。卒践其言，卓然成绩。难乎难哉！其议论、诗词、文多不载。

忠勇祠 祀官兵之死难者。明嘉靖十五年，倭寇登岸，兵与格斗，力竭而救援绝，俱被害。邑人悯其忠勇，立祠于靖海前柳营。国初祠圮，迁于东门内关帝庙东廊，邑人张懋建颜其额曰"忠勇"。其墓在城外关帝庙东，祀田一十九亩六分，初属招宝山僧人管业，今归总持寺，岁收供祀。

洋山庙 《嘉靖府志》：县东北半里余，儒学西。

真武宫 《嘉靖府志》：县东北半里，朝宗楼左。又别庙一在崇邱一都一图，一在穿山所睡龙山。

庚桑祠 《唐令志稿》：祀署县通判安世凤，祠在濠桥上。郡人屠隆有碑记。今圮。

沈端献公祠 在城隍庙东街。康熙五年重建，即南山书院基地。详《古迹》。

张仙祠 《唐令志稿》：城隍庙左。顺治八年，令郑元成建。

二圣庙 在张仙祠左。

周公祠 《唐令志稿》：忠勋祠内，祀邑令周家齐，鄞人陈锡蝦有记。

张公祠 《唐令志稿》：一鑑池上，祀邑令张琦。今圮。

上俱在城。

总制胡公祠 《旧志》：县东二里威远城内。明嘉靖三十八年，县令陈正道建，祀总督军门、太子太保兼兵部尚书胡宗宪。又别庙在邱洋雁门岭下。

张时彻《平倭记》：皇帝临御之三十一载，岁在壬子，倭寇越境肆掠，郡邑大骚。当事者狃于恬熺，按兵观望，莫有发一矢以捍贼尘者。皇帝赫怒，爰命元戎秉钺，虎符四发，材官云驰，亦罔克鹰扬，荡涤妖气，失律丧师，坐吏议而齿剑者，踵相接也。皇帝曰："咨！是大辱国，何以师为？盍择才御史夙著风猷者往监督之其可。"梅林胡公实来，选徒简将，率先戎行，兵威丕振，数以肤功，上奏阙下。皇帝嘉悦，屡降纶音，锡之爵命，不二年而进巡抚与总督。公感非常之遇，厉匪躬之忠，挥金募士，设书宣奇，盖无日不讨于军寔，往往披甲戴鍪，决生死于锋镝之间，戮其左次与不用命者，于是三军震厉，人百其竞。有乍浦之捷，有奄山之捷，有仙居之捷，有王江泾之捷，有沈家庄之捷，有柯桥之捷，有舟山之捷。其余逐北追奔，穷搜而掩击者，不可胜计，贼益望风褫魄。

乃岁丁巳，叛人汪直挟诸倭酋以来，诈言款边，以要互市，包藏祸心，伺我备弛，逞其毒焰。公预洞隐伏，因其间而用之，阳示羁縻，阴遣里中素所善厚者，诱而致之麾下，纳于圜棘，疏请躬提师旅，尽歼余孽。贼既失桀魁，计出无何，乃遁入岑江，幸缓须史无死。岑江固山海奥区也，天堑凌空，丛箐蔽日，我兵环而围之，水连艨艟，陆伏貔虎，尽绝其薪粟之路。于时又有他寇纠聚死党，虎瞰鸱张，航海来援，气吞溟渤。公曰："贼锋甚锐，不可迩也。逮其未合而诱之，此成擒耳。"乃使间谍绐之曰："直方互市，若等亦有所利乎？"贼疑信未定，遽以偏师袭之，一歼之于普陀，再歼之于朱家尖，无一人得脱者。贼用大怖，悉火其辎重，潜徙于白泉，益聚榛莽，断塞蹊径，自谋治舟以逸，无复逞志。乃挑选精锐，分为数军，迭出而疑之，贼困不得休，饥不得食，相枕藉以死。其余孽未尽者，乘涛夜遁。诸将奉公凤戒，伏兵四集，追而击之，斩馘若干，俘获若干。海波澄清，疆境宁谧，露布星驰，捷书上报。道路欢呼曰："庶几复见天日矣。"缙绅士大夫交相庆劳，歌颂兴焉。某辱公知爱，睹此盛美，不害身亲为之，爰矢厥词，用张大伐。

公自戊午三月视师海上，迄十有一月乃罢，而定海实惟驻节之所。维时巡海副使谭君纶，郡守周君希哲，命邑令陈纪、陈正道勒石招宝之巅，以昭于永永。其词曰：

皇祖开基，九服咸熙。放牛归马，守在边陲。

十圣继统，风恬物嬉。外国来宾，惟德用绥。

氏戎羌国，贡有常期。物大蠹作，防久斯隳。

蠢兹狡寇，扰我东隅。神州鼎沸，羽檄云驰。

帝命中丞，仗钺视师。临轩推毂，假尔便宜。

翼翼中丞，奋扬武威。胸中甲兵，百万熊貔。

宣奇决胜，迅若风雷。屡歼鲸鳄，京观封尸。

殊方震叠，反侧怀疑。直为叛首，称款来归。

要我互市，乞我玺书。滔天大憝，匿于甘辞。

电烛其奸，多方羁縻。诱以间谍，饵以金绯。

致之辕门，絷之牢之。余孽未靖，险阻海隅。

岑江既破，白泉是逋。如鱼在釜，喘息斯须。

砺我戈矛，简我车徒。分番掩击，馘将搴旗。

群丑褫魄，兽骇禽飞。乘涛夜遁，偷活庶几。

号令孔岩，伏兵四驰。犄角穷追，靡有孑遗。

海波不扬，妖氛悉除。农歌于野，商谣于途。

孰剪荆榛，靖我郊衢。孰施乳哺，鞠我孩雏。

乃室乃家，以耕以渔。垣墉屹屹，岳渎辉辉。

谁为此者，御史大夫。皇皇神武，赫赫庙谟。

社稷之卫，天子是毗。光辅中兴，周虎商伊。

帝曰汝嘉，锡爵分珪。太史作颂，勒于鼎彝。

郡守沈公祠 《旧志》：威远城内。都督刘显重建，祀前郡守沈恺。

张时彻重修祠记： 招宝山故有太守云间沈公祠云，以兵兴毁。已而倭患殄灭，海宇宁晏，泯黎报功，乃祠胡令公，乃祠海道谭公。逾数年，乃今都督刘公显用乡之缙绅先生及长老诸生议复祠沈公。祠既成，小司马范公钦，宪副钱公峄，别驾包君大魁，参军包君大中，郡县诸学生卢子叔麟、沈子明臣十数辈，俨然造焉。丐余文碑之，谓余尝主复祠议，且知公治状甚悉。余虽不文，所以复祠之议，不可不使之章白于世，故不让而为之碑。

曰：余于沈公之守宁也，有余思焉。其去宁垂二十余稔，讴歌于五邑者犹一日，兹讵可以幸徼乎！其祠于宁者三，盖皆报当时覆露之德也。惟兹宝山之祠则尤不可已，何则？昔霍氏之谋汉也，当其事未发时，有茂陵徐生上书言之，宜少抑制，帝不以为然。后其势渐逼，其谋渐著，然后力起而诛之。乃大封拜其告奸者，而前所上书茂陵生不与焉。故人有为谚以闻者，曰："焦头烂额为上客，曲突徙薪无恩泽。"乃始求上书徐生赏之，事故有然者。而今兹举也，得无似乎！

当嘉靖壬寅癸卯之间，漳闽之人，与番船奸商贸贩方物，往来络绎于海上。其时边氓盖亦有奸阑出入者，公方为厉禁，犯辄置法，律无遗诛矣。适武人有欲幸功者，以虚声鼓上听，当涂柄兵之人亦皆好为生事，辄议兵剿焉。公独忧形于色，上议沮之。其略曰：海上之患，方以番船为甚。然其所欲，不过与地方人负贩贸易，务违禁网物取息币耳。自恺任事来，问死刑军徒者不下百数十人，今亦稍稍戢矣。然通番非尽从逆之人，番货非即杀人之物，通番下海，虽在不原，各有定律，要亦未应尽诛也。今亦不问所从来，概名曰贼，遽尔兵之，恐非所以协议安众也。夫六月行师，兵家所忌。师出无名，事故不成。今海上船止六七，遽兴大众，即发军卫、巡司、义勇、渔船，尽民以逞，万一无良窃发，啸聚山谷，亦不知何以应之！况海船非我敌明甚，我卫所哨军，要皆贪生畏死之人，绵力薄材，不谙战斗。往岁倭寇再至，征兵应调，逗留不进。诸号为统领率，皆立马股栗，恺出死力调度，幸而散去。且军卫世受国家豢养，顾不能奋一旦之力，有事悉委之义勇、渔船。夫义勇乃市井之徒，渔船皆网罟之辈，平日既无禄于官，又无忠信之结，一旦驱之死地，其能不舍舟而走者几希。且海船利于水战，步骑利于陆阵，此不待智者而后明也。辟之飞蜂有毒，来则扑之，入其巢而扰之，无乃甚幸螫之祸乎！且其悬隔海岛，岂能飞渡横行。为今之计，合亟明示宪谕，道之祸福、速之出境，上也。其次莫若督出海官兵，于关津要隘之地严为防守，不得登岸，地方奸贩之徒不得下海，则粮尽计穷，自然远去。如有探知来历，阳为防御、阴与交结故纵者，依律治之，则慎重而威不亵，令行而民不扰矣。恺职司民社，恐平民无故缘兵以死，万一差跌，则损国之威，示人以怯，彼将肆然无忌。厉阶自此，长矣。恺不敏，不敢不冒死言之。其官军果有能出奇定书，不费府钱，不扰穷民，生擒于海，独立伟功，此又不当以常格论者。

议上，当事者不听，遂出师众，果大溃海道。公仅以身免。其后番舶，如汪直、陈四盼、许二辈辄露刃坐叶舟直入定海关要，索酒、米、牛、豕诸货物，而有司一不应，辄大哗不已，盖不三、四年而东南之祸起矣！使当时用公议不轻出兵以挑之，惟一意修内治，彼必畏詟不敢动，岂能尽知我虚实，肆然无忌，如入无人境耶！乃今祠胡令公矣，祠谭海道矣，盖焦烂之功靡弗酬也，而曲突徙薪之策公实有焉。茂陵徐生之赏可后乎？不可后乎？礼曰：先王之制祀也，法施于人，则祀之。若沈公者，谓法施于人，否耶？

祠在谭公之后，而胡祠又后数十武。祠之费实出刘将军。别驾方君蘂以视纂定邑，与有力焉。定尹魏君尚大适至，共落成之。系以诗曰：宝山崔巍殿大邦，海隅之东瞰扶桑。飞甍云矗三公堂，前谭后胡公中央。公来刺明二纪强，德星垂耀流耿光。海氛昔起自微芒，我公炳几灼先防。黑风黯惨吹欃枪，武人徼功弧矢张。公乃奋笔腾言昌，上议不听尸横僵。鲸鲵从兹恣跳梁，东南血染山河长。天子赫怒胡谭扬，波宁海定烟销狼。公言得用无死亡，公言不用罹祸殃。追公祠公献蒸尝，愿公鸿名重大荒。庙谟国祚永无疆，千秋万祀贡越裳。公祠弈弈海泱泱，三公骑龙共翔翔。

海道谭公祠　《旧志》：县东二里威远城内。明嘉靖四十一年，知县何愈建，祀巡海副使谭纶。张时彻有记，载《城垣》。

都督卢公祠　《浙江通志》：在县东北二里。明嘉靖四十一年，为都督卢镗建。

都御史、余姚翁大立记：都督北山卢公树勋海上五十余年矣。公以年逾七十请老于朝，上方以赵充国、马伏波注公，未允所请，而滨海士民恐公一旦悬车，亟谋肖公貌为祠尸祝。于是定海令何君愈以士民之意来请予文。予与公共事数年，盖知公者莫予为稔，乃何君则曰："公以镇守总兵开府定海，视招宝屹立东隅，襟江带海，为明越外户，诚壁垒其上，建牙耀兵，则舟山烈港、马迹、长涂诸山棋置星罗，发兵游徼指顾间耳。遂垒石为城署，其名曰'威远'。其下为辕门。又即并海竺山，各铸火器苦干座，而以战舰布海上，表里数重，经略规摹伟哉远矣！用是倭奴震恐，无敢窥我明。越今年，突南洋者，公又督兵邀之，斩馘数百级。时方倚公长城，而公忽言去，故有是举。"

予曰："君所谓知其一而未知其二，夫将者以正设险，以奇料敌。国初制御岛夷，宣威海徼，惟汤信国善用正，刘广宁善用奇，公兼有之，是以海外诸夷惮公威名已非一日。今君所言正也，以予所睹记，又何其奇哉！昔岁甲寅，渠魁萧显据巢上海，我兵遇之辄北，予时以参政督储苏松，请公援急。公部兵千人布为七哨，以善伏者持火入巢中，公麾前哨稍却，贼意公，欲空巢向公，转顾间巢中火起，贼狼狈失据，循海壖遁去。追斩数千级，勒兵还城。予盛陈金、帛、牛、酒犒师，公以次颁赏，被创者挥涕吮之，众益感奋。予乃促公追贼，公曰：'未也。贼创甚，必日行数百里，我兵蹑之，道不得食，是两毙也。彼见我兵不追，当入蔡江空垒中苟延残息，我间道袭之，釜中鱼耳。'言讫，忽缚百夫长一人，前跪数之曰：'尔违令不前，罪当死！'即斩首以殉，众益股栗。已而谍者果如公言。公至蔡江，架飞桥瞰垒中，贼并力向我，我兵已掩其背因垒上矣。贼大创衄，犹有遗俘奔海宁廿里亭。公度贼饥甚，遣人诈为亭长，炊饭酌酒，辄先尝以啖之。贼果酣卧，夜乃纵火，悉从殄灭。岁丙辰，有贼数千百掠慈溪，突戚池汇，将窥我姚江矣，兵宪许君就予问计，予乃致书于公，公果选善夷语者数十人，被服作倭奴状，操渔船、持鸟铳而来。令许君盛陈兵西浒，绐倭奴曰：'官兵甚锐，我虽得舟，无能济也。'出没崔苇间，以铳掩击贼，哑哑道死者甚众，犹以为许君飞击之，不虞为卢公也。即日驱出海，公已伏兵五峙洋中，俘斩殆尽。岁丁巳，叛酋汪直引倭奴千余突入岑江求互市，远近汹汹。总督梅林胡公檄公问计，公乃亲诣贼所，谬为推诚，先给其假子毛烈喻款，军门胡公亦如计，延见榻前，啖以重利，遣烈还报直，直果束身而至，遂成擒，东南祸本自兹剪拔。以斯三事观之，奇矣！又闻公双屿江、王江泾、金塘山、白水洋、三爿沙等处俘斩大捷，其事尤奇。他如初传鸟铳以为中国之长技，创设乍浦兵船以为浙西之雄镇，尤为万世不朽之功。嗟乎！公身经数百战，前后俘斩万余级，海上之勋无逾公者。昔信国封公，广宁封伯，朝廷今以两者侍公，公胡遽言去也？"

公名镗，别号北山，以处州卫指挥起家。其子相，有父风，临阵身先士卒，尝擒贼酋辛五郎，以功授处州卫，世袭指挥佥事，寻擢仪真守备。父子一时丰功伟烈，照耀海内，亦古今之所难得者欤！

卞公祠 《成化四明郡志》：县东北三里招宝山下。元至正二十八年，朝列大夫卞焘痛父枢密承旨卞良辅死于王事，立祠祀之。

东岳行宫 县东北招宝山下。宋绍兴八年建。又别庙在东管乡汉塘市。

靖海营祠 《两浙海塘通志》：在东北城外一里，旧名海神坛，正德时改祭江亭。嘉靖间，都督卢镗展筑营堡，为海口屯戍祈祀海神之所，因名靖海营祠。

龙王祠 《旧志》：县南城外，祀东海龙神。嘉靖四十一年，海道宋守志、都督卢镗、知县何愈改建威远城内，更名海神祠。国朝康熙四十四年，海神祠毁，复移像原所。乾隆十四年七月飓风，祠圮。十六年正月重建，今呼老龙王宫。

张相公殿 《唐令志稿》：南薰门外。

顾公祠 《唐令志稿》：南薰门外，祀明知县顾宗孟。邑人薛三省有记。

报恩祠 《雍正府志》：南薰门外，祀明巡抚刘一焜、鹾院李邦华、副使秦道显、知府杨锺英、知县王本。以官办、上司供应器具，免坊民承值之累，立庙祀焉。今圮。

羊府庙 《雍正府志》：南薰门外，祀唐刺史羊僎。

天后宫 《旧志》：在招宝山下，元至正十六年建。按：岁久倾颓，雍正十二年，参将张兆龙、候补守备张君佐主议，浙闽商人重建于南薰门外，基地系邑生陈学诗捐助。乾隆六年，绅士李士瀛等请于知县杨玉生，详请咨部，每岁春秋照龙神庙致祭。又，别庙在崇邱一都竺山下。

关帝庙 一在吊桥，一在税关号房。

以上城外镇隅二图。

昭利庙 《旧志》：县东北五里。宋宣和五年，侍郎路允迪、给事傅墨卿出使高丽，涉海有祷，因而建之。今圮。

朱文公祠 在虹桥南百步许。康熙庚午年建。

王文正公祠 在西归桥西北百步许。元元统二年建。

前新城庙 庙基田三亩六分。

前回向庙、后回向庙

上俱东管二都一图。

中新城庙、后新城庙、祖丰林庙

上俱东管二都二图。

牟公祠 在万弓塘万寿庵内，以总镇牟公大寅筑塘有功，祀之。

上丰林庙 在沙头村。

后丰林庙 在徐家堰。

上俱东管二都三图。

东稍木庙 东管三都二图，祀宋忠臣张世杰。庙基地一调，在后方村。又别庙一在本乡三图，名汉塘庙；一在西管四都庄市北，名西稍木庙；一在灵绪乡，名老相公殿；一在灵岩乡，名林头庙。

后江神庙 在前塘。庙旧在汪姓族北，址现存。崇正七年徙于此。相传神汉昭烈时勅封，司水利，为六堡土谷。

前练浦庙 神姓瞿名能，明建文时与燕兵战死。

东鹭林庙

上俱东管三都三图。

后练浦庙

二圣殿 在毓秀桥。康熙五十年，里人朱上卿同渔人、商人建。

前江神庙 在清水浦。

上俱东管三都四图。

东汉塘庙 东管三都六图。明崇正年建，姓名无考。

彭大王庙 在潘家堰南。

孔浦庙　《唐令志稿》：祀宋令卢万，事详《名宦传》。

上俱西管四都二图。

西鹭林庙　西管四都四图。

广福庙　西管四都五图。在白沙村，祀宋右丞相文天祥。是地民利饶，庙享之盛，为一乡冠。又别庙在崇邱三都灵泽庙。庙东畔有茶亭，初仅小屋三楹，今复建憩息亭，一带行人多于是驻足。

东昇庙　西管五都一图。

东汉王庙

压赛庙　《唐令志稿》：宋德祐间，秘书监陈茂以死勤事，乡人立祠祀之。后圮。元大德中，曾孙梦麟与里人余、方二姓协力重建庙并压赛桥，故名。梦麟又偕梦龙、梦熊捐田以奉香火。

上俱西管五都二图。

平王庙　西管五都三图。万历年建，里人唐德、唐懃置祀田二丘共五亩四分。

西成庙　西管五都四图，在刘家前港口。旧在锺家堰东北，康熙年间徙。

前雁宕庙　庙侧有路似雁，故名。

后雁宕庙　西管六都六图。相传神于宋建炎间扈高宗航海有功，封惠济侯。庙旧在水馆南乡，海决，神像逐浪漂至贝姓林，里人于斯建庙，号浮林。明万历辛卯夏海啸，庙四面皆大水，殿中涓滴不入。

青林庙　灵绪一都一图。神姓沐，逸其名。慈邑庙于青林渡，里民建庙分祀焉。

檡木庙　灵绪一都三图，在清水湖西，祀汉忠侯吴汉。庙三面濒水，大浸不没，相传其地与水上下云。

龟山庙、鹿山庙

八部庙　在石河山下。

上俱灵绪一都五图。

治水判官黄公祠　灵绪一都六图。《浙江通志》：在灵绪乡武功村。祀宋浙东转运使判官黄恕。**按：宋敕建神祠在郑姓屋前河运里。祠基一亩二分。元至正六年秋，大水溃祠，浮敕赐庙额，止于陆俊英籍没屋基。士庶因建庙于上，旧址基地召赁办祭。**

郑清之记略：庆元之属县曰定海者，东滨沧溟，世苦潮患。治北走二舍，则庄北村之新土塘也，稍北则武功村之和尚塘也。界中有流淖淤荡，深莫测其底。

南北相距百余丈，延衷数里，横亘阡陌之间。前哲若制帅程君覃，令唐君叔翰，俱尝聚土列石甃之，比将成，水从下涌，泛溢无际，时或静夜，有声如鼓，翌日必大决。海潮外应，扬涛汹入，桑田畔为斥卤。岁或十余决，迩年尤数，众共神之，望洋蹙额束手浩叹而已。

值太府卿知府事兼沿海制置使章君大淳莅职，大浚湖渠，百废俱举，乃共以状控之。时公领转运判官，素以廉干闻，章君遂属以厥事，公慨然任之。路处野宿，躬荷锸督役运土石，垂成而复决者屡焉，乃广募良策。有术士排众直前曰：“是地也，无物而声，无风而涛，龙罔象所蛰也，投以生人，彼畏阳而缩，功可立奏。”公色忿然，瞋目视曰：“修此以为民也，杀人以求成功，何心哉！必尔，捐吾身耳！”厥明斋沐，具少牢以奠，再拜，为民请命。少顷，其下复有声，众骇惧扰乱。旁有峻崖，公策马临之，告于众曰：“吾死于此，若辈奋力！”语未毕，崖崩如雷，公并马溺焉。众号擗，声震原野。已而波涛恬然，乃如公命投土，不复淖决。三日封土，与两塘连接，忽塘右数十步外水起如注，众方惧复决，俄涌公尸出，据鞍揽辔，颜色如生。民争出资，具衣冠殓焉。时淳祐戊申夏四月八日也。

公舍人欲归其枢，民攀舆泣曰：“我公祛百世之害，当享百世之报，愿乞衣冠葬而祠之。”章君以闻于朝，敕进秩宣抚判官，表其墓，听民立庙，三旬庙成。

公讳恕，字文揆，别号东浦，襄人。

新阜庙 灵绪二都一图。在蟹浦闸傍。

威灵庙、赤石庙、石马庙、凤浦庙

上俱灵绪三都二图。

跳头庙 灵绪四都一图。

施公山庙 灵绪四都二图。

河头庙 明正统间，里人方云庄建，祀汉赵子龙，乡民奉为土谷。

大树将军庙 神颖川人，姓冯名异，汉称大树将军。相传曾憩于黄桐石炉处，乡人祀之，灵应如响。岁久倾，乾隆十四年，方氏重建。

通天庙 祀晋刘伶。

上俱灵绪四都三图。

沙湖庙 灵绪五都一图。为村中土谷石陡龙神附祀。

范公祠 祀明州观察推官范达。

杨承幹公祠 祀宋工部员外郎杨正。

圣林庙、樟树庙

上俱灵绪五都三图。

觉海威显侯庙 《旧志》：旧号山仙庙，宋高宗航海赐今额。开禧二年，令商逸卿修建新阁，为之记。

陈山老庙 向建陈山之麓，祀陈山之神，明季毁。清康熙年间，里民筑于翁家漕，奉为崇邱乡总庙。

忠应侯庙 《两浙海塘通志》：陈山下，祀海神。旧称陈相公庙。宋建炎中，高宗航海赐封。

古城庙

东山东庙 在东山麓。

东山西庙 在觉海山麓。乾隆七年，里人朱瓒、张鳌等重修，李朝钦捐殿前地，后建屋五间。

张门庙 祀元监司令张子忠。事详《名宦传》。

上俱崇邱一都一图。

泥湾庙 在大岭路东。

竺山庙 在山下。凡海艘遇飓者，神辄应，因称其地为保船湾。

上俱崇邱一都二图。

蔚斗庙 崇邱二都一图，在蒋湾山之麓，祀宋相刘挚。明季庙毁，仅余数柱。康熙八年重建。

邑生李上宾记略： 地当环海，银湾澄晓浪之纹；户接重岗，玉露洒秋林之药。固宜竹苞松茂，交映层峦；何图栋折榱崩，寒支一木。凡诸祀户，惨对英灵。幸故址之可凭，维新规其必建。登登初试，雕琢祇期得心；奕奕旋歌，轮奂聊以报德。轩楹依旧，式凭在青修丹饰之余；堂宇维新，垂佑统白叟黄童而徧。跄跄济济，效拜舞于崇朝；绵绵延延，资继承于奕世。

蟾岙庙 崇邱三都一图。

孔墅庙 崇邱三都二图。以孔墅岭名山神而司土谷者。

蚶岙庙 崇邱三都三图。在蚶岙山，神为汉马伏波将军名援。

湖坛庙 相传礼唐忠臣睢阳守许远。

剡岙庙

上俱崇邱三都四图。

裴晋公祠 崇邱四都一图。在练盆山麓。公名度，字中立，河东闻喜人，屡著灵异，俗称裴将军庙。又别庙在崇邱三都砖窑庙。

韩魏公祠 崇邱四都一图。在姚墅山下。元时建，俗称韩吞庙。

姚墅庙 崇邱四都二图。礼唐相姚崇。

曹峙庙 灵岩一都一图。在璎珞庵前。

湖塘庙 灵岩一都二图。祀宋魏国公郑清之。

新安庙 祀宋忠臣江万里。

孟君庙 相传祀宋将孟良。

上俱灵岩一都三图。

古罂头庙 《唐令志稿》：神姓刘名安世，宋宝文阁待制。德被兹土，乡民立祠祀之。

妙林庙 明隆庆时，顾家桥南有高阜亩许，竹木丛密，民于此建庙，名妙林，祀宋枢密使相曹彬。天启时，徙庙于王公塘上，后分东妙林庙于蛟门岭南，分西妙林庙于屏峰山南，旧庙为祖妙林庙，有田若干办祀。又，别庙在本乡一都三图。

上俱灵岩二都二图。

吴君庙 《唐令志稿》：祀宋季赵三昌。时元兵追帝昺赴海，三昌战没于阵，民感其忠立庙。

甄掬庙 祀宋忠臣沈全义。

俱灵岩二都三图。

石三君庙、石四君庙、杨四君庙、杨五君庙、杨六君庙

上俱泰邱一图。

严坑神庙、横溪神庙

上俱泰邱二都二图。

伏虎将军庙 传唐乾宁间，樵者干大用结伴入山，遇虎，干曰："如某某有寡母，有老父，皆不可食，吾止一妻，死无所恨。"虎视久之，入林去。里人立祠于城湾岙，名伏虎。

陈三君庙、陈四君庙、丁山庙

上俱泰邱二都三图。

彭城庙 在陈华铺。庙神二，相传姓李，一名刚，一名闻，系同胞，宋授司马职，因灭海寇战亡布阵岭，里人立庙祀焉。明万历四十八年，敕赐今额。

管屿庙 在屿山嘴南，神即虞世南。

盘溪庙 在盘吞。

上俱泰邱二都四图。

舞岭庙 祀明安陆侯吴杰。

里人李应禧记： 侯之为灵，昭昭也。其生也，人戴而祠之，没则因祠而祀之，此事之无可疑者。但以父赫其名，子承其爵，因其爵而淆其名，可乎？神之称安陆侯，宜也，而讹传为复，即志书亦失实焉。间尝阅《皇明从信录》，知侯吴姓，江南庐州郡合肥县人，乃黔国公吴复之子，袭封之吴杰也。

初，父复在元之至正十二年间，保护乡里，拥为千户，率部伏谒明祖，领前锋，与汤和、徐达诸公并驱，伐张士诚，攻常州获功，攻庐州、安陆、襄阳诸郡，克士诚，积功充沔阳卫指挥。洪武元年，征淮汉迤北，叙功平西番封安陆侯。征云南，诸夷畏服，晋贵州都指挥。洪武十六年九月，卒于贵州，追封黔国公。此父复十六年已前之勋爵也。十七年，封杰袭侯爵，加禄二千五百石，诏制两浙防倭卫所。至洪武二十七年三月，命安陆侯吴杰同魏国公徐辉祖练兵防倭，至海晏之穿山成城置所，调定海后所官军戍守，此十七年承荫以后，著绩于定邑者也。父卒于十六年，子袭于十七年，而死生显著，岁月昭明，何志书有"穿山置所调军之吴复？"与此必指杰为复之讹焉尔。是境主安崇侯讳杰无疑也。至建文嗣政，罢筑铜鼓卫城，征召还京靖难，构兵帅师，分兵北征，鏖战真定，计前后功勋著于史册。

若我定邑之穿山，自二十年间信国公汤和徙二榭海岛居民于此，缘日本屡扰东海，民犹未靖。至我侯成城置所，调后所官军守之，而经营愍密，海国澄清，其时建祠舞岭阿之陲，表扬德泽，祭祀以时，以至于今日也。

崇德报功宜核其实，爰勒于碑以垂不朽云。

河中庙 在穿山碶上。

洪溪庙 在洪岙村，祀唐相魏文贞公。

上俱太邱三都一图。

杨亭庙 泰邱四图。祀唐魏孝子。相传昔有亡羊者祷于此，立获，因鬻羊建亭。羊杨同音，讹称杨亭。宋高宗航海时赐额。元至正年，封阜安王。明初易以庙。嘉靖间倭寇作乱，神显威于长山之巅，寇不敢入。国朝康熙十三年，海寇数十艘泊蛟门，民咸窜匿，一夕见火燎山谷，隐隐有旌旆森列，寇遂遁。贡生张嗣业首倡，捐金新其祠宇，置官字、帝字、鸟字田共五十五亩有奇以修岁祀。学士裘琏有记。

云雯三公庙 《旧志》：遇旱祷之辄应。宋主簿戴栩有记。

河头庙 在阡陌中。世传庙神为海陵胡文定公。明时大旱，苗尽槁，人多渴死。一日有冠带者指地三处，掘之得泉，即今邱家井、竹叶井、中井是也。叩以姓名，曰"河头"，因知为河头庙神。每岁二月八日，居民报赛极盛。

岭西庙 在狮子山下。

上俱海晏一都一图。

紫石庙 明初祀临安王荆公。万历间，鄞青山庙道士舁鲍王像，募众至庙假宿，晨舁之，重不能举，里人遂并祀焉，匾其额曰"青山紫石"。邑生钟韶有记。

东湖庙 双石人山下。宋勅封康安侯王。

圣山庙 海晏一都四图。祀浦江学士宋文宪公濂。

河中庙 在穿山碶之西。祀宋广平。庙右山左水，坐碶面河，故名河中。每岁至日前一夜，乡民多往祠祈梦以决休咎。又别庙在太邱三都。

芦江庙 旧名妙吞庙。明末毁。顺治十三年，里人沃景耀、林葵赤重建。又别庙在灵岩山下，名莘峰庙。

郡生林佳果记：侯姓刘，名韐，字仲偃，闽人，仕宋钦宗朝。靖康丁未，副李纲宣抚河南、河东，当金人肆掠中原，独侯九战九捷，斩首数百级，旋以功镇真定。召募勇敢，当时忠义来集，如岳武穆亦与麾下。及二帝北辕，侯驰金营。金人易姓议起，虚仆射位以待。侯乃守义不屈，遂手书片纸寄于子，子羽自缢。金军中金人义之，瘗之僧寺西冈上。越十八日，始就殓，颜色如生。后高宗从李纲之请，赠资政殿学士。

义动敌人，迹昭青史，诚一代之志士仁人也。虽里籍居闽，而灵之所昭，无地不在，深仁厚泽覃及芦江，俾吾里社人民自高曾而下世世依赖之。所谓能御大灾，能捍大患，亦惟吾侯有焉。

修庙既竣，爰记之。

梁家庙 《唐令志稿》：相传为建文忠臣梁氏庙。

王荆公祠 在穿山碶旁，今毁。**按：宋庆历七年，临安王荆公为鄞宰，巡**

视穿山，悯民艰食，度土田可丰，筑长堤百余丈以捍海潮之入，建石碶、浚河渠以限河水之出。堤高三丈，广六尺，碶分三洞，以时启闭。祠在堤左，岁久倾颓，仅存遗址。后之人作息于斯，当知古人之德不可泯灭，明礼俎豆修举以时，庶几无亡旧勋云。

上俱海晏二都一图。

长沙汀庙 在虾康台前。庙背山面海。其地无河无闸，田有水源，或咸潮灌溉，亦无害树艺。

上太平庙 在康阳。庙分三殿，左曰护国尚书，右曰白衣太子，中宋王荆公安石。

下太平庙

上俱海晏三都一图。

吉祥庙 在穿山所治东南乡。

妙桥庙 在穿山所治西南乡。

吴公庙 在穿山后所城隍庙左。一名景贤祠，里绅吴江伟有德于乡，康熙八年，同里项宣等公建。

项公肃碑记：昔范文正公为秀才时，便以天下为己任，逮其得志，勋业震寰区，遂不负所期，而又孜孜于恤乡邻，敦姻族，特置义田以备赈济，故至今犹颂范公之德。吾里吴公，讳江伟，字幼兼，延陵之苗裔也。英姿挺异，为文倚马可待，年十七，补邑庠生，旋食廪饩。国朝康熙四年，以浙大中丞赵公荐，授吴郡司马，旋署府篆兼理浒墅关务。历任五载，所著懋绩。苏人将歌颂未朽，而其推恩梓里尤为足志者。

吾乡自迁界以来，田等泥涂，人同草菅，公在苏闻之，恻然曰："吾人读圣贤书，所学何事，使身荣而桑梓受困，可乎？"夫田等泥涂，得业耕而粒食，又念里多穷乏，比户逋赋追呼，因代输数百家正供一载，上足国家之课，下苏蔀屋之艰。所谓苏学士之堤防，晏大夫之举火，公兼而有之，固不特媲美范公已也。

夫论公之才，霞蔚云蒸；论公之德，和风甘雨。将道济天下，名标史册，有大书特书，义不一而足者，宁俟区区俚言为赘哉！然同里感公之义，沐公之德，相与勒之贞珉，以彰公之不隐。君赐普及，吾乡人于无涯也。闻公之风者，能无令人兴起者乎？

上俱镇隅六图。

杨公祠 《雍正府志》：霩衢所城内三官堂东，祀明巡道杨瑄。**按：公字廷献，丰城人，景泰五年进士，以副使分巡海道，定海城北捍海塘、县西走马堤、霩衢、健跳二所海塘皆公修筑。成化十三年春，有报倭船数百将寇定，公时在杭，僚寀有惧色，公曰："彼果来，吾尽诛之耳。"遂至郡守。令已呼民壮援，甲林立矣。公以海上甲兵自足，农事方殷，亟遣之。阅数日，乃知倭两船入贡者也，其智量又如此。民怀其德，建祠祀焉。今圮。祠址坐落十字街边，东至戴姓墙脚，南至大街，西至大街，北界戴姓地。东西广二丈九尺，南北二丈三尺。**

邑人薛士学《杨公祠遗址记》： 霩衢去县治九十里，而遥定海卫之外，所城也。其地东南濒大海，冲飙鼓潮汐而来，则海晏乡之东偏数百顷泻卤不可佃作。海故有塘，岁久渐圮，民患之。明天顺间，御史杨公以抗疏忤旨谪外，稍迁至副使，以兵巡驻节宁波。公精于河渠水利之学，至则修霩衢海塘。公长浙臬时，又修盐官海塘，事载郑端简《吾学编》。因思当嘉靖修县志，岁月非甚遥阔，而载笔者不能备详其事，为可叹也。

今年春，南乡遇林伯子，霩衢人，为余言公祠在所城之十字街，祠久废，仅一碑在，今卧于道观阶砌间，然石尚完，发之，文字当不尽湮灭，尚可拂拭出也。霩衢塘起夏家山，西尽房岙，又起下湾山西，抵城南山麓，传所云内外塘也。塘皆广袤若干尺步，杂土石而成，随海壖萦缭甚壮，上有苍枝古木，人传亦公时所植云。祠旁民舍，天启时民或侵祠前地为蔬畦，邻人讼之，县令按碑铭问之曰："尔大父、父及尔之身海有暴风雨惊号者乎？"曰："间岁有之。"又问："陂渠有客水入为禾黍灾者乎？"曰："不闻。"公曰："尔大父以来至于尔身，安饱于斯，聚囷无恙者，塘成百世之利，皆公赐也。微公，尔民何以有今日？"杖其人，正其侵地。然故址埋没荆榛中，迄无新之者。

徐友贞，盐官人，来为县学博士，言盐人祠公，至今春秋歌舞不绝云。

屺峙庙、白枫庙、大涂庙、司前庙、霞屿庙、前董庙、石相公庙、上林庙
上俱镇隅七图。

风俗

记曰：修其教不易其俗，齐其政不易其宜。镇邑广谷大川，民生其间者异俗。昔人谓"温柔敬爱，有无荒之风"，由今考之，士食旧德，农服先畴尚已，其他亦或荡静各殊，淳漓参半，司牧者欲整齐教海，以共登安平康乐之境，是在因其势而利导之尔。志风俗。

《晋陆云答车茂安书》：官无逋滞之征，民无饥乏之虑，衣食常充，仓库恒足，荣辱既明，礼节甚备，不治甚简，为民亦易。

《三国志注》：《会稽典录》：山有金木鸟兽之殷，水有鱼盐珠蚌之错，海岳精液善生俊异。

《隋书·地理志》：川泽沃衍，风俗澄清，海陆珍异，所聚人杂五方，俗类京口。

王应麟《七观》：世族蝉联，重圭累组。庠声序音，洋洋邹鲁。习乡上齿，少长有序。俎豆秩物，章逢楚楚。

宋王存之《镇海碑记》：居山者以耕凿为生，濒海者以鱼盐为业。

黄震《岱山书院记》：士生其间，往往多锺山海硕大之气。

王应麟《儒学大成殿记》：抱秀涵清，俊人魁士，含章挺出。

陶恭《县治形胜赋》：其气善柔，其文郁郁，彬彬迄今，龙翔凤举，先后相望。

明徐慎初《舆图赋》：逍遥林壑之子，至老不识城市。

何愈《贡举题名碑记》：环海而邑，扶舆清淑之气孕灵毓秀，贤哲之士生于其间者，蕴蓄为道德，彪炳为文章，树立为勋业，千百年来，盖屡有闻也。

《旧志》：定滨大海，居斥卤之中，其土瘠而无灌溉之源，故耕者无终岁之给。然瘠土之民，啬而能勤，劳而能思，故其众甘劳苦，务织作，温柔敬爱，有无荒之风焉。然利近东海，民资渔罟，出没衣食之源过于农耕，遂多重彼轻此，野有芜土而人习风涛。又其盐之所煮与象相埒，虽熯獲多忧，亦庶几免于艰食乎。**按：今七乡之民皆尽力农亩，即世籍亭户亦莫不耕耨为生，故山窝海涨，悉垦为田，专事鱼盐者鲜矣。**至于学校人材，自沈端宪倡导于前，袁正肃广学于后，诗书益衍，至明张信首魁天下，文学辈出，彬彬髦士拟迹邹鲁矣。然其地薄，故室无再世之富；其民贫，故乡鲜绮丽之竞；其性弱，故催科易集而甘安于无聪；其习浮，故民易动以讹而不可质的。其时变所趋，亦有捐生触禁，以谋不赀之利；骋枝叶之词，兴无根之讼。昔人谓岩谷所居，有老死不识城郭者，竟安在哉！

《雍正府志》：本朝定鼎，镇士渐被文明之化，家诗书而户弦诵。自海禁既弛，鱼盐蜃蛤之利遍被他郡，其入过于力田。**按：沿海居民多以鱼罟为业，其船甚轻捷，凡绝岛穿崖、人迹罕到之区，冒险往来，率以为常。间有多载酒米出洋取利者，迩因汛口稽查严密，此弊少除。**所谓刑罚罕用，衣食滋殖，正其时也。其催科易集，其狱讼鲜少，官兹土者，可不劳而理，盖皆赖国家休养生息之泽云。

礼节

《嘉靖府志》：**冠礼**　男子年十六，择吉日告庙，始冠。亦有及婚而冠者，三加请戒之礼，习俗久略。女子则当嫁时加笄焉。

《浙江通志》：**婚礼**　士大夫家缔姻多重门第。先凭媒妁通柬，将币如古问名礼，至纳采、纳征，俱崇俭约，不以金币相炫，女家具奁亦不以纨绮珠玉相耀。合卺后翌日出拜姑嫜，献以女红榛栗，其风犹古。

《浙江通志》：**丧礼**　始卒及会殓多遵《文公家礼》，或五日，或七日，服成受吊，宗党姻友各以香楮申奠。俗尚浮屠，每七必作佛事。葬用石椁，贫者用砖，三日展祭，新茔标插纸钱。**按：今间有惑于堪舆之说，营求吉壤，经年未归窀穸者，其在穷簷小户，葬不用椁，以砖砌于四围，上覆之以石，且无封土，日久砖欹石压，以致棺尸狼藉。若遇水潦，则漂没无存。积习相沿，恬不为怪，司牧者宜痛革此风。又今士庶之家，凡遇婚丧必邀合族宴饮以为豪举，干糇以愆，往往遂成嫌隙，无力者每致鬻产以从事。有司三令五申，多方劝诫，近乃少息。**

《浙江通志》：**祭礼**　特重宗祠，春秋二分、冬夏二至，在祠合享，清明及十月朔则祭于墓，祭毕共饮馂馀。每遇忌日，由考妣上朔高曾，必设几筵以祭于家，丰俭则称其有无云。

岁时

《雍正府志》：**元旦**　先夕洒扫室堂，厥明设香烛，男女礼拜上下神祇及祖先遗像，序拜尊长。宗族亲邻各相拜贺，具酒席以相延款。

《雍正府志》：**立春**　前一日，有司以彩仗迎春，次日祭芒种、试耕种，各家作春盘、春饼，饮春酒。

《雍正府志》：**正月**　上旬之夜，女子邀天仙或厕姑问一岁吉凶。（在初八日）

《旧志》：**正月**　自十三夜起，四衢悬彩张灯为火树烟花之戏，至十八日乃止，为元宵节。

《雍正府志》：**十四夜** 各家以秫粉作圆子，如豆大，谓之灯圆。享祖先毕，即少长共食之，取团圆意。

十五夜 各家以火照田间，除一岁侵蚀虫，名曰烧横虫。

《旧志》：**清明** 各家为青糍黑饭、牲醴祭墓，封土插竹，挂纸钱于颠，门户皆插柳，或簪于首。

《雍正府志》：**立夏** 以赤小豆和米煮立夏饭（俗以乌笋煮羹食之，谓之接脚骨。又各权人轻重，以卜一岁壮迈，并驱疾疬）。**按：初夏黄鱼起发，谓之渔期。渔船出洋，乘潮捕鱼，不避风浪。其出入以三汛为度，俗名头水、二水、三水。每汛将毕，各船衔尾而进，招宝山下沿塘一带樯帆如织，四方商贾争先贸易，至六月初旬三汛方毕。除渔户终年捕鱼外，农民仍归陇亩。**

《旧志》：**端午** 取菖蒲及艾插门户，或系以彩胜佩于身，杂菖蒲、雄黄和酒饮之以辟邪禳毒，为角黍、骆驼蹄糕祀其先，亲戚各相馈遗。（六月灶民刮土最盛，呼为伏泥，盖三伏中日烈土燥，较常时多而更佳。）

《嘉靖府志》：**七夕** 妇女陈瓜果乞巧。

《嘉靖府志》：**中元** 各家以牲醴羹饭祀其先，缁黄之流诵经供佛，谓之兰盆会。

《雍正府志》：**中秋** 士人家置酒玩月，以月饼相馈。

《旧志》：**重阳** 士人登高燕赏，以茱萸泛酒饮之，各家制重阳糕、角黍相馈遗。

《雍正府志》：**冬至** 各家具香烛以祀神祇及先祖，亦有具牲醴以祀者。沿海之民于是时置窖藏冰，以为明岁渔期之用。

《旧志》：**腊月二十四日** 各家拂尘，至夜祀灶。

《旧志》：**岁除** 前数日，各以牲羞果饵相馈，谓之馈岁。除夕各祀神并先祖，谓之送岁。聚家人饮食，谓之分岁。明烛爇香，或炽炭燔柴，长幼坐以待旦，谓之守岁。先期预备品物为新岁之用，罢市数日，蒸米为粿，新岁复爨而饭之。换桃符、写春帖、易门神、烧爆竹、燔苍术、辟瘟丹，谓之辟邪。

物产

十有二地之物生，各视其土民宜，橘不踰淮，鹳鹆不踰济，地气然也。镇固泻卤之区，初无瑰异奇珍可表，土风壮丽，唯是鱼盐蜃蛤，利在海山，物其宜而布之，于以诏地，求足民用。《书》言"八政先食货"，胪而列焉，亦寓物爱心臧之意云尔。志物产。

稻之属

金地、早黄、乌撒、太仓红、光稌、冷水红、细程、黄岩、矮白、六十日一名救工饥、湖州白、晚青、霜下白、湖州晚、雁来乌、旱稻《嘉靖府志》：宜山田，故名、宜兴晚、早珠、等西风、赶军粮、麻子乌、昆山晚、杭州白、犁云辫、清净晚、刀断齐、松江稻、早白、缩颈红、硬脚红、戤八石、乌嘴、黄穋、早糯、晚糯、黄香糯、黄扁糯、青程糯稃黄芒赤，已熟而稃微青、铁程糯、丁香糯、水鲜糯、冷水糯、火烧糯、矮黄糯、泥里变、隔江牵、香珠

黍之属《本草》：黍即稷之黏者

秔黍、糯黍二黍，俗呼为穄、长黍俗呼长芦、矮黍俗呼矮芦

稷之属《沈存中笔谈》：稷乃今之穄也

秔粟、糯粟、脂麻俗作芝麻，一名巨胜，即胡麻也，张骞从大宛得来，故名、乳粟粒大如鸡豆，色白味甘，俗呼遇粟、狗尾粟粒细如芥子

麦之属

大麦《广雅》：䴭也、小麦《广雅》：秣也、荞麦、卵麦

菽之属

绿豆、乌豆、白豆荚毛俗呼毛豆、赤豆俗呼红豆、大豆有黑、白、黄、褐、青、斑数色、小豆色微白带红，荚长二三寸，至秋开花、豇豆荚长尽余而软，俗呼裙带豆、刀鞘豆果如豇豆而稍长大，五、六、七月开紫花如蛾形，结荚长者近尺，似皂荚，扁而剑脊，三棱宛然、虎爪豆九月熟、扁豆有数种，俗名羊眼豆，子有黑白赤斑四色、蚕豆又名罗汉豆、青豆、黑豆、油豆、虎斑豆、带豆《旧志》：有青红二种，一名虈豆、黄豆、雀子斑豆、饭豆一名莴豆、牛吃幢、六月豆、泥鳅稉豆形似鳅，立秋时可频摘

竹之属

斑竹一名湘妃竹。《邑人谢泰定诗》：栽得篔簹竹万竿，清风长日报平安。月明应似湘江上，听得秋声度紫鸾、**龙须竹**、**猫竹**一作茅竹、**紫竹**《睽车志》：绍兴中，四明有巨商泛海阻风，抵山下，因登绝顶，有梵宫焉。室外竹数个，枝叶如丹，求得一二竿，截之为杖，每以刃铄削，随刀有光。至一国，有老叟曰："君亲至补陀洛伽山，此观音坐后旃檀林紫竹也、**桃枝竹**如蕲竹，其篾韧，可代藤川、**四季竹**、**箭竹**中实如箭，叶甚大、**苦竹**、**淡竹**可煮以为纸，一呼为水竹，有大小二种、**筋竹**《罗浮山疏》：筋竹坚利，南中人以为矛。《酉阳杂俎》：笋未成竹时可为弩弦、乌竹其笋最佳、凤尾竹叶细小，亦慈竹别种、**公孙竹**高不盈尺、**水竹**、**方竹**《旧志》：昔葛仙翁炼丹于灵峰，植箸于地，化为竹而方，今或间生岩谷间。按：灵峰顶上旧有葛仙翁方竹遗迹，今已湮没数十年矣。岩谷之间绝少此种。《僧如讷诗》：抱朴曾来养汞少，戏抛竹箸便抽芽。龙孙或自随灰劫，但有名存实已赊、**石竹**、**天竹**

木之属

海桧《旧志》：即禹贡栝柏。《至正四明志》：叶尖如枚，其质体刻成龙凤形，悬根而植之盆，可致远、**棕榈**、**黄杨**、**豫章**《旧志》：古樟木也、**冬青**《本草》：名女真，江右呼为万年枝、**山桃**、**青修**、**楮**《说文》：谷也。《陆玑草木疏》：江南以楮捣纸、**樟**《酉阳杂俎》：江南以樟为船、**柘**、**栎**、**榆**《旧志》：一名田柳。《埤雅》：榆性扇地，故其阻截下五谷不植、**梓**、**松**、**栢**《埤雅》：一名掬延年、**枫**、**桐**、**椿**一名酜，俗呼香椿、**杉**、**杨柳**、**水栢**《旧志》：似栢而枝下垂、**水杨**、**柽**一名西河柳、**梧**、**桐**、**桑**、**麻栗**《旧志》：性至坚，名石先烂、**檀**、**沙朴**即厚朴、**溪口**、**槐**、**荆**、**楝**、**乌桕**、**香槎**、**檡**、**槿**一名日及、**皂角**、**樘**、**椒**、**榴**、**白栗**、**樠**《说文》：杉也、橦花可为布，名橦布、**石关**、**劲松**《旧志》：似松而叶大、**细柳**《旧志》：一名观音柳，青翠如发而垂，三月开红花如蓼、**鸡骨**、茶出太邱乡太峰巅者佳。《杜牧之诗》：山实东吴地，茶称瑞草魁。

草之属

金剪刀、金灯笼、过山龙、延堦草、观音草生山谷中，人以盆盛清水沙石值之，则青，着泥则萎、**仙人掌**、**凤尾草**、**茅**、**蒲**、**荻**、**观音草**似苇而小，即葵也、**蓬**、雀麦、稗、莎《旧志》：一名水莎，又名三棱草、蓼俗名辣蓼、挂兰《雍正府志》：一名见风生、金线草叶圆如蟹壳，蔓生节间，有红线、慎火一名景天，一名戒火，一名水母，可以御火、卷栢俗呼为长生不死草，虽甚枯槁，得水复鲜活、金星

果之属

桃《旧志》：有五月桃、六月桃、七月桃、八月桃、梅《旧志》：有早梅、晚梅、消梅、鸳鸯梅，一花结二实、李《旧志》：有粉红李、腊李、丰山李、水包李、郁李柿《旧志》：有钵盂柿、一点红、重蒂红、胭脂柿、區绿柿、方柿、杏《江南录》：杨行密改杏名甜梅，其仁可入药、金柑橘之属、橘《格物总论》：一名木奴、香团以有顶者佳。形似柚而差小、柚橘之大者、橙《群芳谱》：一名金毬，一名鹄谷、梨《嘉靖府志》：有青梨、沙梨、雪梨、酥梨、棠梨。按：今镇隔六图有消梨，皮薄而脆，味甘美，九月终重一斤有余，可治伤寒症、栗、樱《旧志》：大者曰樱桃，小者曰樱珠、榧榛、石榴《博物志》：张骞使西域，还得安石榴、蒲萄《酉阳杂俎》：一名马乳、白枣、杨梅《浙江通志》：有早色、晚色、熏色数种，出灵绪五都者佳、贫婆种来自西域，梵言贫婆，华言丛林、松子、银杏俗呼为白果、林禽《四明志》：一名花红，王右军帖呼为来禽、狮子柑俗名皱柑，与乳柑不同、南柑、金豆、枇杷《格物论》：一名卢橘，叶名无忧扇、棠梨

瓜之属

西瓜、甜瓜《旧志》：又名捻青瓜、东瓜《广雅》：名圯芝、稍瓜一名越瓜，有清白二色、枕头瓜《旧志》：即西瓜之类，子有红黄黑三色、王瓜、南瓜俗呼饭瓜、菜瓜、苦瓜、丝瓜俗名天络

花之属

木犀《旧志》：有红黄白三种，亦有色白而四季花者、牡丹《本草》：一名鹿韭，一名鼠姑，一名玉楼春、芍药《合璧》：一名婪尾春、蔷薇、瑞香《花谱》：出明州，又名睡香，处处庭院植之。《王十朋瑞香花诗》：长向春前腊后开，要将风味斗梅魁。名从庐阜梦中得，根自邺山嘉处来。风拆锦囊香不断，日烘宝盖翠成堆。定须移向梅溪去，栽伴吾庐桂与槐、葵《旧志》：有锦葵、黄蜀葵、

菊《旧志》：有红黄白紫色、**芙蓉**《山堂肆考》：一名拒霜、**鸡冠**一名洗手花、**长春**《旧志》：又名月月红、**石菊**、**丁香**、**海棠**、**水仙**《旧志》：本名雅蒜，元祐间始盛得名、**金钱**赤者为金钱，白者为银钱，午开子落，亦名子午花、**山茶**、**玉簪**一名白鹤仙、**旱莲**、**萱草**《格物丛话》：名忘忧。《风土记》：花曰宜男、**荼蘼**一名酴醾，一名独步春、**紫荆**一名紫珠花、**金凤**《旧志》：即凤仙，俗呼为满堂红、**莲**《旧志》：有红莲、白莲、千叶莲。《尔雅》：荷，芙蕖也、**兰**《旧志》：有荪蕙二种、**夜合**一名合欢、**石竹**、**紫薇**《旧志》：俗名百日红、**杜鹃花**《格物论》：一名石岩，又名踯躅、**木兰**、**山丹**一名红花、**薝卜**《旧志》：即黄栀花。《本草》：名越桃、**望春**《旧志》：即报春花、**罂粟花**、**一丈红**有红白黑三色、**茉莉**《洛阳记》作抹厉，王十朋作抹利，洪景卢作末丽、**金雀花**、**山樊**《旧志》：即海桐、**雀李**《旧志》：一名郁李。《陆机疏》云一名雀梅，子可食、**素馨**、**木香花**、**阑路锦**《旧志》：即铁梗海棠、**丽春**一名虞美人、**木屑**、**海沙金**、**龙爪花**俗名灯擎花，其色赤、**蝴蝶花**、**金盏花**、**僧鞋菊**、**玫瑰**一名离母草，一名徘徊花、**剪春罗**又名剪红罗，一种名剪秋罗，别名汉官秋、**真珠兰**一名鱼子兰

蔬之属

莴苣菜名善菜、**油菜**一名芸台、**白菜**、**菾蓬菜**《嘉靖府志》；一名女菜，今名甜菜、**芥菜**、**薑**、**胡罗卜**、**波稜**《卢录》：婆罗国献稜菜，火熟之，能益食味。菜以国名、**苋菜**一名五行菜。《本草纲目》：有赤白紫三种，红者名马齿苋、**春不老**、**茄**《草木子》：名落苏、**胡荽**俗名芫荽、**瓠**即蒲、**芦服**即罗卜、**笋**《旧志》：有乌笋、潭笋、茅笋、龙须笋、**蕨**、**薤**、**葱**、**韭**、**蒜**、**芋**《山堂肆考》：一名土芝，一名蹲鸱、**蒿菜**、**雪里蕻**《野菜笺》：四明有菜名雪里菜，瓮头旨蓄其珍莫比。雪深诸菜皆冻，此菜青青蕻尤美、**芹**、**菘菜**、**丁香茄**、**葵菜**、**蘥**《月令》：蘥草，即燕麦也、**番薯**《普陀山志》：如山药而紫，味甘，种来自日本。萎蔓寸许，插种地下，数日即荣，不择壤而易长，老幼病人皆可食，藤茎饲畜，无叶物，镇之山地栽植甚多、**禹余粮**《本草纲目》：海米，亦蒒草之类也。生海洲上，一名自然谷，即禹余粮之类。《旧志》：生东海地泽及山岛中，状如鹅鸭卵。《越志》：民遇歉岁，取而食之。《方孝孺海米行》：海边有草名海米，大非蓬蒿小非荞。妇女携篮画作群，采摘仍于海中洗。归来涤釜烧松枝，煮米为饭充朝饥。莫辞苦涩咽不下，性命可假待丰时。

杂植

黄麻、苎麻一名枲、络麻即青麻、縩麻即白麻、葛、靛即蓝也。于地窖中野水浸一突破，入石灰搅。

水实之属

菱《旧志》：有青红二色、莲房、藕、茭白《旧志》：即菰也。八九月间生水中，味美可啖、芡《旧志》：俗呼鸡头、茨菰《旧志》：生低，田中可种，叶岐如燕尾，而大花一茎收十二实，岁有闰则十二实三出、凫茨《旧志》：一名荸荠，一名地栗，生湖泊中，下田亦可种、紫菜《旧志》：生海中石上。《至正四明志》：出伏龙山者著名。干则黑，今出招宝山者佳、海藻《旧志》：《尔雅》曰薅，又名海藻，生海中，黑色如乱发而大。《埤雅》曰，《本草》以《尔雅》所称，纶似纶，组似组，东海有之，正所谓二藻也。又云，按《本草》，海藻、昆布、青苔、紫菜皆疗瘿瘤结气。又一种细者紫色，曰紫角菜、道士裙、鹿角菜《旧志》：生东海近水石岩上、苔菜《吴都赋注》：生海水中，正青，状如乱发，干之赤，盐藏有汗，名曰海苔。《至正四明志》：采纳之窖，片片整之，俗呼苔脯、昆布《本草纲目》：如绳索状，出浙东者大叶似菜，盖海中菜也。

药之属

山药《旧志》：名薯蓣、百合一名强瞿、吴茱萸又名越椒、车前子、泽兰一名都梁香、荆芥、木瓜、羊桃即苌楚、山栀即黄枝子，相如谓之鲜支，谢灵运谓之林兰、麦门冬、草乌头、椒、金银花《旧志》：一名甜藤脑、连翘、五加皮一名金盐、枸杞子《旧志》：俗呼为明眼草子，其根名地骨、枳实《旧志》：如橘而小，七八月采者为实，九十月采者为壳、蔓荆子《旧志》：生水滨、香薷《旧志》：生山岩石罅中，苗高尺余，叶茎细而辛香。按：今兔山产香薷，以端午日采取者为佳、苍耳《旧志》：一名护寝草、青蒿、扁豆《旧志》：有黑白二种、皂荚一名皂角、薏苡《旧志》：茎高三四尺，穗生，形如珠子而稍尖长、商陆《旧志》：一名当陆、羊蹄根《诗》：言采其蓫，即此、萹蓄《雍正府志》：一名扁竹、稀莶《旧志》：俗呼为火秋草、芭蕉、夏枯草、栀实、瓜蒂《旧志》：即甜瓜蒂也、续随子《旧志》：一名千金子、土牛膝、益母草《旧志》：方茎，白花生节间、艾叶《群芳谱》：艾，一名醫草，一名木台，一名艾蒿，一名黄草，处处有之，产四明者谓之海艾、**蓖麻**《旧志》：夏生苗，叶似葎草而厚大，茎赤有节如甘蔗，高丈许，秋生细花，随便结实，壳上有刺。实类巴豆，青黄斑、**楮实**《旧志》：有二种，其实初夏生，如弹丸，青色，至六七月渐红，八九月采水浸去皮穰，取子日干、**半夏**一名守田、**菖蒲**一名尧韭、**菊花**《旧志》：有紫茎而气香，叶厚，至柔嫩，可食，其花微小，味甚甘，可入药、**何首乌**《旧志》：有二种，赤者雄，白者雌，用竹刀切，米泔浸一宿，曝干。忌铁器、**牵牛子**《旧志》：有黑白二种、**天南星**一名虎掌、**茯苓**、**地肤子**、**马兰**即蠡草花、**葛根**、**桑白皮**、**紫苏**、**罂粟子**一名御米、**薄荷**、**苦参**、**大小蓟**《旧志》：苗高尺余，叶多刺，心中出花，二月生、**刘寄奴**《旧志》：苗茎似艾蒿，有四棱、**枇杷叶**、**牛蒡子**《旧志》：一名恶疾、**地榆**、**决明子**《旧志》：花黄白色，其子作穗，如青豆而锐、**忍冬花**《旧志》：根紫茎青，开红花、**石斛**、**乌药**、**白术**、**谷精草**《旧志》：一名戴星草、**鹅不食草**《旧志》：五月始花、**络石**《旧志》：叶圆如细橘，正青冬夏不凋，其蔓节著处即生，根须包络石上，因以得名。花白子黑，薜荔与此相类、**括楼**《旧志》：《诗》所谓蝶蠃之实也，根亦名白药、**蒺藜子**即茨也、**凤尾草**、**露蜂房**《旧志》：生山林木上，大黄蜂窠也、**蜜**《旧志》：春蜂采花所酿、**牡蛎**、**海螵蛸**《旧志》：即墨鱼骨、**蛴螬**《旧志》：形如蝍蜓，生草泽中，具五色，雄者为良、**穿山甲**《旧志》：状如鼍而短小、**乌蛇**、**自然铜**出灵绪乡虎岩，天久雨，岩之左右多生自然铜，形似骰子，可疗损伤。

鳞之属

鲈鱼《旧志》：海中四腮鲈，皮紧脆而肉厚，呼曰脆鲈；江鲈差小而两腮，味淡；有塘鲈，形虽巨而不脆、**石首鱼**《旧志》：鱼首有鲛坚如石，故名。冬月得之又紧皮者良，三月八月出者次之，至四月、五月海郡民发巨艘往洋山竞取，有潮汛往来，谓之洋生鱼。用盐腌之曝干，曰白鲞，通商贩于外。《海族志》：腹中膘可作胶、**鲀**《笔谈》：名吹肚鱼。《旧志》：鲀或作鲑。一名河豚，腹下白，背青黑，有黄文，眼能开闭，触物辄嗔，腹胀如鞠，浮于水上，一名嗔鱼。味至美，其肝与子有大毒，食之杀人。其腹无胆，头无腮，故肝最毒。旧言甚于野葛，惟橄榄、木鱼茗水解之。一云独眼者尤毒。腹多刺，去其头尾，取其身白肉，用橄榄、甘蔗煮之以解鱼毒，甘蔗以验其有毒则黑，大抵出海中者大毒，江中者次之。又一等名白河豚，又名鮠鱼，其状相类，无毒、**华脐鱼**《成化郡志》：

一名老婆鱼，一名鮫鱼，盖其腹有带如帔子生附其上，故名鮫，其形如科斗，而大者如盘。《吴都赋注》：此名琵琶鱼，无鳞而形似琵琶。冬初始出者多重之，至春则味减矣、**火鱼**《至正四明志》：头巨尾小，身圆通赤，又有一种名竹筴鱼，头身俱扁，微红，其形颇相类。《旧志》：或曰近魴，尾有鲠，鳞色青黑，又名土鳢、**肋鱼**《至正四明志》：似箭鱼而小，身薄细骨蒲肋，夏初多出、**緇鱼**《旧志》：似鲤，生浅海中，专食泥，身圆口小，骨软肉细、**鲤鱼**《旧志》：出江河，三十六鳞，又号赤鲲公、**鲫鱼**《旧志》：出河水者色白，湖中者色黑、**鳢鱼**《旧志》：出湖河，身圆，鳞细而黑，头有七窍如北斗象，夜半仰天向北而拱、**银鱼**《旧志》：口尖，身锐如银条。又一种极小者名面鱼。《尔雅翼》：王余即此类、**鳗**东管乡有阵鳗，出吞猛江，味甚美，不可常得，必至仲冬西风起始有之、**阑胡**《旧志》：形如小鳅而短，大者如人指，长三五寸许，潮退，数千百万跳踯泥涂中，土人施小钓取之。一名弹涂、**鳝**出沟河、**鳅**、**水母**《旧志》：一名鮓鱼。《图经本草》作蛇鱼。《成化郡志》：《本草》作蝤，生东海，形如覆笠，肉白，今俗呼为虾藉，首大如斗，似鸡冠，色赤，无目，藉虾集身以为浮沉，虾跃则沉，虾止则浮，故名虾藉。至五六月，沿海民结网取之，剖分身首，身用竹刀刮取，微赤，其白者如纸，用盐礬腌之，首曰海蜇，身曰白皮、**鲳鯸**《旧志》：一名锵鱼，身扁而锐，状若锵刀，身有两斜角，尾如燕尾，细鳞如粟，骨软肉白，其味甘美，春晚最肥，俗又呼为娼鱼，以其与诸鱼群，故名、**带鱼**《旧志》：无鳞，身如带，长可四五尺，故名、**箸鱼**《成化郡志》：其形似箸，生海中，极大鱼鳎鳗、**海鲫**、**竹筴鱼**《旧志》：近肋尾有硬鳞，色青黑，一名土鳢、**魟鱼**《至正四明志》：形圆似扇，无鳞，色紫黑，口在腹下，尾长于身如狐尾，大者曰鲛魟，次曰锦魟，去沙煮烂与鳖裙同；又次曰黄魟，差小，背黑腹黄；其余有斑魟、牛魟、虎魟。魟字或作鮏、**江豚**《旧志》：形似猪，一名大白，其身多油，以之照纺织则昏，照赌博则明，《书》传为懒妇所化、**吹沙鱼**《埤雅》：名鯋鮀。《旧志》：常开口吹沙，性善沉，大如指，狭圆而长，有黑点，俗呼为"新妇臂"。味极甘，人颇以为珍品、**鹳嘴鱼**、**鮸鱼**《旧志》：状似鲈而肉粗，三腮曰鮸，四腮曰茅，鮸小者曰鮸姑、**鲨鱼**《旧志》：皮上有沙，故名。有白蒲鲨、黄头鲨、白眼鲨、白荡鲨、青顿鲨、斑鲨、牛皮鲨、狗鲨、鹿文鲨、燕尾鲨、虎头鲨、犁头鲨、香鲨、熨斗鲨、剑鲨锯鲨、**比目鱼**《旧志》：细鳞，扁身若半片，然止一目，状比鲳鯸而小，曝干可致远。《尔雅》云，鱼以左右分，不比不行、**墨鱼**《旧志》：形如算囊，口旁两须若带极长，风波稍急，以须粘石为缆。其腹有墨，奸人以此书券，踰年则为白纸矣。《图经》云一名乌贼，能噀墨溷水以自卫，使水匿不为人所害，然群行水中，人见黑水至辄下笱罗而得之。有骨，厚三四分，形如樗蒲子而长，轻脆如通草可刻，名海螵蛸，可入药。性嗜乌，常仰浮水面以饵乌，乌来啄辄以须裹其足，沉诸水而食之，故名乌贼、**章巨**《旧志》：大者名石拒，人或取之，能以脚粘石拒人。又名章举，形如大算囊，八足，长及二三尺，足上戢戢如钉，每钉有窍。又别一种小者生海涂中名望潮，身一二寸，足倍之，土人呼涂蟳。又一种曰锁管，脚短而无钉，八月初始有，至重阳而大，首圆足花，软滑而能伸屈，色白无骨，味甘美异常、**龙头鱼**《旧志》：俗呼为潺鱼，身如膏髓，骨柔无鳞，头似龙头、**白鱼**《旧志》：板身肉美，江海俱有、**梅鱼**《旧志》：首大，朱口金鳞，长可三四寸、**海鳅**《旧志》：大者长数十丈，海中浮载如一二里山，俗呼为浮礁，舟行避之、**泽鱼**《旧志》：形似鲻鱼而小头，骨皆软，味亦甘美、**鲚鱼**《山堂肆考》：一名箭鱼。腹下细骨如箭镞，其味美在皮鳞之交，故食不去鳞。《成化郡志》：海出者最大，甘肥异常、**河鲫鱼**似鲤而身小，色黑脊隆。出海宴河者尤肥美，乡民于冬月用锡绳竹罩取之。

介之属

蟳蛑《旧志》：生海边泥穴中，大者曰蟳，巨蟹也，小者名黄甲。《成化郡志》：并螯十足，生海边泥穴中，小而黄者谓之石蟳蛑，最大者曰青蟳，小者曰黄甲，后足阔者曰拔棹子。城东江滨有蟳蛑庙，俗传有渔人获一巨蟳蛑，为巨螯钳而死，今庙即其地，前贤多呼四明为蟳蛑州。舒懒堂述里谚云"八月蟳蛑健如虎"。《埤雅》云"蟳蛑两螯至强，能与虎斗"、**蟹**《旧志》：俗呼为蟹，圆脐者牝，尖脐者牡也。经霜则有赤膏，俗呼母蟹，亦曰赤蟹；无膏曰白蟹；有子者曰子蟹。《本草》以蟹性败漆，烧之致鼠、**螃蟹**《旧志》：俗呼毛蟹。两螯多毛，生湖泊淡水中，怒目横行，故曰螃蟹。秋后方盛。有溪蟹，小而性寒，捣碎愈漆疮。《蟹谱》：蟹之类随潮，解甲更生，故谓之蟹。至八月腹内有稻芒，两茎长寸许，东输海神、**彭越**《尔雅》名"彭蜞"。螯赤者名拥剑。一种为彭蜞，性极寒，蔡谟谓"读《尔雅》不熟，几为《劝学》所误"。又一种名桀步，《埤雅》曰"以其横行，故谓之桀步"。又一种名沙蟹。今有毛蟹出岙猛江与梅墟者甚美、**蚌**《旧志》：有珠。郭璞《江赋》曰"琼蚌晞耀而莹珠"。定海招宝山下有巨蚌，光彩逼人、

鼋、鼊、龟、鲎《旧志》：形如覆斗，青褐色，十二足，身长尺许，尾称之。其壳坚硬，腰间横文一线，软可屈折，每一屈一行，尾尖硬有刺，能触伤人。口足皆在腹下。海中每雌负雄，渔者必双得之。牝者子如麻子，土人以为酱或酢。《本草》云："牝牡相随，牝者背上有目，牡者无目，牡得牝始行，牝去牡死。"韩退之诗："鲎实如惠文，骨眼相附行。"、**淡菜**《海族志》：亦名壳菜，形似珠母，一头尖，中御少毛。《本草释名》：浙人呼淡菜曰东海夫人。《玉环志》：去其壳，不着盐而干之，故名淡菜。《四明七观》：蚶菜疲民，君严奏免。注：明州岁贡淡菜，蚶蛤之属，唐孔戣以为自海抵京，道路役夫，奏罢之、**篕**《旧志》：生于海岩或篦竹，又一种曰老婆牙、**螺**《旧志》：多种，掩白而香者曰香螺；壳尖长者曰鑚螺，味次之；有刺曰刺螺，其味辛，曰辣螺；有曰拳螺、斑螺、丁螺，又有生深渊中可为酒杯者曰鹦鹉螺。今蛳螺春初出者佳，至清明后则味降矣，生海宴河者肉肥而壳薄、**蛏、蚶、龟脚**《旧志》：以形似故名、**蚬**《旧志》：小于蛤蜊，生水泥中，壳薄肉多、**土铁**《旧志》：蜗属。形大如豆，壳薄，生海涂中。《海味索引》：一名泥螺。《宋厉无咎诗》：名冠思脱三涂难，吐舌甘从五鼎烹、**黄蛤**《旧志》：每一潮生一晕，壳有纹，海滨人以苗栽泥中，候其长而取之。《至正四明续志》：蛤蜊亦云圆蛤，壳口有紫晕者肥美，善醒酒。《黄山谷诗》：商略督邮风味恶，不堪持到蛤蜊前、**海蛳**《旧志》：其形如钉、**海月**《旧志》：形圆如月，亦谓之海镜，土人将鳞次之为天窗。《谢灵运诗》：挂席拾海月、**蛎房**《旧志》：形如馳蹄，又如拳，附岩石生，块礧相连如房，故名。道家以左顾者是雄，故名牡蛎，右顾者牝蛎，一名蠔山。初生如拳石，四面渐长，有一二丈，嶄岩如山，每房内有肉一块，亦有柱，肉之大小随房广狭。每潮来则诸房皆开，有小虫入，则含以充腹。鲒崎，海岩生者，仅如人指，将刀挑之取肉，谓之梅花蛎。扈竹结成谓之竹蛎。

刘子翚《食蛎房》诗

蛎房生海壖，坚顽宛如石。其中储可欲，虽固必生隙。
嵌岩各包藏，碨砳相附积。终逢霹雳手，妙若启扃鐍。
钻灼谅难堪，曷不吐馀沥？南庖富腥盘，岂惟此称特。
吞航大绝伦，梯腐万夫食。针鳞九牛毛，小嚼逾千百。
光螺晕紫斑，蟹膏湛金色。水母脆鸣牙，章举悬疣密。
乌黏力排奡，贴石不可索。妾鱼戏浮波，媚鲘雌雄匹。

蟹躁辄横鹜，鳖缩常畏出。车螯不服箱，马鲛非骏迹。

江瑶贵一柱，嗟岂栋梁质。骨柔竞爱鲦，多鲠鲥乃斥。

钳虹鲑赤文，肉黑鱼之贼。鲽鲑鳢鲤鳗，鲇鲔鳅鲂鲫。

鳙庸而鲖小，琐冗难尽述。包涵知海量，长养荷天德。

贪生族类繁，失地波涛窄。网罾人设险，甘鲜已为厄。

纷然均适口，流品当别白。微物倘见知，捐躯不足惜。

鲎《旧志》：形如螺，内有一蟹，饥则蟹出求食，蟹入则饱。**海扇**任士林海扇诗注：海中有甲物如扇，名曰海扇，文如瓦屋，三月三日潮尽乃出。任士林海扇诗：汉宫佳人班婕妤，香云一箧秋风初。网虫苍苍恩自浅，犹抱明月冯夷居。至今生怕秋风面，三月三日才一见。对天摇动不如意，肯向五云清暑殿。

羽之属

画眉、雉、鹘、鸽、黄头《旧志》：善斗，故人取育之、**凫、燕**《旧志》：春社来秋社去，有二种，紫胸轻小者是越燕，胸斑黑声大者是胡燕、**鸲鹆**《旧志》：人取端午前新雏，去其舌本麤皮，则能如鹦鹉言、**雁、鹤**《禽经》：俯鸣则阴，仰鸣则晴、**鸦**《说文》：纯黑反哺曰"乌"，小而项白不反哺"曰"鸦。《越志》：有别种，人呼为寒鸦，十月自西北来，其阵蔽天、**鸥**《说文》：色白，一名鹥。《南越志》：鸥知风雨，若群尽至岸，即有大风、**鹭、鸠**性一而孝，一名祝鸠、**雀、白鹇、提壶、莺**《格物总论》：一名仓庚，一名黄鹂。《诗义疏》：甚熟时，鸣桑树间，亦应节趋时之鸟、**鸬鹚、啄木、鹊鸰、戴胜**张华曰：农事方起，北鸟飞鸣于桑间，又名布谷、**喜鹊、鸡、鹅、鸭、姑恶**水鸟。《旧志》：一名稻鸡。《山堂肆考》：妇以姑恶死，故其声云、**百舌**《渊鉴类函》：百舌者，能反覆其舌，随百鸟之鸣、**鹊**《淮南子注》：鹊作巢，知来岁多风，则巢下枝、**白头翁、子规**《格物丛论》：一名杜宇，夜啼达旦，血渍草木。《张华禽经》：啼苦则倒悬于树，自呼曰"谢豹"、**婆饼焦、鹧鸪、伯劳、黄睢、练鹊、淘沙、江猫、鱼虎**

毛之属

虎、麂、狸《至正四明续志》：狸有数种，然贵在九节狸，玉面狸极少、**獭**《广雅》：一名水狗。《汲冢周书》：雨水之日，獭祭鱼。獭不祭鱼，国多盗贼。《至正四明续志》：大如狗，脚下不皮，如人胼拇，毛着水不濡，生海壖、马、驴、牛、狗、猫、骡、羊、豬、鹿、麞、野猪、栗鼠、獦猪、狐、兔、豺、狼、獐、猴

虫之属

蚕《博物志》：蚕三化，先孕而后交，不交者亦产子。子后为蚕，皆无眉目，易伤、蛾、蜂、蛇、蠀蛸、蜩、蟋蟀一名促织。古诗：促织鸣，懒妇惊。《古今注》：一名吟蛩，秋初生，得寒则鸣、螳螂、蚯蚓、蝼蚁、萤腐草化。《古今注》：一名燐，一名丹鸟，一名宵烛。《格物论》：一名夜光。《越志》：谓多则有年、蜈蚣、蚊、蜘蛛、蜻蜓、蝴蝶《列子》：乌足，其叶为蝴蝶、蝉、蝙蝠《古今注》：名飞鼠。《尔雅》：名伏翼、虾蟇状如蛙、莎鸡俗名纺织婆、蟟、蜉蝣、蝇、蛙《侯鲭录》：水鸡，蛙也。水族中厥味可荐若鸡。

货之属

丝、绵、绢、紬、棉布、麻布、木棉、葛布、苧布、油《旧志》：有麻、菜、豆、桐、柏五品、盐清泉、穿山、龙头三场，盐利甚溥，商贩毕集，国税所需。《游宦记闻》：四明盐白，以篓盛贮邸，翁曰："涂中走滷，将若之何？可用煨皂荚一挺置其中，即无虑矣。"

祥异

五气顺戾而休咎征，王者以之修政，公卿以之修职，盖其慎也。郎官上应列宿而职守一方，凡年谷之顺成，民生之和乐，胥待命焉。修于身，斯致泽于民；惠于民，斯迎祥于天。天人相与之际，微矣！春雉能驯，秋螟可散，岂偶然欤？志祥异。

【宋】

祥符九年，芝草生青松之上，守臣康孝基进之。

淳熙四年九月，濒海大风，海涛漂没民田。

淳熙五年，大水；秋，飓风驾海潮害稼。

淳熙九年，旱，大饥，穜稑殆尽。

淳熙十四年七月，旱。

绍熙五年，大饥，人取草木食之。

嘉定十四年，旱，蟊螣为害。

【元】

泰定元年二月，饥。

至顺元年七月，大水。

至正四年，海啸。

至正六年，旱。

【明】

宣德十年，大有年。

以上《旧志》。

正统十年，宁波久旱，民遭疾疫，遣礼部王英祀南镇禳灾。（《明从信录》）

弘治十七年，大饥，朝廷遣都御史王璟赍内帑银赈之。

正德三年六月至十二月不雨，禾黍无收，民采蕨聊生不给，至鬻男女以食。冬大雪，河冰不解，草木萎死，民毙冻馁者甚众。

正德九年正月，民间讹言妖眚至，每夜人各持兵器、震响竹以备之。

嘉靖二十四年，大荒，谷价腾踊，每银一钱易谷一斗，道殣相望。

嘉靖二十七年，霜降日天雨氂，色苍白，以手扑之如灰飞散。

嘉靖三十年，李树生王瓜，谚云"李树生王瓜，百里无人家"。已而果遭倭寇剿杀甚众。

嘉靖三十三年，舟山所忽有石如斗，平地滚掷如飞，顷刻而止，所城外东高岭复有石大数十围，跳跃越山而止。

嘉靖三十四年四月，崇邱乡之陈山忽有老人告人云："此山有仙桃，食之可避难。"即檗木上果，折与之，其色红黄，似桃非桃，又类林禽。其实似棉絮，不可食。且无核，仅有一小窍容一小红虫，长半寸许。厥明，人视山之檗木累累皆然。是月倭寇登，自前仓白沙湾直抵陈山，焚劫崇邱殆尽。

嘉靖三十四年十二月二十九日未申时，日光暗，有青黑紫色如日状者与日相荡，俄而数百千万弥天者半，逾时渐向西北散去。明年四月倭寇四起，大掠边徼。

嘉靖三十五年二月，灵绪乡民家小儿方七岁，母令其至外家，道逢老人谓曰："儿往妪家，当杀黑母鸡食汝，汝当遗我鸡肘儿。"至果验，乃笑，妪问其故，具以老人语告。妪怪之，因与鸡肘遗老人，老人迎曰："与我，与我。"手持一梯令儿升望，曰："儿何见？"儿曰："麦熟矣。"且骇曰："何麦田中带血人头若是多也？"老人令儿闭目，须臾再视，儿曰："麦熟矣，何稻田中多人头耶！"老人曰："第下。"言讫忽不见。儿归告其母，闻者怪之。至四月，倭艘自南直隶航海寇慈定界，七月初，倭又数千复登灵绪，攻破慈溪县治。一岁两遭倭变，适当麦稻之期，死者甚众。

嘉靖三十六年，舟山地方获白鹿于山中，形色殊异。时总督军门胡宗宪方提兵兹土，有司以告，宗宪表献之。

嘉靖四十一年六月三日，天日晴丽，忽空中降白物，大小如雪片，晶光映日，以手扑之随灭，自午至申而止，鄞、定皆然。

嘉靖四十一年六月二十四日暮，天西北当翼轸之度忽陨物如升子，体圆而长，上锐下大，其色黄白，下有紫赤光挟持之，炎炎而坠，瞬息大如斗，精光四烛，明彻毫芒。将至地，作踊跃状，光影起伏者再，后人来自淮扬，亦有自闽至者，所见皆同。盖类占书所谓"天狗"，但堕地不闻有声耳。

以上《旧志》

隆庆三年秋，淫雨、飓风大作，海啸潮水涌溢，由女墙灌入城中，居民惶惧。总镇刘显、知县马有骥蹑芒履向水稽额，潮始退。时浙东郡县俱灾，圮庐沉稼，朝议遣官祭告海神，巡抚都御史谷中虚亲至定海县致祭，有御祭碑在候涛山上。

碑文：维隆庆三年十一月初四日

皇帝遣巡抚、都察院佥都御史谷中虚昭告于东海之神曰：迩者水灾异常，殃及黎庶，良轸朕怀，兹特遣官祭告，惟神鉴佑，永福邦民。谨告！（《王令志稿》）

万历十六年，大饥，流离遍野，瘟疫继之，道殣相望。（《雍正府志》）

万历十九年七月十七日，东北风大作，大雨如注，海潮溢入城。（《唐令志稿》）

万历二十四年五月二十五日，定海县镇远门楼被雷火烧焚（内贮军器）。（《续文献通考》）

万历三十九年六月，大水。十月朔，夜半彗星见东南方，长三四丈，其色白，日出渐没，旬余乃止。（《雍正府志》）

万历四十六年秋，有白气见于东方，状如剑，脊长竟天，弥月乃隐。

万历四十八年，虎入清川门，官兵逐之，毙于刘千户家。次日有乱兵之变。

以上《王令志稿》

天启三年十二月二日申时，地震。（《雍正府志》）

崇正元年七月，大风雨，城中水溢，摧毁民居房屋，文庙正殿俱圮。（《王令志稿》）有彗星芒长丈许，每夜半则见。（《雍正府志》）

崇正六年六月，飓风，雨如注旬日，民庐倒坍，外洋防海战船漂没破坏八九，巡兵沉溺不计其数。自元年以来，无岁不遭飓风之灾，是岁尤烈，咸云孽龙为祟。（《王令志稿》）

崇正十一年，地震，有声。（《唐令志稿》）

崇正十二年，有大鱼自定海入鄞江，趐如风帆，水为起立。

崇正十三年，大旱，竞传地出观音粉，饥民取食焉，其实即《禹贡》所谓"白壤"之类，食之者多病腹胀。

崇正十四年十月朔，日食，既昼晦见星，鸟雀尽返于林，移时乃复。

崇正十五年，大旱，饥。十六年，旱饥如故。

以上《雍正府志》

国朝顺治三年，大旱，自四月不雨，至秋七月。是岁五月二十九日太白昼见，七月有星自北而南，不计其数。

顺治八年，日下有星昼见，岁大饥，斗米五百文。七月二十五日有大星陨东南，光烛暗室。（《唐令志稿》）

顺治十一年夏，大旱，河底龟坼。冬寒，江水亦冰。

顺治十五年三月，大雨雹。

顺治十六年，日有大晕，围广亩许。

以上《雍正府志》

二月朔，日将沉，有白气一道化为流星，自南而东坠，长竟天，占为兵。五月，海寇入犯，江南各乡百姓奔窜，罹害甚烈。是年大旱。（《王令志稿》）

顺治十八年，大旱，自五月不雨至秋七月。

康熙元年，大旱。

以上《王令志稿》

康熙三年，彗星夜见。

康熙九年五月十六日，五色彩云见。是冬雨雪，自十二月十三日至二十七日少霁。

康熙十年正月二十八日，雪中震雷闪电。是夏大旱。

以上《唐令志稿》

康熙十一年，江南民家牛生犊歧头。（《王令志稿》）

康熙十八年起数载中，江南虎灾，白昼啮人，几无虚日。（《唐令志稿》）

康熙十九年冬十一月，长星见，自西南横亘东北，形如匹练，自昏至夜半，月余乃没。（《雍正府志》）

康熙二十一年七月二十七日，有星孛西方，长竟天。

康熙二十六年，大旱。（《唐令志稿》）

康熙二十八年，江北西管乡产麒麟。是年春圣祖巡幸杭州，告祈禹陵而还。夏月，余姚产麒、镇海产麒由府申报，佥云仁寿之征，训导许德裕为诗以颂。《浙江通志》作"二十九年"。

康熙二十九年九月，大雨连旬，平地水深五尺，漂没田禾，倾坏民居。

康熙三十年，海潮涌入。

康熙三十二年，旱，岁祲，时闽、台、温米舟前后接至，价始平。

康熙三十三年，大有年。

康熙三十五年，大旱，自去秋不雨，至是年五月始雨，早禾俱萎，晚禾有收。

康熙三十七年，有年，东管乡民房灶年登百岁，县令唐鸿举旌表其门。

康熙四十年七月二十一日午时，忽现五色彩云，光华灿然，或云卿云之瑞。

康熙四十一年二月，初昏时有一黑星在西南方，星下白气直冲数丈至西。

康熙五十四年正月十四夜，地震，人家瓦铜等器无不倾倒作声。

以上《唐令志稿》

康熙六十年三月望后，雨雹，小者如碗，大者如盆。（《浙江通志》）

康熙六十一年正月二十三日，镇海城守营兵丁卢大有妻虞氏一产三男。（《浙江通志》）

雍正元年，旱，禾麦尽槁，民不聊生。有剥取榆皮及采水仙、厥草、鬼绿、红刺等根以为食者，道殣相望，通邑皆然。

雍正二年三月，西管乡一带地方麦茎生虫，头红身黑，状如蚕，十日内麦叶食尽。县令胡隆虔祷于神，虫入后海而灭，麦仍熟。

雍正二年七月十八日，大雨，海水溢，乡民避水者栖于屋脊或大木上，见海上火光闪烁，有龙横身阻潮，皆云是蛟门老龙。巡海使者上其事，建庙于东门外。（《浙江通志》）

雍正四年，南北七乡俱称大有。

雍正五年五月，淋雨弥月，禾尽秀而不实，岁饥，详请赈恤。

雍正六年正月十四夜，有鸟飞蔽天如黑云，声若雷来，自西北向东南去，老农皆云丰年之兆。是年果禾麦丰收。

雍正七年，孔浦民家牛生一犊，遍体鳞纹，色青，黑颔，下有髯，顶皆细鳞，见者以为麟云。是岁大有年。

雍正八年八月二十四日西刻，地动有声，卯刻连震，声自西来，出海而止。

雍正九年，邑内丰稔，石谷银四钱。是岁八月二十四日，陈道才妻应氏一产三男。

雍正十年，杨廷先之妻艾氏年百岁。

雍正十一年十一月朔，辰刻日食，不尽如钩。

乾隆七年八月十七日，飓风涌潮坏塘。

乾隆八年三月初三日，大雪。十一月，彗星见西北方，光芒四五丈。

乾隆十二年七月十四日，海潮大作，东北风冲决城，塘尽圮，民舍亦多漂损。是夜，人见北城上有神灯往来，须臾风转潮退，咸谓广济林王捍御之力云。

乾隆十四年七月二十八日，飓风拔木，庐舍多圮，大成殿毁。八月，乡城杏花盛开。

乾隆十六年，大旱，自闰五月至秋八月乃雨，田禾被灾者十之七，奉旨发帑赈济，减免秋粮。（详《蠲恤》）

乾隆十七年，麦大稔。

蠲恤

　　散财发粟，财产隆焉。汉室之盛，蠲租赐复，泊乎唐宋，或辇金载帛，或乘传开仓，往往史不绝书。盖哲后惠民，如此其至也。我朝厚泽深仁，远轶前古，大者免正输，次亦捐折以百万计，以逮养老恤孤、振之赐穷，诸政溥徧周浃，蔑以加矣！海隅苍生将偕万邦黎献乐盆鼓而歌解阜也。志蠲恤。

【宋】

　　《宋史·高宗本纪》：建炎四年，赈明州被兵民家。绍兴元年，蠲两浙夏税。五年，赈浙东饥民。

　　《宋史·孝宗本纪》：隆兴元年，两浙水旱蝗，悉蠲其租。乾道七年，除明州积欠诸司钱。

【元】

　　《元史·成宗本纪》：大德六年，庆元路饥，以粮赈之。

　　《元史》：泰定元年，庆元路饥，发粟赈之。二年，庆元路诸县饥，赈粮二月。

　　《元史·文宗本纪》：至顺元年，庆元路水，民饥，诏赈之。

【明】

　　《吾学编》：洪武三年，免浙东田租。

　　《明实录》：景泰四年七月，蠲宁波府去年被灾税银。天顺五年六月，免宁波去年被灾田粮。成化十三年正月，以水免宁波十二年秋粮。

　　《史概》：弘治十六年九月，宁波府旱饥，遣都御史王璟巡视赈济。十七年闰五月，免浙江夏税。

　　《明实录》：正德五年，减宁波夏税麦及丝绵有差。七年，以水旱免宁波税银，仍命海潮淹溺地方镇巡等官区画赈济。八年，免宁波府五县秋粮。

　　《续文献通考》：嘉靖元年，蠲浙江旧逋，仍免元年田租之半。

　　《明实录》：嘉靖七年，免宁波府税粮有差。

　　《续文献通考》：隆庆三年，以水灾免定海县存留钱粮。

　　万历二十六年九月，定海县被灾八分，准免钱粮六分。

　　国朝顺治五年，诏地方灾伤一经察勘，即与蠲免，有司官毋得仍行派征及冒免有力之家，致穷民不沾实惠。又百姓拖欠，自元年至三年悉与豁免。又军民七十以上者，许一丁侍养，免其杂派差徭。八十以上，给与绢一疋，绵一斤，米一石，肉十斤。九十以上者倍之。

顺治七年，诏民间拖欠钱粮，前次诏书已免元、二、三年，今再免四年一年。

顺治八年二月，诏各省人丁徭银派征不等，八年一年曾分九则者，上三则免七分之二，中三则免五分之一，下三则免三分之一，不分等者则三钱以上免半，三钱以下全免。

顺治八年八月，诏顺治五年以前民间拖欠钱粮悉与蠲免。

顺治十年，户部复准浙江各属旱灾被灾八、九、十分者，免十分之三；五、六、七分者，免十分之二；四分者，免十分之一。有漕粮，州、县、卫、所准，令改折钱粮，拖欠在民者悉与辖免。

顺治十三年，诏顺治八、九两年地亩人丁本折钱粮，该督抚确察，果系拖欠在民者，具奏蠲免。

顺治十五年，户部覆准浙江宁、绍二府属龙飓霪雨被灾田亩，按分数名本年正额钱粮。

顺治十七年，诏顺治十六年以前直省拖欠钱粮，差廉干满官前往清查，果系拖欠在民，俱与蠲免。

顺治十八年，诏恤军民七十、八十、九十者，如五年例。

康熙三年，诏直省顺治十五年以前拖欠各项银米药材紬绢布疋等项钱粮，概行蠲免。

康熙四年，诏直省顺治十六、十七、十八年各项旧欠钱粮，着照蠲免十五年以前钱粮一体蠲免，其监课积逋催征不得者，着察明亦准酌量蠲免。

康熙八年，诏康熙元、二、三年直隶各省地丁正额钱粮，拖欠在民不能完纳者，该督抚察明奏请蠲免。

康熙十年，诏康熙四、五、六年直隶各省地丁正额钱粮，实系拖欠在民不能完纳者，该督抚察请蠲免。

康熙二十年，诏康熙十七年以前民欠钱粮税银及带征钱粮，该督抚查明，保题到日蠲免。

康熙二十七年，诏浙江康熙二十八年应征地丁各项钱粮，俱着蠲免。诏恤军民七十、八十、九十者如顺治十八年例。

康熙三十四年，诏浙江等省康熙三十三年以前历年积欠及带征未完银米，俱着蠲免。

康熙四十二年，诏军民年七十以上者，许一丁侍养，免其杂派差役；八十以上者，给与绢一疋，绵一斤，米一石，肉十斤；九十以上者，倍之；百岁者，题明给与建坊银两，后永为例。杂派项款永行禁革。

康熙四十三年十月，钦奉上谕：浙江康熙四十四年通省应征地丁银米等项，除漕粮外，俱行蠲免。

康熙四十五年十月，钦奉上谕：浙江康熙四十三年以前未完地丁银二百一十二万二千七百两零、粮十万五千七百石零，按数通行豁免。或旧欠已完在官，现年钱粮未完足者，准其扣抵。

康熙四十六年十一月，钦奉上谕：康熙四十七年江南、浙江通省人丁共额征银六十九万七千七百余两，悉与蠲免。其今年被灾浙江二十州县所应征地亩银九十六万一千五百余两、粮九万六千余石，四十七年亦俱免征，所有带征银米亦暂停征，俟开征时一并输纳。

康熙四十七年十月，钦奉上谕：浙江康熙四十八年除漕粮外，通省地丁银二百五十七万七千两零，全行蠲免，其旧欠带征银米亦暂停征。

康熙四十九年十月初三日，户部奉上谕：明年康熙五十年，除漕项钱粮外，浙江应征地亩人丁银两俱察明蠲免，并历年旧欠亦俱免征。

康熙五十二年，诏恤军民年老者如四十二年例。

康熙五十六年十一月，户部奉上谕：浙江等省分年带征地丁屯卫银两，概免征收。

康熙六十一年十一月，诏各省民欠钱粮，着该部查明具奏，其年久应免者，候旨豁免。诏恤军民七十、八十、九十者如康熙五十二年例。

雍正元年，诏直隶各省妇女年七十以上者给与布一疋，米五斗；八十以上者给与绢一疋，米一石；九十以上者倍之；百岁者题明给与建坊银两。

雍正元年十一月，户部覆准浙江富阳等二十九州县被灾田亩免银八万六千九百五十七两一钱；十一月，覆准仁和等二十九州县被灾田亩免银五万七千五百九十八两三钱零，至本年应征钱粮俟雍正二年麦熟催征，被灾黎民照例按口煮赈。

雍正二年八月二十四日，户部奉上谕：浙江七月十八、十九等日海潮冲决堤岸被灾小民，着即动仓库钱粮速行赈济，应免钱粮田亩察明蠲免。

雍正二年九月，钦奉上谕：浙江沿海被灾小民艰食，着湖广买米十万石、江西买米六万石送浙江巡抚平粜。

雍正三年五月，户部奉上谕：海潮冲溢沿海场灶淹没之处，将雍正元年二月未完场课银两悉行蠲免。

雍正六年，户部奉上谕：蠲免之例加增分数，其被灾十分者，着免七分；九分者，着免六分；八分者，着免四分；七分者，着免二分；六分者，着免一分，通行各省。

雍正七年二月，钦奉上谕：本年额征地丁屯饷钱粮蠲免十分之二，共银六十万两。

雍正八年十二月，钦奉上谕：凡遇外来被灾就食之穷民，即动支常平仓谷，大口给米一升，小口五合，核实赈恤。再动用存公银两赏为路费，咨送回籍，并行知会原籍地方官收留照看，所用银谷着督抚查明报销，嗣后以此为例。

雍正十三年九月，诏各省民欠钱粮系十年以上者，着该部查明具奏，候旨豁免。诏恤军民七十、八十、九十者，如康熙六十一年十一月例。

雍正十三年九月，钦奉上谕：各省民欠钱粮十年以上者，已于恩诏内概予豁免，其雍正十二年以前各省钱粮，实欠在民者，一并宽免。

雍正十三年十一月，诏直隶各省妇女年七十以上者，给与布一疋、米五斗，八十以上者绢一疋、米一石，九十以上者倍之，百岁者题明给与建坊银两。

乾隆元年七月，奉上谕：嗣后各省州县凡遇勘灾，一切饭食盘费及造册纸张各费，俱酌量动用存公银两，毋许丝毫派扰地方。若州县官不能密察严禁，以致奸胥里保仍蹈前辙舞弊蠹民者，着督抚立即题参，从重议处。

乾隆三年四月，奉上谕：各省地方遇有水旱，着将被灾五分之处亦准报灾，地方官查勘明确，蠲免钱粮十分之一，永著为例。

乾隆十年，特沛恩纶，尽蠲各省正供，一岁分作三年全免一周。浙江钱粮准丁卯年蠲免。

乾隆十一年正月初四日，内阁奉上谕：着将蠲赋上应征耗羡，一并至开征之年按款完纳。

乾隆十五年正月初二日，奉上谕：各省耗羡非正供可比，其未完之项，虽应一体催征，但输将不无拮据。朕巡幸所至，地方应酌量加恩以舒民力。明岁即当南幸，江浙所有耗羡未完银两全行豁免。

乾隆十五年八月，奉恩诏：军民妇人，八十以上者，给与绢一疋，米一石；

九十以上者倍之；百岁者，给与建坊银两。

乾隆十六年正月，奉上谕：蠲免浙省乾隆十六年地丁银三十万两，镇海减免三千二百六十四两六钱四分七厘八毫零。

十六年七月，户部覆准浙省鄞、镇等五十七州县秋禾被旱贫户，田亩分别轻重折给籽谷，仍计口抚恤一月口粮，又分别加赈一二三四月口粮银米有差，其应纳钱粮计灾蠲缓如例。又奉上谕截留本省漕米五十万石，又截留江苏漕米三十万石，协拨湖广米二十万石，江西米十五万石，均运浙以资赈粜。

十六年八月，奉上谕：浙东今年亢旱，非寻常偏灾可比，着加恩每米一石折银二两，每谷一石折银一两二钱，此项该省凡有应行折赈之处，俱照此给发。

十六年十一月，奉恩诏：军民七十以上者，许一丁侍养，免其杂派差徭；八十以上，给与绢一疋，棉一斤，米一石，肉十斤；九十以上者，倍之；至百岁者，给与建坊银两。

十七年二月，奉上谕：浙省上年被灾各属，无分极次贫户，均展赈一月口粮。

附

养济院

在小西门外，旧建年月不可考，基地五亩一分五厘（东三十二号，西二十八号，南四十一号，北四十一号五分，外有直入院院行路阔一号，长三十二号。北至义冢，东至盈字十五号滩，西系调字四百四十六号地，南系庙字四百三十七、三十八、三十九、四十号地）。向建正厅三间，祀土地三元等神，两廊盖造住房各十余间，外设头门，缭以周垣，年久颓圮。雍正八年，奉文请修养济院之颓废者，邑令张珽、赵应召前后估计请建。十二年，令李宝默重建五架平屋一十四间。乾隆六年，令杨玉生添造东西轩屋四间。十四年七月，陡被风潮，院宇全圮，邑令王梦弼相度旧制易遭风水，议将基址填高，并改院房厢护式样，筑埂栽树，编棘代垣，以固苞桑。且念五架湫隘寒暑侵逼，估建七架房屋一十八间，计银二百三十两有奇。请款需时，奉檄先垫俸资构造正房朝南一十一间，东西绕护八间，内捐建中堂一间以为官司临院查点散粮之所，外设头门区分男女院落，较旧拓大。典史张圣言殚力督理，阅两月竣工，穷民始称得所。

《武林纪事》：宋崇宁元年，诏诸路置安济坊。绍兴间，置养济院。明洪武五年，诏天下郡县立孤老院，凡孤独残疾、不能生理者，许入院，官为依例赡养，每口月支米三斗，柴三十斤，冬夏布一疋，小口给三分之二。后又改名养济院。

国朝顺治五年十一月，恩诏内开各处养济院，收养鳏寡孤独及残疾无告之人，有司留心举行，月粮依时发给，无致失所。

顺治八年，恩诏各省、府、州、卫、所，旧有养济院皆有额设米粮，该道府官从实稽察，俾沾实惠。

康熙六年十一月，恩诏内开养济院如顺治五年例。

康熙八年十一月，恩诏罚赎谷原以备赈冬月严寒鳏寡孤独无以为生者，着直隶各省督抚责令有司官将积谷醒赈济。

康熙二十七年十月，恩诏内开养济院如康熙六年例。

康熙四十二年三月，恩诏内开养济院如康熙二十七年例。

康熙四十七年九月，恩诏内开养济院如康熙四十二年例。

康熙五十二年三月，恩诏内开养济院如康熙四十七年例。

雍正元年，恩诏内开养济院如康熙五十二年例。

雍正六年，户部奏准：嗣后支放孤贫银米，如遇应行散给之期，正印官或因地方公务不能亲身散给，即遴委诚实之左贰官亲诣给发，仍不得令胥役、丐头经手以滋侵渔中饱等弊。如给散官员或私行扣尅，或任胥役、丐头侵蚀中饱，查明参究。至养济院系穷民栖身之所，若果年久颓废应行盖修者，该地方官即将应需工料银两据实估报，在于司库内公用银两酌量发给，仍将用过银两造册报销，毋许私行科派致累小民。自修盖之后，地方官不时委勘，倘有渗漏，即行粘补。如有漫不经心，任其颓圮者，即着赔修。

雍正九年，刑部奏准：嗣后流犯果有年逾六十、老病龙钟、不能经营生计、耕作、佣工，应照孤贫一例，准拨入养济院给以口粮。

雍正十二年九月，户部议准：直省查明正实孤贫，均令住居院内，每名给印烙年貌腰牌一面。该州县按季报院，验明腰牌逐名散给，如至期州县有公务无暇，遴委诚实左贰代散，加结申报，上司严加查察，毋许仍有冒滥。倘不实力奉行，以及扣尅冒滥情弊，即行查参，照例议处。

雍正十三年十一月，恩诏内开养济院如雍正元年例。

乾隆二年三月，奉上谕：嗣后孤贫口粮，皆计日给发，小建可扣，闰月应加，务使均沾实惠。

乾隆九年五月，户部奏准：嗣后各省流寓孤贫，如系附近邻邑，照例移送原籍收养，其有隔省遥远及本省至千里外者，准其一体收养，支公项银两，年底一并造册报销。如有冒滥侵渔，查出参究。

乾隆三年三月，户部议覆署西安按察使魏定国条奏：直省各州县实在孤贫，除验补足额外，其浮额者另为一册，动公项给散。俟有缺出，按名顶补。

本年，宫傅阁部堂秬曾筠题明：浙省浮额孤贫，自乾隆三年秋季为始，每名岁给口粮银一两八钱，于该年耗羡银内坐支，开列报销。

乾隆十五年八月，恩诏内开养济院如雍正十三年十一月例。乾隆十六年后，奉部核定额外孤贫于耗羡内给银一千八百两，作一千九十八名分算，每年每名支银一两六钱三分九厘三毫四丝四忽。

正额孤贫六十七名，每年额设柴布口粮银二百九两五钱三分五厘四毫五丝五忽，加增口粮银七十六两三分三厘九毫八丝八忽，共实银二百八十一两四钱。

额外孤贫五名，每年口粮银一六钱三分九厘三毫四丝四忽。

育婴堂

设立府城佑圣观，凡远近遗弃小儿，俱令乳妇收养，仅有田七十余亩，所有口粮以人众不敷。乾隆五年，佑圣观住持吴乾阳具呈，各宪批府查详。郡守色超檄县杨玉生与鄞、慈各邑会议，每月各捐膳米二石，转详报可，勒石永遵。乾隆十二年，郡守杜甲又以不支，札谕各县加捐一半，镇海应解米三十六石，岁如额。

漏泽园

距城西六里，在沙头村。明万历三十一年建。东至漏泽园碑为界，西至石址为界，南至奉院道明文所立碑为界，北至涂田为界，计官地一十八亩二分。《嘉泰志》：宋熙宁三年，有诏收葬枯骨，凡寺观旅榇二十年无亲属收瘗，及死人之不知姓名乞丐，或遗骸暴露者，令州县命僧主之，择高厚不毛之土收瘗，名漏泽园。周以墙栅，庇以土地，所宜易生之木，人给地八尺，方砖二，刻元寄之所知日月、乡里、姓名者，并刻之；暴露者官给槥，葬日给冥镪及祭奠酒食，墓上立峰。有子孙亲属而愿葬园中者，许之，给地九尺。已葬而愿迁他所者亦听。顾炎武《日知录》：漏泽之设，起于蔡京，不可以其人而废其法。

《明史·礼志》：洪武五年，谕礼部曰：近世死者或以火焚，其禁止之，若贫无地者，所在官司择宽闲地为义冢，俾之葬埋。

国朝雍正十三年十月二十四日，钦奉上谕：嗣后如远乡贫人不能扶枢回里、不得已携骨归葬者，姑所不禁外，其余一概不许火化，倘有犯者，按律治罪。族长及佐领等隐匿不报，一并处分。又闻汉人多惑于勘舆之说，购求风水以至累年停枢，渐至子孙贫乏数世不得举葬，愚悖之风至此为极，嗣后守土之官必多方劝导，俾得按期葬埋，以妥幽灵，以尽子职。

乾隆二年三月，奉恩诏：内开穷民无力营葬并无亲族收瘗者，该地方官择其高阜隙地、无妨耕作者，多设义冢，随时掩埋，毋使抛露。

各乡义冢

一东管乡义冢　量计二十七亩七分。

一沙头亭子西义冢　量计一亩一分。邑令周家齐建。

一招宝山下义冢　约计五亩。其地系官山山脚下，置有石塔两座。

一大西门外义冢　量计一亩二分。

一西管乡义冢　量计三厘三毫三丝三忽。

一西管四都二图义冢　在孔浦硬旁。量计一分一百六毫。

一灵绪四都三图义冢　在大榭将军庙侧，计方圆一亩有奇。

一崇邱一都二图义冢　在大岭山左。果字三千三十七号，山一亩五分，东二十弓至谢家山为界，西二十一弓至山顶界石为界，南二十弓至山顶路为界，北一十九弓至山脚岭路为界。

一崇邱一都四图义冢　约计五分。

一崇邱三都三图义冢　在蚶岙庙东梯子岭下，计三分。

一崇邱三都四图后海山义冢　约计三十亩。

一崇邱四都一图义冢　在练盆山麓。万历甲辰年建，量计三分九厘，土名"肚胆"。山脚东十二弓二分，南十五弓五分，西一弓二分，北十四弓，四至埋石为界。

一崇邱四都二图义冢　量计二亩一分七厘。

一崇邱四都二图义冢墓衖　约计五分。

一崇邱乡倒骑山义冢　量计五分六毫六丝六忽。

一崇邱乡小峙山义冢　约计五分。

一灵岩乡泻水坑义冢　量计六分六厘六毫六丝六忽。

一灵岩一都一图义冢　在灵鹫山前。又埋众棺地一块在山柱湾。

一灵岩二都二图义冢　在乌金碶旁，约五分零。

一灵岩二都三图义冢　在演法堂呑旁。

一泰邱二都四图义冢　在盘呑溪桥旁，计二分一厘。

一薛家园北义冢　名古冢墩，计二分五厘。

一里奠石义冢　量计三分。

一泰海山义冢　约计五分。

一海晏乡义冢　约计五分。

一海晏二都一图义冢　量计二分。

一海晏三都一图义冢　在龙爪岭，量计五分。

镇邑穷民多于山麓水涯浮厝棺柩，间覆泥土，日久枯骸频见暴露，乾隆十二年潮溢漂出尤多。邑令王梦弼捐资概为收瘗，仍于每年清明、十月两次各乡遍行查埋，岁以为例，并广劝义民多添义冢。十五年二月，安徽歙人郑宏泽以捐资买山舍作义冢（即崇邱一都二图大岭山左地），请县金遣地保公同收埋无主棺骸共六百二十口（旧棺腐烂者另易以木匣瘗埋），分作九冢，各编字号，冢前竖立"永安"墓碑，并立界石，刊刻四至，许嗣后无主之棺随时埋葬。功成给匾优奖，申报立案。

广仁塔　镇隅二图，县东北三里。康熙十六年，左都督牟大寅建。置田十亩，坐落东管乡二都二图白龙洋，地方昃字二百五十三号，田三亩七分，土名"百丈漕"；昃字二百五十四号，田二亩八分，土名"漕头田"；昃字二百五十七号，田三亩五分，土名"长爿田"。命僧照蕴收息为瘗葬费。

邑人谢兆昌记：吾定带江负海，而候涛兀峙其间，锐师徒乘障列守，严若天堑，虽楼船数千不能飞渡也，故形势实为东浙冠。其山脊横江斗发，巨石磷磷出海中，金鸡、虎蹲俯伏其下，习形家言者争尚之。又其地不隶税籍，邑之贫而无以营葬者视为蒿里。数百年来，风雨之所淋漓，狐兔之所窟穴，以及樵苏壁垒，蹂躏几遍，而遗骸积于邱陵矣。

岁丁巳，都督楚中牟公讳大寅号洪开较阅山上，恻然悯之，因捐资鸠工，筑浮图于东山之麓，命僧人照蕴董其役。凡无主而暴弃者悉归藏焉。又复置田十亩，使僧人世守以为扫塔掩骼之资，可垂永久。同里学使者虞公额其塔曰"广仁"，甚盛举也。

余闻公之初镇鄞也，属邻疆警至，公所身经数十战，未尝挫衄，竟以敌忾功第一开府。吾定自公来此，而海波为之不扬，公遂专意抚循吾民。不逾年，兵安于伍，农安于郊，商贾安于市，昔之神武若一无所试，而又推其余恩以及数百年已枯之骨，岂曰施德冥冥而已哉！夫仁者必有勇，公向之摧锋陷阵，非不足于仁也，今之噢咻及物，非不足于勇也，然而施之各异者，安危殊势而仁心为质则一也。

今兹边境比安，而蛟龙濡沫之区观望旦夕者，往往多有脱一日梯航而来归，遥望兹山之麓浮图屹如，曰："此大将军所谓生死而肉骨者也。"夫将军不忍于死者，其又肯忍于生者耶？若辈不生受其恩，于为兵、为农、为商贾之日，而甘暴露于盈城盈野，以动将军异时之叹息耶！吾知必涕泣归命恐后，无疑也。

请记之，以志公仁，且将与兹山同不朽也。

乾隆十六年三月，邑令王梦弼饬东岳宫僧含辉云：候涛山麓建有广仁塔，起自前都督牟公，见遗骸邱积，遂筑浮图为收埋之所，并置田十亩，使僧人照蕴世守以为永远掩骼之资，泽及枯骨，甚义举也。碑记炳炳，通邑咸知，乃事经七十余载竟有冒产滋衅，而司事僧亦徒知收租自肥，并不收埋暴骨。独不思牟公当日付托之意，原以佛门四大皆空，僧家慈悲为本，今现在之善果不修，平日之苦行安在？嗣后经收塔田租息，每年当派一僧，将沿山塘岸各处暴露无主骸骨不时检收，每月开数，呈候委验掩埋，年终出具甘结呈核。倘更侵蚀田租，虚应故事，仍听遗骸暴露，将住僧责逐，田另行给管。

万缘塔 镇隅二图，县西北二里平水闸桥之南侧义冢地内。乾隆丁卯秋，邑人孔尚德捐资延瑞岩寺僧宗辉建。乾隆十六年三月，回龙庵僧正显检收枯骨四罐，禀县入塔，令王梦弼又饬僧会司派徒于沿山塘岸城脚各处逐日查检，汇聚一处，禀候验明入土，按季结报。

普同塔 西管五都，在永宁寺西园。寺僧自明于康熙十年间，悯死无以葬者，建普同塔收瘗焉。又构屋三间为斋祭所，置调闰二号田一十三亩为嗣后扫塔掩埋费。田亩载邑生刘上庸寺产碑记中。

陈山塔 崇邱二都。雍正年邑人张学伊建。塔分男女，塔外隙地为义冢。

龙山塔 崇邱二都。雍正二年秋飓风大作，海潮骤溢，尸棺浮露者不可胜计，邑人胡应仁等捐资建塔以瘗之。

卷　五

职官 名宦 选举

知镇海县事商邱王梦弼　纂修

儒学教谕姚江邵向荣　订正

职官

建官以为民也，守令承流宣化，与民最亲，而汉令边吏三年一更以均劳逸，则冲城岩邑，司牧更难。镇固濒海要区，设官惟备视厥职，以集乃事，阜安、强教之责均焉。而和衷率属，则主治者受要会也。善最差等，必要能辨之者，书爵书氏以备循名核实之助云。志职官。

县令

汉制：县万户以上设令，秩千石至六百石减；万户设长，秩五百石至三百石。唐时县有赤、畿、望、紧、上、中、下之差，并各置令一人。镇邑自唐以前或附句章，或附鄮，无专属令。志县令自宋始，下并从此例。

【宋】

县置令一人。建隆三年始以朝臣为县令，曰知某县事。天圣间诏为举法，以重令选。乾道间，非两任县令不除监察御史。

【太平兴国】

董文质　四年。以簿兼令尉。　　姚中和　五年。以簿兼令尉。

【雍熙】

李齐　八年。以簿兼令。

【端拱】

梁雄　守县令，元年任。　　张文元　太子左赞善。元年任。

【淳化】

尹文化　将作监丞。元年任。　　张巽　大会丞改太子洗马。四年任。

【至道】

冯琏　将作监丞。元年任。

【咸平】

王穆　大理寺丞。二年任。　　王曙　著作佐郎。四年任。

【景德】

刘谨　大理评事。元年任。　　杨嶂　光禄寺丞。四年任。

【大中祥符】

王皋　殿中丞。二年任。　　阮昌龄　殿中丞。三年任。

吕仲琦　大理寺丞。五年任。　　李杭　著作佐郎。六年任。

李宋卿　太常太祝。八年任。　　桑衍　著作佐郎。九年任。

【天禧】

杨文友　大理评事。元年任。　　张士宗　卫尉寺丞。三年任。

【乾兴】

栾沂　大理寺丞。元年任。

【天圣】

张华　著作佐郎。二年任。　　吴昭允　大理寺丞。四年任。

王淳　大理寺丞。七年任。　　乔文睿　太子洗马。九年任。

【明道】

王正民　卫尉寺丞。二年任。

【景祐】

成元吉　国子博士。二年任。　　刘伸　卫尉寺丞。四年任。

【康定】

赵拯　殿中丞。元年任。

【庆历】

徐沆　大理寺丞。三年任。　　马元康　秘书丞。五年任。

袁穆　太常博士。七年任。

【皇祐】

马用　太常博士。元年任。　　姚程　大理寺丞。三年任。

章隐之　太常太祝。四年任。

【至和】

郑洙　殿中丞。二年任。

【嘉祐】

李孝杰　大理寺丞。　　谭昉　大理寺丞。四年任。

郑谔　殿中丞。六年任。

【治平】

富随　光禄寺丞。元年任。　　李茂立　部员外郎。四年任。

【熙宁】

李公绰　大理寺丞。四年任。　　陈堤　秘书丞。七年任。

崔稹　太子中舍。八年任。

【元丰】

裴士谔　比部员外郎。元年任。　　朱敏功　宣德郎。四年任。

练定　宣德郎。七年任。

【元祐】

周珹　奉议郎。元年任。　　钱洵直　右宣义郎。三年任。

盖士宣　右宣德郎。七年任。　　赵士香　右朝请郎。八年任。

【绍圣】

张辅之　通直郎。　　王嵲　奉议郎。三年任。

【崇宁】

徐裡　宣德郎。元年任。　　尤绚　通直郎。四年任。

【大观】

张逸　朝奉郎。三年任。

【政和】

陈抃　承议郎。二年任。　　叶安节　朝读郎。三年任。

严珪　《旧志》遗，照《唐令志稿》补入。

王大亮　宣教郎。七年任。

【宣和】

林正　奉议郎。四年任。　　江少虞　宣教郎。五年任。

【建炎】

张滩　奉议郎。二年任。　　盖大渊　右承议郎。四年任。

谢宇　没于官，葬北乡。

【绍兴】

诸葛行敏　左奉议郎。二年任。　　郑僖　右朝奉郎。四年任。

章汝翼　宣教郎。五年任。　　苏德秀　宣教郎。八年任。

叶珏　宣教郎。十一年任。　　毛亶　宣教郎。十三年任。

吕晋夫　奉议郎。十七年任。　　赵沔　右通直郎。

郭镇　承议郎。二十三年任。　　林椿　承事郎。二十六年任。

吕柔中　通直郎。二十九年任。　　葛世显　通直郎。

【乾道】

潘旦　从政郎。元年任。　　胡杰　通直郎。四年任。

沈時　宣教郎。六年任。　　唐铨　通直郎。九年任。

【淳熙】

刘嗣忠　宣教郎。二年任。　　陈公亮　宣教郎。三年任。

杨克忠　宣教郎。五年任。　　苏光庭　宣教郎。八年任。

钱孜　通直郎。九年任。　　曾梁　通直郎。十三年任。

唐叔翰　通直郎。十四年任。有传。　　赵鈗夫　宣教郎。十六年任。

【绍熙】

陈造　宣德郎。二年任。有传。　　韩永德　宣教郎。五年任。

【庆元】

秦泽　宣教郎。三年任。　　徐杲　奉议郎。有传。

王百揆　朝奉郎。六年任。

【嘉泰】

商逸卿　宣教郎。三年任。

【开禧】

赵奇夫　通直郎。二年任。

【嘉定】

崔端学　通直郎。元年任。　　蒋纶　一作绘。通直郎。五年任。

钱邦宪　宣教郎。八年任。　　赵秘夫　宣教郎。十一年任。

施廷臣　宣教郎。十四年任。有传。　　赵汝　通直郎。十七年任。

【宝庆】

陈缵　通直郎。三年任。

【绍定】

卢万　有传。

【淳祐】

刘仲襄　《旧志》遗，照《唐令志稿》补入。

范世昌　文正公之孙。

【咸淳】

郑从龙

【元】

上县。达鲁花赤一员，县尹一员。

【至元】

张琏　牙忽　马合沙剌

【大德】

桑歌膪敕赤　担古伯

【至大】

阿的迷实

【皇庆】

买住

【延祐】

亦速失　五年任。

【至治】

忻都　二年任。

【泰定】

阿察赤　二年任。

【天历】

帖马　元年任。

【元统】

帖木儿不花　元年任。

【至元】

僧吉观　四年任。

【至正】

马哥　元年任。　马元德　或云即马哥字。

已上达鲁花赤。

【至元】

杨荣　高珪　朱叔麒　李辉

【大德】

田允　孙别怯木儿　成德

【至大】

吴锐

【延祐】

李憼

【至治】

赵孝祖 六年任。

【泰定】

曹敏中

【天历】

陈天锡 三年任。

【至顺】

韩继温 二年任。

【元统】

王煦 二年任。

【至元】

张辅 三年任。　　　李师德 五年任。

【至正】

李思敬 二年任。　　　吉雅谟丁 有传。

汪汝懋 有传。

已上县尹。

【明】

知县一员。

【洪武】

杜彬 元年任。　　　何公肃 河南人。十年任。有传。

陈震 二十年任。　　　袁尚敬 二十四年任。

陆本 长洲人。人才。三十一年任。有传。

【永乐】

张潼 十五年任。

【正统】

卢盛 人才。二年任。　　　舒谟 举人。五年任。

戴锺 十一年任。　　　彭璟 丰城人。十四年任。

【景泰】

程佃 湖广人。二年任。

【天顺】

戴恩 举人。元年任。　　贺懋 临清人。举人。六年任。有传。

【成化】

张㖞 一作哰。举人。七年任。　　宋宣 侯官人。进士。十一年任。有传。

郭文旭 进士。十九年任。

【宏治】

尹起莘 举人。元年任。

任顺 举人。三年任。兴学校，察民隐。

李廷仪 字鸣凤。闽县人。五年任。有传。

张汝栗 昆山人。举人。十二年任。明断有为。

钱如京 字公溥。桐城人。十七年任。有传。

【正德】

陈轼 字子敬。湖广人。进士。元年任。有传。

陈衮 新城人。举人。四年任。操守廉介，增置义冢。

章蕃度 临川人。举人。六年任。镇俗以静，与民不扰。

梁荣 郧阳人。监生。九年任。

刘俶 字以初。太仓人。举人。十二年任。

郑余庆 字崇善。闽县人。举人。十五年任。有传。

【嘉靖】

周懋 常熟人。进士。七年任。有传。

王文光 字原孚。上元人。举人。八年任。明敏清修，均定田赋，惠利无疆。

陈英 龙溪人。举人。十二年任。

王文贡 澧州人。举人。十四年任。

周鲁 监利人。举人。十七年任。

李銮 太仓人。举人。二十二年任。

金九成 武进人。进士。二十四年任。有传。

张绘 高邮人。举人。二十九年任。

吴文亨 江阴人。举人。三十四年任。

宋继祖 字汝孝。汉州人。进士。三十五年任。有传。

陈正道 字封之。马平人。举人。三十七年任。

何愈 富川人。举人。四十年任。有传。

魏尚大 南昌人。举人。四十四年任。

【隆庆】

马友骓 应天人。举人。三年任。　　朱澈 太和人。六年任。

【万历】

陈朝定 闽县人。举人。元年任。

赵思基 粤人。举人。五年任。有传。

吕明伦 山东人。举人。九年任。

邓文炳 江南人。进士。十年任。

王嘉宾 安东人。进士。十二年任。有传。

时偕行 嘉定人。进士。十四年任。有传。

汪应泰 临清人。进士。十七年任。有传。

丁鸿阳 丹阳人。进士。二十一年任。有传。

朱一鹗 漳浦人。进士。二十七年任。

樊王家 潜江人。进士。三十三年任。

黎民表 南昌人。举人。三十七年任。有传。

王本祥 广东人。举人。四十二年任。

万年纪 江西人。举人。四十五年任。

顾宗孟 长洲人。进士。四十七年任。有传。

【天启】

许成章 长洲人。进士。四年任。　　魏言讱 福建人。举人。七年任。

【崇正】

龚彝 保山人。进士。三年任。有传。　　张琦 无锡人。进士。八年任。

杨芳蚤 四川人。进士。十一年任。　　郭启宸 海澄人。进士。十四年任。

朱懋华 南陵人。进士。十六年任。

【国朝】

知县一员。

【顺治】

李维屏 安阳人。举人。三年任。　　**郑元成** 临清人。选贡。五年任。有传。

朱承命 天津人。进士。十二年任。

乔钵 四年任。《府志》遗，今按碑记补入。

【康熙】

王元士 麻城人。进士。六年任。有传。

聂士贞 监利人。进士。十二年任。

侯宜人 解州人。监生。十五年任。

郝良桐 宁夏人。拔贡。二十一年任。

周家齐 钟祥人。监生。二十五年任。有传。

周如濂 丹徒人。举人。二十七年任。

黄宫柱 南平人。进士。二十九年任。有传。

唐鸿举 歙县人。进士。三十四年任。有传。

戴铭 直隶人。例监。四十四年任。

张超彦 皖江人。举人。四十九年任。

陆敬德 武进人。贡人。五十二年任。

田长文 高平人。进士。五十五年任。有传。

【雍正】

张珽 磁州人。贡生。八年任。　　**赵应召** 奉天人。拔贡。八年署任。有传。

李宝默 德州人。监生。十年任。　　**陈秉钧** 扬州人。监生。十二年任。

【乾隆】

王钧 高阳人。进士。二年任。　　**杨玉生** 三原人。吏员。三年任。

王梦弼 商邱人。拔贡。十一年任。

丞簿

汉制县丞一人，署文书，唐置主簿，宋元间丞簿分并不常，《旧志》俱并列，至明始分，今仍之。

【宋】

开宝间县四百户以上令知簿事。咸平四年后诸县各增置主簿。崇宁二年县并置丞一员。嘉定后小邑不置丞，以簿兼。

【太平兴国】

董文质 簿兼令尉。　　姚中和 簿兼令尉。

【雍熙】

李齐 簿兼令。

【嘉祐】

秦少游 浙东帅程阘辟为簿，未至改官。

【靖康】

徐遹成 以丞权县事。

【淳熙】

林鼐 黄岩人。有传。《旧志》遗。

【庆元】

陈广孙

【嘉定】

赵崇贺 定丞，尝摄昌国事。　　戴栩 永嘉人。摄事。

【淳祐】

陈应中 定丞。能文。

【元】

上县丞簿各一员，中县下县不置丞。

【至元】

田滋　张幹　时亨　傅珪

【元贞】

察乃马歹

【大德】

盛德昭　杨泰　谢大桐　程岘

【至大】

杨居义

【皇庆】

黑歹不花

【至治】

薛炳

【泰定】

庞思恭

【天历】

蒋拱 《至正志》作蔡拱。

【至顺】

别不花

【正统】

陈八刺歹

【至元】

完者都 任元帅。

【至正】

怯烈　　袁宗富

季辅 《旧志》载丞，附此。　　许原 有传。

【明】

县丞、主簿各一员。

【洪武】

许伯原 五年任。有传。《雍正府志》作令，名许伯元。

【正统】

李恭 元年任。　　刘胜 五年任。

林贡 八年任。　　傅元成 十一年任。

【成化】

王愉 元年任。　　　　　　　　　　邹隆 监生。六年任。

黄珍 临潼人。监生。十三年任。　　邹本英 监生。二十年任。

【宏治】

张韬 新城人。监生。五年任。　　　　尹铠 徐州人。监生。十二年任。

【正德】

向哲 溆浦人。监生。元年任。畏慎著绩。　　孟㬊 徐州人。监生。九年任。

刘伯川 临潼人。监生。十年任。　　　　　　胡良 新昌人。吏员。十五年任。

【嘉靖】

文林 东莞人。吏员。二年任。　　　　吴镛 长泰人。监生。十一年任。

邹幹　新淦人。监生。十四年任。　　　曹希鲁　永城人。贡生。十七年任。

孙溥　云都人。监生。二十年任。　　　毛山　嘉定人。监生。二十六年任。

徐廷祥　东乡人。吏员。三十二年任。　林曦　福清人。吏员。三十七年任。

万子复　安福人。监生。四十一年任。

【隆庆】

朱光　京山人。岁贡。元年任。

【万历】

唐耀　武进人。吏员。元年任。　　　　欧阳旻　江西人。八年任。

月世光　广西人。选贡。二十五年任。

蒋世荣

陈懋龄　三十六年任。有传。　　　　　汪应仕　微州人。四十二年任。

【天启】

万懿　　　李三芳　苏州人。贡士。六年任。

【崇正】

王智　金坛人。元年任。　　　　　　　滕汴　广东人。三年任。

簷梦熊　玉山人。选贡。　　　　　　　梅侯祚　宣城人。十一年任。

马际可　广东人。十五年任。　　　　　赵廷辅　北直人。十六年任。

　　已上县丞。

【正统】

朱泽　元年任。　　张理　三年任。

【成化】

戴诚　吏员。七年任。　　吴泰　河南人。监生。十五年任。

马骧　山西人。监生。二十年任。

【宏治】

张子才　四川人。吏员。元年任。　　　聂新　四川人。监生。八年任。

贾统　解州人。监生。十二年任。　　　管珍　山东人。监生。十六年任。

【正德】

王寿　玉山人。吏员。元年任。　　　　冯书　河南人。吏员。七年任。

吴恭　道州人。吏员。十二年任。

【嘉靖】

吕溥　都昌人。吏员。七年任。　　邓奎　宛平人。监生。十二年任。

张胜　宛州人。吏员十四年任。　　范淮　长垣人。贡生。二十二年任。

吴扬　长葛人。吏员。二十四年任。

何楠　扬州人。监生。二十六年任。佐理有方，操持无失。

李良模　太湖人。选贡。三十年任。　　魏则　桐城人。吏员。三十四年任。

张卞符　莆田人。吏员。三十九年任。　　孙禗　合淝人。例贡。四十四年任。

【隆庆】

崔鹏　夏邑人。监生。三年任。　　陶序　清河人。监生。

【万历】

谈继先　上海人。三年任。　　于集　江西人。十四年任。

柯垣　二十一年任。　　柯旺　三十年任。

【天启】

汪金陵　徽州人。吏员。　　金长庚　三年任。

朱德孚　云南人。贡生。四年任。有传。　　徐文炯　泾县人。七年任。

【崇正】

王存仁　南直人。监生。元年任。　　刘一魁　湖广人。三年任。

张文尉　顺天人。十年任。　　胡永祥　北京人。十二年任。

杨鸿远　山西人。十五年任。

已上主簿。

【国朝】

县丞一员，主簿裁。

【顺治】

艾如仁　福建人。岁贡。三年任。　　黄启明　宛平人。五年任。

王奠鼎　济南人。七年任。

冯犹龙　湖广人。选贡。十二年任。有传。

【康熙】

陈周　山西人。六年任。　　刘晋　江西人。岁贡。七年任。

南之杰　蕲水人。岁贡。十一年任。

阎达禺　辽东镶黄旗人。监生。十三年任。

华芳 丹徒人。监生。十九年任。　　卢永宁 河南人。监生。二十五年任。

郭九鼎 富平人。监生。三十一年任。　　荆德瑗 丹阳人。监生。三十四年任。

佟国英 宁远人。监生。三十七年任。　　杨吉祥 大兴人。监生。五十三年任。

陈廷瑞 济南人。贡生。四十九年任。

王维纪 正黄旗人。监生。五十三年任。

【雍正】

杨沛 镶黄旗人。保举。六年任。　　杨国幹 建德人。禀生保奉。七年任。

【乾隆】

谭世选 印江人。拔贡。三年任。　　荣理 太平人。监生。四年任。

益士杰 华亭人。监生。十三年任。

县尉

汉制尉知盗贼，大县二，小县一，隋改为正，唐复名尉。镇邑尉元以前《旧志》皆阙，按欧阳忠公《许元墓志》，元字子春，宣城人，调明州定海县尉，迁镇东军节度推官，余无考。

【元】

县各置尉一员，别有典史二员。

【至元】

阿杂丁　成奎　刘璟　胡安答儿

【元贞】

严邦直

【大德】

郝仲　韩时大　嵇晋臣

【至大】

郭世显

【皇庆】

刘津

【至治】

马有

【泰定】

胡汉卿

【天历】

田按摊不花

【至顺】

张可宗

【至元】

勉古不花

【至正】

魏聪　陈公迪

【明】

定尉为典史，县各一员。

【正统】

陈绍裘　二年任。　　　　　　　梁杞　十一年任。

【成化】

陈信　六年任。　　　　　　　　刘钊　七年任。

张衍　吏员。十一年任。　　　　郭光雍　莆田人。吏员。十九年任。

柴杰　桐城人。吏员。元年任。　彭升　福建人。吏员。五年任。

郑敏　福建人。吏员。十四年任。

【正德】

李惠　高唐人。举人。五年任。　　赵大和　莆田人。吏员。十年任。

【嘉靖】

李正　莆田人。吏员。七年任。　　　黄恺　太平人。吏员。十一年任。

顾朝明　朝阳人。吏员。十七年任。　张贤　莆田人。吏员。二十年任。

刘上书　清和人。吏员。二十九年任。

康良臣　黄岗人。吏员。三十二年任。剿贼身死。

陈宣　莆田人。吏员。三十五年任。　马恩　苏州人。吏员。四十一年任。

王钦　福清人。吏员。四十四年任。

【隆庆】

姚赓　福清人。吏员。二年任。　　　刘逊甫　雩县人。吏员。

【万历】

郑崙　闽县人。吏员。八年任。　李埀　丰城人。十年任。

王廷选　福建人。十二年任。　　吴尚质　无锡人。十九年任。

蔡世盛　南康人。二十一年任。　　李元星　仙游人。二十四年任。

陈烁　溧水人。三十年任。　　　　梅士兰　宣城人。三十四年任。

杨朝廉　灵璧人。　　　　　　　　林建勋　四十年任。

【天启】

陈谐　历城人。　　　　　　　　　徐懋卿　常熟人。

尹有莘　兴化人。四年任。　　　　余灏　湖广人。吏员。六年任。

刘上宾　巴县人。吏员。七年任。

【崇正】

文舜道　江都人。三年任。　　　　王天试　江陵人。八年任。

王寅　太仓人。十一年任。　　　　夏日炜　新建人。十二年任。

陆思兴　广东人。十四年任。　　　李行周　饶平人。十六年任。

【国朝】

典史一员。

【顺治】

吴光育　徽州人。三年任。　　高应麟　南陵人。五年任。

张士荣　西安人。十二年任。

【康熙】

王濩　尉氏人。七年任。　　　　　朱良弼　怀柔人。十一年任。

沈文炳　宛平人。吏员。十三年任。　孙文光　大兴人。吏员。二十一年任。

盖麟瑞　富平人。吏员。二十五年任。　吴宏道　句容人。吏员。三十三年任。

徐起甲　北京人。吏员。三十四年任。　王经　北直人。三十七年任。

吴邦吉　北直人。吏员。三十九年任。　鲁永新　顺天人。吏员。四十九年任。

范裔　北直人。吏员。四十九年任。　陈佫　北直人。吏员。五十二年任。

【雍正】

陈良智　大兴人。吏员。元年任。　　胡永龄　江宁人。供事。七年任。

陈尧煐　大兴人。供事。八年任。　　杜琦　奉新人。供事。十一年任。

【乾隆】

陈宗洛　大兴人。供事。七年任。　　张圣言　浮山人。监生。十六年任。

巡检

宋制，巡检司有巡检江河淮海及巡提私盐等，各视其名以修职业，听州县守令节制。元、明至今并仍之。镇邑诸冲要旧俱设巡检，今止存管界、长山、穿山三司。

【国朝】

已前姓氏无考。

管界司巡检

【康熙】

常应试 富平人。十二年任。	何其章 顺天人。二十一年任。
李一璋 历成人。二十二年任。	樊周礼 大兴人。三十四年任。
雷大亨 湖广人。三十八年任。	马鸣銮 大兴人。三十八年任。
马硕德 深泽人。四十一年任。	锺漳气 鹿中卫人。四十四年任。
董福才 介休人。吏员。六十年任。	

【乾隆】

孙翼新 宛平人。吏员。五年任。

长山司巡检

【康熙】

沈廷铨 大兴人。七年任。	张奇业 藁城人。十九年任。
曾奎 莒州人。二十六年任。	单之荣 顺义人。二十七年任。
锺桂 大兴人。三十九年任。	毕大年 陕西人。四十八年任。
朱紫贵 岳阳人。四十八年任。	陈瑁 曹县人。五十一年任。
刘维鼎 大兴人。五十三年任。	张士元 怀来人。六十年任。

【雍正】

王循 良乡人。吏员。元年任。

【乾隆】

杨名远 武威人。吏员。元年任。　　雷振先 昆明人。吏员。三年任。

穿山司巡检

【康熙】

刘可诲 历城人。十四年任。　　余昇 桐城人。二十三年任。

宝丕 凤翔人。三十年任。　　**胡曾** 四川人。五十四年任。

马我平 保定左所人。吏员。五十五年任。

【雍正】

孙日荃 石埭人。供事。八年任。　　**张大鹏** 磁州人。十三年任。

【乾隆】

徐国栋 淮宁人。二年任。　　**柴馨** 太平人。供事。四年任。

毛玉枢 大河卫人。典吏。八年任。

名宦

《史记》、两汉所书吏治卓越者五六人，或十余人，其他多弗传，讵奢离、国侨、颖川、南阳诸绩之果难继欤？夫绥德抚仁，固无他谬巧，而曰父母，曰神明，惟实至则名归焉。邑自宋以来，凡文教武卫、明农讲学之规，最绩代著，邵棠、郇雨，既并分宣庑片席，以俎豆之。而口碑所载，为胪于策。前事不忘，后事之师也。志名宦。

县令

【宋】

唐叔翰 淳熙间以通直郎出补定令。甫下车，问民利病而兴罢之。时循行境内，见东、南、北三面濒海，其山麓盘旋，污泥积淤之区尽可田也，谋诸水军统制王彦举、统领董珍，奏请于朝，得钱缗庾粟若干，仿钱塘之制，伐石甃岸六百余丈，外御风涛，内成膏壤，民利赖之。

陈造 字唐卿，淮之高邮人。由进士尉繁昌，改教授平江府，参政范石湖曰："使遇欧、苏，名不在少游下。"光宗绍熙知定海县，有治行，授朝散郎、淮安路安抚司参议。陆放翁序其集，谓"能居今笃古，卓然杰立于颓波之外"。其诗雅炼，不事浮响。

徐木 字子才。宋宁宗时为定令，有治行，民甚德之。状元陈亮《集》有子才墓志铭，一云即徐杲。

施廷臣 嘉定十四年来令，勤恤民隐。与水军统制陈文绩甃石塘五百余丈，捍御甚固，又于石塘尽处增筑土岸三百余丈，立"永赖""海晏"二亭，民至今称之。

卢万 字维远，吴人。绍定中为定海令，孜孜抚字，率以躬行为先，甫月余，百废具举。筑塘捍海，浚河垦田，问俗行县，无间寒暑，所至辄理词讼，咸得其情。未期卒于官，民哀悼之，且怜其子之幼孤，扶柩葬于定之孔浦，立祠岁祀。后其子神祐遂家焉。

【元】

王煦 字本明，号南岐，宋相文正公十二世孙。登天历进士，元统间来令定，操持廉介，多著惠政，民甚德之。秩满，见元政不纲，解组隐居于县西之五里牌村。建文正公祠，朝夕焚香读书其中。于宅前筑石桥，勒"西归"二字以寄志焉。士民颜其堂曰"仰德"，号其祠前之池曰"碧波"，志清廉也。今遗迹俱存，子孙繁盛，世居其宅。煦墓在村内杜家桥西南，号王孟冢。

吉雅谟丁 至正十七年举进士，为定令。值方氏僭据，军卒骄横，剽掠村落，丁不避豪势，获其渠魁一人格杀之，余众敛迹，民赖以安。时征赋烦苛，一以公平科办，民无重扰。升奉化州知州，寻调昌国，卒于官。

汪汝懋 字以敬，桐庐人。至正间为定令，抚字以诚，推谳审允。尝有鄞人怀银器一囊道经杨木堰，日暮寓宿陈初家，初杀之，纳尸空冢中，埋器于地。后捕讯于官，久而不服，汝懋下车即廉知实状，民服其明。天旱，徒跣行五十里，诣慈溪十龟潭祷之，乃雨，岁转稔。暇日著《山居四要》，筑清心亭于县阴为退息之所，复于学宫之东创光霁亭，时吟咏其间。致仕，卒于鄞。

【明】

杜彬 本姓邵，曹县人。洪武元年，以人才来令。邑经方国珍乱后残破，彬至，劳来安集，百务维新，葺学宫、建坛庙尤彰彰者。秩满，内召去，百姓遮道攀辕不可得，因留其子，遂家焉。后复姓，今所称"义门邵"者是。

何公肃 河南人。洪武十年知县事，廉勤自励，催科不妄施鞭朴。创永丰仓，费不涉于民。秩满去，行李萧然。

陆本 字思名，长洲人。洪武三十一年由人材授定海令。先是濒海涂田堤圮，海潮日侵，连岁无秋，民困于逋租，且力役不休，逃亡者众。本莅政月余，招谕复业，减其差役，修筑堤岸，给以牛、种，俾力农业，民得安生。

贺懋 山东临清人。天顺六年尹县，廉正自持，豪强敛迹。与指挥刘福展甃街衢，民无所扰，时称为"贺青天"。在任四年，以忧去。

宋宣 福建侯官人。成化十一年尹县。律己以廉，驭下以威，告谕条约殷勤恳至，动以福善祸淫之语，吏不敢欺，民咸知劝。值旱，徒行自责，诚心动天，岁复获登。六载绩闻，檄召赴京。

李廷仪 字鸣凤，闽县人。宏治五年令县。宅心正大，敷政宽平，在任六年，民父母之，升顺天府通判。

钱如京 字公溥，桐城人。由进士知青田，宏治十七年以才堪繁剧调至定。持廉秉公，兴滞补敝，吏畏其明，民怀其德。历三年，檄召为御史，至今人颂其廉能。后历官至户部尚书。

陈轼 字子敬，湖广人。正德元年由进士令县。迎养父母，事必咨而后行。值灾伤，劳于抚字，停赋税、缓刑罚、弛营缮，民咸德之。尤加意学校，每月朔必给油炭以资肄业，今文庙铜爵、簠、簋皆其所制也。檄召赴京，仕至京兆尹。

郑余庆 字崇善，闽人。正德十五年由举人令县。劳心抚字，不务繁苛。嘉靖二年，日本入贡构隙倡乱，余庆严为防御，赖以敉宁。明年亢旱，徒跣拜祷，大雨随渥。葺学宫、置学田以作仕类，建廨宇、阴阳、医学、火攻库，树演武场，绰楔作石方、张鑑二碶及新兴闸，时蓄泄以溉田畴。表扬贞节及奖缪廉五世同居，以风顽嚚。五年夏大疫，捐俸市药，多所全活。至冬大祲，陈"荒政十事"，不待命下，先发庾，食其茺羸者，余俟报叙举。又尝礼聘薛博士俊纂辑县志，躬为裁订。师事洪贯、张琦，力梓其诗。儒术、吏治兼优者。

周懋 常熟人。由进士，嘉靖七年来令定。首进父老于庭，问所欲恶而兴除之。邑故业海，海寇肆暴，官为厉禁，且岁比不登，民胥嗷嗷。懋曰："兹民之所以为生也。"即弛其禁，民甚赖之。征科则置厂县庭，坐区长其中，令民赴纳，悬钲于前，有过取者，民即鸣以闻，夜则封识存库。乡无催科之扰，官无督责之劳，而侵渔敛迹。其作兴学校，曲尽鼓舞之术。莅政甫期年，卒于省闱，民至今思之。

金九成 字鸣韶，武进人。由进士嘉靖二十四年令定。持身清谨，人不得干以私。时海寇猖獗，编立保甲，创置墩堡，积聚刍粮，设画树防，种种具有品式。又巡行郊野，相地作碶，以田斥卤，民甚赖之。定故鱼盐贸区，多援藉权贵以冒关禁，九成力为阻抑，令行禁止，以此府怨左迁。

宋继祖 字汝孝，汉州人。由进士嘉靖三十五年来尹。至定，继祖供给军储无阙。兼娴韬略，尝披甲戴鍪率先戎行，金塘、舟山之捷皆与有绩焉。任定三年，筑湖塘、葺公署，廓学宫，皆为士民兴百世之利。先是，崇邱乡田引鄞东钱湖水以资播艺，旧有蛇堰逼小，浃江一泄则水势若建瓴，尽注于江，故河渠与湖水未旱而先涸，三农病之。继祖躬履其地，去旧堰二十里所地名东冈筑堰其下，又去堰二十余步筑碶，堰以蓄水，碶以泄水，于是东岗以上江尽为河，潴淳益巨，不惟崇邱无旱患，鄞之七乡亦胥被其利。后升兵部主事，改御史。

何愈 广西富川人。由举人嘉靖四十年来令。邑之灵岩、太邱二乡，地滨海，旧设堤二十余里谓之"千丈塘"，内占田可数万亩，立碶五，久之，海水吞啮，塘碶相继圮，斥卤浸淫，年比不登。愈核占户，量田出资，验丁发徭，修塘及五碶，大浚诸渠，引以溉田；复修灵绪黄沙闸、舟山平水闸，定之水利悉举焉。飓风损学宫，愈重修，改建祠宇并新左右诸坊。邑志自正德间纂于邑令郑余庆，几四十年，愈雅意更新，遂刻成集。

赵思基　号云涧，粤东人。万历中由举人任。时巡抚视师海上，驻臬司行署前，令议拓民庐建开府，市民惴惴不自安。思基下车周览城中，得城隍庙西蔬圃地，遂经营其事，府成而闾里安堵如故。又征粮设柜收法，民甚便之。为吏严明，吏胥无所容其奸，为蜚语中之，竟调去。民闭城留，信宿始得行，送者皆环哭失声。

王嘉宾　由进士来令县。勤心抚字，忠诚待民，民不忍欺。性刚才敏，不为权势所挠。时朝廷因寇变之后，新设总镇，移幕府于定关。镇帅欲以庭见礼隶令，嘉宾曰："文武不相属，此朝廷体也。"卒以此与镇不合，调诸暨。代者为时偕行，遇于涂，谓之曰："吾已力诤定宾主礼矣，君去毋自屈，为后人所訾。"后擢待御。

时偕行　嘉定人。由进士授诸暨令，万历十四年调知定海。十五年，奉部檄经量田地山荡，履亩躬亲，奸弊厘剔殆尽。十六年，邑大饥，道殣相望，设法赈济，全活甚众。他若射圃社学皆其创举。召补御史，有生祠建于县治之东，并树碑纪绩云。

汪应泰　临清人。由进士初任诸暨，破巨奸，剪剧盗，有能声。当事以定为岩邑，调应泰来令，值大祲之余，多方惠济，饥民赖以存活。邑有兴作，无不力任之。时飓风发，官舍廊庑尽圮，应泰曰："橠橌不完，何以壮国容哉？"于是首堂宇，及庙狱、亭坊、沟井，次第就理，百年简陋一日新之。莅定五载，内召为刑部主事。

丁鸿阳　丹阳人。万历十一年会魁。由闽大田调繁定海，修黉序，锐意作兴文学，置学田以赡之。周知闾阎疾苦，树利去害，御史行部时条上六议，皆实心为民。御史廉其治行，报命曰疏列良吏，置鸿阳最高等。明初籍民居沿海者煮盐，岁入其课实边，而蠲其田之丁，久之潮啮地洼，不复产盐，而课如故，于是贫无田者多流徙，有余田者微重免，奸者又诡民田以自占。鸿阳计所免之数与所课相当，请一切无免，即以所征充贫者之课，迁民自此复业焉。邑西南属之郡凡五十里而遥，渠浅不可溉，岁少旱则无秋，鸿阳行视渠，叹曰："故址在，直十日浚耳。"遂亲事畚锸，率民浚治，渠成，民赖之。

黎民表　字石洲，南昌人。由举人万历三十七年任。器度温雅，时条鞭法虽下，而郡县不尽遵行。定邑民病杂役，里甲弊于催符，民表一以条鞭为程，凡所征解皆自任之，百姓惟计亩输钱而已，后令循其法。前此军民杂居，火攻器藏民舍，卧不安寝，民表议迁之城北冶局中。邑民守广安仓者，风雨雀鼠耗蚀无所逃责，民表始为募役，而官制其出纳。他若置学田、完城郭，得及邑中久远者不可胜纪。

顾宗孟 字岩叟，长洲人。由进士来任。天启元年，部檄定镇陆卒千余人援辽，时承平久，兵皆骄惰，闻远调即大哗，缚其本管首领，毁民庐舍，势几不可遏。宗孟挺身慰谕之，众素慑宗孟风裁，遂戢，徐肃队而行。邑河渠西达慈、南达鄞，岁久且淤，宗孟并浚之，又浚江南诸渠。前令黎民表之行条鞭法也，奸宄无所售，众有异议，宗孟不为挠阻，一切遵行之。秩满，以治行高等征为御史。

龚彝 字和梅，滇人。由进士崇正三年来令定。以儒术饰吏治，而略去边幅，与民简易。常谓"定民淳良，不必加鞭棰，吾将卧治之。"修学宫，建钟楼，皆为久远之规。镇兵以饷愆期，脱巾趋郡，行十里许，彝闻，策单骑追之。兵士闻马铃声，曰："龚侯至矣。"徯于道左。彝为开谕，遂还归伍。巡抚罗汝元闻之喜曰："令牧民者也，而能使裨卒听约束，其居官可知。"特赐旌仗以表异之。性至孝，尝奉其父署中，事必咨而后行。建小楼五楹以为眺息之所。及去，民立祠祀之。先是民祠顾令于南熏门外，后圮，迁其像合祀于龚祠，为诵曰："前有顾，家家富。后有龚，家家丰。"以比汉之召杜云。

安世凤 河南商邱人。博学风雅，以进士为御史，谪宁波府通判，署邑篆。甫数月，作士爱民，多惠政，民建祠于谯楼前嘉定桥之右，鄞人屠隆为之记。

【国朝】

郑元成 字玉如，临清人。顺治五年来令定。时海寇盘踞舟山，劫掠沿海，元成宽其徭役，民赖以安。八年，八旗汉军会剿舟山，船只、草料、军帐、器用等檄县备齐，元成布置得宜，不苦供应，得将士欢心，满汉军呼为"郑百有"。在任七载，士民德之。

王元士 号九山，麻城人。己亥进士，康熙六年来令。相度山川土田，以地资水利，爰浚城濠河及南北两乡河，修筑梅前两堰，改筑地埭、石堰，重建长山、大有两桥。凡学宫、祠庙、军门、行府、县治、仓廒次第修举。断事一归和平，曰："争平则讼自息。"暇则诣学课士，勉以恪守卧碑。邑志自前明嘉靖后百年未修，因采访增辑成稿。至十一年升琼州司马，未及刻，存稿于署而去。稿中有自著《河渠》一篇，于水利最详悉。

周家齐 字二南，楚之钟祥人。康熙丙寅任。洁已奉公，以兴废为事，开水关，疏河渠，立义学，建忠勋祠、奎星阁，置义冢，善政不可枚举。其疏河渠也，有议从甲上淘者，有议从田上淘者，家齐议以有田者给谷免役，无田者役身受直，列状以闻，可。议一下，刑牲就功，畚锸雨集，阅两月而渠成。瀜土多荒，招流民给赀以垦。有王良才者，贫不能娶，乃割俸以完配。公余则与士子论文，赋诗倡和。丁内忧去，士民如失父母，哭声震野，公亦依依不忍别。及回楚，寄谕镇民以循分力田为事，民读之皆泣下。后崇祀名宦。

黄宫柱 号擎庵，闽之南平人。以进士尹镇。持己清廉，断事明决。县南崇邱乡与鄞界，鄞豪民筑塘堰截塞水道，宫柱言于府，立命毁之，崇田获有秋焉。有船值飓风覆于涂，民不知为官舰，众拆之。镇帅详于宪，欲置之法，宫柱以风水漂泊小民无知具覆，事遂寝。又关税多重敛，驾盗税名欲陷监生贺某，宫柱力辨其冤。民咸德之，肖像钟楼，与龚侯合祀焉。后升吏部主事。

唐鸿举 号磐庵，歙县人。戊辰进士，康熙三十四年莅任。英敏勤干，字民有方，尤作育人材，月必有课程，其良否而甲乙之，所赏拔士乐与把酒论文。有某以私事干，鸿举严词切责斥之退，仍婉容与诸生讲说经义。又以邑乘久缺，偕邑生薛君士学、陈君梦莲纂辑成书，未及梓而去，今多所取征焉。

田长文 山西高平人。康熙壬辰进士。莅镇十二载，政简刑清，庭无私谒。示民孝弟勤俭，修社稷坛，建先农殿，立关氏三公祠，皆亲自督率，不日告成。又以罗祖废庵改设崇正书院，庵产二十亩有奇为师生膏火资。后卓异将去，恐后颓废，详宪勒石，士林翕然称之。

赵应召 辽东襄平人。由选拔宰镇邑，率仆一人杭苇而至，书策琴剑外无他物。莅任月余，处事敏决，吏不舞文，民谣祝云："赵父芳规同召父，襄平美政在持平。"逾年调任兰溪，士庶千余人祖道流涕，咸依依不忍别。

县丞

【宋】

林鬴 字伯和，黄岩人。刻意为学，师事晦翁。乾道八年举进士，初授奉化簿，寻改定海丞。郡令受租输，纵民自概量，吏不得为奸，语载《黄岩儒林传》中。宋孝宗时朱文公熹提刑浙东，遇岁祲，力行救荒之政，鬴所上赈济法及议陂塘水利皆得古人遗意，至是疏荐于朝，言鬴为丞敦笃晓练，为众所称。后擢侯官令。

【元】

许原 闽人。授定海丞时西北用兵，调发无虚日，且地濒大海，岁修治海舟，而官直不以时降，或降而为吏胥所欺隐。每事第差民之中次者一二人以主其出纳，谓之库子，凡所费用皆令其代输，期会迫促，至日受榜笞不恤也。原恻然请府，请其直集里役之长分授之，俾售其物次第归之库，吏皆不得有所与，仅令持笔治文书以防稽勘。县以业海为生，自民船不出海，所恃以存者独田租，然民产无制、里役无艺而民病。原取其田分计之，田多者应重差，田少者称其出而不得横扰，民安之。摄慈溪令，事不一月而大治。一日台檄下，追原甚急，送者千人，皆怀金以献，同官亦割俸驰赠，原悉无所受，曰："造次颠沛，见人之守。"抵京事白，及还，以忧去。

【明】

许伯原 乐安人。洪武间授定海丞，以韦制一小圆牌，书"慎独"二字，置怀中。操持清介，遇讼则曲为开谕，使自相和解，囹圄常虚。县北有障海石塘十余里，年久倾圮，度材修治完固，民赖之，立石记焉。

陈懋龄 溧阳人。由明经万历三十六年为定邑丞，多惠政。董修崇邱永济桥，事无巨细皆躬亲之，人咸思其功。事寡母以孝著，与士交必敦行宜，为人所推重。镇邑以丞祀名宦者自懋龄始。

【国朝】

冯犹龙 湖广人。由拔贡任邑丞，时海寇为患，先失戒小浃江，而靖波台次之。犹龙躬擐甲胄为士卒先，伐山刳木，挽粟飞刍，十昼夜不一省视署中，城赖以保。邑自嘉靖至国初连年禁旅，会剿海上，供亿为难，犹龙殚心力与之俱，无少掣肘。台使者重其才，升温州同知。

主簿

【明】

朱德孚 云南人。万历间以明经任县簿，居官清白，邑令顾宗孟荐署奉化篆。谕民以体认天理为要，返定日，行李萧然，两役人舁一筐至县堂馈令，启视乃笋也，笑而受之。遇丁社得胙，辄沽酒延诸生共饭，曰"不敢独享"，其廉介如此。

盐场司

【宋】

柳耆卿 定海盐场大使。登阜羡赢以最闻，名载《方舆胜览》。

【元】

张子忠 其先江左定远人，以识会蒙古文字举驿馆进士。元至顺间奉诏赈浙西饥，才略警敏，授定海盐运长山司，惠灶恤民，民怀其德，为立祠以祀。至元四年复转清泉司令，时盐课不清，民苦煎办，子忠按其弊，知有绝灶积逋转相波累，亟闻于运司请豁免，群灶欢舞。至正六年邑大饥，首捐俸及米为当事暨富人倡，郡守王元恭嘉其事。子忠念定邑风俗淳美，遂即署侧构数椽家焉。今崇邱有张门庙，其遗爱也。

河泊司

【明】

高敏 徐州砀山人。精敏强干，通晓法律，知《诗》《书》，由人材荐。洪武三十一年为定海河泊司，以复流移、革宿弊为己任，麾却常例，茹荼啜糜，甘清约以自守，一切积蠹为之划剔，岁征月额不烦程督而自办，流移归复，公私称便。监司屡旌其能，升工部郎中。

教谕

【元】

包苹 字尹耕，鄞人。天性至孝，弱冠通六经，尤精于《诗》，宋濂尝为之推毂。元至正间举经明行修，任定海教谕。作新启迪，寒暑不懈，与象谕王厚孙、张原楷皆有时名，人称为"四明三先生"。时定令汪汝懋大修学宫，苹与之协力营缮，具有品式，语在刘仁本《定海县兴修儒学记》。已而方国珍乱，苹即致仕。明初诏求天下岩穴之士，苹坐忤旨谪西安府椽。越三年，又诏诸流寓就试本道，苹应陕西乡试，举诗魁。明年登吴伯宗榜进士，授湖广新城县丞，寻以注误免，归隐鄮山故庐，读书摘文，有《蛟川集》藏于家。

【明】

陈纯 莆田人。由举人任教谕。师式先贤，模范后学，诸生多受其诲益，署县数月，民不扰而众务举。卒于官，士民祀之先贤祠。

顾充 字回澜，上虞人。由举人署教谕。才性颖异，于书无所不读，尝集诸生讲论经史，邑士皆知好古。所著有《字类辨疑》《隽语》诸书行于世。

叶国华 姑苏文庄公盛孙也。崇正丙子由孝廉署教谕，以体认良心敦笃伦纪为训。时乡饮多举素封，国华谓非尊贤崇齿意，闻邑绅庄一纯居官有廉声，请为大宾。每丁祭俎豆、簠簋极丰洁。能诗善书，时与诸生倡和，有《白泉》《鸥庄》诸集行世。升工部主事。

【国朝】

邵叶槐 号泰岑，余姚孝廉，"越中七才子"之一也。学渊博，爱读异书，一目数行下。喜谈兵。到定海氛未竣，将卒骄横多慢士，叶槐谒见总戎常公，论及防海策，援古证今，极其详确，常作而言曰："先生我师也。"情好遂笃，常亦从此敬礼诸生，悍兵惧，簧宫内乃屏迹。槐世宦，书仓甚富，多载至署，列为书城，与诸生日谈经史，广所未闻，士风丕振。升杭州教授兼书院山长，以卓异荐。

王召 字征先，乌程人。顺治戊子举人，由平湖教谕补定邑。振兴文教，时加校，月加课，使泮林好音咸相感喻。于堂侧构茅屋三间，日披吟其下不辍。在定二年，卒于署。

张坽 号来云，钱塘人。康熙己酉举于乡，文名卓吴越间。居官日著书，与学中贫士共朝夕。于官署东墙高处凿窗，与候涛、梓荫峰对，坐卧其中。有历山阶而上者，知为诸生某某读书会文来也，则时出所著述唱酬之，忘贫忘老，陶然自得。工书法，后人珍之如璧。

林征徽 字君慎。由举人为邑谕。以兴学造士为任，每月朔必集诸生课艺，时坐讲幄，阐扬经书，咸使充然有得，经指授者多知名士。有青衿为弁所辱，征徽亲诣军门辨其诬，又泣诉于上官，冤遂雪，士子益感奋。升温州教授，康熙甲午科为福建同考官。

蒋茂沆 号研公，余姚人。康熙丁卯举于乡。家世通显，自守谦约，于义利之界判若黑素。除目初下，镇诸生陈世宗闻而色喜，曰："是吾龙山读书之蒋先生。自其为诸生时，陶然以经史自娱。授徒邑中，某得常造其门，谈说经史，划然理解。户外之履常满，及诸生旅退，则一灯荧然，霜雪映户。二十年孝廉公庭固扫迹也。"捧檄至，即以居里者居官，律身者律士，诸生接见，浮情躁气都消。丙子秋，聘江南同考官，所得皆名士。

训导

【明】

田维 字大常，湖广人。由举人任训导。学博才充，施教有方，诸生多所造就，盖谦谦君子也。在任六年，升上蔡教谕。

曹一和 江西瑞昌人。嘉靖中以明经分教定庠，践履纯笃，博通群书，日与诸生亹亹讲解。为文不喜枝叶，专求实用。声色货利未尝一置诸口，岁时馈遗俱辞不受，生徒贫者，推所有以周之，助其婚葬。尝摄学篆，时输粟入监者必馈金方得脱诸生籍，和阳受而还之。所入俸仅给饔飧，羡余即葺学宫，培形胜，曾无余蓄，清苦一如寒士。卒于官，士论惜之。

窦若俨 关中人。由贡士署训导。性爱士，诸生贫者却其馈遗，兼资以膏薪之费，有婚丧必助焉。升县令去。

【国朝】

蒋名世 号洲六，嘉兴人。由岁贡任学博。严区士类，谓："树木必芟樗栎，艺谷必去稂莠，所以扶善类也。"见士之矫矫自好志上达者，和颜以接，常与谈说经史，情意日笃。外此则色笑无所假，于是颂之者每不胜毁之者多，名世亦置弗辨，曰："我安能依阿使此席为纳污地乎？"托于病以归，邑绅赠之诗曰："霁月光来恒满座，西风尘起不污颜。"盖重其高致云。

洪熙揆 号惕庵，临海岁贡。到任镌朱子白鹿洞教条，分给诸生，曰："读书修行，必本乎此。"果于有为，学中当务事不肯少待，董葺学宫并监修碶，不以为劳。谓"食一日俸，一日无所事，我愧也。"闻者重之。

冯大位 号行素，临海明经。莅任年七十有七矣，端重不苟言笑，然和光可挹，有匪怒伊教风。时联同志登高眺远，分韵赋诗。所著有《章安高士传》及《兼山文集》，浑朴不事雕饰，如其人。年八十致仕归。

卫指挥

【明】

余斌 合肥人。为处州卫指挥使，宣德五年调定海卫。建义学，延师儒，令官家军民子弟愿学者咸肄业焉。自撰"公、勤、廉、谨"四铭，书于厅事以自励。城南海山有大浃渡，常覆舟溺人，为文祭其神，后遂无患。七年，升浙江都指挥佥事。

刘锦 字朝章。温州卫指挥，嘉靖二年擢备倭都指挥，驻定海。日本两岛贡使自相仇杀，自郡城焚掠出关，锦仓卒督舟师追剿。时远近士女避难入城者甚众，锦指掌印指挥李震与县令郑余庆曰："以城守付二君，惟百万生灵是图，予惟讨贼耳。"遂与贼战于霍山洋，自辰至申不解。锦手发矢毙数倭，我舟乘风潮薄贼舟，胶不可动。已而战棚陷，士卒多坠水死，贼踊跃过舟，锦挥刀奋格，力竭坠水，呼曰："受朝廷重寄，惟有死耳！"竟没于海。贼创甚，遁去。台省交上其事，诏进爵指挥使，俾世袭焉。

总镇

【国朝】

常进功 总兵官。康熙初年，海寇阮四、阮七扰乱边疆，官兵征之，不能克。时进功为副帅，元戎张杰命统领战兵东西驱逐，屡著奇绩。督舟师进，遇寇于莲花洋，箭中其胄，色不为动。踞上风，用襄阳炮击四座帐，旋转其舟，乘机一跃，四竟为所刺。摛阮七者，则游击陈六御也。

牟大寅 字洪开，楚之施州卫人。少英伟，有才略，任金华副镇时，值义乌、东阳、嵊县、紫郎山等处，日寇猖獗，公讨平之。康熙丙辰以功进左都督，驻定海。时舟山遗孽未靖，劫掠沿海，大寅加意抚御，邑赖以安。东管乡后海石塘尽处旧有土塘抵蟹浦，塘内为河，河以灌田，塘以御寇，创自宋时令施廷臣。岁久塘圮河塞，地为涂，寇至则蜂拥登，莫可遏。公巡视患之，会士民以浚河请，即下令鸠工浚河培塘，绵亘三十里，长堤深堑，寇不能越而渡也，近塘田皆资灌溉。民德之，名塘曰"万弓"，立祠塘侧祀焉。邑营葬多于候涛山，无力者辄浮厝，经兵燹蹂躏，风涛冲溃，积骸成邱，公捐赀筑浮屠瘗之，置田十亩为扫塔掩骼费，命僧照蕴世守其役。邑人虞公二球题塔曰"广仁"，谢公兆昌并为之记。又尝修宝陀寺，郡人史公大成有记。公自莅定，海氛顿息，锐意修举为百世利，至今思遗泽不衰。

参戎

【明】

戚继光 字元敬，定远人。由登州卫世职历任浙江都司金书。会倭寇浙东，补参将，守定海。继光多将略，善训练，上《练兵议》，谓"用义乌人一旅可当三军"，督府从之，令召募三千人。以南方不利长驱，乃间长短兵夹振而进，立队长偏两之法，攻距击刺互用，名"鸳鸯阵"。倭望见旌旗即辟易，所向取胜。后为蓟镇时，携以自随，南兵名闻天下。历官少保左都督。

选举

古者司徒论士、司马论材自乡之论秀始，宾兴之制尚已。历代多设科目，而征辟荐举复辅其不及。上之得人，下之自效，其途为日益启。邑自宋初以来行学，言能各随表见。上者都通显，次亦循资格，以历勋阶，茅汇茹连，猗与盛矣！夫名与器非虚贵，其必先有所自重，乃以尊朝廷、光邦国也。志选举。

进士

《旧志》载进士科始于宋，以宋太宗初，吴越始入职方也，今仍之。

【宋】

太平兴国年间始分进士为三甲，常每岁一举，后或间岁与三四岁一举，英宗后始以三岁为定例。有上舍释褐者，熙宁立国学三舍之法，外舍优者升内舍，内舍优者升上舍，上舍试之复优即与释褐，授官与进士等。

【崇宁甲申】

沃潜 □□□榜。端明殿学士。《旧志》遗，今按《沃氏家谱》系沃颒先世，元琦次子，墓所犹存，特补入。

【崇宁丙戌】

曹贯 蔡嶷榜。御史中丞。

【宣和辛丑】

曹粹中 何涣榜。贯子，传戴《儒林》。

【绍兴乙丑】

沈子霖 刘章榜。

【乾道丙戌】

沈铢 萧国梁榜。霖子，府、省志作绍兴乙丑。

【乾道乙丑】

沈铛 郑侨榜。铢弟。　　沈焕 铢子。通判舒州，传载《儒林》。

【绍熙癸丑】

应傃 陈尧榜。传载《循吏》。

【庆元己未】

薛寊 曾从龙榜。传载《文苑》。

【开禧乙丑】

徐愿 毛自知榜。传载《循吏》。

余开 《旧志》作余，嘉靖、雍正府志、《浙江通志》俱作俞。

【嘉定辛未】

赵时憷 赵建夫榜。与兄时恪并见《循吏》。

【嘉定甲戌】

袁甫 状元。传载《名臣》。 **赵时恪** 袁甫榜。时憷兄。

孙枝 传载《儒林》。《嘉靖府志》《旧志》俱入定，《雍正府志》误入鄞。

孙起予 枝子。太常少卿。

【嘉定庚辰】

沈中文 刘渭榜。焕从子。

【嘉定癸未】

应傃 蒋重珍榜。资政殿学士。传载《文苑》。 **余天锡** 参知政事。

【宝庆丙戌】

赵崇倘 王会龙榜。 **王文贯** 真州教授。传载《文苑》。

赵崇佾 **沈晟**

【绍定己丑】

沈晖 上舍释褐。

【绍定壬辰】

任严 徐元杰榜。 **孙愿质** 枝子。工部侍郎。

赵时悟 **林虙**

【端平乙未】

沈一举 吴叔告榜。

【嘉熙戊戌】

韩元志 周坦榜。

【淳祐甲辰】

戴鑫 刘梦炎榜。太平通判。《省志》误入奉。

唐寅 宰钱塘，有声。《旧志》遗，今按《唐氏家谱》补入。

【淳祐庚戌】

沈士龙 方逢辰榜。中文弟。 **韩楮彦**

【宝祐癸丑】

王安道 姚思勉榜。文贯弟。

【宝祐丙辰】

黄震　文天祥榜。传载《名宦》。　　刘应老　应垄

【景定壬戌】

张大圭　方山京榜。《成化志》作张。《嘉靖志》误作沈。

沈芑　王一桂　应翼孙　赵子诚

【咸淳乙丑】

赵时吉　阮登炳榜。　　赵若諜　赵必哽　赵必眰

以上四人府省志俱逸。

【咸淳丁卯】

沈震孙　《旧志》咸淳三年。府省志俱逸。

【咸淳戊辰】

范应发　陈文龙榜。　　陈廙

【元】

分蒙古进士科及汉人进士科，为两榜，榜各三人赐及第，余赐出身有差。

陈廷芝　《旧志》至治三年，府、省志并缺。

【明】

洪武十七年颁行科举成式，以丑、辰、未、戌年春一月举会试，凡三场，所试经书、诏诰、表判、策论即今所行例。

【洪武辛亥】

陈韶　吴伯宗榜。知县。

【洪武乙丑】

王能　丁显榜。

林达　知府。省志作逵。

任琛

按：是科选新进士为翰林，采《书》经"庶常吉士"之义，为庶吉士。一甲一名授修撰，二名三名俱编修，著为令。其诸进士仰观政于诸司，俟谙绩政体，擢任之，进士观政之例始此。

【洪武癸酉】

张信　状元。侍讲。传载《儒林》。

【永乐甲申】

赵濬恭　曾棨榜。按《旧志》俱载知县，词林志亦载濬恭名。

乐用才　庶吉士。

按：甲申科于传胪之明日进所选副榜进士，擢周翰等三人进学翰林，余俱送礼部除学官，自后宣德朝亦有副榜进士不复廷试。

【永乐辛卯】

陈治　萧时中榜。御史。传载《介节》。

按：是科取陈燧等八十四人进士，适成祖北巡，诏礼部以燧等留太学读书，及驾还廷试，擢时中第一，传胪后宴于会同馆，诸进士与焉。

【永乐乙未】

戴觐　陈循榜。中书。省志缺。

【永乐戊戌】

王琠　李麟榜。主事。　　陈宪　治从子。御史。

按：戊戌科进士年二十以下者归本学肄业，皆预注拟其官待擢。

【正统己未】

谢琛　施槃榜。佥事。传载《循吏》。

【正统乙丑】

夏时正　商辂榜。大理卿。《嘉靖府志》入定，《雍正府志》误入慈，传见名宦。

史敏　会魁。参议。见《明诗综》补入。

【景泰甲戌】

刘洪　孙贤榜。参政。传载《介节》。

【天顺丁丑】

张祥　黎淳榜。见《登科录》。

【成化丙戌】

沃頖　罗伦榜。御史。传载《循吏》。　　贺钦　给事。传载《儒林》。

【成化乙未】

乐镛　谢迁榜。

【宏治丙辰】

刘光　朱希周榜。知府。

【正德戊辰】

徐潭　吕柟榜。佥事。传载《循吏》。

【嘉靖戊戌】

王心　茅瓒榜。御史。

【嘉靖己未】

乐舜宾　丁士美榜。知府。传载《循吏》。

【万历丙戌】

薛三才　唐文献榜。会魁。尚书。传载《名臣》。

【万历乙未】

邵辅忠　朱之蕃榜。尚书。

【万历辛丑】

薛三省　张以诚榜。尚书。三才弟。传载《名臣》。

【万历庚戌】

谢渭　韩敬榜。按察使。传载《武功》。

【万历癸丑】

华颜　周延儒榜。主事。传载《文苑》。

【万历丙辰】

林继祖　钱士升榜。知县。传载《文苑》。省志缺。

【万历己未】

薛玉衡　庄际昌榜。知府。即薛三台，三才从弟。传载《循吏》。

【崇正甲戌】

庄士英　刘理顺榜。知州。《省志》作庄士芳。传载《循吏》。

【崇正丁丑】

谢泰宗　刘同升榜。给事。传载《循吏》。

【国朝】

顺治三年初，行会试三场，并仍明制。康熙二年，停止制义，乡会试分为二场，一场试策五道，二场四书论、经论各一篇，表一道，判五条。七年，仍复旧制，照例三年一举，遇特恩不限例。每科中额礼部于撤闱前题请。乾隆十年，定以三月会试为令。

【顺治壬辰】

张翼　邹忠倚榜。推官。府志入鄞，误。　　倪祥爌　鄞人，定海籍。

【顺治戊戌】

屠粹忠　孙承恩榜。鄞人，定海籍。兵部尚书。

虞二球　江南提学。传载《文苑》。

谢荣昌　兵马司。泰宗侄。传载《循吏》。

【康熙丁未】

谢兆昌　缪彤榜。会魁。御史。渭孙。传详《介节》。

【康熙丙辰】

陈锡嘏　彭定求榜。鄞人，定海籍。编修。

【康熙壬戌】

谢绪彦　蔡升元榜。中书。兆昌从子。

【康熙己丑】

郎作霖　赵熊诏榜。榜姓朱。知县。

【康熙癸丑】

胡维炳　陈倓榜。知县。

【乾隆丁巳】

杨沃洲　于敏中榜。

【乾隆己未】

王元音　庄有恭榜。知县。

【乾隆壬戌】

谢阊祚　金甡榜。会魁。

【乾隆辛未】

胡圻　吴鸿榜。

举人

宋世乡举赴会试不第，仍与后科。乡试有一举再举至四举五举者。明制会试不中式，送国子监肄业，俟再试，屡试不第，以监生资入官，其法为优，故志举人自明始。

【明】

洪武三年开乡试，中试者后十日以骑、射、书、算、律五事试之，循元制也。十七年定科举式三场，与会试同，期以本月揭晓。初应试止取廪生，后渐及增广生。弘治十七年甲子，廪、增、附一体抡选。嘉靖六年，张璁疏请各省乡举照两京例，命京官往试，俱用科甲。

【洪武庚戌】

陈韶　辛亥进士。　　吴士英　通判。

【洪武甲子】

任琛　乙丑进士。　　王能　乙丑进士。

林达　乙丑进士。　　张岵

【洪武癸酉】

张信　解元。甲戌状元。

【永乐癸未】

赵濬恭　甲申进士。　　乐用才　甲申进士。　　乐恽　学录。

按：壬午科乡试以成祖渡江未暇举行，遂以癸未补乡试，而于甲申补会试。

【永乐乙酉】

姚孟贵　知州。省志作知县。　　朱珇　知县。省志作宋组。

杨隆　知县。

【永乐戊子】

陈治　经魁。辛卯进士。　　余处庄　丰城教谕。

【永乐辛卯】

王永隆　经魁。参政。传载《循吏》。

【永乐甲午】

戴觐　乙未进士。《旧志》载觐辛卯科，按登科考，系甲午。《雍正府志》亦作辛卯，觐又作进，今并正之。

【永乐丁酉】

陈宪　戊戌进士。　　王琏　戊戌进士。

【永乐庚子】

贝显常　通判。《府志》误入象。

【永乐癸卯】

杨懋　县丞。《旧志》作汤懋。　　陈秉　兵马司。

【宣德壬子】

韩鼎　知县。传载《循吏》。

【宣德乙卯】

李棠　经魁。教谕。　　唐铨　知州。省志作钰。

夏时正　应天中式，仁和籍，定海人。正统乙丑进士。

【正统戊午】

杨珇　经魁。学正。省志误作坦。　　谢琛　己未进士。

【正统甲子】

王宁　教谕。　　史敏　淮安卫军籍，中式应天。《明诗综》称定海人。

【正统丁卯】

徐瑾　经魁。教谕。　　刘洪　景泰甲戌进士。

【景泰庚午】

陈泰　教谕。　　沈璩

【景泰癸酉】

张祥　顺天经魁。

【成化乙酉】

沃頖　丙戌进士。　　杜宏　训导。　　徐暹　教授。

【成化戊子】

周天民　知州。传载《循吏》。

【成化辛卯】

王恺　知县。传载《循吏》。

【成化甲午】

丁福　　乐镛　顺天经魁。乙未进士。

【成化癸卯】

金璿

【成化己酉】

刘光　丙辰进士。

【成化壬子】

贺士谆　山东籍。钦子。传载《文苑》。

【成化甲子】

徐潭　正德戊辰进士。

【正德庚午】

诸克谐　训导。

【正德丙子】

俞世才　顺天经魁。

【嘉靖壬午】

韩克济　顺天中式。知府。传载《循吏》。《府志》入慈。

【嘉靖戊子】

沈渭　知县。

【嘉靖壬子】

乐舜宾　己未进士。

【嘉靖辛酉】

徐金星　《府志》入鄞。

【隆庆庚午】

丁瑞春　经魁。　　庄日强　知县。

【万历己卯】

薛三才　丙戌会魁。

【万历辛卯】

范三台　三河县教谕。　　王日华　知县。传载《循吏》。

洪应科　传载《忠烈》。

【万历甲午】

邵辅忠　乙未进士。

【万历庚子】

薛三台　经魁。己未进士。即薛玉衡。　　薛三省　辛丑进士。

陈应蛟　知州。传载《循吏》。　　沃光前　知县。

【万历癸卯】

仇德成 《省志》作仇成德。

【万历丙午】

林继祖 知县。

【万历己酉】

谢渭 经魁。庚戌进士。　　姚孙南 省、府志误入鄞。

华颜 顺天癸丑进士。

【万历乙卯】

庄士英 崇正甲戌进士。

【天启辛酉】

范我躬 郎中。传载《介节》。

【崇正庚午】

臧长裕

【崇正丙子】

谢泰宗 丁丑进士。

【崇正壬午】

黄学知

【国朝】

顺治二年乙酉秋，初行乡试，浙江中式一百七名。八年辛卯，浙江加中十五名。十一年甲午，恩诏浙江加中七名。十七年戊子，照乙酉减半，浙江中五十四名。康熙二年癸卯，恩诏增十五名。十六年，诏监生另开科一次，每十卷中一名。三十五年丙子，增额十名。三十八年己卯，增额十五名，不为例。四十一年壬午，增额十名。四十四年乙酉，增中五经五名，共一百四名。五十二年癸巳，诏开万寿恩科，二月举行乡试，八月举行会试。雍正元年癸卯恩科，四月举行乡试，九月举行会试。二年甲辰补癸卯科乡试，八月补行会试。十年壬子，各省每正额十名加中一名，浙江中式一百十四名。乾隆元年丙辰，恩科增额三十名。十年，准部议，浙江自十二年丁卯科始，中式九十四名。十七年壬申，皇太后万寿恩科，以二月举行乡试，八月举行会试。

【顺治戊子】

张翼 壬辰进士。　　屠粹忠 榜姓徐。戊戌进士。

【顺治辛卯】

倪祥爌 壬辰进士。

【顺治甲午】

谢赓昌 经魁。泰宗侄。

【顺治丁卯】

虞二球 戊戌进士。　　谢荣昌 戊戌进士。

谢泰交 顺天。泰宗弟。传载《孝友》。

【康熙丙午】

卢宜 鄞人，定海籍。　　谢兆昌 丁未进士。

【康熙壬子】

谢殷昌 渭孙。　　汤骏 《登科录》《省志》载，《府志》缺。

【康熙乙卯】

陈锡嘏 解元。丙辰进士。

【康熙戊午】

谢绪彦 壬辰进士。

【康熙甲子】

沃堂 亚魁。省府志失载。

【康熙丁卯】

屠孝义 知县。粹忠子。鄞人，定海籍。　　陈学圣 知县。传载《循吏》。

【康熙丙子】

邵元观 教谕。辅忠孙。

【康熙己卯】

谢会祚 知县。　　谢绪宏 顺天。传载《文苑》。

【康熙乙酉】

郎作霖 己丑进士。榜姓朱。

【康熙癸巳】

谢云祚 知县。

【康熙甲午】

方学

【康熙庚子】

谢绪守 传载《隽异》。　　谢绪恒 顺天。泰宗孙。传载《文苑》。

【雍正癸卯】

胡维炳 癸丑进士。　　　　唐文清

【雍正甲辰】

胡儋 经魁。知县。

【雍正己酉】

周铨

【雍正壬子】

沃洲 乾隆丁巳进士。本姓杨。

【雍正乙卯】

张懋建 顺天经魁。知县。传载《循吏》。

【乾隆丙辰】

李士瀛 榜姓虞。　　谢闲祚 绪恒从子。

杨灏 顺天。

【乾隆戊午】

谢闿祚 壬戌进士。绪恒从子。　　王元音 江西中式。己未进士。

【乾隆辛酉】

胡圻 经魁。辛未进士。维炳从子。

【乾隆甲子】

薛镇

【乾隆庚午】

陈良佐 经魁。　　陈锡光

【乾隆壬申】

刘元沂

武进士

宋科目有武举，其人不可考。

【明】

设文武二科，应武科者先以谋略，次以武艺。

李环 守备。传载《武功》。

【万历丙辰】

李廷璿 游击。 贺士谟 科分无考。

【国朝】

【康熙丙戌】

汤杰

【雍正丁未】

孙鼎元 守备。

武举

【明】

武举会试不得第，仍应后科乡试。

朱烈 解元三科。《省志》缺。 李环 《省志》缺。

【嘉靖】

王佐 范纬邦

【万历】

叶时雍 贺士谟 山东中式。

陈上策以下八人《省志》并缺。

郑锐 李廷璿 张宗 李佩 郎遇凯 洪运 李一鸣
以上十四人科分俱无考。

【国朝】

武举会试不第者，准与后科会试，亦有竟入补为官者。

【顺治丁酉】

曹达 守备。

【顺治庚子】

陈天新

【康熙癸卯】

杨嗣宪

【康熙丙午】

王永位

【康熙己酉】

解泽沛 《省志》定人。

【康熙壬子】

乌光国

【康熙壬午】

汤杰 癸未进士。

【康熙乙酉】

张熊

【康熙辛卯】

陈秉忠 邬廷瑞 千总。

【康熙丁酉】

陈锡保

【康熙庚子】

吴大定 袁又安

【雍正癸卯】

郭大略

【雍正甲辰】

孙鼎元 丁未进士。

【雍正丙午】

张镗

【雍正己酉】

陈光先 千总。

【雍正乙卯】

金伊

【乾隆丙辰】

王栋

【乾隆丁卯】

张大成 朱槐

【乾隆壬申】

倪绍俊

荐辟

荐辟盛于两汉，沿及梁，唐多行之，然宋、元以上旧志弗录，间为补掇，不能无阙略云。

【汉】

惠帝四年，举民孝弟力田者复其身。文帝十五年，诏诸侯、王公、乡郡守举贤良能直言极谏者。昭帝时举贤良文学增博士弟子员满百人。建初八年，诏辟士四科。

任奕 御史中丞。传载《文苑》。

【三国 吴】

赤乌二年，诏选三署，皆依四科。

阚泽 孝廉。仕至太子太傅。传载《文苑》。

虞翻 骑都尉。传载《文苑》。

【梁】

诏九流常选年未三十、不通一经不得解褐；若才同甘颜，弗限年次。

虞荔 中书侍郎。谥德子。传载《文苑》。

【隋】

开皇间，以三科举人。大业间，诏十科举人，旋诏四科举人。

虞世基 节度。　　**虞熙** 符玺郎。

虞柔 宣议郎。　　**虞晦** 宣议郎。

【唐】

贞观间，诏举孝廉茂才。开元间，举博学鸿词科。宝应间，杨绾请依古察孝廉，乃诏明经、进士与孝廉兼行。

虞世南 宏文馆学士。传详《名臣》。　　**虞昶** 工部侍郎。

乐仁规 兵部尚书。见《名臣传》。　　**乐仁厚** 刑部尚书。见《名臣传》。

【宋】

太祖始置三科，量德年增置六科。仁宗又增为天圣十科，安石时奏罢。大观中改立词学兼茂科。高宗时复贤良，未有应者。嘉熙后仍立词学科。

应翔孙 神童科。　　**余天任** 兵部尚书。

余晦 工部侍郎。见《宋史》。　　**沈炳** 不就。

【元】

皇庆二年，诏举孝廉、贤良方正，又诏年二十五以上经明行修之士所在保举以礼敦遣。

范文中 主簿。传载《循吏》。

蒋汝砺 太常博士。

乐大原 盐课使。传载《义门》。

刘豫 廉访副使，系刘洪曾祖，见《登科考》。

谢应辰 太子说书。

黄纯裕 本县管勾。传载《循吏》。

【明】

洪武初，诏罢科举，专用荐辟，后科荐并行，其目有明经，有贤良方正，有茂才，有孝廉，有文学，有人材，不拘资格，以次除用。

唐谷良 教谕。　　　　**王浚** 训导。

乐良 本学教谕。传载《儒林》。

俞敏德 屡征不就。　　**乐广** 州判。

乐叔溪 御史。　　　　**方温** 布政。

戴原播 本学训导。系戴觐父，见《登科考》。

王永顺 建文年御史。　**黄谊** 助教。

黄元祥 教谕。　　　　**王茂松** 天启年审理。

沃寿昌 崇正年。　　　**张鸣喈** 不就。传载《隐逸》。

虞光祚 序班。传载《茂行》。

邵似续 传载《隐逸》。

厉士达 主事。　　　　**华夏** 检讨。

陈鸿宾 举贤良，不就。　**薛士瑢** 中书。

【国朝】

康熙十七年，诏有学行兼优文词卓越之人，无论已未出仕，在京三品以上及科道官员，在外督抚、布、按，各举所知。雍正元年，诏每府、州、县、卫各举孝廉方正，暂赐六品顶带以备诏用。雍正五年，诏各州、县会同各学教官，将府、州、县之贡生生员内，居家孝友、行止端方、才可办事而文亦可观者，秉公确查，一学各举一人，八旗之满州、蒙古、汉军亦照此例。雍正十一年，诏举博学鸿词，在京着满汉三品以上各举所知彙送内阁，在外着督抚会同该学政悉心体访，遴选考验。十三年，诏直省所举孝廉方正，择其尤者送部引见。

梅南远 顺治年。知府。　　**吴江伟** 通判。传载《义行》。

何三凤 教谕。　　　　　　**李元发** 通判。

陆藩 知州。　　　　　　　**刘德新** 州判。

周谦 知县。传载《循吏》。

张学伊 举孝廉方正，不就。传载《义行》。

张懋建 雍正年举博学鸿词，乙卯举人。

副贡

副榜准贡自国朝康熙十七年戊午科始，前俱不准出学，且多不可考，姑存所知。

【明】

【成化】

张铖

【崇正】

谢泰宗　丙子举人。丁丑进士。

【崇正丙子】

华夏

【国朝】

乾隆二年定例，副榜与恩拔贡俱以州同、州判、县丞分别考取。

【顺治丁酉】

李于陞

【康熙己酉】

王显

【康熙己卯】

谢绪恒　庚子顺天举人。

王锡庸　传载《隽异》。

【雍正己酉】

谢闿祚　乾隆戊午举人。壬戌进士。

【乾隆辛酉】

杨源

【乾隆庚午】

胡昌旸

张志钧

恩贡

岁贡一定，遇特恩则加贡，谓之恩贡。

【国朝】

顺治十八年，令府、州、县学恩贡一人。康熙元年，恩贡一人。五十二年万寿，恩贡一人。雍正元年，恩贡一年。乾隆元年，恩贡一人。十五年立皇后，恩贡一人。十六年皇太后万寿，恩贡一人。

【顺治】

谢得昌 十八年。传载《孝友》。府志列入选贡，误。

【康熙】

虞光华 元年。《府志》缺。

谢绪为 五十二年。

【雍正】

杨美铉 元年。传载《隽异》。

【乾隆】

郑光灿 元年。

薛上治 十五年。

王光典 十六年。

制贡

【明】

正统十一年，制诏天下选郡邑学生充贡，名制贡。天顺时，复诏廪生年四十以上者，俱准作贡，亦名制贡。间一行之，不为例。

王元 训导。

下俱天顺七年。

贝政 经历。　　夏燧 典宾。

陈昌 审理。　　顾毚 知县。

陆琛 训导。　　王通 训导。

沃頵 成化乙酉举人，丙戌进士。

张俊 知县。　　韩璉 州同。

倪文 判官。　　周天民 成化戊子举人。

选贡

府贡二人，县贡一人，又近例，学使者按试毕择通省之最优者，题请入贡，谓之优贡，无常额。

【明】

廷试后即援州县教谕等官。

【洪武】

厉敬 三年。　　丁进 十年。

庄吉 十一年。　　罗仪 十三年。

陶铸 御史。

戴习 《旧志》缺。《贝清江集》称习系四明定海之国子生。

徐友闻 中书。《旧志》缺。《宋学士集》云自郡诸生贡入成均，奉旨受事中书。

【永乐】

林蔚 二年。楷书选。　　苏璟 六年。楷书选。

【嘉靖】

王志 十年。教授。　　毛渭 十一年。教谕。

陶积 十二年。判官。　　周栗 十四年。教谕。

乌一隆 南海知县。照《唐令志稿》补入。

【万历】

庄显　　彭时宪　　庄而安 通判。

刘尧宾 知县。传载《循吏》。　　武爱文 传载《文苑》。

庄岳

【天启】

乌文明 同知。传载《循吏》。　　庄一纯 滨州通判。

【崇正】

王家祉 廷元。　　　　　**杨大勋**

庄重锡 金华府教谕。　　**邵似欧** 传载《隐逸》。　　**王家亮**

【国朝】

拔贡例每十二年题请举行一次。雍正六年改六年一选。乾隆七年后，仍复旧制。

【顺治】

陈昌统 传载《隐逸》。　　　　**李懋勋** 知县。

任德敏 兵马司。传载《循吏》。　**张炳岳** 知县。

谢归昌 知县。传载《循吏》。《府志》误入象山。

【康熙】

谢绪光 参政。传载《循吏》。《府志》缺。

傅家说 府学。传载《义行》。《府志》缺。

张维藩

己上俱十一年。

谢绪宏 三十七年。己卯顺天举人。

【雍正】

谢闳祚 元年。　　**张懋建** 七年。乙卯举人。

谢善祚 十三年。传载《隽异》。

【乾隆】

任承天 六年。　**庄佐玉** 六年。府学。

岁贡

明制：令天下府、州、县学岁各贡其食廪生员赴礼部试，试中补国子监生，仍得赴两京试。

【明】

嘉靖间各贡年分诸志互异者，今悉依《旧志》。

【洪武】

柴愚 十八年。　　　　　　**徐秉** 十九年。参政。

张庆 二十年。　　　　　　**唐宏** 二十一年。

丁仲文　二十四年。　　　　方温　二十六年。布政。

丰初　二十七年。教谕。　　　贝昂　二十八年。《旧志》缺。

戴邦　二十九年。《旧志》缺。　陈敬宗　三十年。佥事。

【建文】

沈汶　二年。判官。

【永乐】

谢善　元年。　　　　　　　　杨隆　二年。

任贞　三年。知县。　　　　　苏璟　四年。同知。

方戬　五年。知县。　　　　　蒋浩　六年。

韩任昭　六年。增贡。　　　　刘本安　七年。主事。

陈观　八年。员外郎。　　　　乐志善　九年。

周伯弼　十年。知县。　　　　陈拱衡　十一年。

戴宗善　十二年。主簿。　　　朱靖　十三年。

杨辉　十四年。教谕。　　　　徐可文　十五年。知县。

王致中　十六年。　　　　　　丁毅　十七年。检校。

宋机　十九年。检校。　　　　贝守心　二十一年。县丞。

【洪熙】

刘孟维　元年。州同知。

【宣德】

徐履谦　元年。检校。　　　　贝修心　二年。《旧志》缺。

徐质　五年。　　　　　　　　郑雍　七年。知事。

王裕　八年。知县。　　　　　虞伦　十年。经历。

【正统】

丁信　三年。县丞。　　　　　黄哲　五年。《成化志》作董哲。

郑溥　七年。主簿。　　　　　王原觐　九年。知县。

王伦　十一年。　　　　　　　陈镛　十三年。教授。

【景泰】

林华　元年。知县。　　　　　杨瑛　二年。知县。

王珩　三年。　　　　　　　　王恩　四年。推官。

王亨　五年。　　　　　　　　李冕　七年。推官。

【天顺】

徐埧　二年。训导。　　　　蒋询　四年。训导。

方昕　六年。训导。　　　　阮嘉　七年。训导。

陈宰　八年。教谕。

【成化】

苏文江　二年。伴读。　　　王英　四年。训导。

陶恭　六年。教授。　　　　江昱　八年。训导。

石璘　十年。训导。　　　　郑文献　十二年。教谕。

郑珞　十四年。　　　　　　夏璧　十六年。伴读。

李隆　十八年。训导。　　　陈莱　二十年。训导。

严端　二十二年。训导。

【弘治】

乐庚　元年。检校。　　　　夏昇　三年。训导。

孙琏　五年。训导。　　　　郑文魁　七年。训导。

朱杲　九年。训导。　　　　俞琼　十年。训导。

谢廷芝　十一年。训导。　　开政　十二年。训导。

张鼎　十三年。　　　　　　吴淮　十五年。教谕。

陈韬　十七年。训导。

【正德】

孙侃　元年。教谕。　　　　贺滋　三年。训导。

王璈　五年。训导。　　　　乐恂　五年。训导。

陈瑜　七年。训导。　　　　刘钥　九年。训导。

刘克　十一年。训导。　　　金廷璧　十一年。训导。

吴泾　十三年。训导。　　　周鏻　十五年。训导。传载《文苑》。

翁瑄　十六年。

【嘉靖】

林懌　元年。教谕。　　　　沃汝信　二年。教谕。

薛俊　三年。教谕。传载《文苑》。　　胡沦　四年。教谕。

杨锦　六年。教谕。　　　　周南　八年。教授。

张拱　十六年。教谕。　　　方杰　十八年。训导。

江万锺 十九年。传载《孝友》。　　张致 十九年。补贡。

刘蒙 二十年。训导。　　薛一相 传载《文苑》。各志俱逸。

董珪 二十年。训导。　　刘守忠 二十二年。

王和 二十四年。教谕。　　徐浴 二十六年。训导。

郑滔 二十八年。教谕。　　王龙 三十年。训导。

王汝器 三十二年。教谕。　　陈楷 三十四年。

马琇 三十四年。知县。　　石息 三十六年。

刘时益 三十六年。　　陈瑚 三十八年。训导。

庄敬 四十年。教授。　　庄普 四十二年。教授。

乐名逸 四十四年。

【隆庆】

徐应宿　　乐亮山

【万历】

严谠 元年。　　彭继美 三年。

俞大有 五年。　　陈谟 六年。

朱新 七年。　　俞文明 九年。

谢俊 十一年。　　孙一柱 十三年。

萧维明 十五年。　　俞大用 十七年。

薛一桂 十九年。教授。　　王铉 二十一年。《府志》缺。

胡世翰 二十三年。　　洪埧 二十七年。教谕。

董一麟 二十九年。训导。传见《孝友》。　　夏名逸 三十三年。

严侨 三十五年。　　金声 三十七年。

李升 三十九年。　　张学 四十一年。

郭维雍 四十三年。教谕。　　刘调元 四十五年。教谕。

江养潜 四十七年。教谕。　　李玉华 传载《文苑》，本《天愚山人集》补入。

【天启】

薛二楼 元年。知县。传载《循吏》。　　庄乔新 三年。教谕。

薛士珩 五年。传载《孝友》。　　李诚性 七年。训导。

【崇正】

姚守冲

以下年分多无考。

邵辅明 传载《隽异》。

李长庚 训导。

俞成章

陈应宝 即陈应璠，传见《孝友》。

薛士琪 廪生荫贡，文介公长子，传见《隽异》。

郭玉昇 丁丑年。广东兵备道。

刘廷玑 训导。

刘应尊

丁汝才

谢泰道 传见《文苑》。

谢泰履 传见《义行》。

【国朝】

乾隆二年，定例岁贡准以主簿吏目分别考取。

【顺治】

李如珪 四年。知县。传载《循吏》。		**杨大任** 六年。	
傅家谟 八年。经历。		**林允文** 十年。知县。	
李旦平 十二年。		**崔大升** 十四年。学录。	
郑宗衡 十六年。训导。传载《文苑》。		**庄振先** 十七年。	
王重时 十八年。训导。			

【康熙】

方启焜 二年。训导。	**李文伟** 九年。传载《文苑》。
李邓才 十二年。	**谢晋昌** 十三年。
郑拱辰 十五年。	**薛士学** 十七年。传载《文苑》。
谢师昌 十九年。训导。传载《文苑》。	**严新** 二十一年。
赵玉成 二十三年。	**郭开先** 二十五年。
林懋新 二十七年。	**严晟** 二十九年。
庄光际 三十一年。	**谢树昌** 三十三年。
庄式玉 三十五年。	**庄景运** 三十七年。
王锡卣 三十九年。训导。	**任汝宏** 四十一年。

乌光谦 四十三年。　　　　刘兆麟 四十五年。

李时培 四十七年。传载《隽异》。　　　范昌祥 四十九年。训导。

王际恒 五十一年。　　　　陈恂 五十三年。

方垶 五十五年。　　　　贺廷高 五十七年。

庄元珍 五十九年。　　　　谢绪敬 六十一年。训导。传载《文苑》。

【雍正】

王谕 二年。传载《隽异》。　　郑宗璧 四年。训导。

庄峙岳 六年。　　　　　陈坤 八年。

虞上帜 十年。　　　　　谢开祚 十二年。

【乾隆】

胡应仁 元年。　　　　陈光闻 三年。

杨文芳 五年。　　　　谢友祚 七年。

王和吉 九年。　　　　谢仑 十一年。

庄希升 十三年。　　　　陈昌时 十五年。

李三选 十七年。

例贡

明例：纳粟上马并入太学，谓之例贡。

【明】

朱炯 知县。传载《循吏》。　　沃汝贤 判官。

朱鉖 知县。传载《循吏》。　　俞宪甫 县丞。

【正德】

朱铎 县丞。　　贺琦 县丞。传载《义行》。

杨镒 知县。　　金抡才　　王伯　　韩继宗

俞世才 正德丙子顺天经魁。　　韩克济 嘉靖壬午顺天中式。

王俌 按察使。经历。　　俞世中 判官。

林悦 县丞。　　俞世镒 判官。

童天爵 卫知事。　　徐应乾 判官。

徐应坤 盐运经历。　　刘茞 主簿。

方谐　　　韩继周 主簿。

倪玒 京卫经历。　　　　　俞克绥 府经历。

李盤 睢阳县丞。　　　　　林俸

【嘉靖】

章洪　沈榛　韩邦宁　章涵　章一桂　朱衣　俞文　陈王道
郑文麒　陈王谟　韩鸿基　张榜　孙守法　沈珮　倪景道
傅懋卿　方襜　张以时

【崇正】

王士文　张校 宛平县丞。　　陈式裕

【国朝】

乾隆二年定例：捐纳贡监亦照岁贡例，一体以主簿吏目分别考取。

【康熙】

谢岐昌 知府。传载《循吏》。　　方遇 知州。传载《循吏》。

陈学礼 传载《里善》。

张学濂　张有成　华天纯

张肇业 传载《义门》。

陈文学　谢绪辉

张嗣业 府学廪捐。

谢绪理

【雍正】

陈諴 八年。由监生捐。　　胡淏 十年。由附生捐。

【乾隆】

乐九成 九年。由附生捐。　　张翰 九年。由附生捐。

郑朝宗 九年。由附生捐。　　刘标 十年。由附生捐。

刘鳌 十年。由附生捐。　　史金锡 十年。由附生捐。

陈铨 十年。由附生捐。　　夏日瑚 十年。由监生捐。

仕籍

未经铨选者不及备职。

【宋】

邱之才 湖南提刑副使。　　方凤翔 四川安抚使。

【元】

方佑卿　洛川知县。　　　　乐然　政和知县。

乐勋　丰城知县。　　　　　唐起源　庆元教谕。

刘豫　廉访副使。　　　　　乐复　永嘉丞。

乐衍　平江学正。

【明】

方德昭　石城知县。　　　　方景升　乐清知县。

方希之　开封府同知。　　　吴彦名　知府。

孙士良　知县。　　　　　　邹闇　通判。

王茂松　王府审理。　　　　李诚心　简选州同。

张一元　眉州判。　　　　　王鼎　判官。

刘梦龙　苑马寺监正。　　　方鑑堂　叶县教谕。

董公茂　四公县训导。

【国朝】

朱若功　昆明知县。　　　　林逢圣　韶州府同知。

徐朝用　山东游击。　　　　庄国惠　河南守备。

徐奎　雷州副将。　　　　　王士英　北直守备。

陈显　广东副将。　　　　　冯汝为　江南游击。

赵虎　陕西守备。　　　　　孙上进　浙江提标游击。

李敬　乍浦守备。　　　　　王荣　雷州副将署琼州镇。

冯椒　淮安游击。　　　　　朱坤　河南守备。

白汉玉　台湾守备。　　　　张邦杰　黄岩守备。

周可昌　河南游击。　　　　江起蛟　乍浦守备。

乐廷俊　二等侍卫。

杂职

【明】

陈二典　夏谟　李伯秀　贝铭　杨翁　汪源　徐孟初

杨贞观　骆通　丁子昂

以上俱县丞。

张君统 云南按察使知事。 张君政 绍兴经历。

邹文瑞 建安经历。 庄士蔚 序班。

乐鐆 太医院官，见《进士录》。 张泽 巡检。

叶与善 税课大使。 刘锷 典史。

郑凤 莱芜主簿。传载《循吏》。 林情 巡检。

王玑 驿丞。 蒉显 县丞。

俞能 主簿。 俞达 巡检。

谢锺 驿丞。 张询 典史。

俞致 草堰场大使。 杨汝和 县丞。

张恕 税课大使。 方英 县丞。

王能 卫经历。 邵德 县丞。

王道 府经历。 沈鈇 巡检。

何清 典史。 周德 典史。

顾文魁 典史。 王佩仁 安庄大使。

方福 驿丞。 杨润 卫经历。

杨振 仓大使。 严师会 卫经历。

杨铠 驿丞。

陈镇　　林仁　　王承惠　　叶葵　　叶府

以上俱典史。

乌应乾 南海主簿。 马璟 湖广祁阳驿丞。

邱纬 主簿。 邵凤来 徐州卫经历。传载《循吏》。

乐宪 按察司司狱。 乐华 驿丞。

沃天章 主簿。 贺时英 巡检。

谢霓 工副。 刘维垣 主簿。

刘维 县丞。 薛本 卫经历。

丁晓 县丞。 王世荣 大使。

刘巍 典史。 刘博 府知事。

刘嵘 大使。 庄昙 驿丞。

张垣 卫知事。 朱文彩 典史。

丁度 卫知事。 孙玉 场大使。

顾鑑　典史。　　华廷膏　县丞。

顾佶　典史。　　林恺　吏目。

叶杰　县丞。　　叶映乔　巡检。

薛本源　肇庆卫知事。　　王併　山阳典史。

刘孟维　吏目。　　王文炳　主簿。

薛一德　　　韩之蕃　典史。

刘智　主簿。　　薛三卿　典史。

刘伯奎　驿丞。　　汪必升　巡检。

杨□□　襄阳典史。

【国朝】

王作林　典史。　　朱俊昱　云南永平县典史。

郑尚志　典史。　　徐□□　巡检。

刘永荫　典史。　　胡志选　典史。

范岐　巡检。　　潘铉

李永年　司狱。　　乌廷柱　肇庆封川巡检。

方尔谏　琼州吏目。　　任士奇　云南太和典史。

沈斌　宝泉局大使。　　任承圣　税课大使。

贺宏声　按察司司狱。　　范忕　巡检。

任承训　驿丞。　　范用霖　四川秀山典史。

邵景　华亭金山巡检。　　沈宏魁　平凉靖远典史。

刘尧文　　　赵翼如　河南税课大使。

王荣　四川简州吏目。　　张倬

张铎　主簿。　　袁天柱　河南淇县典史。

杨绍英　典史。

卷 六

人物 名臣 介节 循吏 忠烈 孝友 儒林
文苑 武功 义行 耆善 隽异 隐逸

知镇海县事商邱王梦弼 纂修
儒学教谕姚江邵向荣 订正

人物

扶舆灵淑之所锺，不择地而流焉。十室必有忠信，笃哉，其言之也！明郡号衣冠渊薮，而蛟川、瑞岩之胜，泽衍祥凝，挺生实伟，建树为德业，炳蔚为文章，以逮门内姱修，乡党自好，竞爽争奇，先后固相望也。国家培养又百余年，人思濯磨自奋，芳风令闻，业追前哲。而辟彼积薪，后来居上，则将操是编为左券焉。志人物。

名臣

皋夔稷契，弗可尚已。三代而下，有能尊主庇民，致身行道，期不负其所学，揆诸古之名世，讵谓不相及哉！其勋业灿然勒鼎彝，垂竹帛，声施既以不朽，而言论丰采照耀简策，千载下犹得步高衢而诵清芬，安在其有志焉未之逮也！豪杰之士可以慨然兴矣！

虞世南 字伯施。荔之子，为叔寄后。性沉静寡欲，与兄世基同受学于吴顾野王十余年，精思不懈，文章婉缛，慕仆射徐陵，陵自以为胜己。世基文章清劲过世南，而博瞻不及也，俱名重当时，议者方晋"二陆"。陈天嘉中，父卒，世南毁不胜丧。文帝高荔行，知二子皆博学，遣使至其家护视，召为建安王法曹参军。时寄陷于陈宝应，世南虽服除，仍布衣饭蔬，寄还，乃释布啖肉。至德初，除西阳王友陈灭，与世基入隋，大业中累至秘书郎。炀帝虽爱其才，然疾峭正，勿任用，为七品十年不徙。世基佞敏得君，日贵盛，妻妾被服拟王者，而世南躬贫约一不改。宇文化及已弑帝，欲杀世基，世南抱持号诉，请代不得，自是哀毁骨立。从至聊城，为窦建德所获，署黄门侍郎。秦王灭建德，引为府参军，转记室，迁太子中舍人。王践祚，拜员外散骑侍郎、宏文馆学士。时世南已衰老，屡乞骸骨，不听，迁太子右庶子，固辞，改秘书监，封永兴县子。世南貌儒谨，外若不胜衣，而中抗烈，论议持正。太宗尝曰："朕与世南商略古今，有一言失，未尝不怅恨。"其诚恳如此。后数直谏，皆蒙嘉纳。尝令列写《列女传》于屏风，于时无本，世南暗疏之，无一字谬。帝每称其五绝："一德行，二忠直，三博学，四文词，五书翰。"世南始学书于浮屠智永，究其法，为世秘爱。十一年致仕，授银青光禄大夫，宏文馆学士如故，禄坊阁视京官职事者。卒年八十一，诏陪葬昭陵，赠礼部尚书，谥"文懿"。帝手诏魏王泰曰："世南于我犹一体，拾遗补阙无日忘之。盖当代名臣，人伦准的，今其云亡，石渠、东观中无复人矣。"

后帝为诗一篇，述古兴亡，既而叹曰："锺子期死，伯牙不复鼓琴。朕此诗将何所示耶？"敕起居郎褚遂良即其灵座焚之。后数岁，梦进谠言若平生，翌日，下制厚恤其家。子昶终工部侍郎。

乐仁规　唐光化间任兵部尚书，赠金紫光禄大夫。弟仁厚，刑部尚书，赠银青光禄大夫。**按：仁规兄弟俱以立朝正直取忌。朱温乱，弃官归隐于慈之大隐山。**

【宋】

袁甫　字广微。幼时读书，以对心见性为旨。尝从杨慈湖简受业问道，示之曰："学以自得为贵，心明则本立矣！"由是慨然以斯道自任。登嘉定七年进士第一。问为治之要于慈湖，教以千里生民之寄。甫每自言能为剧县令，人问曰："欲宰县，不欲为台阁，何也？"甫曰："人各有能有不能，譬缯中之锦，锦不可以为绤；谷中之稻，稻不可以为糜。是以圣人使人，必先以器。"人善其言。除松滋令，大有治行，人甚德之。入为校书郎，转对言边事，不报，愿侍养东归。通判湖州，守衢、饶二州，提点浙东刑狱，为外官者十有五年，一以传心为本，讲授学者皆心性实学。复明《孝经》，衍其说。告于属邑，贵溪创象山书院，庐阜兴白鹿洞书院，又建番江书堂，为明朱陆之道非二，曰道一而已，和而不同，乃所以和也。道无终穷，先贤之切磋有不同者，究归于一，未始不同也。其在衢州助养士千缗，代输西安、龙游、常山三邑，积窘。时江闽寇迫饶、信，檄制司为保障捍卫之图，寇迄不犯。都城大火，上封事言："上下不交，以言为讳。天意人心，实同一机，灾变之作，端由于此。"上书恳切，迁秘书少监，入见，帝曰："卿久劳于外，笃意爱民，每览所陈，备见恳恻。"甫奏《无逸》之义。迁起居舍人兼崇政殿说书。于经筵奏："刚之一字，最切于陛下。"时相郑清之以国用匮乏，履亩使输券。尝讲罢，帝问近事，甫奏曰："惟履亩事，人心最不悦。"史嵩之帅江西，力主和议。甫奏不报，乞归，不允。授起居郎中书舍人，改知婺州，不拜。嘉熙元年，迁吏部侍郎，至入疏赐告一月，遂归。改知嘉兴，不拜。复迁吏部侍郎，监国子祭酒，召诸生讲习义理。时边檄日至，甫条十事，至为详明。擢兵部尚书兼吏部尚书。卒，赠通议大夫，谥正肃。甫尝自言："观草木发生，听禽鸟和鸣，与我心契，其乐无涯。"黄文洁震称其立朝正直，无所阿附，近世抡元之有益于斯道者，惟甫一人而已。**按：《潘氏**

史断》称甫定海人，岱山尚有甫书院第宅遗址。自昔祀镇邑乡贤，故补入。

黄震　字东发，登宝佑四年进士第，为吴县尉。有能名，后为史馆检阅，入对言：“危亡灾异在旦夕，而缉黄出入，宫禁亡节，失朝廷体。”度宗怒，批降三秩用，谏官言，得通判广德军。时社仓法坏，众以始自朱熹，不敢议，震曰：“法出于圣人犹有变通，安有先儒为法遂不得救其弊耶？”为别买田六百亩，以其租代社仓息，非凶年不得贷，贷不取息。郡故有淫祠，奔走远近之人牲用牛，恶少挟刀兵舞牲迎神，尝斗争犯法，又有自系桎梏拷掠以徼福及所谓埋藏会者，震悉禁绝之。时郡守贾蕃世以权相从子骄纵不法，震数与争论是非，蕃世积不堪，疏震挠政，坐解官。寻通判绍兴府。抚州饥，起震知其州，单车疾驰，中道约富人、耆老以某日集城中，过期有罚。至则大书“闭粜者籍，强籴者斩”揭于市。仆抑米价，价日损。坐驿舍署文书，不入州治，亲煮粥食饿者。请于朝，爵赏劳者，升提举常平仓司。寻改提点刑狱，决滞清讼，赫如神明。有贵家害民，震按之，又发富人粟，故豪家比而蜚中之。时陈坚为御史中丞，以谗者言劾震免官，遂奉云台祠。贾似道罢相，以宗正寺簿召，将与俞浙并为监察御史。有内戚畏震直，阻之，而浙亦以直言去。移浙东提举常平，时福王赵与芮判绍兴，遂命震兼王府长史。震奏曰：“朝廷之制尊卑不同，而纪纲不可紊。外虽藩王，惟监司得言之，今为其属，岂敢察其非？奈何自臣复坏其法？”固不拜。时国事日蹙，朝廷宰辅尽避去，震知不可为，归隐宝幢山中。先是杨简倡陆学，士皆翕然宗之，孔门博约之训几废，而震竭力兴朱学，每览经史文学则疏其精要，为《日抄》一百卷，《春秋》《礼记》皆为集传。及卒，门人私谥曰“文洁先生”。**按《旧志》云：黄震，旧史皆称慈人，以乡贤祀于学宫。因定海灵绪乡之古窑有黄文洁故宅、读书卧床桥在焉，其子孙世居于此，而大蓬山麓有湖山书院，后又徙于泽山，皆定境也，以故定亦祀之学宫。盖大蓬山界在两县，山南为慈境，山北为定境，震生其间，筑室藏修，其人品伟卓，故两县皆崇祀之。犹大蓬山界于两县，志亦互存也。**

【明】

陈治　详《介节》。

夏时正　字季爵。操履端洁，不尚依远。博学强记，贯通经史百家。诗拟盛唐，书法亦遒劲。登正统乙丑进士第，授刑部主事。再迁至郎中。精于听断，升南京大理寺丞，历少卿、正卿，刑狱不苟，简受知当。宁时遣十二使行天下，考察官吏臧否，皆选廷臣官尊行直者。时正分隶江西，一时墨吏素闻威名，皆望风解去，而狡黠怀怨者为飞语闻于上，訾所黜非公，时正遂自劾请老。其父与诚尝居杭之仁和，有田在横水间，时正就居之，杜门读书，足迹不入城市，营巢居阁于孤山，时往憩焉。晚岁文益工，藩臬诸公欲见不得，每就咨焉。生平大节高行为后人所追仰。所著《瀛屿稿》一卷，《家礼》四卷，并诗文若干卷行世。

薛三才 字仲儒。年十二应童子试，主者诧为异才。领万历己卯乡荐，丙戌成进士，授庶吉士，改兵科给事。历户、礼两科至都给事中，数言事侃侃著风节。黔国沐昌祚为巡御史所劾，诏按诸左右不法者。昌祚以缅警上奏，词若讼冤。三才弹文，言一二厮役就讯，而昌祚怙悚不遣，是为抗有司乎，抗明旨乎？时李给谏沂以言忤旨，予杖谪，疏救谓"明主不当以言语罪谏臣"。楚贡鲊不称，左辖以下皆镌秩，又疏谏谓"人君不当以口腹罪藩使"。至如申明恤典、寝诸藩冒封、申饬学政、慎选庶常，请疏多著为令，甲给事。姜应麟诸人以请立储久被遣，复乞召还，时咸韪之。在垣七年，例推京卿，公慨然曰："居官不剔历外任，徒事笔舌，安所得匡济？"请外补，以大参守荆西。荆守陵珰横甚，憾钟祥，令欲奏逮，力为护持得免。珰不得逞，诬奏三才挠税，上素知三才，疏不下，迁左藩。会楚宗人华樾等以假王事击巡抚赵可怀毙，势甚汹汹，三才力为解散，乱旋定。直指以叛疏于朝，有旨发兵捕叛者，三才又檄止兵，明非反，第罪在杀抚臣、劫贡物耳，楚狱因得不蔓。会丁艰归，服阕起，补督抚宣大军务，首严胺削，修筑墙堡，省冒军粮，约束北卤就戎索不敢窥边，亦不敢邀赏。见边虚无储，疏陈请饷可虑者七，旨下，诸遄饷稍集。严制出入，不两岁帑溢矣。升兵部侍郎，总督蓟辽。至则核军额，戒守备，减岁赏，禁私媾，请急救北关，移延绥兵驻一片石。在蓟四年，边关赖之。升兵部尚书，协理戎政。禁军多虚冒，内侍尤甚。三才锐意厘整。时中枢久虚，部事寝阁凡八阅月，因廷推三才视篆，二十日尽疏八月之积。上《筹九边疏》《辽事疏》数千言，内纾筹画，外集谋议，终宵不寐，竟以劳卒，年六十有五。讣闻，朝野震悼。赠太子太保，谥恭敏。司天台言上"将星失明"，盖三才与忻城伯赵世新并没，实皆主京营者。三才性至孝，与同母弟三省友爱无间言。居官以名节相砥，尤好推奖后进。谕祭内有"忠清表世，文武宪邦"二语，即以王纶树坊。所著有《疏草》十四卷、《诗》二卷行于世。

薛三省 字鲁叔，号天谷，三才胞弟也。万历庚子辛丑联捷，授庶吉士，擢检讨。尝议宋儒罗豫章、李延平宜从祀。癸丑升赞善，上疏请福王之国。丙辰以谕德充光宗讲官。己未请告归。天启甲子就家起詹事府，旋升礼部侍郎兼翰林侍读学士、经筵日讲。乙丑改吏部侍郎。与枚十，当轴遣风鉴考来道意，三省拒不见，以是忤当轴，不获与，充《神宗实录》副总裁。知贡举，裁棘闱供应滥冒者，有《酌议科场事宜疏》，有《定宗藩恩例疏》，有《宗藩限禄疏》，皆著为令。任大宗伯时，魏珰擅权，礼部事多关内珰，三省片刺不入珰室。每朝政阙失，辄引典故以争之，皆为所格。皇极门工成，滥封荫，时宰皆进官秩，三省抗疏：“起废宜慎，诏令宜信，荐举毋滥，门工滥叙如此，殿工成叙将何若？”皆与珰左，下旨切责。朝臣素以忠爱交奖者亦多为珰排斥。三省知时事已非，遂乞休。疏上，勒冠带闲住。立趋出都门，诸内竖希珰意要之，发其箧，惟一敝裘与少药饵而已，乃相顾曰：“此真清官！”叹息而去。时著有《蘧庐集》。抵家，无几微愠色。崇正改元，起补大宗伯兼翰林学士，协理詹事府，疏辞不拜。七年再起故官，仍不赴。年七十七卒于家，赠太子太保，谥文介。三省无书不读，善古诗文词，其代诰敕以简重为贵，曰：“王言也，安事浮靡！”所著有《易解》《春秋辨疑》，诗文有《馆集》《露集》《客集》《使集》《邸前后集》《家园集》行于世。

【国朝】

谢兆昌 详《介节》。

介节

闻之：圣达节，次守节，盖柳下之和不易其介，士不能圣可失守乎？古人于道义之分，确乎不拔，遁世无闷，极之，一介不以取与，盖其严也。志中所载，显晦不同，要皆行事卓然，不欺其志。《易》曰："介于石。"又曰："安简，亨。"斯人之谓欤！于以起衰式靡，岂小补哉！

【宋】

曹粹中 详《儒林》。

【明】

陈治 家甚贫，志操高洁。登永乐九年进士，授监察御史。清介自守，执法明允，济以公恕，长院者才之。升四川按察司副使。风节益励。入觐，卒武昌。家徒四壁立，衣食无以自给，人服其介。从子宪，登永乐戊戌进士，授监察御史，巡按江西。有叔父风，不为权贵少屈，一切宿弊，靡不厘革，时人谓之"陈一扫"。别见《遗事》志中。

刘洪 字文裕。登景泰五年进士，积资升武选郎中。勤劳国事，诸司推最。成化四年，原州土蛮叛，八年，寇延绥。两次奉敕纪功，濒行时，威宁伯王钺、大司马项忠语洪："兹行当陟纪显。"各以子弟相托。洪曰："予夺国宪也，戫宪干泽，岂臣子所敢为哉。"益严首功，斤斤一无所淆，将校帖服。比旋，王、项阴左之，止升俸一级。已而迫于公论，升广东参政，旋落职归，时年四十二。日为诗文自娱，有《梦轩稿》。暇则莳蔬茹茶，攻苦如儒生。然天性抗直，人不得干以私云。

范我躬 字四如。八岁失怙，哀毁如成人。天启元年领乡荐，明年上春官不第，欲养母，就诸暨教谕。迁国子监学录，历营缮司郎中，主进吏献乘马弗纳。所居湫隘，有商欲代为僦，却之。念母暨叔母皆婺而誓志，上其事于朝，有"帝俞双节"诗文传世。时陈启新以武举上书称旨，除吏垣，我躬途遇不为礼，启新衔之。先是，厚载门建营舍八百间，我躬与中人共事，物料、工食必核实，无纤镪饱中人。阅三载，营舍有圮者，缘是构之，遂奉谴予杖，创重，舁归邸卒。我躬为诸生时，贫不能给笔札，每属文，乞塾中儿废纸背书之。登贤书，同榜者索稿，发箧皆废楮也。居官不问田产，死之日，家无余赀。季子兆芝，字香国，以节义自砥，传载《隐逸》中。

【国朝】

崔大升 字尔尚。八岁能文，令龚彝许字以甥女。十二赴童子试，学使者面试以经书二艺，皆立就，旋食饩。岁满，选常山博士，进多士，讲礼让，攻经史，士咸奋。值耿逆变，首犯常，直入县，大升危坐明伦堂，弟子侍者十余人，逆莫之犯。时变起仓猝，文武各篆皆失，独大升以所受印上，特授国子监学录。及门谢侍郎兆昌遣人迎就职，卒于邸。

谢兆昌 字瞻在。康熙六年进士，由庶吉士迁御史，掌河南道事。抗直不回，巡视长芦，恤商剔弊，蠢政肃清，前后章疏共数十上，皆人所不敢言者。以病乞休，杜门不出。惟东钱湖为鄞人筑堤壅水，崇邱一乡四万余亩灌溉无资，始一诣当道，力陈复其旧版，邑人德之。侄绪彦，康熙壬戌科进士，授中书科中书。淡于仕进，日偕其叔赋诗论文，人以为"东山二谢"。子绪章，工诗文，有"四明四友"之称。

循吏

昔陈实令太邱，而远近称之。士君子分符出治，而循声懋著，彼都之良牧，亦此邦之重望也。考邑宦绩，或主令，或分猷，风操政绩，类皆卓卓可纪。如古所称慈君、神君者多有焉。《传》曰："宽以济猛，猛以济宽，政是以和。"然能以宽服民，非盛德事欤？用窃比迁《史》，传"循吏"云。

【宋】

应傃　字自得。六岁能诗。绍熙四年进士，授乌程尉，议毁淫词，独存徐孺子庙。邻邑有沈氏兄弟讼财，郡檄傃按实。傃委曲开谕，适沈有子魁乡荐，因赋诗儆之，有云"嘉木灌丛春意好，可怜不种紫荆花"，兄弟感悟，其事遂息。官至文林郎。

薛寊　详《文苑》。

徐愿　字恭先。游太学，文词为伦辈所重。登开禧元年进士。居官介洁，莅事以勤，后除福建提举，适黄勇寇发，众皆退避，愿独晏然无惧，婉言抚谕，寇顿首请罪。事平，入为司农兼都曹。愿尝受业袁燮，故政事文学卓绝于时云。

赵时恪　字仲恭。登进士第，除青阳丞，三仕于京，雅为台谏所推重，荐于上。以疾终。弟时慥，嘉定四年进士，授广德建平主簿及维扬法曹司左帑，尹高邮、兴化，改知抚州，廉誉四驰。人称"赵氏二难"。

【元】

范文中　字焕章。幼失怙，事母孝。大德十一年，民饥盗起，手缚渠魁十数人归于有司，余党窜伏。中书奏授慈溪鸣鹤场巡检，升歙县主簿，寻调庐陵。习俗讳建，素号难治，民萧甲与子杀人以诬怨家刘乙，文中核实，置甲于法而籍其家，豪右詟服。先是，榷税江陵者率浮其估，文中承命痛绝前弊，得羡钱六万余缗，悉还官，以廉能迁吴江州判官。婺源有灵顺神祠，四方函香走集，商贾因而聚市，文中复被檄榷税，一无所私课入加于前。擢知沙县。造义仓，筑社坛，崇儒学以兴礼让。年七十投牒归。

黄纯裕　字熙安，震之五世孙。自幼服膺祖训，孝友惇笃，言动不苟。乡邻里有斗争者，辄以理晓譬，莫不心服，时为之谚曰："登泰山不若见昆仑，见县尹不若见黄君"。至正丁未，举为龙头场管勾，精于盐政，公廉仁恕，综理周悉，上理国课，下得灶心煎办之法，至今赖之。

【明】

王永隆 字崇德。器度宏雅，博学强记，为诸生冠。永乐辛卯举乡荐第二，国子监屡试高等，入铨注，出守泽源州，寻改郴州。随俗施教，敦博易良，不事苛削，而纲条井井不紊，治绩彰闻。以母忧去官，起复补宿州。宿当淮甸要会，政繁民伙，永隆敏于干济务，广恺弟，值旱暵祷雨辄应，邻郡蝗起不入宿，台部使者上其事于朝，加褒锡。任九载入课天官，宿父老诣阙庭愿如偕冠故事，降敕优奖，进秩右参政，视宿如故。正统戊戌，入觐京师，乞归不许。又三载，恳疏得致仕。择山水幽胜处筑精舍，与昆弟亲友谈笑其中，年七十五卒。

韩鼎 字廷陈。父仕昭，贡入太学，以殴伤役人充问南京工部司史，病卒，无力归榇，同伴权瘗江宁隙地。鼎年甫弱冠，痛父客死，悲泣二载，鬻产备赀，奔号千里，踪迹故地以求父尸，感神梦指示，得遗骨归葬。发解壬子，尹句容，砥砺名节，惠养黎元。正统戊辰也先之变，以督饷劳瘁，死于龙潭驿，事在《句容名宦志》中。子琏，以贡仕至山东德州同知。孙克济，由举人授六安州知州，擢镇远知府，别有传。

谢琛 字伯玉。其先姑苏人，宋时来令于邑，因家焉。十世至琛，颖敏博学，为文雄赡。正统己未登进士，出宰江西上饶，莅政精强，操持介特，抚善良，锄豪猾，民称为谢城隍，绘像以祀。丁母忧去官，服阕补河南林邑。去邑治二十里有废祠址，过者辄罹眚，琛曰："神失所依乃为祟。"问何神，曰："白牛。"琛曰："白牛岂有庙？抑伯牛也。"启土果得碑碣，新其祠祀之。观风使者令稽覆磁州仓积弊隐痼，琛密廉得其情，人称神明。已而开封通判，以父丧去。属州县赙赠踰二千金，固辞不获，行二十里封还之。制终改福建泉州同知，寻擢福建按察司佥事，未莅任卒，士民哀之。子庭兰，诸生，象贤克孝，蚤世，人惜之。琛弟瑊，字叔玉，平心率物，以隐德称。

沃頯 字文渊。其先祖元瑀，字君宝，以赀雄于乡。赋性浑厚，有长者称。熙宁八年岁谷不登，疫疠大作，沟中之瘠相枕籍，瑀躬行郊野掩覆齿骼，日散庾积以应贷者，及秋亦不责偿，悉焚其券。元符二年春亢旱，瑀率乡人祷雨灵鳗，日夕致虔，梦神告曰："有阴德者天报以福。若实当之，泉涌枯池，用彰尔善。"瑀觉起视池，泉果涌，东西阡陌赖以布种。晚年自营乐邱，成而逝。裔孙浩，字仲广。早失怙，抗志力学，工词翰，为时所推重。负气刚直，乡党有讼者，皆愿往质，曰："是能直我。"有违行，惴惴不敢造其庐。治母丧务求合礼，大祥犹服斋疏，虽盛暑不除。人或劝之，浩曰："君子有终身之忧，母恩罔极，何能一日忘哉！"子颎成进士，官监察御史，众皆贺，浩独愀然曰："言官，人君耳目，苟一毫不尽职，则明有国法，幽有众谴，吾深思焉。"恒以"奉公守法"四字遗书勉之。颎丱角时博览强记，善属文。游邑庠二十余年，入太学，领成化明代经乙酉乡荐，明年登进士，官御史。辛卯清戎福建，丙申出按江西，发奸摘伏，人称神明。吉安长史贪黠厉民，颎首劾奏之，乃为权贵人所衔，诬"颎庭辱长吏毁骸宪典"，左迁内乡知县。接壤郧阳，郧阳豪右多侵内乡地，颎至，绳豪右以法，民无流移。及秋，令民各输粟备赈，不三年而储积至十余万石，民甚利赖之。城隍故庙于郊，弗称祀典，颎为迁城中。凡百废坠皆修举，尤究心学校，语在《内乡志》中。已而迁知荆州府。荆故建王府，诸无籍者率冒三卫军民色，盗支月粮。颎搜剔虚数，奏罢贪吏若干人，削除附冒之粮数十万石以备兵饷。时大司马余子俊、大司徒李敏交章荐其能。退老于家，日惟觞咏自适，非公事不迹城府。所著有《复斋稿》。

朱炯 字德蕴。成化二年监贡，授长沙府经历。称职，直指奖其能，历署湘阴、安化、湘潭、益阳诸县，所在著廉声，皆报最，升贵州施秉县令，以年老告休。及归，自号"宜休居士"，同郡吏部尚书屠滽赠以诗，有"德蕴先生不爱财"之句。

周天民 字志尹。成化戊子举人。初任闽县，闽居省会，供亿繁剧，天民乃具详当事，一切与邻邑均之，报可，民感其德，为立嗣以祀。在任九年，迁易州知州，治内发地得古埋钱十余万，尽输之公藏，修雉堞，建官廨，及赈济民之穷乏者。寻致仕，家居三十余年，卒年九十三，室无余物，有书数百卷而已。

王恺 字宗元。少孤力学，成化辛卯乡荐，授蓟州学正。蓟人简朴鲜文，恺教以浙中文献，捐俸以展诸生之贫者，多所造就，发科第为名卿。佐迁平原令，遇旱祷雨辄应。俗多盗，有麦商夜经村寺被劫，陈县，恺阴令贩豆者和少熟豆其中，夜过寺，复劫去。令捕兵易服就寺货豆，中有熟者，遂收捕，一讯而服。自是盗贼屏迹，称为神明。后权要以非法相强，恺曰："令可去，国法不可挠。"遂致仕。家居三十余年，号"乐休居士"。有《乐休集》四十卷。

朱铖 字廷威。正德二年监贡，授海丰知县，有治行。嘉靖五年入觐，敕谕之曰："兹土比岁灾异迭见，水旱频仍，饥馑流离，盗贼窃发，闾阎愁苦，教化不行，是岂无自而然哉？闻尔救荒多术，民怀尔德，俾尔复还旧职，勉副朕意，慰安民心。"今敕存。其同母弟铎，字廷振，由正德三年监贡授仪真县丞，佐令协治，声著邻封。

徐潭 字惟静。幼颖异，及长博学能文，补邑庠弟子员。宏治甲子领浙江乡荐举，正德戊辰进士，授上海令。果断明决，人不敢干以私。其俗区长里魁岁有常例输官，潭斥不取。遇岁大祲，设法赈济，多所全活。性恶异端，凡僧尼、淫祠、无名之祀一切毁罢之。先时遣卒逮捕乡民，即倚势渔索，民不胜苦，潭乃造木人于庭，有陈诉者，即令持至所诉之家，其人抱木人自诣，无敢后者，宿害遂捐。邑之豪右率逋官租，而区长往往破家以偿，潭严惩其弊，积怨豪右。会督储宪臣索常例不与，乃以事中伤，改令湘潭。厘巡司榷税之弊，惩亲藩校卒之横，境内肃然。已而迁知崖州，恩威懋著，生熟峒黎咸服从其教令，台章交荐，擢山西佥事。会劳瘴遘疾，未任而卒于官。

韩克济 字用之。弱冠廪于邑庠，入太学，领嘉靖壬午顺天乡荐，授六安知州。搜剔积弊，招集逋亡，三载课绩称最，迁镇江府同知，政治如前。监司荐，擢镇远知府，兴学校，变裔俗，士民翕然向风。寻乞休归田里，日以诗文自娱，十余载而卒。生平博征古典，与人接语若悬河，恳恳于经世之务。有文集行于世。

乐舜宾 字宗尧，号吾江。嘉靖壬子隽乡榜，己未登进士，令新淦，多异政。其巨者：流寇数千人薄城，民仓皇无措，舜宾率众擐甲登陴峻防饬备，以药弩歼其首，贼骇去。逾年城圮于水，伏寇眈眈思修宿怨，舜宾静以镇之，拮据版筑，百雉屹然，邑恃以无恐。已迁工部主事，董陵役，榷清源，巡河务，所至以廉干著。及守惠州，清邮剔蠹，均徭抚疲，详见《惠政录》中。惠故罗浮地，山水峻险，巨寇窟焉，民苦剽劫无宁。舜宾单骑往谕祸福，八洞悉泥首听命，一二梗化者奉诏讨之。在惠数十年，境内不复苦盗。解组归，宦橐萧然。

邵凤来 字廷仪。父德为徐州卫经历，多治行。凤来生而岸异，事亲极谨，里中称为纯孝。隆庆间海啸，潮溢薄城，郭巡抚观察而下议，备筑北城外塘，敕县令择民之贤者董其工，金曰："凤来可"。乃营度缕悉，诸宪以为才。既由吏员授广东属州吏目，转惠州府照磨，勤职奉公，为地方疏渔利、靖寇患，岁荒捐俸赈济，民德之。归里囊橐罄如割。所居之庐售人，适戚族有穷无告者，即以其值赒焉。子辅忠，司李毗陵时迎养，屡弗就。一日访旧过之，留未匝月，曰："奈何以口腹溷若。"遂归。以子贵，三授封诰，卒时顺天府府丞崇祀名臣。后赠太子太保，兵部尚书。

郑凤 字时鸣。授莱芜主簿，不取民钱，暑月常以草衣为里，而表以公服。

人曰："微官虽廉，谁颂尔德？"凤曰："既食禄，何敢贪墨以负朝廷耶？"署县事益著清白，劳心抚字，不妄加鞭笞，羡余不入私橐。及新令代郡守，意其署篆必丰于赀，借名索之无以应，竟罢归。

王日华 字东旭。万历辛卯举于乡，任德清教谕。学行重于一时，升颖上令。邑素犷悍难驯，日华至，恩威并济，祛弊剔蠹，民有所利即锐然行之。如覈其丁之多寡以免工役，减邑之引盐以通积滞，设预备仓以纾民困，裁总收入以免侵逋，美政可垂久远。以尽瘁于官，民皆尸祝之。颖治有眢井，时见火光，人以为鬼物，不敢视。日华夜察其光，曰："中有至宝。"缒之，得石刻黄庭，其阴则兰亭也，为唐绢本，识者多珍之，今所传颖进黄庭者是。

刘尧宾 字凤巢，洪之后。为诸生时以道学自命，尝曰："六经以外无余书"，诸子百家屏不阅。又尝以王氏良知直契康节，一阳初动万物未生之旨为理学正宗。薛文介三省兄事之，邵大司马辅忠师事之。馆于吴，得修脯百余金，会族子寓于邸舍，窃而逃，勿问，归家并不以告妻子。后族子还，愿以产偿其数，尧宾不受，且讳言失金事。乡党服其雅量。万历癸巳举明经，谒选得洪雅令。洪雅蜀岩邑，土瘠民贫，且多盗贼，尧宾至，为缓赋役，宽刑罚，而邑大治。复兴建学校，崇尚礼乐，人称为"小成都"云。政成当升，格于例，得佐郡郎。解组归，囊橐萧然，惟杜诗一帙，曰"此蜀中土物也"。年八十，以无疾终。所著有《诚身录》诸书。

陈应蛟 字非池。父谟尝于途中拾金一囊，为输税者所遗，迹其人至县，方泣诉于令，令曰"诳耳"，谟趋庭白之，视其囊，犹如故也。万历庚子举于乡，授河间教谕，转国子监学录，出守邛州。有诬告监生某杀人者，理其诳，生以茗馈，启笥皆白镪也。应蛟疑生情曲，欲置之法，告者因白诬生状，得释。在任三年，卒于官，橐无遗金，州人敛赀，丧始得还。

薛玉衡 字六符。举万历庚子乡荐，己未成进士，初授工部主事，治河济上。值白莲教匪乱齐鲁间，与巡兵使靖之。守归德，谳狱必以情。郡地邻萧砀，寇时窃发，昼夜防御，贼解散去。以卓异征，赐白金文绮，拟内擢。为异者所中，告归。逾年入京，以疾卒于邸。生平喜草书，工诗。在官治，漏深尚吟咏不已也。

乌文明 字剑华，洪武初名斯道者。能诗善书，仕为邑令，多惠政，载《郡志》中。文明其裔也，生有夙慧，年十五游庠，以恩诏贡入太学，授新安令。其俗妇女服公役，奸徒多掠子女贸之诸蛮，文明痛除其弊。时贼刘香寇新安，文明奉檄以舟师击之虎头门，有功升广州府通判。以忧归。服阕补，大名府判，分治蔚州，即飞狐口也。至则开屯田，备墩堡，修马政，条陈便宜十二事。迁江西饶州同知，署余干县，振兴学校，文教蔚然。改摄乐平，会黔师过境肆虐，民疑流寇，愤而毙之，文明以是报罢。居里数年而卒。弟奎明，字璧华。笃于孝友。文明令新安，擒寇奏功多其襄画，后援例入监，以寿终。

薛二楼 字伯望。崇正初以贡授宜兴训导。邑濒海，盗贼窃发，邑令谋于二楼，用奇计弭盗，境赖以安。豪家奴恃势横行害民，士子有受累者，二楼请于抚军，惩其桀骜，余皆敛迹。迁阜平知县，民有醉而死者，其妇以诬酒家，二楼鞫之，得妇奸状，释酒家。及罢官归，行李萧然，人皆称廉吏云。

庄士英 字声伯。崇正甲戌进士，授四川汉州知州。在任均马政，革羡余，催科有法，刑不滥及。以劳殒于官。

谢泰宗 字时望，号大愚山人。弱冠以文名吴越间，崇正丙子举于乡，丁丑捷南宫，为漳浦所得士，释褐令番禺。地多盗而好讼，侦得窝盗者捕之，有要人为之解，且以千金赂，泰宗不为动，卒置之法。粤有藤，入酒脯毒人立死，民之病死者亦以此诬人。泰宗痛绳健讼者，其风乃息。蛮有盘占峒，数百年通寇也，渠魁苏凤宇数犯境，制府檄泰宗为南路监师。泰宗自少通孙吴，出奇计擒凤宇以归。既平，参将某懦而幸功，欲杀降者数百人，会泰宗将白事制府，以金盘玉带为寿，请勿言，泰宗峻却之，极论其枉，降者得释。升工部都水司主事，寻中蜚语，谪福建幕僚，不以左降自弛。会时多故，缮城垣，修亭障，勤勤克举其职。尝摄司理事于泉州，鞫莫郡倅之狱，时御史欲深文中倅，泰宗按中所劾无验，不肯顺御史指，尽宽之。踰年迁江西南安推官，寻擢兵科给事中，值革命，解组归。偃息家园，无心仕进。顺治三年，王师下浙东，督抚张存仁疏荐浙才六人于朝，泰宗与焉，固谢病以免。屏弃世事，深自韬晦，日著书赋以自遣。有《欢音燕囊》三卷、《花归百咏》四卷、《南征志载》六卷、《弩余》三卷、《菊醉吟》二卷、《天愚山人诗文集》百卷。

【国朝】

周谦 字吉人。少精儒业，顺治甲申随平南王进广，授南海教授，寻升江西峡江知县。峡地瘠田芜，民素苦征敛，谦履亩绘图，请诸中丞，多所豁免，通邑咸感其惠。后罢职，客游淮楚间。晚年好为诗古文词，工画兰草，邑人至今宝之。

李如珪 字玉叔。其先定海卫千户，父唐例当袭，以补诸生，请于朝，给如珪。及如珪亦补诸生，复让于弟。弟分禄之半以饷如珪，如珪曰："服官者食禄，吾书生，何敢虚糜朝廷糈哉？"辞不受。顺治丁亥，贡入京师，补广宁令。时粤初下，如珪抵任，抚绥疮痍，朝夕拮据，以尽瘁卒。子懋勋，亦以恩荐入太学，从如珪之粤。大中丞念如珪以勤死，而才懋勋，使署南海教谕，寻授交城令。有能声，亦卒于官。

任德敏 字捷之。为人平易，好奖士类，有才节，不屑苟同于俗。顺治八年，由恩贡授浔州经历，后补思州，擢南城兵马司，署宜山县事。定苗乱，除虎灾，著《抚苗条议》，循声懋著。簿书之暇，坐对简编，晨夕不释手。兴修府志，考订精核，时称为"文学吏"云。

谢荣昌 字庆臣。顺治戊戌进士，任定兴县令。定兴役重差繁，荣昌定为均徭之法，以苏民困。时功令严，窝盗奸人觇民殷实，伪逃以自首，则其家立破，名曰"抛虎"。荣昌悬重赏，募民快之黠有力者踪迹逃人，一入境辄擒缚，间左帖然。杨忠愍继盛祠在定之北河，河悍沙冲，祠渐圮，荣昌躬为相度，择岸南高壤重新卜筑。邑诸生马扬武父为仇家所杀，拟抵罪，会赦得释，扬武痛父冤弗伸，乘其出狱扑杀之，因自逮系。荣昌阅旧牍，引公羊复仇义，力请上官释之。改授房山令，民有襁负从者。擢东城兵马，以外艰哀毁早卒。

谢归昌 字灵昭，号省斋。顺治甲午拔贡，康熙丙午授河南固始令。丰裁严峻，请托不行。戊申调江南砀山，值是夏地震，庐舍倾圮，户口流亡。归昌下车，招徕抚循，命伐芦抵课，课无缺。给牛犁耕具召遨游，民渐复。邑生杨文辉，积学士也，因被灾积逋至八十余金，迫于追呼窜身他邑。归昌廉其素行，招之归，代偿其赋，延为子弟师。砀邑滨河，会兴郭家楼堤工，而河院亦以大工分派各邑。归昌以穷民不堪重役，恳陈得免，工竣而民力不困。壬子，移江西德化，邑当孔道，往来络绎，酌量设款，动支为供应费，民免扰累。修先贤陶靖节墓，作和陶诗。三年以足疾乞归，士民饯送十里许。家居著有史钞、诗集。

陆藩 字价人，号匪莪，明工部侍郎陆淳之孙。幼英敏淹博，年二十食饩于庠，由荐辟司铎都昌，士风整治。屡任星子、瑞昌、彭泽令，兴利剔弊，所至多异政。升郁林知州，以疾辞弗赴。退处林泉，为后生矜式。尝曰："读书第一着要存不好名念，为官第一着要存不贪财念。"自扁其居曰"爱廉斋"。

谢绪光 字敬跻。由拔贡为国子监典籍，历刑部郎中，出任云南驿传道。

丁外艰，服阕，补陕西洮岷道。有土司争地，率部下仇杀，抗拒官司。光单骑往谕，众番服罪，执渠魁二人重惩之。终光任，无构煽之衅。西川中丞设立官头，引见属员，光治下赵葵倚势侵蚀陇西粮脚价数千金，光立擒予重杖，追价给民，民大悦服。寻乞养归，补济东道，未至官卒。子曾祚，字贻堂，由举人授云南罗次令，有异政。滇抚檄修通省舆地志，不数月告竣。卒于官。

陈学圣 字尔至。年十五，应县试冠军，邑令周公家齐称其文有台阁气象。康熙丁卯登贤书，盐使者博公邀司文社。丁亥，授四川南川县，劝民垦田升课，公私赖之。莅任二载，冰蘖自持，斋厨索然晏如也。蜀抚题其署曰"风清琴鹤"，将具题擢用，忽构疾终，南川士民为之涕下。

谢歧昌 字丰臣。由廪贡候补中书，效力河工，署兖州司马事。黄河溃决，捐俸创筑备水石堤。授彰德河务同知，浚洹、卫、漳三河，以济漕运、溉民田。洹河东有故道通运河，岁久淤塞，力请开复，商民便焉。擢江西南康守，以廉干闻。居乡，慷慨好施与，有姑老而寡，迎养三十余年，及殁，厚其殡殓，且恤其嗣人。故人沈某家中落，年逾五十未授室，歧为资助完其伉俪。康熙戊寅、己卯间，浙省洊饥，歧昌捐谷八百石以救荒，全活无算，其存心济世如此。

方遇 字五玉，号雪岩。敦敏力学，由太学生援例授江西万年丞。邑令某恣行虐政，居民骚动，势汹汹不可遏。台使以遇得众心，檄往谕之，民乃安辑。秩满，升贵州平越令。时兵卒横行邑中，值岁饥，四方负米入城辄为拦截，米价顿昂。遇入见总戎，请以仓粟预给兵丁四月粮，兵感其德，不为暴，远近米得通于市。有酒家婿夜死于刃，邻里执其妻鸣官，鞫之，妇与夫素相爱，廉知其婿有颠疾，岁间发，尝无故自刺其股，伤痕宛在，狱遂定，合邑称为神。边境有苗人部落为患，巡抚欲剿之，遇曰："不须以兵力胜也。"一日，肩舆径入其地，土司见遇悃愊，留之饮，临别送之出境，伏兵起，无一脱者，边衅竟平。擢江西宁州知州，未抵任，解组归，囊橐萧然，年八十七而卒。

张懋建 字介石，号石痴。敦行积学，通经史诸家言，工诗古文词。雍正己酉入成均，补国子监官学教习。旋举博学鸿词，中顺天乙卯经魁，长安贵人慕其名，争聘为子弟师。司马雅公深器重之，称其材品勤慎，文学优赡，举为国子学录。出知闽之长泰县。下车视城多圮，其揭请修，首捐俸以倡，濠隍雉堞整然完备。邑有双圳陂，义士陈者捐产所浚，溉田万余顷，岁久壅塞，奸民筑埂为田。陈裔孙讼于官，历八任未得复。建按牍即躬往督视疏通，惩不率者，大圳二十六、小圳四百余悉复旧俗。刁悍以礼化之。尤尽心狱事，尝脱濒死者数人。锐兴文教，修文庙祭器、乐器，刊示学校祀典考，捐葺泰亨书院，祀朱子，延平和赖太史为掌教，选俊秀肄习其中。乾隆庚午分校乡闱，得士八人皆名下，侯官陈荣溶联捷冠南宫，而泰邑售者二人则平日所造士也。延绅士修邑乘，公余手自披校，成善本焉。嗣被檄勘八房山，巡历五日夜，竟以是得疾不起，台宪咸惜之。泰民肖像以祀。所著述甚富，见《艺文》志。

方启焜 字輦英。康熙二年岁贡，司训汤溪。十四年廷议大学裁训导，中小学裁教谕，启焜上言：“士穷年力学，予以一命荣，亦所以培士气也，裁非便。”并言岁贡必亲赴廷试，贫士往反维艰。士林壮之。其在教席崇经术，恤孤寒，诸生感其德，祀于汤溪名宦祠。

朱俊昱 字仲庵。康熙年间为云南永平尉。地界苗，叛服不常，俊昱佐令绥辑，苗人悦服，叩关请贡。台使出牍拂其意，立哗，乃以俊昱素得苗心，檄令代往。至境深入，反覆宣化，苗人数千从土穴中拥出，莫不环呼罗拜，从此帖服。俊昱以劳瘁归，遂卒。上宪怜之，赐金驰驿归葬，百姓遮道哭奠，苗人闻亦为涕泣焚楮。

忠烈

士大夫躬际昌明，雍容庙堂之上，宣力出入之间，为良臣不为忠臣，可不谓幸欤。时或变起仓皇，流离展转，念图存而不可，竟舍死以安归志，亦伤已。迹其所为，皆极难耳。至于烈士怀忠，裹尸不悔，存仁取义，均无忝焉。在当时无生之气，而于今犹生之年。风檐展读，不且占道照颜色哉！

【宋】

曹孝先 字元思。宋宣和进士，粹中曾孙，官承直郎，任楚州録事参军。宝庆乙酉，李全叛，如海州，会刘福庆胁犯，许制置国孝先闻变，亟趋庭抚谕，谓"有情欲陈，当入文状。制置乃朝廷之制置，犯制置，是犯朝廷。汝不欲使李氏保其富贵哉？"于是部曲稍定，制置得泛舟楚台以避。既而复哗，孝先为所射中喉，拔箭叱曰："误李全斩东市，非汝而谁？曹孝先决不求生，许制置决不可杀！"铠镞交集，血流被体，犹登子城与国谋所以讨贼者。血尽气绝，尚怒目瞠视，以手蔽吭，不可折。孝先死，许制置亦死之。全归自海反，哭而吊，且斩麾下以谢。初，孝先死不得殓，乱军取苇燎于城，事定，家人求骸，弗可识，号哭终日，睹缕烟冉冉绕诸孤，遂得遗骸以归。事闻，朝廷赠通道郎，赐庙曰"旌忠"，官其子诜。**《雍正府志》云奉化人，误。**

陈茂 字子华。淹贯经史，嘉熙己亥入太学，升上舍生，后官秘书少监、起居郎。贾似道专权，遂隐不出。及恭帝北狩，元伯颜以兵数千驻于鄞之西山，茂忼然曰："我受国家厚恩，今主上罹难，岂忍坐视？"即褐衣徒步往，启以大义，谕令罢兵。元将怒，胁之降，茂不屈，拘于军中，遂不食数日死，时年六十有八。里人嘉其忠，立庙祀之，即今压赛庙。

【明】

梁田玉 建文时任刑部郎中。燕兵入金陵，田玉与叶御史希贤髡发为僧，同时十八人从地道出遁去，而梁良玉、梁良用与焉。建文帝为僧，往来萧寺，田玉时奉衣食以从，后不知所终。同时遁者蔡运、冯催、赵天泰、吴成学、史仲彬辈也。

梁良玉 为建文朝中书舍人。燕兵入京，诀妻子，变姓名，挟微赀，踰岭至海南，寓市肆间，以鬻书为业，寻死焉。

梁良用 未详何官。燕兵入京，变姓名遁迹为舟师，自沉于水。

梁中节 未详何官。《世法录》载中节与郭良同为中书舍人。少好读《老子》《太元经》。燕兵入京，与郭良同弃官为道士，入山以隐。

郭良 未详何官。燕兵入京，与梁中节相约弃官为道士去，不知所终。

张安国 建文朝为工部郎。壬午，燕兵迫京师，安国谓妻贾氏曰："大事去矣，无能为也！余秩卑不能帅师应敌，又不能屈膝事人，奈何？"妻曰："盍隐诸。"乃与妻乘舟入太湖。闻京师陷，帝自焚，国大恸，曰："食人之禄而存身于新主之地，耻莫大焉！"遂与其妻凿舟自沉以死。

以上六人别见《遗事》传。

陈睦 原籍定远人，后家于镇。父仲和从明太祖起兵，屡著战功，被伤成疾，未及授官而卒。睦嗣，太祖念父子积久勋劳，授世袭正千户，运粮海上有年。建文二年，燕兵起，上命李景隆出征，睦倾前军次德州，战于夹河。睦奋勇直前，斩杀数人。会景隆后队退走，遂败绩。睦为流矢所中，死于乐安州。永乐登极，恶其抗战，削籍。睦子鉴，以先朝父子积功鸣于朝，贬授定海卫百户，裨世袭。其子孙遂家焉。

艾敬 字肃之，定海人，卫指挥使。沉毅有智，莅政严明，人不敢干以私。正统十四年，金华乌龙山贼寇掠内地，猖獗不可支，当道廉敬才略，檄往征讨。敬挺身深入，手射数人，矢尽力竭，应者不继，遂为贼所刃。总兵徐恭嘉敬勇烈，特书"忠义"以表其门。奏闻于朝，大锡镪币，光于幽表。 裔孙春，字德元，生甫三月，父震早世。念母氏劬劳，志图终养，不欲承袭。耿曰："先人捐性命，策功勋，尔乃斩然弃乎？"春涕泣曰："善养亲者养其志，敢不惟母是从。"遂袭先职，绰有祖父风。声闻四驰，当道屡以才举，任把总者四。终痛母之盲，不欲远违。定省躬进，滫瀡不以委人。母病痈，为吮之，勿药旋愈。已而居母丧，哀毁骨立，请乞终制。既葬，庐墓侧。无何东倭来贡，道由定海，当道以视卫事强委，春不得已墨衰治事，制御有方。终无斯须忘蓼莪之思，至今人称"艾孝子"。

刘隆 字大昌。定海卫指挥使，以强干屡协总诸卫备倭。时海上寇起，许二、陈思盼最盛，隆与诸卫谋平之。后贼入庲头，隆提舟师薄之，腹中流矢见血，益奋怒鏖战，挥诸舟竞进，俘贼四十余人，斩首百余级。嘉靖壬午迁把总，统舟师备嘉兴乍浦。当松江七团贼归，隆扼之，焚沉贼舟，俘斩二百级。后会破史家浜贼，隆又扼之，沉贼舟澉浦外洋。一日，追贼向暮，黄雾四塞，以孤舟在贼围中，逮晓从兵皆惧，隆大喊作气，手发一地雷，冲十数舟，复歼二舟，俘斩二百余。升署都指挥佥事，守备温、处。乙卯，倭寇薄瑞安县，隆整兵遽出，欲折其锋。偏将尹千户请旋师避之，不听，往杀贼十余人。贼遁去，回军至田间，有数贼伏莽中，遽起击隆，隆不及应，遂及尹千户俱死。事闻，赠都指挥佥事，仍与世袭，命有司立建忠祠。

樊懋 卫指挥佥事，有干才，委守霩衢所城。嘉靖三十一年六月二十日，倭贼薄城下，懋与守御指挥魏英合谋攻贼。夜半贼乘雷雨将入城，懋急督兵力战，死之。事闻于朝，赠指挥同知。

陈表 舟山卫所百户。嘉靖癸丑，倭寇入城，表曰："吾力无，如之何？有死而已。但置所置印何地？"遂送母出城，纳印于千户金鳌，追贼奋斗而死。**定志失载，附此。**

杨一 以染帻为业，居金家岙。年二十余，膂力绝人。嘉靖甲寅夏，倭贼数百登舟劫其岙。一恚曰："忍吾乡坐罹荼毒乎？"持长矛倡于众曰："有能杀贼者从我！"少年从者十余辈，迎战于海涂，手杀数倭，贼鸣角聚而扼之，诸少年靡溃，一独力战，复刺中二倭，一亦被枪而死。贼忿恨，解尸屠肠，分而悬之。乡人高其义，立祠祀焉。

刘梦祥 定海卫百户。嘉靖三十四年四月，内奉檄领兵驾船出海，遇倭寇犯江南崇邱地方，梦祥即部兵登陆与贼战，奋勇冲锋，获贼首数级。力乏寡援，遂死贼刃。当道悯之，立祀表扬。

戎良翰 定海县学增广生。资性峻介，义不苟合，素以忠孝自许。嘉靖丙辰，倭寇大掠内地，遂陷慈溪。良翰家灵绪，联溪壤甚迩，乃倡义集兵，仅得十余人，与贼格杀，斩首二级，贼披靡而去。又遇贼于邱洋，良翰奋勇力战，贼方蚁聚，遂不能支，为流矢所中死。监司为之礼葬，表其门。

姚思敬 昌国里人。任侠尚义，人相竞有不直者，辄盛辞色分决之，人亦帖服。嘉靖丙辰，倭贼据邵岙，思敬倡率丁壮数十百人赴有司应募杀贼。明日赴贼所，俟贼出掠，遂挺戈迎敌，独杀数贼，贼更迭出奇扰之，诸赴敌者溃。思敬力殚遇害。令宋继祖给赏祭葬，扁其门曰"义勇"，崇祀邑忠义孝弟祠。

胡滚 字克源，有勇略。倭寇瀚州梅家墩，邑令宋继祖募义兵往御，以滚为长，率众出海。时寇立木栅，绕以鹿角，四围皆污田，势不可破，滚奋勇争先与斗，所部乌合士，见贼众皆奔，滚独后殿。贼突至，乃手刃三人，力竭，遂为所害。宋令扼腕曰："真义士也！"申于督抚，旌其门。 弟沛，当滚迫于贼时往救，同殁于阵。

叶七 定海卫军。贼汪直负金塘烈港穴为寇，参将俞大猷提舟师直入其港讨击，火炮横发，胜负未决。我舟忽挂贼缆，橹楫不能施。贼众方逞，七径取斧投水斫其缆，未及断，贼以枪刺中七顶，七呼曰："死矣，吾必断其缆！"连挥数斧，缆断而尸始没。后四日俞卒破贼，空其穴。俞之再入也，有二卒王姓者后期当斩，因请间烧贼寨以赎死，俞许之。二卒从外海缘山越险，昼伏宵行，四更抵贼寨处爇火，火药横发，群寨焰灼。贼骇而突走，堕水死者踵继。俞乘焰进舟师破之，遂成夺巢之功。

邢国泰 舟山所百户。当倭薄城里，不避艰险，亲冒矢石，众寡不敌而死。参戎戚继光闵其忠烈，设主于敌楼祭之。　妻李氏，养遗孤继勋，截发矢志，躬纺绩以给日食。勋长袭职，痛父死敌，母孯守，奉事极诚敬。邢氏一门，父以忠死，母以节著，子以孝闻。卢镗嘉其事，旌表之。**定志失载，附此。**

洪应科 字媿之，别号振溟。司训埙长子。于书史百家无不窥，万历辛卯登贤书，任嵊县教谕。日以理学文章教士，所著有《居剡草》。升善化知县。剖狱立决，民为谣曰："公决狱，一何速。民裹粮，不隔宿。粟一升，可往复。"丁父艰，补宜黄令，以所入俸置仓赈民，多荷存活。升成都府判，监建南五卫，力御边寇，又丁内艰，起补保定府判，升顺庆府同知。时奢酋乱，荼毒蜀境甚炽，官军屡剿莫胜。张总制知应科有胆略，属监军事，曰："为朝廷灭贼，敢避矢石乎？"每奋身先登，斩获无算，贼闻名皆胆落。奢步将樊龙、樊虎乘间刺科，伤重犹呼曰："我虽死，魂必灭贼。"遂卒。督抚闻于朝，梁之栋上疏谓"当不次赠恤"。赠尚宾司卿，荫一子袭定海卫百户。所著有《清啸集》《学步编》《游燕草五》刻行于世。

陈大纲 定海卫千户。万历二十八年，调征川酋杨应龙，至娄山关与贼奋战阵亡，奉旨恤录，赠都督金事。荫一子，指挥世袭。　其从子应鸥，字翼云，邑诸生，袭职为后。长于诗古文词，与邑名士赋诗酬和。年老闻国变，乃痛泣曰："吾簪缨之胄，何忍见此！"遂哽咽不食死。著有《毂音集》，藏于家。

【国朝】

郑道馨 字凤池。家贫力学，有干略，海寇劫之入海，欲留之不从，胁以刃，道馨厉声曰："我岂从汝作贼者耶！"遂受害。诸弟毁家以赎其尸。

张君旨 字彦博。少读书，矜气节。应童子试时，就试有司不利，即谢场屋，读古人书。弱冠娶李氏，生一子，踰年丧偶，终身不娶。鼎革后益复韬晦，寄其子于外家，隐居灵岩乡之童岙，岁逢祀事，具出肴野蓛，就山中遥拜焉。顺治戊子夏，海寇上岸，君旨集土人与贼奋斗，击杀十余级，后无继者，竟被执。贼闻旨名，欲胁之去，君旨大骂，遂为所害，甥沃某收其骸骨，归葬先陇之侧。兄君统，由太学生任云南按察司知事。

陆定国 字骏生。初业儒，弱冠身肄行伍，技勇娴熟，以同仇敌忾自期。康熙丙辰，大岚寇袭郡境，国以提帅前锋随征，所向无前，连发矢射贼首三人。贼以排枪击伤，卒，恩恤"威远将军"。御史谢兆昌为之赞曰："奕奕我公，弱冠从戎。穿杨超轶，三箭名雄。征剿大岚，胆壮建功。领兵捣穴，殒躯何忠。芳华千古，勋懋甬东。"

孝友

孝友施于有政，欲以叙天，经修人纪，舍是其奚急哉！世尝以君子惇庸德，不尚奇行。吾谓骨肉之际，无庸无奇，惟根于至性者贵焉。李乌终养，姜被常温，乐事也。而刲体愈亲，捐躯同患，视截裾燃豆者为何如事！固有愚夫愚妇之所为，学士大夫不能及者，君子嘉其志，则不欲没其事。

【宋】

周德 旧传为南渡时人，而世代不可考。其事母极诚致敬，人无间言。清泉村有崇孝东桥、崇孝西桥，俱以德获名。

张超 自幼仁孝，年十九，父莹患气疾革，恳祷无效，乃刲胁取肝，煮粥以进，不逾日父愈。乾道二年，守赵伯圭举杨庆例，命县优恤。嘉泰四年，令葛洪与复其家，封植其父母墓，禁樵采焉。

吴璿 性纯孝。母朱氏卧病且剧，璿刲股疗之而愈。璿妻杨氏亦遘疾，男安礼、安时皆刲股以进，安礼且至再。郡守李沐状其事于朝，嘉泰三年，诏长吏常加存恤，郡命县令王伯撰建崇孝门旌之。

朱日新 母病剧，斩刲股以进，殒而复生。郡县题其门曰"孝爱"。

【元】

夏永庆 字章甫。大德中，侍父文德转粟京师，浮海而北，舟抵海津镇时易一小舟，盘载喧呼杂蹂，文德颠仆溺水。永庆震骇号天，没入洪涛，戴父出波西舵，工提戟钩其衣，父赖不死，永庆力不能支而沉。后诸弟伤之，益以孝义维其家，居同室，食同爨。至正十三年，有司上于朝，旌其门曰"孝义之门"。

【明】

乐枅 良之子。读书穷理，凡医卜、地理无不晓习。偶傥有气节，性至孝友。家以亭户籍官，枅承其役。洪武十二年，上以亭户大家皆冈上贼下，遣使遍核各仓盐，有损常数者悉解京鞫讯，咸承罪坐输作，枅亦在逮中。方治行，其弟枧愿代往，枅曰："此行生死未可知，吾有三子，尔尚无后，不可往。"枧即诣县请代，枅白于官曰："枅名既不可易，且服役盐事皆枅也。枧冈闻知，被鞫失对，奈何？"县因不敢遣枅，行一舍许，枧又追及之，枅叱之去，不听，即乘垛垣以块提枧。枧度枅心不可回，始恸哭而返。次年枅果死京狱，学士乌斯道为传其事。是时，族弟平其父亦被逮当往，而平愿以身代，不允。劝父饮酒沉醉，重贿狱吏，竟行，与枅同死狱中。孝友萃于一门，乡人咸称叹焉。

俞敏德 字谦鸣。父彦华赴京听选，至高邮病故，母唐氏在家亦故。时敏德甫九岁，日拊棺号泣。闻于邑令，令为给费，贷以夫船，始得扶柩以归。及长，不乐仕进，于三山建永思堂，环植以竹，哀慕不替。有司屡以材荐，以禄不逮亲，固辞不就，作《盘溪四咏》以见志。号"竹所先生"，年百五岁而卒。 曾孙恺，字天卫，慕其祖德，因号"长山培竹"。性至孝，颖敏嗜学。年十四，父系狱，恺泣诉于郡守，试以五艺，一挥而就，父遂得免。弱冠补郡诸生，肆力经史，操持廉洁。尝捧诏慈溪，力辞常馈，县令以闻于董学副使汪文盛，加旌异焉。家虽窭，亲友弟子有不足者辄随力助之。及当岁贡，辞不就，曰："吾惟日对圣贤，课子孙积学足矣"。后辈尊之，咸称"长山先生"。 敏德族子民化，别见《义行》传。

韩鼎 详《循吏》。

缪廉 兄弟七人至老同居，聚族近百口，自祖保障、父永宗至孙兰，凡五代耕读，各职其业，敛散需宾，事各有条，乡人义之。

施邦彦 字伯玉。幼颖异嗜学，弱冠汔于庠。性孝，事亲色养兼至，与弟端彦友爱终身，不析居，耄而好学弥笃。既卒，总戎张扶舆立石于普慈山之麓，曰"明高士施印泉先生读书处"。后祀邑孝弟祠。

李纲 浙江都指挥李凯子。宣德间凯督战殁，妻王氏年二十余，纲方龆龀。王苦节事舅姑，终始尽孝，致洁蒸尝。正统间，纲袭指挥使，由杭州右卫调定海，奉母以至。王性严重，知书史大义，每训纲曰："汝父死国事，为忠臣，儿其勉承先绪！"纲泣对曰："敢不如教。"纲严明有勇略，视卫篆，振举戎政，公宇、城隍悉为葺治。母疾危笃，每夕稽颡北辰求代，梦神语治疗方，遂调剂以进，立瘳。夏暑令仆人挥扇，扇坠地，纲咎之，母曰："挥扇者独不畏暑乎？"纲痛自引咎，遂终身不持扇。居常事不白于母不敢行。母年九十而卒，哀毁踊礼，丧葬惟谨，观风使者得其实，旌其门曰"节孝"。

陈浩渊 详《文苑》。

李泽 字禹施，昌国人。幼习举子业，补博士弟子员。家居谨厚周饬，言论恂恂，仗正委义，示急病无所让难，使人缓急有以赖之。早丧父，事母朱氏竭其孝敬。兄弟五人，慕然有古棠棣风。母病，医学弗即效，五人各祷于神明，誓以身代，又弗瘳。泽独刲股和药以进，乃愈。乡里以其事言于博士，将闻之督学以表其门，而竟为忌者所掩。泽喜曰："泽欲生母，而非中道，兹正所以教泽也。"终身不言其事。有女儿适金姓者，寡而无嗣，泽倡诸兄弟迎还赡养，迨没，襄敛归葬于金。鄞有士人渡海客昌国，觅故居停，主人弗及遘，闻泽高谊，往候之。泽倾盖如故，即延主于家，昕夕饔飧，泽躬为周旋。已而士人屡求去不获，一日不告而行，泽与弟前后踯躅，追士人良苦，及之，即挽舟勉留行。数十余武回视，先放之舟已为飓风所溺。士人顿首谢泽曰："微君兄弟，予其葬鱼腹矣。义士哉！义士哉！"祀邑孝弟祠。

艾春 详《忠烈·艾敬传》。

江万锺 字自修，年十四补邑庠生。九应乡试不第，及年资当贡，不及禄而道卒。万锺天性孝友，善事继母，抚异弟教育尤笃，以学行称。

叶府 字孔修。为人狷介自守，未尝苟与人交。事亲笃孝，造次不敢离左右。父患肺病，思饮太白泉，府昏夜蹈山冒险必致之，后病沉疴，诸药莫能疗，情甚迫戚，思古有割股事，遂焚香吁天为之，和药以进，父病顿愈，后以高年终。及居丧，哀毁蹈礼，结庐墓侧，衰绖不除，三年如一日，人以为难。县令王文贡扁其居曰"孝义"，邑博士刘孔愚为之记。

李田 字公甫。孝友天性，折节读书。幼失怙恃，乃父事其兄国，事继母丁尤极敬顺。比国死，奉嫂氏张如其母。有女弟适廪陈生，亦早世，抚孤甥笃至，以故嫂氏与女弟皆克感其志。雅好施舍，捐弃金钱率以为快。岁大祲，有以伪金来易粟者，田不问辄与之粟，而投伪金于水。偶入市，获遗金，需而迹之，其人踯躅来，使自言状，果符，即还其金。其人欲分金为谢，卒却之。一日居室为暴雷所震，田方饮于邻家，人奔告，坐客皆勃然，田喜笑自若，徐曰："此偶然耳。"众称其雅量，已而邻屋灾于郁修逼甚，莫不为田危之，田乃具衣冠吁天，须臾反风灭火，嗣后邻屋灾而竟不逮田，人以为厚德之征。

李道宗 字文奎。年七岁，父世显以吏员入京，坐事戍甘肃踰二十载。道宗既长，补弟子员，念其父，日夜西望号泣，告大父及母欲往寻之。时值嘉靖辛亥，乡试期已近，勿顾也，万里徒步，历三年始抵玉关。夜宿武安祠，梦神告曰："不出二日，于凉州界当见汝父矣。"时世显为边帅记室，遇于涂，闻道宗语曰："若南人乎？"曰："诺。"遂相携入酒垆，贳酒叙乡曲，言所从来，知为父子，抱头相向泣。甘肃大中丞知之，试以文题"为窃负而逃"二句，道宗文不属草呈焉。中丞曰："一字一泪，佳士也。"欲以其父成籍留，应甲子秋试。世显亦欲暂留。道宗长跪曰："大父与吾母望父者二十余年，儿行时嘱'若见父，宜早归'，今既遇而淹留，非初意。"中丞知不可强，遂除世显成籍，捐俸助之南还。道宗初号"怀西"，以父在西也，至是号"见泉"，以父号"东泉"故云。久之，游学金陵，有故交陈焕客死，其妻鬻子女以殡，榇不得归，道宗捐所受赆赎还之，并归其丧焉。

刘晋 昌国人。嘉靖三十二年，倭寇入城，其祖老病不能，而家长各挈妻子走，惟晋负其祖而逃。贼将及，祖曰："我老甘死，汝宜速去。"晋不忍，遂俱被杀。祀邑孝弟祠。

郑十三孝子 嘉靖间，汪直构乱海上，寇祸益讧。昌国地当东南之冲，倭至辄首犯之。船罹荼毒。维时孝子家东山，称世族。倭犯其境，族人仓卒避难去，孝子请其父偕族行，父犹顾虑，不急去。既而孝子偕其父西驰，为倭所及，执其父刃之。孝子抱父尸大哭，并为所执。怜其年少，欲生之，驱之偕行。孝子伏地大恸，不肯去。倭怒，并刃之，弃尸道上。越数日，族人归而收其尸。孝子身首异处，而右手犹抱其父，牢不可解。县尹宋继祖闻而哀之，为文以祭，至今称"孝子"云。

李仰山 父怀山，依某主政入都，与妻分袂裂帨为记。仰山方在母腹，后主政谪去，怀山流滞他乡，音信杳然。仰山长，问父所在，母告以故，泣曰："世安有无父之子哉！"即日别母负笈寻父。间关颠沛十有二载，至宣府，卧关壮缪侯庙，梦神告曰："明日会汝父矣。"时怀山在总镇幕府，偶于戎务之暇醉酒市间，仰山于次日过其肆，两人相见，以声似浙音推诘眷属，歔歙泣下，仰山出裂帨相示，怀山曰："果吾子也。"言于总戎，偕其子归，计前与妻别时已三十年矣。总戎上其事于朝，旌其门。

薛罃 字伯甫，一相次子。伯父一卿卒，无嗣，罃为之后。时甫十四岁，两弟俱幼，抚之。长，授以室，又卜筑新庐，平割楹础，里中贤之。有以田宅质粟者复他售，罃竟折券勿问。生平足不履公庭，子三才、三省既贵，郡县求一见不可得，学宫宾筵亦固辞不应。后以长子仕终兵部尚书，赠如其官。

董一麟 字明雅。读书敦行。少孤，奉母李最孝，凡足为母氏悦者必委曲致之。母病，衣带不解，无间寒暑。母寿九旬，奉养如一日，生事葬祭必诚必敬，人称孝子云。兄明岗家居无常业，合食数十年，其子女婚配悉身经之，后复分所置之产，以其肥沃者为兄善后计，闾里咸叹莫及。邑令朱一鹗旌其庐曰"孝友之门"。年七十五而卒。著有《医学问世编》《痘症道书》，藏于家。

刘乔宾 字可望。少与其弟乔举习制举业。一日，念父勤劳家政，遂命乔举卒业，曰："尔无负父志，吾代父服勤。"不数年稍致丰腴，乔举亦补弟子员。伯父无嗣，乔举当为后，遗产薄甚，父悯其业儒不能谋生，忧形于色。乔宾知父意，割庐舍田产予之，无纤毫自私。万历间修学宫尊经阁，又改文笔于巽位，董事者，始终乔宾也，邑绅薛三省为碑记其事。子元明，博学多闻，不干荣进，学博叶国华闻其名，事有所疑，屡就谘焉，以额旌其庐。

谢瀚 字爱夫，参政渭之伯兄。初瀚与渭习举子业，后见产中落，因谓弟曰："若卒读，吾为旦夕负米计。"于是营致甘旨，且佐其弟。父性好宴处，会所居毁于火，攸既改创，而父若不怡，谓无楼居也。瀚微窥其旨，复为构楼，颇宏敞，凭轩四望，江山萦绕，风拂拂起衣袂间，父色喜，为之加餐。瀚饶才略，邑有大事，多资其筹画。灭苛徭，定兵变，捐金造桥，民受其利。后因长子泰宗贵，封司理。子四，泰产、泰履、泰定、泰交。孙赓昌、荣昌，科第称甚盛云。

俞肇乾 秉性纯孝，著于乡里。万历庚戌，母郑氏病笃，多方医祷不效，肇乾割股煎汤进，母愈。有司给布粟以旌之，仍月给粟养其母。

刘可立 年十七失怙，继伯父为后。伯父故，事所后母能竭力焉。时本生母家少落，无以供晨夕，乃泣下曰："吾敢忘所自哉！"跪告所后母迎而养之，合为一爨，终无间言。妻陈氏，承可立之志，事两姑得其欢心，里党称"孝子孝妇"云。

王大豫 字贞所。母病，割股以进。病愈，因谓人子不可以不知医，遂研心岐黄之术以济人。尤好读书，推奖士类，至今子孙著声庠序，人以为孝子之报。

郑饶七 为县掾，以事累羁狱逾年，弟廿六赴恤刑者泣诉冤状，凡十数上始听，鞫得实乃释。饶七复为郡掾，而弟一身任家事，同爨三十六人，秩然有序。饶七妻王氏，知书能算，诸孙诵读晨夕训督，年七十六而终。

薛士珩 字长瑜，号白于，司马三才长子。以明经不就选，省亲京邸。三才尽瘁卒于官，士珩勺水不入口，哀毁骨立，扶梓归，庐墓三年，未尝一履内室，遇讳日必泣。司马卒后，有大母在，孝奉不弛。大母病，思朱樱，遍觅不可得，及大母殁，每荐含桃，辄泫然泪，终身不忍食。庶弟士珑，母钟爱之，士珩尝抱弟侍侧以娱亲心，长以任子让之。丙戌后，构园北郭以隐。邑令龚彝慕其品，终莫能致。一日设具步至园欢饮，及别，送之门曰："恕不谒谢。"燕居如对宾客，盛暑必衣冠而处，见少贱无不加礼，年八十三卒。学者私谥"孝定先生"。

所著有《海居集》《春秋书法史钞》《左钞》若干卷藏于家。

陈应宝　字楚璠。事嫡母以孝闻，弱冠补邑诸生。崇正乙亥，以乡贡授学博，遘疾卒于京邸。应宝性乐施与，凡亲族婚葬多藉之，仓卒谋缓急者不少吝，人谓有孟公之风。生平著述不倦，有《四书约旨》《文选类语》藏于家。祀邑孝弟祠，作应璠。

张文之　父荣，六十六岁，解盗犯潘少、李百一自省返，少恃其勇，脱焉。解者代系狱待绞，盖三年矣。文切齿痛心，人迹可到之处靡不周历。至台州，少已赘蔡家吞，易名曰韩仰山。文乘雪夜直捣其室，大呼潘少，少胆落，四顾欲逃，文对颈加钮而归。邑令龚彝异其事，厚赏之，荣得脱狱。

薛二浙　字朝宗。生平好施济人，有贷者罄赀以予，背则焚其券。性孝友，父年老，于诸子中独爱之，饮馔多就浙，谓人曰："浙爱我也。"两举邑宾，县令龚彝署印，毕十臣俱旌表之。

潘世宝　母袁氏疾甚，割肉为羹以奉母。后母愈。郡县详宪，给粟帛，扁额以旌之。

邵崇显　字近塘。少孤，事母孝，每事必禀命而行。母卒，有老婢马氏卧病，崇显为躬治汤药，曰："吾母在时，赖此妇以代劳者也。"遂厚待以终其年。

虞兴诗　自幼孝友，父病剧，医药罔效，一夕焚香告天，刲股以进，父愈。令张琦扁"孝行可嘉"于其堂。

【国朝】

谢泰定　字时慧，一字天中，瀚之季子也。天性孝友，尤善事继母。幼颖异，叔父观察渭钟爱之，欲携之官署，以慕父母不忍去。弱冠游庠，为文不趋时好。兄泰宗、弟泰交相继获隽，而泰定屡迹棘关，遂日事著述。父病，药饵寝膳起居涤濯之细必身任之，不解带者两月。及病愈，衣虱盈掬，父见之挥涕焉。兄患痰疾，泰定不离左右，及妇坐蓐，巫始一入视。乡有胡某，逆于父，宗党侧目，泰定正色叱之，反覆谕以大义，其人泣悔，卒成令子。遇岁歉，定关戍兵因外饷不至脱巾作庚癸呼，泰定召富者与谋，陈说祸福，令聚粟公所，使司市者平其值，邑赖以安。丙戌后，营别业，朝夕以课子为事。所著有《蛟川形胜赋》《欨云楼秋集》《寄怡偶集》《溯物源流志》《博物化生编》诸书行于世。卒年五十九。　季子克昌，幼纯谨，母惧雷，克昌既授室，每中夜闻雷必起，侍母寝旁，达旦乃已。年三十卒，薛书岩铭其墓。

沈匡斗 字会宫，邑诸生。以孝闻。顺治十一年应乡试，父邦靖暴疾卒，闻报，呕血倒地，移时方苏，勺浆不入口，踉跄抵家，痛哭泪皆血，而喉无声矣。及葬，匡斗犹扶柩入穴，翌日谓家人曰："亲殁，不奉含敛，今犹气息奄奄，不克尽人子礼，我罪更重。两儿识之！"语毕死，时年三十六。 妻李氏抚孤守志。室旁小山有一洞，深寻丈。顺治十六年，闻郑寇将至，寄二孤于伯氏，跃入其中，经旬不死。后苦节终其身。里人沃堂赞曰："毕命愚诚，全生苦节。子道妇心，慎终同穴。大浃茫茫，一苇可杭。南山之石，曲月如璜。夫妇懿美，孰云不臧。形迹昭著者，登之谱牒，而盘旋固结而不可解者，犹在中心之藏。"

谢泰交 字时际。颖敏博学，治举子业尤工。性孝友，痛母早见背，父病疽，亲为啮吮。平日养志承欢，靡不周至。经营别墅以娱其亲，事兄祇敬笃爱，率子弟以恭谨，进止皆循礼法。赈施宗党，旁及里党，折券弃负，家无余财。执亲丧，哀号泣血，视墓躬执畚挶为佣仆先。编年谱，著《思百咏》，读者皆呜咽。服阕后犹时之墓所，哀慕如初丧。顺治乙未，以乡荐入京，廷试擢第一，卒业太学，考授知县。丁酉科登顺天贤书，榜发后策举士以防海，泰交具悉机宜，洒洒万余言，太学祭酒奇其文，特置第一。明年不第，归。值舟山内徙，条陈便宜安插四事。时方寒冱，舟山民浮海入关者，流离冻馁什之七。泰交出囷粟，煮糜分给，流民赖之。旋中顺天乡试，卒年四十八。所著有《虫天集》《燕台集》《谢天童文集》行于世。

朱嗣轲 字完素。失怙时尚在襁褓中，母氏珍爱极至。稍长就外傅，出则倚闾以俟其归，夜则篝灯以课其读。壮年力学，苦家贫，以笔札事戎行，阃帅慕而召之，嗣轲弗忍离母，辞归，贸楮为业，暇辄承欢爱，日曲尽子职。母茹素，轲即断荤。母病，吁天求代，躬尝粪秽。孝养四十七年，母亡，哀毁骨立，亲畚筑营葬，以母像与父像并悬于永思楼，事之如生，日暮必进食，进必跪，跪必哀哭，闻者莫不泪下。生平行谊敦笃，修家谱，正丧祭礼，与人谈忠孝故事极款恻。年八旬终，遗命以衰绖殓，至殁不忘父母云。

谢秉昌 字对越，邑廪生，渭之嫡孙，泰道之长子。生四月母亡，庶母抚养之。及长，孝庶母如亲母。庶母卒，服哀三年。兄弟五人极友爱，至老析箸，赋《七哀诗》，盖伤父母、怜兄弟也。着有《西堂草》，邑人称为"西堂先生"。

谢得昌 字全者。顺治辛丑恩贡，给谏泰宗长子。少魁岸有才，泰守令番禺时，峒寇为乱，制府奉敕征剿，檄泰宗为南路监军，得昌年甫弱冠，辄能跃马箐篁山涧中，遍迹其连营布栅处，卒佐父擒贼有功，入朝以明经需次邑令，改授州同知。因患风疾不赴，居家日课弟子，皆令通经。邑人薛士学云："当取为父兄之训子弟者式。"天性至孝，父病肺痛，得昌供药饵，进衾稠，奉盥栉，皆躬亲之。夜则帷灯默坐，达旦不倦，兼旬未尝一即床褥。年七十犹扶疾省父墓。岁时祭祀，必匍匐泣拜，孺慕之志终身弗衰。子绪正读书颖异，十七补邑弟子员，父没时方微疾，哀毁过甚，疾剧，逾年而卒，人异之。

谢谔昌 字殿侯，给谏泰宗季子，邑弟子员。性沉静，无声色嗜好，吟咏之暇，正襟危坐而已。笃于孝友，父没，奉母尽诚敬道，常侍食，饮次陈说古今史传纪载事迹，嘈杂儿女啼笑并作，冀博老人欢。入京游太学经年，忽患痰逆死。时从弟兆昌、兄子绪光在邸与诀，口不能言，引绪光手以指画"大人"二字于掌中，遂瞑，其死不忘亲如此。子绪贞、绪钦并以文名，一艺出，书贾竞传写，宜兴储同人评曰："绝似颍滨先生。"

李如玉 字显叔，定海卫千户裔也。父唐应袭爵，以不任韬钤事改举业，游郡庠。子三，如玉其季也。负志显扬其亲，既而数不偶，遂事岐黄之术。理明脉贯，应手愈疾，于亲知则不受值。父春秋既高，日谋甘旨承欢。值严冬，如玉女患疹且剧，五鼓入内诊视，旋视父飒飒然，膝拄于颐，急解衣抱父足而卧。父曰："盍往视汝女？"如玉曰："生男几半百，不能免亲于寒。生女方数岁，未必能救亲于馁，儿何忍离膝下去也。"如玉有仲兄以从征没于军，伯兄任岭南卒于道，父惟季子是倚。又从父某尝居翁洲，会有徙舟山之举，群从兄弟挈家江北，流离遘愍，且抱病垂毙，如玉亟赈恤之，始得生存。其孝且友如此。

谢申昌 字闻于，邑诸生。父泰臻，伯渭次子，顺治庚寅为海寇所掳，抗志不屈而死。申昌号泣不休，日跣足走海滨数十里，冀获父尸。时浙明不靖，海氛方炽，常有尸浮沉沮涂间，申昌每见必啮指滴血以验，如是数年，十指血尽枯，体亦日赢瘦，而父尸终不可得，竟以哀毁过当，甫二十九岁而卒。妻陈氏，苦志守节，终身无笑容，亲族咸悯而敬之。

谢绪显 字子临，郡庠生。自少尊朱子之学，每读《或问语类》诸书怡然有得，反覆引伸不厌，薛书岩品题泰宗诸孙，谓绪显能尊紫阳学。天性孝友，见前人手泽必咨嗟珍惜，祖泰宗诗文百卷刻甫竣，而不戒于火，绪显偕诸兄弟节祭祀余资重事削劂，身董其役，与刻工同起卧者三年，获有成书。营父墓封植有法，不拘形家言。六十初度前一夕，遣小童捞襪被步行一十里，至父墓下展拜，冰

雪袭人，寒气砭骨，弗顾也。孺慕之念，老而勿衰如此。

杨衍庆 字远之。幼有文名。康熙二十四年为海寇所掳，衍庆谕以大义，贼奇其人，欲留之，不从，持刀逼之亦不为动，于是羁留之数月，不交一语，义而释之。归家值岁饥馑，乃辍业，经营以养父母。及殁，丧葬如仪。衍庆有两兄，而父母养葬事俱独任焉。

焦汝备 灵岩乡人。躯干雄伟。一日随父入山采薪，虎衔其父去。汝备呼天号泣，奋勇直前，以拳殴虎，父得脱虎口。负以归，伤重不得生，汝备亦以力尽而卒，乡里惜之。

贺子仁 本邑营卒。天性醇笃，少孤，事母孝。母病剧，刲股见骨，昏晕仆地，见者呼之得苏，扶掖至家，和药以进，母病寻愈。又子仁上世有从母之李者，遂冒姓李，子仁念本生祖墓久芜，遍觅山中，披荆棘得之，泣拜墓下，后临卒谓其子曰："必归宗。"子承命复贺姓云。

谢绪惇 字子叙。自幼简默持重，弱冠补弟子员。父没，致并日之爱于其母。以序当出为从父后，戚然曰："母在，吾忍一日离哉？必不得已，请事吾母终天年，而岁时祭，先以嗣子居摄。"族议是之，所后父仅一女，适管氏，寡而贫，割所分田数十亩给其子，处兄弟间怡怡友爱，待人以宽厚，御事以廉平，邑中咸目为长者。雍正七年举乡饮礼，有司素知其贤，列状以上，牒下，令亲诣学宫斋肃延请，观者叹为一时之盛。学使者交河王公赠额"士林硕德"，邑侯张珽曰"达尊有二"。

胡氏子 名逸。家贫，父早世，称贷以敛。年十五傭屋普陀山，执业劳苦，昼夜并作，冀偿前贷。一日其邻涉海到山，以母命趣之归。将至为言，堂上将去室，以聘金偿负，待汝归上吉耳。某闻之，涕泣不胜。抵家拜母，默不一言，急趋水滨，奋身投海。见者大骇，亟援出，逾时始苏。负之还，母子持抱痛哭。母曰："儿心吾知之，无然，吾不去矣。"某血泪迸涌，终不出一语。里人为之感泣，群酿金偿娶者。娶者毁婚帖，坚不受。某叩首曰："聘金不可不偿，众情亦断不敢负。愿立券加息，陆续措偿。"始受半而去。事定，仍至山寺理旧业。

方士奇 幼孤。家贫，竭力奉母，能得欢心，凡赴宴会有肴，未经母食者弗敢食，亦不告人以故。母年垂百，病不能起身，不解带者半载，医学所费，囊无余蓄，谓弟士会曰："送往事一无所备，须更延数日始可措置。"母果延数月始卒。其弟士会，亦事士奇如父，二人俱年八十余。

蔡人能 幼孤，事兄士能甚谨。兄病笃，虔祷于神，刲股以进，兄霍然起，母、妻亦不知也。庙祝有窥见者为人言，人稍稍知，问之则坚讳，乘其醉视之，刀痕宛然。

吴大琳 字偾士，庠生。父嗜鸡，父没终身不食，遇祭祀必设鸡哭奠焉。女许字陈姓，未婚而亡，即还其聘。有族弟大璋亲死无葬所，恸不欲生，即以己田给为葬地。大璋，字硕彦，十岁始能语，家极贫，舌耕以养父母。馆隔家数里，暮必归省，温衾扇枕，亲涤溺器。尝幕游松江，未两月母病，大璋感于梦，即踉跄归，曲意调摄，母遂霍然。父病，日叩天哀祷，父亦康豫。雍正二年七月，海潮横决近塘，坟墓皆漂毁，大璋亲冢独完，金谓孝感所致。大璋工书法，非忠孝节义之言不举笔，人皆珍之。康熙六十年，督学马豫以"永言孝思"旌其闾。生一子，年三十二而夭，妻陆氏苦志守贞，遗孤十六岁，服勤养母。

胡锡光 字友庆。先世系徽籍，以阜盐为业，遂居邑之小浃江。光性孝友，父病剧，医药弗效，尝矢以辨甘苦，割臂和药以进。医生见而叹曰："吾视病见人子事亲，未有若斯之诚挚者。"父没，事母陈氏倍竭孝养。母耄终，伏苫三载，衰绖不除。昆季四人相友爱，白首析爨，毫无私蓄，年七十三而终。

汤日志 父年七十七，病剧，日志祷神刲股，父霍然起，更逾十年乃卒。志始艰于嗣，晚举一子，名殿元，年十八，母病亦刲股疗母，翌日母愈。

林文赐 字梓鉴。性孝友，善事继母。母病笃，祷天愿以身代继母，子窃闻以告，母遂爱若己子。后分析，以良产与二弟，而自取薄者，乡党称之。

洪国楷 孝弟力田。母病经年不愈，刲股和药以进，亲尝粪矢，曰："母不起矣。"痛几绝。母殁，寝苦枕块，三载不入内室。

李应翘 奉母至孝。母年八十病剧，刲股以疗，祷神愿减己寿益亲，梦神锡龄而愈。

严仁厚 父尔锡，贫不能葬母。仁厚幼时，率二弟积义、积树行丐以养亲。稍长，往洋樵采，下涂取鱼虾，易米酒为父欢。凡时物出，必市归跪进。父病，侍汤药弗离左右。及父逝，以所与人共钓船并售之。不足，又佣身受值，得钱四千为丧葬资，并葬其祖母。

孙继祖 字克绳。生三载母亡，父续娶，举三子，父又亡。后母尝欲害之，阴避外家得免。年二十归，晨昏奉养弥笃，母为之悔改。及母亡，居丧三年不越境，人咸称之。

乐璘 字宸钦。事母尽孝，舌耕以资菽水，昕夕不离左右。郡城有巨室以师礼聘，璘以有旷定省辞不赴。娶刘氏，孝如其夫。璘年三十五卒，刘少四岁，曲成夫志，勤纺绩以奉姑，年九十二而终，刘相继卒。明经王重时赠以诗曰："矢志靡他赋柏舟，姑前忍泪暗中流。冰心不减陈家妇，敬事高堂五十秋"。

庄机 字沛九，食饩于庠。康熙二年间，郑寇掠宁，机年十四，被掳，后总督梁某破郑，见机气宇，留肄学。年十八，自闽归，家贫，夜读日耕，以供菽水。母疾，百方调护，医不治，机即刲股和药以进，母疾遂瘳，乡人群称"纯孝"。

儒林

通天地人之谓儒。儒之为行，数之不能终其物，大要以正谊明道尊闻行知为无谬圣贤之旨。濂洛关闽，直接洙泗，而象山、阳明，审异致同，并为理学正脉。邑故多耆宿，若吉甫、叔晦之受业朱门，东发之晚崇朱学，医闾之齐名白沙，则尤表表者也。入圣贤之门，以圣贤为必可至，是乃所以继往哲而开来学欤。

【宋】

曹粹中 字纯老。宣和六年进士，为李庄简光婿。秦桧在相位，光时为参政，桧知其名，欲识之。粹中辞不赴，窃语妻曰："汝父必不能与丞相久处。"光卒贬海南。粹中不复仕，自号"放斋"，以著书为乐，有《诗说》行于世。

沈焕 字叔晦，乾道丙戌进士铢之子也。潜心经籍，伟仪观瞻视，音吐鸿畅。弱冠省试第二，入太学，始与临川陆九龄为友，尽舍所学，师事焉。昼夜鞭策，务本趋实，不自矜炫。自以资禀刚劲，非所以欢庭闱，大书"深爱和气，愉色婉容"数语于壁，日观省焉。弟子决疑请益者自远而至。启告简严，中心悦服，师道益尊。奉川竺大年，其高弟也。乾道己丑第进士，授上虞县尉，教授扬州，召为太学录。以躬行，旦暮孜孜无倦，充殿试官，唱名日序立庭下，帝伟其仪，遣内侍问姓名，众滋忌之。或劝其姑营职，道未可知也。焕曰："职与道有二乎？"适司试发策，引孟子"立乎人之本朝"二句。言路以为讪己，请黜之。调高邮军教授。后干办浙东安抚司公事，治高宗山陵，省供帐酒食，追偿奸敛。岁旱，领常平赈恤上虞、余姚二邑，无复流殍。迁舒州通判，未赴，寓月湖之竹洲，与袁正献燮、杨文元简、舒文靖璘学业交励，并游陆氏之门得其心传，称为"四明淳熙四君子"。晚尤尊敬朱子，有书往复，讲明学道。又与东莱吕祖谦及其弟成公祖俭极论古今，凡世变推移、治道体统、君明臣贤、经纶事业孳孳讲求，日益深广。生平非圣哲书未尝育习，友人向升博通诗书，箴以诗曰："为学未能识肩背，读书万卷终亡羊。"每言"学者工夫当自闺门始"，又言"工夫不实，自谓见道，只自欺耳。"又曰："昼观诸妻子，夜卜诸梦寐，两者无愧，始可以言学。"所著有《礼经订义》《南山集》行世。及卒，周必大闻之，曰："立朝不能推贤奖善，予愧叔晦。益者三友，叔晦不予愧也。"为铭其墓。宝庆二年，赠直华文阁，特谥"端宪"。弟炳，字季文，亦师象山，务穷性理之学。赵汝愚以遗逸荐之，弗就，固穷终其身。

袁甫 详《名臣》。

孙枝 字吉甫，父允。受业乡先生沈铢，学以真实为本，教授乡校者十年。

枝与铁之子焕同游朱熹门，问学精进，著《书解》十三篇，袁正献公曰："初谓子善为文，不意造理乃尔！"嘉定间，与子起予同登袁甫榜进士。允时尚无恙，郡守程覃表其里曰"重桂乡"。枝卓迈有智略，自秦陇、荆湘达之淮海，凡边事军谋靡不练习。淮海帅延至幕下，枝以禄不逮亲辞不就。 起予为昭武参军，群卒噪呼于市，起予往谕之，群卒罗拜曰："孙司户清廉官，不得犯。"入朝为监察御史，至太常少卿。 次子愿质，绍定五年进士第，后中教官科，终工部侍郎。

曹说 字习之。痛其父孝先死李全之难，绝荤酒婚宦，刻志问学《五经》有解。后学问难，亹亹不倦酬答。从故家借书辄先请书目，一阅即能言其本末。平生无喜愠，尝戒学子"绝人我，则天理自著"。为《易解》，全书分辞变、象占，学者称"泰宇居士"。诗文三十卷，精洁可传。

黄震 详《名宦》。

黄玠 字伯成，宋宝章学士震之曾孙。自幼聪明善记，比长，服膺先训，博洽无不通。志尚卓然，不随俗进退，躬行力践，以古圣贤自期。隐居教授，孝养二亲，闻其名者争遣贽迎致之。每渡浙而西，富家巨族尊其德学，为筑馆舍、赍田产以居之。乐吴兴山水之胜，卜筑弁山，遂号"弁山小隐"。与赵文敏公子昂、黄文献公晋卿相友善。所著有《弁山集》《知非稿》《集韵录》《唐诗选》各若干卷行世。卒年八十，翰林学士邹缉撰状铭，祀嘉湖寓贤祠。

【元】

谢源父 字深之。闭门读《易》，能古文辞，而尤邃于理学。老年好游山水，兴至则吟诗以自适。 子应辰，字浚明，受父《易》，得其指要。为太子说书，改无为州学录。至正初，解组归隐而终。

【明】

乐良 字仲本。少有大志，究心圣贤之学。祖大原积书数千卷，曰："吾子孙必有能读之者。"良生，而果能读其书，六经子史、百家之言靡不淹贯。师事程端礼，端礼以老友呼之。端礼师史氏蒙卿，蒙卿师大杨先生枋、小杨先生岊，二杨师蜀人昦渊，而渊则朱子之高弟子也，其道学渊源盖有自云。至正间，以贤良征至京师，与黄文献公潜、王忠文公祎、揭文昌公傒斯游。忠文公少良七年，恒以兄礼事之，讲明道术，相得欢甚，一时公卿大夫咸器重之。良见元政不纲，归于大浃、小浃之间，筑室数楹，与从弟平江学正衍、永嘉丞复读书其中，以山水自娱。忠文公赠之以言，见本集。洪武初，辟为定海县学教谕，循循善诱，课试有方，一时英俊若张信、陈韶辈咸出其门。又善属文，国初时修缮城池、崇秩祀事、创立公宇，凡碑碣铭记多出其所作。有文集数卷毁于火，攸无存。

张信 字诚甫。弱冠补邑诸生，博极群书，尤精《诗》《书》二经，贡上春官，卒业太学，寻中应天解元，洪武甲戌进士第一人，入翰林，为修撰。三载升侍讲，上谕之曰："官翰林者，虽以论思为职，然既列近侍，且夕在朕左右，凡国家政治得失、生民利病当知无不言。昔唐李绛、陆贽、崔群，在翰林皆能正言说论，补益当时，显闻后世，若等当以古人自期。"信与侍读戴德彝皆稽首谢，益用感奋，拾遗补阙，以直声振于朝。丁丑二月会试，上命学士刘三吾为主试官，所取尽江、浙、闽人，中原、西北无一预者，谤声腾起，上怒命儒臣覆试之，信与同官六、七翰林受命阅卷。或曰："宜少贬，以承上意。"信不可，仍以三吾所中试卷奏。上益怒，谓："此属皆胡、蓝党。"三吾坐谪戍，信辈皆弃市。

陈端礼 字履中。志操古雅，动不逾矩，博究群籍，集子弟讲明经术，谓圣贤之学当自修身齐家以达于天下，勿事章句。弟治、从子宪相继登第为御史，端礼作《廉说》以规之。尝曰："汝辈尽忠朝廷，不负予教，则予得肆情泉石矣。"乃筑室别墅，遂心著述。时郑珞为郡守，行乡饮礼，诣门迎之，人谓"宾主俱贤，有裨风教"云。著有《丧祭礼仪注解》。

夏时正 详《名臣》。

贺钦 字克恭，别号医闾。世居定海。其先戍广宁后屯，为辽西义州人。钦少颖敏好学，成化二年第进士，为户科给事中，见白沙讲学，叹曰："至性不显，实藏犹霾，世即用我，而我奚以为用？"即日上疏解官去，执弟子礼事陈献章，既别，肖其像悬室中，事之甚谨。宏治改元，大学士刘吉荐授广东参政，抚治商洛，以母病辞职，上疏陈四事：一曰资真儒以讲正学，谓今日要务莫先经筵，当博访真儒以资启沃；二曰荐贤才以辅治道，新会陈献章天性高明，学术纯正，宜以非常之礼起之，或任内阁俾参大政，或任经筵使养君德；三曰遵祖制以处内官，内官职掌不过洒扫供奉关防出入而已，近年如王振、喜宁、曹吉祥、汪直辈陷君误国、蠹政殃民，昭昭在人耳目，宜深鉴已往之弊，内不可使职司奏牍得预大政，外不可使镇守地方掌握兵权；四曰兴礼乐以化天下，陛下绍基之初，举行朱子丧葬之礼，而颓败之俗尚仍其旧，乞申明正礼之当行，革去教坊之俗乐。疏入报闻允奏。后归义州。正德四年，逆瑾括民田，东人惊恐思乱，义州以守臣贪故，先发，聚众大扰，然顾相戒曰："毋入东街惊贺黄门。"钦闻之往谕之曰："若辈即知悔，惟不杀人可解。"已而镇抚入，至有言军至且剿者，众呼噪曰："贺黄门无嫚语。"趋跪钦里门。钦曰："城中扰乱至此，镇城焉得不发兵？兵虽至，尔等不杀人必宥，尔无恐。"众遂定，城中不伤一人。钦平生不务博览，崇习《五经》《四书》《小学》，静思默议，反身实践，冠婚丧祭遵用家礼。每教人读《白鹿洞规》《小学》，乡人由是兴于行义。老更好《易》，究心象数，手不释卷。卒谥"恭定"。乡人祠之凌溪钓台，盖钦所行乐处也。正德辛巳，都御史李承勋题钦为"理学名臣"，及序刊《医闾文》四卷行世。

文苑

圣门四科，不废文学。文者，贯道之器，明道立言，而翼经传，鼓吹休明，故足贵也。汉崔寔沉沦典籍，称"儒家文林"；宋濂、王祎修《元史》，合"儒林""文苑"而一之，岂非以文不本于道德，贾谊、相如终难入孔氏之室耶？兹次"文苑"于"儒林"后，固多博古通经成一家言者，其吉光片羽，亦彬彬风雅之选云。

【三国】

任奕 字辉臣。自幼颖异，官至御史中丞。仕以行义，文以翼经，著书十卷，名曰《任子》。其道论之略，曰："一人之智不如众人之愚，一目之察不如众目之明。"又曰："水可干而不可夺湿，火可灭而不可夺热，金可柔而不可夺重，石可破而不可夺坚。"又曰："天之圜也不中规，地之方也不可矩。日月为天下眼目，人不知德；山川为天下衣食，人不知谢。"皆挚语也。孙亮太平间，会稽守濮阳光问士于书佐朱育，育述初平时功曹虞翻对王朗之言，谓"文章之士，任奕、虞翻皆立言粲盛，烨若春华"。王应麟赞曰："董子遗风，人恬隐逸。避秦仕汉，终泯声迹。德辉日丽，文藻春荣。名高位显，达哉中丞。"**按：任奕祀镇乡贤，子孙世居灵绪。旧志不为立传，今特补入。**

阚泽 字德润。家世业农，至泽独力于学，贫无资，常为人佣书，以供笔札，所读精思，至忘日夜，由是显名。举孝廉，除钱唐长，迁郴令。孙权辟补西曹掾。及称尊号，以泽为尚书；后改中书令，加侍中，赤乌五年拜太子太傅，领中书如故。泽以经传文多难得尽用，乃斟酌诸家，刊约礼文及诸注说以授二宫。又著《见宾仪》《象乾历数》等书并行于时，每朝廷大议，经典所疑，辄咨访之。以儒学勤劳，封都乡侯。谦恭笃顺，宫府小吏呼名对问，皆为抗礼，口未尝齿人之过。然朝政有所缺失，无不随事匡救。权尝问："书薄孰美？"泽举贾谊《过秦论》以寓讽谕。吕壹奸罪发，有司穷治，奏以大辟。或以为宜加焚烈，泽曰："盛明之世，不宜有此。"权从之。又，诸司欲增重科坊以检御臣下，泽曰："宜依礼律。"六年冬，泽卒，权痛惜感悼，食不进者数日。虞翻称泽曰："阚生矫杰，蜀之杨雄。"又曰："阚子儒术，今之仲舒。"其为当时推重如此。**按：《慈志》：县东北一里，阚相书堂，后舍宅为寺。唐大中二年，县令立为润德院。《三国志》称泽为会稽余姚人。盖余姚、鄞、鄮三邑尝并勾章。汉时镇未县，亦属勾章灵绪乡。宋时有阚相公祠，今废。**

虞翻 字仲翔，汉虞诩之后。自上阳徙宅勾章，仕吴为骑都尉。数犯颜谏诤，孙权不悦，坐徙丹阳泾县。吕蒙图荆州，请翻自随，料敌多奇中。权任吴王，宴群臣殿上，自起行酒，翻佯醉伏地，不肯持。权怒，欲手刃之，大司农刘基抱权谏，得免。翻性疏直，又数有酒失。权尝与张昭论神仙，翻曰："彼亦死人，世岂有神仙耶！"权积不能堪，遂再徙交州，终疏之。翻每自嘲曰："尔骨体不媚，犯上获罪，当长没海隅，以青蝇为吊客，使天下得一人知已，足以不恨。"其自信如此。翻有隽才，文学优赡，伟然名家。虽不获显用，称儒宗焉。所著有《论语、老子、国语训注》传于世。又改正郑康成解《尚书》违失及注《五经》违义尤甚者一百六十七事。其后预、喜、奇、荔、聳、世基、世南、当九皋奕世贵盛，皆翻之遗美也。

【宋】

虞荔 字由被。祖权，梁廷尉卿、永嘉太守。父平，为始兴王咨议参军。荔幼聪敏，有志操。年九岁时，从伯阆侯太常陆俟问《五经》十事，荔对无遗失，俟甚异之。又尝诣徵士何允，时衡阳王亦造之，允言于王，王欲见荔，荔以"未有板刺"辞。王以荔有高尚之志，雅相钦重。及长，美风仪，博览，善属文，仕梁为中郎法曹，武帝征为中书侍郎。后卒，赠侍中，谥曰"德子"。及丧柩还乡里，上亲出临送，当时荣之。 子世基、世南，少知名。

虞世南 详《名臣》。

【宋】

薛寘 字持志。少有文名，及长，以《圣人执权赋》领乡荐，寻登庆元五年进士，授衡阳簿。时史弥坚帅湖南，一日寇起黑风洞，檄寘往抚谕。将至，有道其姓名者，其酋曰："非四明作《圣人执权赋》之薛寘耶？"遂投戈而退。

应㒒 字之道，嘉定十六年进士。未第时袁越公韶为京尹，㒒留门下掌牋记。一夕坐有美堂，欣然若有得。同门客最善乐府，暮从外归，问曰："何欣然也？"以"拟明堂诏书属对甚善"答之。客哂曰："一第脱饥寒犹未能，明堂诏何施焉？"㒒后直内制，卒用所拟诏，而客以乐府游公卿，困踬以死。教授临安，郑丞相清之见其文，奇之。清之将拜相，俾草相麻后卒用焉，㒒以著作郎兼学士院权直。端平开边，兵败洛阳，㒒预边议坐斥，而清之亦罢相，居东湖，益与㒒蒐拾文史，号《建章集》，皆制诰所需。清之再相，㒒复用，以侍郎掌内制，遂力荐为内相。理宗疑焉，一夕召㒒入院，降诏草五制，夜四鼓进入，上始信之。翌日即除翰林学士，后拜参知政事，以疾告归，卒。

王文贯 字贯道。幼嗜学，与乡先生余端良游，魁太学公试，登宝庆二年进士，教授真州，除宗学谕。弟宗道同领乡荐，第嘉定元年进士。文贯精毛诗，以辅氏为宗，从游数十人。同郡知名者奉化汪元春、本邑黄震，俱以议论政事称于时，文贯由是显名。

【明】

刘德名 字世嘉。研涉六籍群史，处山海吞僻，文不耀世，耕植自给。虽至困乏，裕如也。平居盛服端坐，弹琴赋诗以自适，后学问难，辄竭中以告。与同邑高士夏俨、陈端礼皆以文行重于时。

陈浩渊 一名暕，字智宁。天性孝友，善骑射，工诗，尤精六书之法。筑小轩一所，匾曰"梅月"以自况，朝夕吟咏其中。与鄞之杨范、王用，慈之刘忿桂、宗儒结为诗社，篇章流播，价重鸡林。诸父伯瑞无嗣，浩渊嗣之。伯瑞卒，哀毁踰礼，庐墓三年。晚年好施舍，修缮途梁以利行者，为时称重。 从孙韬，字德玉，宏治十七年以贡授历城训导，饬礼度，讲经义，严课诸生，以身先之，岁时馈遗俱辞不受。巡抚中丞史琳檄韬署县事，韬固辞曰："官以职教而出理民事，岂尸祝不越樽俎之谓乎？"琳大器之，升益都学谕，闻命即乞休。比归，躬田园，甘清苦，布衣蔬食晏如也。韬自幼聪敏，潜心经史，虽盛暑必衣冠以居。与人交，谦厚和易。尤善事母，母疾，衣不解带。既卒，庐墓三年，致雉鹿芝草之瑞，县令钱如亦闻而异之，特式其庐焉。

王恺 详《循吏》。

贺士谘 字访之，医间先生钦之子。天性颖敏，博极群书，陈白沙一见称之，曰"老眼识凤雏"。领宏治五年壬子乡举，未第，遂绝意仕进。后以都御史张文锦荐被召，首陈十二事，曰：法帝王，务实学，存敬慎，谨细微，亲贤，远邪，崇俭，爱民，正俗，乐谏，惜才，保终。不报，辞疾而归。

周鏻 字体干。学问淹博，工文章。正德间，以贡授延平司训，迪士有方，人文蔚起。卒于官。鹿门茅坤挽之曰："一官同事古潭津，谁料先生遽返真。绛帐半帏空映月，青毡一席数封尘。梓归千里关山隔，酒奠三杯悃素伸。别后要知爱慕处，西风长是泪眉颦。" 族子栗，字用直。嘉靖选贡，任潜山训导，以艰归，服阕补莆田，升清流教谕。后为唐府教授，王甚重之。户部郎中龙津以诗赠之曰："至教移遐谷，乔迁达帝家。君才齐贾傅，王德进长沙。河献书多读，陈思赋日加。古来天府国，拭目旧章华。"读二公之诗，两人品行可见。

薛俊 字梓山，通之子也。自少刻意问学，经史百家靡不博综。以贡入京，部试、廷试皆第一，授常州训导，升浮梁教谕，以文行董率诸生，人谓其"无愧朋龟之后"云。县令郑余庆尝聘修邑乘，所著有《日本考略》，其著载万鹿园《经济文录》中。

薛一相 字万石。为诸生有声，时学者狃于训诂，而一相独好经史古文辞，以起衰式靡自任。岁试第一，其次刘时益，即一相所受经师也。一相欲让之，督学不可，后竟以贡让其师，人高其谊。孙三才、三省得读遗书，皆博学为名臣。

李贤 字邦臣。弱冠游郡庠有声。尝与诸名士论古赋，时相得也。郡侯周希哲、邑令何愈辟修郡县志，总纂修司马张时彻尝推重之，考证多出其手裁。尤精皇极六壬诸数，总镇卢镗延之幕府。时倭从定关入，直突郡城桃花渡，城门昼闭。贤启观察任环：开长春门听民出入，民皆德之。尝教授生徒，多所奖拔，司马薛三才兄弟其及门士也。壮年，其父金吾将军尝挈贤游天台、雁宕，及观龙湫泉，顾谓贤曰："汝业文章，当若兹变化。"因自号龙湫居士。晚营一椽，题曰"白贲精舍"，以此自终。

薛三才 详《名臣》。

薛三省 详《名臣》。

武爱文 字信陵。其先勋胄。生而颖异，以科第自期，父名之曰"爱文"。长与观察谢渭等相友善，渭等先后登第，而爱文独浮沉诸生间。万历丁酉，以选贡上南宫，金陵士大夫闻其名，延为师，一经指授，俱有法度。值父母相继殁，庐于墓侧，以过恸致疾卒，人称其孝。所著有《冰壶诗集》。

华颜 字九渊，一字心斋。少攻举子业，善草书，仿二王笔法，长于诗。壮游庠，食贫，馆于湖潘大司空家，每燕会赋诗，下笔多惊人语，潘甚重之。为援例入太学。万历己酉举于北雍，癸丑登进士。选工部营缮司主事，皆躬核实，无令有染指，裁减金钱无算。时边疆骚动，经费不支，颜上《理财》《裕饷》二疏，剀切详明，皆裨于国用。性耿介，不屑委蛇随俗。太监曹荣以币乞颜书，又亲候之，但草唐诗数行以复，其风节多类此。戊午秋，奉命典试粤中，遘病卒于途。有《菊花》《雁字》等诗及《北山小集》行世。

林继祖 字公孝。万历丙辰进士。孝友惠廉，著于乡评。淹贯古今，力襄戴礼。著有《舟中草》。薛文介尝曰："公孝豪于诗。"

何震爆 字元发，号惢庵。居灵绪乡之曲塘。好探讨群籍。邑自隆万以来文气日敝，震爆起衰式靡，力追醇古，造就两弟及二嗣，俱以博洽称。大中丞及巡海使者行部按定，凡表疏、章奏多出震爣手。辛未诏采《熹宗实录》，郡邑大夫延震爣主其事，不匝月而告成。与薛宗伯、鲁叔等日相倡和，所著有《龙澂集》《客游草》《青虬石室藏稿》《恖庵集》。

李玉华 字绮霞。奉晚母无间言，多周恤乡党。少补诸生，所作艺每一题得十余稿，尝言："吾之笔得南山为架，吾之墨得东海为池，方恣挥霍。"与武冰壶、薛宗伯、谢观察以古文词相倡和。岁贡于京，时相国孙公承宗大阅九边，且援辽，华上言："东事之失，始于不救南关，终于专救北关。愿无听宰赛媛儿言，以反成其联络之势。"言皆切事，孙壮之，将携之行，华以方对策大廷辞，盖寔见辽无可为矣。后授京卫经历，寻卒。

谢泰宗 详《循吏》。

谢泰履 详《义行》。

谢泰道 字时逢，观察渭长子也。崇正年贡于乡。德器凝重，昆季皆尊礼如师，而泰道友爱无间。于书无所不览，五经、三传、管、庄、史记，手为笺注，学行与薛士珩同重一时。 弟泰臻，字时裡。观察子六人，皆恂恂儒雅，泰臻独任气节。甲申之后避迹天童山，时负一囊，藏书卷其中，登深林绝壑而读之。顺治庚寅，遇寇不屈，投东海死。 泰瑞，字时协。补博士弟子员，读经传阐发性命宗旨。父渭卒于官，属士大夫醵金为赙，泰瑞曰："奈何伤父廉。"一切谢勿受。 泰阶，字时符。父没年尚少，及长析箸，奴仆、田产悉取其赢确者。故给谏章某子客于四明窭甚，以世谊故为治丧，资以归。尝冬月途行遇僵者，解衣授之，忍冻归家。早卒。所著撰悉自火之，曰："吾寄身钓弋，楮墨遂多。苟不化为烟云，恐作灾祲耳。"后以子归昌贵，赠县令。

薛士珩 详《孝友》。

周西 字方人。性耿介，抗节自高，事母孝，愉色婉容，数年如一日。时际乱离，所遇辄遭残戮。尝负母避难，中途遇盗，盗闻西名，胁之去，不从，以刃折西右臂巨指，断而复续，卒救其母归。中年后谢去世事，以山水诗歌自乐。及暮年，家业中落，贫无以给，教授生徒以老其身。邑令王元士、郝良桐俱委以蒐辑志乘，已脱稿，未及付梓。尝筑"劲草亭"，自号"劲草居士"，所著有《春秋传注》《劲草亭集》藏于家。

虞光祚 详《义行》。

【国朝】

谢泰定 详《孝友》。

谢泰交 详《孝友》。

郑宗衡 字君铨。好经史，敦品谊，学者皆矜式之。督学虞二球，其高弟也。以岁荐授宁海训导，训士有方，其不给者兼助之。澹泊数年，卒于官。宁士重其文行，请诸学使者，从祀名宦祠。

虞二球 字天玉。少好学，为诸生二十年，居贫守约，顺治戊戌始得第，授安化知县，以醇静为民所亲爱。县南乡有梗令者，刺史谓其鼓众逞乱，将加以兵，二球曰："一二奸徒，何剿为？"单骑往谕之，奸徒伏法，民获安全。以治行征荐为兵部主事，升郎中，典试山东，督学江南，所拔皆知名士。生平事亲孝，于诸弟甚相睦。丁内艰归，出入闾巷，不改寒素。著《四书解义》，博采诸说，而折衷于朱子。尤精于《资治通鉴》，能详睹其本末。学问外无他嗜好，甚得先辈遗规，里中后学多师之。

李文伟 字韬仲。年十二能文，擅神童誉，十六补诸生，所交游皆名士，工部郎中范我躬以女配焉。屡踬棘闱，以明经老，遂自称"澹圃"，吟咏山水以终。将卒，作诗别诸亲故。亲故毕集，谓曰："可歌以送我。"曲有误者，犹顾而正之，须臾端坐逝。所著有《晚香集》。先是父卧病十四年，汤药饮食必躬亲，晨昏寒暑无间，居丧三易期，泣血如初，其孝行又如此。

许应祯 字孟祥。年十三补诸生，博学能文，为士林推重。康熙癸丑县令王元士邀修邑乘。遣词命事多出其手。弟往郴州，言及辄流涕，及归喜形于色，其友爱如此。

薛士学 字五玉，恭敏从子，学者称为"书岩先生"。赋性高简澹泊，一切荣利声誉之事不以介胸。年未艾即谢去场屋，旋贡胄学，亦不赴。读古人书，贯通诸子百家，为文原本经籍而取裁于史，质实典茂，自成一家。偶间党宴集，坐有谈朝市事者，必正色拒之。好茗饮，饮或连数瓯，尝曰："吾生平无他可传，可传者独此耳。"邑令唐鸿举慕其贤，戒驺从造门，谢不见。亟请，曰："某布衣，不当私谒。令必欲见，朔旦学宫可矣。"及期，行相见礼，外无一语及他事，时论高之。年逾八十终。所著有《书岩集》。

谢师昌 字维贤，参政渭之孙。天性孝友，弱冠遇寇乱，负母夜行十里外避之，祁寒，两股尽裂。以贡授平湖训导，学校毁废，春秋朔望皆望空行礼，师昌筹划修举，不半载告成。时进诸生质疑问难，经指授者多成佳士。秩满，迁南雄经历，以老乞归。师昌于书无所不览，尤以参悟性命为主。尝趺坐终日，澄心返观，非辞章之士所及也。书学钟王，人多珍之。弟树昌，岁贡候选学博。博学，性恬静，进规退矩，与兄并为后学师。

谢绪敷 字敬在，增广生。幼颖异，未就塾时，慈水姜宸英馆其家，买棹将归，值天气阴霾，绪敷朗诵"如此风波不可行"句，姜闻而异之。十岁受学于慈水裘琏，题诗灯壁，有"越裳虽远可期年"之句，裘见而异之。为文鲜妍秀雅，古诗文词亦隽异遒劲。尝偕兄弟辈构筑书室梓山南麓，邑令周家齐时过与之论诗文，因颜其室曰"夹镜"。教子最严，学使者扶风马公豫旌其闾曰"义方足式"。晚年著述尤工，有《东井轩诗文钞》藏于家。子五，长闳祚，雍正癸卯拔贡；次闻祚、润祚，郡邑诸生；次闾祚，乾隆壬戌科进士；次闲祚，乾隆丙辰科举人，并以文章著名，人以为义方之效云。

陈梦莲 字仙佩，邑诸生。好古博学，经史皆有笺注，尤邃于《春秋》，尝合"四传"较其异同，因文析义，必求合于笔削微旨，名曰《春秋定论》。镇邑志自东沙张司马纂辑后，经百数十年未修，梦莲历访前贤，记载故老旧闻，随得随录，遂有完书，至今镇邑文献有征焉。

谢绪宏 字子任。探讨群籍，读书于梓山书屋，寒暑不辍。性孝，母沈染沉疴，尽鬻其室之服饰为汤药资。康熙丁丑，以选拔贡成均，己卯隽贤书。所著有《四书诗礼文》若干篇，《燕山吟》四卷，《旅游草》二卷。

谢绪恒 字子朔，号松轩。年十七补弟子员，康熙己卯，以副贡肄业成均；庚子登贤书。性耽书史，善诗词。所著有《春秋集说》《古文约编》《历朝诗藻》《问渠诗集》行世。

谢绪敬 字人舆，号小江，师昌从子。性孝友，与人交，温恭蕴藉。雍正辛亥，敕修《浙江通志》，中丞檄聘校订，为总裁诸公器重。由岁贡训云和，以薰陶多士为己任。纂辑《括苍文存》，未梓而没。

朱文懋 字修来。少以鲁闻，苦读书。为文未工，啮唇流血以自励，遂贯通经史，著《易纂先后天图说》《四书辑略》。亲亡，庐墓尽哀。年三十绝弦不再娶。弟韶懋，质敏学博，笃于孝友，敬事伯兄，没身不析箸，著《鉴略要览》

《捷书梅郎集》《洛吟草》、杂咏诗赋若干卷。其学行多得自兄修来，陈介眉颜其堂曰"二难"。

张懋建 详《循吏》。

李琦 字次韩，邑诸生。操履端方，其讲学由博返约，而归于尽心知性。康熙四十八年，郡邑广文申据士子公举"德行"，学使者吴垣以"东浙儒宗"表其宅。

【明补】

陈国仁 字子元。弱冠入邑庠，襟怀洒落，博览群书，闭户诵读而四方求学者甚众，凡入其门墙者屡拔高第。万历间，鄞尚书张公招修府志，参考补辑，秩然有序，迄今人见其遗文，道其行谊，尚兴感焉。

胡沦 号洁轩。幼就外传，属对应口立成。稍长，作文出笔多惊人语。为诸生，每学使者临试，辄称奇才。其学淹贯经史百家。嘉靖四年贡于乡，廷试第一，司训芦江，寻迁雩都教谕，皆以身为范，学者宗之。有《雩都集》传于世。

武功

昔楚将子玉，文公侧席；赵有廉颇，秦不加兵。折冲御侮，不重赖干城哉！邑士抱经纬才，往往有敦诗说礼，号称"儒将"。当其戢兵禁暴，保大定功，若子仪以宽，光弼以严，王翦以众，谢安以寡，运筹一心而决胜千里者，颉颃其间，无多让也。为志其人，并著其绩，拊髀而思，将帅由此其选乎！

【明】

郑中 陕西人。洪武十一年，由进士任宣政院都事，同院使马梅征王保保有功，改武阶，授河州卫镇抚。二十六年，调定海卫镇抚，遂家于定。七世孙金征倭，与建威远城。后裔诗礼相传，衣冠不绝。

刘鼎 字伯铭，定海卫指挥佥事。性质沉毅，状貌雄伟，识韬略书史，莅卫政，擢把总备倭，咸著能声。正德初，江西桃源寇起，督剿大臣檄鼎为偏帅，鼎奉檄即坐厅事中，呼家人曰："谨守室庐。"时有牵裾者，引佩刀裁之，曰："今日受命，即捐身报国时也"。出门简徒而行，竟奏捷，升授浙江都指挥佥事。时逆瑾窃柄酿衅，继以宸濠阴谋不轨，内使充斥道涂，颐使武弁若奴隶，奸竖在浙者蓄兵为宸濠应援，鼎密与台司协谋设备擒之。鼎居寮案中，恂恂无所言，事至徐出一二语，众皆称当。有好为伺察者，鼎云："水至清则无鱼，人至察则无徒。"闻者悚惕。嘉靖初署总督，年且七十，躬行边简阅，徒旅谓其属曰："祖宗为虑深远，立法周至，吾辈恪守之而已。"寻致仕家居。任边计者多所咨访，年近八十而终。

李诚立 字元德。年十六袭爵为指挥使。会倭夷跳梁，督府出镇海上，诚立与军佐指挥办军务，屡著劳绩。八年迁浙江松海备倭把总，行都指挥事。逾年，以都指挥备倭定海，寻升福建行都司，转广东游击将军。山贼苏继相等钞掠长乐县界，数抚数叛，诚立与督抚议募浙兵以剿，盗乃平，论功升广琼参将，复改潮州。令统故所募长乐兵，会海丰、揭阳、归善、永安诸军，克日并进。诚立独破葫芦等数十余寨，擒斩三千四百有奇。捷闻，赐金币，升副总兵，协守漳潮。后林道乾等复啸乱，诚立一日孤军抵其巢，贼并众死御，遂败绩。诣军门，请更前死战，许之，乃奋勇斩贼首七百五十余级。督府谓诚立功罪相半，乞复原官，而御史台相龃龉，论戍密云，遂以此愤忧成疾而卒，年四十八。子广平，魁梧有父风，为临观裨帅。

陈仲仁 邑庠生。幼习韬钤。嘉靖三十一年，倭寇定关止半边山下，参将戚继光、游击徐景升素与仲仁交，知其才力，令率前锋，渡江奋击，生擒倭七人，并斩级而还。中丞嘉其功，欲题授武职，仲仁辞曰："老母在，未敢以身许也。"青衿终其身。

陈京 字兆先，睦之七世孙，世袭定海卫百户。子凤鸣，字雕喈，父子智勇，技射绝人，为上官推重。嘉靖时，岛倭蹂躏内地，浙闽诸省俱受害，朝议卫官军士不足以制寇，添设总兵五营将校，开府定关，统辖浙直两省。时都督俞大猷加京以厾泥哨千总，督理战舰，时拨南北两洋巡哨，京无不周历。一日飓风大作，命军士救捞飘溺民船，全活二百余人。又同子凤鸣随大猷于洛迦山用火攻破贼，擒斩无算。大猷奇凤鸣材，任以巡洋游击衔。凤鸣备叙御倭机宜，于寇船来往风汛、南北巡哨要害皆缕析详明，洞中窥会。又陈海防三策，以毋使入港为上，毋使登岸为中，毋使近城为下。大猷视其条陈，击节称赏，上诸总制胡宗宪。宗宪曰："熟悉海务，诸形胜备详，倭奴犯境诸踪迹，有此干济才，当急用之。"以南洋任其巡哨，北洋虽非专辖，亦须其擘画。经略海上十余年，倭乱渐息，京父子实多伟绩焉。

任文华 字南城。力能举七百斤铜炮。嘉靖间，倭寇猖獗，闽广之师莫能御，文华奋义勇捣其巢穴，浮沉水寨中三日，凿沉贼船，淹没不计其数，余遁山谷，尽捕之。总制胡宗宪授以官，不就，赍以金帛，又不受，曰："王事靡盬，臣民分也，敢因以为利乎？子孙贤达，有用于世，斯足已。"子茂，孝而好义。仲子德敏，以选贡仕至南城兵马司指挥，别有传。

李环 字宗复，世职指挥。环于隆庆间试武闱，三中式，继中万历武进士，复官海上，多战功。隆庆二年，海潮薄北阓，环随镇帅刘显步祷，后增筑内城，董役与有劳焉。子一鸣，字有声，袭父职，任临观备倭，升贵州清浪参将，以征苗功升狼山副将，病归未任，改海门参将。靖兵变，军民俱思其德。

谢渭 字道游，号鉴止。魁岸，饶胆略。读书兼习孙吴兵法，万历庚戌成进士，授评事。恤刑滇黔，多所平反，迁刑部贵州司郎中。执法不挠，升湖广副使，使守衡永，莅任六月，丁内艰。服阕，补蜀安绵兵使。时奢安二酋交煽，渭星驰抵绵。距绵千二百里，为永宁故蔺穴也，宿客土兵及土蛮降兵十余万，怗乱难制，督朱燮元遣渭往监军。蛮伍以监军新至未习兵，辄大哗索饷，而石柱宣慰女将秦翼明者最黠雄，实阴鼓众，渭召数之曰："汝石柱一女子，朝廷嘉汝才略署为将，今军心不戢，汝之罪也。汝负国恩，宜死。"翼明惧伏，愿捕首哗者自赎。于是纪律精严，无敢犯者。初蔺骁将余四等乞降，制府纳之，使徙泸州，不即徙，至是水西结为内应。渭悉其反状，立斩以徇，降众股栗。已而奢寅招水潦寨合西兵三万寇永宁，渭设方略截其归路，身督兵击之，寅仅以身免。蜀民为寅所掠者招之归，多方安辑，全活万余人。乙丑，率兵援黔，中道经马蟥、壁獐诸洞，皆寅党也，便宜先翦之，仍密嘱其党阿引阿潦，擒寅斩之以报。更以"安酋未奠"上书制府，具悉用兵成算。书甫达而小河见告。蜀邻番落、松潘扼吭而守，南倚威茂为饷道，而东寄咽龙川，中界诸番猓四十八寨皆属于小河，渭念龙川无严备，所藉外护小河。亟令秦良玉御之，少挫，龙川益急，乃令游击孔全斌率永兵辅良玉营江外，而身营山箐间为应援。番猓屡败，因遁去。时渭已升山东粮储道参政，爕元特疏留之，遂改守上川东道，寻擢广东按察使，守雷廉。会蜀制府张鸣鹤主渭"以剿为抚"之策，特疏荐渭以臬司督饷。渭劳苦戎马间，已得疾，抵成都，方与客对语，忽气逆不能言而卒。其事父母孝，及析产让兄，人更多称之。

张君谟 字玉台。世父校，以明经丞宛平，君谟随任。习举子业，兼攻韬略。天启二年，白莲教叛丰城，侯沐奉诏募材官，君谟补千夫长，与游击蒋绍芳、都司廖栋会兵进剿。至横河，会山水决发，白莲贼思遁，君谟引兵从间道高皋而入，贼惊溃，戮千余人。帅府上其功，加一秩摄登州守备事。崇正改元，奉兵部檄使朝鲜，遇飓覆溺。子升奉父衣冠葬先陇之右，孺慕终其身。升，邑诸生，有文名，尤精于《易》，著有《周易参解》《澹宁轩稿》。

邱希贤 别号福泉子。幼丧父，家中落，与兄协力振复。事母孝，有从弟死，家贫窭，分产抚其孤。嘉靖己巳，饥馑频仍，倭寇且猖獗，民不聊生，希贤呼闾里子弟而谓之曰："汪奇一童子，尚执干戈以卫社稷，况吾侪俱壮夫，不能除寇患，耻甚焉！"适县有帖传军门令："乡兵剿捕有功，同官校一体升赏。"希贤益奋率子弟，夺贼舟于本境，前后三十余战。又援慈溪、龙山所二处，生擒倭寇七人，斩获倭首三十颗，解送倭船、弓箭、刀铳几数百。帅府嘉其能，赉以金，辞不受。乙丑岁，海道蔡、兵科给事中何、御史韩上其功，给冠带，仍令督率防守，以"效忠勉义"额旌之。

义行

司马子长传游侠，取朱家、郭解之徒，盖有慨乎其言之也。人怀自利，壶餐之细，德色良朋，而指困助舟、解骖乘驷之事，乃见称焉。志中所载，有无相周，患难相扶，不沽名，不伐德，庶几古睦姻、任恤之道，而由仁厚之俗进以大同，盖将有厚望云。

【宋】

蒋员外 逸其名。仗义矜节，不纤啬于财。子姓不类，鬻田产者必随其价市之。逮久，度其无以自给，举以还之，不责其价。已而又卖，既买又还，有至数四者，卒无厌意。尝泛海，为回风所掣溺水，舟人挽其衣救之不可得。舟行去溺所约十里许，遥见一人冉冉立水上，随风赴舟，视之，乃蒋也。亟引之，问所以，曰："方溺时，觉有一物如蓬籍吾足，适风吹，故得至。"人以为积善所致云。

沃元瑀 详《循吏·沃頖传》。

【元】

乐大原 字君道。器度宏伟，慷慨多大节。居家孝让，事继母尤谨。燕闲无惰容，耻言人过失。大德丁未，浙大祲，大原发巨艘，泛泉南广东之米，平价使人就籴，远近毕集，活者甚众。辟举清泉盐课司使，凶岁，官不降本，亭户失业，大原发赀，视官本增三之一以贷，诸户随其力之所及而收其入。清泉之盐置一仓受所输，其在大浃之上，去仓近，惟王家葫芦在小浃之上，去仓远，输送者劳佚不均。因与长老谋，别立仓于其处。乃图地形，闻于转运司。既得请，首捐私财，集众工，即王家团之后建焉。及落成，而使司所给官钱不足酬其数，原终不言。亭户之力得以少纾，而深德之，相率祠焉。

乐彦通 家贫好义，年三十未有室。一日措赀将谋娶，遇邻有丧父无殓者，倾囊以赠，曰："吾年甚富，犹可缓娶也。"有相士谓曰："君有阴德，非长贫贱者。"后长子用才成进士，入翰林；次子用良饶于赀，果如所言。

俞民化 定海人。倜傥好义，邻里有斗争，出数语折其曲直，且谕以礼，人即引咎，若不自容，至相戒云："无负俞君之戒。"正统间值岁祲，输粟五百石于官助赈，县令舒谟勒石以旌其义。

李贵 北直隶金吾卫李得弟也。正统间，得死，子胜立甫五岁，调定海卫。贵越数千里，襁负之而至。人或说之曰："君盍自为计，万户侯非孺子有也。"贵辄骂曰："人而兽耶？孺子可死，吾心可死耶？"卒保护之惟谨。及袭爵，辅以政事，且戒之曰："君父不可负也。"卒用成立，人咸服其义。

邵瑜 字从义。其先山东人，因宦游占籍于定，世居邑之孝门巷。瑜少孤，奉母至孝。母卒，营葬于东管汉塘之东南村，庐墓三年，未尝返窥城市。丧毕，复挈家卜筑于墓之西偏二百武，且耕且读。成化间，输粟五百石以充边用，诏建坊，旌曰"义门"，赐冠带焉。逾年岁大祲，捐施粥饵，赖全活甚众。乡人德之，即其宅东南田畔凿池为之备旱，名"万功池"，以志不忘。今俗呼"王家漕"者，即其遗址也。年八十一而终。

李泽 详《孝友》。

薛通 字德明，朋龟裔，自鄞徙定海。嗜善好施，人告以不给，辄捐所余赈之。后因子业儒，对众吁天焚其贷约，临终复以嘱其子，迄今人呼为薛外公。先宋时，朋龟祖父五代同居，号为"义门"，通复如是，邑令陈轼扁其居曰"崇义"。其子俊，以贡授常州训导，升浮梁教谕。克修其职，勤于诵述。传详《文苑》。

韩性 字可善。世居定海，后徙鄞。天性厚重，遇物以诚，不事表暴。所入虽薄，而好周穷恤匮，凡婚无以为资、丧无以为礼者，必谒其门。乡人有逋不能偿，为代输之。岁大疫，比闾相避，戒弗入。性率医往视，或舆致于家，愈而遣之，未尝有矜色。又规置田若干亩为义庄，以收族人；建义塾以教子弟。其兄某，初以途人遇之，稍长即异居，家素饶于赀，性裁十有其一二。人病不均，曰："吾岂忧吾贫耶？"尝于隐处获遗珠升许，悉归其兄。浙西廉访司佥事浦江郑浚尝抵其家，喜其为人，因遗以《麛溪集》，遂取为子孙法。

贺琦 字廷玉。天性友爱，尤好施舍。为诸生时，以灵岩石方碶颓圮既久，民困日滋，乃白县令郑余庆，首先倡义，庀工伐石，殚力修筑，蓄泄有时，而灵岩一乡斥卤可田者计四百余顷，溉及邻壤者无虑百余顷。语在御史孙漳记中。已而由国子生授遵化丞。丞故专司马政，郡长馈遗故有常额，琦一切却之。县故有倒马五百匹，马户计贿其丞，则虚文以蔽上官。琦独清查，比法追偿需用。尝署令事，省汰冗费，不烦里中供亿，俸资之外囊无私入。既以病谢归，与弟璘相友爱。璘以琦衰老不任生事，求析产，则尽以腴田授璘，而自取海壖之瘠者。冬月，见海樵十余辈溺水得出，几不能生，琦即哺以粥糜，衣以缊袍，乃俱得苏。邻人有死不能棺葬者，出资赡之。人咸服其高谊云。

郑珍七 字仁山。住海晏乡。值倭寇乱，总制胡宗宪督战事，催兵储亟，事当旁午，里魁不能当其役。邑令宋继祖闻珍七能，推为一乡大户长，匝月输粟者不劳而集。时从海运至关，遇飓风粮艘尽没。有劝复派诸户以完事，珍七毅然曰："董事不慎，以致倾覆，而复派再输，是重科也，岂朝廷意哉！"因自鬻其产偿之。宋令嘉其义，给冠带，酹酒于地，祝之曰："愿郑珍七世世昌盛焉。"里有无赖为匪，诱其从子顺九同事，仁山立毙其子，曰："毋累吾郑氏清白也。"

李之挺　字大升。补邑弟子员。刻意制举业，数奇不售，寄情棋酒，晏如也。有闽商寓其室，亡囊中金四十镮，疑之挺，之挺不与辨，如其数偿之。商寻迹知原金，因自惭谢，里中群称长者。尝过洛迦，中流湍急，舟几覆，之挺投幞被解衣以杀水势，同济者赖之无虞。

金志荣　字少峰。崇正间岁歉，志荣设粥赈三月余，又尝捐赀筑㕛猛江外塘一里许，乡人得以耕获。又志显，字圣宇，灵岩石方碶圮，收获歉薄，里长积欠额赋百余金，显以己赀代输，里长与各户出田立券以偿，却不受。县令各赠匾旌之。

刘廷式　字君则。少孤，事后母以孝闻，乡里贫乏者多周恤。崇正十三年，邑大饥，出囷粟以济之，又捐赀修新兴闸。缮部范我躬没于京邸，其子贫无栖止，分己宅寓之，不计其值。子上庸，邑诸生，工诗古文词，著《惜羽编》藏于家。

虞光祚　字尔锡。父世熙，礼部儒士，博学，为名公卿所重。性慷慨仗义，里中多所排解。尝自书寝门曰："一念之善，勿谓无益，积至念念，身昌家吉。一念之恶，勿谓无伤，积至念念，身破家亡。"橐中所有，时解以赠贫者，家虽落，勿顾也。光祚少有才识，弱冠为诸生，邑令顾宗孟器之，闱中几得而复失者再。大宗伯顾锡畴、提督陈洪范荐于朝，授鸿胪寺序班，寻改通判，未任归。顺治己亥，邑南乡寇掠童子去者无算，后复弃于崇明，漂泊太仓、松江间。光祚客吴，解橐资之归，并请于州守转申台使，饬属县具舟给口食，递送归里者数百人。至松江亦如之。踰年，客秦中，遇二童子，询之，为邑人，被寇掠而转至者，赎之还家，邑中皆高其义。康熙六年，令王元士修邑志，偕谢子孚吉、陈子仙佩、周子方人同与其役，未付梓而卒。所著有闽游、北游诸草。

【国朝】

虞一稷　字仲参。力田以养父母。少读《吕览》，得耕植法，所获日益丰，岁饥藉以给饔飧者甚众。曾训长子二球曰："吾过学宫，见松柏森然甚喜，仰瞻樯桷，朽蠹将颓，有志更新而未逮也。汝识之。"二球成进士，督学江南归，以俸金修黉，序曰"先人遗命"云。二球贵，赠如其官。

谢泰履 字时素，号天怀。生平孝友博闻，慷慨持大节，与人交，劝善规过，人多爱敬之。遇嫠妇孤儿暨死丧无殓者，多方周恤。顺治己亥，海寇犯南乡，惧官军出勦，因毁长山桥，甓石尽坠水中，费繁难于更筑。泰履解橐中金捐修之，行者便焉。又以山阳二月雨溢，禾不得蓺，甃塘路八百弓有奇，事载史学士大成《志》中。学宫为飓风所圮，泽葵荒葛累岁蔓滋，岁时无以将事，泰履率先捐资鸠工筑治。邑人论长者必推泰履云。所著有《聋歌集》《天怀文集》。子二，长赓昌，字起臣，顺治甲午举于乡。性纯孝，失恃时年尚幼，问父曰："母何在？"告之故，即哀毁如成人。及就傅，读"生我劬劳"之句，辄涕泣不止。邑北城内梓荫山旧有文昌祠，久而倾颓，赓昌为崇新之。辟宇舍，设几案，邑中誉髦敬业会文，无虚日。年未三十而卒，邑士伤悼，肖其像于石，而为之记。次岐昌，仕至南康守，详《循吏传》。

林大克 字承烈。少年力学不遇，遂弃举子业，留意于稼圃，家渐饶。每谓人曰："多财为累，吾岂拥此自赢？将留以致用也。"于是塘堰之倾圮者修筑之，亲邻之贫乏者周恤之。顺治丁亥，岁大饥，煮糜以赈，多赖存活。积券盈筐，一日尽焚之。谓其子曰："吾不欲以不善遗若等也。"邑令郑元成举以宾筵。

锺国珍 字日珩。天性孝友，尤好周恤。国朝顺治初，海寇据滃洲劫掠，国珍三子泰和及县役二人俱被掳，国珍先赎县役，后及子。滃洲有陈姓子，挈妻子来镇，无庇身所，国珍割宅居焉。及陈死，给葬地，复于病中书券与之。小门村王姓，以逋负逼迫，将鬻妻，夫妇号哭。国珍闻之，代赎其欠，且给以谷，俾得完聚。时比之王华先生。邑令朱承命延为饮宾，额曰"隐德昭音"。年至七十九卒。

张武曹 字希哲，邑诸生。顺治十三年海氛未靖，长子有成、侄翰侯俱为贼所掳，索赎金五百，武曹罄家产仅二百，请先赎其侄，曰："吾弟已死，仅有此侄。"贼欲归其子有成，成不肯，泣请于贼曰："愿留此以归弟。"贼感动，并归之。岁甲午，邑大饥，运苏米数百石贷于乡，家以一石为率，不索券。上傅村有节妇傅林氏，年二十苦志养姑抚子，家甚贫，武曹以腴田八亩给之。今傅子孙于清明日必诣张墓拜焉。

吴江伟 字友建，号石夫，邑诸生。好读书，旁涉于天象、堪舆。耿精忠谋不轨，闻伟名，虏之，优以礼。伟私语焦思能曰："余辈被虏，贼所以败也。"明日驾舟入幕府，具以贼之虚实告。都督重之，任苏州别驾，署守事，兼摄吴邑，并权政。理繁治剧，肆应裕如。先是，穿山连年歉收，乡人正供无所出，伟鬻己产代为偿，人免追呼之忧，及江伟殁于官，被泽者千里赴吊焉，至今父老犹感其义。

刘行可 字用生。倜傥有志节。少受业于同邑武爱文，赴省试被荐者三，卒不第，居家赋诗饮酒。好施予，邻人构屋隘于地，行可割地以赠，偿之值，不受，曰："让路让畔，独古人事哉？"故人子沃某幼失怙，艰于资，以租谷助之。遇歉岁，佃人还租听其自便。岁逢大比，后进有无力应试者每给其费。年八十四卒。所著有《香山集》藏于家。

任起元 字茂林。生平多所矜恤，一日渡曹娥江，见人欲赴水，急问故，称自杭舂米回，积银六两藏包中，抵家开视，皆石块，室人抱怨，子女幼稚，无生理，不如死。起元劝谕，至旅中，以己银如数给之，其人欢谢而去。起元初艰于嗣，后举五子，曾元四代绕膝。寿八十九而终。

王宏 字若谷。负隽才，少与兄试童子，科名次在兄上，请于令，以己名互易之。亡何，与兄并游于校。尝夜读书，有魅为美姝状以惑弘，弘叱之，遂逸去。后与兄析箸，田宅让其腴者。有故人子李某，家中落，负豪钱三十缗，遇豪于涂，辱之，讼于庭，宏慨然如券代偿，一时咸高其义。有司将以应贤良方正诏，辞之。举宾筵，亦不就。隐居园圃，艺竹裁花以自娱。年七十一卒。

胡大芳 字瑞香。好学敦行。国初海盗未平，兴役筑城，父元奇膺役首。时甲夫凋敝，不忍催督，芳体父志，鬻产雇夫完筑。又弟等屡为贼掳，措银赎回。家资尽，而奉事父母竭力孝养，于甘旨仍无缺。父母没，丧葬俱循礼。雍正甲辰，海水溢，棺多漂流，大芳纠同志造大石冢二，尽为收瘗，且置产为经久计，少宰仇沧柱题其居曰"诒谷"。雍正丁未，年八十余，举宾饮。子应仁，好善读书，广授弟子。乾隆丙辰年贡，踰岁卒，年七十四，门人称为"静庵先生"。

张圣选 字晋韭。以太学生考授州同。天性孝友，尝营亲墓于鄞东钱湖之下水，以芦苇为屏障，经旬处其中，不忍去。尤轻财尚义，从伯某死，遗一子，家甚窭，因赠以金，令贸易，未几资尽，又赠之，如是者三。崇邱李氏有鬻男糊口者，亟予原价令赎归。邑小儿患痘疹，代延名医遍视危症。尝捐资修"腾蛟""起凤"二坊，语在邑令唐鸿举《记》中。年届周甲，焚箧中券以自寿。焚券后有持二十金来偿者，坚不受，人以是高之。

傅嘉说 字公选，弱冠补弟子员。岁乙丑，以拔贡任教习事，期满授州同，以先人未安窀穸不候，挂檄而归。邑南崇邱乡素赖鄞之东钱湖水以资灌溉，而何家洋一带为湖水所必经，鄞民议筑坝塞之。工且成矣，嘉说适至，其乡里民环告："此水塞则旱暵无藉，居民何所仰食？"嘉说毅然谒当事，具陈不当塞状。当事履其地按验审视，语嘉说曰："如君言。"即下檄毁私坝，复故道如初，乡民至今颂之。

谢功昌 字在武，邑增广生。性孝友，养葬事曲尽礼，展墓必拜哭，于室西偏建萱圃，偕昆季聚乐其中，怡怡如也。尤好义，遇邑中利害，任如己事。崇邱乡素资灌于鄞之东钱湖，鄞人设闸阻水不令下流，一乡坐困几数十年，功昌首鸣当道，及二邑会勘，侃侃而谈，词理俱壮。鄞人俯首而屈，定案立碑，永得引灌湖水，多其力焉。

林佳果 字圣期，郡庠生。少嗜学能文，及长究心朱程理学，以"莫萌事上过不去心；莫行心上过不去事"十六字书座自警。鄞邑有张姓，系童子师，访旧来镇，道遇乱兵，刃伤其背，毙而复苏，暮叩其门，即留以调治，至久始痊。比归，解衣以赠。又有项师名公肃者，子为寇所掳，不复有嗣，及卒，为之丧葬，如父母礼。寇起，独相戒不入其里。康熙己卯，邑令唐鸿举书"士林楷模"以旌之。没年九十有二。

张学伊 字莘求，号觉斋。性孝，父尝患痡，以口吮之。事继母能先意承志，得其欢。聚四库书以资攻错。闻慈水冯南畊名，即延主讲席，务得其传。课子甚严，竣于立身行己之道，谆谆训诲不少倦。又捐祀产，修族谱，恤贫赈饥，施药饵，舍棺木，置陈山塔，造惜字炉，并称善举。观察孙诏旌曰"品重海邦"。举孝廉方正及乡宾，皆不就。著有《历朝六言诗钞》《家风世守录》。子三，长懋建，传见《循吏》；次懋迪，能文，早世，妇史氏，以节称；次懋延，积学为名诸生。

吴大伦 字人纪。家颇丰，好施予，每于岁暮，遣人负米分给里中贫乏，遇冬寒雨雪有籴谷者，必易米以便之。遇丧不能殡者，给棺助葬。借贷者酌量以应，不索票计利。邑令田长文以"乐善不倦"四字旌之。年踰七旬卒。子学儒、学成亦好义。雍正七年，邑遭风潮，无主胔多漂散，学儒捐俞家畈田亩，许为义冢以收瘗；学成又以义冢余地给僧布种，收息为祭扫资。僧所居庵曰"种德庵"。

刘国才 字朝栋。力田务本，性和易，好施与，收获有余，辄以赡族党中孤寡者，间及掩埋修砌事。将卒，勉子怀瑛以积善。瑛承父志，尝筑海晏乡官路二十余里，砌以石，人呼为"刘老堤"。他如独修数桥，蠲租煮赈诸义举，岁行不倦。

范之屏 字翰臣，邑诸生。接人虽盛暑衣冠不去。常馆武林，有范文正公祠，向无祀，爰出所贮馆谷，置产为春秋祭。雍正初，叠遭水旱，出资以赈。同时有华如器，亦捐米一百六十石以济饥民，称"华善人"。又禀生杨文滋，亦同捐赈。滋字圣在，季兄患病，亲侍汤药三年。后季以长兄次子为嗣，滋为之婚娶。道使汪赠"国琛交推"以颜其门。

刘宗璟 字绍宋。性谨厚，寡言笑，好善乐施。伯氏欲分析，宗璟曰："田可各半，房屋兄家口多，恐不足居。"因以二间让之，田以肥者归兄，瘠土自予。兄殁，珍惜诸侄备至。人有借贷不能偿者，悉还其券。雍正二年，海潮淹没田禾，里多饥色，尽以所存谷平粜，至自乏食不为悔。生平好古书，多方购求。一子入庠。年至七十逝，学使帅旌曰"儒林金玉"。

张肇业 字孟建。弱冠补诸生，以明经贡太学。弟嗣业，郡岁贡，游学京师。肇业承欢二老，左右就养，身兼其责。生平谦恭朴实，俭于自奉，乐于周恤。里有杨亭庙，尝助田捐金以修岁祀，又于庙左筑室数楹，立义塾以教里中子弟。御史谢兆昌题曰"党塾遗规"。雍正癸丑岁歉，施粥一月余，当道旌曰"义风可法"。临卒，遗命不责逋租，悉还借券。弟嗣业，字仲昭，并好义。有曹氏妇，夫以不能自存，鬻人为妾，嗣业以八十金代赎，令得完聚。又读书普济庵，有郑姓子鬻与僧为徒，赎之使归。

陈式裕 字赞皇。读书慕义，邻里有匮乏者必周给之。性笃友谊，宾至如归，座无虚日，家产因之中落。尝曰："文章朋友，吾性命也，他何念哉？"后值闽盗劫之入海，有识者曰："此义士也。"即以小舰送归，父子俱生还，人或谓行善之报。

张学贯 字博源，号□□，邑诸生。少年失怙，母寡居，竭力奉养，及终，日夜号哭，三年不入内室。同气友爱，分析财产，不言厚薄多寡。年未四十妻亡，义不续娶，躬抚幼子成立。族中有匮乏者，竭力佽助。每年租税半为赈恤费，贫未能葬者给之茔地。子二人并游庠。

陈兆鼎 素多义举。一日寓武林，有邻妇哭甚哀，使人问故，告以逋负无偿，将卖妇以应，鼎即招其夫至，代还欠项，且给数金为糊口计。又，于海上遇飓风，见有人随潮漂至，鼎持银大呼："能救者酬以此！"人随赴救负至岸，踰时乃活。

及酬银，救者义不受，于是即给此人。众问鼎姓名，鼎亦不告而归。

胡俊杰 姿性谨厚。家贫，早失怙，勤身养母，贩于海，稍获资，足供菽水，不再出，以慰倚门望。有佃者死，杰往取租，其兄指婺曰："伊转嫁即偿。"杰瞿然谓婺曰："若能苦守，吾田二十年不取租。"书券付之，竟不一至其庐，婺得终节，抚孤成立。后杰以子维炳贵，赠户部主事。

庄重铎 字次木。康熙元年冬，邻被盗劫，铎毅然曰："同井守望，有相助之义。可坐视不救乎？"遂率弟秉公纠众御之，而股为盗矢伤，即殒命，乡人称为义士。

林芝岩 康熙年间，灶课俱场征，岁三月即迫全完，赤脚光丁有丁课，最为累十审八九。岩吁上："丁人于田四月完半，十月全完，有田纳课，无田免粮。"至今称便。

谢子敬 家贫，弃举子业为商。康熙五十二年，至松江贩布，有牙张姓者，以欠官粮禁狱，谋鬻妻，敬乃代偿三十金。其夫设酒致谢，夜半遣妻就宿，敬曰："我岂为此兽行耶！"披衣避走之。九沙万太史闻其事，为之记。有故人余姓者，临终以周岁儿托敬抚养，授室方生子病亡，又抚其孤。及长，使归余姓。暮年好吟咏，诗草成帙。

金英 字仲三，邑诸生。严毅侃直，人皆敬惮。母吴氏病危，情急切参，落一指不自知也。康熙年，与庠生陈帝胤、汤尔昭建立梅墟义渡，并捐置祀田。乙未岁，邑令陆敬德碑于渡头、庵门，至今不废。

丁抡芳 字亦蘅。事兄最笃，奉寡嫂以成节。家非素封，有严姓者贫彻骨，老母弱子，束手待毙，芳慨然给以田六亩，不取租，其家赖以生全。

陈学可 好义乐施。同村某姓，向有数十户，后渐消亡，仅存一丁，年三十六，无力娶妻。学可赠金，令即聘娶，以衍其宗。生平精医术，遇贫者殚心救疗，未尝望报，人多德之。

丁焕章 字允文，太学生。倜傥好义，族有孤寡给以产，有不能婚者为之聘娶，不能葬者给以茔地，邻里乡党有贫乏假贷无吝色。邑令张珽褒美之。

黄士晋 字时偕，邑庠生。康熙六十年间，岁试抵旅店，有一人持其行囊去，因相似也。晋启囊，见有三十余金，终夜不寐。及曙，出城守，其人踉跄号咷来，言姓顾，经生海上，抵宁货卖，此三十余金实一家父母妻子所待活者也，今银失，决难归矣。晋验确，辄还原银，其人请分半，晋笑曰："吾若取尔半，何以还尔金？"固辞，其人泣谢去。

陈志缙 字尔显。雍正初海溢，破冢漂棺，骸骨多暴露，缙于所识者为之标葬，此外出资备棺瓮，悉埋古墩坛，乡人高其义云。

华元鼎 字象九，邑庠生。雍正元、二年饥，乡里多流窜，元鼎施米粥以活贫民。有倾桥圮路，辄捐资修筑。年九十四，无疾而终。

任家钺 一生好善。雍正二年水灾，晚禾被淹。次年春，钺买谷一百二十余石散给谷种，贫民赖之。卒年七十八。

郑光灿 字声宏。乾隆丙辰恩贡。博学能文，且尚义。有友死，孤寡不能存活，灿集同志谢继祖、胡轩相、周仁寿，各助田二亩，资其衣食。族有弟妇虞氏新寡，忧贫涕泣，灿即捐己田以周之。虞父闻而兴感，亦买田数亩以济，女遂得完其节，人以古高士目之。

【明补】

王孟驯 成化十二年间饥，驯出谷五百石赈济。敕免徭役，旌为"义门"。又王国济，出资助筑后海塘，造长山桥，助粮御寇，邑人作歌以颂之。

唐惟忠 生平好义举，自四方桥至砖桥、桃花关、灵桥门及东塘岸至育王山，又自骆驼桥至觉度山、蟹浦、观海卫一带，共建石井八十五处，利人取汲，至今咸称"唐井"云。

谢陛 字回澜。幼业儒，淹贯经史，遭兵燹，专岐黄以济世。有习捕蛙者，陛与田数亩，令其改业。邻居于学渊病卒，越一日复苏，招陛告曰："我诣城隍庙，见牌示'谢陛应旌'"。未数日，郡守崔给以"当世卢扁"额。海寇毁永济桥，陛捐金创造，事载《永济庵碑记》。

丁晓 号仰山。幼习举子业，输粟为崇明丞，斩倭寇，清沙涂，修学宫，名膺卓荐，以亲老告归。甬东浮桥各邑派费，晓慨然捐金数千独造一次，余赀修百丈街、斗门桥。著有《哦松集》《仰山稿》。

石逢贞 字兴符。幼孤，事母孝，宗党间分甘咀苦。友卒，贫不能卜地，割己寿域以予之。遇无力婚配，助以赀财，不受其券。每于青黄不接间减价以粜谷，复给穷乏者之口粮。寿终，哭者载道。

耆善

习乡尚齿，明有尊也。入里必式，旌善人也。士束躬修行，年高而德劭焉。使后起者矜式而被炙者，善良以媺，风俗岂其微欤？廉泉让水，比户可封。由州里以达邦国，推而准之尔。且力穑者有秋，冠盖鸣珂又孰非式穀之诒，而积善之余庆耶！

【明】

贺孟员 行二，幼失怙，性朴厚寡言。年弱冠，有从父志初成辽之广宁，其子当随，临行避匿，孟员慨然曰："塞垣非可独往，我当共之。"始至广宁，后迁义州，事从父极孝养，常抱疾踰旬，孟员昼耕于郊，夜侍于家，虽辛苦不自知也。常商于南州，有所获，弟先持以归，称为己资。已而空囊抵家，尊者诘责之，不与辨也。又尝贸木棉于丁家道口，赀货既出，而天气亢旱，孟员不忍人艰于食，遂弃券而归。客邸中树有鸟为巢，同伴少年取其一缒樊中，其一飞鸣不已，孟员恻然劝纵之，晓喻百端，同伴不可，因具酒肴请之纵焉，鸟飞鸣上下，若感德状。孟员谓同伴曰："斯不可乐耶？"途值修桥者，探囊中金空匮，遂解巾上金环畀之。生平忠厚皆类此。 子钦，成化丙戌进士，以名儒为名臣，另有传。

陈继官 生平折节砥行，与人交，片言微事未敢少欺。家近阛阓，比户杂沓，两遭祝融，而继官之庐独存，人皆谓行德之验。邑令汪应泰旌之。

项可学 字启东。立身廉谨，践履笃实。尝命子孙序立，陈说古今忠孝节义事，至夜分不倦。崇正间，令龚彝延为饮宾。有女弟年十六许字，未归而夫亡，守贞逾五十卒。孙秉介，邑庠生，恪守祖范，试有司不售即绝意进取。康熙四十九年，郡守刘澄隆以"涧盘真品"旌之。子基、孙森灏皆补弟子员。

【国朝】

谢湘 字茂夫，参政瀚弟也。初给容台冠带，为礼部儒士，年七十六，应顺治十三年乡宾。邑诸生薛士铉等称之云："孝友娴睦忠信廉洁。"佐嫡兄以著绩，西蜀驰声；教子弟以成名，东山望重。为善则维日不足，爱人则施惠无穷。子泰诚，字时聚，郡庠生，克守忠厚之传。

王重时 字寅叔。以岁贡授乐清训，年已九十二矣。子自强虑父老留之，重时曰："吾血气非衰者。"遂往，四年告归，学使者汪公怀峸再莅宁，询其人于广文，进见动履犹平时，以余俸优赡，给额曰"百龄儒范"。年九十八，无病卒。

陈二雅　字安雅。幼工制艺，试不售，绝意举子业，教授乡塾。所居斗室不蔽风雨，匡坐吟咏，恬如也。每遇二亲讳日，必作孺子泣。康熙己酉举乡饮。年八十九卒。

王又曾　字亦沂，邑诸生。早失怙恃，值乱，负祖母携幼弟奔避。弟尝有里役之累，破产救之。设教邑中，与薛书岩齐名。为鹅湖山长，讲解最富，学使者郑开极额其居曰"亦文中子"。诸子皆以文章应聘出，独少子畴依膝下。曾卒，畴即不入室，设榻母傍十三载。母八十有二，将卒，曰："吾素忧汝弱，不意今余年赖汝活也。"畴以体弱善摄生，至七十卒，值暑月衣单，易箦时犹整衣袂，不使见体。

王锡卣　字厘一，号遗安，食饩于庠。邑学租尝裁拨地款，卣鸣于所司，复焉，至今仍之。历应聘受徒，及门多脱颖出，而自困场屋，以岁贡司常山训。常固鲜科第，卣至，以课及门法课诸生，姚士瑚者，得其教屡试冠军，隽于乡，人以是益信服。年逾八十，卒于官。

王元善　字日升。尝为刑曹掾，缇帅陆公炳恒事三木以罗织人肺石之事，虽士大夫犹不免，元善怛然伤之，即自辞去。既又改事天曹，公慎自矢，不以贿赂倒置人才，秩满考职，选授广州参军。生平周急济困，兼通歧黄，以药饵起人疾苦，岁可百计。季弟早世，妇胡矢靡他之节，元善使同室而爨，不以筐织伤娄妇心。家居三十年，裹足未尝入城市，惟以莳花植竹、娱亲课子以自老。

陈学礼　字行之，游郡庠，以例补贡士。居家孝友，处世宽和，非公事不见邑长，非输将不赴公庭。康熙四十年，南乡被火，傍舍为其储谷之所，有谷百余石，奸民乘饥攫之去，学礼知其人，竟不与校。乡邻被灾者赠以银米，佃人有遭丧者蠲其租谷，妇女有守志不改适者周恤之，待其子壮而后已焉，至今里党皆称颂不置。

陈学诗　字二南，国学生。律身俭朴，与人好施，邻里中贫不自给者常仰藉焉。通衢津梁道路往来之所，无可避风雨，即捐金创建。康熙五十一年，定令缪燧署邑篆，议修文庙，学诗预其事，且捐资落成之，缪令书"乐善不倦"以褒之。雍正三年，学使者茶陵彭公按四明，葺治府学，学诗复董其役。子昌寿，孙明善、明龙相继补邑诸生。

徐大盛　字际生。父宁宇，敦朴谨厚，自奉薄而好义举。大盛世其德，贷不责偿，疾革时焚券约五百余金。居家动履端严，伦常雍睦，举子八人，孙曾五十人，百口共爨，内外肃然。邑令张珽慕其行，延举邑宾，固辞，坚致之，订孟冬朔举饮，先五日倦卧，竟淹忽逝，张公闻之，扼腕诣奠，赠额曰"潜德孔昭"。

郑宗璧 字嘉谷。以明经授新昌训。昌士朴茂敦古谊，执贽皆从厚，宗璧曰："余自入学至需贡，未能修弟子之敬于广文，今不应多受。"闻者高之。岁时诸生馈遗或却或否，却者愧曰："吾未尝慢先生，何见拒？"曰："终年不见文字，非慢而何？"于是皆以文字就教，手加评隲不少倦。及卒，士率以文吊焉。

徐来 字云生。生平质厚率直，与人交，忘机械，人亦不敢欺。家贫晏如，有材官寓居，妻美，尝乘间挑来，来不为动，鲁男之行也。饩于庠，将及贡而卒。

完有恒 字我衷，邑庠生。读书冬夏不倦。一日见延医者，医先订酬金而后往，慨然叹之，夜检医书发愤研索，遂大悟。有延者辄往治，分毫无取，遇贫家更周急之。年逾五十逝，闻者莫不流涕。

刘绪珪 字之翰。克敦庸行，二人殁，梦中时作呼亲语。与人交，推诚布公，取予然诺，不少假。性复平易，不设城府，乡里多亲之，邑令杨玉生旌曰"懿行可嘉"。

虞嗣槐 年十八游庠。性孝友，父母病，虔祷愿以身代亲没，遇春秋祭祀必泣，有从兄以重赀顿槐处，值邻火居毁，独守兄物，完璧归之，闻者嘉叹。槐颇厚于赀，乏嗣，从子廷侃序当继，侃以母寡兄病弟幼，坚辞别立，室磬悬，安如饴。及卒，槐哭而奠焉，赠地以葬，人两重之。侃读书不求闻达，晚精于医。著《子臣弟友论》各一篇，《忘忧草》诗稿数卷。

任鼎才 字人英，邑庠生。国初海寇骚扰，鼎才首倡团练，守御有法，寇乃遁，一乡德之。寿至八十三。

严大宾 居近浃江，耕余辄钓，遇学者勖以勤读，遇农者勖以力田，遇贾者勖以务实。尝曰："人各事本业，上不负盛时，下不罹文网，便是现在神仙。"县令黄宫柱每赴郡，见宾持竿怡然独坐。一日，停舆询之，宾曰："非吾业也，亦乐吾志耳。"令称叹，其年登八十，乃表其庐曰"江滨逸叟"。

余一凤 居心正直，一以谦让教人，乡里薰其德，鲜有争讼者。子守贵克承父训，化俗善良。年七十，邑令以"双峰并峙"旌之。

严正礼 字恭仁。幼孤，年三十始娶，勤俭治家。好行矜孤恤寡事，邑令田长文延为饮宾，以"力追醇古"额赠之。年届九十三，与妇齐眉。一日集子孙于堂，序次而跪，子三孙十，有二曾孙八玄孙，一道生平孝义志行，令毋忘所言，翌日寿终。

石美璠 少聪颖，好读书，因家贫亲老力事稼穑，仍手不释卷。常以礼法自持，跬步不苟。有悍者横逆百端，人所不堪，美璠终忍不与较。年六十余，公庭从无一至，课子翰、干，彬彬为端儒。

汤日贵 胸次平坦，不设町畦。好奖成善类、劝醒愚顽，里有争讼者必曲为和解，使各平其气，人皆悦服，比之王彦方。若救灾恤困、砌路修桥，乡人尤多利赖。寿八十六而终。

刘仁荣 字汉因。兄弟四。母孙氏，年三十而寡，茹荼服勤，抚字以养以教，家规肃然。母年八十余，子孙食指数十，荣兄弟俱皓首，终不析爨，每朔望，荣必率家人，请母登堂训诫，咸奉命惟谨，人皆称母之贤与荣兄弟之孝友云。

沈学正 邑弟子员。侍母疾十年，寻绎方书得其理，母瘥即以济世。其乡赖东钱湖水利，鄞人私更制，泽不及镇邑，学正力复启闭法，又督浚河工，田禾乃得资溉不匮。

【明补】

华文铨 字文翼，邑庠生。日书经传格言，揭诸垣楹以自迪。勤俭操家，得资即置棺，广助人之不能殡者。

千忍翁 邱姓。一生恂恂，下人有犯不校，称书必有忍，其乃有济之，言以训俗，故人呼为"千忍翁"。善风鉴，有女慧而贞，钟爱不欲嫁凡子，辄为相攸无当意者，适慈溪一书塾中得张中丞楷，试以梅竹诗，大奇之，即定祥焉。后果大显，其识超卓又如此。

隽异

士人负才倜傥，遭逢轗轲，不能翱翔风云，为太平黼黻而沉沦草泽，又不屑屑与庸众伍，廊庙山林而外，又特标一格焉。夫用舍操乎人，学业积于己，蕴其所有，不以显晦易节，虽其遇穷，而其志洁，其行芳，乡推祭酒，士号闻人，可不谓丰裁矫矫者欤！

【明】

邵辅明 字广良。大司马辅忠同母弟。读书了大义，不屑屑章句之学，好《左氏春秋》，手校内外传合编，邑令樊王家为梓以行世。性刚直，与人无妄交，戚族贫者多施与之。年五十应序贡，同庠姚守冲居其次，辅明语之曰："君老矣，我何忍先君也？"自于学使者，让贡于姚，学使者义之。踰二年，甫贡卒。

张一鸣 字鸣和。少好学，有志节，天启丁卯年，年十七，补儒学生，自是益刻意读书，专精举子业，五赴棘闱皆不利。崇正己卯，房考得一鸣卷，深加叹赏，呈之主司，为同试官所争，复黜之。一鸣绝不介意，但云："士不通经学古而猎取功名，耻也。"遂出藏书遍读之，复究心濂洛关闽之学，以余闲作为诗，亦意精词绮。所著有《守真堂集》。

薛士琪 字孟麟，文介胄子也。天启三年，补博士弟子员，崇正己卯由廪生官贡，部试第二。时铨部奉诏集天下选举及恩荫之士，就试均得释褐，然值文介不讳，力辞不受，以贡士终。

马希皋 字逢伯。崇正间游郡庠，旋食饩。为人倜傥磊落，读书论古，谢方伯渭常师事之，数奇未为世用，而明经授业，孝友文章，卓卓为诸名公推重。史殿元大成序其生平行事最详。子兆图，为诸生，有声，康熙六十一年，学使者马豫赠额曰"上庠宿学"。孙嗣昌，孝友能文，并为胶序所推。

【国朝】

陈鸿逵 字士楷，号式之。幼颖敏，过目辄成诵，长擅经济才，总帅常进功延致幕下，相得甚欢。后历两粤三辅间，诸要津稔其干略，欲题以牧宰之任，固辞不受，人服其高。

陈世宗 字嗣完。少游学于姚江蒋孝廉茂沆之门，务有本之学，敦行博古，卓然不徇俗尚。及孝廉秉铎来镇，愈请益不倦。为诸生五十余年，公庭绝迹，未尝妄干人。所居仅蔽风雨，授徒自给而已。残衿破履，踽踽行道中，肃然步中规矩，遇之者皆起敬。谢太史乐与之交，年八十岁，赠之以文，称为"古之狷士"。

谢景昌 字大周。有夙慧。童子时能读父天愚山人所录诸书，长而掉鞅词场，为昆季领袖。同社多取科第去，景昌困一经，泊如也。父没，母患疾，侍汤药不解带者数年。家不戒于火，于他物无所取，独抱先人遗文数百卷出灰烬中，时抚卷太息，以不得重镌为憾。晚课子益勤，三子绪宏以《礼经》捷北闱。七十余犹矍铄。好游览，登候涛山归寝疾，三日而没。

王锡庸 字章武。幼颖异，长补博士弟子，受业于薛明经书岩、陈太史介眉，俱器重之。晨夕赏析经史，无不造其堂奥。暇则寄情咏歌，翛然自得。与人交，胸无城府。康熙甲子丁卯两遇司衡赏识，己卯中副车，肄业成均，居京邸二十余载，困而归，犹日夜钻研，耄而弥笃，不以得失显晦介于怀云。

锺韶 字子夔，补增广生。爱读唐宋大家文，才情豪宕，舌耕为生，南乡士皆籍造就。性避尘嚣，数十年不入城，当事招之亦不往。晚年益贫，虽八旬外手不释卷，惟对海角云生吟诗以自得。

范章先 字允文。上世本鄞人，章先随父徙于镇。遭际艰苦，刻意经史，弱冠饩于庠邑，能文者多逊席。邑令黄宫柱肄士于校，每嘉章先文宕逸多奇气，令诸子受业门下。章先敦品行，自课读外绝不与闻一事，日夜攻苦成目疾，年四十余，赍志以终。章先兄早卒，嫂章氏年少孀居，周恤曲至，以完其节。初裁学生廪给，章先力言于上官，分学租之半，至今食饩者犹传诵之。

郎汝望 字枚简，一字双梧生。为文亦务崇先正，坟典稗史，亦博览而贯出之。督学颜公光敹彭公始搏校上四明，皆有国士之目。邑令唐鸿举延主讲席，邑中门弟子皆先后列博士掇巍科。晚年尤精四声之学，媲美汉唐。子作霖，字起严，由己丑进士知山东济阳县。

沈景濂 字会中。天性颖异，博览群籍，善为文词，学使者郑公开极拔置博士第一人。踰年食饩，颜公沅敹、张公希良、彭公始搏并先后识拔之。工书法，尤长于声韵，著有《还斋初编》《二编》，皆出入唐宋之间。

李时培 字天因。少孤，奉母训惟谨。母性严，时培曲意承顺。读书砥行，为邑名诸生，兼精岐黄术。于前辈忠孝节义之士，得其一篇一什即珍藏之，弗敢亵。康熙戊子岁贡。教子士瀛，有文名，乾隆丙辰乡荐。

谢绪守 字子建。年十五应童子试辄脱颖，砥砺廉隅，攻讲读，授徒遍邑中。康熙庚子举于乡，雍正间，御史古田蔡公行部至镇，闻绪守名，延之出，且揖坐曰：

"君文章饶风力，律己素端，将以式多士，此座为君设也。"五上公车不售，卒于邸。

谢绪高 字子柔。禀姿颖敏，初学为制艺，即不屑谐于俗，小试辄不利，援例试棘闱，复不隽，遂弃去。日究心《朱子全书》暨天文、地舆之学，又取《紫阳纲目》与《资治通鉴》校其异同，焚膏继晷，不知其疲也。性孝友，事所生依依孺慕，兄弟析产后同爨复数十年。

杨美铉 字骏声，号逊斋。食廪饩，试辄冠军，请业者履满户外。雍正元年，由岁贡改恩贡。生子三：长曰洲，丁巳进士，天资颖敏，读书无间寒暑。性恬淡，不以利欲夺其志。次衍，次淮，俱邑诸生。

王谕 字如纶，一字双浃。少负文名，廉隅自砥，长于古今体诗，风格庄重。车侯大将军开府浙江，式庐请谒，遣诸子受业焉。雍正甲辰，以岁荐。不求仕进，闭户著书以自适。

王玉符 字枚二，初名锡符。为邑武生，弃去，复试童子，府录第一，旋受业于文宗，更今名。有不羁才，发论酷类陈同甫，以礼经溢额再遗于荐牍，犹年强仕。父病，下消便浊，医者曰："甘苦皆可治，酸则木枯。"尝之果酸，痛结于中，父未殁而身先骨立，服阕日卒，士林惜之。

谢善祚 字明则。家贫力学，工诗古文，制艺深湛，雅俗爱之。总戎林公闻其贤，延主西席，一见而叹曰："此真古大人先生道范也。"是年偕族兄纯祚赴郡应院试，善列高等，遂中"选贡"。同人交相贺，独纯默然有忧色，出语人曰："彼将登鬼录，奚贺为？"同人交斥其妄，无何纯之言竟验。善祚气骨疑重，绝无佻薄态，且年当强仕，顿遭不禄，君子谓其死于"命"。

方范 字经庵，邑诸生。性峻介，不屑屑举子业，然试辄高等。游京师设教霸州，门多贤达。生平博览群书，尤精《易》理，著有《蓟门集》。

【明补】

丁瑞春 字甫田。年十四为诸生。隆庆庚午，魁乡荐，年二十一。博闻强记，内外史传、诸子百家及天文地理无不融贯。赴会试，值主司素有隙，见春卷，以为年尚少，故黜之，遂郁郁而卒。侄汝才、汝光、汝斗刊其文集三十卷，惜毁于兵燹。

隐逸

士之出处有时焉。生盛明之世，高不事之节，志不可则也。虽然，尧阶分命，亦有外臣；汉皓齐徵乃遗一老。士各有志，抑又不可强矣。《易》曰："鸿渐于逵，羽可为仪。"漱石枕流，亦将砥厉廉隅，激扬风教，匪以盗虚声、资捷径也。嗟乎！桐江钓丝，视东山小草为何如哉！

【元】

叶孟传 字拙修。隐居不求闻达，读书为文必根于理。邑诸生慕其学行，争及门受业。家贫晏如，未尝少屈于人。

【明】

徐石蒲 逸其名。性高旷，尝舟泊京口，夜起推蓬，朗吟"一轮明月天如洗，愁人不免中夜起"之句。时有参戎汤某将任淮阳，闻歌异之，邀至任，厚赠之。归至长江舟覆，行李俱溺，从水中拍掌笑曰："汤里来，水里去。"谓赠自汤戎而失诸水也。家居，有邻人侵其蔬地，不之较，邻人自愧，遂还其侵地。生平无他嗜好，惟蓄琴一，出必自随。园地植菖蒲，晨夕坐对之，临终，命以琴、蒲殉。著诗颇多，皆散轶不传。

陈昌统 字尔长，一字汉仲，学者称为"鸿宾先生"，定海卫指挥陈策子也。年二十补弟子员，踰年饩于庠，每试即冠侪偶，邵大司马深为器重，遣诸子俱受业门下。性孝友，兄昌祚袭卫职，挽漕缺额，羁绁囹圄，昌统尽鬻其产偿之，并为抚恤其孤。邑令张琦知其贫，周之，不受。崇祯己卯，有征辟之举，学使者以鸿宾应荐，不赴，踰年以明经贡于廷，仍不赴。年七十有九，征生挽诗于亲友，并自志其墓。八十余犹善饮。寿终时，命尽取所为诗置椁中。

张鸣喈 字雠又，学者称"同协先生"。为文根柢六经，丙子乡闱已入格，主试者以其文无顾忌，斥不第。宏光时征为吏部郎官，不应。明季兵燹频仍，诸无赖蜂聚抄掠，闻鸣喈名，相戒毋入其家，喈乃椎牛酾酒集若辈饮，谕以祸福，皆听命，一乡安堵。国初以遗隐荐，辞不出。隐居觉海山中，后学多从问业。每谓："作文不足羽翼经传，虽工无益也。"经指授者皆有法度。年七十四岁卒。著有《四明文献考》《山舍偶考》《山舍偶存》等书，藏于家。

洪崑 字石香，邑诸生。崇正年举宾兴，梦神授以试题，及入闱，命题果符所梦，遂以第一人自命，声闻于监试官。及拆卷，果举第一，监试疑有私，遂黜之。后托于缁衣，豪放不羁，人多目为狂者，而崑亦遂以狂自称。生平所著，有《坐忘斋稿》。

郑端明　字调甫，邑廪生。壮岁妇死不再娶。宗人有寄百金而远游者，其人客死，端明举金还其家，封识宛然。晚年从白云游，黄冠野服，往来僧寺，后筑室于灵峰山，营生圹，自志其墓。

艾达时　字仲可。早年游庠，不可一世。既而折节读书，后起咸师法之。尝幅巾布袍，偕郑端明、谢泰臻往来山寺。泰臻僧服，端明黄衣，人以儒、释、道目之。

陈衷赤　字孚白。以勋卫当袭祖父职，乃勤学以求进取。崇正十四年补弟子员，以生员领袭职事。国朝削卫籍，衷赤负书担囊，走齐鲁，历闽广，太仓之崇明，浙东之括苍，尤多滞迹。老而归里，与老友诗酒相往还。所刻有《衢游》《闽游》等集，行于世。

周景醇　行谊端肃，好观书史。甲申后，移家浃江之南。平居正襟危坐，虽寒暑不改其度。尝手持一编读之，所录诸书甚多。后遭海寇，遗者无几焉。

邵似续　字康如。明季以诸生仕，为都督。岁丁亥，挈眷入嘉溪山中，躬耕陇亩。里有疾病，时扶掖之，人称义焉。居平好吟咏，能书，人来乞者，不少却。自山居后，不入廛市，不识令长三十余年。一日晨兴，自诣圃，归坐而终。

范兆芝　字香谷，改字香国，父我躬。辛酉孝廉，为冬官郎，以言事被黜，有直声。芝早丧父，庐墓侧读书，博通经史。岁戊戌，有幕于粤者招之往，病卒于邸，年三十五。同邑刘儒，素义兆芝，负其骸以归。所著有《史评》《用庄》。

邵似欧　字滋文，大司马辅忠子，为邑诸生。国朝鼎兴，屡经聘授不出。弟似雍，字之尧，工诗，有魏晋人风格，与似欧俱超然远世。似欧日游四海名胜，而似雍则往来萧寺，与浮屠氏诗词唱和以终其身。子元观，康熙丙子举人，工诗古文词。

项宣　字宣之。与诸隐者以诗相倡和，为文古奥幽峭。没后散佚不存。

【国朝】

庄上驷　字房仲，郡增广生。博览群书，性甘恬退，或有劝之图进取，曰："吾所虑者，未能修德立身耳，何暇念功名？"退居半窗小轩，教授后学。著有《四书讲义》，寿八十九。

武绪覃　字掌言。性狷介，贫益读书，潦倒场屋，晏如也。雍正元年，诏举孝廉方正。邑令田长文问可以应选者，金以绪覃对，令曰："吾稔知其端士。"

遂申上，覃以父老固辞。著《四书讲义》，至老不倦，易簀时犹朗诵《四箴》，端坐而卒。

汤海六 生而颖慧，博览群书，游檇李，得名师受业归。谨言饬行，不妄交一人，事父母尊长动遵古法。年五十，隐鄞邑小溪山。殁有异征，相传为山神云。

陈煌 号半村。性聪明，凡诗赋词章一览成诵。幼习举子业，应试辄优拔，数奇，连丁父、祖艰，乃安义命，泉石自娱，遂扁其居曰"村乐窝"以见志焉。至耋吟咏不辍，遗有《村乐窝记》。

项公肃 字可钦。安贫嗜学，博经史，志慕高逸，终不一试有司，惟以教授生徒，成就后进。藻行饬躬，恂恂若处子，夫妇相对以礼，有梁孟风。子为寇掳，乃陨宗祧，士林悲之。

张维藩 通经博史，持守刚介。康熙乙丑，拔贡入太学，考授内庭教习，期满需次尹县，闻父丧奔归，哀号庐墓，终不赴选。有语及，必垂涕曰："吾以在都，不得躬含殓，尚忍舍邱墓远出乎？"歙县唐磐庵，同年贡也，在成均最相友善，唐宰镇，造访数四，维藩仅于公事一见，后即屏迹不再入，徜徉泉石而终。

卷 七

流寓 列女 仙释 寺观 古迹 墟墓

知镇海县事商邱王梦弼 纂修

儒学教谕姚江邵向荣 订正

流寓

君子所居，地以人重，不必尽桑梓之区也。来苏谢客，川岩之美号，至今有焉。镇多名山奥宅，往往延致名流，或税驾而游，或授庐而处，流风余韵，奕世下犹令人慨慕而乐道之。特著于篇，非曰借才异地，亦以仰止高贤云尔。志流寓。

【汉】

梁鸿 字伯鸾，河南平陵人。东汉时高士。旧传曾携妻孟光避地于东霍之第三山。

【唐】

罗隐 字昭谏，钱塘人。唐末，举进士不第，以诗名。尝游昌国，海中有桂竹屿，隐留题其间，因称"书字岩"。

【宋】

方轸 字叔时，莆田人。以父任太庙斋郎。大观元年，蔡京复相，轸疏列其过千二百余言，京怒，流轸岭南。靖康元年，轸诣阙陈诉，始得收复原官。后改知鄞县。罢官后，贫不能归，遂家于慈之鸣鹤山后，偕其次子传徙居定之灵绪凤浦，以寿终于家。

孔端原 先师四十七代孙，若丁次子。建炎四年，随衍圣公端友、叔傅、侄玠扈驾至明州，次于定海。端原留于定审观形势，遂卜居。

谢宇 平江人。高宗建炎中进士，为定海令，殁于官。缘道路枳棘，遂家而葬焉。

胡榘 以兵部尚书兼沿海制置使，宝庆初知庆元府，请得米一万五千石以浚东钱湖，命水军番上迭休，且募七乡之食水利者助役。又奏以赢钱三万八千三百四十七缗增置田亩，以其入分渔户，人岁给六石，随菱葑之生则薙而绝其种，民怀其惠。宝庆五年始成《四明志》二十一卷，令参军罗璿取《四明图经》重订之，文献赖以有征。久之，见宋势日促，知必改命，因其族兄汝恩居定之东湖，来访之，遍观山水，择芦江之区垦田筑室。谓其子用之曰："吾观汝气质堪为田舍翁，我国之大臣，不知死所矣，汝亟居此，幸免于乱，即胡氏香火种也。"遂家焉。后榘位司空，卒于官。胡氏至今族甚繁衍云。

谢士恒 字克常。宋理宗时进士，历官刑部尚书。年六十余致仕，居于大浃南之芦江，筑精舍居旁。立宗子，有事必告之。常诫族人曰："子姓不许为僧道，丧祭不许从异端，嫁娶不得论财贿，宗族不应论贫富。"景定五年卒，赐葬邑之叶家岙。今子孙犹居其故宅，号芦江谢氏云。

【元】

周友常 字景贤，齐之青州人。至正乙酉进士。初授余姚州学正，课士有条，与朱公迁齐名，以荐升庆元路提举。安民弭盗，绰有成绩，如裁十二海艘以苏渔户之困，宽五家保甲以均军民之徭，公私俱利赖之。未几，因方国珍扰内地，陈救援之策勿用，遂挂冠隐定海大浃江之南，子姓遂世为定人。

丁鹤年 西域人。父职马禄丁徙居武昌，鹤年甫十岁，屹然如成人。其俗素短丧，鹤年独服斩衰三年。年十七，通《诗》《书》《礼》三经。元至正间，淮兵渡江袭武昌，鹤年奉母以行，备历险阻。从兄吉雅谟丁为定海令，徒步往依焉。荐章凡九上，皆辞不受。既而兵戈四起，鹤年匿海岛，隆冬衣不掩胫，有馈遗者，虽饘粥费无所受。守约自甘，不乐仕进，凡忧愤欢愉皆发之于诗。古体歌行浑厚清丽，尤工七言律。

【明】

开忠 柘城人。父济，官司寇，以谏坐死，安置忠于定。昕夕悲号，刻木奉祀。事继母至孝。因时艰，上平寇策十余事，不就职，草衣蔬食而终。子政，以明经司训全椒。正统间，巡抚焦公为置宅，以录祀事。

傅应正 江西南昌人。隆庆辛未进士，任御史。万历初以上疏论时宰忤旨，谪戍定海卫。故事：以显僚戍者，体仍尊贵，应正独怡然供役，暇集邑中名士，立文会躬课之，加以品藻。薛文介公三省时为诸生，正一见器之，曰："此石渠、虎观中人也。"时宰故，复官还朝。

刘晟 父宁，凤阳亳县人，明太祖初起兵，从攻陈友谅，克张士诚，皆大著勋劳。没，赐祭葬，子晟年幼，服阕告袭。太祖悼恤，谕兵部曰："其父诚实一家，并无过犯，不论资次，教晟为彼父原卫指挥使，且休掌印，免其比试。"晟随袭职。永乐中，调定海卫。五世孙直立石碣，勒太祖印谕，敬承祖行不怠，碑阴则勒宁之像。同郡大司寇陆瑜为之赞，翁山陶公为之跋。

赵虎 字元卿。先世真定人，荫袭卫官。父有金随朱帅万化镇定海，补千兵而虎依焉。海盗朱飞雄寇定，有金败贼船于七里屿。飞雄遁，至金塘洋，死于炮，而虎复歼其余党。由是叙功，以有金升定标游击，虎补千总。俸满，虎又升榆林守备，随大将军西征，以功升建安游击。后有金殁，即葬镇地，而虎母卒于真定，乃辞职，扶柩至镇，合葬于父茔，遂世居焉。

列女

　　《列女传》创自中垒蔚宗，因之以入正史。盖妇德之关乎风教，审矣！镇邑义礼之乡，巾帼中恒多节烈，凡捐躯殉命、饮药茹荼，其最著者，莫不上获褒荣，垂光奕叶，何其盛也！而掘门穷巷之中，间有潜德未彰，待濡彤管，当亦备录之，以俟轺轩之采焉。志列女。

【元】

　　刘氏　名宜，字淑静，鄞人。年二十六归崇邱乐寿孙。三年寿孙渡江死，同溺者多不得尸。氏抱期岁男沿流上下号哭求尸。尸忽自浮，得殡葬焉。时舅姑已先殁，独抚遗孤成立。有司奏旌其门，太史危素有传。

【明】

　　孙氏　慈溪人，适镇海黄谊昭，生子湑，三载而夫亡。氏年甫二十有一，誓死不渝。延师教子，长，求兄女为配。阅三年，生二子，湑亦卒。明初田赋至重，多令民自输，孙携寡媳幼孙，间关千五百里至南畿，诉尚书蹇义，言："海潮为患，十岁九荒，乞筑塘以捍居民。"蹇曰："如此孤苦，何为不嫁？"对曰："政恐失节事极大耳！"义嗟叹久之，翌日以闻朝。命主事薛某至宁，与有司相度成塘。起龙山，迄观海，延袤七十余里，两邑民至今蒙利，立碑庙祀焉。

　　蔡氏　汤彦敬妻，年二十三夫亡，抚二子，苦节六十余年。子懋，永乐间领乡荐，有司上其事，旌焉。

　　陈氏　定海卫陈琼女，年二十适毕儒。至京越六年夫故，生一子瞀。守志不渝，年七十八而终。成化二年，指挥李纲奏旌其门。

　　李烈女　昌国人。寇至，执而欲污之，李骂贼不屈，竟死之。

　　黄氏　年二十归邹诚。逾九年，夫疾，刲股疗之，不瘥，哀毁欲绝。养姑尽孝，守节三十二年，有司奏旌其门。

　　王氏　名明鉴，鄞人，太守莹之从女。年十九归乐恕，越三年恕卒，氏柏舟自誓，抚七月之孤至于成立。足不逾阃，虽岁时不御罗绮，白首如一日。寿跻七十余。正德间，邑令郑余庆扁其堂曰"贞寿"。

　　庄氏　周廷祺妻。廷祺亡，二子皆在襁褓。父悯其年少，欲夺其志，不从，朝夕号天而泣，遂至丧明。寿七十五。正德间，邑令郑余庆署其门曰"贞节"。

　　吴氏　朱昂妻。归六载而昂卒，抱孤哀恸，矢志不渝。家贫，力纤绩养育其孤。年至九十六，有疾，谓其子曰："未亡人今将见汝父于地下，庶无腼颜矣。"

正德间，邑令郑余庆上其事，诏旌其门。

傅氏 字玉真，归庄昊。生二子，长曰锴，甫四岁；少曰琦，甫三月。昊亡，氏年二十七。姑以他志讽之，对曰："禽兽之行，媳忍为乎？"遂守志终身，寿八十八岁。正德间，邑令郑余庆扁其堂曰"贞节"。

胡氏 诸生俞锡妻。锡游学病卒，胡年二十四。时叔氏少，家无主，族人欲夺其志，胡力肩内政，佐叔氏毕力经营。未几叔殁，抚叔氏子又殇，乃遍抚其诸从子，各课所业，诸从子咸母事之，八十一岁终。正德间，邑令郑余庆扁其门曰"贞节"。

周氏 庠生郑宪妻。宪亡，氏方二十二岁，止遗一女。父母怜其弱，稍讽之，即引刀截发，植柏于亭以自励。年九十三，卒之日，亭柏尽为摧折，人咸异之。

汪氏 名恭，慈溪人。性简重，寡言笑，年二十归杨瑄。阅四年瑄亡，终身缟素，孝事舅姑。遗孤镒时甫三岁，训诲有成，两为县尹，咸有嘉绩。人谓得于母教云。

邬氏 字淑贞，鄞人。年十九归沈歈，三年歈亡，子才四月。父母、舅姑欲夺其志，淑贞啮指自誓。家贫，勤纺绩以营衣食供舅姑，寿八十三而终。

刘氏 黄佾妻。年二十七佾亡，哀毁几绝，自誓不移。孝养舅姑，教诸子成立。卒年八十五岁。诏旌其门。

陈氏 名守贞，四明人。归定海乐氏。阅五岁夫亡，姑老子幼，氏竭力养姑为诸妇先。姑亡，悉出余装以毕丧葬。延师教二子，长曰友，次曰彦，皆有成立。

周氏 慈溪人。年十九归诸生黄赟。甫三月，赟有事南都，道病还，阅两月而亡，有遗孕，氏哀毁几绝。后归宁，母氏讽夺其志，辄忿泣，欲触瓮以死，二嫂急持而止。即日徒步归黄，深居不出。生子桥，教育有方。有司奏请旌表。

蔡氏 年十六归董相。相卒，氏年方二十。父母怜其少寡，且无嗣，诱之他适。蔡饮泣誓死，茹茶攻苦，朝夕缉女红以养舅姑。学使孔天引表其门。

王氏 归俞文光甫二载，产子才六月，文光卒。王年十八，家如悬磬，宗党有导之易志者，氏涕泣曰："如舅姑幼子何？"执妇道益勤，备尝艰苦。抚其子稍长又卒。饔飧弗继，形影孑立，历六十余载，贞操如一日，年八十而终。

徐氏 慈溪人，及笄归金杰。杰兄以罪逮京师，杰往请代，濒行时，氏方怀娠。语氏曰："生男若善抚之。"已而曰："吾几误汝。吾此行恐无生理，其善事后人。"氏指腹自誓曰："妾有死而已。"已生男，而杰不返。年甫二十二，父母劝之他适，氏引刀截发断指，誓无他志。茹荼食药绩纴以教子，年八十余始卒。嘉靖间，邑令李銮扁其堂曰"节义"。

严烈妇 慈溪人，归镇之叶余。嘉靖壬子夏，倭猝至，欲污之，不从，窘迫万状，终不屈。缚之去，将及舟，绐之曰："少疏，我即从若矣。"寇信而解其缚，妇遂投海死。学博邝梦琰撰文吊祭焉。

翁氏 刘道妻，归三载道卒。翁年二十一，欲以身殉，念姑老子幼，乃忍死节哀，抚其孤惟成，勖以学业，娶香山沈氏为妇。未几，惟成亦病卒。沈时年二十四，或讽之他适，辄叱曰："吾姑寡而无依，忍言及此？"遗腹生男，甫三岁，又夭。姑妇励志益坚，立从孙为后。邑令宋继祖扁其堂曰"双节"。

杨氏 嘉靖间莘吞民谢崇妻，归七月而崇卒。有遗腹举男。家赤贫，以纺绩供姑膳，抚子成立，寿逾七旬终。

郑氏 归贝效不数载效卒，无嗣。其父母曰："汝何待乎？"女曰："有舅姑在。"乃力任艰苦，致孝养，竟完节而终。有司扁其门曰"节孝"。

沈氏 归庠生金大用，年二十七夫卒。子甫周岁。有讽之者，辄面诟其人，爰断发自誓。子多疾，尝焚香祝天，泣曰："儿存与存，儿亡与亡，天其祐金氏乎？"后病瘳，卒抚成立。嫠居四十余年，奉事舅姑惟谨，殁则丧葬尽礼。乡党推为节孝云。

沈氏 邑生陈杰妻，年二十七而寡。子四，长谟，万历丁丑贡生。孙应蛟，庚子举人。

虞氏 隆庆间赵应龙妻。夫亡，年及三旬，抚二幼子备尝艰苦。事姑以孝闻。年八十四卒。

刘妇二节 洪氏，刘俊夫妻，年十八，俊夫死；沈氏，刘杰夫妻，年二十，杰夫死，俱无子，娣姒砥砺全贞。万历间，邑令吕明伦旌曰"一门双节"。

韩氏 诸生胡泽妻。年二十七夫亡，欲自尽，劝之者谓："有孕幸而男也，可不绝胡之嗣。"未几生子世翰，艰苦教育，入邑校，以明经授司训。氏尚在，泣谓曰："今而后，汝父可瞑目矣。"万历间，邑令汪应泰、朱一鹗相继旌其节。寿七十岁。

朱氏 生员陈一策妻。年二十九而寡，有子二，遗腹女一。事舅姑孝敬。次子为诸生，万历间，邑令朱一鹗、总兵李承勋题表之。

汪氏 生员胡世美妻。二十九岁夫亡，家贫子幼，矢志不易，饮冰茹蘖以终其身。万历间，邑令黎民表旌其庐曰"苦节维风"。寿七十八岁。

周氏 胡世保妻。二十八岁，世保病，刲股以进，衣不解带者数月。及亡，遗孤三俱幼，室如悬磬。躬亲织作，奉姑抚子，丧葬婚娶咸以礼。年八十。万历间，邑令黎民表、指挥曹养浩题旌。

戴贞女 许字方世显，甫纳采而世显死。女痛哭欲奔丧，父母有难色。女曰："往吊即随与归矣。"许之。至门遂居苦次，服衰绖。父母、兄弟欲一面不可得，守志终身。邑令黎民表给扁旌奖其门。

朱氏 陈一谟妻。年十七于归，逾年生子，甫两月而一谟死。舅姑怜其年少，讽使改适。氏号泣自誓。年八十五卒。万历间，邑令黎民表旌曰"贞节"。

吕氏 李指挥义男李德妻。德戍舟山病卒，讣闻，吕哭曰："夫死何以生为？姑老子幼，有伯氏在。"言卒，遂赴井死。万历间，邑令顾宗孟、总兵何斌臣咸旌其门。

滕氏 王谟妻。生子宗浚、宗汤而夫卒，氏年二十五。家贫，艰苦抚育成立。及浚婚娶，滕梦晓日照其庐而孙生，因名日华。万历辛卯乡榜，时氏年八十余。及日华为颍上令，迎养署中。年至九十三卒。

陈氏 贡生武爱文妻，即陈一策妇朱氏遗腹女也。爱文卒，遗腹生子奇，遂教之成立，为邑诸生。年六十四卒。母女皆以节著闻于时。

姚氏 庠生李应元妻，即孝子李道宗家妇也。应元早世，姚年二十七，子俱幼，家无立锥。辛勤织纺养姑，婚嫁咸毕。及姑病，侍汤药，忘寝食。姑死，竟哀毁卒。里人谓其家"前有孝子，后有节妇"，皆处人伦之变，而节孝萃于一门焉。

郑氏 韩钺妻。年二十二，钺卒。有子位，甫周。家贫子立，育之有成。年九十七卒。万历间，邑令屡旌其门。

李氏 郑一贤妻。一贤父后娶，爱其所生子而虐一贤。一贤客游久不归，氏奉事舅姑惟谨，每洁酒肴以进，而姑终不悦，尽覆食器于地。氏复治以进，跪候食毕始起，从无恚色。乡里称为孝妇云。

傅氏 朱文昭妻。生二子而夫亡，时年二十六。父母讽以改嫁，氏断发自誓，抚育二子成立。卒年七十四。学使旌曰"贞操表世"。

俞氏 鄞人，适邵爱江。江疾，刲股以疗，不治。卒时，氏年二十，有一子。父母怜其少寡，讽以他志。氏即截发自誓，事姑抚子以立邵氏之家。年踰七旬而卒。

徐氏 何世重妻。年二十九而寡，有一子病痫，一女在抱。家甚贫，氏守志不移。其后女嫁虞光祚，未几子亦死。随女避乱山中而卒。

王氏 杨梓妻，年二十梓死，生子甫两月。母家咸劝其改适，氏曰："薄命人生名门，适望族，夫家三世仅遗一襁褓，何忍去之？"遂啮指不归母家，事姑如母，抚子成立。年至八十二乃卒。

黄氏 张应科妻，年二十四夫卒，无子女。苦节自守，年踰五十。邑令旌曰"恤纬功深"。

金氏 年二十适方若圣，五载而寡，无子。欲自殉，以舅姑衰老无依，乃止。奉养二十年，生事死葬俱氏一人为之。年七十二，将卒，谓其娣姒曰："我孀妇耶？我童女耳！盖其夫乃不父者也。

李氏 薛三祝妻，李道宗孙女。幼孤，娴母训，母姚节妇也。三祝死，氏年二十四守志，以从子琰为嗣。姑老侍养惟勤，姒五子皆教之以礼。自孀居以老，言笑俱不苟云。

洪氏 年十九适沃惟聪，甫三月夫亡，遗腹生子。舅姑怜其年少，去留任之。洪毅然不变志，日则艺蔬茹素，夜则织作女红，劳勚备尝。及殁，年八十余。子早死，孙男五人，皆其抚育成立者。

张氏 诸生沃我元妻，年二十五而寡，无子。有欲夺其志者，自誓曰："能自立，岂必在子哉！吾终为沃门鬼矣。"年六十三而卒。

王氏女 许字吴姓。吴母病，欲迎女往省。女适病疽，因以妹代往，吴竟留之。父母俱恚，慰女曰："当为汝再择佳婿，勿忧也。"女坚矢不复嫁，茹素绝荤，不事铅粉。父母析产赡之，竟以处子终其身。

郑氏 桂应秋妻。生子一枝，甫周夫卒，时年二十七。勤苦纺绩，抚子成立，娶妇史氏，生孙籍，亦甫周，而一枝从戎剿贼死。史时年二十，妇姑相守，冰蘗著闻。有司上其事，建双节坊旌之。

张氏 倪毓椿妻。年二十三而椿卒。二子正祚、禧祚俱幼，抚之成立。苦节四十余年。里人举其节，郡守邑令咸给额旌之。

贺氏 归谢子馨，七年夫卒，遗孤甫二岁。苦志抚育，为之婚娶。未几，子又卒。育其孙，及八岁，而氏终寿八十。

邵氏 谢栋妻，年十八归谢阅，三年而寡。无子，以从子嗣。茹茶守淡，年七十五岁卒。

方氏 诸生陈尚友妻。结缡甫期而尚友卒，遗孤始生。有劝之改适者，因赋诗示志云："绣幕丝牵一载红，镜分鸾影梦魂通。几回欲绝松筠赋，羞听儿童诵凯风。"议遂寝。卒训子成名。

陈氏 孝廉臧长裕继妻，年二十余，长裕客游江右卒。有遗腹子，抚之成人。家无负郭，纺绩以供衣食，子亦受室。长裕有后，皆氏力也。

周氏 庠生张应瑞妻。应瑞死，氏年三十，子三皆幼。身勤织作，上奉姑氏，下课幼孤。介节冰操，三十年如一日。年六十而卒。

丁氏 谢应魁妻，归三载，生子九月夫亡。氏苦志贞守，闭户织纴为画，虽犹子辈不与接谈。年八十卒。

张氏 胡尚质妻，归三月而夫卒。誓死靡贰，养从子为后。年八十七卒。孀居者七十年。

胡氏 孙寿祖妻，年二十四而寡，止遗一女。有欲夺其守者，胡断发矢节。后依女家终身，年六十八卒。

王氏 诸生周凤正继妻，有妾李氏先举子丕应，王有娠而凤正病笃，谓王曰："我不能生矣。若生男，与李同抚之；不能，亦听若所为。"王啮指，誓无他志。及凤正死，生子丕昭。二孽俱抚之成立。

李氏 年十九适施光宏。光宏卒，氏年二十九，辛勤纺织不避寒暑，以奉姑抚四幼子。年五十四卒。

范氏双节 朱氏，范应祥妻，年二十一而寡；汪氏，范应瑞妻，年十九而寡，娣姒也。舅姑俱亡，家赤贫。朱之父母怜之，绐归宁，欲夺其志。朱皇急赴溺，兄弟援之得生，乃髡发作婢，颜自废。汪哭夫，皆血裂，邻妪语稍不入耳，即持斧自劈，或缁衣自经，赖朱调护之以免。二孽起居食息不相离也。朱举一子我躬，汪亦视若己子课读，纺绩以给衣食。天启辛酉，我躬举于乡，以其事闻之朝，命有司旌其门。

参政王应华诗： 双节于今齿颇芬，从前瘝瘁岂堪闻。庭中未听将雏曲，堂上先传报诔文。窥镜孤鸾双罢舞，援琴寡鹄自为群。一朝潜德陈丹陛，早晚旌书下五云。

沃氏 周锦继妻，归时夫以病笃，不能成礼。沃侍汤药不懈，越三月而锦卒，犹处子也。有劝其改节者，沃坚誓曰："妇无二夫。前妻之子即吾子也。"艰苦异常，抚子成立。守节五十余年。天启三年，巡抚刘一燝题旌。

魏贞女 字淑英，许字方纲。未于归闻夫卒，欲往吊，父母不许。淑英曰：

"不我往，有死而已。"因听之。乃诣夫家，亲视含殓，问夫所卧病小楼居之，终身不复下。天启间建坊旌表。

徐贞女 许字鄞人杨士誉。士誉卒，女衰绖临丧。恸哭自誓，遂留不去。天启年旌。

江氏 臧允行妻，年十七归臧，二十七夫亡。矢志靡他，甘贫苦以事孀姑。抚二子、二女，嫁娶俱毕。卒年六十九。

朱氏 象山人，大学生陈嘉猷妻。嘉猷远游，为仇所鸩。朱年二十五，子方三岁，孀姑在堂。氏奉姑课子，咸尽其职，以耄终。

郑氏 任知进妻。夫卒，氏年二十五，遗孤三。家贫甚，事女红以供晨夕，上事舅姑，下教诸子。后子志尹饩于府校，氏卒。崇正间，邑令龚彝旌其居曰"节孝"。

严氏 袁存实妻。青年守志，历数十年如一日。崇正间，邑令龚彝曰"天然节孝"。

李氏 沈邦成妻。守志苦节。崇正间，邑令朱懋华旌曰"筠心荻笔"。

虞氏 年十六归柳济。济病卒，氏年三十，生四子。家贫岁歉，有劝鬻幼子以减食指者。虞曰："此皆柳氏块肉，宁同作沟壑人，肯为他人鱼肉耶？"昼夜事女红养之。及诸子长，俱力负贩，遂致丰饶。崇正间，邑令龚彝旌曰"天寿完节"。寿年八十二卒。

何氏 胡珮妻，年二十九珮亡。家徒壁立，矢誓柏舟。子舜系尚幼，督课必子夜始就寝，曰："吾不从若父地下者，为尔在也。"舜系发愤下帷，弱冠为庠生。崇正庚午，邑令龚彝表其间曰"和熊慈训"。

汤氏 年十七适刘太华，生二子而夫亡。矢志不贰，卒年八十四。崇正间，邑令龚彝旌之。

周氏 竺尚文妻。年二十五夫亡，子麒三岁，誓死守节。崇正间，邑令龚彝旌之。

乐氏 吴亨理妻，年二十而夫死。抚子利仁成立，娶江氏。生子贞祐，而利仁又死。二嫠相依，乐年八十八，江年七十四。崇正间，道使许豸旌之曰"贞符始旦"。

俞氏 年二十归庠生薛士超，二载而寡。上奉养舅姑，下抚教继子列庠序，守节三十年而卒。

张氏 邹经甫妻。崇正六年，氏年二十五，夫以医随征石浦洞关被杀。氏奉事舅姑，抚育幼子，频遭岁歉，糟糠自甘。有劝之易志者，复截发誓志。子方成立而卒。

【国朝】

林妇双节 李氏，诸生林颖新妻。刘氏，林鼎新妻，善词翰。顺治丙戌，定帅畜异志为乱邑中，人惴惴不自保。李刘交以死誓。李常提幼女，用色丝系其臂而泣，刘于所临黄庭本尾书云："生有命，死有命。生兮妾身危，死兮妾心定。"乱起，李刘各系帛于颈，闻急自勒。颖新兄弟急解之，李已不可救，刘复苏。谓鼎新曰："一死一生，人谓我何？"遂绝。邑令乔钵表其事，立祠祀之，今圮。碑存梓山。

朱氏 顾依仁妻。舟山城破，依仁欲挈妻逃，朱曰："覆巢宁有完卵耶？等死耳。毋及于乱。"遂携其媳张氏，抱一幼孙，投山下井内死。张，故儒士日永女也。时城居民多被戮，潜存者仅十余人，而依仁得免。

瀛洲妇 瀛洲破时，有城征卒见一美妇，年未三十，卒谓之曰："随我可不死。"妇辄随卒行，相去十余丈，数顾之。徐徐出城，将登舟，见城下庐舍火起，即奋身投烈焰中死。

张氏六烈 周氏、方氏、姜氏、毕氏，俱张鲵渊妾，与媳沈氏、孙女茂瀛闻城破，皆裂帛自缢死。时陈君平家妻、媳、女皆自焚死，吴钟峦妻自杀，沈大成、朱永佑、李向中妻妾、妇女或自沉水，或自缢死。朱祖尧妻钱氏，二十丧夫，孀居十年，投井死。又有周氏者，被俘，赴水死。

汤氏 刘大华妻，归五载而寡。一子在襁褓，勤女红以抚之，年九十三而卒。顺治三年，上宪旌曰"旌扬节寿"。

陆氏 名玉辰，华夏妻。夏弃市，氏例当配。时姑已老，乃预为奉养计，经画一切极周至。自缢而死。

林氏 高登第妻，年二十六夫亡。遗孤二，皆幼。夜篝一灯，纺绩教读，夜分乃寝。后子霞为诸生。顺治间，邑令郑元成、朱承命皆表其门。

李氏 生员韩昙妻。昙亡，氏年二十一，上有舅姑，下鲜子女。有劝改醮者，遂截发毁容，挂昙遗容于室，日哭奠如生时。遇令节，更具羞醴以供，其所费皆得诸女红也。顺治辛丑，当道旌其门。

赵氏 武嘉祺继妻。年二十七夫亡，守志不渝，奉舅尽孝，养抚前妻子并已子成立。后至六十七岁卒。顺治十年，学使张安茂旌其居。

王氏 陈所政妻，年二十七夫故。抚遗孤拱辰，及长列庠序，娶樊氏，生孙，拱辰又亡。茕茕姑媳，藉纺绩以度朝暮，课孙诵读，弱冠采芹。顺治十年，邑令郑元成以"两世贞操"褒之。

王氏 生员陈箴妻，一乳生二子，未几箴卒。氏苦节事翁姑，抚二子相继饩于庠。顺治间，抚军秦世祯旌曰"蘖节冰操"。

徐氏 陈瑞斗妻，年二十八守节。家无四壁，氏上事舅姑，下鞠稚子。至顺治十三年，八十二岁寿终。

胡氏 庠生沃兆京妻。年二十六寡，有一子。家贫，屡遭岁歉，忍饿不移。顺治己亥，又遭寇掠，身免而孙被杀。一生流离颠沛，苦节如常。

傅氏 诸生丁启新妻。顺治己亥，海寇猝至，启新偕氏携一五岁子，将往鄞。出门数百武，闻喊声。傅谓夫曰："势迫矣，君宜善顾此子。"沉水中死。

俞氏 谢应诰妻。己亥夏遭海寇，同群妪避宋宁岭。俞年最少，寇至，欲狎之。俞抵死不屈，以刃胁焉。俞曰"吾死不受逼。"槊贯其胸，骂语未已。自解腰缳于肼，气用绝。寇断其首，悬竹杖而去。

张氏 诸生袁献征妻。顺治十六年遭海寇，同诸妪避难洪溪。诸妪招之速去，张以候夫故独后。遇寇，欲逼之，张拒骂甚厉。贼以刃刺其两胁死，尸体历五日不变。

李氏 年十八归乐日官。后值海盗肆掠，李与邻妇伏芦莽中，盗搜获其夫，拷索无所得，缚且掠，俾绕篱而呼。氏闻声而出，曰："君父母老，不可死，愿以身代。"盗释其夫，而牵妇以行，不十数武，见有池，即跃入而死。

王氏 长者灵楼女，归郡庠李光斗，后遭海盗劫掠，与妾朱氏匿于草庵中。盗至，见王即牵之去。王知不能脱，指其子谓朱曰："以累汝。"至中途，绐盗曰："此去吾家咫尺，吾归取金珠馈汝，幸宽我。"盗信之，与行至井旁，遂跃入而死。三日后尸浮，颜色如生。乡人颂之曰："夫人之贞与水清，夫人之洁与水冽。井有源泉取不竭，夫人芳誉何时歇。"

胡烈女 庠生闇女，年十七，有姿色。避难城湾岙，遇贼欲污之，不从，乃以刃胁。女叱曰："我儒家女，可杀不可辱。"贼怒，连刃而仆，未死。后贼继至，女恐不免于辱，乃翻身俯首而绝。时当炎夏，又大雨。越七日贼退，始收殓，神色如生。葬于前头亩，从祀其父。

袁氏 乐益生妻。夫亡，守志孝养公姑。顺治初，海寇肆掠，居民逃避，妇独奉姑不去。姑曰："吾老且病，终不免死。汝当携幼远出。"袁泣曰："岂忍弃姑偷生。"及寇至，姑以妇言哀告，寇为之感动，遂免害。氏后年九十卒。

胡氏二烈 应氏，胡定隆妻；杨氏，胡定庆妻。娣姒也。闻警避于山间。寇索得，逼之，坚拒。乃以刃加于脰恐之，拒益甚，曰："宁杀我。"遂俱为所刃。时应氏有儿在抱，死时儿犹伏胸吮乳也。

四烈妇 李氏，诸生乐惟豫媳，因寇逼，投沼死。赵氏，诸生李邦玉媳。崔氏，诸生乐日新妻。张氏，丁秉乾妻。寇至，俱不辱死。

邵氏女 名贞，诸生邵元闻女，许字鄞孝廉张莺之子美南。寇至，从祖母避难。惧为所逼，欲自缢，祖母止之。女曰："邵固儒家，张亦宦族，身或受污，死晚矣。吾终不欲负吾父，并负张也。"遂赴水死。

胡氏 张顺妻，从娣姒避难，至东冈碶遇寇，逼焉，不从，即投江而死。

严氏二烈女 长名大姬，次名莲，诸生严日宣女。寇欲犯之，二女骂曰："我名家女，岂可污辱。"骂不绝，被刃。莲以两手覆面，刃中额死，十指俱落。

周氏 谢子泉妻。子泉被寇害，氏守死号哭不去。同难者邀之，周曰："夫死，何忍独生。"寇至索其赀，并欲逼焉，周痛骂，被刃死。

胡氏女 诸生胡士琰女，许字同庠张武曾之子。偕诸母避难城湾楼霞岭。日将晡，谓母曰："与其受污生，不若死。"即跃入井田中，以泥自污。寇强逼之，不从，断其脰而去。

沃氏二节 王氏，沃启文妻，其女甫及笄，许配余姚胡某。启文闻寇变，挈其子以逃。王亦挈其女，同邻妪行。见势猖獗，虑不免，绐其女曰："父归矣，汝速往招之同来。"女行未数武，王即赴水死。女回顾恸绝，邻女强之行，女曰："吾不忍舍母而苟自免也。"亦赴水死。

胡氏 乐璋妻。璋卧病闻警，速其妻行，不去。次日邻尽逃，璋又促之，不去，侍汤药如故。已而璋少瘥，谓璋曰："事急矣，吾何妨辱身而苟免。"因廖璋去，不知所往。难即平，有浮尸水上，验之，即璋妻也。

李氏 吴正佑妻。遇寇不受辱，以腰缣自勒死。其姑李氏、大姑乐氏，皆以节著，而李又以烈死。

沈氏 丁存赤妻。二十七岁守节，卒年七十余。

叶氏 黄阶妻，年二十六岁阶卒，有一子甫二岁。家贫，伯叔常逼嫁，后私受聘。氏知自缢，及救苏，仍触阶，思尽乃止。后值岁饥，至糠粃荼草俱乏而卒。

邬氏 沃启思妻，年二十五夫死。有子女各二，无舅姑叔伯可依，惟朝夕纺织以资抚育。年八十四卒。

李氏 生贡胡迈妻。迈与父母相继卒，李年三十，贸产治葬，家业凋落。抚两子成立，皆纴织资也。年八十卒。

张氏 庠生崔国彦继室，年十六归崔。前妻遗子大升甫二岁，鞠育逾于所生。后国彦卒，张年二十四。有讽之改适者，张剪发以明志，严课大升读书，后以弟子员举明经。廷试归，张方六十称觞，病卒。

戴氏三节 余氏，戴双槐妻，年二十七而寡。二子皆幼，抚之至于成立。长汝良，娶陆氏；次汝芳，娶张氏。陆生子甡，而汝良卒。张生子嘉宾、嘉锡，而汝芳卒。二氏年皆二十二，依姑抚幼，虽老未尝一越闺阃。年俱七十而终。

姜氏 名性善，诸生丁辅副室也。年二十四辅卒，仅遗一女。嫡所生子年亦幼，性暴戾不驯，姜绝不介意，竭力抚育之。及长，曲尽婚娶事以续辅祀。后卒不合，依其婿以终，年七十有二，邑令旌之。

刘氏 适沃元。元卒，即萌死志，视含殓送葬毕，潜至元冢上，以帛自勒，死年甫二十岁。

李氏 适沈邦臣，逾年举一子而寡。又逾年，而子亦不育。邦臣有两弟，李偕姑织作以完二叔婚。及仲生子士翰，立为后，身教之成立。年七十余卒。先是，李有义男士昇，娶妇陈氏，年十六，逾年举一子亦寡。有劝之改适者，陈持刀截发曰："愿效姑所为。"遂力持艰苦，与李相依以终其身。

宋氏 适刘汝度，年十九而寡，遗腹生子。氏奉姑抚遗，兼尽其道，年七十九而终。邑令表其门。

邱氏 俞应祥妻。应祥幼丧母，哀毁异常，常设位于寝侧。及氏归俞，克体夫志，每饭必先设供，然后食，事舅尤谨。值疫疠，舅与夫俱染笃疾，氏欲割股以救。有以残削肌肤谕之者，乃止。遂竭诚礼斗，每晚必刺指出血，涂蜡以烧。经二十一日，两病皆愈。人佥谓诚孝所感。越数月竟以劳病瘵而卒。宗党咸悼惜之。

王氏 刘凤翱妻，年二十有二凤翱卒。遗孤二，俱幼。租邻园一方，莳蔬自给，抚二子世禄、世恩成立。当事旌之曰"天寿艰贞"。

邱氏 庠生邵誉明妻，年二十七寡。无子，茹素终身，有田十余亩，畀从叔以助蒸。尝曰："不令亡人馁也。"

乐氏 吴大名妻。大名客死，遗女甫三岁，子甫匝月。氏灌畦治蔬，夜篝灯纺织，乡里咸以苦节称之。女适李必茂。充营兵，挈之赴广。生一子必茂，以事杖毙。同役有强娶之者，吴断发自誓，焚夫尸负其骨，携幼子归。

王氏双节 倪氏，王道盛妻；沈氏，王道贯妻，娣姒也。舅病疯，二妇承顺惟谨。倪生子锦，年二十三道盛卒。沈生子镗，年二十五道贯卒。皆以青年矢节，抚幼成立，各有孙。倪年七十二，沈年六十九。邑令旌其门曰"双寿全节"。

蒋氏 邑诸生傅渊如妻，二十而寡。誓无他志，茹荼勤织以养二孤。二孤一乳所生者，长曰元标，次曰元枚。

谢氏 范兆芝妻。兆芝客死于广，遗孤基宥方五岁，遗女二，无伯叔可依，谢矢志柏舟。族祖范永正为周其衣食者十余年，婚娶两毕。年四十九而卒。

王氏 年二十归诸生李适馆，未逾年寡。舅姑虑其年少，氏曰："烈女不更二夫，愿终身守志。"每朔望必早起，设位祭奠，哀号终日。性至孝，舅姑有命，虽疾病勿敢辞，竟以哀毁积劳成疾，卒时年三十二。侄时培嗣之，后为庠生。

郑氏 朱良材妻，年二十四良材亡。家徒壁立，矢节不移，以纺织养舅姑。子嗣轲方四岁，女二。抚育艰苦，嫁娶咸毕。邑令旌之。年六十七岁终。

何氏 监生邬奎明妾。嫡王氏生子光新，甫六岁而王病甚，指以属何曰："吾以此子累若矣。"何泣而受之。未几，奎明亦病卒。何年仅二十六，遗孤有二。值岁歉，以薄糜啜己子，以饭食王之子。己所饱者，糠粃也。或炊烟久绝，教子诵读犹自若。后光新、光越补弟子员，光国登贤书，人皆贤之。卒年三十九。

夏氏 瞽者刘大之妻。大贫甚，常丐食，氏共尝艰苦，欢爱无间。及大病卒，氏亦自缢。夏与刘俱故明勋胄也。

史氏 桂一枝妻

徐氏 年二十一归唐姓。夫为攻木工，嗜酒。家绝炊烟，不闻交谪声。夫病瘵卒，妇鬻其五岁女，治殓毕，梳束自缢。

谢绪章《蜀魄啼》：杨花落尽东西陌，蜀魄啼痕树杪碧。旧陇新阡鸦不飞，屡余日日醉人归。锅空挥手床前倒，欲言不言徒懊恼。荒年渐度麦有秋，醉人巳病酒棘喉。有女鸳将完后事，人疑一饱令可求。杳无声息使邻知，同心结就誓不移。风催蜀魄东方白，愿向泉台作此翼。

谢绪敬《烈妇诔》：忠孝节义，由天性与，自古迄今，容有几人？非天性与，当其迅发雷霆莫撄，嗟彼烈妇谁从禀程？委身贱役兮不知其贫，尽瘁拮据兮不敢言勤。红粉兮焉傅面，朱铅兮未入唇。蓬鬓缟衣抛青春，樵汲补缀洁晨飧。良人学艺仅糊口，早出趋市入巳申。膝下无男止一女，呱呱之声伴只身。零丁萧索天不吊，夺其配耦滋酸辛。烈妇处此何从容，罄厥所有供枢輴。丧葬甫毕随自计，寂寂悬梁邻不惊。最惨幼女未学步，匍匐在床恐跌倾。特为展铺置地下，乳哺一饱免怒嗔。吁嗟乎，烈女何嶙峋，爱身惟恐污纤尘，万死不敢易一生。千古大义一肩擎，直堪圣贤与等伦。犹忆少聆耆旧语，邑中李氏冠勋臣。有仆奉命出外死，其妻闻讣眉蹙颦。视姑寝膳饭儿毕，怀石赴井堕钗钏。传闻酷与此相类，未经表暴致湮沦。呜呼，此辈英灵天地存，岂特区区碑颂并恩纶。但是人心苟不死，安得不为之叹息泣下而言之津津！

徐氏 顾良卿妻。康熙年间，郑寇由海进长山桥，江隣妇纷然窜匿。徐向夫曰："贼势追索无不至，男子且多不免，况我妇人？与其生而辱，不如洁而死，恐有负姑清白家风，不能与子偕老矣。惟二子其善抚之。"言毕，即潜出投东冈碤而死。盖良卿母李氏亦节妇，故云。

虞氏 郑庆云妻，年三十二而庆云卒，有子仕绅。氏奉姑教子，备极拮据。顺治己亥，邑遭海寇掳掠，氏先期同子妇走匿山中。寇将至，仕绅欲负母走。虞绐曰："汝再登楼瞭望，走未迟。"子去，虞即逃遁出伏，夜行得返于家。寇退，子妇俱还，谓子曰："吾非不欲与汝偕行，只身易脱，不使以我累汝耳。"康熙间，邑令王元士表其门曰"节孝延年"。

陈氏 华士珊妻，生一子夫卒，陈年二十八，守志不移。值明季岁大歉，奉养舅姑无缺。康熙癸丑，氏年七十，邑令王元士旌以"贞节不朽"。

王氏 赵四辅妻。生一子，五岁夫亡，氏年二十七。事姑尽孝，如母女然，奉养及二十载。后氏至八十九卒。康熙间，邑令王元士额其庭曰"柏节松龄"。

武氏 樊建勋妻，夫死，冰节五十载。康熙间，邑令王元士旌其居。

刘氏 陈三思妻。年十九夫亡，无子。闭户纺织自赡。寿九十六。康熙间，邑令王元士旌其居。

刘氏 魏汝隆妻。年三十夫卒，守志抚孤。长子琦，补邑诸生，娶朱氏。

年三十一，琦卒，抚孤际可，亦补邑诸生。刘年八十有五，朱年六十有一。康熙间，邑令王元士表其门。

乐氏 王思望妻，年二十三寡。父母欲夺其志，乐坚守不移，日勤纺绩抚孤。后子显中武科，氏寿至八十三卒。康熙间，邑令王元士旌之。

归氏 庠生竺挺之妻，年二十六夫死，守节四十载。康熙间，邑令聂士贞旌之。

朱氏 张尔炳妻。顺治时，夫赴广道死。氏年二十八，殡毕，即赴水以殉，弟救得活，后抚子成立。年至五十八卒。康熙间，邑令侯宜人旌其门。

王氏 戴大奎妻。年二十四而夫亡，遗孤二。值明季连遭岁歉，采蕨根荠叶以延旦夕。或劝之改志，氏曰："饿死事小。"年八十五而卒。康熙间，邑令郝良桐旌其门。

胡氏 庄俊造继妻。年二十七守志事姑，虽菽水必以礼教子秉球、秉琪，读书俱入邑庠。康熙甲子，邑令郝良桐额其堂曰"嘉节维风"。卒年六十有一。

方氏 赵二南妻。年二十五寡，二子俱幼。有劝之易志者，氏啮唇溅血以誓。康熙间，邑令郝良桐旌曰"天寿淑节"。

邱氏 金汉英妻。年二十五岁而寡，事姑鞠子，守节三十五年卒。康熙间，邑令黄宫柱旌曰"冰心爱日"。

谢氏 杨敬生妻。二十三岁寡，遗孤二。家贫，咸劝之改适。谢破镜示志，卒抚子成家。年八十二始卒。康熙间，邑令唐鸿举旌其门。、

洪氏 刘上俊妻，年二十五夫卒，哀哭伤目。姑性峻急，洪曲意承顺，值岁荒，供膳无缺。卒年六十四。康熙间，邑令唐鸿举旌其门。

李孝女 诸生李经女。父早卒，母孀居十载。一日母病，有术者言母女年命相犯，去一则安。女期以身代，潜服卤卒。人咸惜之。

谢兆昌《孝女词》：嗟嗟孝女在芳年，复有弟妹相随肩。寡母忍兹填圹死，提携冀遂生理全。拮据已尽心力竭，愁绪绵绵不可辍。人身匪比金石坚，沉忧积瘁皆为孽。长女代男心屏营，代死一言由至诚。术士妄言人祸福，翻令孝女垂芳名。芳名原非女所愿，但祝阿母加餐饭。存者对此当自思，毋烦执手重缱绻。不死岂遂玷纲常，奈此殷忧摧肺肠。赴水蹈火同至性，遂与天壤相辉光。藉令阿母不得活，后来凭吊增凄怛。成败在天复奚尤，呜呼一死万事休。

林氏 年十八适唐揆一。数年，揆一殒于水。氏方艾年，咸讽之他适。氏以死自誓，抚遗孤成立，年六十九而卒。康熙间，邑令陆敬德以"劲节可风"

表其间。

黄氏 陈文元妻，年二十三守节，无子。文元生时事父母孝，氏克承夫志。年六十余卒。康熙间，邑令田长文表其门。

孙氏 林又樊妻。年二十九而寡，无子。家甚裕，以赀建立宗祠奉宗祖。卒年六十余。康熙间，学使马豫旌曰"孤节光宗"。

郭氏 年十八归周尔华，踰年华被虎伤，氏遗腹生子。苦节抚孤。康熙六十年，学使马豫旌曰"饮冰植节"。寿至八十余。

邱氏 杨奎光妻，年二十九光卒，遗三子。家贫，舅疯病不能力食，氏与姑纺织供膳。值岁饥，氏将鬻子以供，舅知之绝粒。邱劝不听，至投缳，舅乃食。邻里为之区处完聚。后子成立，甚孝。氏年八十六始卒。

魏氏 杨文蔚妻。生二子，蔚卒于闽。氏年二十三，枢归葬毕，将以身殉。舅姑谕以大义，乃节哀，事纺织以奉养。岁饥，日茹草木延生。终年七十七。

范氏 杨邦荣妻。生子甫两岁而荣卒。氏年二十七，舅姑老且病，族人利其产，逼之嫁，不得；行窃，又不获，乃纵火。氏恐灾及舅姑，将以身殉御之，火为之灭。后抚孤成立，年八十二乃卒。

张氏 杨圣嘉妻。年二十六嘉卒，子在襁褓。舅痛哭失明，张勤纺绩以供甘脆，得舅姑欢心，舅目乃复明。年至五十七，与孤相继卒。

张氏 郑嘉贤妻。年二十四寡，抚幼子成立。未几，子媳俱亡，乃抚孙。郡守旌曰"璧完华发"。年七十九卒。

樊氏 生员陈拱辰妻。年二十二守节，至六十二卒。

邵氏 性纯孝，年十四母病热，医弗能疗。女泣，祷大士前，密持刀刲右肱肉，杂鱼汤以进，母寻愈。及长，适庠生陆奏，克尽妇道。

丁氏 年二十二适刘桢木，二载而寡，遗孤在襁褓。氏截发自誓，鬻簪珥殡夫。含辛茹苦二十五年，以孤子病剧，惊悸成疾而卒。

叶氏 贝凤辉妻。年二十七夫卒，有一子名宋令。姑沈氏亦节妇，人称"两世霜操"。

杨氏 黄子达妻。年二十八岁守节，无子。子达临终，以不能成名养亲为恨。氏承夫命，事姑孝，课继子读书。年至六十三卒。

陈氏 叶本元妻。年二十五本元亡，无子。舅姑欲夺其志，氏剪发毁容自誓，舅姑携其幼子别居，尽移所有去，盖逼之嫁也。氏当室无粒食，拮据自图，卒至白首完其贞焉。

任氏 陈君则妻。归半载而夫亡，年二十，无子。有频以嫁劝者，氏啮指以誓。后抚侄为子，娶方氏，无出，而子又卒。方年二十八，与姑偕守至老，称双节焉。

周氏 蒋某妻。年二十一守节，至七十二岁卒。康熙间。邑令周家齐旌之。

陈氏 郑其洪妻。年二十七洪卒，一子甫八月。氏泣血茹素，不令舅姑知。及年五十，儿受室，称觞氏前，氏曰："我不须此，但为尔父像前斟一卮，足矣！"忍泣踰时。年七十二乃卒。

方氏 郑斐章妻。年二十四斐章客死。氏抱遗孤奔丧，因冒风失明。归葬毕，将自缢，姑谕乃止。家贫甚，遭姑丧，至剪发以鬻。后子媳又夭，抚孙成立。卒年六十三。

郑氏 年十九归张圣赐，七月而圣赐亡。氏不食者数四，因姑谕稍进饮食。旋有劝其嫁者，氏复断发自誓，由是终身缟素，孝养其姑不衰。里人咸称节孝云。

林氏 郑宏恩妻。于归时，宏恩年五十，待林甚虐，氏含忍无怨言，供职维谨。年未三十，夫亡，家贫子幼，无以为生。氏矢志益坚，苦节四十年而卒。

贺氏 胡武英妻。年二十一而寡。母以家贫无子讽令改图。氏曰："如果不能度活，亦待亡人速死之一法耳。"又冬不炉，夏不扇，人问其故，曰："墓中人不知冷暖何如。"以伯子为后，苦节三十载而卒。

林氏 周士彦妻。年二十一夫卒，子生方数月。母家屡劝令改适，氏啮指自誓，朝夕与姑相依，寒夜纺织。姑第之至泣下，氏慰之曰："夫灵在天，必佑此孙成立。愿姑百岁康健，同享其福。"年至六十一卒。

朱氏 年十九归王三德，有娠三月而三德亡。将葬时，嘱伯氏为营两穴，及数月生一子，苦节抚之。郡守旌曰"节孝可风"。

邵氏 字玉观，庠生庄昌焘妻。生三子，年二十七夫亡。家贫，日食不继，或劝以他适，邵曰："父字我以玉，取其纯洁也。"乃拮据以事舅姑，抚子成立。卒年八十七。

史氏 林圣泰妻。二十三岁守节，卒年八十余。

徐氏 方文喆妻。年十八于归，未逾年而寡。立侄为后，勤苦自持，不言壸外事，延师教子。年六十四卒。

张氏 王日新妻。生二子夫亡，氏年二十五，苦节抚孤。邻妪或劝之礼佛拜经，氏曰："我但知礼拜故人，不知入庙礼佛。"年六十七卒。

余氏 王进贤妻。贤为封川尉，卒于官。氏年二十八，时宦橐萧然，募路赀携子扶柩归葬。家居糟糠自甘，终身不向人作乞怜态。年七十三卒。

吴氏 黄子球妻。年十七于归，生子一。未几，球病笃，以教子为嘱。及殁后，家贫无依，有劝以他适者。氏哭曰："先君子以藐孤是嘱，何忍言此。"兄嫂念氏苦志，助其薪水，顾不能常继。氏茹荼食糠以守志。卒年八十三。

郑氏 洪兆龙妻。兆龙父应科以王事殉难，荫袭定海卫百户。兆龙卒，氏年二十一。子昆甫二岁，抚之成立，苦节四十年。至六十一卒。

杨氏 厉裕昌妻。归三载而裕昌亡，无子。舅姑虑其不能守，使人探之，氏号泣自誓，守节茹淡五十余年。

秦氏 裕昌弟佑昌之妻。佑昌死，氏年二十五，有一子。秦与杨共力持艰苦，抚孤成立。至七十余岁卒。

郑氏 裕昌从弟祖昌之妻。祖昌亡，备尝艰苦，以抚育二子。

冯氏 年二十适王纯一为继妻，越九载，纯一经商溺死黄盘。氏日夜祝天求获夫尸。越旬日，得尸于后海，收葬焉。乃闭门纺绩，教子琪读书成立，入邑庠。年五十一卒。

任氏 王恕藏妻。于归数月而恕藏死。氏年二十有五，尽鬻衣饰营葬地，并造已圹以示同穴，抚伯子为嗣。至四十八岁卒。

沈氏 慈溪人，年十八适李尔范，五载生一女而夫亡。苦节奉姑，迄于丧葬既毕，终身守志不移。

洪氏 黄文祥妻。年二十八祥病笃，割股和药以进，卒不治。以叔子为嗣，悲哀守节，不见齿者四十余年。

杜氏 乐仪生妻。年二十五守节，至七十六卒。子芳华入邑庠。

夏氏 诸生庄信烈妻。年二十四而寡。夫卒之日，屡绝而苏，决志殉死。族戚以抚孤为劝，强起治丧。十余年哀不绝泪，至七十二岁卒。

蔡氏 刘元运妻。年十九守节，抚三月遗孤，饘粥不继，守志益坚。中年子卒，以从侄入嗣，纺绩日活，年至七十卒。

朱氏 年十七适王上卿。后卿客闽不还，所生子又夭。或劝改图，氏矢志待亡，纺绩供食，寿至八十二。

刘氏 王志麟妻。志麟读书不得志，卒。氏年二十六，恸哭屡绝。家贫，与姑纺绩课子，后子入邑庠。氏卒年七十二。

冯氏 顾君玉妻。君玉叔伯共五人，惟君玉有二子。及卒，氏年二十六。家贫拮据，抚子卒致成立，以承宗祀。

王氏 沈汉倬妻。倬死无子，氏年二十一。继侄为后，娶钱氏，生一子而继子又死，钱年三十。王守节五十三年，钱守节二十二年，盖两世清节云。

张氏 许聘刘绍周，年二十一未归。绍周病笃，氏闻之，请于父母，愿归侍疾，不许。再请，乃许。及至而绍周随卒，遂居夫室守志。年五十终。

庞氏 沃其渊妻。年二十一夫卒，遗腹生子。未几舅殁，从祖欲夺其志，氏剪发自誓，勤女工以供饘粥，卒抚子成立。终年五十六。

艾氏 庠生沃廷先妻。年三十六夫死。食贫苦节，课三子读书，后俱有声庠序。雍正壬子，艾已百岁。诸孙将请建坊，艾不许，乃止，未几卒。是年秋，孙沃州领乡荐。

吴氏 年十八归陈起鸿，二月而夫亡，遗腹生子律文。及成立，娶费氏，生子泮水，而律文又卒。费年二十七，与姑相依。雍正间，连遭歉岁，姑媳艰贞，乡里咸钦双节。

范氏 方丹凤妻。归数月夫卒，遗腹生子。雍正间，岁荒歉，拮据延旦夕。及子成立受室，曰："今而后，可见夫于地下矣。"年五十八卒。

柴氏 黄元贵妻。二十八岁守节，子尚幼。雍正初，岁频饥，氏一日一粥，或再日一粥，卒抚子至成立。

阮氏 谢绪进继妻。年十七于归，夫病，奉侍汤药，衣不解带者五十日。夫弥留时以后事为嘱，氏呜咽啮指几断。及卒，欲以身殉者数矣。事舅姑尽孝，抚前妻子如己出。康熙甲申，邻里大疫，或以暂避尼庵为请。氏曰："死生有命，庵寺岂寡妇所居耶？"终身不御罗绮，及卒时，箱遗疋绢犹嫁时物。乾隆元年题旌。

白氏 江大宁妻。年二十七夫卒，矢志守贞，孝事舅姑。及舅病笃，茹素虔祷。生平周恤孤寡，不信僧尼异说，足不入寺观。乾隆元年题旌。

虞氏 贡生谢绪辉妻。年二十九夫卒。事姑曲尽孝养，抚二子成立，守志三十五年卒。

庄氏 郑彝妻。生一子彝卒，氏年二十五，意不欲生，母强之归宁。有族姑稍讽以他志，即拂然而归。事纺绩资生，日不再食，率以为常。子廷秀就外传，每午归，饭不盈一盂，母子相对凄然。及卒后，子为邑庠生，家渐裕，推恩亲党，赡给孤寡，久著义声。所司核母节，乾隆元年题旌。

陈氏　王咸吉妻，于归四载夫亡。时姑老子幼，日事纺绩，或时灌园蔬以佐饔飧。一日姑病剧，陈号泣吁天，未几病愈，人以为诚孝所感云。　高氏

沈呈美妻　年二十四夫亡，无子。家贫甚，以纺绩奉姑，时或拮据以供姑之所嗜。抚侄为后，侄亡，以长孙继。年七十八，及卒时，栉沐更衣，与家人作别，瞑目坐逝。乾隆元年题旌。

薛氏　谢绪勤妻。于归后，夫病二载，侍汤药不懈。及卒，薛痛不欲生，以舅姑在，勉强节哀。姑老病十余年，事之不离左右。

谢氏　王之纯妻。年二十二，方有娠夫卒。后生子，氏艰苦抚之。及长，为庠生。年二十五，又卒。与子妇陈氏纺绩以供晨夕，苦节终身。乾隆元年题旌。

武氏　孝廉谢赓昌妻。赓昌早登顺治甲午贤书，好会友论文，氏佐中馈必丰洁。年二十六夫卒。舅性好义举，时或财匮不继，氏辄鬻簪珥供之。及氏殁，舅流涕曰："吾儿真死矣。"乾隆元年题旌。

汪氏　郑允懋妻。夫卒，年二十二。姑患其年少，氏乃剪发见志。家贫不能葬，辄往殡所覆土，及久，屹然成坟。后姑卒，亦如之。氏以忍泣伤心，患心疾三十余年，卒以此殁。

王氏　陈大本妻。夫病数载，脱簪珥佐医药，卒不起。家贫子幼，晨夕不继。娣姒或讽以他志，即剪发自誓。姑病疫，氏虔祷于天，请以身代，即而渐愈。时乡邻无不染疫，独氏母子无恙。

谢氏　朱金玉妻。生子夫亡，年二十八。事舅尽孝养，课子读书成立，卒年八十三。乾隆元年题旌。

张氏　年二十二归刘昭麟，越五载，夫以溺死。氏闻，欲赴水以殉，姑力止之，乃勤纺绩以奉姑、鞠幼子，守志三十余年。常语子曰："我惟求不愧祖姑耳。"盖其曾祖姑王氏亦节妇，故云。乾隆元年题旌。

邵氏　林月三妻。夫常糊口四方，姑老且病。氏勤纺绩以供药饵，及殁，竭力营殡。殡未几，月三客死于杭。氏绝食不欲生，族人以夫枢未葬为劝，乃稍进饮食，立从子为后。乾隆元年题旌。

袁氏　郑之德妻。夫卒，家业零落。氏勤十指以奉舅姑，卒丧葬皆尽礼。抚三岁孤，教之成立。乾隆元年题旌。

裘氏　任季修妻。生二子夫卒，年二十八。事舅姑以孝，抚遗孤读书成立。子任坡入邑庠。乾隆元年题旌。

潘氏 谢绪正妻。夫卒，氏年二十三，守志二十五年，孝事翁姑。翁殁，致并日之爱于其姑，共处一室，形影弗离。遇姑疾，侍奉竟夕不寐，以故氏殁，姑哭之过于哭子。有子润祚，入邑庠。乾隆二年题旌。

陈氏 马士通妻。年三十守节。勤俭自持，教子成立。寿七十余。乾隆三年题旌。

金氏 年十六归夏之锡，生二子。夫病不起，氏刲股以进，及殁，与姑同卧一室。叔欲夺其志，乘姑他往，夜纠众欲劫之行。氏觉之，抱幼女逾槛走邻媪家呼救，邻族共起逐叔，乃免。后叔荡产远出，氏拮据朝夕，或代邻妇舂米，受其糠粃作薄糜饲儿。彻夜勤纺绩，易食供姑，至三十年。乾隆三年题旌。

朱氏 刘尧安妻，生一子。夫卒守节，抚子成家。年逾七十而卒。乾隆三年题旌。

谢氏 薛垂裕妻，生一子。夫卒，谢年二十八。家贫，拮据以奉舅姑。子就傅修脯，每出自女红。后子列邑庠。乾隆三年题旌。

王氏 屈殿选妻。乾隆三年题旌。

沈氏 薛守裕妻。年二十四夫卒。家贫甚，姑老子幼，氏勤纺绩，灌园蔬以养，苦节数十年。乾隆三年题旌。

俞氏 方世揆妻。年十七守节，有一子。家贫，勤纺绩以养舅姑，抚子成立。乾隆四年题旌。

章氏 范伟生妻，生二子。夫卒，氏年二十八。守节四十余年，孝事舅姑，课子成立。乾隆四年题旌。

陈氏 杜尊爵妻。年二十七夫亡，哀毁不欲生。未几舅又卒，家业凋落。乃勤纺绩奉姑，苦节教二子。后长子克立成家。氏年届七旬。乾隆五年题旌。

袁氏 顾子宜妻。夫亡，无子。事舅姑孝养甚笃，抚继子惟卜成立。娶陈氏，生孙一，惟卜又亡。茕茕姑媳，勤纺织以育孤孙。乾隆五年题旌。

吴氏 金之印妻。夫故，家业中落。氏辛勤事舅姑，抚幼子，藜藿自甘者数十年。乾隆五年题旌。

汤氏 毛正儒妻。夫捕鱼溺海死。氏守志，奉舅姑，立从子忠鼐为后。未几鼐死，又以忠谐承嗣，教以读书，得列庠序。乾隆五年题旌。

傅氏 归士良妻。家故贫，常私餍糟糠，以甘旨奉舅姑。及夫殁，有二子，家益窭，氏拮据以供朝夕。后病革，时叹曰："两子幸已成立，但恨不能终事吾舅耳。"乾隆五年题旌。

陈氏 崔士璜妻。年三十九夫卒。勤俭守节，抚继子成立。乾隆五年题旌。

刘氏 庠生舒松妻，事姑以孝闻。松读书不得志，殁。氏教育三子，使承父志，后俱列庠序。乾隆五年题旌。

乐氏 诸生李国宁妻，生子三而夫卒。卒时目未瞑，氏碎镜誓无负夫志，乃瞑。葬毕，与姑同居一室。姑因哭子丧明，氏谨事三十年。乾隆六年题旌。

朱氏 陈旭显妻。旭显捕鱼溺死，腹生子廷孝。艰苦守志二十余年。子成立，家渐昌炽。乾隆七年题旌。

徐氏 林汝泰妻。夫卒，年二十九。时姑老且病，氏含哀侍奉。姑殁，丧葬皆尽力。抚子成立，生孙，子又卒，乃与子妇抚孙，勤女红给食。乾隆七年题旌。

崔氏 沈子义妻。子义家贫，为伍卒，时守汛地不归。氏竭力奉舅姑，甘旨四载。夫死，抚孤子，拮据以供朝夕。守节三十六年。乾隆八年题旌。

陈氏 金光隆妻。夫死守节，勤女工以膳舅姑，育孤子，历二十余年。乾隆八年题旌。

杨氏 蒋允文妻，归五月夫亡，无子，立从子广定为后。及长，娶刘氏，生一子而广定又死。姑、媳两世孀居。乾隆八年题旌。

白氏 任管瓒妻。家故贫，夫殁，鬻居营葬，栖身仅数椽破屋。勤纺绩以事舅，育诸孤，苦节三十余年。乾隆八年题旌。

宋氏 诸生张瑄妻。瑄卒，遗腹生子鹉。氏勤女工以膳舅姑。子稍长，教之成立，补邑庠。自瑄以下，凡四世皆一线相传，至五世而孙曾繁衍，人咸谓节孝之报云。

王氏 冯世科妻，事翁姑以孝闻。夫亡，守节剪发，自誓抚育二孤。乾隆九年题旌。

乐氏 沈君重妻。夫亡，长子方四岁，幼未弥月。氏苦志抚养。后长子入邑庠。乾隆九年题旌。

林氏 陈耀祖妻。夫卒，苦志抚孤，终身未尝欢笑，守节二十八年而殁。乾隆十年题旌。

胡氏 丁楚良妻。夫病，祷于天，愿以身代，泪与血俱，见者流涕。及卒，子方在襁褓，苦节抚之成立。乾隆十年题旌。

李氏 胡汝富妻。夫卒，事舅姑，克代夫职，教育二子有成。乾隆十年题旌。

汪氏 徐士高妻。夫卒，无子。汪苦节奉姑终身。乾隆十年题旌。

余氏 虞廷仕妻。夫卒，承夫志，孝事舅姑。有一子早亡，无后。乾隆十年题旌。

庄氏 周维宣妻。夫卒，无子。侍养舅姑，足不逾阈。抚继子为后。乾隆十年题旌。

庄氏 倪殿武妻。事舅姑曲尽孝养。夫卒，遗孤仅三岁。氏矢志教育，俾克成立。乾隆十二年题旌。

胡氏 黄成鼎妻。年二十二，鼎死，无子。氏剪发矢志，孝养舅姑，以从子慕宪为后，教之读书，入邑庠。守节四十余年。乾隆十三年题旌。

齐氏 刘尧聘妻。夫亡，无子。善事舅姑，抚继子承祀。乾隆十四年题旌。

陈氏 唐顺行妻。年十九生一子，夫卒。唐氏世艰嗣续，氏苦节抚孤，历三十余年。子弱冠，入邑庠。乾隆十四年题旌。

张氏 胡殿元妻，生二子。夫卒，年二十三。未几，二子俱殇，乃立继承后。乾隆十五年题旌。

陈氏 傅宾如妻。夫卒，守节历四十余年，抚幼子成立。生孙，子媳俱卒，抚孙教育之。乾隆十五年题旌。

沈氏 张学郊妻。夫卒，啮臂剪发示志。姑老且病，氏为之扶持行立者二十余年。所居湫隘，一日邻不戒于火，氏从烈焰中扶病姑以出。夫卒时无子，抚从子懋勉为后。乾隆九年题旌。

朱氏 范国吾妻。年二十一守志，无子。事翁姑，生养死葬，多出自纺绩之资。寿至八十余卒。

杨氏 年十六归胡光祖，生一男夫卒，家贫，以女红给食。数饥饿，姑命之嫁，不从。后姑惑于媒氏，许之他姓。迎者将至，氏惊觉，欲投缳自尽。其孤士彦，年十三，奔诉于令。令唐鸿举核其情，嘉之曰："母节子孝，两无愧矣。"惩媒氏，给钱米旌之。

陈氏 丁偓修妻。年二十三守节，历四十一载。子妇虞氏，亦节妇。

贺氏 庠生胡毓麟妻。夫卒，守志，上事舅姑，下课二子。长大超入邑庠。贺年六十一卒。

宋氏 乐廷仪妻。年二十六守节，至七十二岁卒。

余氏 陈维翰妻。年二十六守节，至七十五卒。

刘氏 乐璘妻。年三十一守节，奉姑孝，至六十余岁卒。

蔡氏 金有章妻，年二十六守节，至七十三卒。

林氏 林圣德女，许字王士珍，甫及笄，士珍病卒。女欲往治其丧，父母阻之，卒不能夺。括发至夫家，继从子以续夫后。守志五十二岁卒。

金氏 董士庆妻。夫经商吴门而卒，氏饮血自誓，勤纺绩以抚遗孤。后二子既长，咸竭力事母。享年八十卒。

俞氏 丁子杰妻。杰双瞽，氏敬事之。及亡，氏年二十五。家贫，躬纺绩以养舅姑。有一子，旋天。氏足不逾阈，艰贞守志，至八十余岁。

邵氏 丁之珽妻。生一子，之珽卒，氏年二十五。苦志教子，守节六十年卒。

黄氏 丁其伟妻。年二十五夫卒，数月未尝露齿。一日母至其家，谓曰："汝无男女、田产，盍再适？"氏不语。母归，为之择婿。氏知之，乃潜缢于夫墓之旁。

丁氏 沃在玉妻。

费氏 金子琏妻。居室时以孝闻，年十九归子琏。及琏卒，遗孤甫六月。氏上事老姑，下抚孤孩，苦节二十八年而卒。学使彭启丰以"画荻垂芳"旌其门。乾隆十六年题旌。

顾氏 年甫笄，许字乐通志。通志卒，氏括发奔丧，泣告于姑，愿矢靡他之志。姑从之，立敏修为嗣。氏上奉萱帏，下和熊粉，茹茶饮蘗，历久益坚。敏修成立，为诸生，邑士嘉其贞节，请旌褒焉。

冯氏 顾君玉妻，生二子。君玉卒，氏年二十有六。守志数十年，艰难劳苦，始终不渝。年六十有五卒。

胡氏 年二十三适张东周，不数年，东周亡。时东周兄已死，嫂亦适人，氏念宗支俱绝，乃因亲串劝舅买妾生子宏良。甫五岁，舅卒。氏与舅妾鞠之成立。及生子，抚为己嗣。守节三十余年。

张氏 胡舜文妻。年二十九夫卒，遗腹生子堂。稍长，教以读书自立，夫应出为人。后氏两事舅姑，均尽妇职。平生不佞佛，年七十六，未尝一入庵观。

范氏 杨显臣妻。年二十六夫卒。有子一，后殇。氏复立继子以抚，伶仃苦节，始终不渝，宗党咸悲之。

张氏 陆起莘妻。年二十三守志，以纺绩膳姑养子。及姑卒，寄居母家。母病五载，侍奉汤药，衣不解带。

郭氏 丁克明妻。年二十二夫卒。断指见志，霜操三十余年。

胡氏 归郑之蘭。逾年夫死。守节十余年而终。

丁氏 曹兆邦妻，年二十四守志苦节，至六十二卒。

林氏 曹兆豪妻。

郑氏 沃启振妻。年二十四守节，卒年五十九。

周氏 庄崒生妻。年二十四守节，卒时年七十九。

史氏 王维则妻，年二十四夫卒，无子。家贫甚，纺绩以供姑，身极蓝缕，不出户门。宗党周之多不受，其苦节如此。

王氏 年二十四归谢嗣岳。逾年夫卒，守志三十四年。事舅姑得其欢心。训继子莶读书，为邑诸生。

朱氏 年二十适林显谟，未数年夫卒。无子，以从子朝宗为嗣。守节四十六年。孙焕若为邑诸生。

杨氏 黄世友妻。年二十七夫卒，有二子。家贫，旦夕拮据供食。年至八十余，犹不废纺绩。

范氏 黄一鲲妻。年十九鲲卒，忍饥抚孤，苦节三十年。子成立，娶郑氏，又无子而卒。乃与媳勤女红以给食。

黄氏 华尚德妻。性严谨，寡言笑。生一子夫卒，氏年二十三。勤俭持家，奉姑训子，守节至四十年。

冯氏 乐美忠妻。年二十二守志，苦节四十年。

周氏 邱坤妻。年二十坤卒，矢志守节。舅姑屡逼之嫁，周断发裂容，乃止。苦节历五十余年。

华氏 黄承德妻，年二十一夫亡，遗孤一。舅姑性刚愎，不欲其守，每詈辱之。妇遂断指自誓，卒以守终。

刘氏 庄楚臣妻。年二十七而寡。淡泊自甘，拮据守节，历四十二年。

邵氏 庄光鹗妻。生一子，年二十七夫亡。持家教子，守节五十年。

郑氏 董惟善妻。年二十二惟善出洋死。氏抚二子成立，守节至六十余岁。

林氏 方明初妻。年二十守节，至七十余岁。

汤氏 方望之妻。年十九守节，历四十余年。

邵氏 方益之妻。年二十四守节，寿至八十余。

蔡氏 金吉甫妻。年二十六守节，至七十三岁卒。

陈氏 庠生曹养才妻。

朱氏 沈昊明妻。

曹氏 邵似班妻。

马氏 沈泉明妻。

余氏 陈维杰妻。年二十六守节，卒年七十三。

刘氏 朱国栋妻。年二十六守节，卒年九十四。

周氏 倪锡英妻。年二十守节，邑令旌之。

朱氏 庄圣生妻。年二十余守节，卒年七十三。

徐氏 汤国达妻。年二十一守节，卒年八十余。

方氏 庄大受妻。年二十守节，寿至六十余。

曹氏 叶万其妻。年二十余守节，寿至六十余。

盛氏 倪一杰妻。二十二岁守节，至八十四卒。

陈氏 庄之南妻。年二十八守节，至七十五卒。

曹氏 倪应鲤妻，二十七岁守节，至八十卒。

周氏 庄诚思妻，年二十夫死，孤苦守节，至六十四卒。

吕氏 严文科妻。二十二岁守节，苦志四十余年。

陈氏 汤邦贤妻，二十余岁守节，至六十余卒。

华氏 任锡嘉妻。二十四岁守节，至八十三岁卒。

黄氏 曾演妻，二十岁守节，至七十二卒。

任氏 陈伟烈妻。年二十六守节，至七十八卒。

唐氏 李芝彩妻。少年守节，寿至七旬。

卢氏 李秉谦妻。年二十二守节，至五十八卒。

郭氏 张日通妻。年三十守节，至八旬卒。

杨氏 庠生史在美妻。年二十八守节，至七十卒。

乐氏 林国镇妻，年二十六守节，至七十六卒。

周氏 蒋昭夫妻。年二十二守节，至七十四卒。

王氏 江尔瞻妻。年三十守志，苦节三十余年。

汪氏 于一坤妻。年三十守志，苦节三十余年。

徐氏 柯维躬妻。年二十九守志，寿至七十四。

任氏 张鸳妻。

贺氏 康大茂妻。年二十七守志，苦节二十余年。

胡氏 石永昌妻。年二十二守志，苦节三十余年。

刘氏 林时权妻。年二十守志，苦节三十余年。

陆氏 郑美全妻。年二十五守志，清操及四十载。

张氏 徐石男妻。年二十八守志，历三十余年。

俞氏 徐士贞妻，年二十四守志，历三十余年。

黄氏 贺锡嘉妻。少年守志，至七十七岁。

庄氏 王振爵妻。年二十一守志，至七十七岁。

曹氏 王鸿儒妻。

贺氏 周国翰妻。

孙氏 陈益宸妻。年二十六夫亡，力疾课女红，奉舅姑，抚遗子圣瑞。舅姑卒，丧葬皆独任成礼。子长，娶梅氏，数年子又亡。姑媳茕茕，抚孙开基成立，守节四十五载卒。

臧氏 藩橡朱文盛妻。年二十二而寡，子一清在襁褓。父母虑其青年难守，臧知之，辄截发自誓。事舅姑甚孝，教孤子有方。一清年未冠，饩于郡庠，臧益勉之以进学。生平于庵堂寺观足迹不入，僧尼辈不令其登门，曰："是诱人以废人伦者，近之必受其惑。"臧居朝宗坊，里人咸奉为女师。寿登耄耋。天启间，摄县通判林公士雅以扁旌之曰"矢誓柏舟"。

刘氏 王用三妻。年二十七而寡。其舅自杭迁镇，姑又他适，伯叔宗族俱无。生一子不育。仅一女，性至孝。年十三，刘病，持刀刲股，邻人见而惊救之，刘知之而病顿瘥。曰："吾有是女，胜于有儿，夫何忧！"矢志苦节，冰操凛然。邻里有劝其嫁者，正色叱之曰："王氏脉绝矣！我为暂延之，生人死鬼，惟王而已。不义之言，无渎吾听。"勤女工，日夜不辍，哭泣过哀，至于丧明。女适朱，生二子，遂率婿朱元栋养生送死，外孙朱衣点、朱衣德事以祖母礼，服孙服立，衣德奉王姓香火。卒年七十五岁，守志四十八年。邑令进士王公钧以匾旌之，曰"劲节凌霜"。

仙释

昔人谓佛老，譬犹金玉；吾儒之道，如布帛菽粟之弗可离。毋亦守其常，不乐其诞乎！顾灯传真印，器擅犹龙，彼固各有取。而渊明入社，贺监归真，学士间寓意焉。镇邑濒大海，东望梅岑洛迦，津梁彼岸，而三山赤水又飞仙之所往来也。缁衣裳黄冠多所托，足为记其犹近信者；而荒诞不经则阙云。志仙释。

【晋】

葛洪 字稚川，高密人。尝居灵峰炼丹，丹井犹存，久旱不涸。植筋竟成方竹。又止于翁山修炼。乾道中，耕者于其下获一铜缶，容斗余煤，墨尚存，中镌文字，识者谓翁所遗也，遂以翁名。

道安 十二岁出家，性聪敏而貌甚陋，不为师所重，驱役田务者三年，执勤就劳，曾无怨色。后启师求经，师与《辨意经》一卷，可五千言，安赍经入田，因息就览。暮归，更求余经。师曰："昨经未读，乃复求耶？"答曰："已悉成诵。"师虽异之，而未信也，更与《成具光明经》一卷，将一万言。赍之如初，暮复还经。师令诵之，不爽一字，方大惊叹。武帝时，延入宫说经，寻复还山。及葛仙翁炼丹其地，两人相得甚欢，遂挟之同游而去，不知所终。

道悟 夙有才名，秦王姚兴逼以易服辅赞，屡辞不许。既而获免，乃叹曰："昔人有言：'益我货者损我神，生我名者杀我身，'吾何为哉！"遂窜影岩壑，味禅终身焉。

【唐】

惠超 开元间，居九峰山柏香岩，草衣木食，戒行精苦。至宋咸平，有真大悲者继之，善诵神咒，乡民归敬。县尉丁渐为筑舍，请居于山麓。庆历改元，文珍嗣其业，丁尉因改为院。治平元年，赐额"吉祥寺"。

怀益无业禅师 陕西雍州人。遍参知识，来住瓶壶募，里人刘轸捐资创兴殿宇。穆宗闻其贤，遣左阶僧录灵阜赍诏起之。僧笑曰："吾居海岛，何德上闻，而倾动人主若是？尔先行，吾即往矣！"遂沐浴端坐而逝。阜回奏，帝益嗟叹，赐谥"大达国师"。师在宪、穆两朝凡三诏不出。

【宋】

善月 号柏庭。居月波寺，后主延庆寺。《续文献通考》：定海人，居南湖，祷雨辄应，补左阶僧录。史忠献问："何能断欲？"答曰："日远月忘。"或问以安心，曰："心本不动。"天台之学以月为冠。

董公禅师 名延助，甬东里人。善师事回峰院竺洪。洪性雅淡，于经典罔不参究，助因请质其要。嘉熙中，往径山得文息公印谛，机锋劲疾，不可捉缚，而意息处泊如也。晚归西呑之兴善院，从者如林，一一开示旨趣。院逼居山椒，常乏水，乃于居后岩壁间杖卓二穴，水涌出，左则甘冽，右稍次之。一日山麓居人瞰助入定，遗蒸蛳二小盂，盖戏之也。一盂蛳尾中空者，一盂中实而完者，助觉微笑，悉倾于左右穴中。他日，居人讯所遗，指其投处，则二盂蛳咸居而有尾，无尾尽熠熠然。今尚有遗迹云。

【元】

王天助 字致和，邑之蓬莱乡人。学道于袁松溪。至元间大旱，书符咒之雨辄应。闻于朝，赐号"大虚元静明妙真人"。

陈可复 定海人。越有林，生性恣酒，善役雷，有问其法，辄示去。可复昼夜承事，卒得其术。至元间大旱，祷禬莫应，可复精思集云，云果合，须臾雷电大作，雨甚，遂召为承应法师。世祖命治足疾，可复曰："臣有禁架术，愿试之。"试良愈。复命正风，风返。却祈雪，雪立至。从巡幸几三十年，卒，追封"诚明翊教太极真人"。**《续文献通考》：可复，号雷谷，尝主教鄞之元妙观。中秋，有方士赏月，可复不与戏，以墨水噀符，顷刻乌云掩月而雨黑雨，众知其所为，延之入席，云雾散尽，月复朗然。**

司聪 黄岩人。年十五，依灵峰汶公祝发。元至顺初，谒天童平石砥公为侍者。后至武林，见竹泉于中竺，参竺田于灵隐，登在山，依元叟端公典藏。自谓："沙门释子，当以治心为先务。治心之要，惟明惟静。明以照昏，静以止乱。昏乱既除，慧光自显。"于是更加勤惕。久之，又自察其所守不离见闻觉知，遂入天台。旋来太白，闭一室于蒙堂，禅观礼诵，日有常课。戊戌复檄聪出世，里之洪祐，为道公嗣，重堤海塘之田以裕众仓。癸卯迁国清，缮修众宇。洪武二年，天童良公诸善世逊席于聪。五年，诏两浙高僧校雠梵典，聪与焉。事竣还山，退居东堂，及示寂，塔建于寺之西麓。

【明】

智朗 住持本邑妙胜寺。洪武二十一年为僧会。尝注《法华经》行于世。以所注经进。

勉一 姓任，邑之灵绪人。万历间生，茹长素，终身不娶。豫各休咎，每言辄应。没后，配食龙王庙。

陈王宾 字天倪，号雷塘。万历间人。善草书，工诗，与诸名公交。郡丞龙德孚、醝院杨鹤素闻其名，皆重礼之。一日，有道士憩于门，王宾市肉和面以进，道士曰："无以报。"倾壶中药数丸授之，曰："可以济贫，可以延年，藏之，勿妄用也。"后值催科，急无以应，取铜加火上，投药于中，成白金焉。殁后数年，邻有扶仙者，忽书曰："天倪生其人。"曰："得非雷塘公乎？"书曰："然。"问："何仙？"曰："生前遇洞宾赠我药，第知救贫，不知可延年也。今已为蓬莱侍书矣！"书毕遂去。王宾所著诗文每为人窃去，不留稿，故不传。

铁牌和尚 不言名，有云其蜀人，时持一铁牌往来城市，故名之。或服僧衣，或为道装，暑月常服絮袍，腊月能冰水中浴。崇正年间，住招宝之潮音洞。有衣以新衣，见贫者旋与之，不少吝。喜饮醋，尽一瓯未尝作蹙眉状。士人问之曰："为僧何不诵经？"对曰："为儒何不读书？"曰："吾日诵数千言。"对曰："能行得一句否？"日则浪游街衢，夜则归宿山洞。一夕坐化。

【国朝】

源静 郭姓子。学浮屠于塘头庵，从五磊受戒，不修禅教，惟有粝饭莳蔬，作清苦行。有假宿者，即让榻与之，己则径行达曙。一日，有疯疥僧来，衣蓝缕，众皆避之。源静与之语，竟达旦。及僧去，谓众曰："此鄞之火化慧修号小铁牌者，来速我行，与大众别矣。"遂立化，时康熙辛亥岁也。

慧通 鄞徐氏子，幼聪颖，及壮，剃发于祇园庵，至镇灵芝山兴建普庆，焚香趺坐，不出法堂。剡吞虎乱，以法制之。圆寂之日，凝神端坐，召众说偈曰："万缘脱去假还真，离是离非见本人。事理不关常寂照，光吞诸色净无尘。"遂合掌而逝。

明意 自普陀祝发，重修观音教寺。康熙十九年正月十一日早，曰："修行者称五戒，余今无憾矣。"次日，至西门外隙地化去。众遂结庵于其所，名曰"化身庵"。

朱守靖 字奉明，邑之崇邱人。年十五即学导引胎息之法。康熙丙子夏旱，令唐鸿举延至招宝山祷雨。自五月初六日起，至初十日，亢暘如故。令询"何以无雨？"守靖定以"十三日雨泽滂沱，晚禾丰稔。"届期果验，遂以"名在丹台"旌之。

自明 字海宏，四川涪江人。年九岁，随父母洛迦山进香，遂皈依长冈永寿精舍，后居灵绪乡福田庵守戒律。郡绅史大成雅重之，颜其居曰"印平心"。里老延主永宁寺。

寺观

象教庄严，福区都丽，于二氏业非宗旨，君子又曷取焉？顾非明吾道，以人其人，居未得而庐也。镇邑风尚淳朴，无布金筑舍、崇信侈靡诸习，而卓锡栖真，有其举之，则未尝废。以典祝禧时雨旸，尚亦有造斯土，不独香室云间，天坛霞外，为达者之寄托已。志寺观。

总持讲寺　《延祐四明志》：县东北一里。唐咸通初，慧鉴禅师创。乾宁三年，赐额曰"护境"。宋大中祥符初，改今额。建炎间毁，后重建。《雍正府志》：俗呼"七塔寺"。明崇正间，僧真拙修。国朝，提督张杰、常进功重修，总兵朱万化创建后殿。寺左有钟楼，宋绍兴四年建，明崇正时飓风圮，邑令龚彝重建，邑人谢泰宗有记。本朝雍正年间，复圮，令李宝默重修，僧宗辉募竣。

观音教寺　《旧志》：县东北三里。宋皇祐初建，绍兴中，赐今额。《雍正府志》：明成化八年重修。国朝康熙六年，总兵朱万化捐葺。

渊德观　治东北。《旧志》：宋元丰元年建，名渊圣广德王庙。崇宁初，诏改"天宁万寿观"。宣和五年，改今额。建炎四年火，绍兴二年重建。

马元德诗：　霞衣灿灿珮珊珊，洞府清虚夜不关。童子采芝云外去，仙翁骑鹤月中还。

海云庵　明万历甲寅年，僧无能建。

青隐庵　县东北二里。

莲花庵　县西北二里。

宝林庵　县西北二里，俗称中所庵。

龙华庵　县西北一里。

上俱在城。

宝陀禅寺　《旧志》：县东大海中梅岑山，唐大中间建。明嘉靖三十六年，总制胡宗宪徙于招宝山。四十年，总镇卢镗又撤其故圆通宝殿，构于山麓，分为两寺。慈人张谦为之记。**按：各志载梅岑山寺，宋元丰三年赐额"宝陀"。明洪武二十年，因悬海，徙郡东之栖心寺，改名"补陀"，山中留铁瓦殿一所。正德十年，复建殿宇。至嘉靖时，被倭总督胡宗宪又徙于招宝山威远城。《浙江志》《雍正府志》并系以"补陀"，而《嘉靖府志》《旧志》于郡寺载"补陀"于邑寺，仍俱载"宝陀"。或梅岑山正德年复建之，寺尚沿元丰时旧名，而镇邑徙寺时，**

仍之也。又考《旧志·山川·仙人洞》，王云"迁补陀寺于此，改名'观音洞'"，意即所谓"构殿山麓，分为两寺"者，则当时宜别有补陀寺，今殿址及《张记》俱无，考所存威远城，寺仍《旧志》"宝陀"名。

《唐令志稿》：万历四十年毁，独存大士像，重建易西向。天启四年，知县顾宗孟修。

薛三省记：邑之东隅屹然俯城而峙者，鳌柱山也。其麓吞江而北啮海，登望海天无际，日本诸域隐现可窥，而普陀洛迦山若可凭，盖王荆公所题"平倭第一关"者也。

山往无城并无寺，嘉靖末倭寇海上，而引倭盗汪直辈舟且瞰城，守土者惴惴其踞山而注矢石，城中直立溃耳。徼有天幸，不数日解去。督府胡公乃谋筑城山巅，而名以"威远"。此城所自始也。

时洛迦山普陀寺适毁于倭，而大士像独巍然烈焰中。此即唐时倭使所迎及莲花洋而舟阻，因供奉于山，世传"不肯去观音"是也。当事者以为神，属僧真海奉之南迁以延香火，因虚普陀而空其山，其虑远矣。此寺所由创也。寺故面江屏南山，而远负伏龙山以为辰，合形家法，故数十年香火之盛遂压普陀。及万历壬子，寺僧不戒于火，而像复傄然存。寺以更创，而僧先中他议，因更寺西向而溯江以为胜，如今制。此寺所由改也。

盖自山有城有寺，主者依此构区室，岁顿甲士百人为守，且凭大士之灵，邑以无恐。然城初巉岩相错易圮，屡缮不能固。邑以是役不无少苦，顷之飓风淫雨间作，城圮且半。我顾侯心自念，若姑缮如往昔，费殊省，然岁劳百姓，积之亦不赀，不若一大修缮，为数十岁计。顾无所得费则搜余藏，不足则请商渔溢税，凡费银四百有奇，而计工凡二千八百有奇，皆官为雇役，不以烦百姓。及城成，百姓绝不知工所从起，与所由竟也。已，又捐俸廪之余，庄严梵宇，若大悲阁、万寿楼巍然巨丽，壮一时之观矣。役竣，僧寂远砻石谒余纪侯功。余维侯五年于定，凡所谓恤我而遗以休者，皆足垂无疆，此盖其一征已。城坚而后山之势增胜，山城壮而后邑城之辅增重。倘易所称设险以守非耶，则何以寺为？在《易》亦有之。观于《象》曰："圣人以神道设教。"夫圣人以人治而言神，何也？人之道迩而显，能使天下亲，而不能使之尊。神之道远而微，可以柔天下而使之亲，亦可以愚天下而使之尊，圣人所不废也。今世所神，莫神于大士，其德悲悯而广大，其教秘密而圆通，其灵章显而贲捷。是以德所普度，则以为慈；王教所普化，则以为药；王灵所普摄，则以为威。王慈以享世屯药以开世迷，而威又足以警世顽。故圣人之治可以化中国，而大士之教兼可以化远人。能使东倭倾心奉之，逾海而乞灵，又能使回心向之中海而易愿，此其威神大矣。寺毁而像不与俱毁，夫乌知非大士示灵于郁修，以殄灭此丑也！其不肯去而肯来，又乌知非大士悯四方蹈海者多沦胥之苦，而济以慈航也！此其威神又微矣。顷自普陀复创内帑且赐藏经镇之于是，实繁有徒，香积之厨几为盗资。今之虞盗甚于倭，而四方之皈依者又不第虞溺，且虞剽矣。大士入火不热之身，一征再征，以显灵彰异于兹山，盖明指四方以鳌柱为普陀，而四方犹复以普陀为普陀，甘自沦苦海而以增东南之隐忧，何愚而可悯也！我顾侯深切未雨绸缪之虑，而又不灭大士慈悯之念，故重险以设之守，复因神以设之教，其修寺而崇饰之。若曰自古帝王之居，犹谓非壮丽不足以示威，而况梵宇乎！是其指即缮城而增高广之意，要不失曩者创设之远谋，而非徒以佞佛也。寺之落成，则僧寂远之劳为多法，得并书。

国朝康熙五年，总督赵廷臣重修，郡人史大成有记。十六年，左都督牟大寅重修，史大成为之记，载《艺文》。四十四年毁于火，仅存天王殿并大士像。

夕照庵　在招宝山上，今圮。

邑人谢泰宗诗：千峰已共落霞回，下有菩提小院开。树冷欲呼群鸟集，僧归刚趁夕阳来。

回龙庵　明万历丁巳年建。

化身庵　国朝康熙十九年建，僧百意从普陀来，化身于此，故名。

上俱镇隅二图。

接待寺　在前塘路，北团灶捐建，门前有凉亭跨路。

广度庵　国朝康熙甲子年建。

上俱东管二都一图。

海晏庵　东管二都二图。万历年间，僧无能建。

万寿庵　东管二都三图，在万弓塘上。国朝康熙庚戌年建。前殿祀总镇牟公大寅。

回向教寺　东管三都一图。《旧志》：宋建隆三年建，后圮。明洪武二十年重建法堂五间。

永福教寺　《旧志》：宋嘉定中建。国朝僧太曙廓大之，为往来接众之所。

半路庵 在永福寺东，自镇至郡，路当其半，故名。

上俱东管三都三图。

聚沙庵 明万历十年建。

云憩庵 明万历二十年建。

上俱东管三都六图。

普光庵 西管四都一图。在三官堂后。国朝顺治十年建。

广济禅院 西管四都二图。在广济桥北，明崇正年，邑人汤三仁、庄承山建，置田七亩，为院产。

永宁教寺 《旧志》：晋天福建，名明波寺，宋治平初改今额。

莲宗庵 国朝顺治八年建。

上俱西管五都一图。

龙会庵 四管五都三图。明崇正八年建。

妙胜禅寺 《浙江通志》：唐清泰中建，名"永安"。宋治平初改今额。

郑佃记：明州定海县有禅院名"妙胜"，濒海之上，环水之中，居处卑陋，而有风涛漂注，凡百有四十余年，而院之存者无几矣。熙宁五年，众列状以告于州，愿以为十方住持，举所知淡交者居之。数年，信众慕明，得持金帛而至者，迹相接于路，于是为之复新，且费累数百万，皆不烦求而自应。工既毕，交公于是日与其众谈无上之法，转无碍之轮，以掌利于众，此众之所为愿记也。

元丰三年二月望日记

妙音禅寺 宋治平初建，明天启间毁于火，后复建。

上俱西管六都一图。

普净庵 国朝康熙乙丑年建。

东林庵 国朝康熙己卯年建。

上俱西管六都二图。

凡音庵 西管六都五图，在万弓塘边。国朝康熙丁丑年，里民程九卿与僧普贤募建。

息云讲寺 《旧志》：宋治平中建，崇宁初改今额。

云静庵 国朝康熙十三年建。

万善庵 国朝顺治七年建。

上俱灵绪一都一图。

福田庵 灵绪一都四图。向有积善亭，明宏治间建，隆庆二年秋，潮损坏，改名畈田庵。国朝康熙二年，又改名福田庵。郡人史大成以"花藏海净"题额。

祖林庵 灵绪一都五图。国朝康熙丙辰年建。

觉度教寺 《旧志》：宝祐初建，名松林庵。元至元十五年改今额。

永寿庵 在大磊山麓。国朝康熙十五年建。

上俱灵绪一都六图。

伏龙禅寺 灵绪三都二图。《旧志》：唐咸通三年建，名伏龙。宋熙宁中，改寿圣。绍兴中，请广福额，后改今名。

永乐寺 在龙山所南城隅。《府志》：宋淳祐间建，名报慈庵。景定三年改名永乐寺。明万历间重建。

陈敬宗诗： 不到招提二十年，绀园风景尚依然。未夸鹫岭三千界，独美龙山第一禅。坐对寒松云出岫，心澄止水月当天。无由更入香山社，细酌清樽挥五弦。

资敬庵 在凤浦呑口。明天启二年建。

上俱灵绪三都三图。

弥陀庵 灵绪三都四图。国朝顺治五年建。

上塘庵 明洪六年建。

海岳庵 国朝康熙元年建。

上俱灵绪四都二图。

洞山寺 在灵绪湖后豹洞寺侧。三国吴初立间建。国朝乾隆八年，僧觉性重修。明邑人华心斋讲学于此，有"白云封古洞，明月照空山"之句。

湖山庵 国朝顺治庚子年建。

守塘庵 在沈窖湖南。元大德三年建，名真如庵。明嘉靖丙辰改今名。县令宋继祖有碑记，详《水利》。

上俱灵绪四都三图。

清隐禅寺 灵绪五都二图，明万历年建。国朝康熙二十五年，令郝良桐扁曰"清隐禅寺"。寺有产，其东埠镇茶亭系寺僧司茶济众。

觉海禅寺 《旧志》：唐会昌二年建，名清海。宋大中祥符初，改今额。

慧日庵 初名道头庵，成化三年改今额。

上俱崇邱一都一图。

龙树庵 国朝康熙三十年建。

太平庵 明奉祀关帝神像。国朝顺治五年，寇犯定海，改今额。

上俱崇邱二都二图。

萝月庵 崇邱二都三图。国朝顺治十年建。

福聚庵 在陈山村，旧系古刹。国朝康熙三十一年，僧本融重修。

广利庵 在高河塘，明天启五年建。西有乐聚亭三间，国朝康熙四十五年，邑人张学伊创建。

上俱崇邱二都四图。

净居禅寺 《旧志》：唐乾宁初建，名龙明，宋治平元年改今额。《雍正府志》：国朝康熙三十六年，寺僧宏胜重建大殿、天王殿。《旧志》：传寺之青林山有鳗井，久而湮塞。宋嘉泰中旱，令商逸卿访故迹祷之即应。商去县抔土以往。后守剑南，因旱取土，置水得鳗，遂雨。

谢泰宗《宿净居寺》诗：云深知寺古，僧老得山亲。钟声冥鸿外，梦蒐飞蝶春。

泗洲教寺 唐咸通二年建，名铁佛。宋治平元年改今额。

上俱崇邱三都一图。

慈济庵 崇邱三都二图。国朝康熙九年建。

最乐庵 崇邱三都三图。在义成桥侧，邑令陆敬德标额。

永济庵 国朝顺治五年修筑长山桥，地系崇岩泰海四乡通衢要路，桥成即建此庵。

云隐庵 国朝顺治八年建。

密云庵 旧名青峙岭庵。国朝康熙十五年改今额。

上俱崇邱三都四图。

净严教寺 《旧志》：练盆山下。汉乾祐二年建，名练盆。宋治平元年改今额。

普庆庵 在东岗碶前，鄞僧慧通建。国朝康熙戊甲，邑令唐鸿举扁曰"法幢云外"。

净土庵 国朝康熙己未年建，系鄞镇交界，人多病涉，旧名章渡庵，后改今额。

上俱崇邱四都一图。

永丰庵 明季，鄞民造东岗新碶时建，士民感鄞令汪濂功，附像于庵祀之。

德济庵 逼临大海。

蓬莱庵 明崇正五年建。

日新庵 国朝康熙十三年建。

上俱崇邱四都一图。

灵峰禅寺 《浙江通志》：周广顺元年建，名保安。宋治平初改今额。明崇正初重建改向。

邵辅忠诗： 爱此溪山好，褰衣时一登。穿云惟谷鸟，绕屋有枯藤。方竹留仙迹，悬崖挂瀑冰。中天一片月，夜夜照松陵。

演法堂 《府志》：相传葛仙翁从师受仙液、丹经于山中，创草堂居之。每吐饭成蜂，斩蛇除怪，多著灵异。乡人合叩礼之。仙翁曰："近我十里，逢难不难，"因名。至太平山，其遗像尚存。

明余隐 《访葛仙遗迹》诗：却览山中胜，偏宜寺外看。不分云一片，但有路千盘。磴转刚风急，门临百壑寒。葛翁丹井在，兹事已漫漫。

永福庵 在小瓶壶山下，系华岩故址，名壶山庙。明万历乙卯，僧无径重建。天启二年改今额。

唐僧宗亮诗： 红树鸟啼知客到，碧潭龙出有云从。老僧求作石桥记，指点瓶壶说旧踪。

上俱灵岩一都一图。

正觉禅寺 《四明郡志》：县西南六十四里。周广顺元年，僧清肃建，名回峰。宋治平二年改今名。

宋王亘诗： 海风拍枕灯初暗，山雨打窗人正寒。料得此轩秋更好，怒涛推月上阑干。

涌泉庵 灵岩一都二图。明天启三年建，旧名永全清。国朝康熙三十年，总镇蓝理祷雨至此，改今额。

延恩禅寺 《四明郡志》：宋端平初，僧文最建，名普济，后改今额。

法华庵 国朝康熙丙子，总镇蓝理建，僧慧祉恒诵《法华》为日课。郡守高启桂即以"法华"题额。

上俱灵岩一都三图。

塘头庵 灵岩三都一图。郡守卢承恩、邑令戴铭、邑丞杨吉祥修碶有功，民祀庵内。

碧云庵 明万历五年建，名生圣庵。国朝顺治九年改今额。

蛟门岭庵 内有敕赐蛟门龙神位，每六月朔望里民举祭。

龙聚庵 旧传，鳗井龙神与蛟门龙神施雨相合。明万历初，邑令宋继祖以"龙聚庵"题额。又似，天启时，蛟门岭南有古树一株，每值亢旱，树上有龙光闪烁，三五日即雨，里人因建庵树下。

上俱灵岩二都二图。

华严禅寺 《旧志》：唐广明中建，名云岩。宋大中祥符初，赐"旌教"额。景定初改今额。

兴善教寺 《旧志》：唐大顺二年建，宋治平二年改今额。

谢泰定《过兴善寺》诗： 投林岂必尽浓阴，小刹依然隐磬音。几片岫云舒旷眼，一泓涧水沁幽心。松余古干花香细，鸟弄新声竹箨深。探胜不嫌苔径仄，空亭碑冷重沉吟。

饭锹山庵 国朝康熙二十年建。

上俱泰邱一都一图。

资圣讲寺 泰邱一都三图。《旧志》：唐大顺中建，名资福。宋治平元年改今额。

宣化教寺 《旧志》：宋嘉定中，柯仲谕于祖从顺墓侧建庵，端平初改为寺。

广慧庵 明隆庆年建，名里庵。国朝顺治十三年改今额。

云鹜庵 明隆庆年间建，名外庵。国朝顺治十三年改今额。

上俱泰邱二都二图。

佛岩禅寺 《浙江通志》：唐天复初建，名启霞。宋宝庆元年改崇梵，后改今额。山有大佛岩、净瓶石、鹦哥山，颇称佳胜。

邵辅忠诗： 避世栖岩谷，经年对薜萝。寺灯凉似月，云气泛如波。竹长留风住，松高引鹤过。前溪听不厌，队队采茶歌。

清泰庵 明成化年间建，名小城湾庵。国朝康熙辛卯年改今额。

柏香庵 在啸天龙山上。国初建，后圮。乾隆十五年重建。

上俱泰邱二都三图。

东关庵

西关庵

上俱泰邱三都一图。

长山庵 太邱四图。门前有凉亭。

瑞岩禅寺 《浙江通志》：唐会昌中，郡守黄晟为普化禅师创立精舍。景福初，改为寺。宋治平初，赐额名"开善"。因产灵芝，名瑞岩。岁久倾圮。明洪武三十一年重建。

李抚辰《游瑞岩寺》诗：高阁玲珑倚半空，秋风净扫白云踪。无人写此天然景，十二阑干十二峰。

福聚庵 国初康熙十五年建。

云居庵 初名伴云居，后改今额。

僧宗辉诗： 面壁芝峰仅十年，蒲团惺惺戴尧天。山堂缺处重修补，历有晴云与雨烟。

上俱海晏一都一图。

积庆禅院

永明禅院

俱五峰山下。

鹤林禅院 昆岭北隅。

上俱海晏一都二图。

明慧禅寺 《旧志》：唐乾宁三年建，名保安。宋治平元年改今额。

真修讲寺 《旧志》：唐大顺三年建，名报恩。宋治平元年改今额，后圮。元至正间重修。

吉庆庵 明天启二年建。

宝宁庵 明万历三十年建。

上俱海晏三都一图。

延圣寿禅寺 在穿山所城西。明洪武十三年，指挥暨十百户建寺供圣位以祝，故名。万历四十六年，守御指挥臧长春等重修。

寂照讲寺 《旧志》：梁贞明中建，名保安院。宋治平元年改今额。今名慧寂。

宁国庵 明崇正十三年建。

海苏庵 明万历三十年建。

勋福庵 在穿山所李衙吞，明时建。国朝康熙二十六年徙董家湾。

大悲庵 国朝顺治乙未年，邑令郑元成题额。

上俱镇隅六图。

甘露庵 在霩衢城外东山下，明万历三十年建。

朝音庵 明万历三十五年建。

上俱镇隅七图。

古迹

昔人记名园，谓"邦土之盛衰系焉"。胜地之留传，重已。而甘棠以表遗爱，宅里以树风声，又讵不以人重哉！邑固多山川之秀，而名物瑰奇，与贤人君子之流风余韵，往往不乏。春风谢燕，秋草羊碑，相与凭吊而溯洄之。凡今之人，不尚有典刑欤！故记往以风来也。志古迹。

候涛山十二景

《唐令志稿》：一曰鳌柱插天，二曰山楼看旭，三曰龙洞出云，四曰钟鸣山寺，五曰千帆破浪，六曰蜃楼现幻，七曰虎蹲涛吼，八曰夕照霞辉，九曰凭阁观澜，十曰梵台秋月，十一曰仙洞海天，十二曰山城岚翠。

仙人洞 《雍正府志》：在招宝山下有石孔通下如石屋，内石门通大海。一名观音洞。

陈王宾诗：层峦回曲径，石窍瞰长虹。大士栖霞所，神仙炼石宫。水梳瑶草滑，风扫白云空。悟入三摩池，潇然兴味同。

棋子坪 《雍正府志》：在候涛山半山之间有小沙滩，其下通海，相传出石棋子，先以白米或黑豆撒其中，翌日得子，各随其色。今无验。

梅墟 东管三都。《嘉靖府志》：世传大梅山有梅甚巨，称为梅龙，孙权伐而三之：一登会稽禹庙之梁，张僧繇画龙于上，忽夜风雨，入镜湖与龙斗，翌日见梁上水淋淋，尚杂萍藻，始惊异之，乃以铁索锁柱；一障鄞江它山堰，长三丈许，去岸数丈，昂首擎其堰，或刃误伤之，辄流丹不已，岁久不朽，大水亦不漂，又名"断木梁"；一飞入定海江中，横亘成墟，故名"梅墟"。

龙头山土城 崇邱一都二图。嘉靖间，知县金九成筑。置寨峤口，建楼于上，以防海倭。今楼废，城址存。后人歌曰："东夷曾首乱，当事怀殷忧。古寨留遗迹，岘山泪共流。"

合岙土城 泰邱二都一图，城有二。明万历间筑。民居其中，不被寇虐，今多圮。

南山书院 《旧志》：县东城隍庙左十步，宋儒沈焕讲学之地。明嘉靖七年，知县周愗申请建立，因录其后裔沈廷臣，给以衣巾，又拨昌国海涂田三十亩奉祀。嘉靖三十六年，知县宋继祖重修，复圮。国朝康熙五年重建。

学训许德裕记：先生名焕，字叔晦，受学于金溪陆子之门。宁宗朝为舒州通判，卒赠文华阁学士，谥端宪，传载《宋史》。其生平讲学之堂曰"南山书院"，后即于书院祀先生。自宋元以来，每于冬至日，县令以牲帛、祝文从事，归胙于其子姓，岁以为常。历数百年而祠圮，祀在荒榛露处间。今裔孙即遗址而筑成之，虽营度未及前时，其不湮没于草莱中亦深幸。前人之有嗣，能追祀先哲，依然弗替也。德裕以奉职司铎于此，进谒庭阶，尚觉典型不远。用是题名祠壁而系之以词曰："醇深正学，肃雍令仪。君子其人，后生所师。昼观夜卜，两思无愧。我书诸绅，我铭诸器。讲坛旧迹，泮宫之东。曾元兴起，更新厥工。小子拜瞻，凤言斋沐。风规不忘，秀兰芳菊。"

湖山书院 《旧志》：县西北七十里。元至元间建，祀文洁先生。至正间毁，五世孙黄礼之复建，并刻《日抄书》藏于内。明洪武初毁于兵。嘉靖五年重筑，进士黄翔龙改今名，后毁。国朝乾隆甲子，黄昱等于旧址重建，岁时承祀。

泽山行馆 《延祐四明志》：在泽山，宋吏部郎黄震以德祐初归隐，就山南筑行馆，为一方胜览。

张楷《题泽山馆》诗：山水真佳致，乾坤独乐乡。谷深如子午，地僻似柴桑。石凿登山径，槎横渡水梁。黄公归隐处，松菊有余香。

济川馆 《嘉靖府志》：县南。旧名利涉，又名济川亭。

徐公堂 《嘉靖府志》：县治西。宋绍兴间，龙图徐公禋宰邑，多惠政，民思而建之。今废。

西郊草堂 《唐令志稿》：武宁门舛，李指挥集名士读书会文处，今圮。

安乐堂 《嘉靖府志》：在县西北三里。

永思堂 《旧志》：县东南八十里三山之岙，孝子俞敏德建，以日省其亲墓之所。

清晖轩 《旧志》：在县西北海光阁前，宋嘉定十三年，令赵珌夫建。

清风轩 《旧志》：事见正觉寺下。

梅月轩 在西管乡。

迎秀亭 《雍正府志》：在梓荫山上。初名屏山，后改迎秀，今改为文昌阁。近山后复建一亭，仍名迎秀。

邑人徐潭记：定海形胜甲于东南，学之艮隅百步许，有山突起平地，名梓荫。周五百步许，巉岩四匝。其东峻削如壁，下有清泉，冬夏不涸。宋王安石因刻"懲恋室欲"四字，盖取《易》"山下有泉之象"。顶平如掌，高宗南巡屯兵于此。帅臣凭枋因建屏山堂于上，元末毁于兵。昭代混一寰宇百四十年余，莫有能垂意者。宏治癸亥秋，县令张侯政余登览，吊古伤今，遂筑亭于旧址。掌教王公题曰"迎秀"。正德戊辰，予时观政刑曹，邑侯陈公走弊征记。

窃惟造化英灵之气，磅礴宇宙，小则泄之于万物，大则泄之于人才。人虽均得是气以生，然地非钟秀，则所禀者薄，坚土之人刚，弱土之人柔，沙土之人细，垆土之人丑，良以此也。惟夫圣贤之生，得天地山川最秀之气，故尼山诞圣而孔子作，嵩岳降神而申甫生，眉山毓秀而三苏显，孰谓人之杰不由地之灵乎！

定之为邑，北有巨海之浩荡，南有长江之渊源，东有招宝、蛟门之雄峙，西有龙山、凤浦之回旋，四明徐引于右，瀚山远卫于左，况当天下东南之极，正天地秀气发生之始。昔人谓"无丹青之工，有天然之绘"，非虚语也。夫气化虽盛而无人事以参之，则涣散者终不能以翕聚，岂裁成辅相之道乎！噫，此亭之所由作，而迎秀所由名也。登眺之余，万景呈秀。山之峙者翼然如揖，水之流者沛然若趋。或断而续，高低掩映；或激而止，会汇萦纡；或天光焕发，或霞彩绚烂；或渔舟往还，或蜃气变现，千态万状，毕聚一亭，则夫忠孝才德之士孕秀而出乎其间者，宁有既耶！

继自今，士之登斯亭者，匪直望氛祲寄笑傲也，必顾名自省，培植此秀于席珍之时，宣泄此秀于鸣珂之日。为子必孝，为臣必忠。大则尊孔子而学圣贤，次则如申如甫，如三苏，使功业文章巍乎如山岳之高，渊乎如江湖之深，游荡乎如天地之广远，庶几不愧于天地，增光于山川，为宇宙间挺然之秀士哉！后之有志于斯世者，尚其勖诸！是为记。

梓荫山中一峰，明邑令朱一鹗刻其石曰："鳌柱擎天群玉府，蛟川孕士邓林材"。

待贤亭 《旧志》：县东南四十步，元至正年建，今圮。

航济亭 《旧志》：县东南四十步。元丰元年建，为高丽使往还赐宴之地。建炎兵毁。

柔远亭 《旧志》：县南五十步。旧名巨川。宋崇宁二年，令徐徖重建，改名。建炎四年，毁于兵。其侧有翠深亭，并圮。

利涉亭 《唐令志稿》：在南薰门外大衢头，康熙三十五年建。

宝泉亭 观澜亭 《旧志》：俱在招宝山上，今废。

半山亭 望海亭 俱在招宝山上。明鄞丞于莱诗有"半山亭下逢山雨，望海亭中看海潮"之句。

海晏亭 《旧志》：旧名镇海，宋宝庆二年，守胡榘改名。在县西北，今圮。

永赖亭 《成化四明郡志》：与海晏亭皆在塘之左右。宋淳熙十年，通判林楁建，后圮。明洪武五年，邑丞许柏原重建。

迎麾亭 《旧志》：县西三里。徐遄成建。

鸿山亭 在雁门岭上，镇慈分界处。

永济亭 县南十五里，邑令顾宗孟建。

锦春楼 《唐令志稿》：在县署内，令龚彝有记。

来鹤楼 《雍正府志》：在总镇府内，楼有三层。总兵杨宗业拘楼时，有双鹤翔集，因名。今圮。

鼓楼 县治东北一里，演武场南，旧建，年月无考。国朝康熙五年，总兵朱万化重修。今圮，仅有石磡。

谢泰宗《重修鼓楼碑记》：定邑九里环耳，其鼓楼规抚宏曾岩峻，他邑巨者或未之侔焉。传为宋高宗南渡，秉圭辑瑞于此，故其下向有坊，颜曰"朝宗"，志旧也。然官司无取其传舍，大夫莫得以为廷安代。至洪武丙子岁，不得已为贮钟鼓、漏刻之具，并榜四时节候于其上，俾民知昏晓、时作息，诚居者之指南也。

维我介庵朱大将军莅镇，则曰："吾师中有鼓铎钲铙，用以称娖步伐。兹者幕府深拱，当月暗期门风清铃阁之候，仅藉萍乡更鼓备不虞之徼，亦师中鼓铎钲铙类乎？"

宁直指南居者，固奋伐之先声也。盖楼踞中，成督大之会，峙府治前七十武，汇江淮气，揽大海物，山川灵秀之所钟，百蛮倭夷之所凑。镇兹土者，试登而眺焉，其孰弗有壮心？迨漂摇于风雨，井干折焉，枺枅堕焉，回盼间又孰不有枝挂邪倾之心？然文武歧途矣。有则曰："我即韦靺之跗注君子哉。"而笾豆之事，则有司存何说也。兹楼与笾豆孰大？又则曰："清俸几何，即宝刀解卖乎？"千人之筑易为盖，万人之聚易为社，盖冀众为政也。夫授政于众者，与道谋室也。以非常之举委诸纪纲之役，役弗任矣。数十载来，非不财是庀，工是鸠徒等之费将军□，将军之语我公，则瞭然洞垣一方人也。以为文武诚异籍，尹吉甫何如人哉！劝益国利民之事，协在寅恭。譬操舟者，或司戢，或鼓榜，其为舟之禅，一也。于是雷辎甫下，辄矜折阅之市；抑食粟之马于渡，禁浮载者于伍，裁楞戏者于民，巢存有鹊者于脣储，核空蝗者于淬药，补未备者。昨者飓焰焚轮，天地且霾翳矣。我公从巨浸中单骑走东郊，即膜拜虔祝巨浸中，仰天号曰："人其鱼矣，安望食新？"盖飞檄两台会疏以并隔请也。谁知同然者五郡四十邑而皆是哉！今湛恩肆沛，蠲秋粮十之三四于被灾处所，而蒸民我粒矣。乃公不以为德也，而是楼抹削瓴甓以涂墍丹腠，有一不奉公经始而成者乎？自偏裨以至锐舟徒、辟司徒，有一不禀公之挥尘而好义急公者乎？侈金鐳以首创弗论矣。乃公不以为功且劳也。

是役也，约费缗钱八百贯，而大将军思过半矣。始于乙巳冬季月，而丙午仲秋告竣其事。农安于野，士肆于库，商贾乐于市，咸瓢目巍焕之忽崇，而竟不识所由来也。伊谁之赐欤？盖公静治人也。于安制綦节，理甚合焉。天下之至静者，能奋天下之至勇，而树功德于不朽。即今戈船下濑，令海童马衔遯迹千里，何勇也！从静中治之，裕如矣。其先之劳之，诸为德于蒸民之事，亦静中时措之，宜矣。故未及期而巨功遝观厥成也。

外史天愚氏曰："以余观诸大帅，饶龙奋虎跃之奇，寡麟趾螽斯之集，盖不特三世为将也。惟公继体多贤，英英国器，且孙枝竹立不胜点领，非静治戢谷者有此尽美乎！其要在同心利国之一念矣，斯所以无愧吉甫者矣。"

秉其议者专城副戎孙公，主进则中营游戎梁公，分鸠则前营游戎李公、左营游戎高公、右营游戎解公、定海县邑侯朱公、城守中军守备苟君、中营都司金书王君、前营中军守备李君、左营中军守备姚君、右营中军守备方君，督工把总卢君，而司充干之总者孙、梁二公尤著焉，例得备书。公讳万化，嫒阳人。孙公讳登科，辽阳人。梁公讳□□，□□人。李公讳汝能，榆林人。高公讳友谅，宣府人。解公讳明贵，陕西人。朱公讳承命，天津人。苟君讳天麟，陕西人。王君讳大才，北京人。李君讳应龙，河南人。姚君讳得功，辽东人。方君讳尚通，辽东人。卢君讳应魁，寿州人。

招宝山八面楼 今圮。

伏龙山观蜃楼 《雍正府志》：山有千丈岩、刺史门、石坛、乳井、海眼泉、自满仓诸胜。

慈人赵之璧记: 海滨有名山曰大蓬，昔秦皇帝东游，登此山以观方丈、蓬莱、（脱瀛洲），欲见缥缈三神山者。其东北十里，有伏龙，名山对立，如龙之蜿蜒蟠伏也。秦时地至大蓬已尽，而伏龙尚在海中，后变斥卤为田，则伏龙乃在田而半犹在海。上有伏龙寺，自山麓盘旋二三里至于绝岭，寺屋洼间，形如釜底。山石体而土肤，其松礧砢皆轮囷，若移之园墅皆为佳景。寺则卉木周匝，修竹环绕，四旁幽兰最盛，春时每得香风相送。其寺额碥题皆雄杰道古，寺宇森洁可爱。东行数百步为自满仓，山间有石坎，可容斗粟。去数百步为千丈岩，石壁峭立千仞，嶕峣特出。其下与海水春撞，汹涌潋轰。

人将至巅，体辄浮悚，然宜于观海。踞高纵观，辽廓万里，至水天混连，淼茫无际而止。然尤宜于观蜃。夏春每出，是为雨征。或久雨初霁，则见语云蛟龙吐气，成楼台而不尽于楼台也，然见为楼台矣。凡重檐碧瓦，螭首梵甍，楹柱勾栏，窗棂门槛，无不毕具。若有人登临其上也，俨然楼台也。时为大盖，则襜帏旆旆而飞扬也。时为笔砚，则砚大如山岳，以五山七山之峰为架而阁笔焉。当以大地为纸供其挥洒乎？沧海其墨池耶？时为城郭，则雉堞分明，楼橹雄峙，屹然万里长城耶！凡居民于海滩聚土成堆，取卤煎盐，形如垒垒列冢，俗名曰溜蜃；时为溜亦如列冢垒垒状。或时为桥，则联合海上诸山，群洞穹窿，栏柱整饬，雄跨千百里，大抵浓云布势如墨画，肖形移时，销归无迹。王弇州所谓"此即方士所云缥缈三神山，近则海风吹之而去者"也。秦人不知绐，令庶几一见以实其言。宋苏学士东坡住定十日，欲一见而不可得，后于登莱祭海而见。夫以秦王所欲见而卒不可见，苏学士所愿见而于此则不得见，而余数得见之，宁非快事乎！然余曾得登莱见海市，今观于东西霍山，与登莱实无大异。余奔走四方，别此山寺二十余年。妻叔郑君铨，博雅君子，携酒邀余复登，如久远游而初觏乡井，如久索居而再见故人，共步岩巅，因得述其见蜃之景。君铨曰："蜃果尽此乎？子但知其所得见者耳。"然余止能记其所得见者如此。

扶云楼 在蒋湾山腹，元乐良读书处。

藜照楼 大蒋湾山左，乐衍读书处。

听松楼 在蒋湾山麓。乐复读书处。

三楼相去各百余步，自谷口至楼长里许，柳荫夹道，中为竹圃，桃蹊菊屏，兰畹诸胜。又有金鱼池，乐良有"秋水一泓长见底，涧松千尺不生枝"之句。今楼圮。

招宝山望海楼凭虚阁 《雍正府志》：康熙乙酉年焚毁。

钱文荐记： 当高皇帝时，宋学士濂建议滨海编氓庄语礼乐，则见以为难。

知而佛教慈悲亦足以劝动蒸彝，而禁塞奸宄，然则琳宫宝刹何莫非为王化设耶？

普陀距蛟邑五百里而遥，下有潮音洞、莲花洋、洛迦岩，盖皆观音大士出现所也。昔唐大中间，僧惠锷请五台沉香观音于梅岑，至宋益辟梵宇，改梅岑为普陀山，赐额宝陀禅寺。寺所由来尚矣。我肃皇帝时，岛倭内讧，窟穴其中，恣出没为东南患。议者忧之，乃奏请迁宝陀寺于招宝山。天子可其奏，命下，遂悉罢南海旧寺，而特奉大士真身并万寿牌来归招宝。按志，招宝山一名候涛，一名鳌柱，去定海县治仅里许。士民簇邱墓于上，莽然蒿墟，仅一老衲明惠结茅云表，将大启福地艰甚。嘉靖丙辰，总制胡公宗宪、都督卢公镗、海宪谭公纶，暨郡守张公正和、县尹宋公继祖，都指挥黎公秀，各捐俸营寺，仍札昭庆僧真海住持，主募缘十方以助成。厥役不逾年告成，而当事者犹虑蠭舶窃风夜突，蹈南海故事，非计也，仍请命议建威远城。址窄而雉堞省若著中。山顶为寺，四壁扞而寺兀然称雄岩矣。

寺山路属邑东郭，镇海营北可二十步，为"渐入佳景"坊。再行桃柳堤二百步许，扪石而登百级，为"第一山"碑。复五十级，为"天开图画"坊。再七十级，半山为"浩然亭"。平折而上二百六十步，倏见涛势涌山脊，弹压海外诸岛，为宋王荆公镗题"六国来王处，平倭第一关"。次跻绝顶，为俞将军"君恩如海"碣。稍进即观音禅寺，殿三重，丹甍碧瓦，照耀云日。最高上奉大士真身，中若井干，下者爽平为顶礼进香坛，殿翼通楼，左悬钟，右楹鼓，晨夕争吼，蛟吟鸡三喔，东起望赤轮飞出扶桑，见虎屿、蛟门诸嶴，五色浮动，可谓天下奇观。殿南建天王殿，遥望四明，迥插天际。转西俯瞰，巾子、梓荫二山并峙，邑城万户相属。北负真武阁，去阁为敌楼，颜以"凭虚"，八窗洞开，觉大海波涛近在几席，而千艘万舰点点作乌鸢飞，亦目中一大快也。日下时，见蜃气结成楼台，倏忽变幻，恍然疑置身蓬壶上矣。下敌楼出城，旁列烽堠，下五百级，东折为"观旭亭"，多名公留题。出亭，伛偻而入室，镳为潮音洞，如南海梵音然。世传石上有仙人迹，今不可得矣。复西上百级，分蹊南折为峦，茂林修竹，甘泉之坞，为夕照庵、车辅城寺。寺旁补隙祀名公有功海上者。

夫禅土燔柴七十二，称名山者岳镇而已，招宝寺兀峙海中，为东南一大屏翰，湮没千余载而近始托大士以传，亦犹岱宗之有碧霞，参岭之有黑帝，香火荧煌，奔走竭天下力，而不知防御以固，窥伺以消，其有助于王化岂渺浅哉！承平逾五十年，海内外几不知有兵革事，伏波下濑诸军，乘春潮秋汐而游海上，勤者为樵采，惰者为博塞，逍遥翱翔，甘蹈清人之辙矣。幸九庙钟鼓镇压鲸鲵，万万保无他虑，脱成巨测，一旦驾乘风拍浪之舟而泊城下，不识当事者何以待之？纵大士有灵，为能逆夺其谋而阴褫其魄，将遂学天雄老子，仅仅修斋诵经为能了吾事耶？余服勤海上，今老矣，因其请记，聊及此，俾海上治兵诸君子，当共图绸缪之计可也。

海光阁 《旧志》：旧名多稼亭，在县治西北，宋嘉定四年，令崔端学建。

薛尚书宅 镇隅五图。明兵部尚书薛三才与弟礼部尚书三省所居。

邵氏义门 《旧志》：东管三都。成化间，邵瑜输粟五百石以充边用，诏旌其门曰"义门"。

沈端宪宅 《旧志》：崇邱一都东山下。宋道学甡沈焕所居。

乐尚书宅 《旧志》：县南灵岩乡，唐兵部尚书乐仁规与弟刑部尚书乐仁厚所居。

谢尚书宅 县东南海晏一都，宋大宗伯谢士恒所居。

北园 《唐令志稿》：在城北，薛恭敏长子士珩隐居读书处。

鸥槃园 在城北。明归德太守、邑人薛玉衡之别业。榜其堂曰："百花开遍三春径，万卷深藏十亩宫"。今废为鱼池。

古石桥 崇邱二都二图，为入庄大路，唐宋迄今弗坏，崇邱乡之石桥团、石桥村、石桥堰皆因是名。

附碑碣

鲁国孔林碑 《雍正府志》：镇海学宫有鲁国碑，盖数千年物也，为学署作砧，裂其四角，后表而涤之，置圣殿内。

大士像石碑 《雍正府志》：唐吴道子笔，都督侯继高镌于招宝山上。

关帝像石碑 《雍正府志》：立像为宋马远笔，乘马像为明黄文进笔。

永宁寺石碑 《雍正府志》：即今宁波寺，宋天圣间乡进士赵偕撰文以纪事，三班奉职曹元正临王右军书。岁久湮毁，里人刘世贵募资重造。于城垣中得裂石，合之尚成碑，今藏庄氏宗祠。

朱子书石碑 《雍正府志》：邑旧有朱子手书"静廉"二字，不知何年所镌。其书大楷，石高尺许，阔再倍之。左旁三字大如掌，朱子自署姓名也。明崇正御史梁某视嵯海上，宴候涛山，即景赋诗，召工勒石背上。今藏御史谢兆昌斋中。

招宝山各碑

君恩如海 嘉靖丙辰，总镇俞大猷立。

海天清晏 天启二年，督抚都御史苏茂相立。

撑半壁天 天启乙丑，镇浙都督、山阴何斌臣立。

擎天鳌柱 天启丁卯，镇守浙江左都督、瀛海郭钦立。

天开图画 崇正辛巳，太子太保、玉峰杜宏域立。

海门砥柱 辛巳季夏，御史熊奋渭立。

日月光先到，江山势尽来 武原马孟骅立。

亦普陀峰 康熙乙卯孟春。

山门勒石对联 乾隆甲子，巡抚常安立。

踞三江而扼吭，看远近层峦秀耸，碧浪潆洄，永固浙东之锁钥；

俯六国以当关，任往来宝藏云屯，牙樯林立，会同海岛之共球。

紫竹林

第一山 在半山百步街。

碑亭 勒状元史大成《重修招宝山寺记》。

墟墓

《周礼》：墓大夫图邦墓之地域，而掌其禁令，于以表封树诏世守，虽代远无失所也。名贤硕俊之栖宅，百世下过而问焉，犹得低徊流连，想见其为人。镇虽海壖，卜兆于是者所在多有，顾不尽可考。其卓荦大者称焉。光垂不朽，固存乎人，而孔固且安，抑亦嗣人之赖。表而识之，用兴仰止，且以远不恪，永无极尔。志墟墓。

【汉】

孝子董黯墓　县西北灵绪乡达蓬山麓。《嘉靖府志》载孝子母墓在鄞县长春门外，《雍正府志》增注：孝子黯墓附焉。**今按：孝子慈人，而墓在镇灵绪乡。每岁谷雨日，其后人必至墓所展祭，云"附于母墓者"误。**

宋应镰《谒董孝子墓》诗：渺渺灵绪土，厥杏名黄杨。有汉董征君，体魄厝其乡。人以孝而重，地以孝而扬。迄今瞻仰下，悠悠思且长。

【晋】

刘伶墓　《嘉靖府志》：在灵绪乡东墟步。《一统志》：河南嘉穰县、浙江嘉兴府皆有墓云。

苏轼诗：常笑刘伶死便埋，岂伊忘死未忘骸。乌鸢夺得与蝼蚁，谁信先生无此怀。

岳元声诗：鹿车一壶酒，荷锸以自随。云死即我埋，旷达不可羁。如何此墟曲，有冢高累累。刻石纪道旁，无乃好事为。

【唐】

礼部尚书虞世南墓　《旧志》：在灵绪乡蟹浦镇。

邑人谢泰宗诗：两邑叨光借大贤，何如亲炙末兴阡。词林五绝芳谁和，谏草千行字并传。灵绪曰灵仁里美，凤湖名凤羽仪鲜。漫凝将作差为匠，已占无儿房杜前。

【宋】

令谢宇墓　《旧志》：在东管乡。宋建炎间来令，值乱，因家而葬焉，至今呼谢家坟。

令卢万墓　《旧志》：在西管白沙之孔浦。

令江少虞墓　崇邱乡白鹤庙侧江家山。宣和间，京职宣教郎来令于定，因家而葬焉。

宋室参议赵伯茉墓　《旧志》：在长山浮居寺侧。

赠直文渊阁谥端宪沈焕墓　崇邱沈家山下。

御史中丞丰稷墓　《旧志》：在灵岩乡张家埠。宋仁宗嘉祐四年，稷登第时地属鄞，稷殁葬于此，至神宗熙宁十年，始割地属定，故稷鄞人而墓则在定也。

习庵先生陈埙墓　《旧志》：在盘盉山。

通判赵善悉墓　泰邱乡启霞山。

端明殿士沃潜墓　泰邱乡洪盉山。

尚书谢士恒墓　海晏乡洞桥村。

【明】

都指挥刘鼎墓　候涛山夕照庵左。

都指挥李凯墓　大西门外。

按察使佥事谢琛墓　东管乡。

指挥同知樊懋墓　通明桥。

都指挥艾敬墓　东管乡沙头村。

工部营缮司郎中范我躬墓　东管乡沙头村。

副总兵李环墓　东管乡沙头村。

御史陈宪墓　东管乡官路沿。

兵部尚书谥恭敏薛三才墓　东管乡之汉塘。

州伯庄士英墓　东管乡汉塘。

按察使谢渭墓　县西十五里。

礼部尚书谥文介薛三省墓　回向寺侧。

给事谢泰宗墓　回向寺侧。

郡司马乌文明墓　西管乡西坞。

布政使司参政刘洪墓　灵绪乡。

布政使司方温墓　灵绪一都斗门山前。

赠尚宝卿郡司马洪应科墓　灵绪乡众仰山麓。

工部营缮司主事华颜墓　灵绪乡施公山村。

都指挥武进墓　崇邱乡铺前村。

大理寺卿夏时正墓　崇邱乡夏渡盉。

都指挥李贵墓　崇邱乡长山岙。

郡伯乐舜宾墓　崇邱乡蒋湾岙。

郡伯薛玉衡墓　县南布阵岭。

翰林院庶吉士乐用才墓　灵岩乡湖塘村。

孝子俞敏德墓　泰邱乡三山村。

御史沃頖墓　海晏乡崔西岙。

州牧周天民墓　县东南穿山所。

【国朝】

布政使司参政谢绪光墓　东管乡。

按察使佥事虞二球墓　灵绪乡。

御史谢兆昌墓　灵绪乡大碶头。

卷
八

艺文 遗事

知镇海县事商邱王梦弼 纂修

儒学教谕姚江邵向荣 订正

艺文

文章经国之大业，因文求义，因义求鉴，治理于是通焉。邑自任、虞诸公先驱艺苑，代有继轨，鸿章钜篇，动关至极，而垂典要。一咏一吟，扬挖风雅，亦以发山川风土名物之胜，非徒雕虫绣帨为也。至昭代人文极盛，作者如林，球贝琅玕，美弗胜录，兹取其树义选言尤宏富者，彬彬质有其文，虽一斑亦以窥全豹已。志艺文。

著述

【汉】

任奕　著《任子》十卷。

【吴】

阚泽　著《乾象历数注》。

虞翻　著《周易》《老子》《论语》《国语》《训注》，又注五经违义尤甚者一百六十七事。

【晋】

虞喜　著《安天论》，释《毛诗略》，注《孝经》，《志林》三十卷。

【唐】

虞世南　著《北堂书钞笔髓法》一卷。

【宋】

曹粹中　著《易解全书》《诗说》。

袁甫　著《孝说》《孟子解》《信安志》《江东荒政录》《防柝录》《乐事录文集》。

应傃　著《建章集》。

黄震　著《日钞》百卷、《春秋集解》《礼记集传》《古今纪要》。

曹说　著《诗文》三十卷。

黄玠　著《弁山集》《知非稿》，纂《韵录》《唐诗选》。

【元】

丁鹤年　著《海巢集》。

【明】

陈端礼　著《丧祭礼仪注解》。

夏时正　著《瀛屿稿》一卷、《家礼》四卷，辑诗文一卷。

沃頖　著《复斋稿》。

贺钦　著《医闾文集》十卷。

王恺　著《乐休集》四十卷。

薛俊　著《日本考略》。

薛三才　著《奏疏》十四卷。

洪应科　著《清啸集学步》，编《燕游草》五刻。

刘尧宾　著《诚身录》《行恕编》。

武爱文　著《冰壶诗集》。

薛三省　著《易解》《春秋辨疑》《馆集》《路集》《客集》《使集》《邸前后集》《家园集》。

华颜　著《菊花诗》《剑诗》《雁字诗》《北山小集》。

林继祖　著《舟中草》。

何震熿　著《龙瀫集》《客游草》《青虹石室藏稿》《恧庵集》。

陈应瑶　著《四书约旨》《文选类语》。

陈昌统　著《竹溪集》。

谢泰宗　著《燕囊》三卷、《花归百咏》四卷、《南征志载》六卷、《弩余》三卷、《菊醉吟》二卷、《天愚山人诗文集》百卷。

张鸣喈　著《四明文献考》《山舍偶考》《山舍偶存》。

陈衷赤　著《大云堂集》《衢游草》《闽游草》《秋声八佐诗》《山斋四别诗》。

范兆芝　著《用庄快阁一集》《复旦堂集》。

周西　著《劲草亭集》《春秋传注》。

虞光祚　著《天墨阁集》。

【国朝】

谢泰定　著《蛟川形胜赋》一卷、《寄怡偶集》十卷、《款云楼秋集》一卷、《溯物源流》四卷、《博物化生编》四卷。

谢泰交　著《燕稿集》《虫天集》《童文集》。

谢兆昌　著《诗文草创》《闲居集》。

李文伟　著《晚香集》。

薛士学　著《书岩集》。

陈梦莲　著《春秋三传笺注》、《省庵诗文钞》三卷。

谢绪恒 著《春秋集说》。

张懋建 著《介石初集》《庭学草》《读书乐》《易学》《五经稿》，纂《学校礼典》《考石谱》《蛟川耆旧诗》《候涛山志》《邑志正论》《续越语肯綮录》《唐诗补选》。

张懋迪 著仅存草一卷。

制

【唐】

授乐仁规兵部尚书制

光化三年

诏曰：兵部司马之职，尚书法从之官，古不轻授，今难其人。盖戎务之出入，马政之弛张，莫不攸系，非有奋励之材，练达之智，不足以奉扬威武，毗替机密者矣。尔光禄大夫兵部尚书乐仁规，粤自蚤岁，有志事功，自北而南，在朕左右。及其给事内廷，论思献替之益，亦时有焉。夏官之选，唯尔之能，然以八座之官，朕非轻以界人者也。尔尚一乃心力，以报朕所以见知之意。於戏！惟秉义守礼，则可以谨科条；惟趋事赴功，则可以行邦正。尚思自勉，服我训词。

授刑部尚书乐仁厚敕

光化三年

敕镇东军节度使左押衙充明州都押衙银青光禄大夫检校刑部尚书兼御史大夫上柱国持节辩州军事乐仁厚，居总大藩之万里，出扬阜俗之双旌。况辩州昭五岭之冲，南浦控三峡之要，俾尔勋忠，列于奏荐。隼飞万里，熊耀双旛，右副尔知，同安疆域。故敕。

表

【明】

山阴徐渭　代胡宗宪初进白牝鹿表

臣谨按图牒，再纪道诠，乃知麋鹿之群，别有神仙之品，历一千岁始化而苍，又五百年乃更为白，自兹以往，其寿无疆。至于链神伏气之征，应德协期之兆，莫能罄述，诚亦希逢。必有明圣之君，躬修元默之道，保和性命，契合始初，然后斯祥可得而致。恭惟皇上，凝神沕穆，抱性清真，不言而时以行，无为而民自化，德迈羲皇之上，龄齐天地之长。乃致仙麑，遥呈海峤，奇毛洒雪，岛中银浪增辉，妙体搏冰，天上瑶星应瑞，是盖神灵之所召，夫岂虞罗之可羁。且地当宁波定海之间，况时值阳长阴消之候，允著晏清之效，兼昭晋盛之占。顾臣叨握兵符，式遵成筭，蠢兹夷狄，尚尔跳梁，日与褊裨，相为犄角。偶幸捷音之会，嗣登和气之祥。为宜付之史官，以光简册，内诸文囿，俾乐沼台。觅草通灵，益感百神之集；衔芝候辇，长迎万岁之游。

徐渭 代再进白鹿表

窃惟白鹿之出，端为圣寿之征。已于前次进奏之词，概述上代祯祥之验。然黄帝起而御世，王母乘以献环，不过一至于廷，遂光千古之册。岂有间岁未周，后先迭至，应时而出，牝牡俱纯！或从海岛之崇林，或自神栖之福地，若斯之异，不约而同，如今日者哉！兹盖恭遇皇上，德函三极，道摄万灵。斋戒而事神明，于穆而孚穹昊，眷言洞府，远在齐云，聿新玄帝之瑶宫，甫增壮观；遂现素麑于宝地，默示长生。雌知守而雄自来。海既输而山亦应，使因缘少有出于人力，则偶合安能如此天然！且两获嘉符，并臣分境，幡然攸伏，银联白马之辉，及此有救，玉映珊瑚之苗。天所申眷，斯意甚明。臣亦再逢，其荣匪细。岂敢顾恤他论，隐匿不闻；是用荐登禁林，并昭上瑞。双行挟辇，峙仙人冰雪之姿；交息凝神，护圣主灵长之体。

记

【宋】

王安石 经游记

庆历七年十一月丁丑，余自县出，属民使浚渠川。至万灵乡之左界，宿慈福院。戊寅，升鸡山，观碛工凿石。遂入育王山，宿广利寺。雨，不克东。辛巳，下灵岩，浮石湫之壑以望海，而谋作斗门于海滨，宿灵岩之旌教院。癸未，至芦江，临决渠之口，转以入于瑞岩之开善院，遂宿。甲申，游天童山，宿景德寺。质明，与其长老瑞新上石望玲珑岩，须猿吟者久之，而还食寺之西堂，遂行，至东吴，具舟以西。质明，泊舟堰下，食大梅山之保福寺庄。过五峰，行十里许，复具舟以西，至小溪，以夜中。质明，观新渠及洪水湾，还食普宁院。日下昃，如林村。夜未中，至资寿院。质明，戒桃源、清道二乡之民以其事。凡东西十有四乡，乡之民毕已受事，而余遂归云。

郡守林栗 海塘记

淳祐十六年夏六月，明州定海县新筑石塘成。其高十有一层，侧厚数尺，敷平倍之，袤六千五十尺有赢。基广九尺，敛其上半之，厥赢又十之五，高下若一，纵横布之如棋局。仆巨木以奠其地，培厚土以实其背，植万桩以杀其冲。役夫匠军民，积工至三十余万，而人不告劳；阅春夏二时，舍田趋役，而农不告病。伐石于山，石颓而役者不伤；运之于海，波平而舟楫无恐。以己酉春正月己未初基，越六月甲寅，凡十有七旬又五日而讫事。畚锸才收，波神眩巧，乘大潮汐，挟西北风，震怒号呼，攻突甚急，盖乙卯、丙辰，以夜继日，尽其力而止。波澄雨霁，环而视之，巨防屹然，罅隙不动，于是万众感激。兹役之兴，信有天助，乃能底绩以迄于成，一方可以永赖矣。

先是定海塘以一木从事，岁有决溢之虞。丁酉之秋，江海为一，民庐、官寺、营垒、师屯被害尤酷。知县事陈公亮创用石板以护其外，仅支数年，水大至则与之俱去，蔑有存者。岁在戊申，风涛屡惊。九月，守臣岳甫始合军丁之辞以告于上。是时，至尊临御倦勤，而忧民之念愈切圣衷，乃命部使者与守行视，核其费以闻，诏赐缗钱六万五千有奇。圣训叮咛毋得苟简。今上嗣登大宝，励精帝载，山川受职，罔敢不虔，及是告成，不衍于素，精诚之感，自有来矣。臣以暮春承乏郡守，职当纪实，以纪无穷，言之不足，形于咏歌。谨拜手稽首为之辞曰：

定海之滨，屹然巨防，匪天攸设，繄军民是襄。军民曰嘻，我尽其力，惟公上是资，惟文武是师。官不我役，众奚所为？官吏竦闻，惶怖疾走。粒散太仓，泉流内府。不曰两宫，于我奚取！两言煌煌，绍虞踵唐。四海永赖，岂惟一方！守臣稽首，颂声载扬，是诚赞乾坤之大，而誉重离之光。勒之坚珉，万世不忘。

【元】

浦阳吴莱 甬东山水古迹记

昌国，古会稽海东洲也，东控三韩日本，北抵登莱海泗，南到今庆元城三五百里。泰定元年夏六月，自庆元桃花渡觅舟而东，海际山童无草木，或小仅如箸，辄刈以鬻盐。

东偏海有招宝山，或云他处见山有异气，疑下有宝；或云东番以海货来互市，必泊此山。山故有炮台，曾就台蹜弩射夷人，矢洞船犹入地尺。又别作大筒，曳铁锁江水，夷舶猝不得入。前至浃口，怪石嵌险离立，南曰金鸡，北曰虎蹲，又前则为蛟门，峡东浪激，或大如五石斗瓮，跃入空中却堕下，碎为零雨。或远如雪山水岸，挟风力作，声势崩拥，舟荡荡与之上下。一僧云：此特其小小者耳。秋风一作，海水又壮，排空触岸，杳不辨舟楫所在。独帆樯上指，潮东上风西来，水相斗，舟不能咫尺，一撞礁石，且靡解不可支持。

又前，则为三山，大洋山多磁石，舟板钉铁，或近山则胶制不动，昌国境也。昌国中多大山，四面皆海，人家颇居篁竹芦苇间，或散在沙壤，非舟不相往来。田种少类，入海中捕鱼。蟫蜅、水母、弹涂、桀步，腥涎亵味，逆人鼻口。岁或仰谷他郡。

东从舟山过赤屿，转入外洋，望崒峇山，山出白艾，地多蛇。东到梅岑山，梅子真炼药处，梵书称补陀洛迦山也，唐言小白花山。自山东行，西折为观音洞。洞瞰海，外巉中裂，大石壁紫黑，旁礴而西歧，乱石如断圭，积伏蟠结，怒潮搅击，昼夜作鱼龙啸吼声。又西则为善财洞。峭石啮足，泉流渗滴，悬缨不断。前入海数百步，有礁，土人云：曾有老僧秉烛行洞穴，且半里，石含一窍，有光，大如盘盂，侧首睨之，宽引洁白，非水非山，远不辨崖际。又自山北转，得盘陀石。山粗怪，益高叠如垤。东望窅窅，想望高丽、日本界，如在云雾苍莽中。日初出，大如米篝，海尽赤，跳踊出天末，六合奤然鲜明。及日光照海，薄云掩蔽，空水弄影，恍类铺僧伽黎衣，或现或灭。南望桃花、望秦诸山，嵌空刻露，屹立巨浸，如世叠太湖、灵壁，不著寸土尺树，天然可爱。东南望东霍山，山多大树，徐市盖尝驻舟于此。土人云：自东霍转而北行，尽昌国北界，有蓬莱山。众山四围峙立旋绕，小屿屹如千尺楼台，而中岛又有紫霞洞与山为邻，中畔通明，方如大车之舆，潮水一退，人或可入。或云人不可到，隐隐有神仙题墨，漫不能辨。又有沙山，细沙所积，海日照之有芒，手攫则霏屑下渐成洼穴，潮过又补，终不少损。旁有石龙苍白，角爪鳞鬣具，蜿蜒跨空，亘三十里。舟经其下，西转别为洋山，中多大鱼。又北则为胸山、岱山、石兰山，鱼盐者所聚。又自北而南，则为徐偃王战洋。世言偃王既败，不之彭城而之越，弃玉几砚于会稽之水。又南则为黄公墓。黄公赤刀厌虎，厌不行，为虎所食者也。

夫昌国，本《禹贡》岛夷，后乃属越，曰甬句东。越王句践欲使故吴王夫差居之，然不至也。海中三山，安期、羡门之属，或避秦乱至此，方士特未始深入。或云三山在水底，或云山近则引舟去，盖妄说也。故称入会稽者为入东瓯。抱朴子亦云：古仙者之乐登名山为上。海中大岛屿如会稽之东瀣洲者，次之，今昌国也。

是年秋八月，自昌国回姑疏。山海奇绝处，明昔人之不妄，时一展玩，少文卧游，不是过矣。

【明】

尚书郡人杨守陈 游招宝山记

招宝山在定海城东一里所，雄峻特立。《郡志》："山名候涛，以番舶货宝来集其下，故又名招宝。下有蚌生明珠，渔或得之，光耀逼人。风涛欲覆舟，投之乃息"云。

景泰甲戌秋壬午日，方升肩舆出城，白沙碧草弥路，抵麓下舆，摄衣蹑石磴，迤北数步，转而东，始履沙土，襟带草树，道南崖北壑，隘且峻，又数十步，得平冈茂林。少憩清荫中，空翠拂人襟袖，禽鸟嘤鸣，风飙飒爽，杂苔吹簧絙瑟，引金石而考之，乍鸣乍止，令人乐而忘疲。

坐稍久，余欲起观海，诸公难之，独刘侯偕余。西南行数百步，极峻险，从者或援或推，乃跻于巅。立斥堠上，四面空阔，心目开朗，顾城邑庐舍，历历可数。江山林野，层见叠出，而大海茫无津涯，与天为一。忽飓风起，惊涛拍天作万雷声，为之目眩心悸，立几仆。少选，风止日开，乃见远近诸岛，大小高卑稀稠，或连或断，有若虎蹲、猊立、蛇行、龙凤飞舞者，若堡盖屏帏蓉笋者，郁若翠，粲若绣，赤若髤，燔若槠者，殊状异态不可殚述。蜃气龙光隐见明灭，沙禽水兽、浪舶风帆出没于云涛杳霭间，可喜可愕。朝鲜、日本诸域皆在指顾中，真天下卓伟奇绝之观也。

已而东北行下山，向尽有洞呀然，乃随导者鱼贯以入。洞广崇殆十尺，瀺汩流其中，莓藓翠湿若染，涛声鸣屿间。从者循崖取海错水薇啖余，芳鲜溢口。出洞，有老兵迓曰："诸大人聚庵中，伺同燕也。"还至前坐所，北数十武入庵，庵隘而幽胜，前临涧，涧甚澄，水草被白沙文石，若组绣可爱。其后青壁千仞不可上，有泉出其中，声锵鸣。下石潭，潭广深仅逾咫，泉味洌甘。庵楣榜曰"观澜"，即席觞数行，比耦投壶，爵饮无算。窃忆异时岛夷鸥张，将卒皆走奔不暇。今圣明在位，海不扬波，穷边无狗吠警，武臣优游，皆能尚文崇儒，而吾侪得与之遨嬉于此，何其幸也。

郡守华亭沈恺 登招宝山记

余吏明州三年，至三登招宝山。招宝临大海，四望浩渺，与天无际。海中诸岛隐隐如浮鸥拍浪，飞鸢欲堕。日本、琉球诸番异域，遐眺历历可指数，诚天地一奇观也。兴极，偕二三同志登最高峰顶，坐石岩，酒酣耳热，仰天叹曰："其有凭虚欲仙，乘风云而下来者乎？"仍泻酒石上，歌《紫芝》，欲起黄公与之游而不可得，兴尽而返。

盖恺牧兹土，民安其拙。且承平日久，民不知兵。戎伍早起，日持名籍至卫门报喏，归则偃卧，无他事。傍海居民亦往往牧鸡豚，放叶舟取鱼虾，入山采松桧为薪，或挟弓矢射狐兔为乐。山中六七十翁，煦煦如小儿状，竟不知边境为何如事。乃今有不尽然者，边徼报漳民通番舶，取息币，时肆剽掠。忧时者至募民为兵，乃帅其人昼夜逻警，日出鼓钲，日入燎煇。至振铎巡鳌，持棘树墉坎山谷以守。人情汹汹，海邦绎骚，若朝不谋夕。

时天久不雨，俄而云密欲雨，风飒飒四起。往余见海上人道："招宝山顶望日出，海云生树，石岩屋听雨，迥异人世"，客有好事者劝之一登，曰："盍往观乎？"余曰："山海宛然昨也，余非前日之意况矣。夫国家恩养军士若骄子然，若缓则不得其死力，其捍患御难，往往出于市井网罟之民，果何为耶？"余为歔欷久之，乃望洋而歌曰："海水洋洋兮，天为茫茫；我心忧伤兮，曷为其亡。"

邑令富川何愈 科甲题名记

定环海而邑，川岳之形胜称奇焉。扶舆清淑之气，涵嘘互峙。孕灵毓秀，而贤哲之士生于其间者，蕴蓄为道德，彪炳为文章，树立为勋业，百千年来，盖屡有闻也。皇朝启运，列圣丕承，弘礼乐教化，以经纬天地，丕显人文，仿古宾兴之制，三岁比士而试之，为乡举登籍天府，试诸礼闱，进对大廷，为进士。贤网宏开，迄今益有隆焉。夫三五之治，必资克宅克俊，以熙载采。我国家籥士，而布之庶位，盖责之以翼襄至治。而康阜一世之民物，侈宏名于不穷，与古昔帝王之意岂异乎！

予莅兹邑，逾二载，汇士而较之，其文郁郁彬彬，盛矣！自昔张侍读领荐省元，以大对魁天下。迄今鸿翔凤举，后先相望，足征山川之产，今昔非殊轨矣。乃覈诸掌固，其名姓缺佚弗叙，黉宫日圮，规制弗宏，遂谋诸二三执事，一葺而新之，增列外屏，复立石于明伦堂之左，纪勒国初以来科甲名第，仍虚其下，以俟将来。於乎，贞珉永勒，盛典式彰，文献攸存，明征百代，凡我髦士，式观于兹，聿怀仰止，而克绍其华，躅继继而出，宁无以道德文章勋业，匹休于前烈，而为邦家之光者乎！是益足以增重于山川，而予立石之意不徒然尔已。

何愈 岁贡题名记

国家籲登髦俊，既设为科目，复于士之饩庠校者，郡则比岁一贡，州县则越岁一贡，致籍于宗伯而试之，引之廷对，储肄成均以待用，或诠注博士以作人，制至隆也。盖稽古用人，畴咨岳牧，肖筑聘耕，亦多途矣。我祖宗宏其师锡，爰立即宅，惟称之求，不惟其格士得明扬于帝廷，输鼎实之腴，荐其圭璋，特达以黼黻徽猷，流惠泽于民物，而名声垂诸不朽。譬之梗柟杞梓，为材不同，而并登于梁栋榱桷，规矩准绳，为器不同，咸足以奏工师之巧，不其盛欤！矧定邑奠山海之奥区，擅形胜之伟丽，惟士锺灵淑之气，蕴藉才美，以焜燿于后先，宁不如山川之见神物，兴云雨以利世用者乎！昔我祖宗，尝显陟贡士于钧轴之位，资其燮理寅亮，以兴至理。圣天子率由旧章而行之，今亦岂鲜其人哉！予故勒石而记之，以俟诸来者！

太常少卿郡人余寅 定邑修儒学碑记

定海县修儒学既竣，邑令丁侯肃诸博士及诸弟子而进之，曰："礼凡始立，学必释奠于先圣先师，余兹役冯隙斥羨敬庀乃司，重以海宪、郡牧两公实宠绥之功，比于丕创，愿假蘋蘩以徼觌于夫子，何如？"

诸博士合辞而对曰："敢不洗罍以从！"

于是诹日率属，酌明水，撷芬藻，馨香磅礴乎庙廷，祇告成事焉，礼也。

侯又载肃诸博士指讲堂而诏之曰："今日之奠献，宁与行束修之意异乎哉！古者崇先圣，次则先师。汉以周公为先圣，孔子为先师。至唐，孔子称先圣，颜子称先师。吾谓圣稍轩而夫子东面，谓师稍轻而颜子则南面。夫党塾以上莫非师，然乌可与夫子埒也？夫与其师颜子也，孰与师夫子乎？自韩愈氏疏别周公以上圣，而相孔子圣而师为硕论，胡必衮冕而王之？迨我世祖革不经之号，还其本称。传曰：大人举礼乐，天地将为昭焉。郁乎哉，纪功泰穆而耀德乎淳明，是立隆之极也。彼先代踳驳，曷以庶兹？"

诸博士俯躬而对曰："伟哉《师说》，蒙所未晰也。"

顾何以力诸侯？遂昌言曰："夫造士莫备于周矣。夫子表章之以宪万世，粲然著在掌故氏，是故大规在上，弗若则暴圜；大矩在下，弗若则刓方。夫四教畴非吾徒律令哉！吾窃慨诸青衿捐一生以殚于艺文，岂不过瘁？卒未闻孝高仁稔、忠渊而信，沛世已若鲁缟，虽末弩安所施之？济济逢掖徒手一经，朝委蛇暮充赋无宁尔怍耶?《逸书》曰:大道亶亶,去身不远。愿诸弟子保厥灵根,无终蚀于惛衮世道,幸甚。"

诸博士及诸弟子悚然若深维曹然,若竞奋顺风而称曰:"敢不力诸!"于是诸博士率诸弟子再拜空首,属寅记之。

西京独数文翁力兴髦隽,是以迄得司马相如,鄂不靴矣。顾谭者,独嗛焉。侯所风厉不特以文,宜必有敦允嘉栗如元凯者,徯志而敬应已。本典曰:"士乐厥生务厥宜,是故奏鼓以章乐,奏舞以章礼,奏歌以献和,是惟明德之师哉!"于是镌其事于石,以彰侯之宏赐,洋洋与东海并盎已。

侯名鸿阳,曲阿人,壬辰进士。邑博士粤邓全性、王科楚、郑崇儒。于时宜黄欧阳旻来为丞,预于礼殿之会,得并书。

尚书邑人薛三省 定学重建尊经阁记

国家之制,凡郡邑设学,学之后设阁,以尊经也。而嘉靖以来复增设亭,以奉世宗敬一箴之碑,亦尊经遗意也。

吾邑僻在海上,制多俭。碑即卧阁中,而岁久阁就圮,碑乃偃茂草之场。余每低徊顾之数,从都讲具言有司,殊不屑意。辛丑入长安,偶为都御史温公道此。公慨然曰:"是何不当余在事时。"盖公往抚吾浙,岁视师海上,折冲之暇,雍容樽俎。今学宫及坊楔与诸棋木犹多其遗云。于是公遗书今抚台刘公,为檄海宪王公,下邑令朱公即旧址为经始。议始上,值百五十金。刘公曰:"是伤俭,不可以远。"乃增为二百金,悉割商渔税,不以烦邑。帑至落成,而规模视昔稍高广矣。于是学博陆君及诸弟子寓书长安,谓余既始议,当为纪成。不然谁识端末者,余谢不敏。逾年而冯君代署学事,再理前请。余不获辞,为之记曰:

我国家于经可谓尊矣。高皇帝罢黜百家,表彰六籍,以注辅之而经明。文皇帝又广延儒者,采集宋儒言有补于经者为大全,以翼注之所未尽而经益明。夫日月所以常尊者常明也,经明而经尊矣,故二百年来学士大夫尊经者率务尊注。夫经之注,犹祖之尸也。尸非祖然未离其脉,注非经然未出其宗,故祭者尊尸,非尸也,以尊祖也。学者尊注,非注也,以尊经也。且制在焉经不云乎?畏大人、畏圣人之言。大人而圣非二祖,谁当此者?故尊注,又非独以经也,以尊制也。制以经训天下,故其势不得不以注一天下。盖天下之势一为尊,律一则法尊,议一则令尊,故经有注,则人皆以注为经;无注,则人各以意为经。夫使人各得自以其意为经,是使家设比而众操令也,淆乱孰甚焉!魏明之不能析其义也,晋武之不能定其令也，晋元之不能同其律也，势不一也。故经不可令有异议也，凡好异者必乱常。夫经常道也，道之大当莫要于十际：经籍所载皆际之。际也，故圣人以为常，而天下奉以为经。《诗》《书》《礼》《乐》《春秋》，其粲然者矣。《易》以类神明之德，显性命之情，圣人之微言也。其错陈于爻象者，虽各指其所之而皆不过其物，其言杂而不越，泰则君臣之遇也。蛊则父子之继也，咸则夫妇之配也，随则少长之序，而兑则朋友之交也。盖圣人本原天道，凡以开天下于人理也。注不必尽经之微也，而其言必轨于常，总不离规矩绳墨之外。精会之可以入大匠之巧，而率其词虽不尽其巧，而犹不至淫于法之外。世之学者乃以是为糟粕，务越而意其精之所存。余窃谓之精意之所不能会也，苟意而逆之，各随其意之所注入焉，而适有所契，遂沾沾自喜，得微言之解，焉知燕说之不可为郢书也。此其得失未可为准，又奚关于经而恣焉自处叛制为！故尊经务在明其义，明经务在服其注。《易》曰：形而上者谓之道，形而下者谓之器。此言道不离器也。经明道，故语多上；注欲人人明经，故语多下。然未始不可以见上也，奚必舍注而别求六籍之精。余故记阁成而念诸公所为造士者甚厚，因论国家尊经之意如此。

温公名纯，陕西三原人，乙丑进士。刘公名元霖，山东任邱人，庚辰进士。王公名道显，闽人，癸未进士。朱公名一鹗，闽漳浦人，戊戌进士。

尚书邑人邵辅忠　招宝山禋祀龙神碑记

定滨东海，蛟龙之所宫。先穆朝初纪，毒龙肆孽，濒海无宁居。皇帝命大中丞谕祭东海龙神，立石候涛山巅，每岁六月朔，有司奉牲告，虔以为常。邑侯张公宰定之三载，德化翔洽，民乐清晏。朱明更季，爰循故事，敬举此典。是朔昧爽，躬率僚属，祷于候涛，礼也。日薄高春，狂飙倏号，雨下倾若决，冯彝山立而啸溢塍隰间，厥明不止，斥卤弥，黍秀者陨，植者仆。民皇皇虞无以保乃粒。侯草檄告城隍，卜更祭，治牲加硕，治酒醴加澄，治玉帛、笾豆之具加愍。越朔哉生明，斋心祓志，复率僚属上候涛而祷之。风雨驶激，侯素袍角束带尽渍，冒之而上，出文以告于龙神曰："吏奉天子命宰一方，期于共绥吾民。兹烈风淫雨，吏不职欤？抑祭勿虔欤？祭勿虔，吏更举。吏不职，乃以灾吾民耶？客岁旱魃为虐，田不获有秋，无以应赋税，吏多方为民请命，殚力抚字。今幸雨旸时若，岁将稔矣，神不恤而降之罚无秋。何以有民无民神，能晏然飨天子命吏祭乎？宰不职，罪在宰，民无辜，毋以宰故戾吾民，俯伏泥首祈必霁。"言未已，风飙忽戢，浮阴顿豁，曦轮新御，海色浮动。神龙隐见，彷佛天矫云际。群心胥悦，起视原隰，阳侯之波若驱而归诸壑。向之隙者、仆者，实颖实粟，得书大有年。三农讴歌，共神其事。博士叶君与是祭，录告龙之词以示余。

余观龙之挟风云而上下也，天下至灵莫龙若，然方术之士间得而蓁之、咒之、御之。龙虽灵，犹之乎物也。诚能动物，诚之至者。往往格天地、役鬼神，即变化不测之物，咸听命而不敢后。非一时之诚之为至，而有积斯孚者之为至也。诚之积也，不厚则其动物也无力。今侯随祷辄应，使龙第听命于侯之一词，则侯之诚可望而知。龙亦安在其为灵异哉？侯之诚不在更祭时也。

定为两浙锁钥地，非敏手鲜不血指。侯宰定几三载，不赫赫立威，不矫矫市名，实心质行，尽见民五脏症结。一切敷政不必挢引案抗，本慈祥恻怛出之。无非昌阳奇苓之剂，心茹茶饮惟水，庭终日可罗雀也。间岁不登，侯策荒计，桴鬻召籴，靡勿恳挚周到，赖全活甚众。盖侯至诚布物，非一朝之荐，其所由来者素矣。今春祝融毁民庐，东逼县狱甚棘。是时，侯在郡中，心怦怦若有动者，辄归，而火正炽。侯念诸囚铟之，非立毙或生他虞，亟移寘别舍，徒跣望火再拜。风即西返，焰旋熄。县狱无恙，民居多获以全。刘江陵之返风灭火，不是过焉。迄致海波不扬，岁书大有，天且以是为侯至诚报，又何有于龙？虽然，天人之应如响，至诚如侯，即为龙之灵，侯一词命之也，亦宜。

士民砻石，请余以纪，树侯涛巅，同谕祭碑并垂永永，志侯之诚，大有造于民也。他善政，觏缕不多及。侯讳琦，无锡人，甲戌进士。

给事邑人谢泰宗 游灵峰山寺记

自出郭渡定海江，南行十里为长山桥，桥下即小浃港入东江溪流者。潮汐水也，盈涸无时，行人借以心卜焉。

桥过二里，为黄泥岭，岭北峻而南坦，然峻者缩矣。所云水激兴波，高下相临，差以寻常，犹之为平也。

又三里有岭曰布阵岭，相传宋张俊御元帅于此。岭长二里许，其最高处望及郡中天封塔，人具龙睛者见纤芥矣。岭旁有泉涌出，曰沃泉。以其悬出也，谚夸之为露浆。下岭得巨石，方而稍长，横路左，殊刺人意，行人倦者曰："此我携来床也。"

折而西，循山麓行，遥望翠筿碧梧掩映溪桥之侧，称"詹家岙"是也。山势至此特嵚崎，折入开广二百亩地，松茂竹苞，即"斯干秩秩"哉。然天与之形矣。王子猷排闼直入，不问主人，雅兴宜于此乎。盖逶迤而来皆介然而用之。蹊径至是，有以海石之润者侧砌其中，旁缘以墁甓之事，亦侧柈焉。问之，知为永福视履之道也。庵新创，敞而洁，视其僧程本之为人。庵背坐山，缘山而上皆竹径也。一径为一曲，东西凡七曲，每曲造精舍，或茅或竹或陶甓。至一石浪庵，问住庵僧："经云华藏庄严海世界，所为六种十八相震动者何状？"答曰："原未尝一动矣。"盖距詹家岙又几十里也。

再三里，即灵峰之下庄焉，非村非郭，鸡犬声出自烟萝丛翠中，与溪流互响答也，忘其为彼岸处矣。顷之，有风飕飕来，似七贤署中者，即恨不携王恭鹤氅来也。僧杜言曰："此'溪庄绿雪'，请以消盏内'红友'可乎？"

出庄门，右行一里许，大者岩，小者磝，水石界纵横其中，余履之如跛又似蹩。僧摇手言："此康庄也，登山而路遂绝焉。"余讶之，何以从刺檐藤下行也？僧又言："此一壶千金矣。"行数十武，人之足置余顶，余之足不知究于何所置。至此所持所行无非萝也，宁但千金矣。萝尽天开，百仞峰卓立天际，人曰此"笔峰"也。固资老僧之点染者哉。再步百余武，而"横门玉案"列诸前矣。山色犹是青青者，拟以为云；山势犹是平平者，见以为几。俯而顾之，灵峰老人又不知谁为，操此以相从者矣。

距寺门左半里，有巨壑喷沫十丈许，大者如拳，小者如珠，以其迸裂而出群，谓之气毋然。寺后即慎郎潭在焉，潭广围半亩，雨霁即现楼台城市像，远睇者谓又一灵峰寺，而青黄过之也。寺之左有与寺并立者，相传葛仙翁修九转还丹太乙金液于此，今灶庳而纍者故在也。井则留香不绝，如丹砂百斛倾其中。溪肆无影，若与蜃潭通泉脉者，灵之为灵以是耶。距井西百步，有方竹百余株，传为洪所插，今形似而不尽方，岂仙迹亦随世而挠也？至于登高挂颊，时来"西山爽气"之清；饮气夕佳，翠挺"松坪晚照"之影，又十二景中描写不尽者。

【国朝】

邑贡生薛士学 观鲁碑偶记

县旧有鲁国碑，写伯禽封国时山川城郭及春秋名卿宅里、圣贤祠墓、汉唐宋所营台观。余幼时嬉游于学，见碑嵌庙之西楹壁间。崇正时，博士叶国华来此，每召工拓取，以遗其乡人。四方行客过者，皆摩挲谛观，羡为古迹。既而学宫重新，碑故无恙。甲申以来，不知徙置何所。友人谢时际尝同余遍觅桥池草莽中，竟日不能得。岁戊申，盐官徐友贞来署教谕，因修理学宫，问诸役人，则石卧庙中先贤座侧。字画多尘土模糊，右角稍残缺。因洗拭出之，移至斋前柏阴下，将以立于讲堂。余读谢皋羽《晞髮集》，始辨石为宋南渡时县令赵所摹勒。皋羽当年既喜得睹此，辄为赋诗以传其事。诗传碑不湮灭，邑人父兄子弟有以识所由来为可幸，又恨不能起时际于九原，使余歔欷悲吊，惜良友之云亡，而斯人难观也。

案县志：赵沔，建炎中以通直郎知定海，然不详其字里，则载笔者失之。又皋羽诗序，言赵自云"齐梁父诸山至洙泗间坛社、井巷历历如指诸掌"，余细搜碑之上下偏旁，无此数语，或别有所见，或适当石缺处未可知。今第弗深考，以俟世之博闻者。

翱尝乘舟至鄞，望海上岛无数，其民多卉服。过蛟门，登候涛山，被髮楚歌，歌罢辄复哭，思夫子浮海居夷之义。至定海学，故石刻尽仆泥淖中，新刻复阇茸，读即怏怏，乃汲水洗故刻，得绍兴间邑令赵所传鲁国碑，自云齐梁父诸山川至洙泗间巷里、庙社、井墓，历历如指诸掌，遂摹其本归。过浦沠，方君景山与括苍人吴思齐率其徒为讲经社，得思陵所赞夫子像揭于庭，朔、望拜，进退兴俯殊习，乞翱所摹图与像对。余喜而归之，且书其后诗曰：

秋风岳下城，海客见图新。树入舞雩里，水来浮声滨。东封余辇路，西狩问虞人。被髮逢夫子，狂歌作放民。（见《宋诗选》）

少宗伯郡人史大成 重修招宝山宝陀寺记

康熙十六年夏四月，都督牟公重修招宝山宝陀寺成，以书来属余为记。余观招宝山杰立于定海县城之东，与竹山对峙，相去不一里，为潮汐出入所经，崩涛激湍，雷轰电转，所谓大浃江是也。东南濒海之郡皆有水道以通舟楫于海，然多浩渺辽阔，莫可究诘。惟大浃江两山迫束，舟行不得并帆，衔尾而过，犹惴惴然恫心骇目，盖天造地设以为吾郡之门户。前明嘉靖时，倭寇扰攘，卢总戎镗、谭副宪纶始筑城于山巅，名之曰威远城。而胡总制宗宪又徙梅岑宝陀寺于其中，此寺之所缘始也。

崇阶邃殿，杰阁飞甍，蔚为巨观。登而望之，其南玉环、乌沙、普陀诸山如浴凫浮鸥，灭没于洪波骇浪中，而台、温往来之程，指顾可得。其北一望陈钱、壁下，为江浙分界，苏松沿海诸郡可以一帆飞渡。其东则岑江螺峰，固昔时驻兵之所，用以控扼海道。其西循龙山、泽山之麓迤而转，可达杭、越，声息甚捷。盖一寺之中四顾苍茫，而历历形胜已在指掌中。他如旭日初升，波涛尽赤，饕风间作，蛟龙尽鸣，抒达士之壮怀，供词人之吟咏，又不待言矣。

顾岁久弗葺，风雨侵蚀，丹青湮灭。公镇定海之明年，邻氛既靖，海不扬波，乃以其暇葺而新之，不逾时而工就。余思是举也，岂欲邀福于大雄氏哉。以招宝为郡境之咽喉，而宝陀又招宝之冠冕，使不崇丽炜煌，无以表兹土之胜，令观者有所竦息，且时与将佐循阑凭眺，则瞭望之远近，控制之疏密，运筹决策，一览而得，此安不忘危之意也。昔东魏时，沧洲与辽接壤，李允则徙浮图北原上，见三十里，而敌人不知为望楼也。公之意得无类是乎？余因乐书之，俾寺僧刻石以示将来。

公讳大寅，字洪开，施州卫人。

薛士学 河渠纪事

镇海旧名定海，境内田畴所资灌溉者，水泉不一区，而近郊则以西乡两渠为要。前渠沿江塘自城外五十里而至鄞东白沙村浚之，自张鑑碶始及于路临。中渠自出水门回龙庵侧至骆驼桥，桥以西接慈溪版籍，故慈渠通镇邑大浃江之潮水。慈水自余姚东百里而遥，未及镇渠之大寺堰而潮已止。堰以左惟藉春霖，岁稍旱，则潮亦仅过骆驼桥三里许，不能抵堰。又渠深只丈余，无从多积水，故皆谓亟宜挑浚，然频年而议之弗就也。

县令周侯以康熙丙寅秋初莅任，尝策马循渠而往，以受事郡中，视渠身之浅狭易涸，无以利我农人，则慨然思与父老卜鸠工也。夫为民兴利者，人情所深愿，修其旧迹之湮废以为经始者，吏治所宜先。然民虽甚愿之，而或惮其劳也，则为之嗟怨焉。吏虽欲先之，而或挠于众也，则为之郄顾焉。由是事多中辍而计与时移。至于悦者且病其难，而劝者亦生其怠。渠之宜浚，吏民亦共知之，而行之不果，由其虑不规于久远，而且姑缓以需时，故湮废因之日甚。

侯于丁卯预试闱，三旬还县，则先期示民以具苻勺长锹之属，及期而起事。会时无淫潦，渠中泥淖才没胫，侯亲立亭皋以董劝之，民之奉约而趋者踵集。四十日而两渠三十里之广深异于畴昔。来春而蓄泄有余，禾苗滋茂矣。

夫海潮绕镇邑之东境入于城南浃江，江波水咸，可汲以煮盐而不可灌畎亩，故旧有石塘以界之，塘之上，官民车马所经行也，塘以内为渠，为民田庐舍。塘以外为江，江水西行，为鄞之桃花渡。又北折至慈溪，与慈南之水渠交合，而咸水易侵渠。唐开元中，筑小西坝以截潮流，又西行而江至丈亭，皆慈境也。

慈非瀕海为邑，乃其田独取吾镇之江潮者，盖自余姚南北诸山之水毕汇于慈，而山泉视浃潮其多数倍，故水味不咸，然潮性悍，能挟泉流以涨落，故慈渠之水过骆桥以入镇者，一听其候于潮。镇邑西郊地形高于慈壤，故不能趋慈。水之来以东注，必浚渠，使渠底低洼，则雨霖可蓄而势且迅顺，以稍引潮流，此渠工之不容不亟也。予尝稽邑事载于旧志者，不具述。幼时见慈溪秋米至海仓，为定卫官军月饷。相传慈先有名御史为其里甲浚吾中渠，便运舟也。前令丹阳丁侯浚沿江塘下之渠，俾入郡樯帆不由大浃，避风涛也。近时牟总帅开海塘之渠，自沙头北至瀣浦，慎封守也。此其意皆有所为，而农田亦兼利焉，至今人称道之。周侯则力为吾民筹衣食，意无可移，而时更无庸以少待。此其可与往昔名贤相质，尤望将来之相继以久远其功，是周侯之志也。

邑生陈梦莲 梁氏八先生、郭、张先生祠记

一代更姓改物之主，必有抗节死事之臣，非析骸摧骨，则阖门焚缢。亦曰臣节固然以愧腼颜而事仇者，然未有以臣弑君、以叔篡侄、以忠贞为奸党，如文皇之赤十族，而烹鼎膏、妻孥给卒之惨酷者也。幸高帝有灵，让皇得出于地道。顾使无从亡之二十二人，亦不能脱万死于一生。乃其给资粮，觅停居，遥相应援者，则吾邑之梁良玉、梁田玉，以暨梁良用、梁中节四先生之功居多焉。

先生之行事，载在《吾学编》《续藏书》《奇秘录》《存褒什》诸书，得载梁氏八人，其四逸其名，而刘玉《附膝录》又有郭良、张安国二人，确有所据。历今三百年，而里人不传其姓名，邑乘莫载其里居，始而夺于国威，继而拘于忌讳，故老遗黎曾未有道忠节而表遗烈，如黄、练、方、铁之争光日月也者。乃黄、练、方、铁诸贤后，则锡谥赠荫，予祭立庙，而忠烈亘古今以赫奕。顾十先生之湮没如故，幸也。诸书传记载其遗事耳，不然十先生之忠魂等于补锅河西佣之埋名遁迹，后之学者亦孰从而知邑先达之与缑山并峻者乎！岂天下之死节有幸不幸？十先生之死不及诸贤润鼎齿剑之烈烈哉！第先生之心，固非徒以一死报国也，推其志，捍主于艰冀，有兴复之计，济则君之灵，不济则继以死浸。假而先生不死，如文臣之为胡、为金、为解，武臣之为李、为盛、为平，始相仇，继相附，终不免于罪，或亦仅保爵位而已，乌能如先生之一姓八人，或死于间关，或死于山，死于海，依依故主，不计灭族，不问身后，以明委质不二之节，较之赤族支解不相上下，犹夫或奴或死，归于仁则一也。今学者览抗节死事之书，未尝不击节赞叹，独是吾乡有梁氏八人，《补忠录》又载郭与张二人，而邑志不列，

后裔无存，蒸尝莫逮，良足悲矣！

虽然，十先生之忠义贯日月，塞天地，不可泯灭也。十先生之风烈顽廉懦立，兴起人心，益不可泯灭也。而况潜德幽光，固有历久而终不可磨灭者欤！嗟！嗟！先生之躯可糜可灭，而史书纪载历千百年而愈山。今吾邑南七十里有梁家庙，土人相传为梁氏故里，徒令人歆歔凭吊于荒烟蔓草间，迴忆析骸摧骨，阖门焚缢，恍然如睹节概。

凡建文死事诸臣，郡邑皆立祠，而镇为缺典。莲尝偕同庠某某以专祠请于黄令，令详郡守曰："可。"先是，某捐资辟梓山阁后三楹以奉武安王，今欲即其右而俎豆焉。其面则临大江，怒涛澎湃，海山屏障，巉岩峭厉。十先生之峻节，与流峙同永，亦足以妥其灵爽矣。

陈梦莲 南山书院记

今学者推尊象山，则曰尊德性；推尊紫阳，则曰道问学。夫性学，原非有二也。自朱文公《答项平父书》以持守义理，辨其性学，而人遂以此分视乎？朱陆及鹅湖讲义利章之，讲究太极、无极，二子之说甚为融洽，但二子于异处求同，后人强执同为异。夫使圣学果有二，《大学》言明新，《中庸》言性道，其合归慎独也。果有二乎哉？

蛟川端宪沈先生，伟仪度，尊瞻视，居乡校，人多以严见惮。第自以为姿禀刚毅，非所以欢事庭闱，因大书"深爱、和气、愉色、婉容"，朝夕韦佩以为箴戒。而一室中，孝友之气象肃然敬、蔼然和也。入太学，文行冠多士，始与临川陆子寿为友，一日尽舍所学师事焉。昼夜鞭策，务本趋实，不自矜炫，乃四方望风慕德者屡盈户外，而先生介节自谓，非直谅不与进，非多闻弗与友也。至其潜心经义，非圣哲书未尝诵习，然自以为致知所以实行，而稽古乃以建诸猷为。及闻朱文公、吕成公讲学于婺，徒步受教，考德问业，会通于河洛性命之原，凡世变推移，治道体统，君明臣贤，经纶事实，孳孳焉讲求日益深广。但澹泊明志，轻于仕进，不诡随苟容以取光宠。第进士，为太学录，修教养法以培士类，重经术以务实学。门人弟子决疑请益者自远而至。顾先生启迪简严，举止端重，由京都以迄郡邑，咸谓南山沈先生"师严道尊"云。

夫宋至理宗朝，君子、小人互为消长，其相臣之贤，莫如周文忠公必大，雅以气节自许，而文章尤素为主眷，且生平又不妄许士大夫，独与先生道契为最深。然又曰："吾生时不能推扬贤善，予愧叔晦。益者三友，叔晦不予愧也。"

先生为其所敬服如此。象山之门人舒文靖公与先生道同志合，有气谊之孚。文洁公曰："师道尊严，予不如叔晦。"其行谊又为所推重有如此。故世不知先生，观二公之退让而称道者，可以知先生德行、学古之大节矣。

呜呼！自孔孟以道学接精一之传，汉唐诸儒未统宗旨。宋时，濂、洛、关、闽出而理学昌明，乃新学倡而斥之为伪，诸儒之正学更盛。明代表章大全、河津、姚江诸儒，远继其统，至后讲学东林，目之为邪党，其禁天下书院，不尽毁之不止。皇朝鼎兴，崇正学，翼传注，其于端学术而正人心大为厘正。乃拘儒不睹奥旨义蕴，妄谓象山阳儒阴释，诋为异学。夫世所称为"异学"者，抵牾邹鲁、肺腑乾竺耳。世安有所志者大，所据者实，如吕东莱所尊者，而犹得以"异学"斥之也乎？

先生之人品高明，志行恒不自恕，居尝曰："吾昼观诸妻子，夜卜诸梦寐，两无愧，始可以言学。"然则先生之学，殆孔孟慎独谨几之学，而又贯通乎德性问学之实学也，其果有异于孔孟程朱也哉！

由宋迄今五百余岁，而理学凡三诎。究之先生之正学，揭日月而行江河，今海隅之地，自端宪为之倡教，而蛟水化为洙泗，人文蔚起，至今称先生之遗范不衰。先生纂解语录皆有用于世，而言动俱循礼法。其门人所最著者，如奉川之竺大年，理学淹贯，家法整肃，其矩范与先生同，盖其高弟也。所著有《礼记评义》诸书传世，皆先生手授而编辑之。□□先生讳焕，字叔晦，别号南山，乾道五年登郑侨榜进士。初为太学录，后终于舒州通判。理宗二年，诏赠直文华阁学士。谥"端宪"。先生俎豆乡学，祠在郡之镇明岭，与舒、袁、杨三先生合祀焉。邑城东之书院，其家塾也。长至令节，后裔次序拜祭于庭。嗟乎！先生之食德岂惟其后裔哉！先生之风为百世师。后之学者，咸尊法先生焉，可也。

邑令唐鸿举　重修镇海县学腾蛟、起凤二坊记

三代以来，四方之建学盛于宋世，而规模式廓未尽隆也。方今文教日盛，学校之设焕然。赫然崇圣道而起，同文雍雍乎上理矣。

余自甲戌莅镇邑，谒先师之宫，檐楹肃然。每当上丁释菜，辄同二博士并弟子员周视殿庑、戟门，勤施丹雘，复拜启圣宫，又复至明伦堂，亦皆渐次修治。因思邑为全浙咽喉，山川之秀甲于甬东。学宫整理若此，其亦足为海滨生色乎！然余徘徊久之而尚不能无余憾者，宫之外亘有二坊，东曰起凤，西曰腾蛟，比年来飓风所倾，石柱仅存。噫，此非长吏之责欤，抑或邑之荐绅衿士未遑相助以成欤？盖天下事，其举也，必以为急务而先之；而其举之未尽举也，必有人以为此不急而诿之。先之则其劝，诿之则全废，而全璧难矣。丁丑孟冬之朔，余诣学行月吉礼，则闻张绅晋斐毅然以二坊自任，不禁欢舞。因商所以取材、成式之法，诹吉与工，无需勉赞。盖君勇于任事，而复精于会计。商无敢以楛旧，工无敢以窳试，斳虔既就，拜祝升榜，丹漆焕如，朝霞散彩。邦之士庶咸来瞻视，婆娑欢呼，谓邑之建学改观者数，乃至今日而观止矣。呜呼！向令邑无贤者，群相狃于故习，则殿廊虽已修饬，而瞻望门墙，犹憾污莱圮落之不足以与思，因以叹人世之尽美而未尽善者固如此也，又安得规模完整、增光气于候涛蛟海间哉！张君之举固适余意而乐与观成者也，因欣然援笔而为之记。

教谕邵向荣 重建迎龙桥记

镇海学宫地脉从候涛、巾子、梓荫诸山迤逦而来，山下泉为邑以内之中河发源处水，与宫墙环绕。形家以山之真脉为龙，龙从乎水，水聚而脉亦聚，依山之涯建桥以联。射圃桥以迎龙名，由来远矣。予初至任，疑建学经始规书未善，大门之内柳巷为行人孔道，门为虚设。学之艮隅地宽于巽方，皆茂草也。一废池阔二丈许，池之旁邻家多置殡椟。时老生刘巘昌、沈梦桂从余祀文昌，经其地，述所闻以告。予曰："是迎龙桥故址也。"桥之南为迎龙门。门之左右绕河，而筑以垣。垣内为观德亭。亭之东，屋数椽为学者肄业之所。膳夫栖旁舍，以司门之启闭。闻诸生有射圃，赏荷迎龙，步月倡和，诗弗传。想见圃之中花木森秀，与涓涓流水相掩映，柳巷晓烟，梓山夕照，鸟啼鱼泳，风景绝佳，令人不胜今昔之慨焉。考诸旧志，曷为乎独略之。嗟乎！纂志从简，阻人复古之思，毋乃非爱礼之遗意欤？虽然学宫类圮于风，至文介薛公鼎新更制迟之久，而邑令始建两庑又迟之久，而司铎始建宫墙。废兴之际，盖难言之。若乃学中之有东西堂、左右舍，亦存其名而已，何怪乎桥之略而不书也。亦不及计当日萃业于庠之上，登山学海，推扩心胸，必由之道矣。

乾隆丁卯秋，督诸生鸠工疏河及泮，睹桥之断石，相与感慨久之。岁癸亥，明府杨公从邑绅郑宗璧、李士瀛之请，营建书院于梓山之阳，选谢生霞祚、王生谦吉、郑生朝宗、范生用贤董其事，群相告曰："此间密迩学宫，将以是拟成德达材之堂，循是以复射圃，增数椽以补号舍之缺，不亦可乎？"公曰："一举而三善备，有厚幸矣。"捐俸劝输，绅士各助田以资师徒膏火。明年功未及半，赀告匮。公复偕予劝捐，得俦生所输者共二百五十余金。原不专供书院用，而踵事增华，竭众之所输而犹未足。公已奏最迁，四生相与各捐资以完工。费虚恢复射圃之初志，第建一桥而已。不知者咎桥之建，益便行人杂沓去来之路，且追咎于建学之初规画之未当，亦可弗辨也。虽然，安知不以一桥之建为复古之始乎？用告后之君子。

邵向荣 新建蛟川书院记

镇海之有书院，自南山先生始。宋理宗赐额，朱子与先生谈道信宿于兹。当时比诸鹿洞云，明季改为先生祠。越三百余年，重建蛟川书院于梓山之阳，昭旧绪也。盖先生以诗书礼乐教其乡，历久而士风犹古。邑宰杨公从诸生慕道之诚，新讲学之地，德意深远矣。

乾隆辛未岁，明府王公延余摄院长。一日，公命题校诸生文艺于堂。客有从闽来者，揖而言曰："是胜地也。凝千山之秀，涵万项之波，地钟人杰，宜群贤毕集，于是将为沐日浴月之文乎？蛟龙变化之文乎？名世之文、传道之文乎？"既而问曰："曷不崇祀朱子？"应者曰："将建阁以祀朱子，而配端宪沈公。"客笑曰："端宪与慈湖，皆象山弟子，当配黄公文洁。"于是尊德性、道问学之论锋肆起。盖谓尊道各有浅深，知行亦互为先后，合而不分与分而不合，非俗学则异学耳。此虽老生常谈，亦笃论也。虽然端宪之结契朱子，未尝不从善学象山来！朱子教人格物致知先须涵养德性。端宪从象山用涵养德性之功，而从朱子以尽格物致知之学，讵云浮先迷后悟哉！夫曰六经皆我注脚，不善学者欲废六经，善学者从六经以求一贯，而昼观夜卜、察物省身、知行并进，与朱子自合符节。惜乎，当年聚首书院时，必有所以昭示诸生者，而言弗传也。

夫丽正书院始于唐，汉魏无闻焉。延及赵宋，书院之建于郡邑者不胜记，而白鹿、嵩阳、应天、岳麓为最著，大约为朱子所至之地，而教益醇，人才益盛也。今镇之士确奉朱子之训，又博稽汇纂之《朱子全书》，绝不惑于异端曲说，毋乃南山先生之教泽，犹有存焉者欤！明之中叶，有继南山而兴之贺公医闾，其初笃信新会，犹南山之笃信金溪。而以之教人，惟取朱子所纂之《小学》一书以为学者入道之先务，是又善学新会之高明，而要必由于切近。遥遥数百年，两贤之于朱子皆殊途而同归也如是。夫濂、洛、关、闽四子后，诸儒中之持论或有鉴于俗学之支离，而矫枉或至于过，遂至《大学》"格物致知"之条目亦含糊而不肯确有所发明，或疑与程、朱各立门户，要其中不无与程、朱合，而有可与程、朱之教并传，是固不足为粗妄者道。

所憾为之徒者不能得其大旨之所存，往往泥于其说之偏，参以臆见纂为成书，以致好名之徒摘其一二句之语病，大声疾呼，攻之以为卫道功臣。倘令端宪、医闾纂金溪、新会语录，当必不至于若是。而究其说之偏渐流禅释，谁之过也？然则维学道之统如镇之两贤，不诚若砥狂澜之蛟峰两柱哉！夫慈湖之学广大，文洁之学精微，后人强分品目，要以折衷于朱子而以其所学者教人，斯无偏陂之患。医闾先生作书院记曰："不能苟同流俗，谨取紫阳文公之教于鹿洞者，躬勉以诲弟子。"今鹿洞之规条具在，前哲之教泽犹新，镇之学者师承其意而加厉焉。于以县学道之绪，取则不远矣。不惟文艺虽然，必谓文艺之无关于性功。窃疑之陆子曰"某亦教人做时文"，要晓得此意是为公不为私，诚使攻制义者于圣贤之语言尽学，问思辨之功而求其言中之志与神，以传之于笔，必将神与之浃而志与之通，以视夫袭取前言空谈性道者，其用心之疏密必有间矣。卑之无甚高论，不亦致知存心之是或一道欤？

明府王公服膺程朱语，以资政教，善谈名理，其所以诏诸生者，详且尽矣。又以予言足为诸生劝，爰为之记。

传

【明】

薛三省 赵、丁两邑侯合传

余自燥发所闻邑父母，及长而身所事，清循善字民者多有之，至大有造于吾土、功德足传者，三十年以往，得赵侯、时侯、丁侯凡三人，此吾邑所当世世俎豆于名宦祠者也。今祠独时侯与于祀，而两侯之主尚缺，余每瞻拜学宫，不胜叹息，曰："良令盖不可无后，朱仲卿所为，属其子家于桐也。吾定民之谊，何必不若桐？使良令终匮祀，第恐久而故老零落，则两侯所行政，或渐泯没，不尽闻于后也，为识其大者以传。"先是，令有材者难视定，为不足割也，务为大县治。西北界河，而东南则龃龉缘民居，故址所骊来旧，乃创以意矩而方广之，令可四驰。直北更跨河而桥，以达于衢，凡毁民舍以十数，斥民地丈计者以百数，百姓亡何也。自喜得行意，更建议特为督抚开府。督抚自嘉靖间防倭，岁视师海上，驻节臬署而第建牙以为观，历五十余年，未尝以为湫隘也，而议忽创自邑。百姓凡居近今府者虑复如县治故事，皇骇不知所出。会有天幸，议者以忧去，赵侯来代，深轸多所毁斥，仅度城隍庙西隙地为址，而拓民蔬地周遭傅之，增给直，故今府左界庙垣，右依民庐，外势敞，而自门及堂廒仅容参谒而已。役凡四月竣。先议役时，侯谓府为视师建，则卒伍当任。顾虑将帅异议，鼓使哗，乃多设耳目，自大帅之门以逮哨率各自籍其所私役。时而人或攻石，或斩竹木，或治涂塈，或缝纫刺绣，良不下数十百人，积三月籍成。私喜曰："吾有以籍师率之日矣。"乃其议上，役不过人三日，复日量给粟令可饱。主者下其议，备兵使师率犹藉口卒伍将哗，不能强使任役，侯用出所籍上备兵使，使以诘诸师率，因唯唯不敢复语，卒伍亦喜日得食，又众轻易举，趋若赴。及府成，费商税仅八百金，而至今坚固，不大烦缮修，则侯所综理周密，足垂久远矣。是役也，百姓不毁一椽，不费一钱，劳一臂而视落成，盖不独经始时过自顾虑者感诵侯德，然不知侯悉心为民者若此苦也。

侯貌柴立，不轻假人色，而性更介石简于世，唯壹意周于民。往署中日供率给官直，侯一切给市直，且或赢焉，不以责民欺也。往邑赋随所赋名金收户，谓之"收头"，即令输郡，或有他故，辄籍"收头"产以偿不足，则不无累及无辜者。侯始至，询民所患苦，即革所为"收头"者，而官为设柜以收，令里役一人递监视，已收则监者受牒输郡，著为令。乃里役或不习郡，复为"收头"猾者所诱，官受牒而私受券以代之输。先是，郡邑猾书多相与为奸，邑牒输千则洗百，万则洗千以上郡，郡牒下则复洗为千为万，以下于邑，如是久之，邑积赋无算，藩司数檄督邑，逼郡吏惟厚索输者贿，不时下邑，莫能稽也。及藩檄数下厉甚，侯始得闻，走谒郡，具言所输，先自手籍数而后具牒，及牒下，复手自对，籍无漏，而后与销。今所销牒，与故籍具在，无少异，赋何以逋至是？乃尽请府籍归与积所下牒，躬自磨刮，则万千百十之上印硃少有异，以向白日并洗补之迹亦见，率多侯未任时事，盖因侯输法立，作奸者不得那后，输以塞前逋，故弊孔尽露也。凡数日所收置狱者不下数辈，而邑与郡胥吏素有连者皆惧，及谋速去侯，幸得无竟。是狱乃多造诽语上闻，谓诸弊皆发自郡所侵，半皆积自侯。侯又数严于尉，及学博士之往与邑比者亦扬之波。上官意不无少移，而胥吏又每于邑牒故作违错，乘积牒纷发，或卒遽不及简，时杂对以上。又或封已发邮而私启之，就字又移易其点画可以触所忌犯所讳者，以激怒于上官，上官又怒于积逋之不能立办，以备征发也。摘奸而疑为蒙，发弊而疑为丛，终不能一语加侯之守，竟得调去。及侯去，上下益恣，邑之赋日清不复如曩日横累百姓，则又侯余德已。侯去之日，七乡之民匍匐四集，城内外如堵墙，号呼乞留之，声四震。侯遣谕之不解，自出谕之又不解，自晨及晡，计无所之，乃令仆四人乘马鞭路而舁，家属随之。马及门，众拥扶而横置之，前者置肩，中者捧腹，后者承足，载手簇簇相属，从项上直抵督府内庑，乃下使立，俟而三舆，亦皆手举手度，如风轮仙槎从空而浮，与俱至督府中，唯闻人声汹汹起足下耳。侯闻属皆移置府第仓皂，出问故，语不及发，从即掖升舆，蜂拥而前，舆高出顶，傍舆左右者犹极力引臂，惟恐其指之不得当舆前后衡也。是日所供忆，人各以其所业争效，凡城所有与所希有业争效，凡或预置，或猝致，自堂庑及厨庋，靡不充牣，不复顾狼籍，途拾者复取以供，不私攫也。其无所业者，则争以力而能负荷是效，不惜折肱伤指矣。传闻及郡，走役持檄谕使解，城门闭，不得入，投檄而去，如是者数日。侯度人众不可谕，则呼长年三老前使传语曰："诸民父老情良厚，然真爱余者，当任余去，犹不失故官。今若此，是囚我也。我既已失上官意，惟速去，是解其怒。若汝等所为，是再怒为官，而重我罪也。即与若辈何利？"泪与语俱下，如是者日数四。又告诸门弟子，使多方谕意，众乃听侯出城，相随而泣送于江浒，目及侯去舟始收泪散去。此万历丁亥晦前后也。

余时游南中，不及睹，归而长老尽传其事以为异，故得详述焉。侯去定越七年，而时侯自诸暨调凡八越月，而征其功德，亡如筑石塘扞江以卫城，且事半功倍，余力并及城内外濠渠，今祠且祀，不具论。

侯征而代者为丁侯，亦调自闽之大田。侯美丰姿，皎然玉立，性好修整，雍容文雅而风棱自著，材谞敏达，遇事迎解，虽奸猾不能欺，故吏民爱而畏之。其事上接下，则人人得其欢心。为政大指务兴利，而更锐意造士。甫下车，睹百姓有渡而没者，计造浮桥以济，久之，度人力不可与水势争，乃罢置。尝腊月从郡还，御风雨路行，中途闻江中号呼声甚急，停车令从事四出，促傍江渔者往拯之。时暮夜，人皆怯寒，惧及洒弟声相应，侯且行且仄听，江中声渐微，固疑将没，犹万一见得救以生也。已及县，急檄走讯，则并舟乌有，而四近皆邻境，莫能问也。自是益心戒，往来数从陆顾视，缘江河形如清渎，或通或塞，而接邻壤处数十亩，则尽然断为田，过此又为通河。侯喜曰："是可浚而舟也。所费人力耳。即计田值，亦不能逾百金，奈何任风涛岁没人不关意？"亟于农暇刻日程工，而身巡行劳来之。怠者惩，梗者置法，凡二十日而渠成，纡回可五十里，即往所谓颜公渠者也。渠开于元，以国朝而湮，几百余年，至侯始复。

故侯乃严督小舟尽入河渡者不得复由江。顾桥梁卑且圮，舟不可以帆，竟日始达郡，不若渡江，乘风潮可顷刻济也。会侯以忧去，百姓亦利速济而侥幸于危，舟不果通，然缘江之田资灌于河，异时斥卤尽为膏沃，百姓享其利者三十年于兹矣！

定风气往在开塞间，士或科一举，或数科裁一举，不能绳绳也。侯甫至，肆士大加赏识，谓："士若此，而所举乃若彼学宫，不中形家法耳。"乃延堪舆周视。其大者难骤更，独敞戟门，移棂星稍东南向可立就。时殿庑多圮，度费二百金，又重以两门，非百金不可。邑帑无他羡，且以形家之说兴门役，当途者必谓非所急，并殿庑或不得请，乃第请殿庑费，而两门则徐自经画。役且兴，集诸生语曰："吾素不究形家言，今第耳食，且以形势，殿庑大而门小，万一辟门，而于风气无所关，后将若何？"

时诸生相顾，无以复，余对曰："士在作气，作气在新耳。目今士耳目属于门矣，门新则意气更新，不虞风气之不开也。"

侯大喜，祷而发址，入土数尺，得石础，中有孔，盖旧所栽棂星石柱者也。覆故籍，为成化时旧址。先是科或举一二人，或多三人，即甲第有一岁三人者。侯益大喜，更加意课士，情礼皆前后所未有也。及庚子岁举四人，不佞与焉。自此人文稍振，则侯之所造大矣！

侯他善政未易更仆数，缮城，其小者也。城东北隅，碑石亦具矣。

赵侯讳思基，号云涧，举万历辛酉，粤人也。后调当阳。其父为名御史。丁侯讳鸿阳，号衡岳，万历壬辰进士，丹阳人，以忧去，其祖为名宪副。史氏曰：以余观吾定百姓谋留赵侯状，古攀辕卧辙、车轵不得行者，何足道哉！非仁心为质，焉能以获下若此？而卒不获于上，何也？倘所谓廉吏可为而不可为者耶？丁侯造士更致力于成民，兼有循良之美，卓矣！赵侯为邑甫一年，丁侯亦仅逾，考乃功德，已赫赫并著。假令得满或更久任焉，定不亦有永赖哉！或以人构去，或以天割去，惜哉！赵侯卒厄于令，丁侯稍通显而厄于算，然民有余思，足以不没矣！

余既论次两侯，复追忆故陈丞：清恬不扰，多惠政，最著者在部粮与筑长山桥，其美不逊于令，因附著之，侯征往者采焉，亦所以风也。时侯名偕行，嘉定人，万历丙戌进士，以治行征入为御史。陈丞名懋龄，溧水人，今与赵、时、丁三贤令并祀名宦。子献策成进士，官给事中。

【国朝】

郡人李邺嗣 袁正肃公甫传

袁甫，字广微，正献公燮之三子也。嘉定七年进士第一，授秘书省正字，上殿劄子言："贤才司舍，可惧；民生安危，可惧；众情闭塞，可惧；群情逸豫，可惧；乾断不行，可惧。"辞甚恺切。迁校书郎，转对言："边事之病，不在外而在内。偷安之根不去，规模终不立；壅蔽之根不去，血脉终不通；忌嫉之根不去，将帅终不可择；欺诞之根不去，兵才终不可治。祖宗之御天下，政事虽委中书，然必择风采著闻者为台谏，敢于论驳者为给舍，所以戢官邪肃朝纲也。今日诚体是意以行之，可无偷安壅闭者矣！"出通判湖州，增积贮，核隐产，增附婴儿局。再迁著作佐郎，知徽州，治先教化，崇学校，访便民事，上之蓄常平义仓备荒，兴修陂塘，创筑百梁。遭父忧，服除，知衢州，立句讲，岁拨助养士千缗。郡有义庄，买良田二百亩益之。提举江东常平，适岁旱，亟发库庾，遣官分行赈济医疗，又告于朝，给度牒百道助费。提点本路刑狱，兼提举移司番阳。时霜杀桑，诸郡被水，连请于朝，给度牒二百道赈恤之。都城大火，上封事言："上下不交，以言为讳，天意人心，实同一机。愿下哀痛之诏以回天意！"诏求直言，复上疏言："灾起都邑，天意盖欲陛下因其所可见察其所不可见，大行黜陟，与天下更始。"行部问民疾苦，荐循良，劾去墨吏，决滞狱。所至诣学宫讲说，复取《孝经》衍其义。告于属邑：立书院。于贵溪之南祠陆象山，身讲授学者。岁大旱，请于朝，得度牒缗钱绫纸以助赈恤。疫疠大作，创药院疗之。前后持节江东五年，所活无算，诸郡德之，俱为生立祠。转将作监，领事如故。彗星见，诏求直言，上疏言："皇天震怒，由贪冒成风，致愁苦之民众，愿一变上下交征之习，帝亲政。"以直徽猷阁知建宁府，明年转福建转运判官。闽盐漕司纲运供费增益无纪，又丁米钱久为漳泉典化民患，公告奏罢之。迁秘书少监，入见，帝曰："卿久劳于外，笃意爱民，每览所陈，备见恳恻。"公奏陈无逸之义，且请力守更化以来求贤如不及之初意。

迁起居舍人，兼崇政殿说书，于经筵奏："刚德之一言，最切于陛下。陛下徒有慕汉宣吏治之名，乃更踵元帝、文宗柔弱不振之失。总由不识刚德之真。所谓真刚者，当为必行，不当为则断在勿行。"又乞"专意经训，养育精神，务令充实，上与天一，下合人心。今上意欲全功臣之世，诏自今中外臣僚奏事，毋得捃摭以奏，是消天下谠言之气，其谓陛下何？"兼中书舍人。时相郑清之以国用不足，履亩使输券，公奏："避贵虐贱，有力者顽未应令，而追呼迫促，家产破荡，皆中下之户，乞加哀恤。"尝讲罢，帝问近事，公奏："惟履亩事，人心最不悦。"适讲"汉高入关，辞秦民牛酒，民俱大悦""今日横科苦此，民心喜乎？怒乎？本朝立国以仁，陛下以为此举仁乎？否乎？"帝为恻然。时朝廷以边事为忧，史嵩之帅江西，力主和议。公奏曰："臣与嵩之居同里，未尝相知，而嵩之父弥忠则与臣有故。嵩之易于主和，弥忠每戒其轻易。今甘用父子异心之人，即朝廷亦未免易于用人也。"疏入，不报。遂乞归，不允。授起居郎兼中书舍人。未几，擢嵩之刑部尚书，公复奏曰："臣于嵩之本无仇怨，但国事所系，谊难缄默。"嵩之诰命，终不与书行，乃出甫知江州，寻改知婺州，不拜。嘉熙元年，迁中书舍人。入见，帝问边事，甫奏："当以上流为急，和议恐误事。"又奏备边四事。嵩之移京湖沿江制置使、知鄂州，甫奏曰："嵩之轻脱难信。去年在淮西，王棋由淮西而来，北军踵之。今又并湖南付之，臣恐其复以误淮西者误湖南。"疏留中不行。翼日，权吏部侍郎。引疾至八疏，赐告一月，遂归。从臣复合奏留之，屡命，俱辞不拜。迁兵部侍郎，入见，奏："江潮暴涌，旱魃为虐，楮币蚀其心腹，大敌剥其四支，危亡之祸，近在旦夕，乞秉一德，塞邪径。"迁吏部侍郎兼国子祭酒，日召诸生课其问学。时边檄日至，甫条十事，至为详明。权兵部尚书，暂兼吏部尚书。致仕，卒于家，赠少傅，谥正肃。公少服父训，知"为学当师圣人，以立志为先"。又问道于杨文元公，告之曰："学贵自得，此尊公之训也。心明则本立矣。"由是慨然以斯道自任，居官切于爱民，所至有惠政，立朝正色，无所阿附。王深宁先生谓："近日科名有益世道者，惟公一人而已。"所著有《孝经说》《孟子解》、《后省封驳》《信安至》《江东荒政录》《防拓录》《乐事录》及《防斋文集》，行于世。

序

【宋】

朱子　赠南山沈公赞序

夫我友者叔晦，洵天地徒也。生于蛟关之右，禀天之灵，受地之精，英姿敏达，气度端方。安贫高尚，仅知养性存心，践迹圣贤，默缵渊源。道脉壮而谟猷，经济霖沛苍生，一言而风化攸关移风易俗，一举而民生利益济困扶危。矩步登朝，骇动天子之命问，阐扬圣教，心悦大道之隆尊。奉上克恭，驭下克逊，治己备"四勿"之箴，治人尊"五美"之教。婉容事母，正色事君。深幸我友之道已高矣，德已修矣，道德兼修可谓完人。余尝登拜，就正勿能，聆听德音之盈耳，实获我心。夙叹仪型于两地，遐慕丰神，敬修牍赞，再图面盟以闻。

【明】

王忠文公祎 送乐仲本归定海序

至正戊子，予与乐君仲本会京师。仲本齿长七年，不以予为后生，辱与定交。久之，为予言曰："四明之定海，其西二水曰大浃、小浃，并东入海。小浃之上吾所居也，山水之乐足以佚吾私，吾将归而益读书以修吾业，暇则咏游于小浃之间，达则期有以见于世，否则乐天安命终焉而已。吾之归也，子宁无所言耶？"

予闻昔日新安朱氏、象山陆氏一时并兴，皆以圣人之道为己任，而其所学不能无异，虽鹅湖有会，终不能絜其异以归于同。陆氏之传为慈湖杨简氏、絜斋袁燮氏，皆四明人，故四明学者祖陆氏而宗杨，袁。朱氏之学弗道也。东发黄震氏，果斋史蒙卿氏者出，而后朱氏之学始行于四明。黄氏得于《朱子遗书》，而史氏传自湖南大阳先生岊、小阳先生枋，二阳氏传自蜀人晏渊氏，而晏氏实朱氏之高弟子也。今国家建学立师，设科取士，一用朱子说，天下学者推朱子为大宗，而四明陆氏之学莫或讲矣。仲本受业于敬叔程先生，而先生学于史氏者也，师承所传，盖已致力矣。陆氏之学，向所承传，故未泯也，仲本可不兼致其力耶？

先儒谓陆氏主于尊德性，朱氏主于道问学，尊德性、道问学未始可以偏废，此临川吴氏学基《学统》之篇所由作也。会而同之，顾真知允蹈何如耳，于仲本宁无望乎？仲本识明而行果，有志于圣贤而不以得失累其心，观其出处之际可知矣。故其归也，予窃致其爱助之私欲，已于言不能也。但图以自淑其身之不暇，而顾为仲本言之者，知之深故望之厚，而言之至尔。仲本其亦以余言为弗畔矣夫？

大理寺卿、邑人夏时正 两浙盐场图咏序

刑部左侍郎兼都察院左佥都御史、莆田彭公以巡视浙江之命莅杭旁求民情利病，而首得于两浙都转运使、西蜀晏君，建言"灶丁因引盐折银过重，不胜财殚力屈，且虑民穷则盗起，所宜视引盐时贵贱而为之，则以苏倒悬之急。"公读而是之。又从而得灶丁之迫于追逋，欲缓之莫为之地也。乃用并列而陈之，仰荷仁覆冈下之天，即与宽减什三，恩至渥矣。

公继是奉有整理两浙盐法之命，逮竣还，乃法《无逸》《豳风》，采摭两浙盐场景物事情，分为八节，曰盐场，曰山场，曰草荡，曰淋卤，曰煎盐，曰征盐，曰放盐，曰追盐。绘为八图，图各有叙。复系以诗，诗咏其情。复叙其事，图写其状。即之以观，则灶丁之贫难困苦，一展舒可得之。公之忧国忧民、忠勤恳切于焉为至。亦既进呈上廑睿鉴，日月有明，睿光必照之矣！

晏君乃谓："是图两浙盐场云尔。天下盐场不少也，未知亦有如两浙之为图否？未知后世亦有如今日之为图否？无之，而得是图以概之，其于寓目动心一也，则公惠济之及可涯涘乎？"

于是取图之副，刻梓以传，来征为序，辞不获，乃言曰：

盐有需军国之务重矣！太祖高皇帝贻谋创制，溥被平施，而于灶丁特加悯恤优之，而俾泛差无及助之，而俾工本有经不幸有犯而入于流徒之刑，宁失不经征课赎而已。其他凡可安厥居乐生兴事焉者，一切曲为之所，何乃有如图所绘、序所言、诗所赋哉！盖亦反其本矣。周之成王，不敢自暇逸而治底泰和之盛者，以知稼穑之艰难也。是图也，法《无逸》《豳风》者也。公之心，非周公之心乎？郑侠进《流民图》，惜非其会。有诵"二月卖新丝"之诗以讽其君者，非无寓目动心也，奈之何悦不绎，从不改乎？是以不能有成。今也新丝之诗，明白痛快，诵之有不神竦气宣者乎？抑此极天下困穷而言，非独指灶丁然也，欲为之所政而已矣。诗曰："不愆不忘，率由旧章。"此之谓欤！

薛三省 邑父母石洲黎侯两膺台荐序

初，侯分符吾定，荐绅在长安者相传曰："仁君也已。"及邑，父老环堵而观者又相庆曰："必仁君也。"余私谓侯："何以刃未试而早得是誉于士民间？"比前谒，乃知曹誉实获我心。记曰：在上者可望而知也。天下未有无可望有可知者。今夫玉望之而其色莹然以知润，其理瑟然以知。栗，彼色黯而理疏者，朴露径尽，中藏鲜他，美可不问而知也。故诗咏君子之岂弟，《卷阿》则先以令望，《湛露》则继以令仪，德征为仪，仪孚为望，中表之符，莫或爽也。

余睹侯，神暇气冲，语衷色信，礼抑而中，容舒而翼，盖颙乎其观也。诗所称令侯，实有焉。余所为征侯德，以此及，久之，习侯所行事，益知其德之懿，非可寻常度也。盖侯为令，恒藏其用不自露，务清净以一民。

邑，斗城也，当重镇武节所建，文轩所凭，供亿殆靡余日。侯计欲舒之势莫可，何益身自贬损，即于过客，未尝饰为饵也。往岁大旱，侯虔为民请命，尝凤祷，守者忘设席，即地而拜不复问。旁有为谢者，侯蹙然曰："此吾积柴时也。奚茅籍？"已复大霖雨，禾稼尽伤，田、庐有漂没者，侯并从事筝舆遍行视雨，御者百里而遥，再宿野寺中，馔器之食不以烦里鄙，盖损己以益民若此。然自其德，非有所矫也。其皎然之操，亦如莲生淖中，不濯自洁。

每质成，恻然有哀矜之意，计日所积谷或不足额，以他日赢者补之。未尝轻罚民一钩锾。岁当大籍民，故事：虞有匿产蔽役者，数其私，责以隐，实因百一而三分征之，输于省邑各有差，其溢者，以给公，甚乃润囊中。主藏吏以侯数因公损月俸，语间为请，侯曰："是泊也，其余几何？而吾以自点，人焉知吾以佐公廪也。余观长吏自好者，多刻意骛名，刻意则深文而下不堪；骛名则喜事，而下不宁。若是，则名下损，计不免上借。又或逢上而下不恤。故语有之：'与其皎皎，宁汶汶。'言其犹近下也。"

侯于俗惟恐不远，于民惟恐不迩，百姓咸称"侯两岁未尝有厉政"。非徒无厉政，亦无厉言，亦无厉色。非徒无厉言厉色，亦无厉意。非徒于百姓，即于左右，亦无厉意，要不使挠法而已。

令甲十年一差次，民赋役不胜一日之争，往甚嚣也。侯令里鄙先议而后籍，及日犹嚣不已，甚或突而前，捧侯笔不得下署，侯亦徐阁笔，徐听之，竟籍人人各厌意，未尝笞一人。尝发得钱谷奸，第庭治之，不以罪状闻。或曰："闻乃见绩。"侯曰："致人之罪，以章前之愆，而自取功，吾不能也。"

邑大缮城，更前令与摄者，已再岁功，不能三。侯至而任其七，当涂檄朝夕下，侯亦不自列，第拊循筑者使趋事，甫逾岁而役竣，其未缮者且复圮，役且复兴。侯念民劳者四年，宜少憩，请尽发商渔余缗积邑帑者，心知非当涂意，亦不复顾也。邑征赋，里鄙递为监。其输之府与省者监也；其主吏有所干没，而受罪者亦监也。甚苦，群请各合里之赋，如期而输于官，官为输于郡与省，积数岁不能决。侯至，即顺民之欲，立为更始。凡侯兴事，必熟究利害，利不百不易政，政不久不更令，未尝以己意率有所兴革。邑租调两赋为役，役者凡两年。侯熟念曰："是何不合为一役？官与民更便也。"然以虑始难悬之国门者，逾年而令始下。盖侯为政，期顺下，不急于获上，皆此类。

邑通海商，闽舶日至，而奸亦日宿，顷乃诱土著阑出财物，浮海而与倭市。侯微闻之，深忧曰："昔东南倭患，实自此蔓，今何可不及其萌斩之也！"为白发主名，借一以警，乃檄上，郡与邑异。指监司者，又与郡异计；台使者旁有寄耳目，又与监司异议，势汹汹且叵测，即侯亦若身致风涛中。侯不为动，力以身为障，终不令余波有所旁溅。盖久之，海澜安盉，砥柱乃见。当涂始叹服，以为不可量，每曰："曩弟谓令，岂弟不知其深沉之识，凝定之守，乃若此！"侯声固下积，自是益赫赫上起。台察使还报为列最，状以闻。亡何，嵯察使还，又列以闻。故事：令长非满岁不得列，即满岁，非台使行部时面署考，亦不得列其列。侯以异等嵯使，严于举，吾郡文武吏二十人，所举不能三之一，其列侯亦以异等。于是邑之士大夫贺邑得侯，又贺侯得名于邑，旅跻堂称觞，而侑以词，属余为详述。其行事著于篇，皆实录，不敢溢一词也。

侯名民表，字石洲，江西南昌人，举人。

书

【晋】

陆云 答车茂安书

县去郡治，不出三日。直东而出，水陆并通。西有大湖，广纵千顷，北有名山，南有林泽。东有巨海，往往无涯，泛船长驱，一举千里。北接青、徐，东洞交、广，海物惟错，不可称名。遏长川以为陂，燔茂草以为田。火耕水种，不烦人力。决泄任意，高下在心。举锸成云，下种成雨。既浸既润，随时代序。官无卤滞之征，民无饥乏之虑，衣食常充，仓库恒实。荣辱既明，礼节甚备。为君甚简，为民亦易。季冬之月，农收既毕，严霜陨而兼葭萎，林鸟祭而罻罗设，因民所欲，猎薮焚林，结罝绕堤，密网弥山。放鹰走犬，弓弩发张。鸟不得飞，兽不得逸。真光赫之大观，盘戏之至乐也。

若乃断遏回浦，隔截曲隈，随潮进退，采蚌捕鱼，鳣鲔赤尾，齿比目，不可纪名。鲙鲻鳆，炙鯣鯜，烹石首，曝鲨，真东海之俊味，肴膳之至妙也。及其蚌蛤之属，目所希见，耳所不闻，品类数百，难可尽言也。

昔秦始皇四方奇丽无所不有，犹以不如吴会之乡。东观沧海，遂御六军南巡狩，登稽岳，刻石文，留鄮县三十余日。且彼吏民，恭谨笃慎，敬爱官长，鞭朴不施，声教风靡。

【明】

薛三省 与邑侯论修志书

往者邑乘，文采有余，其于考据事实或不足。又轻去其故，而独标其新，甚或以意傅会之，又甚或以贿增益之，不成为信乘也。

不佞以所闻故老及所偶见故籍，如南薰门外故有诏旌节妇一楔，何可阙也！其姓名与时世，何可弗证也？舟山之状元桥，题名为宋绍兴三年，则状元当为袁公甫之应，盖袁公及第在嘉定七年，相去不二十年，桥行人生，或相近耳。而今以为张公之应，何可弗订也？袁公甫，《通鉴》注为定海人，其故墓在金塘、大榭之间，今仍定海也，而削之以移于鄞，何可弗存也？名宦周公鲁，讯狱有见鬼之号，诵其神也；拊民有"外公"之称，诵其慈也。而曰善事上官以邀浮誉，何可弗阐也？庶吉士有乐用才之名，两都词林纪名皆无之，何以为征信也？永乐甲辰科进士，《词林》志甲申，则有赵潘恭，乙未时有戴觐，而邑乘无之，何可无补也？戴注中书舍人，而赵则并无其官。旧京《词林志》称庶吉士，有办事、修事、文事凡三科，此外则又有习译一科，而赵、戴二公名附焉。夫二公以进士发身，用习译乎？何可勿证也？然此皆小者。或又有所关之大，如任中丞梁诸公之官秩姓名，乡祠已证改矣，何可弗更也？诸此之类，又何可弗广也？至所谓以意与贿在人耳目者，何可弗议也？班窥如此，不足以裨大全，祗见其细耳。

【国朝】

御史、邑人谢兆昌 与张郡侯书

镇邑崇邱乡，田地四万余亩，从来藉鄞县东钱湖之水以资灌溉，载在邑志。突有鄞邑傅、李二姓，于湖水至镇邑最紧要处，横筑一堤，基阔址崇，不过为二姓风水起见，而于镇邑则扼吭而夺之食矣！

闻其诳声之说有三：一籍口地在鄞邑，非镇邑所得争也。不知水利所关，无分彼此，且鄞邑之东乡尝苦涝，借镇邑地筑东岗新碶，其去东岗旧碶止二三里，旱则镇邑引湖水灌田，涝则鄞邑放碶泄水，痛痒相关切，而可以二姓私意膜隔其间乎？一籍口盐潮内灌，且有废堰旧址也。不知是五乡碶既废而移筑东岗，新旧两碶，约远二十里，一带堤堰尽已撤去，潮水至碶下而止，若偶有渗漏，则两碶启闭不周之咎耳。盖两碶，其门庭也；从此而入内地，其户牖也。备御者不于门庭而于户牖，有是理乎？一籍口镇邑旧志"湖水由斗门而入"，今非其道也。不知前朝嘉靖年间县令宋继祖撤五乡碶而建东岗碶，则自废碶而下，凡江水之所经由，尽变为河。湖水日夜灌注，深广百倍，两边田地始变斥卤为膏腴。水之大势已尽趋于此，此正宋令劳绩之最著者。其斗门一带，近山湖水反趋高，故日就浅狭。当乡先生张公时彻修敝邑志时，正东岗碶新建之日，河流未变,遂沿习旧说,去今已百四十年,而欲借此为辞,独不闻沧海桑田之说乎?

敝邑万世之利,兴废只在今日,故敢从士民之后而力为之请。

文

【宋】

朱子 祭南山沈公文

呜呼叔晦!今果死与?气象严伟,凛若泰山之不可逾,而情性端静,𦨶然蠹鱼之生死于书。家徒长卿之四壁,而清恐人知。嗟吁!叔晦!学问辨博,识度精微,官止龙舒之别乘,而才实执政之有余。人皆戚戚,君独愉愉;人皆汲汲,君独徐徐。而惟以道德为覆载,以仁义为居诸,以太和为扃牖,以至诚为郭郛。至于大篇短章,铿金戛玉,鈎元阐幽,海搜山抉者,又特其功用之绪余也。今皆已矣,谁其似之?

呜呼叔晦!不面数月而寤寐神采迥然若初。吾欲即之而渺茫,即之而歆歔。人或传神仙荒唐之异,吾欲从而追访也可与?否则愿君为太白之长庚,萧何之太昂,于以照临九土之空阔,于以流润八表之光辉!不识我叔晦果肯为之否与?

呜呼!君本无憾,我亦何悲!所以号恸而未已者,伤知己之不见,而悼前贤之转稀。去夏闻讣,匍匐以哭君之柩,而今年之春,始克为文以奠君之帏。呜呼!叔晦果死,已矣!君知我深,勿咎我迟!

邑令陈造 定海劝农文

国家务重农谷,凡张官莅政,无非劝农之意。又命守令率岁二月出郊,延父老谕以此意,其望尔甚切。尔服劳力田,频享富岁之乐,犹为尔劝,不几赘乎?抑勤之外,犹有可进者,兹不容默。夫常赋不可缺,尔宁不知,而卒惮于输送,致烦追逮,或加鞭扑?田业已所有,而假它人户籍出没遮覆,觊不败露,卒不可掩。殴詈哄讼以争毫末,堕弃耕耨,靡耗裹囊,是皆积习迷不反者,不可不痛自改悛!夫官租未输,官吏劳攘于上,而里正长旁午于门,洒食酬谢,夫岂能免?或受杖而不免于输,所损如何?托名寄产,已负刑宪,岁或出谷,人各有心,终未必可保。不忍小忿,求伸其气,而不免俯首下颜胥吏之前,捐金求售,恐其却之。所得几何?所丧多矣!三者未去,虽勤于农,恐未能享农之利也。尔以吾为非欺,尽更旧习,无挠官法,心闲无事,毕力于农,晏受丰登之乐,而令亦得少休忧劳,不两利欤?尔父老训诲子弟,各谕乡里无忽。

赋

【国朝】

黄宗羲 海市赋

序：余登达蓬山望海，山僧四五人，皆言春夏之交，此地特多海市。各举所见，与图画传闻者绝异。盖传闻者，多言蜃气烛天，影象见于空中，岂知附丽水面，以呈谲诡，言者不出云气仿佛，岂知五采历落，刻露秋毫。东坡在登州，以岁晚得见为奇，然霜晓雾后，往往遇之，亦不必拘拘于春夏也。信耳信目，自有差等。山僧约明年三四月，来宿其舍，海神当不余弃。先次第其言而赋之。

己酉之冬，观海达蓬。山僧四五，指点空濛，曰："滨海之地不一，兹独当夫神宫也。光怪发作，亦何人而不逢？但称登州之海市者，盖不免于瞽聋。"余曰："各言其状。"

本源曰："其为城也，雉堞崔嵬，丽谯暐晔。三里七里，勾股可摄。于焉戎马，乘城蹀躞。照白窈骊，雨鬣风鬐。俨烽火之告严，危黑云之将压。其为楼也，蹇产百尺，成以鬼巧。绮窗朱琐，明星萦绕。神妃杂遝，凭阑渺渺。其语可闻，若在妆晓。有时而现为黄幄，深檐婀娜，绣带悠扬。何采旄桂旗之尽屏，兹特叠出以为章？"

汪道者曰："亦有单门聚落，忽然而来。屋瓦参差，门户洞开。嗟朝烟之不起，岂井臼之生埃。固职方所不纪，亦战争所不灾。"

续宗曰："当旭日之初高，有霜钟之寓质。制宏万石，音谐七律。藏寂寞之元声，虽漏盈而不出。少焉变为城郭，中引长桥，值刺史之行部，或中丞之入朝。鸣笳列驺，夹毂喧嚣。何珠官贝阙，而以卤簿宣骄？其后幻为染肆，绿沉红浅，罗绮缤纷。借霞天以为色，蒸香草而成文。彼蜀江之灌锦，信天人之攸分。"

补陀僧曰："桔柚初黄，飒然风叶。览观大洋，涌起宝塔。四面勾栏，七重鞔鞈。华瞩风涛，光交目睫。遇其变现，状若鹦螺。琐碎末品，大越丘坡。闪尸之下，湛然水波。若夫海路壮阔，一山千里，虽人迹所不交，亦针经之能指。尔乃帆席未挂，僧窗宴启。忽焉丛岛逼塞，孤峰魁峙，疑异国之飞来，岂灵居之迁徙！当其电绝，不烦蚍蜉。名曰浮山，海人习此。"

或曰："此何理也？"余曰："夫积块之间，红尘机巧，菁华销铄，犹且群羊飞鸟，野马磅礴。彼大海空灵，神明郭廓。百色妖露，岂能牢落。故其轩豁呈露者穷奇极变，而无有龈腭。此固蛟龙之所不得专，天吴罔象之所不能作。

况蜃之为物甚微，吐气更薄乎！南海谓之"浮山"，东海谓之"海市"，是乃方言之託也。

谢泰定 蛟川形胜赋

有客自中州来，过吴入越，历我蛟川，以为游览之况至此索焉尽也。余顾谓曰："客所谓况尽者，倘所谓观止乎？"曰："不。不谓无名区胜概之足以给人遐赏，奇观逸览之足以供人睹记也。"仆曰："嘻，客亦可谓管窥天际、蠡测禆海者矣。请悉数之，少留更仆。

缅维天分九域，地列四维，牛女野分乎星纪，启明景曜乎东隅。定固扬州董子之国，会稽勾甬之墟，襟长江而负大海，控百济而望岛夷。羲驭胎光于旸谷，冰轮濯魄于金枢。旭日晻魄以起照，灵阴朒朓以扬辉。震旦八埏，实地尽而始见；登晖万国，伊天近而先知。若木之华，乍企足而可撷；扶桑之干，一举手而可披。

若夫海王百谷，朝宗万川；鸿波吼地，骇浪吞天。洶隐汹礚，溟漭渺汚；溯渚漐潘，浃渫汙洫。探尾闾而无际，发昆仑而有源；溯归墟以下注，通河汉而上旋。日入则晚潮激，左地浮于水；日出则早潮激，右水外皆天。雪阵腾空，震千雷而动地；银山卷浪，飞万马以奔泉。阳侯伏波而呀呷，冯夷喷浪以潚洀；天轮激转而何极，地轴争迴而无边。木华记之而不尽，卢肇赋之而难全。其广也，东达高丽日本，南达琉球交趾；西连吴会，一瞬可航，北抵登莱，片帆直指。

若夫远岛诸夷，海外杂国，雕题黑齿穿胸儋耳之洲，真腊扶南天竺岐首之属，埒渤澥之浮沤，眇沧海之一粟。以言乎山，则金鸡、秀登、竹屿，挟海曙以飞鸣。虎蹲雄据上游，当潮来而虓阚；蛟门险开天堑，控两浙之咽喉；龙山绵亘坎维，列三区之项背；金塘开上腴之保障，舟山奠海峤之雄藩。普陀、洛迦，大士现身以说法；灵峰、招宝，仙人炼石以弹棋。巾子削四方之山，梓荫钟千岩之秀。亦有虹桥澥浦，龙角凤窠。鼋穴鼍宫，不待燃犀而悉照；龙潭蛟室，不阶尺木而可跻。盘峇据三十六盘之胜，瑞岩逞十有二峰之奇。东西霍饮北海而环抱，大小榭走东干而离披。莲花石牛之纪异，潮音磐陀之耸奇。

若夫东南之伟观，河山之壮丽，后郭大嵩阻其前，而与钱爵、昌石为声援；伏龙、管界殿其后，而联观海、慈溪为掎角。石马、桃花列其东，达蓬、滩浒绕其西；六横、双屿出其南，剑衢、兰秀环其北。礁如铜锣白马，洋如横水青龙；港如马墓黄崎，门如鸟沙灌沈。以至奇山怪石，穷岛别屿，水帘瀑布，玉涧冰壶，如螺如笄，若兕若鼍，名不及记，笔不胜书。绣错珠联，列千门于海岱；星罗棋布，壮万国之藩篱。至于建有六城，丽有九所，元戎开府，统三军者一万五千；卫所屯营，侯卫户者一十八姓。四司十总统辖兵戎，千户百兵掌明军籍。载道飞红黄之盖，比户束金银之腰。亦有大小教场，水陆营伍，军门建柱，来督抚以时巡；副府开基，列参游之驻所。更有两司行馆，四府居停，阛阓与阀阅相连，军库同庾仓并列。庙分文武，祠有公勋。释迦大士之招提，文昌魁星之磴阁。鹤林鹿苑，风铎声联；鸟革翚飞，栋云影乱。月城井井，雉堞鳞鳞。钲鼖偕警柝时鸣，钟鼓振潮声迭响。炮台瞰海，先声怯吼浪之魂；铁锁横江，一截断长驱之势。堡屯相望，烽燧遥瞻。汛哨回环，运军机于叵测；巡司联络，备海警于非常。万马屯营，千艘夹岸。干戈列棘，何殊十面铁围；貔虎当关，绝胜八门石垒。通长江之一线，锁巨浸于重关。六国自此以来王，诸番由兹以入贡。此《舆图广记》不能详，《海防类考》所必载者也！

若乃登山观海，眺远凭高，绮阁临江，危楼插汉，山城拥乎天阙，金刹耀乎日观。霞拥暾曦，舒卷辉煌锦绣；潮回星斗，晶莹绀碧琉璃。日月漾万顷之金波，风浪卷千寻之银练。岚浮海面，抹涂几卷丹青；雨沐山容，点染数重苍翠。于是指帆影于天边，数归樯于眉睫；观鱼龙之出没，望岛屿之森罗。真所谓图画天开，海天一幅，金汤地涌，夷夏分区者也！更可异者，当夫晴岚杳蔼，烟雾涳濛，片帆远去，大钵凌空，或现琼楼与玉宇，或像贝阙与金宫；或显奔腾之人马，或幻缥缈之仙踪；或驾长虹于海峤，或耸巨塔于云中；或耀鱼须之万卷，或张鹤盖之千重。既有目而共见，亦一诚而可通；有物类之相感，真理数之难穷。

若乃升恒占潮汐之消长，晦明审蚌蛤之盈虚，海鸟验飓风之作止，青蝇征蛟龙之蟠飞，此则显诸事而验诸人者也。更有宝螺放光以烛天，石龙吐霓以致雨；鲨鱼驾帆以候风，方诸见月而吐水；琼蚌孕质以曜珠，石蚴扬花以吐紫；砑贝莹文以璀璨，蚝蛎化生而石礧；章鱼八足而首似胆悬，比目两身而体同蒻合。

若乃河豚江豚，海鳐海豨；黄鲴黄颡，石班石鲑；穿山之鲮鲤，钻穴之鳗鲡；乌贼喷墨以怀礼，水母目暇以习智；琐蛄腹蟹以为宫，玉珧驾瑶以为柱；龙头软琼玉之簪，阑胡卷沁银之铁。淡菜擅名于东海，自古有"夫人"之称；土铁钟美于南田，海内现广长之舌。此海错之珍异而迥出于鳞介之常者也。鱼则鲤有元驹白骥，黄雅华魴。整洁为鲦，粘滑为鲹；旅行为鲫，群游为鳏。鹤骨为鲡，乌肾为鲸。独行之鳟，群随之鲳。缓性之鲩，护鳞之鲥。咤鱼之鳡，子鱼之鰦。姜公之鲡，五侯之鲭。鲂之方体，鲈之细鳞。鳢之乙骨，鳢之七星。鳢之玉版，鲛之珠文。鳍之乌翼，魟之扇轮。鲟则鼻长，鮋则鼻短；鮹则似鞭，鳜则如织。鲨则吹沙，鰏则登木。

介有龟鳖鼋鼍，蟹蟧螇蟷。蟹有螃蟹蜻蚌，蟛蜞蟛蜞。蚌蛤有牡蛎蛴蟥，蛤蜊蛏蚬；海扇车螯，马刀魁陆；蜗蠃海燕，贝子蚌蛸。

至若龙生九种，屃有二名，螺分珂玭、鹦鹉，蛎分牡石、蝠螺。鳖产贲鹈、瘴摄，龟产朱珠、纳能。以至鱼虎水马，潜鹄钩蛇；鹿舶象鼻，豹文龙颜；蜂目豺口，雉躯狸班，此尤不可方物者也。更有渊客织绡于冰室，鲛人泣珠于悬洲；江妃含嚬以绵渺，海童邀路以沉游；巨鳌颙负以冠山，乌鳢呼吸以吞舟；騋马腾波而嘘喋，水兕雷咆以哮吼；鲲鳅鼓鬣而插汉，鲸鲵摇尾而截流。嘘息则六合风生，磅礴则四渎涛起。蹭蹬穿波则胪骨成岳，资粮万物则剁肉如林。或探颔而得珠，或拔眼而得宝，则海物之繁盛，又岂得而涯量者乎？鱼之最利于民者。时维四月，则有水春来黄花石首，绵若山排，声如雷吼，千舟鳞集，万橹云流，登之如蚁，积之成丘。已而鼍鼓震天，金锣骇谷，渔舟泊岸，多于枫叶之临流；网罟张崖，列若飞凫之晒羽。金鳞玉骨，万斛盈舟；白肪银胶，千门布席。时有富商大贾，十万腰缠，即在负贩经营，百千指屈，交欢贸易，岛屿成市井之饶；报赛迎神，穷海有彼都之乐。优娼博戏，彩阁连阡；贝货杂陈，元黄夺目。箫鼓杂邪许以高张，欸乃和欢呼而迭响。文身编发，尽吴越以来宾；燕语躲声，遍闽瓯而逆旅。一旬出没而万井殷盈，三水往还而千门足给。及秋则有金丝鳗鲡，银带条鱼，一钩而连引数头，一饵而齐吞众尾。千家切玉，万户拖银。或煿或炙，或燔或烹。鱼无鳞而味更清，鳗类蛇而品较胜。货尽达乎舟车，利非止乎浙闽，则渔利之普遍，又岂得而穷尽者乎！

夫有鱼不可无盐，若夫海王之国爰有盐荚，肇自夷吾，通于胶鬲。结篾为锅，捣灰代铁。烈火烧之而不焦，卤水盛之而不湿，乃熬波以出素，时漉沙而拘白；初日照为银星，旋霜凝为玉屑。灶人手足重趼，面目黧黑。于时蕴隆哄哄，具举烈烈，就赤日以招凉，呼薰风以解渴；编蒲苇以成衣，就盐池以饪食。人酷烈以少舒，彼溽暑而益力。迨徽商给引，醝院巡盐，尽数撤征，延涂额办。千村烟火，大充府库之金钱；万灶泥沙，半佐司农之宝藏。猗欤！积雪如山，兆庶堆沙而不及峻；烹波日竭，千秋煮海而不能干。则盐课之甲于东南，又岂得而计量者乎！"

客曰："嘻！诚若所言，则山海鱼盐之胜，莫有过焉者矣。若于物产之盛、游观之美，有可得而与闻者乎？"

仆曰："定固东南之奥区，山水之薮泽。传所谓'草木生，禽兽居，宝藏兴，货财殖，鼋鼍蛟龙鱼鳖生'者，此邦是也。他方所殖，无乎不殖；异地所产，无乎不产，似难琐详而悉数之也。请以物类之转输于外，而他方之辐辏吾邑者，约言之可乎？以言物产，稻有光糯细秆，早黄乌撒；茶有雀舌龙团，普陀太白。古终白苧，纤寒燠而成衣；熟灌龙精，别贵贱而为服。谷美百名，菽分五色；薪采万山，酒酿千泽。白油有继晷之功，青靛有出蓝之益。巨胜薏珠，蜡黄蜂蜜。麋鹿角茸，虎豹骨革。雉尾豪鬃，兔毫狸服。制锦帘屏，斑文簟席。镂金器皿，嵌银装饰。竹箭棕榈，绿藤紫石。果以珍异名者，金罂玉乳，银壳晶萄。以鸟兽名者，雁喙凫茈，牛心马乳。桃李夏熟，枣栗秋成。枇杷卢橘，自昔称名；嘉庆杨梅，于兹特胜。水则莲藕芰实，陆则金豆含桃。鹄壳朱乐，芳香益烈，甜梅丹橘，色味俱新。瓜分胡越西南，菜有菾台菘芥。蔬中之美，则春笋茭白，番蒋薯蓣；蹲鸱莱菔，布瓜落苏。海中之菜，则青苔紫菜，海粉石莼；鹿角龙须，石华土肉。白鲞鲥鲞，普利四方。干肉干虾，闻名九有。土仪备物，则螺皮海蜇，风馋冰鲫，蛏腊鳗结之俱珍。海物必佳，则泥螺醢鲞，蛤酱蛎黄，鲦鲗鲰鲼之诸错。聚货自南，则丹荔龙目，莲实瓜仁；甘蔗橄榄，石蜜沙糖；燕窝沙翅，香蕈海参；福橘佛手，茉莉剑兰。聚货自北，则羌桃胶枣，青饼番桃；蘑菇椒目，黄菜金针；蒺藜枸杞，菱米葡萄；榛松之子，梧杏之仁。

道从海运，货利舟乘。当雄关之扼要，实泉货之通行。可朝发而夕至，若土产而根生。当夫南风初动，海波不扬，两湖聚贾，八闽通商；珠玑万石，菽麦千仓；杉木枋板，结筏驾樯；乘风喷浪，瞬息抵关。参天量地，矗云叠山。工师千里，取材万间；诸路骈集，百货殷藏；山输海贡，万贾千商；居停逆旅，击毂摩肩。于时有秀黛蛾眉，朱楼翠馆。艳舞妖歌，不吝千金以买笑；争妍取眷，愿矢百岁以为欢。有逞樱桃之素口，有舞杨柳之蛮腰，有赠江皋之女佩，有弄月下之凤箫。靓妆则腻粉流街，舞袖则香风载道。新歌一曲而振木遏云，醉饮千瓢而山颓玉倒。游人杂沓，月明沸午夜之笙歌；银烛辉煌，风动清黄昏之筦簟。则商贾之盛，繁华之美，诚东南一大通衢也。

当夫葭灰吹管，黍谷回阳；迎春赛社，斗艳逞妆；峨冠博带，朱绂绣裳；雉翠鷮羽，狐掖蝉冠；襜褕袪服，绮縠罗纨。琼花宝胜，玉珮金珰。饰鞦韦之跗注，耀组练之金装。披袷袴以璀璨，被緅纚以乔煌。伟僬侥以耸睹，象侏儒以美观。

或高八尺之屐，舞羽干于卫衢道；或倍十乘之驾，飞将帅于云端。更有彩楼绣阁，画舫莲舟，骚人被禊，士女遨游。谱忠孝之轶事，传节义之芳流。备四民之物则，献八国之共球。尔乃春娃妓女，朱粉青眸，逞新妆以比丽，娇媚骨以含羞；荡春风于马上，鼓逸兴于平畴；日照腮而晕脸，风拂锦而缠头。走三千之粉黛，倒十里之红楼。人魂摇兮似醉，马欲去而若留。已而燕歌赵舞，吴歈越讴，娇莺簧之婉转，齐凤管于箜篌；人土木而欲舞，赐铁石而亦柔。

至于上元届节，太乙祠修；银花即合，玉漏方催。灯火千家，门门灿烂；楼台十市，处处弦歌。士女效鹤林之游，金石动渔阳之掺。烛龙吐焰，火藻千门；狮子拚球，威陵百兽。鳌山选胜，何殊金谷、辋川？翦彩为花，莫不瑶林琪树。爪牙具而吞噬皆真，衣冠成而骨节俱动。花瓶赛焰，飞杨柳以垂丝；火树生烟，放梨花而喷玉。荷开池馆，梅放雪枝。鳞非水而自游，禽不鸣而善舞。轻轮弱线，动人物以生机；取影篝灯，像仪容而剧戏。高升插汉，晃晃见星斗光摇；爆竹喧天，刺刺报平安好信。若夫硝黄纸器，烟火层台，奏巧千般，建标百尺，玩猿猴以献果，舞蜂蝶以穿花。的皪真珠，倒卷双钩。帘幕光莹明月，紫凝万点葡萄。朱火荧荧，丹葩烁烁。莲座映玻璃之宝殿，姮娥辉玉兔之蟾宫。城廓崭然，陡击震霆之炮石；干旄璨若，忽麾人马以战争。熛万状以飞光，妙藏机于一缕；爝千寻之烈火，忽灰灭于俄顷。此又蜃楼海市幻中之更幻者也。时当祠陈祭屈，悬艾浴兰，龙舟竞渡，水马浮江。轻舠数叶，驾六翮以齐飞；赤帜双标，逐群龙而戏水。宣阘震野，锣鼓翻江。负舟有力，走前队以夺标；以身为渔，临深渊而角胜。乱蛟螭之胁息，狂士女之嬉游。东海潮头，常击伍胥之怒；汨罗江上，时招三闾之魂。则风俗之好，游观之美，亦熙时一胜赏也。

当夫严霜初降，天地肃杀，修武备，缮甲兵。审貔刘时，类祃悬鹊，印佩虎符。明采章，辨服物。旌旗有青龙白兽，朱雀元武；黄龙应龙，龙马玉马；凤凰鸾旗，鹓鸑太平；麒麟飞麟，飞黄駃騠；白泽五牛，犀角金牛；兕旗角兽，角端吉利；騊駼骢牙，黄鹿白狼；赤熊辟邪，苣文白刃。为建牙万里，以明大胜之征；为立表八方，以兆吉气之应。刀剑有金颖铁英，流彩飞影；紫电白虹，华锋宝锷；鳞铗星镡，豪曹盘郢；纯钩湛卢，墨阳青冥。或青龙突阵，取铜于若耶之溪；或金马托形，出锡于赤堇之顶。弓矢有绿沈黄洞，棠溪鱼肠；楚桃蜃珧，丁令角端。桑弧钜黍，杨干青檀；鹭羽羊头，仆姑信往。鸣弦走括，熊渠亦且服其利；洞胸穿札，夷牟不能比其良。盔甲有锃鏊铓锻，缦金首铠；兕革犀皮，缨緌缀组；

细铉棠夷，乌鎚鏉子；山文细鳞，楚鲛郑兕。流矢拔载，无以加其首；旷芸白刃，不能捍其胸。铳炮有红夷发贡，威远地雷；九牛百子，鸟铳狼机。燋蒸焜上，火箭神旗；兰石渠答，窝蜂飞炬。攻坚则百垒灰飞，破敌则千军电扫。戈矛有锋锃雄戟，勃卢长矛；萧斧殳铤，龙盾鹤膝，雍狐屈卢，苗锋珍铤；于卤旸夷，刀铍矛铗；孤父犀渠，吴钩越戟。棠溪皓锷，无以敌其锋；越冶名工，鲜能精其术！良马有元虬蒲梢，素虬苍螭；绿蛇紫燕，青骢赤骥；追风蹑影，绝地翻羽；超光腾雾，挟翼逾辉；铜爵晨凫，铁骢金裹；凤臆龙鬐，鱼目鸡斯；飞兔元驳，织骊秀骐。配以玉鞍，控以金络，名高夏后之龙，价倍田方之赎。舟船有飞庐艅艎，艨冲巨舰；海艟云舻，苍沙鸟尾；青翰鸿毛，海燕水鹢；翔风飞凫，逐龙驰马；吴榜弘舸，尖舣舯舸；犁缯水舻，福青鹰唬；八桨四划，五楼三翼。驾海乘梁，织千艘以夹岸；击波似掌，走万里以冲涛。

若夫武士纠纠，征夫烈烈，龙骧虎贲，麇至鳞集。穿域蹋鞠，超距投石。缚石搏狮，枭雄骑突。鹰瞵鹗视，猨臂骈胁。徒手斗狼，袒裼角力。挟刃明霜，衣金被铁。舞剑轮枪，挺铤仗钺。横槊夺矛，挥鞭掷戟。朱鬖鬖髦，缇衣靺韐。游缨宝校，玉珂金玦。俟三边之挑战，壮一军之校阅。走驵骏以骉骇，骋风鬃而骦骄。双瞳夹镜，两权协月。河精耀采，似伏波之铸铜；震象飞文，笑东瀛之刻玉。翘趾金鞍之上，电掣而星飞；委身玉镫之旁，鹰翻而鹘击。人夸桀骜之雄，马走流离之血。始争锋于教场，旋宣威于简阅。当夫杨叶既指，雕弓始彀；射夫来同，巧力毕奏。睫与的谋，手与括凑；百步应节，七扎皆透。悬赏则的破银牌，博胜则气吞牛酒。颜高望而色沮，飞卫见而却走；山羿怩于手拙，幽并惭于技陋。

若乃将帅阅武，春秋耀兵，材官岳列，将士云屯。拟北落而树表，晞壁垒以结营；设中权以作镇，维大师以为城。棘门节露，步阵旗分；鹅鹳鱼丽，鳞萃鸟隼。二百河魁之将，三千太乙之军。明五伐四伐之律，正六步七步之行。扈长骑之蹋石，建雄虹之彩旌；垂宛蜒之余绥，抗招摇之华旂。三奇六合，七变五成。已而临寇警号，帅矢敦奋，搞走陆梁；举戈林耸，挥锋电掣；朱旗绛天，元甲耀日；挺鼓鸣钲，挥桴振铎；焱拉雷弦，雾集云合；机震蹁轶，鸿絧綩猎。时分旗以捣虚，时合围以攻实。金木水火之阵，旋变化乎五行；鸟蛇龙虎之章，乃运用乎各极。方则布棋，圆则转石；曲则蚁盘，直则蛇一。激矢蝱飞，炮石浪击；破坚摧刚，讯执丑获。夜行昼伏之勇，载露布而星飞；追风蹑影之骑，奏羽书而鸟疾。于时虎将宣威，倭夷献首。奏凯班师，铙歌按节。反斾悠悠，振旅戢戢。至于巡按御史，督抚军门，清海甸，严寇警，数军实，整甲兵，陈师鞠旅，赫声濯灵，恩威震叠，赏罚严明。整四郊之营垒，备三鼓于昆仑；虞伏莽之窃发，习夜战以声闻；攒千烽以为焰，列万炮以为声；燃旌旗以为焰，走人马以为灯。尔乃登高瞰下，凭幽烛明：焱焱炎炎，耿耿荧荧。歊烂歊射，朱火飞腾。非惠师之姑句，忽矛端而火炽；类成都之夜战，乃戟锋而光生。阵列率然，耀君龙之双眼；行分雁阵，点鱼目之青睛。月羽皎兮素魄灭，星旗艳兮朱光腾。烈火熣兮千山赭，熛精透兮九天焚。冰刃结兮清风起，霜戈迎兮赤云兴。刁斗夜鸣兮，俨如风雨之骤至；衔枚疾走兮，不见人马之奔腾。金光镜野，爓炽烹云。吐虹霓以敛焰，震霹雳以施焜。烈如田单火牛之攻即墨，黑如孙膑万弩之捷马陵；炽如武侯炬烧博望之坂，疾如忠武火攻建安之城。尔乃燧象燃烽，连鸡渡火。琉球飚发，九天抛明月之珠；烟气霞蒸，四野绕斗枢之电。流星矗而雨箭插天，火炮升而轰雷磕地。鸣鼓而进，疾于万点之星飞；奏凯而还，绝胜百轮之灯转。时而半明半灭，倏去倏来，渡旷野之流萤，烛平芜之磷火。已乃电卷星迥，烟消霭散，中丞起座，乘舆下山，槊戟前驱，驾火龙以夹道；燎垣旁列，布虹影以腾霄。吐万丈之金光，开九衢之玉露。衣冠鳞翠，走千里而来观；士庶趋跄，喜四郊之不夜。则夜操之美，非海内所罕观者乎？"

客曰："嘻！诚天下一奇观矣！古诗有曰：'画角秋声动山鬼，旌旗夜色泣江神。一轮火镜飞寒雾，千丈金蛇掣暮云。'此殆过之矣！"

仆曰："未也。定扼要江海，接壤倭夷，屯宿重兵，时严寇警，则水战不可不讲也！当夫水师鳞聚，战舰连艭，犀甲盈千，队队穿江列阵；篙师巨万，纷纷驾海连云。钲鼓鸣而虎帐高悬，涣号班而龙旗竞展。楼船欲动，驾海上之巨鳌；战舰初开，击天边之飞鹊。橹声摇拽而泽国鼋鸣，锦缆斜吞而长江鲸吼。爰有篙工榜人，舣船鼓枻，观天时以尽变，审海礁以出危。看飓母以候风，准指南以定日。既而寇警风闻，千橹云集，建大纛于中军，分部伍于四翼；化罴虎为鼋鼍，易衣裳以鳞甲；挺缓铤之长戈，标纠虬之钩戟；挥断樯之月斧，煽焚缭之烽镝。狼弩飞牙，鸟枪弹锡。羽箭攒金，长钯齿铁。扬灰沙于上风，布蒺藜于下席。趁涨截以追奔，洞凌波而冲夺。驰迅往之流驶，织奋飞之画鹢。类九万之鹏冲，俨三千之鲲击。风生天窦兮蒨旆襜襜，电飞碧落兮羽干熠熠。帆影挂空兮天飞云起，桡桨乱流兮海沸水立。火炮连天兮地裂山摧，烟云昼掩兮风霾雾黑。登桅上斗，升百尺之猿猴；下矴维舟，入万寻之蛟室。时扬帆以捩舵，等万斛于鸿毛；倏破浪以乘风，走千里于瞬息。观其变幻出奇，奋雄袭敌，为孟德之出军濡须，为周郎之焚舟赤壁；为秦伯之茅津济师，为祖逖之中流击楫；为庄蹻之克伐沅水，为谢元之奏凯淝捷；为淮阴之出师井陉，为允文之建奇采石。余皇既夺，为楚师之获子鱼于上流；蒙冲载擒，为董袭之斩黄祖于沔泽。至于滔天之封豕既殪，横海之长鲸翦灭；罔象望而奔号，灵夔见而喙汲；文鳐骇而怯飞，精卫怖而戢翼。则水战之奇，非海内所鲜觏者乎？"

客曰："嘻！是又天下一旷观矣！古诗又曰：'万甲蟠胸老气雄，将星光照海云东。鼓角声催巫峡晓，旌旗映照锦江春。'于今见之矣。虽然，吾闻武备之盛，甲于东南，亦既闻命矣。若于声名文物之盛，或者所长在此，而所短在彼乎？不然，何缺焉未之讲也！"

仆曰："旨哉，客之问也！今夫遒稽遴览，考古证今，盛陈山水而不及人物者，非地之美也。极言武备而不扬文教者，非论之正也。此固仆所欲言而未逮者也，请毕其说焉。定盖海运鸿文，川涵特秀。扶舆清淑之气，先景曜于东皇；山川滔滦之才，必观澜于溟渤。故百川学海而万水朝宗所繇来矣。粤维斯文统系，曹放斋倡美于前；道学儒宗沈端宪兴起于后；东发学成文洁，伯成业广弁山。曹说论难《五经》，独明天理；乐良贯通"六艺"，衍派考亭。粹中避桧而自号"放斋"，刘洪抗越而独存"梦稿"。世南五绝，瀛州首冠乎李唐；天锡二雏，大统克延。夫赵宋传丝纶于密勿，应㒓氏兄弟之齐芳；羡甲第于同登，孙枝氏父子之济美。执权赋成于薛寅，而洞贼投戈；明堂诏拟于应㒓，而参知拜表。仁规、仁厚伯仲而金紫银青，陈治、陈宪父子而绣衣骢马。乃有神童中选，御史连征。梁氏四昆，辅建文于靖难；刘鼎一语，擒宸濠之应援。袁甫首占夫大魁，张信联元乎鼎甲。平江邑宰，谢家坟重乎千秋；林邑城隍，白牛庙正乎万祀。宗礼发康七之梦，文渊落豪右之魂。王恺秉正以乐休，徐潭刻木以鳌弊。浩渊筑轩于梅月，敏德适志于盘溪。亦有四发经元，两魁浙榜；壎箎翰苑，兄弟尚书。恭敏勋高乎戎政，文介典礼乎秋宗。邵司马册立诸藩，名轰朝野；谢观察克平西蜀，威振荆蛮。韩氏科甲之传芳，赵姓弟昆之联桂。舜宾绩隆乎师帅，我躬气慑乎权雄。薛纬符风流刺史，雅羡诗豪；华心斋慧业词宗，书传草圣。蔺阶进秩，世济联科，累叶名臣，同胞八座。或监军西土，瘁王事于奢酋；或奉节南征，摛渠魁于盘古；或联元乎雍北，或经魁乎弱龄。有三捷而两奏联登，有连科而一门三隽。

若于籍吾定者，则有蒋猷抗论而童贯解兵，龟年进章而秦桧罢相。世杰覆舟以殉宋，秀夫负帝而宾天。若夫死国亡家，肯堂尽精忠于海上；全孤报主，无凡伸大义于吴中。永佑率属以焚躯，世勋粉身而著节，此又与邑乘中同光不朽者也。至于黄公之祠，刘伶之墓，丰稷之居，陈埙之宅，既班班而可考，亦迹迹而可征，非撱之也。若令于定者，仁有卢万，惠有夷庚；叔翰廷臣，甓塘障海；宋宣贺懋，勤政惠民。兴学兴贤，则任顺刘俶；克明克惠，则汝栗如京；陈轼、陈衮之清介，周懋、周鲁之廉明；继组之百废俱举，何愈之万利皆兴；黎民表條编惠定，顾宗孟挑渠戢兵。建学亲贤，则推龚彝贤令；爱人节用，则首李氏维屏。乃若捐躯筑塘之黄恕，却金赈士之一和，顾充著"捷录之编"，包莘撰"蛟川之集"，则又倅、教中之表表者也！

至于武功之选，将帅之臣，唐宋元明亘严海徼，王公侯伯世掌元戎。颜制司通道穿渠，一隅保障；王统制甓塘捍患，海外长城。安陆侯调卫定所，信国公徙岛安民。胡宗宪戡互市之乱，刘草堂障狂倒之澜。翦灭倭夷，卢北山战功独茂；肃清海岛，俞大猷用兵最神。侯继高运筹决胜，杨宗业保定安民。大帅开边，戚继光濯磨神武；元勋镇岛，毛文龙发轫功名。秉钺亲戎，则张公可大；脱巾靖乱，则何镇斌臣。陈洪范锡尚方于东鲁，王之仁搴义旗于西陵。至于偏裨牙将，部队挥兵，既笔乘之难悉，惟幕府之策勋。至忠如叶七之中创断缆，孝如永庆之沈海救亲，义如乐枅之友让代死，节如栋妻之以骂贼殒身。乃有董旌孝子，邵表义门。贤良志里，慈孝名村。枯池泉涌，干涂蛤生。剖肝叶府，断发沈英。林氏双烈，沈君一门。文行忠信，若薛兴谢；清廉狷介，有艾与陈。若夫贞夫节妇，孝子仁人，捐躯殉国，割股救亲，毁容励操，杀身成仁，真记载之不尽，有流传之失真。

若乃墨士名公，仙踪佛迹，荆公镌诫于梓荫，子昂撰文于碣石；襄阳作赋于候涛，南禺大书于城壁；思白题额于鹭宫，文长进表夫白鹿；纬真镌赞于珠林，蛟门刻铭于鳌侧。龙川记颂，聿来阁氏仲俨；鳌柱咏题，爰有钱公龙锡。亦有碣出晋人，碑传鲁国。洞宾貌诸葛之出师，道子镌大士之真迹；文进写关像于庙碑，马远图立相于阴石。罗隐有书字之岩，左慈有枰楸之石。翁州留稚川之踪，海岸游羡门之迹。安期醉墨，纹烂桃花；徐福棋枰，风翻竹叶。真人锡号，则首雷谷、致和；释氏开宗，则称惠超、善月。亦有夷船显圣之观音，沙涂现相之石佛。金钟振响于江心，渊井发源于海北。钟山自鸣，鼓吹似击；响岩有声，佛屿有迹。狮岭三球，龙潭九节。箭峰如镞，印山如匣。磊石发火，磁石引铁。药赭丹炉，箸生方竹。金刚有岩，善财有穴。仙人之洞，潮音之窟。金仙憩足于葛峰，舍利飞光于乌石。潮生八月，客浮牛女之星槎；海涌三神，墨涨蓬莱之仙阙。

若于朝南海，进信香，礼大士，渡慈航，瑶林琼岛，绀殿祇园。连云插汉，岸海瀰天。精庐八百，阇黎十千。珊瑚搆柱，玳瑁为梁。青艭与丹粟竞采，白金共紫铣争光。现三十二相之神异，妙五十三参之庄严。万乘两宫遣中使以络绎，九州四海渡佛国于津梁。玉缾宝鼎，金象珠幢。袈裟金紫，璎珞丹黄。罄太仓之玉粒，萃异域之栴檀。地称三佛，灵羡百蛮。俦五岳之重镇，冠四大之名山。山以海而增丽，佛以日而弥彰。陋天台雁荡之胜景，陋云门玉楼之奇观。

若夫翠华东幸，御辇南翔，则有始皇访仙于蓬岛，炀帝著迹于洋山，高宗南渡以航海，宋理时乘以御天。句践东封乎句甬，刘裕远戍乎句章；钱镠筑城于望海，徐偃卜居于翁山。若夫徐市千人潜居南海，卫温万甲不到亶夷。陈稜伐国，奏绩朐山，仁贵征辽，出师大浹。袁毒翁山之乱魁，史浩补陀之圣迹。孙恩由此而出亡，张俊自兹而克复。兀术于是而北还，国珍恃此以据割。巾子磔裂夫卞彪，碇齿受降乎王直。刘香历险而潜游，芝龙审势而遁匿。鸣谦酿祸于一柱，斌卿忌斩夫本彻。名振矫杀夫虎螭，六御败亡乎阮七。成功掩袭以窥关，常武宣威而御敌。至于天戈东指，海氛时伤，王师千里，则有将军固山；统辖六军，则有部院提督。以至鲁王隐迹于观山，诸藩避难于海僻。名公巨卿，金柯玉叶，沉沦渤澥，填埋山谷，死忠死孝，全义全节，皆事之章章者也。最胜者，大舜诞降东夷，故论孝有遵海之喻。神禹掘地注海，今会稽有魁穴之存。帝王将相，虽至尊而式临；人物古今，俱按时而可考。于四海为东南之极，于两仪为日月之乡；于千山为重兴之始，于万水为归墟之邦。流峙雄奇，有张得中之赋《形胜》；江山表里，有王应麟之序《七观》。至于鸟兽草木，罄竹难书；特产货财，伐毛难悉。无征不信，说无取乎二三，窃见寡闻，语不殚夫什一。"

客于是俯首沉默，避位踧踖，舌既吐而不能收，口既张而不能翕。有顷，客复曰："噫！是诚可谓观止矣！然而又有说焉。夫山海人物，奕世犹存，先生所谓渔盐商贾之盛，风俗军容之美，何今日少概见乎？"

仆曰："彼一时，此一时也。客亦知海氛尚尔未靖，关禁尚尔严竣乎！舟楫未利，则渔盐商贾不能以自通；烽燧时严，则风俗军容亦不无少变。当今在事诸公，或茂功于海岛，或奏绩于绿林；或治赋以足饷，或强武以卫民。重以当今之庙谟胜算，神武天威，用张挞伐，以奏肤功，使鲸鲵倏焉授首，而乐利于以顿兴，特转盼间事矣。客请得见而知之乎？"

客曰："说有大而伦誇者，驾说也。词有华而失实者，勧词也。先生之言，如数家珍而探囊物，夫岂有隐于烦支者乎！余于所闻，胜所见矣！井鱼之不可观大海，夏虫之不可语冬冰，信然乎！"

薛士学 海不扬波赋

生居浙东，家濒大海。海水洋洋，崖石磊磊。其深也，非意量所可窥；其盈也，历古今而不改。远眺则山岛皆青，近接则烟霞成采。月出以定其望弦，潮生而占其子亥。若夫神物之所起，蛰灵祇之所往来，俄顷而殊其晴晦，无工而现其亭台，观者延伫，望者徘徊。或沾衣兮欲雨，或触耳而闻雷。尔乃渔人乘舟于春涨，樵夫褰涉于遥屿。或游鳞之泛其桃花，或长柯之刘其平楚，莫不出以趋跄，入而笑语。至于壁门申令，楼船汛防，矛戟光耀，组练成行。部伍肃肃，旗帜央央。鲸窟慑息，鳄类遁藏。岸左之营连鹅鹳，水寨之阵叠鸳鸯。画角吹兮晓樯动，更漏滴兮宵汐凉。浪腾雪屋兮旋落，涛翻白鹭兮下翔。若是者愚固鲜闻，写其偶记，倘欲究积水之归墟，尚未悉木华之什二。当今圣皇在上，德被寰区，凡列宿之分野，咸奉朔于京都。既授夏官，广职方而隶籍；亦咨太史，辑王会而成图。定海旧疆，御书赐额；台湾新郡，竹使分符。只见云开蟠木之巅，日丽扶桑之上。风行水兮若输，波流平兮如掌。鹢首挂其椰帆，篙工荡其兰桨。林邑采珠而献琛，越裳捧雉而来享。晏秋飚之不惊，瞩朝光之常朗。总四海为一家，乐万年之气象。乃若庄生所谓南溟，列子所传方丈，以核实则难稽，但凭虚而结想。求仙药者艳心，慕奇踪者企赏。若君子之文辞，又何取乎恛恍。维是一天垂碧，四际安澜，漾漾乎鼓枻而生其纹縠，溶溶兮对景而照夫层峦。高贤有怀唐山之乐章足咏，移情在是成连之琴声可弹。此则愚生所为遨游于圣世，而相悦以盘桓者乎！

歌

【明】

宋濂 蛟门春晓图歌

序：句章王君景行，嗜学好修之士子也。其所居曰蛟门，正临大海，巨涛冲撞，顷刻万变，平旦东望，霞光烛天。红日大如筵，冉冉上升，诚海东第一伟观。高士王叔明为作蛟门春晓图，景行出以示予，使人飘飘然有凌三山跨十洲之意，为赋长歌一篇。

其辞曰：

瀛海无垠，波涛吐吞。涵浴日月，参契鬼神。怪石如云自天坠，万丈壁立蛟为门。南有金鸡之俯啄，北有猛虎之雄蹲。值狞飙兮奋扬，束怒涛兮腾奔。掷玉毬兮干霄，洒轻雾兮飞尘。雪山冰崖之可怖可愕兮，帆樯簸荡不可遏，恍疑下上于星辰。晨鸡一鸣海色白，层霞绚彩光如璊。纵横闪铄缚不定，海神推上黄金盆。灵境飘摇在世外，髣髴直至扶桑村。何人结屋于其间？云是甬东才子开。琼关吹箫双鹤下，坐聆环佩声珊珊。有时共谈三十六洞之秘笈，绿文赤字可以镌苍颜。

猿拾花兮春岸，鱼泳昼兮晴湾。日媚嫣红桃点点，风入凉翠松翻翻。胸襟濯尽万斛之黄埃兮，不知声利是何物，便思紫府跻真班。黄鹤山人列仙儒，九霞为冠青绡裾。手提五色珊瑚株，幻出一幅真形图。

令人毛骨动飒爽，思乘灏气超清都。中有十二楼，往来尽是琼姬传。金符玉节锦臂韝，白台度曲弹箜篌，双成按拍歌莫愁。我愁正孤绝，我兴欲飞越。矫首东南望，神光应迅发。蓬壶春残瑶草殷，麟洲芝生翠环结。我爱仙人萼绿华，面如莲花双鬓鸦。几年相期饭胡麻，至今不来云路遐。何须龙虎鼎中求丹砂，何须天河稳泛牛斗槎。但令坎离交媾翻三车，气毋不动生黄芽。我赋蛟门歌，细看铜狄时摩娑。长绳孰为羁羲娥，白石应沥金还磨。不学长生将奈何，不学长生将奈何。

诗

四言古

【汉】

大里黄先生

采芝歌

漠漠高山，深谷威迤。晔晔紫芝，可以疗饥。皇农邈远，余将安归？驷马高盖，其忧甚大。富贵而畏人，不如贫贱而轻世。

按：乐府载琴集曰：《采芝操》，四皓所作也，其词曰："皓天嗟嗟，深谷逶迤。树木莫莫，高山崔嵬。岩居穴处，以为幄茵。晔晔紫芝，可以疗饥。唐虞往矣，吾当安归？"其词与崔鸿所载不同，今并存之。

【晋】

葛洪

洗药池

洞阴泠泠，风佩清清。仙居永劫，华木长荣。

【宋】

绍兴间颁发祀海乐章

濒洞鸿濛，天兴无极。导纳江汉，节宣南北。顺助其功，善下惟德。我祀孔时，以介景福。

淳祐间颁发祀海乐章

百川所归，天地之左。濒洞鸿蒙，功高善下。行都攸依，百禄是荷。制币嘉玉，以侑以妥。

沧溟之德，东南具依。敖波出素，国计攸资。石白欲敌，济我王师。神其享锡，益畀燕绥。

【明】

黄润玉

大里黄先生公赞

商山逸老，秦坑遗儒。权时一出，卒定汉储。紫芝罢歌，黄墓封土。音容寥寥，名高千古。

中丞任先生奕赞

董子遗风，人恬隐逸。避秦逃汉，终泯声迹。德辉日丽，文藻春荣。名高位显，达哉中丞。

仲宁虞先生喜赞

先君仕吴，先生值晋。三召不起，孰知其蕴。冰操渊学，海度风襟。丹青莫状，焕乎志林。

文懿虞先生世南赞

家传懿学，宦显明廷。褒嘉五绝，献纳一诚。公生也荣，百年蓬瀛。公没也宁，千载昭陵。

端宪沈先生焕赞

伟哉端宪，本于躬行。师道尊严，郡国是倡。曰道与职，惟一无二。任重道远，名昭百世。

正肃袁先生甫赞

巍巍正肃，作圣有功。擢魁嘉定，蹇蹇匪躬。禽鸟春风，予乐攸同。高山景行，允矣儒宗。

文洁黄先生震赞

仰惟宗人，生值宋季。程朱是师，今古毕记，尊其所闻，行其所知。逢时孔艰，厥德普施。

【国朝】

张鸣喈

林氏双烈诔

沉沉幽谷，灼耀清光。维娣与姒，终焉允臧。生危死定，烈日严霜。古今所慨，死生存亡。双烈之死，扶植纲常。生虽不辰，有此诔章。

五言古

【唐】

宋之问

祠海

肃事祠春溟，宵斋洗尘虑。鸡鸣见日出，鹭下惊涛骛。
地涧八荒近，天回百川澍。筵端接空曲，目外唯雾雾。
暖气物象来，周游晦明互。致牲匪元享，禋涤期灵煦。
的的波际禽，沄沄岛间树。安期今何在，方丈蔑寻路。
仙事与世隔，冥搜徒已屡。四明背群山，遗老莫辨处。
抚中良自慨，弱龄忝恩遇。三入文史林，两拜神仙署。
虽叹出关远，始知临海趣。赏来空自多，理胜孰能喻。
留楫竟何待，徙倚忽云暮。

【宋】

郡人周锷

佛迹岩

灵山名大蓬，香水霭簜蓏。龙只久覆护，云物翳深谷。

拂衣向劫中，神斧断苍玉。　至今天人尊，灵迹印金粟。
颇闻开士识，飞锡隐岩麓。　坐令湖海间，香贡走川陆。
巍巍虔报地，色相俨金屋。　缅想旧巾瓶，犹能慰心目。
篮舆访莲社，一笑欣自足。　抚事动幽寻，畴能念宁辱。
松炉袅如见，余力付棋局。　更觉梦中身，悠然百无欲。

陈造

饯寄定海交代诗

县尹古子男，今不一钱直。　只催奉简书，侦伺常屏息。
白简与按章，岁月供弹劾。　当路虽所惧，奸民巧狙击。
吻间售蜂虿，意外变黑白。　防虞莫救过，弥缝或逃责。
政使有卓鲁，未容置形迹。　云何事难事，君不动声色。
编民翕风移，恶少且心革。　田庐有笑歌，魑魅亦鼠匿。
斯人纪仁爱，几磨南山石。　政声懿如此，仅免绳治厄。
诸公蜚鹗书，犯严尚遗力。　安得定海民，为君洒荐墨。
兰台传循吏，采访多失实。　安得定海人，为君秉直笔。
嗟我吏隐者，志在山南北。　身名万金重，如博试此掷。
赖今遗爱地，一一可矜式。　政恐效西子，美颦得嘲剧。
江皋一樽酒，聊挽朝天客。　妙乐喧江浪，清谭到理窟。
盟言底遽寒，舟驶潮水急。　西望念风义，感叹徒至骨。

【元】

吴莱

次定海候涛山

悲歌忽无奈，天海何渺茫。　放舟桃花渡，回首不可量。
南条山断脉，北界水画疆。　居然清泠渊，枕彼黄茅冈。
朝渗日星黑，夜凄金碧光。　蹲虎岩倚伏，斗鸡石乖张。
磨砻越湛卢，荡汩吴馀皇。　幽波视若镜，巨壑深扶桑。
招徕或外域，贸易丛兹乡。　嗢咿燕国语，颠倒龙文裳。
方物抽所宝，水犀警非常。　驱鲔作旗帜，驾鳌为桥梁。
似予万里眼，徙倚千尺樯。　稍疑性命轻，终觉意气强。
寄言漆园叟，此予真望洋。　便拟学仙子，被发穷大荒。

夕泛海东寻梅岑山观音大士洞，遂登盘陀石，望日出处及东霍山，回过翁浦，问徐偃王旧城八首

山月出天末，水风生晚寒。扁舟划然往，万顷相渺漫。
星河白摇撼，岛屿青屈盘。远应壶峤接，深已云梦吞。
蟠木系余缆，扶桑缨我冠。寸心役两目，少试鲸鱼竿。

起寻千步沙，穿石塞行路。怒涛所搅击，徒以顽险故。
卓哉梅子真，与世良不遇。上书空雪衣，烧药乃烟树。
玄螭时侧行，缟鹤一回顾。从之招羡门，沧海昼多雾。

茫茫瀛海间，海岸此孤绝。飞泉乱垂缨，险峒森削铁。
天香固遥闻，梵相俄一瞥。鱼龙互围绕，仙鬼惊变灭。
舟航来旅游，钟磬聚禅悦。笑捻小白花，秋潮落如雪。

长啸山石裂，我今在东溟。游目出穷徼，褰衣穷绝陉。
奇氛抱珥赤，远影摩空青。想像旸谷水，徘徊烛龙形。
晨昏相经络，稚釐不得宁。岂若柯斧烂，看棋了千龄。

遥观杳无极，宛与东霍邻。悲夫童男女，去作鱼鳖民。
纡屿尚馀聚，蓬山宁尔神。古棹苔驻迹，仙枰竹祛尘。
短褐徒为拂，飞槎邈难亲。好携支机石，去跃织女津。

笑挥百川流，东赴无底壑。青天分极边，白浪屹为郭。
卉裳或时采，椎髻亦不恶。投珠鲛人泣，淬剑龙子愕。
海宫眩鳞纕，商舶丰贝错。盍不呼巨鹏，因风沂寥廓。

老篙回我舟，沙呑晚烟起。苍茫鱼盐场，寂历鼓吹里。
人民悲旧土，岁月祀遗趾。终捐玉几研，不抾朱弓矢。
东西八骏马，今古万蝼蚁。此事如或然，须溯会稽水。

我行半天下，始到东海隅。水落嶕石出，中飞两鹈鹕。
情知瑰奇产，势与险阻俱。浮海岂必陋，虽圣犹乘桴。
吭风丹穴凤，尾雨青丘狐。幸随任公子，不愧七尺躯。

【国朝】

鄞贡生张锡璁

登伏龙岗观海用柳柳州游朝阳岩遂登西亭韵

方舆限巨鳌，高岗峙荒郊。地选梵宇胜，凤栖阿阁巢。
钟鼓驯狮象，窟穴驱龙蛟。夜雨眠山舍，晴乌出林梢。
桥梁度崒嵂，崖壁临呀庨。晓色水天合，旭光云山交。
千太偶驻足，片石可结茅。峭立拟嵩华，险隘同函崤。
草衰识风竞，松短疑土硗。石坪访神仓，清泉掬微坳。
大观久徘徊，泉水闲评嘲。溪涧固杯勺，江湖亦斗筲。
任彼各奔注，到此悉并包。小山行蜿蜒，拳石伏蟒蛸。
弹丸露邑郭，一叶飘渔艄。径草杂灵药，岩错多佳肴。
荒凉登斥堠，弃置等系匏。仙岛望缥缈，下界悲喧呶。
快游喜洋洋，狂歌发嘐嘐。憩坐觅归路，晚烟起僧庖。

邑人谢师昌

过蛟门

蛟门兀海中，望犹一卷石。俯而窥其下，空洞容什百。
譬彼有道者，外严中不迫。群峰罗巉峭，时有神龙宅。
布雨盈四郊，截潮悬千尺。舟人述灵异，危语恒啧啧。
我来镜面行，轻风挂片席。岂值龙安眠，抑或怜孤客。
跰踤未有当，拍掌翻成嚷。君珍颔下珠，我重怀中璧。
潜见各自爱，幽明又奚择？

七言古

【宋】

谢翱

望蓬莱

青枝啼鸟波延延，方士指海谈神仙。

五云垂天光属夜，老父相传税车驾。

千官此地佩宛宛，舟发黄门止供顿。

绕樯赤日护龙旗，西北驿书驰羽箭。

百年尘空沧海晚，月落无人度灞浐。

鸡鸣白石烂如银，蓬莱不见亶州远。

【明】

郡人乌斯道

宋生代兄从军行

昨日点兵兄起别，弟代兄行气吞铁。

宝刀飒飒生阴风，直到淮河蹴冰雪。

木兰女儿代父行，弟为丈夫不代兄。

丈夫能尽骨肉情，万里之外如户庭。

兄但晏眠莫忧弟，淮流近接蛟门水。

明年五月见茶船，先寄官仓月支米。

官仓月米拜天恩，未必长为识字军。

年年射雁得兄信，胜似参商同一门。

钱塘葛寅亮

范氏双节诗

霜凝百卉颜色改，女贞之树依然在。

谁其似者范太君，苦节应堪泣真宰。

荆布于归儒素风，嫁姑无奁镯耳珫。

晨昏莫餍糟糠味，萋菲反言私灭公。

男儿负笈他所之，井臼亲操强自支。

诚心不辨缁与素，抒茶茹蘖惟天知。

春花荧荧剧可怜，映以明月双婵娟。

重霾叠霰欺不息，落红涧底咽流泉。

矢从夫子向黄垆，褓褓奈有两遗孤。

东风宝匣沉青镜，夜雨兰灯照绮梳。

蓼莪伴影上平林，霜露凄其百岁心。

层台古柏分秋色，异院冰壶共夕阴。

河有止水郁哉鲂，不能遄死中心创。
呱呱在抑乳何间，存孤世保怡高堂。
华年陨谢天地老，常对雕栏哭芳草。
柏舟虽不愧同心，断机犹在青峰岛。
凤毛蔚矣乘云雾，彩毫早就明光赋。
身傍薇垣依白云，绣闼金屏日不暮。
从今彤管播芳名，况复如纶出紫城。
惟有蛟门山上月，千秋长共寸心明。

【国朝】

邑人谢泰履

梓荫山头见黑云龙光闪旋注海吸水

独踞高岗众峰揖，秋海不波云气湿。
须臾白衣化作元，奔奔铁骑如追及。
毒龙喷火攻天门，乍燃乍灭气犹怯。
火攻不售用水攻，戟髯怒指东溟泣。
风旗张，云车急，
黑虹垂，海水立，
鳞鳞百万天半鸣。
辘轳滚入天市城，戍边积卒相顾惊。
手持招摇叩内屏，陈常虎贲谋九卿。
妥檝口林四十五，凿道引入黄河倾。
井参两部助奇阵，白狼天狗野鸡精。
参旗一挥鸡鼓翼，张喙砍啄不盈滴。
毒龙败奔神气黑，九野依然清四壁。
金飚薄动洗余氛，月照江头山水白。

陈梦莲

登候涛山远眺

候涛俯瞰蛟城东，岑嚣鳌柱胡隆嵷。
放眼巨浸直接天，极目银涛布溟濛。
堪笑秦王采仙药，缥渺三山度达蓬。

安期留舄泼墨醉，徐市一去杳然空。
我登观澜望旸谷，火轮金柱捧盆红。
滔星浴日撼千嶂，置身疑在水晶宫。
宫外万山等鸥泛，蛟门撑插齐穹崇。
层层喷雪卷白雾，吼声震压同灵霳。
何时得游鲛室里，旷观蜃楼幻不穷。
纵多精卫亦难填，安得鞭石似转蓬。
还思水击三千里，直欲破浪乘长风。
到此尘凡都洗尽，凭空竟赴瑶池丛。
瑶池仙子留饮觞，笑秦亭上鄙牢宠。
登舟直上梵音洞，丹灶仙药访葛翁。
子真遗迹梅岑在，说法台中如来从。
海上仙人望未得，鸿飞冥冥企黄公。
焉得三山咫尺间，飘然追随与之同。
还思阆苑图学仙，广成问道履崆峒。
忆昔乘槎泛天汉，天汉腾霄更飞翀。
直欲上观星宿海，更欲片帆度崖洪。
山经海志都阅尽，旷然大地一粟通。
纵有王维神画笔，天空海阔难精工。
庶几坡仙海外文，写来沧溟大豪雄。

马嗣昌

候涛山观海

候涛山势何崔嵬，五丁镵凿疑天开。
矗立砥柱万里浪，下瞰众阜如群孩。
虎蹲旁列耽视守，金鸡敛翼遥追陪。
烟云岛屿倏浮没，奔涛俄逐长风来。
横空晃荡不可测，大波轩然势欲逼。
腥风蜃气纷迷离，咫尺晴光黯雾黑。
绕地但闻轰雷鸣，卷天俱作寒云色。
蛟龙啸吼怒喷薄，沙鸥回翔争起灭。

千状万态难具述，时而风止天日白。

大观洋洋豁我眸，细流涓涓殊不屑。

何须排驭凌沧洲，登高万壑入胸臆。

五言律

【宋】

陈造

登招宝山

一鹜风烟上，三韩指点中。

地随山共尽，天与水无穷。

梦蚁分轩冕，骑鱼可阆蓬。

仙曹应拊掌，顾我簿书丛。

饯寄定海交代

齿发今如此，东来料一寒。

爱民平日事，宰县昔人难。

稍得官租办，聊容坐食安。

渠侬趋负挽，疑未厌儿宽。

陈允平

登招宝山

宇宙初开辟，何神立此山？

中流天柱石，大地海门关。

浪恶蛟龙怒，云深虎豹闲。

潮期与日月，千古一循环。

【明】

御史吴光远

登招宝山

劳劳行役定，只此慕青山。

波浪擎鳌立，楼船带鸟还。

锡飞浮岛外，金扫水云间。

江戍常闻笛，关门夜夜闲。

高葵

游灵峰寺

此日遂幽寻，空山落啸吟。

白云樵径僻，黄叶寺门深。

十月余春气，一僧多道心。

相看无别语，不辨是西林。

何愈

登招宝山

缥渺一凭兰，千山夕照残。

云霞收海峤，城郭倚星端。

浮月金尊白，横空宝剑寒。

振衣聊尔共，万里有余观。

郡人林可成

候涛山李邦臣携尊阁上

孤峰高不极，登眺意如何？

城郭山岚重，楼台蜃气多。

远天行日月，大壑积江河。

纵饮吾狂甚，鲸吞卷白波。

余寅

游灵峰兼访葛仙遗迹

却揽山中胜，偏宜市外看。

不分云一片，但有路千盘。

磴转刚风急，门临巨壑寒。

葛洪丹井在，兹事已漫漫。

郡守吴文企

登巾子山望海

壮阔有如此，苍茫天汉浮。

疑将空作岸，真有芥作舟。

波撼鱼盐国，云蒸蛟蜃楼。

何须问身世，泡影在中流。

高楼万里色，轻衫三月时。
凭阑一送目，郁岛如识眉。
龙女波间隐，鲛入石上窥。
三山明更灭，仿佛见安期。

城下大瀛海，城头姑射山。
乾坤烟影外，日月浪沤间。
久坐成佳聚，忙来得暂闲。
王乔频送酒，此兴未应删①。

酌酒临沧海，论兵到武城。
龙旗高日月，犀炬骇鲲鲸。
飓色惊随定，岚烟黯复明。
当年送方士，飘泊向东瀛。

便欲乘潮去，登临小白华。
凭谁辨灰劫，算数等河沙。
开土厚居海，仙姬旧姓麻。
蓬莱几清浅，何处觅浮槎。

邵辅忠
题永福庵
旧是花岩地，新成祇树林。
白云遮曲径，明月上高岑。
鸟惯分斋食，龙驯听法音。
一泓甘露水，清彻照禅心。

谢泰宗
冬日偕史廷韩天怀天申弟登候涛山
送客爱登临，埙篪奏好音。
磴回天际鸟，风鼓树梢琴。

---

① 原文如此，疑为"珊"。

曲径禅房静，藤萝古寺深。
声传空谷至，俱是海天吟。

日落暮山紫，烟沉晓雾青。
楼台迷蜃市，歌棹寂渔江。
气劲水凝酒，潮回日射星。
骚人空有恨，把酒问沧溟。

周西

过灵峰别墅晤杜言上人

偶尔来参佛，攀林傍午钟。
山空余古迹，云尽出奇峰。
树影悬崖密，苔阴点石浓。
无生且莫问，茶语恰从容。

【国朝】

谢泰履

登鳌柱夜眺

醉月登危石，襟豪意冷然。
云横疑岭足，雾起即江天。
瓦静摇寒湿，城虚宿翠烟。
夜凉尘界失，有骨已仙仙。

谢兆昌

同人游灵峰得明字韵

抱疴残暑后，又见葛裘更。
坐令秋光老，还添白发生。
溪声频入梦，山色远含情。
便理重游屐，丹枫眼尚明。

周家齐

渠成偶咏

敢谓劳疏凿，民依重所天。
艰难知稼穑，斥卤转桑田。

故道行无事，春农卜有年。

我私应遂及，灌溉有源泉。

李暾

迎秀亭

巉岩行不得，赖有草青青。

云放山头看，涛从屋下听。

四围如是秀，片石自然灵。

不厌频来眺，相看似敬亭。

谢炽昌

独上灵峰寺

看山意已迫，入户只云封。

僧舍无人问，泉流到处逢。

短筇随草径，孤屐历高峰。

倦鸟无还影，行归半岭松。

张懋建

候涛山怀古 用张正言沿庭有怀韵

清翠玉壶秋，雷轰万里流。

山原能镇远，风岂为吹愁？

运识昆明劫，功传耀日楼。

苔葑摩拭罢，长啸纵遨游。

梓山联社口占

山传迎秀地，人畏后生时。

元气谁培可，士风须振之。

千峰摇笔阵，万水漾新思。

昨夜圆圆月，招邀定好期。

梓山东麓石刻荆公大书惩忿窒欲四字同人分赋

遗有荆公迹，披寻山麓东。

松风声欲掷，山泽象应通。

峭壁垂模士，危崖落笔雄。

孤高插天外，领悟意无穷。

渤海有遗泓，因知羲易通。

立筮观象损，借鉴得开蒙。

心彻澄泓里，情深摹拭中。

晴光亭阁丽，点易坐春风。

张懋迪

登迎秀亭和韵

此地常迎秀，遥山一抹青。

浪花排岸舞，波响隔城听。

秀矗孤峰回，文资片石灵。

候涛相对峙，不厌坐斯亭。

张莺

灵峰别墅赋得空山夜雨

不负青山约，微情引杖藜。

路从樵子觅，云向岭头迷。

僧定看花落，林空狎鸟啼。

东风留客屐，夜雨涨前溪。

七言律

【唐】

僧宗亮

宿灵峰寺

自从海上觅神仙，却喜山人夙有缘。

相访已骑黄犊出，忘机单对白鸥眠。

世间事与风尘会，物外心同松柏坚。

岂料今朝此中宿，灵峰山下共谈玄。

【宋】

陈造

劳农净居寺赠皎启二僧

劳农今喜复南辕，夹道扶携亦笑喧。

县尹庶几无疾病，山人迎送耐频烦。

茇葱汤饼聊堪饱，出瓮春醪半带浑。

惟有为民真实意，异时陈迹付公言。

【元】

刘仁本

上灵峰

楼阁烟霞出翠岑，瓶壶山色壮丛林。

天池水活千峰动，松径人行九曲深。

鱼鼓不传僧入定，鹤童能伴客幽寻。

岩前桂子纷纷落，散作天花满地金。

张子忠

清泉署中

是处峰高插晓云，绿林深处号神君。

性从海觉归何岸，心似泉清味亦芬。

铺写春光风作致，飞扬逸兴月为群。

递来消息兰芳下，馥郁枝头结意殷。

【明】

郡守张瓒

登招宝山

峨峨雄势倚孤城，此日登临感慨生。

海水有凭朝夕信，江潮无定古今情。

时看蜃气凌晨发，不见珠光向夜明。

幸喜鲸波方偃息，扶桑一望极东瀛。

俞大猷

登招宝山

缥渺蓬莱咫尺间，星槎此日偶跻攀。

乾坤万里扶苍壁，形势千年等玉关。

岛屿鸟言遥献译，楼台蜃市幻成栏。

君恩自是洪如海，仰慰生平始解颜。

卢镗

登招宝山

闲向亭前坐阅潮，天风吹我兴偏饶。

沧溟六月寒无暑，碧落三山近更遥。

万里乾坤归汉域，中流日月泛吴舠。

主恩浩荡身如寄，愧乏奇勋答圣朝。

山阴徐渭

登招宝山

沧海遥连雉堞明，登临喜共客谈清。

千山见日天犹夜，万国浮空水自平。

不分番夷营别岛，愿图方略拓金城。

归来正值传飞捷，露布催书倚马缨。

海道刘应箕

登招宝山

登高一望转迷茫，烟水浮空水泽长。

海外有珠堪入贡，人间无土不尊王。

千艘虎士横雕戟，万国葵心奏越裳。

传与岛倭休剖腹，天兵直欲净扶桑。

总镇扬尚英

登招宝山

海天尽处赤乌平，胜概全收威远城。

台殿只疑腾碧蜃，楼船还许断长鲸。

东洋岛屿浮仙阙，北极云霞拥帝京。

铜柱千年余慷慨，令人遥慕伏波名。

参政李攀龙

登招宝山

梵宫高倚碧云秋，极目沧浪万顷浮。

仙洞餐霞丹灶暖，珠潭光吐伏龙游。

数声鼓角惊禅室，一带烽烟接蜃楼。

借问筹边靖海者，谁能挟策拭吴钩？

巡抚张佳尹

登招宝山

孤峰青插海门旁，一水黏天接混茫。

搔首鳌簪群岛出，绕杯羊角大雕翔。

填来难尽西方石，望里同归百谷王。

便赋元虚终小技，还留双眼待沧浪。

巡按御史萧廪

登招宝山

水天合沓半微茫，酾酒凭高引兴长。

小试五兵须定远，早闻重译尽来王。

蓬瀛东望开珠阙，岛屿南浮带越裳。

我欲凌风挥八极，一槎先挂斗牛旁。

巡盐御史方大镇

登招宝山

洗兵欲挽海门潮，兵气涛声振沴漻。

击剑蛟龙移窟宅，弯弓雕鹗下云霄。

玉关译贡衪堪戒，铁马驰驱柱可标。

慷慨大风思瀚海，只今谁是霍骠姚？

巡盐御史胡继升

登招宝山

我亦东西南北人，登临山海畅澄清。

千涛波底蛟龙跃，三捷坛雄虎豹兵。

朝礼如来掌世界，嵩呼圣主奠汤城。

碧云吞吐罗鳌柱，哪许潢池再纵横。

余寅

早起同陈明府登候涛山

天地平临气色开，扶桑高捧大明回。

鼋鼍接鳦无前后，雕鹗扬慈有去来。

极目不分千里外，遐心都在百层台。

朝潮夕汐常如此，犹是令人漫是猜。

薛三省

登招宝山观海

鳌柱频登兴不孤，望洋漫复问桃都。
潮来涌月浮天地，云起连山接峤壶。
浴日横涛轻卷雪，驾风翔撸乱飞凫。
只怜烽火频年急，横海舟师若有无。

突兀孤城到上头，平临虚阁俯沧洲。
天连巨浸浮鳌柱，山吐层阴结蜃楼。
五两轻舠来复去，千寻古洞敞还幽。
蓬莱望去应非远，瑶草金花不可求。

大海东回万壑趋，谁将卷石独当隅。
金鸡晓度烟波渺，灵鹫晴骞岛屿孤。
云起苍茫遥带粤，潮连溟涨欲吞吴。
兴酣不尽凭高意，手扪青天醉欲呼。

偶登招宝山暮还

春晴纵屐蹑鳌头，高阁凭虚寄远眸。
近浦鱼鳞风细细，遥空螺髻水浮浮。
海潮初喷江声壮，山日斜衔云影流。
独拥蒲团初月白，寒涛万里碧天秋。

秋日登招宝山

海门萧飒动秋容，不厌凭高寄远悰。
斜月入江双白练，寒山出汉几青峰。
狂歌小谢惊人句，醉忆长沙惜日踪。
边檄频年飞赤羽，可能清啸息吴烽。

望舟师防海有作

横海将军十万师，楼船不数汉昆池。
风云卷旆龙蛇斗，铙吹惊涛岛屿移。
水寨山连侵蜃市，江关天设筑鲸鲵。

东人暂拭干戈泪，莫遣烽烟似昔时。

送都护扶舆张公领南禁旅二首

序：公推自昨年夏自秋七月始拜命，又候代至今夏，闻且至，亚理楫过邑城，代息忽中耗，止宿舟中。时蛟关哗伍稍戢，而昌关伍更大哗，当事者趣公南渡海，还乃及代。又为秋七月。公笑语，不佞以为异。公八年海上多劳绩，其缮昌国城最著云。

戈船横海若为雄，千里长城倚魏公。
蛟窟珠光连合浦，扶桑弓影映空峒。
轻裘缓带临戎暇，磨楯停鞍草檄工。
去后何须瞻岘石，长窥埒垸忆流风。

促别当筵多所思，维舟虚攫更衔厄。
驰驱载戢潢池弄，迁转偏逢牛女奇。
巨浪长风惊楫日，锦衣故里唱骊时。
旧京佳丽今犹昔，横槊临江好赋诗。

巡抚张延登

登招宝山和韵

一鳌俯饮大江旁，蹑足遥盘瞰渺茫。
幕拥帆樯天外过，阵回蛇鸟镜中翔。
明时早建千年策，霸绩何夸六国王。
寄语岛倭须远徙，守臣高望见扶桑。

屠隆

登招宝山

扶桑日出晓苍茫，淼淼行空一苇航。
谁劈银涛开宝界，直扶鳌柱驾金梁。
僧归云水袈裟湿，佛散天花殿宇香。
悟得无边先及岸，应知东土是西方。

钱文荐

登招宝山

东南包络半神洲，大块茫茫今古流。

目极遐荒无到岸，魂惊骇浪有孤舟。
红轮每傍扶桑涌，紫气偏从析木浮。
亦欲扬帆窥古室，其如风雨隔沧州。

于莱

登招宝山

半山亭下逢山雨，望海亭中望海潮。
水鸟穿云飞绝域，浪花作云喷层霄。
参差蜃结千家市，缥渺虹垂百尺桥。
东望蛟门天设险，万年重译仰皇朝。

王思任

登招宝山

海门撑突是何年？老骨凌空挂石拳。
大壑混茫千古气，一江冲破四明天。
惊帆胆藉云边定，畏垒心从障下坚。
黄蛤浊醪看落照，十洲何必更求仙！

谢泰宗

梓山远眺

冈峦成势断犹连，槛外山光常欲前。
鸟爱入云天岂碍，人归远浦草生烟。
桑田空有长春树，蓬岛谁逢难老仙。
自昔登临多感慨，何须把盏忆余年。

夕照庵

千峰已共落霞回，下有菩提小院开。
树冷欲呼群鸟集，僧归刚趁夕阳来。
云幡影落弥陀塔，佛面光流般若台。
何处松风声淅沥，余辉暖藉古莓苔。

虞光祚

上招宝山

云拥群山列海门，登临惟此始为尊。
天开鳌柱雄千障，日照龙宫控百番。

梵磬声残秋月冷，悲笳音咽暮烟昏。
浃江极目萧条处，多少哀鸿不忍论。

【国朝】

邑令朱承命

上招宝山

山城斜倚海门旁，万里风烟接混茫。
佛食晨施青鸟下，神珠夜吐彩虹翔。
佛航自古来王国，风雨无波识圣王。
最喜东南销战伐，野农岁岁乐耕桑。

谢泰定

灵峰山十二景

溪庄绿雪

庵蔼浓荫色自匀，溪山应不染红尘。
林深未化蓬瀛雪，律转犹迟寒谷春。
箨陨苍筠翻贝叶，苔松翠薛谱花茵。
绿衣满砌无人扫，乱舞冰纨醉绿醇。

九曲扪萝

九转应知炼大还，仙源有路且挤攀。
扶筇欲断来时径，蹑屩旋迷去后山。
怪石穿云峰面面，薜萝绕月涧湾湾。
回梯已遂登临兴，犹有行云为掩关。

西山爽气

碧天濛雨濯秋空，一灶茶烟半枕风。
肠热正宜泉石冷，时艰旋喜泽山通。
力驱名利还身外，尽写云霞入卷中。
岸帻坐聆清籁发，峰西流水响梧桐。

仙翁箸竹

山图赤斧炼长生，赢得天工信手成。
幻化无心方似削，灵根有本节重菁。
绛筇挂处惊龙吼，翠盖亭来喜鹤横。

喷饭已超玄箸术，却令千载共披荆。

孤峰卓笔

陡插奇峰瞰海隅，三神缥缈望中盱。

墨涛初涨龙蛇舞，笔阵时供鸿雁驱。

淡藻烟云堪点染，评章风月费沾濡。

遥看绝巘芙蓉壁，花落霜毫露滴珠。

松坪晚照

萧森古木秘丛林，翳翳苍垠簇晚阴。

残照半随溪涧落，暮云时傍石崖深。

轮菌偃盖霞披画，婉转盘龙日耀金。

影入咸池看反景，万松冈上已千寻。

丹井流香

云子曾经沤上池，金流珠涧水涟漪。

已无朱草烟丹灶，剩有黄芽炼石箕。

芝髓初凝兰作佩，琼膏应屑玉为肌。

灵源不断芳风远，绠汲银床可疗饥。

横门玉案

山开灵鹫紫云窝，四合岩峦万壑罗。

秀出招提联玉宇，高悬发塔矗崇阿。

霞横几岫翻经帙，香袅晴岚供佛陀。

调御座收元对阔，珠林岂纳石如螺。

巨壑喷珠

千流汇壑喷飞泉，万斛明珠溅九天。

疑战浴龙翻石浪，恰驱阵马吼长川。

灵蛇衔去酬无价，合浦还来国有贤。

闻说冰壶声戛玉，洪湍一濯体皆圆。

石髓甘泉

地乳初澄碧一泓，溯流山骨体晶莹。

露承仙掌琼浆溢，味出神楼玉醴清。

满引绝胜三伐髓，甘分岂让九还精。

灵泉振古无时竭，丹鼎犹堪永紫英。

禅关夜月

山房寂寂夜沉沉，一鉴当空已见心。

碧水光涵秋万里，清辉影碎树千林。

玉壶冷浸寒灯色，金磬风传韵梵音。

沙界露圆尘不染，松涛半偈气阴森。

寺后蜃潭

入道还凭炼性真，飞潜变化总能神。

千年雉伏云雷动，咫尺蛇交风雨屯。

咒钵已闻龙见爪，翻经更有蜃攀鳞。

皈依佛土参禅定，一跃空潭头角新。

谢泰履

重九日伯仲诸咸饮梓荫山阁

登高不用叹茱萸，野碧天空兴自扶。

寒石一拳苍握满，闲云半塔淡萦纡。

尊前有树皆呼玉，座上无谭不唾珠。

得句不须留笔墨，归鸿遥唤暮烟驱。

许应祯

纪事和韵

序：邑东南隅有一宅，其门榜曰南山书院，盖宋孝宗御书以赐沈端宪者也。闻考亭先生来访公，留吾邑者一月，而失其编纪。陈仙佩云，载何氏《语林》，亦未之考。暇日与薛五玉言及，欣然曰："此蛟水佳话也。"纪以近体，属和。

伟人何事驻车尘，把臂曾标两凤麟。

一月话言良不薄，千秋公案到今新。

清泉空照须眉古，苍藓难寻杖履春。

想象印山城下路，衡门岁晏尚留宾。

薛士学

候涛山月夜

沧海城边人寂寂，黄梅雨径水漫漫。

潮生子夜千岩响，月照空山万水寒。

戍堞角声开晓雾，渔家灯火聚前滩。

相怜无事多乘兴，又约秋光到处看。

陈梦莲

重九日登候涛山

地回峰巍畅八隅，海天此际见全图。

凭阑可剪吴松水，绝岛从瞻北斗枢。

虎啸阴崖喷积雪，蛟悬巩璧守沧珠。

登临直接方壶胜，佳节何须再佩萸。

王谕

登梓山迎秀亭

风袅藤萝挂女墙，一天海水碧屏张。

桃花岛接扶桑路，莲浦潮通乌石洋。

寺隐山城清磬近，渔归沙渚暮烟苍。

蓬瀛仙子须眉古，乘兴来游架玉梁。

张懋建

元旦登梓山阁

韶光曾不少年留，爆竹连宵破旧愁。

履始尚欣元旦节，登临特续去年游。

城头烟合晴疑雨，海面潮奔春带秋。

咄咄檐间双燕子，对人底事屡喧啾。

谢绪彦

游灵峰溪桥坐酌

一曲清流绕竹扉，秋深犹自着单衣。

客逢红叶班荆坐，僧自疏林买酒归。

绕径菊花当蔬绽，行根荀子值苞肥。

泉岩佳趣行皆是，宾主忘言自昔稀。

邵似昇

立夏前一日上候涛山

顾影茫茫感百端，尚余春色望中宽。

云归海上千峰出，风满江楼四月寒。

浊酒且拼今日饮，好花犹待异时看。
醉余缓步斜阳里，茗椀逢僧亦尽欢。

李暾

溪桥晚坐 和谢中翰韵

五年病不到禅扉，今日重来着短衣。
满耳溪声堪静坐，四山秋色竟忘归。
老梅屈曲当门瘦，小栗清香似豆肥。
每忆经过常信宿，主人风味世间稀。

王燗

赠灵绪乡雁村邱翁

几载思登雁门岭，于今得见雁村翁。
遥瞻排字霞边阵，每欲传书海上鸿。
旷野真成安百堵，渐达应是出高峰。
后昆序进飞云路，会见题名向塔中。

华芳

双烈题辞

次第骖鸾白玉楼，冰心六月海天秋。
贞祠的的香犹在，华衮凄凄泪未收。
清媲西山多激烈，节传南国废河洲。
只今彤管搜遗事，为报蛟川有李刘。

张密

林氏双烈

传闻瞽鼓接江亭，少女风前泣娄星。
此夜六军环翠堞，明朝双鬓销云屏。
魂依故国烟霞赤，梦去高楼鬼火青。
子弟八千空累累，蓬莱宫外雨溟溟。

周元孚

林氏双烈

谁从青史载琅玕，双烈横霄琬琰看。
回首几人纾国难，损身千古愧儒冠。

并瞻鸾驭骖云迥，频听鹃声带日寒。
何处一抔干净土，遗黎祠下荐椒盘。

五言绝句

【明】

曹铭

宿灵峰庄

檐树影幢幢，风吹天欲晓。
幽人有所思，欹枕听黄鸟。

【国朝】

鄞令张幼学

宿灵峰庄欲登上院为风雨阻

咫尺愁风雨，匡庐不可登。
只疑云雾窟，犹有六朝僧。

谢师昌

灵峰山寺坐雪

伏日坐清风，严冬卧朔雪。
山灵笑相问，昔巧今何拙？

清风吹襟裳，朔雪洗肺肠。
特地来山中，两度试炎凉。

炎凉亦何好，雪鬓知难扫。
怪得袁安来，连累青山老。

我闻白云中，旧有黄茅根。
欲问采取方，仙翁嘿无言。

七言绝句

【宋】

陈造

绍熙壬子劝耕妙胜寺

桑条麦陇接比邻，社酒家炊丐路人。

风俗尚如他日否，凭谁细问故园春。

饷寄定海交代诗

长官清苦旧传闻，检放禾苗近四分。

毕竟不缘胥吏手，旱头科敛枉纷纭。

田租有约不相违，比着丰年数已亏。

一饱分明郎首赐，几曾刺口问抽卑。

已抄口数报隅官，岁后朝餔定不难。

且愿眼前强健在，趁坊讨海过冬寒。

水泛沟塍意欲餍，凌晨还复雨廉纤。

早秧未领犹须插，晚谷无多不更坤。

父子分头上海船，今年海熟胜常年。

官中可怛追呼少，不质田输折米钱。

人家两两捉春归，笑语相过复叹咨。

共说飓头前夜作，几人莆网罩流尸。

连宵飞雨喜滂流，已入梅天过麦秋。

二十年前如此晚，金城地抱却全收。

舒亶

瑞岩寺

十二峰头月未央，天风吹下紫芝香。

我来分得僧清致，布衲蒲团一草堂。

【明】

贺钦

春晚

落尽群芳枝已空，游人往往怨东风。

谁知寂莫幽园里，犹着楸花一树红。

姚涞

赠胡洁轩

平生经学擅蛟川，新拜儒官只旧毯。

此去青襟对弦诵，闲中风月自年年。

僧杜言

住山

翠抹松林聚落霞，夕阳一片带归鸦。

牛羊听惯平冈笛，引出溪湾各认家。

【国朝】

张鸣喈

灵峰古寺

森森文竹碧琅玕，古屋巍峨松影寒。

旧是刘伶曾揽胜，何时五岳与同看。

预订远公迎倒屣，偶持梵语悟炊沙。

众生待脱生生相，一带琳宫奉发牙。

自鹤峰高千树月，玉几山带一溪风。

祇园布地金应在，牛角新醪春意浓。

高僧名字两追寻，矶上风尘软不侵。

八社祇陀宗席在，深谈万法在人心。

谢泰履

灵峰山庄怀杜言上人闽游

竹溪迢递白云深，难锁行游开士心。

十万琅玕齐说法，祇凭骚客作闲吟。

张懋建

陈山龙潭

陈山势抱邑南东，千仞冈留一罅风。

知是虬髯揪不住，暗泉红雨白云中。

郡守昌邑胡邦祐
重修镇海县城塘碑记

宁波，古明州。因邑有定海，海定则波宁，故更今名。镇海即旧定海也。屹峙于蛟门、候涛之间，与瀛海相际，为全浙咽喉。城始唐乾宁四年，塘始宋淳熙十年。昔人谓天设之险，又谓稍失堤防，平畴高岸皆成水乡，其所系岂尠鲜哉！

岁丁卯秋，飓风陡发，涛涌决堤，堤溃而城之傍堤者随之。吏民震恐，邑令长商邱王君上其状，谕历恳至。大宪曰："御灾捍患，为民切莫于此。"乃遴员验估，又复远临以相度形势。盖诚不欲为一时权宜补苴之术，而固以缠绵，计以永久，使海隅苍生长安衽席。勘估即定，乃陈请。

唯天子惠爱有加，令发公帑，克期以戒事。余时奉简命来守是郡。郡所属事无大小，皆守分内。而镇海以万顷奔涌之县，建万年巩固之围。甫下车，即偕令君虔肃鼓役，施畚锸。虽以带水之隔，月必数视海滨，风雨寒暑不敢避。盖取鉴于宋元明相继修筑，不能垂世永奠之根原，惟恐工人一时一事之疏，贻后日生民之累，余于兹实切冰渊之惧焉。若乃规制师古、变化生心，先众力而申之以式。趋事者日以千计，身与之习，教诲而噢咻之，尤赖令君。忧深虑远，精勤练达，实任贤劳也。凡修顶冲塘五百七十六丈有奇，次冲塘三百九十六丈有奇，新建塘五十一丈有奇，修北面滨海坿城表里凡八百一十丈有奇。城以回浪塘以护城，其中累石、排桩、筑基，深固倍于前者十之九。乃于其锐者圆之，昂者坦之，单者复之，低者崇之，薄者、狭者厚而广之。木石之需采诸他郡，凿山浮海，选材惟谨，鸠工惟良。其间牝牡相衔，唇齿相依，经纬相错，钩贯胶结，使离合之介胥镕。若所谓银城铁瓮者，而后即安。

先是己巳秋，塘工甫半，余惧长鲸逞故技，实有戒心。偕令君斋肃，具牲醴，祈波臣效忠，仰体怀柔，至意安澜，无妨公事。无何，中元后旬日，狂飓猛烈，若海立山奔，百里内官廨、民居为之震撼。及涛平，余亟视新塘屹然完固，一似飓之狂暴不能与人之巧力争。夫亦波臣显示以前定之式，当始之终之，而莫之或改也。乃循是以迄于成。经始乾隆之十三年春，告成于乾隆之十六年冬，工阅四载，为费八万余缗，宏规式廓，结体独坚。正不止摹方者折巧中矩，摹圆者周巧中规矣。

工竣，令君请余纪其事。余惟此一役也，皆赖各大宪之筹划精详，频临策励，而令与丞率巡典共矢劳瘁。余于其间，不过上承訏谟以下喻群工，笃绸缪永久之图。于躬之震，念切饥溺，而幸以告厥成功者，于余何有哉！令君曰："百姓之志也，曷可以辞？"爰记此，俾镇邑百姓世世不忘圣恩、宪德。而乐士康阜，将所谓"门户安则堂奥亦安"者，且相与庆海定波宁矣。余于令君有厚望焉。

遗事

昔左史倚相能读典坟邱索而不能对祈招之诗，甚矣，博综之难也！镇邑代有掌故，凡简编之余绪，长老之传闻，类无可从而义有足采，若龙门所云。其轶时时见于他说者，非仅广博物之趣，亦将备考鉴资法戒已。一二异闻，在所弗削，盖存而不论。昔言有明征焉，因诠次而附简末。志遗事。

【秦】

《旧志》：秦始皇东行郡县，登会稽山刻石纪功，既已，徐市上书言："海中有蓬莱、方丈、瀛洲，仙人所居。请得斋戒，与童男女求之。"于是遣市发童男女数千人入海求仙。而象之西山名小蓬莱者，市遂居焉。始皇闻之，驯至鄞三十日，发舟至悬海彝、亶二洲而返。今大雷有"始皇庙"，岂其经历之所而祀之与？

【汉】

《嘉靖郡志》：汉光武至越，尝为贼所困，因牧奴获免。既定天下，渡浙江至鄞，幸牧奴家，官奴为鄞令，并封鄞为牧奴县，城为官奴城。

《嘉靖郡志》：孙坚，字文台，富春人。灵帝时为吴郡司马。嘉平元年，妖贼许生作乱句章，众以万数，自称阳明皇帝。坚召募精勇，得千余人，助州郡讨生，斩之。

【三国 吴】

《旧志》：黄龙二年春正月，吴遣将军卫温、诸葛直将甲士万人，浮海求彝洲及亶洲。洲在海中，世传徐福将童男女数千人入海求蓬莱神仙及不死药，止此不还，流传有数万家，间至明州货市。明州人泛海，亦有失风流至亶洲者。然所在绝远，卒不可至。卫温等但得数千人而归。或曰："即日本境地。"

【晋】

胡淡《鲍王庙记》：距青山十里许，有港曰小浃港，鲍王盖时见有巨鱼，一小者，九相角，时阴雾四合，飓风大作，海舟多覆溺。王奋楫发矢，中其下之雄者，风涛遂息。俄有老父，须眉皓白，循海而行，诣王前谢曰："吾主东海有年。九江小龙骄悍，欲攘吾庐，时蚌作孽，港口之战，幸子助我胜之，故特报谢，汝后当庙食于此。吾有息女，愿奉箕帚。"王固让之，父曰："吾无戏也。"语讫，入水化大鱼去。建兴四年，王年五十，以其年七月十五日醉终于家，葬于鹿山之原，即射鱼之所。后三十年，王梦告其子曰："我当再生，其启我棺！"子以告母，母梦亦如之，乃谋诸故老，启视之，王神色如生，冢四角明灯烂然。众皆骇异。已而祥云下迎，捧足上升，远近惊异。冢间得宝炉，非金非石，上有篆文曰"东海之宝"。永和中，穆帝遣使求之，将纳内藏，褚太后曰："此神物也。"遂封还，且许立祠。王复梦呼其妻子曰："东海龙女在此，汝当与之会。"越三日，妻、子相继而卒，并祔神王之墓。于是邦人益神其事，因立庙鹿山，塑王像并二夫人及王子，岁奉祀之。宋崇宁中，岁大饥，人将相食，王阴遣其部曰"四圣"者如广州招米，舰循海而来，郡人得以全活。方至定海，四圣谓广客曰："我鲍姓，郡治直前有庙，乃吾居也。"因忽不见。后客如其言，谒庙下，见四人者，仪度俨然。客惊异，知其为神，乃铸四铁人置殿下，表之而去。

《旧志》：南宋高祖刘裕，字德舆，彭城人。少贫贱，有大志。晋安帝时，海寇孙恩攻陷会稽，诏刘牢之都督吴越诸军事以讨之。牢之引裕参军事。隆安四年冬，恩败走入海，牢之东屯上虞，使刘裕守句章以备出战，退还浃口。明年，恩复入寇，裕击破其众，境遂安。浃口，今镇邑大浃口。

《宋史》：梁武帝大同三年，幸阿育王寺，观佛舍利及爪发，遂命萧子云飞白书"阿育王寺"。时镇未建县，地属鄮。

【宋】

《宋史》：元丰元年，遣安焘左谏议大夫陈睦假起居舍人往聘高丽，造两舰于明州，一曰凌虚安济致远，次曰灵飞顺济，皆名为神舟。自定海绝洋而东。既至，国人欢呼出迎。王具袍笏玉带拜受诏，与焘、睦抗礼，馆之别宫，标曰"顺天馆"，言尊顺中国如天云。

《宋史》：往时高丽人往返皆自登州，熙宁七年，遣其臣金良鉴来言，欲远契丹，乞改途由明州诣阙，从之。郡县供顿无旧准，颇扰民，诏立式颁下，费悉官给。

《墨庄漫录》：宋陈生，四明土人，赴举汴京，因治行后时，乃从定海附贾舟，欲航海至通州而西焉。遇飓风，同行数十舟相继覆溺，生所附舟赖无恙，随风飘数日，至一山系碇。生登涯，循径行，佳木荟蔚，珍禽鸣弄。行十里许，见一精舍，金碧明焕，榜曰"天宫之院"，遂瞻礼而入。一老人庞眉鹤发，据方床危坐，环侍左右者，皆白袍乌巾，约三百余人，见生至，问所从来。生言为飓风漂荡至此，咸恻然悯之。治供具膳生，器皿皆金玉，食肴精洁，蔬茹皆药苗，甘美而不识其名。老人言："我辈皆中原人，自唐末避黄巢乱至此，未知今天子何氏，尚都长安否？"陈生为言李唐亡，暨五代，今皇帝赵氏，国号宋，都于汴。老人嗟叹久之，命二弟子导生游历各处。生问老人为谁，曰："唐丞相裴休。"于是登山观览，至极巅有亭，扁曰"笑秦"。又遥指一峰，突兀干霄，积雪皓白，曰："此蓬莱岛也。"生一日有归思，老人笑曰："君怀归耶？俗缘不尽，此别无复再来。然得至此，亦君夙契，当令君一至蓬莱。"遂命弟子具舟楫同往。顷至山下，时夜已暝，倏见日轮晃曜，傍山而出。波声沸腾若雷霆，赤光勃郁，洞贯太虚。顷之天明，见重楼复阁，翠飞云外，非人力所为。但不见有居人，唯瑞雾葱茏而已。弟子云："近世有人迹至此，群仙厌之，故引去，唯吕洞宾一岁再至，卧听松风耳。"生还，至老人所，复求归。老人教以修心养性之事，导之登舟，转盼间至定海。比及里门，妻子已死，方悔其归，欲求往而不可复矣！

《嘉靖府志》：建炎三年十一月乙巳朔二十五日己巳，高宗车驾发越州，次钱清堰，吕颐浩奏："虏人以骑兵取胜，今若车驾乘海舟以避狄，虏骑必不能袭。江浙地热，虏亦不能久留。俟其退去，复还二浙，彼入我出，彼出我入，此兵家之奇也。"上沉思久之，曰："此事可行，卿等熟议，来日召侍从、台谏至都堂参议可否。"庚午，颐浩晚朝奏事，上曰："航海之事，朕昨夕熟思之，断在必行。卿等速寻船。"遂决策趋四明。十二月己卯，车驾幸明州，驻跸州治。提领海船张公裕奏："已得千舟！"上甚喜。壬午定议航海，执政请每舟载六十，卫士人不得过两口。卫士皆曰："我有父母，有妻子，不知两者如何去留？"诉于主管，禁卫入内，内侍省都知陈宥，宥不能决，宰相吕颐浩入朝，卫士张宝等百余人遮道，问以欲乘海舟何往？因出语不逊，颐浩诘之曰："班直平日教阅，何尝有两箭上贴？今日之事，谁为国家死战者？"众欲杀颐浩。参知政事范宗尹曰："此岂可以口舌争？"引其裾入殿门，门闭，众不得入。上以御笔抚谕，人情稍定，遂山呼于殿门外。上密谕宰执曰："此辈欲沮大事，朕今夕伏中军甲士五百人于后苑，卿等翌日率中军入，捕为首者诛之。"颐浩退，密谕中军统制辛企宗及亲军将姚端，令阴为之备。癸未，执政早朝，命御营使司参议官刘洪道部兵宫门防变，而中军及姚端已整揤于行军门外。二府引中军入，遇直宿兵卫皆擒之，其徒惊溃，或升屋，或逾墙遁走。上自便殿御介胄，引伏兵出，弯弓手发二矢，中二人，坠于屋下，其众骇惧，悉就擒。上命吕颐浩至都堂，诘为首者以奏，其余皆囚之。甲申，诛张宝等十七人于明州市。陈宥谪汝州团练副使，潭州安置。除行门外，其众降，隶诸军。戊子，以朝奉郎、知明州张汝舟为中书门下省检正诸房公事，宜州观察使张思正为浙东马步军副总管屯明州，徽猷阁待制、御营使司参议官刘洪道知明州。己丑夜，谍报虏逼临安，知越州李邺奏至。旦，大雨，群臣入朝，至殿门，有旨放朝，惟执政入对。上于袍袖中出邺奏示之。既退，上自州治乘马出东渡门，登楼船，宰执皆从，诏止亲兵三千人自随，百官有司随便寓浙东诸郡。时上既废诸班直，独神武中军辛永宗有众数千，而御营使吕颐浩之亲兵将姚端众最盛，上皆优遇之。晚朝，二府登舟奏事，参知政事范宗尹曰："虏骑虽百万，必不能追袭，可以免祸矣。"上曰："惟断乃成，此事是也。"庚寅，从官以次行，吏部侍郎郑望之以疾辞不至，给事中兼权直学士院汪藻以不便海舶请陆行以从，许之。于是扈从泛海者，宰执外，惟御史中丞赵鼎，右谏议大夫富直柔，权户部侍郎叶份，中书舍人李正民、綦崇礼，太常少卿陈戬六人。而昕夕密卫于舟中者，御营都统辛启宗兄弟而已。留者有兵火之虞，去者有风涛之患，皆面无人色。辛卯，御舟次定海县。有传虏使至者，上不欲令朝行在，即遣参知政事赵鼎、给事中兼直学士院汪藻参议军事，且令宗尹尽护诸将。壬辰，宗尹等至明州。乃卢伸等自和州来，所携国书，语极不逊，宗尹遂不奏。癸巳，御舟近昌国县。范宗尹闻临安陷，复还，见上于舟中。丙申，浙东制置使张俊自越州引兵至明州，已无舟可载，奏乞海舟。上赐俊手书，许捍贼成功，当封王爵。俊纳侠士刘相如之策，遂留揭榜通衢，劝谕迎敌，士皆思奋。俊军士颇掳掠城中，居民少，遂出城以"清野"为名，环城三十里皆遭焚劫。戊戌，金人陷越州。己亥，奏至行在，乃议移舟至温台以避之。庚子，御舟发昌国县。先是，虏分兵犯余姚。知县事李颖士募乡兵数千，列旗帜以捍贼；把隘官陈彦助之。虏既不知地势，又不测兵之多寡，彷徨不敢进者一昼夜。由是上得登舟航海。辛丑，御舟舣白峰寺。癸卯，张俊与金人战，败之。先是，虏遣兵追袭，乘舆至城下。俊遣统制官刘宝与战，兵少却，其将党用、邱横死之。统制官杨沂中、田师中、统领官赵密皆殊死战。主管殿前司公事李质率所部以舟师来助，知州事刘洪道率州兵射其旁，大破之，杀数千人。四年正月甲辰朔大风，御舟碇海中。己巳，御舟次台州港口。是日午，西风忽起，虏乘之犯明州。张俊与刘洪道坐城楼上，遣兵掩击，杀伤大当。虏奔北，堕田间，或坠水。俊急令收兵。夜，虏拔寨去，屯余姚，且请济师于元颜宗弼。

丙午，御舟次章安镇。张俊令明州西城外民居尽爇之，其意欲赴行在也。庚戌，虏酋兀术引众再犯明州，张俊御之于高桥，战数合，虑其济师，遂托以上旨扈从。辛亥，尽将其众入台州。城中居民去者十七八，有士人率众扣刘洪道马首，愿留以御贼。洪道曰："予数克敌，若等毋虑！"丙辰夜，洪道悉府实微服而遁，与副总管张思正引所部奔天童山，所过尽撤其桥，民不得济，死者数千人，哀号震天。城中惟崇节马军与恶少仅千人，以酒官李木将之。己未，金人破明州。先是虏益兵而来，驻广德湖旧寨前，遣老弱妇女运瓦砾填堑，次夕植炮架十余对西门。是日以数炮碎城楼，守者奔散而出，城遂陷。虏引兵入。显谟阁直学士提举建隆观郑亿年避寇山间，为所执。甲子，御舟次温州港口。丙寅，移次馆头。先是，金人自明州引兵攻定海县，破之，遂以舟师绝洋犯昌国县，欲袭御舟，至碕头风雨大作，和州防御使枢密院提领海舟张公裕引大舶击散之，虏乃去。上引舟而南，与虏人才隔一日。辛未，汪藻言："金人为患，今已五年，陛下以万乘之尊而依然未知税驾之所者，由将师无人，而御之未得其术也。如刘光世、韩世忠、张俊、王燮之徒，身为大将，论其官则兼两镇之重。视执政之班，则有韩琦、文彦博所不敢当者；论其家，则金帛充盈，锦衣肉食，舆台厮养，皆得以功赏补官，平时飞扬跋扈，不循朝廷法度，所至驱虏，甚于夷狄，陛下不得而问，正以防秋之时，责其死力尔。张俊，明州仅能少抗，奈何敌未退数里间，而引兵先遁，是捐明州一城生灵而陛下再有馆头之行者，张俊为之也。"二月乙亥，车驾幸温州江心寺驻跸。丙子，虏自明州引兵还临安。初，虏破明州，遣人听命于元颜宗弼，且云："搜山检海已毕。"宗弼曰："如扬州例！"虏遂焚其城，惟东南角数佛寺与僻巷居民偶有存者。城之始破也，守者奔凑东南，缒城而出，或浮木渡江，生死相半，而逃村落者与贼遇。由是遍州之境，深山穷谷，平时人迹不到者，虏皆搜剔杀掠不可胜数。既去，以修职郎蒋安义知明州，进武校尉张大任同知明州事。安义本越州剡县人，大观三年，冒明州贯登第，以赃败。虏酋至，辄投拜，尽籍土著、寄居姓名以告，故虏酋喜之，且授以两浙转运司印一纽。甲申，慈溪县令林叔豹引乡兵入明州，执蒋安义，夺其印，虏人十余在开元寺，皆病不能前者，叔豹并诛之。丙戌，刘洪道自台州还，屯奉化县，其麾下精卒暴横市肆，邑人蒋琏夜集数千人之岳林寺围洪道，将杀之。县丞白彦奎劝洪道流其殴人之卒，众乃定。洪道复入城，瞩民居窖藏之物，得四万缗以献，州人怨之。是日，金人自临安退兵。庚寅，车驾幸温州，驻跸州治。

三月辛酉，车驾发温州。辛未，御舟次定海县，县为金虏所焚，上恻然曰："朕为民父母，不能保民，使至如此！"四月，知明州刘洪道罢贬秩二等，依旧充御营使司参赞军事。以降授宣教郎直秘阁向子忞知明州。甲戌，御舟至明州城外。乙亥，发明州。癸未，车驾驻跸越州。戊戌，出米七千斛赐明州民居为虏所焚者。五月癸卯，中书门下省检正诸房公事张汝舟特迁一官。初，上过明州，汝舟应奉简俭，粗能给足。至台州，而守臣晁汝为储峙丰备，论者以为扰民。上曰："第以简俭褒汝舟，则好恶自明。"故有是命。

《浦阳人物志》：吴莱，字立夫。好游，尝东出齐鲁，北抵燕赵，有司马子长遗风。及还江南，复游海洲，历蛟门峡，过小白华山，登盘陀石，见晓日初出，海波尽红，瞪目长视，思欲起安期羡门而与之游。由是襟怀益疏朗，文章益雄宕有奇气。

《太平广记》：谢皋羽倜傥有节，尝布衣仗策参入军事。善哭，如唐衢，过姑苏，望夫差之台，恸哭终日。过句越，行禹穴间，北向哭。乘舟至鄞，过蛟门，登候涛山，感夫子浮海之叹，则又哭。晚登子陵西台，以征如意击石歌招魂之词，歌阕，竹石俱碎，失声哭。**按：皋羽，名翔，有《鲁国图诗并序》，详薛士学《观鲁国碑记》后。**

【元】

《雍正府志》：方国珍，台之黄岩人。身长七尺，貌魁梧，走及奔马。父伯奇，素柔良，每为乡人所侵蚀，辄笑曰："吾子当有兴者，无久苦我。"既乃生子五人，皆粗豪，有膂力。黄岩风俗贵贱等分甚严，佃户见田主不敢施揖，伯奇亦恭事田主。国珍谓父曰：'田主亦人耳，何恭如此！"父曰："我养汝等，由田主之田也，何可不恭？"国珍不悦。父卒，兄弟戮力，家道渐裕。耻不礼于田主，酿酒以俟田主之至，醉其主仆，醢其尸于酒瓮。主家诉于官，州遣巡检来捕。国珍左执几捍兵，右执巨梃格斗，遂杀巡检，入海为乱。州县无以塞责，妄械齐民以为国珍党。由是海上益骇，亡之国珍所者，旬日得数千人。时至正八年也。十一月，元主命朵儿只班讨之，国珍引而东，元兵追至福州五虎门。国珍势危，将焚舟遁，而元兵忽自惊扰，国珍乘而蹙之，执朵儿只班，因迫其上招安之状，元主从之，用为定海尉，使散其众。国珍虽受命，然终不自安。是岁永嘉大风涛，海水吹上平陆三十里，人死者以千数。已而国珍乱，人以为兆云。十年冬，国珍复入于海，江浙行省调兵捕之。十二月，国珍寇温州，城中守备甚严，出兵接战，国珍乃焚掠城外而去。十一年三月，浙东副元帅董搏霄率舟师至温，与国珍兵遇，元兵惊乱，争赴水死。搏霄号令不能施，仅以身免，元舟为所夺者数百艘。六月，国珍攻黄岩，元沿海翼百户尹宗泽战死。江浙左丞孛罗帖木儿率兵讨之，次于庆元，遣元帅泰不华赴温，以图夹攻。既至，值国珍方攻温，不华以火筏御之，乃引退。初，孛罗密与不华约以六月乙未进兵，孛罗先期至大闾洋，国珍夜率劲卒纵火鼓噪，元兵不战而溃，赴海死者过半。孛罗及郝万户皆被执，囚之舟中，使求招安。郝故出元主高丽奇皇后位下，请托得行，元主亦虑其为海道梗，复遣大司农达识帖木尔等至黄岩招之。国珍兄弟皆登岸罗拜，退止民间。不华欲使壮士袭杀之，达识散其徒众，收其海舟器械，授国珍万户，及其兄弟官爵有差。十二年春，元人方征徐土，募舟师北守大江。国珍疑为图己，复入于海。不华遣兵扼黄岩之澄江，仍遣使谕之，国珍益疑，以小舠二百，复突入海门，犯马鞍诸山塞。不华迎战，死之。三月，元主复遣浙江左丞答纳失里率兵讨之。濒海大姓赵士正、陈子游、杨恕卿、戴甲皆倾家募士，为元收捕。五月，国珍攻台州，自中津桥乘楼临城，楼忽崩，攻者尽堕死。国珍气沮，焚城外庐舍而退。元帅也忒迷失击走之。十三年春，元遣左丞帖里帖木儿复招谕国珍，参军刘基议"以国珍首乱当诛，余党当招安"。帖里上基议，省院入方氏贿，驳基"伤朝廷好生之德，且擅作威福"。于是编管基于越，既而报"国珍已降"。令授以五品流官，遂授徽州路治中、弟国瑛信州路治中、国璋广德路治中。国珍疑惧，拥舟千艘阻漕运，元乃复遣江浙右丞阿儿温沙击之。十四年，元设浙江元帅于庆元，以纳麟哈喇为元帅，以备之庆元密迩。国珍日夜治铠仗，理舟楫，运粮饷，项领相望以给军用。又树栅捍江，浚隍筑城，列弩石楯戟，严警以防寇至。阿儿温沙命诸县令以军资入海，而不与之兵。遇国珍兵，皆溃而归，失亡不可胜计。元人无如之何，寻复招安之，授国珍海道巡防万户，国璋为衢州总管兼防海道。先是，赵士正诸家每与方氏战，子姓多歼于盗，不沾元一命，而方氏一再招，辄进高官，于是上下解体，甘心从乱，而方氏益横矣！国珍以海内大乱，知元力不支，九月，以兵突入台州路，执元帅也忒迷失、黄岩州达鲁花赤宋伯颜不花、知州赵宜浩等以俟元命，遂据有台州。台人潘省中，元进士也，为国珍所劫，屡以大义折之，国珍不从。其党郭仁本谮之，乃使盗杀诸隘。先是，庆元路蒙古字学录王刚由被檄守东门，方氏兵惮之，不敢登陆者数年。刚甫解官去，十五年春，台既破，庆元民震恐。至是，国珍以舟师奄至，纳麟不能御，城中开门纳之。国珍入城谒纳麟，阳尊事之。独慈溪令陈文昭不附，执文昭，欲沉之于海，已乃囚之岱山。又攻昌国州，达鲁花赤高昌帖木儿屡击破之，方氏兵来益众，或劝之遁。帖木儿曰："是我效死之日也。"城破，力战而死。国珍乘胜取余姚，州同知秃坚见而责之曰："君甫就招安，复以兵入台、庆，背德忘信，何以令人？"国珍不答，心甚衔之，竟构秃坚以罪死，国珍乃居庆元，斥地至上虞，与张士诚接境。先是，温城守兵每出战多捷，戍将骄，不为备。七月，国珍使其将李德孙袭温州破之，用其侄明善为镇抚以守温，屯兵千佛寺。温之岷冈有王子清者，不附方氏，寻被执，磔之。栅溪刘公宽者，积御盗功，官至都事，亦不附方氏，闻子清死，不胜愤，九月夜，率众袭镇海门，入千佛寺。明善脱身走，公宽退，明善复入城，筑寨天宁寺以居。国璋闻变至温，使方文举立寨于净居寺，以助防守。十月，元院判迈里古思出兵曹娥江以图庆元，为国珍所败而还。十六年春，方明善等攻刘公宽。公宽壁险拒之。七月，元经略使李国凤至温，拜明善为院判，明善胁留之，悉官其党，然后得去。冬，刘公宽兵势益蹙，明善部下陈珙旧与公善，因使珙图公宽。珙一夕与公宽醼饮，密令公宽仆金兴杀之，取其首以献。其妻侯氏自经死。明善以金兴叛主不忠，斩之以殉。十七年春，国珍造舟益多，或问之，国珍曰："倘有兵来，吾即乘舟浮海去耳。"于是闻者叹曰："若但为走计，非英雄也！"以故豪杰往往去之。十八年春，黄岩章子善好纵横术，说国珍曰："元数将终，人皆知之。今豪杰并起，四海分崩，公若奋臂一呼，战舰数千艘、数十万众可立至也。溯江而上，则南北中绝擅漕舟之粟，舟师四出，则青徐闽广辽海皆惟公所欲。审能此行，则人心有所系属，而伯业成矣！"国珍曰："君言远矣！智者不为祸始。朝廷虽无道，尚可以迁延岁月。今豪杰争雄，莫适为主，吾乃按兵保境以待其定耳。"子善谢去。元进国珍为江浙行省参政，寻令击张士诚。士诚遣史文炳、吕珍统十将军，以数万众御国珍于昆山海滨，步骑夹岸为堑。国珍策之曰："海滨非平地，而参用步骑，吾知其无能为也。"乃以舟师五万攻之，自率壮士数百趋夯子桥。十将军薄战，矢石雨下。国珍奋击，杀其两将军，余皆散去。复前与史、吕接战，其步骑讫不得成列而散，遂杀其七将军，死者数千人。明日，七战皆捷。士诚请和，乃引还。元主嘉其功，听以节钺镇浙东，开治于鄞，复数加爵赏，俄进太尉、江浙左丞，赐以衢国公印章，昆弟子侄宾客皆至大官，虽奴仆亦滥名器。每遇朝，金紫杂沓。永嘉丞达海及乡进士赵惟恒皆不与方氏，国珍恶之，并沉之于江，由是人皆侧目。士有誉功德以媚之者，辄跻显贵。溪山啸聚之徒，荷戈来从，授以州县佐者甚众。又时以粟至燕交通权贵，凡宣敕封赐，恣其所欲。三路士民忘其为盗，惟知有方氏，更翕然附之。十二月，明太祖下婺州。明年，衢、处相继欸附，因遣儒士陈显道往招国珍，国珍亦惧兵南来，即遣子完为质，使其属张本上书，请以三郡内附，如钱镠故事，岁贡白金以给军资。太祖许之，还其质子，遣博士夏煜往授国珍江南行省平章，国璋福建行省右丞，国瑛福建行省参政，国珉江西行枢密院佥院，畀以印章。国珍受而不用，惟令国珉称佥院，而通贡北方如故。苗军刘震蒋瑛杀婺州守将胡大海以叛，持其首赴之，众皆喜，国珍曰："吾昔遣欸附，今纳其叛，是见利而忘信也。且人叛主而归我，即他日叛我矣！"遂率师击之。苗军悍甚，国璋中流矢殁。太祖遣使临其丧，抚其遗孤。国珍自国璋之殁，知其兵不可用，惟北通察罕父子，南通陈友定以观成败。二十二年，国珍使其检校燕敬以金鞍玉辔献。时方克江西，太祖语敬曰："我取天下，所用者马，奚用此为？"国珍又遣使献大马四，太祖颁赐诸将。始察罕平定山东，江南震动，太祖遣千户王华挟三千金，附国珍海舟，至燕通好。元主遣尚书张昶等来谕。俄而察罕死，太祖遂欲与元绝。国珍以昶等闻，而太祖不答。国珍惧见让，令昶等至闽。已而太祖悉召元使诛之，太祖又遣郎中杨宪谕国珍使奉正朔。国珍对曰："昔献三郡，为保民计也。未至遽奉正朔。张士诚、陈友定倘来见攻，若援兵不及，则国珍危矣！姑以至正为号，彼则无辞以罪我。况我元之首乱，不得已而授我兄弟以官。使我稍不振，彼安能容我耶？必欲我从命，须多发兵来守三郡，即当以三郡付上国，国珍率弟侄听命于京，止乞国珍一身，不仕以报元恩足矣。"宪还以告，太祖曰："姑置之。俟我克姑苏，虽欲奉正朔，亦晚矣！"时国珍方睦于士诚，倚以为唇齿，故不即降。二十三年，方明善以舟师攻平阳，执元守臣周兴嗣，幽之于鄞。明善入平阳，恣淫虐月余。周氏旧卒童环逐明善，以平阳附于处州，将胡深深引兵略瑞安。三十四年春，深攻温州，国珍惧，修贡于太祖，且约"大兵取杭即献土"。二十六年八月，明兵围姑苏，国珍屡假贡献来觇，太祖恶其反覆，数其十二过责之。国珍不报。未几，绍兴降于太祖。太祖责其贡粮三十万，仍谕以当早效顺。国珍不听，自度兵且至，遂为泛海计。是岁，元太子遣使赐御酒龙衣于国珍。二十七年，是为吴元年，姑苏即下，九月，太祖遣大将汤和将兵渡浙江，夜入曹娥划坝通道，直抵车厩，将逼庆元。国珍既封府库，具民数，使城守者出迎王师，自挈妻孥，以大舶走海中。副将朱亮祖入新昌，破天台，进趋台州，方国瑛弃城拒野，亮祖攻之急，国瑛亦以大船载妻孥走黄岩。亮祖遂下诸暨邑。十月丙午，兵至黄岩，国瑛复焚廨宇入于海。己未，亮祖兵至温州，破方惟善于城南，明善遁去。十一月癸酉，复败明善于盘屿。始国珍登大船，欲扬帆远引，以避兵锋，辄不利，窘迫不知所为。值和亮祖各遣人谕使早降，国珍遂率其宗党来降，且上表曰："臣闻天无所不覆，地无所不载，王者体天法地，于人无所不容，臣荷陛下覆载生成之德久矣，安敢自绝于天地？切念臣本庸才，处于季世，保境安民，非有黄屋左纛之念。曩者，陛下霆轰电掣至于婺州，臣愚以为天命有在，遣子入侍，于时固知陛下有今日矣。日月中天，幸依末造，而陛下开诚布公，赐以手书，归其质子，俾守郡县，如钱镠故事。十年之间，与中吴角立，皆陛下之赐也。逮天兵下临吴会，臣尝上书，谓朝定杭越，暮归田里。不意今年以来，老病交攻，顿成昏昧，而兄弟子侄志虑不齐，致烦陛下兴问罪之师。方怀忧惧，未能自明，而大军已至台、温。今臣计无所出，虽遣使再三，而承诏之师势不容已。是以封府库，开城郭，以俟王师之至。然犹未免为泛海之计者，昔有孝子于其亲也，遇小杖则受，大杖则走。今臣之事适与相类。虽然，臣一介草莽，亦安敢自绝于天地？故每欲面缚待罪阙庭，复恐陛下万一震怒，天下后世不谓臣得罪之深，将谓陛下不能容臣，岂不累天地之大德哉！臣谨冒死奉表，伏俟严诛。"表文，国珍幕官詹鼎之词也。上览表曰："孰谓方氏无人哉，是可以活其命矣！"因趣其入觐。至京师，上大喜，且让之曰："若来何晚也！"国珍顿首谢罪。上待之特厚，每赐宴享，与功臣并列。方氏既平，其伪官悍将二百余人素为民巨害者，皆徙江淮，台、温、庆元之民始奠枕焉。未几，拜国珍广西左丞，仍奉朝请。一日侍燕，坐不能兴，舆至家，已成永疾矣。上数遣中使存问，官其子礼为广洋卫指挥佥事，完为虎贲所镇抚，侄明谦为太仓卫指挥佥事。上又遣使问欲言，国珍曰："臣荷厚恩，无尺寸之功，而子孙椎鲁不知人间事，幸陛下以臣故，曲加保全。"遂卒，年五十六。上为文祭之。国珍且死，求葬于京城东之玉山上，特许之。洪武十一年，令明谦籍其始从戎者为兵，谓之方氏军哨，凡数万人。而明谦骄不法，事觉，上怒，加以剥肤之刑，举宗受戮，其犀象珠玉金缯之属以亿万计，皆归于有司。先是，黄岩童谣曰："杨屿青，出贼精。"杨屿素童，忽生草木，而国珍出，竟如谣言。

【明】

《嘉靖府志》：万斌，字文质，本濠州定远人。少沉静，有志节。元季扰乱，斌集众保乡里。明太祖起兵濠州，率所部来属，太祖命充万户，从帅府费聚入滁洲，下和阳，捣仪真，授显武将军、副千户镇滁。淮西地屡被侵夺，斌镇滁十余年，独固守如故。复命从都督顾时定濠泗。洪武纪元，从征陈友定，取建宁诸道，赏赉加等，仍从费聚北征克敌，调守永平府，进武略将军，赐诰世袭，遂从征广宁，平之。五年六月，从宣武侯曹良臣远征沙漠，大战于阿鲁浑河，陷阵死。二十五年，录功赠明威将军、指挥佥事。斌初名国珍，其名斌者，太祖所赐也。子钟嗣。钟，字荣禄，精韬钤，工骑射，痛父没于王事，欲以功名自见。洪武九年，袭父职。次年，授武毅将军、龙骧卫副千户。十一年秋，从征松州。十四年，攻施州蓉美等洞，皆先登。十六年，讨吉安泰和等叛寇，平之。十七年夏，奉命捕倭宁波，寻调守御定海，再调昌国卫。二十年春，卫徙象山县东门，地悬海，东南通高丽、日本诸国，叛服不常。钟治城垣修战舰，屹然海滨巨镇。二十八年，超授宁波卫指挥，世袭，赐第于鄞，遂家焉。建文元年，燕兵起，钟以世胄勤王，从大军战死于大兴县之花园。子武嗣。武，字世忠，建文二年袭职，永乐初，檄讨黄岩巨寇，生缚之。监司争功，诬以稽迟，论戍广右交趾。简定反，武隶黔国公沐晟戏下。永乐六年十二月，兵进檀舍江，我军稍北，武大呼曰："人臣有死而已。"奋勇力斗而死，年二十三。武事继母孝，读书尚气节，公余集名士讨论经史，苦心研索，悟正心诚意之旨。尝秋夜见天空云净，月光如昼，叹曰："人心不当如是耶？"遂以秋月名其轩。弟文嗣。文，字世学，事母至孝。永乐十年，以武死事无子，命袭祖父职。十五年，日本入寇，率舟师出海迎敌，战于莲花洋，擒斩无算。承总帅命留守桃渚海口。明年六月，出哨锯门，夜见双炬如悬灯闪闪，文疑寇至，移舟近之，发矢落其一，炬灭而飓风大作，溺于海，时年二十有二。所落之炬，盖龙目也。世因称文为"射龙将军"。计万氏一门三世四人皆死国事，乡邦重之。**按：《甬上耆旧传》载射龙为万武事，或又传为戚继光事，谓舟赖一箦坚系，得不覆。今戚氏世不食笋，并存之，以备参考。**

《嘉靖郡志》：永乐戊戌科，定海陈宪登第。未几，选御史，出按江西，甚有风裁。一妇之夫被人谋死，经年未断，乃疑狱也。宪谨按其地，因祷于神，夜梦神告曰："斗谷三升米，便问陈宗礼。"宗礼，其字也。晨起，据案推之，见邻里排年姓名有康七，思之良久，曰："杀妇之夫者得非康七乎！"其人叩头请罪，卒置之法，一郡称为神明。

《唐令志稿》：仁宗洪熙元年春正月，建文让皇帝谒大士于普陀潮音洞。五月，往闽粤，赴云南，止程济从行。**按：《明史纪事本末》载，永乐二十二年，帝东行，与史彬遇于旅店，言及榆木川事，帝不胜感叹。即至彬家，彬具酒肴于重庆堂。帝上坐，程济东列，彬西列。彬从叔宏者，嘉兴县史家庄人也。感帝恩，谈及往普陀，宏曰："当具粮随行。"帝行，戒彬曰："有叔在，尔勿往也。"宏从之去。十一月至宁波，抵定海，渡莲花洋。**

《唐令志稿》**按：纪建文事载梁田玉兄弟四人。《从亡录》载梁氏三人。《续藏书》云：梁氏父子兄弟实八人，同仕于朝，素以忠义相勖。及破京后，相率变姓名遁去。或曰：梁氏父子兄弟为舟师投水死者五人。然皆本之王诏《忠贤奇秘录》。诏，松阳人，游治平寺，闻藏上嘤嘤有声，异之，令人缘藏登绝顶，得书一卷，内载建文时出亡臣僚二十余人事，纸毁浥，字多断烂，因诠录其可识者九人，而梁氏与者实四人也。因各以诗系之。其赞田玉曰："行儒名释，知我其谁？至宝沦没，久而同辉。"赞良玉曰："忠臣蹇蹇，遵彼海浔。耽书贾市，资以盍簪。迤如遭如，哀此陆沉。" 赞良用曰："相彼柏舟，载浮载沉。中流誓楫，怀我好音。昔欠一死，非名是寻。以完我族，庶明我心。"中节与郭良同为道士去，因合赞曰："驾言导引，笑傲林皋。颓波莫挽，使我心劳。"郑端简公有合铭云："今吾故吾，知吾者谁？癯若漆身，希踪采薇。戢戢潜龙，寥寥冥鹄。岂吝箕畴，而甘汉卜。山陬水噬，天涯海浔。会其可逢，鼓以南音。肯欠一死，以明我心。白霓昼见，虞渊沉沉。孰呵护此？悠悠古今。"《世法录》云：郭良、梁中节俱中书舍人，壬午六月皆与出亡之事，并弃官为道士。两人曾于公安夜宿佛寺，建文君亦宿焉，时改服为黄冠，两人不识也。夜漏将二鼓，微闻两人泣声，既去，留姓名于纸，君始知之，作《萧寺黄冠夜泣诗》云："戊子春正十三日，寺遇黄冠不相识。结蒲炷杖坐西偏，低头不语意自闲。亡何一人复冠箬，发黄面皱多愁颜。拊掌遽惊还叹息，漏分但闻声唧唧。似怀万斛愁难倾，哀猿夜叫寒鸦泣。余肠萦结讵堪言？布衾湿透皆泪痕。晨兴往探询其苦，两公踪迹云无根。空余蟫断字数个，依稀恍是亡臣名。我欲把毫悉胸臆，水冻笔花写不得。"又，荆溪舒有谷著《存褒什·吊田玉》诗曰："《忠贤奇秘录》谁传？田玉完名在简编。同逐乱离髡发去，不应零落叶希贤。"以《什》**

内脱叶御史名，故云。《吊良玉》诗曰："紫薇花蔓玉堂虚，海外生涯博士书。不信同时花下客，五陵烟草尚踟蹰。"《吊梁良用》诗云："风波不与世浮沉，击楫翻涛誓此心。应有灵均遗恨在，共垂青泪入江深。"《吊中节》诗："黄冠痛饮古园违，国难从教自昔悲。二子家乡归未得，种桃何处亦相携。"云"二子"者，并吊郭良故也。按：定海诸公之得传，始于王诏藏本，又，缙云郑僖为识其事。郭良见于焦竑《忠节录》，《世法录》亦指为定人。刘玉所著《拊膝录》又得张安国为定人，与妻贾氏泛太湖，凿舟自沉死。定之死节共有十人，则为极盛。在当时，法网最严，人所忌讳，故《选举》《辟荐》皆削其名，里居事迹莫征其实。至万历间，始表扬忠节，而梁氏止传四人，其得从祀乡贤者，里人邵辅忠司李昆陵时为之也。

《明典稿》：正统四年四月，倭奴大寇浙东。先是，倭得我勘合，方物戎器满载而来，遇官兵，矫云"入贡"。贡即不如期，守臣幸无事，辄请俯顺夷情，主客者为画可条奏，即许复贡，云"不为例"。嗣复再至，亦复如之。我无备，即肆出杀掠，满载而归。宣德末年，海防益备，贼不得间，贡稍如约，遂许夷至京师宴赏市易，绝恣其欲。已而备御渐疏。是年寇大嵩，入桃渚，官廨民舍，焚劫一空，驱掠少壮，发掘冢墓，刺婴孩竿上，沃以沸汤，视其啼号，拍手笑乐。捕得孕妇，卜度男女，剖视中否为胜负饮酒，荒淫秽恶，至有不可言者。积骸如陵，流血成川，城野萧条，过者陨涕。于是朝廷下诏备倭，命重帅，守要地，增城堡，谨斥堠，修船舰，合兵分番，屯驻海上，寇盗稍息。

《明典稿》：成化二年四月，倭忽至宁波，知我有备，矫称进贡。守臣为请于朝，且欲遣至京。杨守陈贻书主客，力言其不可许。五年五月，定海卫千户王铠言："倭夷奸谲，时掠海边，见官军追捕，乃阳为入贡，伺虚则掩袭边境。往者大嵩尝被其毒，近见使臣请启入贡，臣恐使回，有异谋，或为掩袭之计，乞赐镇守总督、巡海等官，设策防御之。"兵部因言："迩者倭使清启，凌轹馆仆，残杀市人，迹实桀骜。铠言诚当，宜移文备倭。巡海等官，令督缘边，官军务振军容，严斥堠，以防其奸。"

《雍正府志》：嘉靖壬子二月，倭寇突入定海关夺船，捕盗王端士敌却之。四月，寇游仙寨，百户秦彪战死。六月，陷霩衢城。次年四月，陷昌国城。甲寅三月，倭由三江沥海直走定海之王家团。乙卯四月，倭自钱仓之白沙湾入奉化仇村，经金峨至七里店，由甬东走定海崇邱乡，复折而趋鄞江桥，历小溪、樟村，直走绍兴。九月，贼徒二百余人登据舟山之谢浦。复有贼数百劫仙居、黄岩。官兵追之，奔奉化，走鄞江桥，出四明山，据绍兴之鬼山。十一月，复有倭寇奉化之枫岭，敌杀主簿毕清、义士杜文明，与象山贼合，突过四明山，犯上虞。丙辰四月，倭贼二千六百、船二十三艘登劫鸣鹤场。复有贼一枝犯临山三江。越数日，两贼合攻观海、龙山城，突入慈溪县治，焚劫惨毒。寻由丈亭将犯郡城，参将卢镗击之，退屯海口，已据定海之邱家洋。官兵围守数日，贼甚窘，我兵不戒，遂夜溃围，踰桃花岭，渡李溪，走鄞之西乡，由元贞桥入奉化、宁海。是时，倭贼所过，焚劫一空，五邑之民无不被其毒者。明二百余年中，惟此时受害最烈云。

《海防类考》：嘉靖倭乱时，定海用兵尤久，海忠介瑞方仕淳安，令解饷至。海道谭纶谓瑞有文武才，请于总制胡宗宪留之军前，与定令宋继祖共筹兵饷，多为制府之所倚赖。

《定海县志》：嘉靖十九年，海贼李光头（闽人）、许栋（徽州人）勾引倭奴并其党汪直、徐惟学、叶宗满、谢和、方廷助等，分踪剽劫，其始结巢于霩衢之双屿港（今象山辖）。二十七年，朱公纨遣福建指挥卢镗击之，获贼李光头、许六、姚大、窝主顾良玉、祝良贵、刘奇十四等。朱公纨亲率官兵，聚木石筑寨在双屿港口，俾贼不得复入，毁其所建营房、战舰，双屿贼薮始散。六月，金乡指挥吴川擒获许栋并其弟、杜武等，惟汪直率徐惟学、叶宗满、谢和、方廷助、毛烈、叶麻、陈栋、徐海、汪澉、汪汝贤等，收其余党，复肆猖獗。时广东陈思盼者，自为一艨，汪直恶其不附己，杀之，并其众，因以为功。三十一年，引兵叩关献捷，求通互市，宫司勿许。直怒，移泊金塘之烈港为祟。烈港地形曲折，猝难进剿。三十二年闰三月，都御史王忬阅图审形，授意于参将俞大猷，由烈表进，以当其前；参将汤克宽，由西堠门进，以防其逸。时参将俞大猷麾下有兵侯得等罪当死，知其熟识金塘山地脉，特赦之，令入贼营举火以自赎，而自移营水岙，另分遣张四维屯中龙山、黎秀屯霩衢，遥为声援。至期，四鼓纵火烧贼营，烟焰蔽天，官兵乘之，贼惊走争舟，溺死者无算。汪直独率精锐溃围去，泊马迹潭。官兵追蹑，炮惊蛰龙，官兵船多覆，汪直、萧显等复遁去。时有依汪直者，攻松门勿克，移舟至舟山岑港，而直巢已破，把总刘恩至，追杀之无遗。直走归日本，据萨摩州之松浦津，号召三十六岛自造巨船，联舫数百丈，容几千人，以徐海、叶宗满、徐惟学、叶明、养子毛海峰

（即毛烈）为将，以陈东、谢和、方廷助、叶麻为谋士，以倭奴多郎、次郎、四助、四郎为部落，以从子汪汝贤、义子汪滶为腹心，自号为徽王，分遣诸蛮入寇。萧显等走屯直隶之崇明、南沙，修船为遁归计。刘恩至、张四维、邓城等设伏长涂、沈家门以待。八月，遇之于普陀洛迦之临江海洋，与贼战，连胜。贼舍舟登普陀山，俞大猷等复攻之，夜自石牛港进发，张设疑兵，不与交战，潜遣奇兵，由北巡检夵直入。百户邓城、武举火斌、黎俊民陷阵先登，贼又败走茶山绝顶。翌日，邓城由东北千步沙进，火斌由鹦哥岩进，黎俊民由中路进，刘恩至统大兵居后夵。四面俱进，大胜，仍环守之浃旬，值他岛贼至，鼓噪四合，火斌、黎俊民死焉。应袭、魏本、康阜亦同遇害。参将卢镗于石墩洋邀击，斩首二百余，贼始退。三十四年，总制胡宗宪谓直"称王外海、难以擒灭，"乃使宁波生员蒋洲、陈可愿委曲劝谕，诱而出之。直集谋士计，谢和等曰："遣我亲信先往宣力，待彼不疑，而后以全兵继进，江浙可图也。"直喜，托宣谕别岛为名稽留蒋洲，先遣徐海、陈东、叶麻等入寇。是年六月，指挥王霈、把总闵溶追败贼于霍山洋面，参将卢镗败贼于马鞍山，复追败于龟鳖洋。八月，孙宏轼破贼于陈山夵，擒贼首林碧川。参将卢镗击贼于金塘山。九月，倭寇聚集余贼，据舟山谢浦为巢。十二月，指挥闵溶、义士吴德四、德六攻之，勿克死焉。三十五年三月，参将卢镗、知县宋继祖、生员李良民、武生娄楠等会兵进攻，贼稍却，移屯邵夵。时适汪直遣汪滶、汪汝贤、叶宗满等，同陈可愿抵关效力。胡总制即遣汪滶等同卢镗剿之，尽歼之焉。宗宪重加犒赏，滶笑曰："此何足赏！若吾父来，当取金印如斗大耳。"宗宪与谋取徐海以观其意，滶曰："此非吾所能办。吾父来，乃可。"遂留夏正、童华、邵岳辅、汪汝贤于军门，而自以招直为名，与叶宗满归夵，盖知海事猖獗，欲速直来以图大事耳。初，徐海由乍浦口入寇苏松嘉湖，官兵不能御，宗宪以计诱降，俾自擒其陈东、叶麻等，剪其羽党，遣其亲爱勇将辛五郎归夵招直。八月，舟过金塘，宗宪计令卢镗饯而尽杀之，恐海乞降之信泄于直也。九月，贼复据舟山，副使王询、总兵俞大猷击之，俘斩百五十级，退巢于谢浦之吴家山。十二月，张四维以麻阳兵当除夕夜袭破之，斩杀无遗。三十六年四月，贼舟至沈家门，俞总兵诱降五十三人，寻斩之。汪直自与汪滶、叶宗满、谢和等酾酒誓师，谓众曰："俞大猷，吾曾破之于烈港，须谨防之。卢镗曾与儿滶同事月余，易与也。"十一月，直统诸岛倭，泊舟山岑港称降。时副总兵卢镗守中中所，城外倭刃森列，铠虑变，坚壁以待，不肯启钥。把总刘朝恩曰："战既不能必胜，而又使之疑我，是激祸矣！事迫，不如以礼谕之，以诚招之，有祸，吾自当，不相累也。"铠从之。朝恩驰至直所，直见，伏迎道左。朝恩反复开谕，直曰："公乃督府亲信，轻身辱临，推诚相与，直小人也，敢不惟命！"遂单骑入城见卢铠，遣澉、宗满入关见总制。然直惟日砺兵，办伐木竹，为开市计。且索母妻子（母王姬、子名澄系于金华狱中），求官封，相持者已五旬矣。宗宪密调戚继光、张四维，命大猷、卢铠等督诸健将，埋伏水陆要害数匝，开关扬帆，示欲进兵，而复遣指挥夏正谕曰："汝欲保全家属，开市求官，可不降而得乎？带甲陈兵而请降，其谁信之？汝有大兵于此，即往见军门，敢留汝邪？况死生有命，当死，战亦死，降亦死，等死耳！死战不若死降，徐海前轲鉴也。降且万有一生焉！"直拂然不悦，叹曰："昔汉高祖见项羽于鸿门，当生者不死，纵胡公诱我，其奈我何！特部兵无统，得澉摄之可耳。"海上诸贼，惟直多智习兵，得人心，为难制。诸将共曰："以犬易虎，不可失也。"遣澉往，直乃入关诣军门。初犹以礼遇之，偕叶宗满、汪汝贤送至杭州，执付之狱。三十七年二月，汪澉奔出外洋，为飓风所覆。毛烈据岑港为直报仇，宗宪率师攻之，命把总任锦、指挥甘述等进泊江口之南，都指挥李泾、张天杰等泊江口之北，总兵俞大猷等以福船并叭喇乌八桨串网船往来策应，指挥周官土官彭志显领大刺土兵由中路小河岭入，指挥杨伯乔、唐荃、土官张某领镇溪麻寮兵由右路碇齿入，参将戚继光率部兵由左路小岭入，而指挥杨永昌、卢锜、鲍尚瑾、方升、通判吴成器等分道策应；参政王询、刘焘、副使陈元珂监督之，约期水陆并进，直抵贼巢。时都指挥戴冲霄先用火攻，杀伤颇多，驰令能获全捷，俱准首功，禁取级以妨前进。我兵蹂尸而战，贼大败奔舟。忽港侧炮声大振，复拥众登陆抄后死战。我兵后哨稍却，前锋四击横冲，贼乃敛营固守。宗宪以夷僧德阳称贡而来，贼胁为声援，可计而离也，乃潜纵之，令成器遣谍持信票数百入巢散其胁从，由是贼势日孤，为守益坚。宗宪又檄诸将曰："贼所以负固死斗者，盖春汛已及，计有新倭可为应援。若哨击稍疏，必流突与合矣！此非小利害也，共督舟师预为哨探之计。"无何，果有倭船泊普陀小道头，参将张四维、推官查光述等督兵且战且逐，至乌沙门外洋，贼遂溃败，俘斩四十余级，贼走登乌沙悬山（即朱家尖山也）。总制策此贼与岑港之寇相距不远，陆路必由碇齿，水路必由响礁门，乃檄诸将设伏以待。已而，贼果由二处奔沈家门与岑港合踪，宗宪亲莅定海，分遣将领，各与汛地，福船由岑港南口，广船由北口，宣抚田世爵、都指挥何本源等兵由马岙至涨齿、由寺岭至三官堂、由小岭至聚水塘进，而以元珂、四维往来监督。又遣奇兵由天童径捣贼船，仍进巢半里许列一老营，以参政刘焘居中调度，参政胡尧臣防守所城，督发粮饷，克期大举。时贼依山阻水，列栅自卫，火器颇多，我兵陷阵先登者间多被害。宗宪复檄诸将从中逼垒而阵，且示以哨伏应援之规，更番迭战，以耗其火药，折其锐气。又令夷僧辈招之私语，贼遂互相猜疑，至持刀自击。我兵乘隙进攻，贼众大乱。夜分纵火焚其舟，死者无算，余各奔巢，我兵蹑之，砍栅直入，斩首百余级。复奔柯梅岭，我兵追之，火其巢厂，贼势窘甚，遁出浦口。四维与指挥朱尚礼等舟师追至俞山外洋，见贼连艘而行，遂以兵船潜伏山下，而以小艇尝之。贼果逐利来追，伏兵大起，夹击之，犁沉四舟，擒其渠魁汪印山、陈礼等，斩首九十余级，溺死者不计。汪直之党至是始尽。三十八年，汪直伏诛。四十年四月，官兵遇贼于北洋，追逐至马岙沙峧，陆汛把总章延廪引兵败之，把总艾升又于长白港斩贼六十二级，又犁沉贼船二只于剑山洋面。隆庆四年四月，参将梅魁犁沉贼船二只于五爪湖。六月，总兵朱轨、参将孙鸾于浪冈洋生擒贼十八名，斩杀十九名，救回被掳男妇八口。万历二年，参将艾升于浪冈山擒贼十八名，斩杀二十九名，救被掳人四十九名。三年至十四年，马迹、陈钱、浪冈、五爪、鱼龙、洛伽、菜花、东霍、西霍、西寨、普陀外洋内洋共三十七战，胜负不一，事迹俱不甚详，故弗载及。

《谢天愚集》：李环，字宗复，嘉靖癸未进士。将生之夕，父梦神授以玉环，喜其兆吉而名之。弱冠补弟子员。岁甲午、丁卯连举武榜，癸酉又偕其弟珮同荐，凡三举云。方公之袭爵也，大司马神其射，咨送都御史，俾领水部，部浙以西。忽遇倭艘于徐公山，孤军力战，斩获数十。捷闻，赐银币。先是公昼息，见巨人兀立沙际，迎之不见其首，惊寤，已于淤淖中得石人如梦状，因绘塑尊礼之。及徐公山之战，怒涛壁立，舟若倪之见风卒卒，无须臾定，舟中人自分入鱼腹，公晏若覆杅也。时战炮惊起伏龙，浤浪大作，战舰颠播怒涛中两日夜。夜又梦前巨人慰之曰："吾首非尔不完，尔躯非吾莫保。"顷之，浤浪遂恬。会有忌其功者，调守昌国游仙寨，已复，更舟山团练。

《暌车志》：万历辛未岁，四明有巨商泛海，行十余日，抵一山。登山闲步，绝无居人。一径极高峻，攀蹑而登，至绝顶，有梵宫，彩碧轮奂，金书榜额，字不可识。入门周览，见丈室一僧独坐禅榻。商前作礼，僧起接坐。商曰："舟久阻风，欲饭僧五百以祈福祐。"僧曰："诺。"期以明日。商乃还舟，如期造焉，僧堂之履已满，不知其所从来也。斋毕，僧引入小轩，焚香瀹茗，视林外竹数个，干叶如丹枫。商求一二持归中国，僧自起伐一竿与之。就舟即得便风，乃裁其竹为杖，每以刀锲削，随刀有光，异之。后至一国，携其杖登岸，有老叟见之惊曰："君何自得之？请易以箪珠。"商贪其赂而与焉。叟曰："君亲至洛伽山，此观音座后旃檀林紫竹也。"商始惊悟，归舟，取削叶余屑宝藏焉。医疾辄效。

《唐令志稿》：庄一纯，字鹿星。父早世，事母孝，伯兄力农，纯力学，庠试高等食饩。尝于慈清道观祈梦，得"小登科后大登科"之句，因自期许。既而屡试棘闱不售。断弦续娶，仍不售。以明经上春官，又不售。读书京邸几十年，侍御顾宗孟尝宰定，素知一纯，劝之曰："一命之士，无不可以自见。"乃谒，选授山东滨州判，清操茹檗。时州守墨，若水火不相合，无以展骥足。会守镌职去，宾兴士子，一纯主席梨园，唱前梦句，叹曰："吾一生为此句误，今应于此，岂非数耶？"遂决计归，士民攀留不得，输百余金为行李资。坚却之，归家训塾糊口。定学博叶国华敦重其品行，敦请为大宾，捐俸代其犒饮费，士林两高之。年七十有四卒。

【国朝】

《唐令志稿》：甲申三月，李闯犯京，怀宗殉于煤山。世祖章皇帝率师入都，驱逐逆闯，应天顺人，即位于燕京。五月，宏光袭位于南都，时奸臣马士英、阮大铖乱政。次年，王师破扬州，史可法死之。乙酉五月，王师渡江，宏光、马、阮俱遁，刘良佐降，奉豫王令，追宏光于芜湖，挟之北去。闰六月，豫王传檄平定江浙，时杭州潞王以城降，遂分遣官至浙东招抚。其时张国维、朱大典、陈函辉、孙嘉绩、定海关总兵王之仁等迎立鲁藩于绍兴，建号"监国"；郑鸿逵奉唐王于福州，建号"隆武"；瞿式耜奉靖江于粤西，建号"永历"，俱未归顺。丙戌五月二十八日，绍兴师溃，王师渡钱塘江，方国安、马士英决计献鲁王为投降策。鲁王潜脱入海，依南田张名振，去定关，总兵、兴国公王之仁载一家自沉于蛟门下，自诣南都就戮。浙东诸郡各奉正朔，独舟山一隅屡招不服。南京留守、总兵黄斌卿初为舟山参将，甚得远近民心，思陵之变，欲率幕下勤王，会王师渡江，退保舟山，尊奉永历年号。时隆武在闽，张肯堂交章荐斌卿可任大事，升都督，加太保，拜肃卤伯。王之仁奉监国，握兵西兴，时其子王四镇定关，绝不与斌卿交通。后宁波归顺，王四悉战舰奔舟山，斌卿拒之横水洋，发炮碎其舟。四单身脱走，为僧遁去，其裨将王朝先降斌卿。朝先本骁将，领蜀兵三千，皆死士，斌卿甚倚重之。宁郡杨文瓒、华夏密约斌卿入郡为内应，斌卿统舟师抵关，会文瓒等谋泄受戮，乃还。戊子春，吴淞提督吴圣兆遣使通斌卿，将结连太湖贼，择时大举。己丑十月，斌卿遣亲信订师期。使还，为张名振所获。及期，假斌卿旗号往，事不成，名振遁走，圣兆受戮。斌卿闻之，切齿于名振，南田音问遂绝。由是名振益恚恨，与阮骏谋密结王朝，先以鲁王玺书封朝先平西伯，其意在密结朝先以灭斌卿也。朝先遂与名振歃牲为盟，同奉监国于南田，朝见毕，日将晡，名振伏力士执斌卿，缭以大炮，沉之海，诈言斌卿遁去，遂奉监国入舟山，以张肯堂总阁部事，张煌言领兵部尚书，沈宸荃亦以兵部尚书同总督军务，李向中吏部尚书，吴锺峦礼部尚书，陈群平户部尚书，张永佑工部尚书，沈犹龙刑部尚书，总统刘世勋、刘永锡、阮骏、张名振、王朝先俱以侯、伯领水师。名振欲讳谋害斌卿事，假对诸将恸哭。逾日，斌卿家人辛群星持所遗题笺入城，城中审知被害，一城大哭，声动山谷。其文臣张肯堂祭以诗曰："中国一抔兴复土，英灵千载大明臣"。名振等跋扈擅权，鲁王止拥空名，凡肯堂等所议所举，多阻格不行，日纵军士掠沿海居民，民受荼毒甚烈。顺治庚寅，朝廷遣人招降，不从。六年之内，鲸噬螳伏，互自弱强，人心涣散。顺治辛卯，命固山金汝砺、刘清源、总督陈策、提镇田雄、张杰统八旗满汉军合台温水师，于八月廿三日出关。时风恬浪静，过蛟门，龙神效灵，忽大雾四塞，官兵突过，两不相视。阮骏拒之横水洋，因昏黑，俱溜下风，炮不及发，急投火毯。官军俱上流，骏船火反自烧，遂自赴水死。我师抵舟山招抚，降者免屠戮。鲁王仅以一身驾小舟遁入海岛去。九月初三日破城，时张肯堂阖家自缢于池亭死，吴锺峦投缳自经死，陈君平阖门自焚死，沈大成衣冠端坐自刎死，朱永佑自刎死，沈宸荃赴海死，李向中、刘世勋一家自杀死，刘永锡跃水自沉死，其余同时死者不可胜记。时舟山既削平，暂命旗帅高哈喇镇其地。九年，设舟山协镇副将，立中、左、右三营。顺治十一年，海外遗孽陈六御复踞舟山。十二年，攻克之。十月，迁徙舟山居民于内地。时舟山为遗孽巢穴，而海外闽浙之境皆属伪延平王郑成功节制。□□□□□□康熙十年，命将荡平台湾地，郑锦以其地归顺。一十二年，总镇孙维统题请复舟山以拓疆宇，户科给事孙蕙请立税关。二十五年，部院金世鉴题请移定海镇驻扎舟山。

《西河文集》：顺治三年，王师下浙东，职方孙公嘉绩蹈海死。时海氛未靖，未能浮海而问所殡也。越二十八年，公孙监州公逾海寻公死所，得公揭椟于瀚洲之间，遂启椟归葬于烛湖。先是，公发解，知县梁佳植梦公座上有状元旗，而公当儿时屡梦状元，与之游，私喜自负，谓先达自忠烈公后有解元、会元而无状元，应待己以具其数。既而不验。及监州乞铭，自言启椟时有张信墓在椟旁，则有明开国状元而葬于瀚洲者也。然则公之死，岂偶然哉！

朱文宾，字元善。好施予，尝以甲户应里役解粮，其所隶户或贫无输官，辄代输而不计偿。有族妇王氏新寡，将挈遗孤改适，且有期矣，文宾劝止之，给资以养其母子者几二十年。后王氏子为提标把总，表母之节，念文宾恩，于其夫妇之丧各服义服期年。有无赖将劫文宾宅，俄见数伟人持械绕护，遂惊走。年八十九将卒，沐浴更衣，坐中堂，召家人至前曰："陈山庙促者已在门矣，今与家人诀。唯一言相嘱，毋忘忠厚二字。"言毕俯案逝。其孙英往询之，陈山庙神像盖文宾逝日所塑云。

周若姚，镇隅人。父客粤久不归，因叙父年状刊布于途，逢庙焚祷以求神应。久无所得。一日，于野寺得一小簿，鼠齿过半，其所存则父笔迹也。因羁寺中，尝梦父坐人丛中，旁一人衣冠甚伟。遇有黄通判眷属来寺迁其殡，恍然悟伟衣冠者，通判也。验旁所埋，果其父。发之，棺已朽，负骨归。

李龙州，孝于母，起居饮食竭力奉侍。家贫，出洋采薪，风覆舟，舟人皆溺，龙州独得不死，上一山，绝食四日，自分不免，乃遥呼拜其母。俄有筒自洪涛中浮至，探之，有糕可啖，遂得活。遇舟救归，今乡人皆能道之。

同善院志

知镇海县事、候升通判　滇南周樽纂

同善会碑记

粤稽泽及枯骨，王者之仁。《周礼》：墓大夫"掌凡邦墓之地域，为之图，令国民族葬，而掌其禁令"，故孟春之月掩骼埋胔，孟冬之月审棺椁之厚薄，营邱垄之大小高卑，甚盛典也。

镇邑滨江控海，商民四集。贫不能卜葬者，往往于山巅水涯浮厝棺柩。岁久，枯骸暴露，白骨累累。予自魏塘移宰是邦，驱车过之，恻然曰："此非莅斯土者之责乎？"忆予之任魏塘也，曾率行同善会为瘗埋计，约与会者以公正好善数人为董事，按季轮换，稽其出入，除收骨外，有余置办棺木。今夫匹夫为善于乡，捐地掩埋，舍棺济世，如窦禹钧之葬二十七柩、宁从祀之施棺椁与人，且可以格天心而获善庆，况乎上行而下效，风流而令从也哉。予因捐俸首倡，而众绅士翕然相从，所得捐资共银八百两，即有应生问六捐钱五十千，独建一塔。爰于城西化身庵侧，择买民林姓田四亩，马姓田一亩六分七厘，童姓田五分，建造三塔，设围墙以为限，拨回龙庵僧一人，酌置田数亩为饭食资，令于清明、中元、十月朔收骨入塔。如舍棺木之家无地可葬，许其就塔旁余地暂厝，克期三年，无人识认者，检收白骨入于塔中。其所施棺木贮城隍庙后。以城隍庙为公所，设首事十八人，领银生息，俟置田产，以所收租谷为经费，并所纠同善会广行之。岁设总事一人为岁会，四季设八人为月要。众绅士吁请详宪，予上其事于宪令，以此捐银所置田亩，官为之掌流传交代，永守勿替。又有招宝山议点夜灯以济舟楫，月拨同善会内四百钱交山僧，每夜张灯，司事随时稽核，亦广推为善之一端也。

伏读今上恩诏，"穷民无力营葬者，地方官择其高阜隙地，多设义冢掩埋"，则斯举恢之而弥广也，宁不重有望于后之莅斯土者乎！

是为记。

同善院志小引

镇邑之有同善会也，予首倡其事，始于丙申，终于己亥，设法劝捐，经营缔造，卜地以建塔，构屋而置田，阅四寒暑乃得告成。前后碑记载详矣。惟是循行之条款，乐输之姓氏，石不能尽载。且恐日久湮替，有美弗彰，爰作《同善院志》以备稽考，且以劝将来之乐善者。是为引。

同善会值季条款

岁甲午冬，予自魏塘移守蛟川，驱车过郊外，目击道旁白骨垒垒，恻然欲仿魏塘同善会之举，与诸绅士谋所以普捐乐输，施舍棺木，置地建塔，就近掩埋之务。丙申秋，得经费银八百两，上其事于上宪，语具《同善会碑记》中。岁九月，代篆四明。丁酉秋八月，复莅兹土，见诸绅士规模粗备，始督率完竣焉。因于同善会中慎选董事八人，分春夏秋冬四季各掌其簿，轮流交代，以时缴查。别详条例，镂诸枣栗。斯会也，推而益广，积而愈多，行之久而更大，予实有厚望焉。

一、凡暴露遗骸及同善院塔地墙垣等，本会择立回龙庵僧晓山，令其掌管。现在会内将赎归回龙庵前卖僧田六亩六分，即准僧人收租，作为养膳之资。该僧如有懈惰，并不随时向外捡拾，及塔地墙垣被人侵损，故纵不举者，禀县究治，公举另易。至每年清明、中元、十月朔前后三日内，本县先出示晓谕，至期，首事会同该僧雇夫通境遍拾。如遇暴露棺木，不至十分坍坏者，即为就地掩埋。有主者插标为记，无主者任凭检收。其拾获骸骨者，准送该僧晓山处，转报董事，问明来历，每具酌给其辛力钱五十文，收入塔内。如此，庶几无遗骨矣。

一①、本会所施棺木，首事按季备办。每棺厚一寸四分，后面粉画荷花一朵以作识认，定给工匠钱一百二十文，总约八百文一具。其棺安放城隍庙内。倘有实在贫苦无力者，许本家邀同在城熟识之人，即向庙僧填写领单画押，向司季首事赴庙领抬，并给抬埋钱二百文。其首事即以领棺人姓名注明簿内，并将领单汇缴，以便查考。其办存棺木，每季首事除施舍外，总留十具以上，流交下首，多则益善，不许短少。

一、本会议立公所于城隍庙内。凡有需众议之事，首事出单邀集，刻日于公所集议，毋许推阻。至如置买田亩所收租谷，亦即于城隍庙公所作仓存贮，司事公同敛用。本季谷价用剩，即可拨补前季之不足，并将有余之谷注明簿内，留充下季之用。

---

①原文如此，不再按现代要求逐个排序。

一、每年三节，于各晚施放焰口一台，设祭六桌，其素菜亦酌以定额，不得多费。

一、本会置买田八十亩，除办事僧晓山之养膳田六亩六分听其自收租谷外，其七十余亩之田，每年秋收，值季首事会同春、夏、冬三季首事八人，各出袋皮轮往秤收，以杜局外渔侵。所收租谷，窠贮城隍庙公仓，春、夏两季垫放钱文，即照时价归清，余多应抵秋、冬两季之用，均俟季终照时价算钱归结，毋得早粜，致、夏垫放者苦乐不均也。如有余多，留仓递交次年春夏首事接用。倘若缺欠，值季首事劝捐补足，毋致亏交代。所有置棺埋骨各费，租谷恐不敷用，仍须各季柱首广为劝捐，并令该僧晓山分头募化，随时输捐，以襄善举。积有余资，多造棺木备用。宁使有余，毋致临时告乏。

一、院房五间。左首二间为男庐，安放男棺；右首二间为女庐，安放女棺。中堂设神座三格，中供同善院土地之神位，左立同善塔院男魂之位，右立同善塔女魂之位。每月朔望，僧人装点香烛。每节礼忏超度放焰祭奠。其抬送棺木入庐者，该僧随时登记簿内，注明某年某月某处某人之柩，自内而外编列号数，便于查考。柩旁标插大签，照样一式写法，以便后日领棺安葬。如停至三年不行领去者，或入土掩埋，或检骨入塔，不许久放，以让后来续寄。

一、首事中每年派立司总一人，稽查出入。值季八人，分春、夏、秋、冬经管舍施棺木、收骨掩埋之事，应用钱文暂为垫放，租谷抵还。凡值年值季，各准递年更换，以均劳逸，以杜弊混，不得久恋，亦不许推诿。春季承办清明，秋季承办中元，冬季承办十月朔，惟夏季无办，应完条粮、秋米二项。

一、本会买地建塔诸事俱详碑碣，兹不复赘，惟园内有林姓旧冢一所，四周酌共留余地三分，许给还原主管业，其条粮、秋米等统归会内完纳，但永禁林姓嗣后不许添葬，致碍公地。又朱姓坟冢一所，立有碑牌，不得占越。

以上数条，叠经酌量尽善毋遗，诸同志所当遵循勿替，毋始勤而终怠，毋阳奉而阴违。其或举行之始，及分值之季，经费不敷，诸同志更当力广善缘，随时劝募，务期舍棺掩骼之举，不以歉薄为虞。而其他善果，皆可渐次举行也。条规既立，彰善为亟，因将首事及捐输各姓名数目并录于后，庶几不致淹没，而复于篇末留空枝，以待后之为善者源源书捐，接续刊刻，则方兴未艾，善量益宏，善功亦久而益大矣！

首事姓名

郑朝宗 王国佐 陈明善 傅元勇 朱衣点 谢镐祚 江三庆 钱世荣 唐应昌
范循槑 樊安邦 钱钱选 竺维高 朱成凤 洪振羽 谢佑绩 舒凤山 应际昌

捐输姓名

沃正治　捐银六百两

应问六子际昌　捐钱五十五千文

江三庆　捐钱五十千文

郑朝宗　捐钱三十一千文

邵旭旦 邵宏辉　捐银三百两

李国栋　捐钱六十千文

洪世钰子振羽　捐钱二十六千文

傅元勇　捐钱二十二千文

谢镐祚　捐钱二十二千文

唐启贤子应昌　捐钱二十二千文

陈明善　捐钱十八千文

朱子楷子成凤　捐钱十八千文

樊于钦子安邦　捐钱十八千文

谢佑绩　捐钱二十一千文

竺维高　捐钱十七千文

钱世荣　捐钱十六千文

范用贤子循槑　捐钱十二千文

王国佐子汝霖　捐钱十千文

朱衣点　捐钱五千文

舒凤山　捐钱七千文

王世纶　捐钱八千文

朱思齐　捐钱十六千文

灵峰寺　捐钱三十三千文

蒋门郑氏　捐钱三千文

金冠山 捐钱三千六百文

沈茂梓 捐钱三千文

倪光辉 捐钱三千文

庄殿佩 捐钱三千文

樊起云 捐钱四千文

叶式如 捐钱三千文

杜景纯 捐钱二千文

钱子纯慈邑 捐钱二千八百八十文

杨司正斋 捐钱三千六百文

倪载韩斋 捐钱三千六百文

胡星门 捐钱一千二百九十文

谢武安 捐钱一千零五十文

李门毛氏 捐钱一千文

彭子信 捐钱一千文

海云月千 捐钱一千九百文

妙胜寺 捐钱一千文

陈锡玑 陈德如 共捐钱一千文

包坤敬 捐钱一千一百文

刘肯堂 捐钱一千零八十文

朱家隆 捐钱一千文

瑞岩旻初 捐钱二千八百八十文

回向寺 捐钱七百五十文

慧寂寺 捐钱六百文

甘露庵 捐钱二千文

僧咸宁 捐钱一千文

佛岩寺 捐钱二千文

普庆庵 捐钱二千四百文

朱麟仲 捐钱二千零八十文

竺乔峰 捐钱一千零八十文

顾起运　捐钱七百二十文

净岩寺　捐钱一千五百文

僧嵩岩　捐钱六百文

僧法幢　捐钱六百文

僧广裕　捐钱六百文

僧月性　捐钱五百文

僧人中　捐钱五百文

伴云文明　捐钱二千四百文

僧梅萼　捐钱四百文

龙澍庵　捐钱四百文

程尚义　捐钱一千二百文

范佑忠　捐钱六百文

王池羽　捐钱二千文

沈武臣　捐钱六百文

娄德润　捐钱二百文

丁德耀　捐钱五百文

何天甫　何天英　捐钱二百文

王维周　捐钱六百文

何义祚　捐钱一百文

何声宏　捐钱一百文

锺殿扬　捐钱二百文

胡斐生　捐钱六百文

秦文彦　捐钱四百文

包士宰　捐钱二百文

万善庵　捐钱一千二百文

顾陈氏　捐钱一千文

姜师震　捐钱六百文

虞启荣　捐钱六百文

福田庵　捐钱六百文

谢百元　捐钱四百文

於启进　捐钱四百文

黄嶙泉　捐钱四百文

顾永贤　捐钱二百文

顾敬义　捐钱二百文

永宁寺　捐钱二百文

陈维斗　捐钱一千零八十文

俞汝言　捐钱一千零八十文

魏允允　捐钱一千文

顾尚志　捐钱一千文

龚惠棠　捐钱一千文

范天才　捐钱一千文

刘文贵　捐钱三百六十文

谢再桐　捐钱三百六十文

朱国华　捐钱三百六十文

房启英　捐钱六百文

樊启龙　捐钱三百六十文

丁国宸　捐钱三百六十文

郑宏如　捐钱三百六十文

张允周　捐钱三百六十文

沈鸣钧　捐钱三百六十文

沈再眉　捐钱三百六十文

沈瑞徵　捐钱三百六十文

朱峻冈　捐钱三百六十文

沈齐望　捐钱三百六十文

卢士秀　捐钱三百六十文

王文盛　捐钱三百六十文

林怀珍　捐钱二百文

陈翰屏　捐钱二百文

陈治为　捐钱二百文

王介清　捐钱二百文

沈配乾 捐钱二百文

林维周 捐钱二百文

王门陆氏 捐钱二百文

王门孙氏 捐钱一百文

大乘物故捐簿失查，有捐输而不及载者，俟另查姓氏数目补刊，并非有意挂漏也。至后有乐输，姓氏续刻篇末。

续刊同善院碑记

同善院者何？因同善会而名之也。悯人之死而无以葬也，为之舍棺以藏其尸，为之构屋以贮其棺，为之建塔以收其骨。扩其基址，厚其墙垣，植嫩柳于河岸，栽新柏于院中。司事有人，祀孤有会，管理有僧，可为周且详矣。特是善其始者必善其终，则非置买田亩不知所以谋经费之用，且非所以示久远也。于是告诸首事曰："课一年之所入，偿一年之所出，必广置田亩，多多益善。今果得田八十亩，其庄村、土名、亩分、字号、价值、租额，不可无志，以示后也。爰刊其数于左。

一、同善院基地。林姓地四亩，马姓田一亩六分七厘，童姓田五分。共用价钱六十五千文。

一①、石塔三座。左男塔，右女塔，中不辩男女者，曰同善塔。每塔阔一丈，深一丈二尺，高八尺，坐东朝西。共计钱一百五十七千文。

一、塔前乱石墙一带，高七尺，长三十八丈，并塔院石门，计钱八十六千七百文。

一、塔左乱石墙一带，高五尺，长十六丈，计钱十六千文。

一、东北角，河滩填筑，得成方圆，计工食钱三十九千文，编竹木樟钱十六千文。

一、院内六架房屋五间，计木石工料钱一百八十三千文。

四十二年置买田亩数目

用价三百零一千文，买得陆著新崇民田二十亩八分七厘，坐落崇田二庄内。

一则河字一千九百二十九号田二亩八分九厘，每年租谷五百三十四斤。

---

①原文如此，不再按现代要求逐个排序。

一则河字一千九百六十一号田二亩八分六厘九毫，每年租谷五百三十一斤。

一则河字一千九百七十六号田三亩九分八厘二毫，每年租谷七百三十七斤。

一则河字一千九百七十七号田三亩七分三厘九毫，每年租谷六百九十二斤。

一则河字一千九百五十八号田七亩三分九厘，每年租千三百七十斤。

以上共五则，计田二十亩八分七厘，每年应收租谷三千八百六十四斤。

四十三年分

用价五十千文买得林大显、张家才北民田六亩六分，每年租谷九百斤。

四十四年分

用价二百六十八千文，买得郑合瑞崇民田九则，共一十亩零四厘三毫五丝，内

一则奈字二千九百七十四号田一亩六分四厘二毫，土名宋家田。

一则奈字二千九百七十五号田八分六厘六毫，土名拆大脚桶北畔。

一则奈字二千九百八十二号田一亩六分三厘，土名宋家田。

一则奈字二千九百八十八号田二亩三分三厘五毫，土名长二亩。

共四则，每年租谷一千二百五十斤。

一则奈字三千六百七十号田一亩八分，土名阴东，每年租谷三百四十斤。

一则奈字三千九百五十七号田一亩九分五厘五毫三丝，土名桥头亩半，每年租谷三百五十五斤。

一则河字一千六百七十七号田二亩四分四厘四毫，土名金家丘，每年租谷四百二十斤。

一则河字一千八百八十九号田一亩九分五厘，土名庄前二亩，每年租谷三百五十斤。

一则莱字二千六百八十六、三、八号，共田三亩四分二厘一毫二丝，坐落朱家渡桥，每年租谷六百斤。

以上九则，共计田十八亩零四厘三毫五丝，计收租谷三千三百二十五斤。

用价四十千文，买得樊行简田三亩四分七厘一丝，莱字号，土名车头丘，又名门前四亩，计收租谷六百斤。

用价七十一千五百文，赎买得回龙庵前僧将北民田五亩五分，土名靴脚，卖与王卓如，今已复归同善会，为公田，计收租谷九百零五斤。

用价二十七千五百文，买得唐应昌田一亩八分三厘八毫三丝，系莱字

二千七百九十五号，土名东二亩，坐落上倪地方，计收租谷三百三十斤。

用价七十五千七百文，买得钱巨川崇民田共五亩六分八毫五丝，系莱字二千七百八十四号，土名剪子股，计一亩四分六厘五丝，坐落上倪。又一则系莱字二千七百八十一号，土名尖嘴丘，计四亩一分四厘八毫，坐落上倪，计收租谷一千零二十斤。

用价六十六千五百文，买得樊寅集民田五亩一分一厘九毫八忽，内一系李字一千八十一号，土名桃花港，坐落石桥地方；一系李字一千八十二号；一系李字一千九十七号；一系李字一千九十八号。四号共收租谷九百斤。

用价钱二十七千文，买得王羡余崇民田二亩五分，系莱字一千九百二十一号，土名倒港，坐落枫林村，计收租谷四百斤。

用价七十七千文，买得谢汝林崇民田五亩五分一厘，系李字号，土名潭田，坐落直下河，计收租谷九百六十斤。

用价五十五千文，买得王心甫崇民田三亩九分一厘二毫七丝八忽，一系李字三千四百十一号，土名浦田，计二亩八分四厘六毫三丝；一系李字三千二百九十号，土名碓砒，计一亩零六厘六毫四丝八忽，坐落直下河，计租谷七百斤。

附: 《乾隆镇海县志》所引地方志一览

简　称	全　称	刻印年代
旧志	嘉靖定海县志 修者：何愈	明·嘉靖四十二年（1563）刻印 纂者：张时彻
王令志稿	康熙续定海县志 修者：王元士	清·康熙七年（1668）成稿未刻 纂者：虞光祚
唐令志稿	康熙镇海县志 修者：黄宫柱、唐鸿举	清·康熙三十四年（1695）成稿未刻 纂者：薛士学、陈梦莲
旧浙江通志	嘉靖浙江通志 修者：胡宗宪	明·嘉靖四十年（1561）刻印 纂者：薛应旂
浙江通志	雍正浙江通志	清·雍正十三年（1735）成书
宋宝庆志	宝庆四明志 修者：胡榘	宋·宝庆三年（1227）成书 罗濬、方万里
延祐四明志	延祐四明志 修者：马泽	元·延祐七年（1320）成书 纂者：袁桷
至正四明志	至正四明续志 修者：王元	元·至正二年（1342）成书 纂者：王原孙
嘉靖府志	嘉靖宁波府志 修者：周希哲、管镪	明·嘉靖三十九年（1560）刻印 纂者：张时彻
成化郡志	成化宁波郡志 修者：张瓒	明·成化四年（1648）刻印 纂者：杨实
成化府志	成化宁波府简要志	明·成化年间，成稿未刻 纂者：黄润玉、黄溥
明一统志	大明一统志 修者：李贤	明·天顺五年（1461）刻印
雍正府志	雍正宁波府志 修者：曹秉仁	清·雍正九年（1731）刻印 纂者：万经
普陀山志	普陀山志 修者：许琰	清·乾隆四年（1739）成书
两浙盐法志	两浙盐法志 修者：李卫	清·雍正六年（1728）刻印

后 记

　　《乾隆镇海县志》共八卷，清乾隆十二年（1747年），知县、河南商邱人王梦弼纂修，姚江（余姚）邵向荣订正。乾隆十七年（1752年）告成刊印。又有乾隆四十五年（1780年）周樽增补刊本，附周樽《同善院志》一卷（周樽，乾隆三十九年任镇海知县，云南昆明人）。

　　国内各大图书馆及天一阁所藏乾隆十七年刻本大多不全，如中国国家图书馆藏本就只有前四卷。2017年，哈佛燕京图书馆将馆藏的4200部/53000卷中文善本特藏数字化工程全部完成，让网友免费在线浏览、下载。令人欣喜的是，其中就有《乾隆镇海县志》。经与国图藏本进行认真比对，该书为乾隆四十五年刊本，除卷首缺少陈鸣夏、同德撰写的两个序言，卷八末缺少700余字，书后未附《同善院志》外，其余内容基本完整。

　　本书以哈佛藏本为底稿进行点校。点校中参照了国图馆藏乾隆十七年刻本，虽然只有前四卷，但胜在底本质量好。国图乾隆四十五年刊本虽然内容相对完整，但底本质量不高。三本书凑在一起，基本能够支撑点校需要。部分实在难以辨别之处，参照《嘉靖定海县志》《光绪镇海县志》和《民国镇海县志》相关内容，对照书中残留的笔画、字数，揣摩确定相应文字。识别越难，说明我们的工作越有意义。为保存史料，将乾隆四十五年刊本所附《同善院志》也一并收入。

　　之前，区方志办已与区档案馆合作点校《民国镇海县志》和《嘉靖定海县志》。选择《嘉靖定海县志》，因为这是流传至今镇海（定海）最早的一本县志（镇海古称定海，清康熙二十六年即1687年，改定海县为镇海县。次年，在昌国故址重新立县，置定海县）。选择《民国镇海县志》，因为这是历代镇海县志的集大成者。选择《乾隆镇海县志》，因为这是流传至今最早的一本以镇海县为名的县志。考虑到志书越往后史料越多，部头越大，但阅读的困难也相对较少，更多的是因为人手有限，所以三个点校本中，除《嘉靖定海县志》请朱道初老师校勘后增添了注释外，其他两本均以标点为主。三本书形成一个系列，方便读者更好地了解镇海历史，也方便镇海人民更加深入地寻根访源、传承文化。

　　点校除必要的简繁字体转换，对原文中所用避讳字、地名介词等前后用字不一、凡例等未按顺序编号，均如实照录，不刻意修订纠正。限于学力水平，本书的点校未必都能做到准确无误，请读者和方家不吝赐教。

2020年11月

图书在版编目(CIP)数据

乾隆镇海县志点校 / 宁波市镇海区地方志办公室,宁波市镇海区档案馆 编; 顾科明, 朱道初 点校. – 上海:东华大学出版社,2020.11

ISBN 978-7-5669-1823-9

Ⅰ. ①乾… Ⅱ. ①宁… ②宁… ③顾… ④朱… Ⅲ.

①镇海县–地方志–清代 Ⅳ. ①K295.54

中国版本图书馆 CIP 数据核字(2020)第 217308 号

乾隆镇海县志点校　　　　　　　　　　　**责任编辑**　曹晓虹
QIANLONG ZHENHAI XIANZHI DIANJIAO　　　**封面设计**　书研社

宁波市镇海区地方志办公室,宁波市镇海区档案馆 编;

顾科明　朱道初　点校

出版发行　东华大学出版社　 (上海市延安西路 1882 号　邮政编码: 200051)

联系电话　编辑部　021-62379902

营销中心　021-62193056　62373056

出版社网址　http://dhupress.dhu.edu.cn

天猫旗舰店　http://dhdx.tmall.com

印　刷　宁波美达柯式印刷有限公司

开　本　787mm×1092mm　1/16　**印　张** 38.25　**字　数** 970 千字

版　次　2020 年 11 月第 1 版　　**印　次**　2021 年 3 月第 2 次 印刷

书号: ISBN　978-7-5669-1823-9　　　　　　　　定价: 896.00 元